पाश्चात्य काव्यशास्त्र

पाश्चात्य काव्यशास्त्र

संशोधित एवं प्रवर्द्धित संस्करण

डॉ. तारक नाथ बाली

वाणी प्रकाशन

वाणी प्रकाशन

4695, 21-ए, दरियागंज, नयी दिल्ली 110 002

फ़ोन : +91 11 23273167 फ़ैक्स : +91 11 23275710

शाखाएँ

अशोक राजपथ, पटना 800 004, बिहार

कॉफ़ी हाउस कैम्पस, महात्मा गांधी मार्ग, इलाहाबाद 211 001, उत्तर प्रदेश

महात्मा गांधी अन्तरराष्ट्रीय हिन्दी विश्वविद्यालय, वर्धा 442 001, महाराष्ट्र

सुल्तानिया रोड, मोतिया पार्क, भोपाल 462 001, मध्य प्रदेश

www.vaniprakashan.com
marketing@vaniprakashan.in
sales@vaniprakashan.in

PASHCHATYA KAVYASHASTRA
by Dr. Tarak Nath Bali

ISBN : 978-93-5000-495-1
Poetics/Western

संस्करण 1973, 1998, 2010, 2017
आवृत्ति 2020

मूल्य : ₹ 495

यश प्रिंटोग्राफ़िक्स, नोएडा-201 301 (उ.प्र.) में मुद्रित

वाणी प्रकाशन का लोगो मक़बूल फ़िदा हुसेन की कूची से

आदिप और अद्विति
के लिए

तीसरे संस्करण की भूमिका

आधुनिक युग में हिन्दी आलोचना के आरम्भ और विकास के दो चरण हैं। इसका आरम्भ उन आलोचकों ने किया जिन्हें प्रधान रूप से संस्कृत तथा रीतिकाल के लक्षण ग्रन्थों का ज्ञान था। इसलिए उस पहले चरणों में परम्परागत काव्य-प्रतिमानों को ही प्रस्तुत किया गया था, उन्हें आधार बनाकर आलोचना की गयी। उदाहरण के लिए अयोध्या सिंह उपाध्याय 'हरिऔध' कृत 'रसकलश' में परम्परागत रूप से ही पुराने सिद्धान्तों को स्पष्ट किया गया है तथा आचार्य रामचन्द्र शुक्ल ने प्रधान रूप से रस को ही आधार बनाकर समीक्षा की।

शुक्ल जी एक मेधावी चिन्तक थे। इसलिए उनमें आधुनिक बोध का भी कुछ प्रभाव दिखाई देता है तथा उन्होंने भारतीय काव्यशास्त्र के उन प्रतिमानों पर भी बल दिया जो आधुनिकीकरण की प्रक्रिया में अधिक प्रासंगिक थे। उदाहरण के लिए उन्होंने लोकमंगल को भी काव्य के प्रतिमान के रूप में प्रस्तुत किया जो वस्तुतः मम्मट के 'कान्तासम्मित उपदेश' का ही आधुनिक रूप है। मगर कुल मिलाकर उनकी समीक्षा पुराने सिद्धान्तों की ही पुनर्व्याख्या करती है।

दूसरी ओर बाबू श्यामसुन्दरदास ने अपने 'साहित्य आलोचना' में अंग्रेज़ी के काव्य प्रतिमानों—भाव, कल्पना, विचार तथा शैली आदि तत्वों की व्याख्या प्रस्तुत की। साथ ही ललितकला सम्बन्धी पाश्चात्यता को भी स्पष्ट किया। साथ ही उन्होंने साधारणीकरण सिद्धान्त की भी व्याख्या की जो आचार्य शुक्ल कृत साधारणीकरण की व्याख्या से कहीं अधिक संगत और प्रासंगिक थी। ये दोनों परम्पराएँ विकसित होती रहीं।

आलोचना के दूसरे चरण के ऐसे हिन्दी आलोचक सामने आये जिन्हें संस्कृत भाषा का ज्ञान नहीं था और जो भारतीय काव्यशास्त्र से अनभिज्ञ होने के कारण पाश्चात्य काव्य सिद्धान्तों की नयी समीक्षा, शैली-विज्ञान आदि के आधार पर हिन्दी

काव्य की व्याख्या करने में लगे रहे। इसका परिणाम यह हुआ कि वे यह नहीं समझ पाये कि नयी समीक्षा या शैली-विज्ञान आदि में काव्यभाषा का जो विवेचन पश्चिम में बीसवीं सदी में हुआ, वह भारतीय काव्यशास्त्र में दसवीं सदी में ही ध्वनि, व कोनिम आदि के रूप में हो चुका था।

प्रस्तुत पुस्तक लिखते हुए हिन्दी आलोचना में व्याप्त उपर्युक्त सीमा तथा असंगति को बराबर ध्यान में रखा गया है। इसीलिए जब प्लेटो से लेकर आधुनिक आलोचकों के विचारों की विस्तृत व्याख्या करते हुए यथावसर बराबर समान्तर भारतीय-सिद्धान्तों की भी संक्षिप्त चर्चा की गई है ताकि नवीनता और मौलिकता के नाम पर प्रस्तुत किये अनेक पाश्चात्य सिद्धान्तों का सही ज्ञान तथा मूल्यांकन सम्भव हो। उदाहरण के लिए प्लेटो ने दैवी प्रेरणा को काव्य का हेतु माना है। हमारे यहाँ भी प्रतिभा को जन्मजात शक्ति माना गया है, तथा प्लेटो ने काव्यदेवियों का उल्लेख किया है तो हमारे यहाँ सरस्वती को काव्य और कला की देवी माना गया है। आधुनिक युग में पाश्चात्य कवियों तथा आलोचकों ने प्रकृति चित्रण, आवेग, भाव आदि का उल्लेख करते हुए काव्य भाषा का वस्तुगत विवेचन (आई. ए. रिचर्ड्स) ने किया है तथा भारतीय काव्य तथा काव्यशास्त्र में प्राचीन काल से ये विशेषताएं चली आ रही हैं। टी.एस. ईलियट का वस्तुनिष्ठ सिद्धान्त वस्तुतः रस-सिद्धान्त में विभावादि का ही अनुकरण है। क्योंकि दोनों की मूल स्थापना यह कि किसी अनुभूति के विशिष्ट उपकरणों को किसी भी कविता में प्रस्तुत किया जाये तो सब में समान अनुभूति ही उत्पन्न होती है। मगर उस प्रक्रिया का उपयोग बड़ी सावधानी से किया गया है। पहले पाश्चात्य आलोचक के विचारों की व्याख्या की गयी है और अन्त में मूल्यांकन करते हुए उपयुक्त समान्तर भारतीय काव्य सिद्धान्तों की चर्चा की गई है तथा सर्वत्र हिन्दी कविता के उदाहरण दिये गये हैं।

साथ ही विवेचन की भाषा पर विशेष ध्यान दिया गया है। वैसे ही काव्यशास्त्र एक कठिन विषय माना जाता है और इसीलिए उसकी ओर बहुत कम लोग ध्यान देते हैं। अतः भाषा की सरलता और विवेचन की स्पष्टता पर विशेष बल दिया गया है ताकि कठिन सिद्धान्तों को आसानी से समझा जा सके। वैसे भी मैं आलोचना की भाषा का मूल गुण से सम्प्रेषणीयता ही मानता हूँ।

मैं पुस्तक के सुन्दर प्रकाशन के लिए वाणी प्रकाशन का आभारी हूँ।

—तारक नाथ बाली

173-नेशनल मीडिया सेंटर
गुड़गाँव-122002 (हरियाणा)

दूसरे संस्करण की भूमिका

इस संस्करण में उत्तर आधुनिकता पर एक अध्याय जोड़ा गया है जिसमें उसके कुछ केन्द्रीय बिन्दुओं पर विचार किया गया है। साथ ही उसे पाश्चात्य चिन्तकों की सीमित सोच के रूप में प्रस्तुत न कर उसे व्यापक सन्दर्भ में—जिसमें भारत जैसी तीसरी दुनिया के देशों की जनता भी शामिल है—रखकर देखा गया है। यह उत्तर आधुनिकता को एक नया आयाम देने का लघु प्रयास है जिससे उत्तर आधुनिकता की केन्द्रीय मानवीय चिन्ता के उद्घाटन के साथ-साथ मानव के मानी अस्तित्व की चिन्ता को शामिल करने का प्रयास किया गया है।

इस पुस्तक की उत्कृष्ट प्रस्तुति के लिए मैं शब्दकार प्रकाशन का आभारी हूँ।

173, नेशनल मीडिया कैम्पस,
गुड़गाँव-122002 (हरियाणा)

—तारक नाथ बाली
सितम्बर, 1998

प्रथम संस्करण की भूमिका

काव्य मानव-जाति की अत्यन्त महत्वपूर्ण उपलब्धि है। एक दृष्टि से इसका महत्त्व धर्म और दर्शन से भी अधिक है। धर्म और दर्शन की स्वीकृति सार्वभौम नहीं होती जबकि काव्य की स्वीकृति एक सार्वभौम सत्य है। किसी भी देश और किसी भी काल का उत्कृष्ट काव्य मानव मात्र को प्रभावित करने की क्षमता से युक्त होता है। इसीलिए काव्य का महत्त्व शाश्वत होता है—देश और काल की सीमा से परे होता है।

यहीं यह सवाल पैदा होता है कि ऐसे कौन से तत्त्व हैं जिनके कारण काव्य देश और काल की सीमा का अतिक्रमण करके मानव मात्र को प्रभावित एवं आन्दोलित किया करता है? क्या हम काव्य के शाश्वत एवं सनातन महत्त्व के मूल में स्थित शाश्वत एवं सनातन आदर्शों की खोज कर सकते हैं? बात स्पष्ट है। अगर काव्य का महत्त्व सनातन है तो उसके इस सनातन महत्त्व के रहस्य को भी खोज पाना सम्भव होना चाहिए। जब सोफोक्लीस, कालिदास, शेक्सपियर, गोर्की, प्रसाद और प्रेमचन्द का उत्कृष्ट साहित्य मानव मात्र को प्रभावित करता है तो उसके इस प्रभावित करने की शक्ति को भी समझ पाना सम्भव होना चाहिए। दूसरे शब्दों में काव्य के उन मानों एवं मूल्यों की प्रतिष्ठा सम्भव होनी चाहिए जिनके आधार पर कोई भी रचना शाश्वत महत्व को उपलब्ध करती है। सिद्धान्त रूप में इसका निष्कर्ष यह हुआ कि साहित्य के सार्वर्भाम सिद्धान्तों की स्थापना सम्भव होनी चाहिए। मगर क्या कोई ऐसा साहित्य-सिद्धान्त प्रतिष्ठित किया जा सका है जो सार्वभौम रूप से स्वीकृत हुआ हो? स्पष्टतः ऐसा नहीं हो सका है। इसीलिए यह सवाल पैदा होना स्वाभाविक ही है कि जो सिद्धान्त रूप में सम्भव है वह व्यवहार रूप में सम्भव क्यों नहीं हो सका? यह सवाल एक बुनियादी और जटिल सवाल है जो अनायास ही किसी भी काव्य शास्त्री को सोचने के लिए विवश कर देता है।

काव्य के उत्कर्ष के सर्वमान्य सिद्धान्तों की खोज की दो विधियाँ हो सकती हैं। पहली विधि तो यह है कि संसार के प्रतिनिधि श्रेष्ठ साहित्य का अध्ययन करके अनुगम विधि से उसके आधार पर सिद्धान्तों की स्थापना की जाये। दूसरी विधि यह है कि संसार के प्रमुख काव्यशास्त्रियों ने जिन साहित्य-सिद्धान्तों की प्रतिष्ठा की है, उनका तुलनात्मक अध्ययन करके सामान्य तत्त्वों की खोज की जाये। इस दूसरे प्रकार के प्रयास के लिए यह आवश्यक है कि विश्व के प्रमुख काव्यशास्त्रियों के सिद्धान्तों का पूर्ण ज्ञान प्राप्त किया जाये। प्रस्तुत पुस्तक में पश्चिम के प्रमुख काव्यशास्त्रियों के सिद्धान्तों की व्याख्या एवं समीक्षा का प्रयास किया गया है। उन काव्यशास्त्रियों के सिद्धांतों के साम्य-वैषम्य का भी विवेचन किया गया है तथा साथ ही भारतीय काव्यशास्त्र के सम्बद्ध सिद्धान्तों एवं प्रतिमानों का संकेत करते हुए उन सिद्धान्तों की शक्ति एवं सीमा को स्पष्ट करने की कोशिश की गयी है। आशा है यह प्रयास एक व्यापक एवं सन्तुलित काव्य-चिन्तन की प्रेरणा दे सकेगा।

मैं अपने मित्र डाक्टर राजकुमार कोहली का विशेष रूप से आभारी हूँ जिन्होंने मूल्यवान सुझाव देकर प्रस्तुत प्रयास को अधिक सार्थक बनाने में मेरी सहायता की है।

डी-6, राजपुर क्वार्टर्स,
मौरिस नगर, दिल्ली-110007

—तारक नाथ बाली
9 सितम्बर, 1973

विषयानुक्रम

अध्याय-1

आरम्भ

काव्य मानव-संस्कृति की अत्यन्त प्राचीन उपलब्धियों में से एक है। इसलिए प्राचीनतम उपलब्ध ग्रन्थों में, जो कि प्रायः धार्मिक ग्रन्थ हैं, हमें कई स्थलों पर काव्य की विशेषताएँ भी मिलती हैं। इन ग्रन्थों में अनेक स्थल ऐसे हैं जो मानव-जीवन की सनातन समस्याओं पर, उसके उत्स, स्वरूप, लक्ष्य आदि पर विचार करते हैं तथा सृष्टि एवं परम रूप के यथार्थ स्वरूप का वर्णन करते हैं। मगर इन ग्रन्थों में ऐसे स्थलों की भी कमी नहीं है जहाँ हमें उन विशेषताओं का प्रारंभिक रूप दिखाई देता है जिन्हें आज की आलोचना साहित्य से सम्बद्ध करती है। शैली, वर्णन, चरित्र-चित्रण, संवाद, घटनाक्रम आदि ऐसे पक्ष हैं जो धार्मिक ग्रन्थों के कुछ स्थलों में ऐसे रूप में पाये जाते हैं, जिन्हें साहित्य के पक्षों के साथ जोड़ा जा सकता है। उदाहरण के लिए यह कहा गया है कि भरत मुनि ने नाट्यशास्त्र का निर्माण चारों वेदों के आधार पर किया था और उसे पाँचवाँ वेद माना गया है। पश्चिम में भी प्राचीन काल में नाटक का विशेष महत्त्व माना गया था। कुछ विद्वानों के अनुसार तो प्राचीन यूनान में नाटक धार्मिक उत्सवों से घनिष्ठ रूप से सम्बद्ध रहा है। इसी सम्बन्ध के आधार पर अरस्तू के विवेचन सिद्धान्त की धर्म-परक व्याख्या की गयी है।

प्राचीन यूनान का साहित्य अत्यन्त समृद्ध और अनेकरूप है—लेकिन आलोचना के लिए प्रधान ग्रन्थ नाटक और महाकाव्य ही हैं। होमर के महाकाव्य 'दि ईलियड' और 'दि ओडिसी' विश्वविख्यात हैं। इसी प्रकार अरिस्टोफेनेस, ऐस्काइलस, सोफोक्लीस तथा यूरिपिडीज़ की नाट्य रचनाएँ रचनात्मक एवं प्रभाव की दृष्टि से उत्कृष्ट साहित्य की स्थायी निधि हैं। इस सम्पूर्ण साहित्य में जीवन

की अनेक समस्याओं का, द्वन्द्वों और विषमताओं का तथा व्यक्ति एवं नियति नाम की किसी अदृश्य मगर सर्वशक्तिमान सत्ता का संघर्ष चित्रित किया गया है। परवर्ती काल में जब काव्य-चिन्तन आरम्भ हुआ तो यही साहित्य उसका आधार बना। मगर इन कवियों में काव्य के सम्बन्ध में कुछ महत्त्वपूर्ण संकेत मिलते हैं जिनका विकास परवर्ती काव्य-चिन्तन में दिखाई देता है।

काव्य जीवन की विशिष्ट एवं प्रभावशाली उपलब्धि है। प्राचीन यूनान में कवि के साथ-साथ कविता का पाठ करने वालों की भी परम्परा रही है, जो विशिष्ट समारोहों में, राजदरबारों में या अन्य सभाओं में महान काव्यों के अंशों का पाठ किया करते थे। वे श्रोताओं को गम्भीर रूप से प्रभावित करते थे, इसलिए उन्हें भी कवि के समान ही विशिष्ट शक्ति से सम्पन्न माना जाता था। स्पष्ट है कि चिन्तन काव्य जैसी विशिष्ट और प्रभावशाली संस्था की उपेक्षा नहीं कर सकता।

प्लेटो, अरस्तू, लोंजाइनस, होरेस आदि ने काव्य से—विशेषकर नाटक से, सम्बद्ध विविध समस्याओं पर विचार किया। उस युग में प्रधानता नाटक की ही रही और नाटक में भी त्रासदी को ही विशेष महत्त्वपूर्ण माना गया। इसका परिणाम यह हुआ कि यूनानी एवं रोमी काव्यशास्त्र पर त्रासदी का प्रभाव सबसे अधिक है। यद्यपि प्लेटो ने साहित्य के सम्बन्ध में सामान्य प्रश्नों के विवेचन पर अधिक बल दिया है, मगर अरस्तू के काव्य-विवेचन का प्रधान आधार त्रासदी-साहित्य ही रहा है। नाटक को काव्यशास्त्र का प्रधान आधार बनाने के ऐतिहासिक कारण हैं। जिस प्रकार प्राचीन भारतीय काव्यशास्त्र में नाटक ही विवेचन का प्रधान विषय बना (भरत कृत 'नाट्यशास्त्र' में), उसी प्रकार प्राचीन यूनान के काव्यशास्त्र में भी नाटक के विवेचन की ही प्रधानता रही। इसे महज एक संयोग नहीं कहा जा सकता। इसके कारणों को सहज ही समझा जा सकता है।

पहली बात तो यह है कि प्राचीन संस्कृति में चिन्तन एवं कला का केन्द्र मानव रहा, जो स्वाभाविक ही था। जैसे-जैसे मानव नाम के प्राणी की बौद्धिक शक्ति विकसित हुई होगी, उसने अपने-आपको ही केन्द्र बनाकर सोचना शुरू किया होगा। खतरों से भरे हुए आदिम वातावरण में सुरक्षा का सवाल पहला सवाल रहा होगा। मगर अपेक्षाकृत अधिक सुरक्षित व्यवस्था का निर्माण करने के बाद आदिम चिन्तक के सामने अपने युग के बोध के स्तर पर वैसे अनेक सवाल उभरे होंगे जो आज के मानव के सामने हैं। जिन प्रधान सवालों से मानव जूझता रहा है, उनकी एक लम्बी तालिका तैयार की जा सकती है। मगर प्रमुख प्रश्न ये हैं—मानव का जीवन, व्यक्ति और समाज का जीवन कैसे सुखी हो सकता है? व्यक्ति और समाज के आदर्श क्या हैं? मानव और किसी 'अदृश्य शक्ति' के बीच क्या सम्बन्ध है और मानव किस प्रकार उस 'अदृश्य शक्ति' के रोष से अपने-आपको बचा सकता है? इस प्रकार कुल मिलाकर चिन्तन का मूल स्वर अपने परिवेश के स्तर पर आदर्शवादी

रहा है, जो जीवन को अधिक सन्तुलित और सुखद बनाने का अभिलाषी है। आरम्भिक काव्य-चिन्तकों की यह जीवनकेन्द्रित दृष्टि ही काव्य-चिन्तन में भी व्यक्त होती है। भरत ने 'नाट्यशास्त्र' में उल्लेख किया है कि देव-दानव युद्ध में दानवों के परास्त हो जाने पर नाटक खेला गया। नाटक का उद्देश्य लोकरंजन और लोकोपदेश माना गया। मानवकल्याण की चिन्ता प्लेटो के काव्य-चिन्तन का बुनियादी स्वर है। इससे चाहे काव्य के काव्यत्व की उपेक्षा भी हुई है, मगर प्लेटो के सामने एक ही आदर्श है—मानव का कल्याण। अरस्तू ने चाहे काव्य के रूप आदि पर विचार किया है, मगर फिर भी काव्य को नैतिक पूर्वाग्रह से पूर्णतः मुक्त नहीं कर पाये हैं। लोंजाइनस ने तो महान काव्य को कवि की आत्मा की गरिमा के साथ ही जोड़कर देखा है।

दूसरी बात यह है कि नाटक ही एक ऐसा काव्यरूप है जो मानव-जीवन से प्रत्यक्ष एवं घनिष्ठ रूप से सम्बद्ध है। दृश्य काव्य होने के नाते संयोजन, विधान और शैली की सरलता आदि गुण उसमें अनिवार्यतः रहते ही हैं। पाठ्य काव्य (प्राचीन श्रव्य काव्य) में तो यह सुविधा है कि व्यक्ति अर्थ पर विचार करे, एक-एक अंश को पुनः सुने या पढ़े, अधिक जटिलता होने पर दूसरों की सहायता ले, मगर नाटक में ये सारी सुविधाएँ नहीं हैं। नाटक तो रंगमंच पर अपनी सहज गति से चलता रहता है और सामाजिक, उसे साथ-साथ, बिना किसी की सहायता के समझता जाता है। इसलिए नाटककार के लिए यह अनिवार्य है कि वह अपनी रचना को प्रेक्षक के स्तर पर ही बनाये रखे। इसी में उसकी सफलता है और इसी रूप में नाटक जीवन को अधिक गम्भीरता से प्रभावित करता है। श्रव्य और दृश्य तत्त्वों का मिश्रण होने के कारण उसकी सामाजिक (युगीन अर्थ में ही सही) उपयोगिता बढ़ जाती है और जीवनकेन्द्रित चिन्तन में वही सबसे प्रधान काव्यरूप मान लिया जाता है। इसीलिए आरम्भिक काव्य-चिन्तन में सामाजिक पर पड़ने वाला प्रभाव या सामाजिक की प्रतिक्रिया का विवेचन महत्त्वपूर्ण हो जाता है। नैतिक प्रभाव की बात तो प्लेटो, अरस्तू (कुछ सीमा तक) भरत आदि करते ही हैं, मगर साथ ही रागात्मक प्रभाव का विवेचन भी महत्त्वपूर्ण हो जाता है। प्लेटो काव्य के रागात्मक प्रभाव को हानिकारक मानते हुए काव्य का विरोध करते हैं, भरत इस रागात्मक प्रभाव को रस तत्त्व के माध्यम से नाटक के महत्त्व का, उसकी सफलता या असफलता का निर्णय करते हैं और अरस्तू भी विरेचन सिद्धान्त के रूप में रागात्मक प्रभाव का विवेचन करते हुए नाटक के महत्त्व की सिद्धि करते हैं।

यूनानी साहित्य की कृतियों में ऐसे अनेक संकेत मिलते हैं जिनके आधार पर उनकी अपनी काव्य-दृष्टि को समझने में सहायता मिलती है। अरिस्टोफेनस की कामदी 'फ्राग्स' में ऐस्काइलस और यूरिपिडीज़ इस सवाल पर विचार करते हैं कि कवि के महत्त्व का आधार क्या है। इस प्रसंग में यूरिपिडीज़ के विचार हैं

कि कवि महान हो सकता है जिसकी कला सच्ची है, जो सत्य का उपदेश देता है और समूचे राष्ट्र के गौरवशाली विकास की प्रेरणा देता है।

चिन्तन का आरम्भिक रूप प्रायः वास्तविकता और स्थूल में केन्द्रित होता है। जब सृष्टि और मानव-जीवन ही चिन्तन के प्रधान विषय हैं तो यह स्वाभाविक हो जाता है कि अन्य विषयों पर विचार करते हुए भी इन्हीं प्रधान विषयों के प्रति सजगता अन्य विषयों पर व्यक्त किये गये विचारों को भी प्रभावित करे। इसलिए आरम्भिक यूनानी काव्य-चिन्तन की एक प्रधान विशेषता यह है कि उसमें काव्य एवं अन्य कलाओं को शेष सृष्टि के सन्दर्भ में रखकर देखा गया है। 'इलियड' में एक प्रकरण आता है जहाँ ऐचिलीज़ की माता हेफीस्टस के पास जाकर यह निवेदन करती है कि वह उसके पुत्र के जीवन की रक्षा के लिए उसकी सहायता करे। इस पर हेफीस्टस ऐचिलीज़ के लिए एक ढाल का निर्माण करता है। होमर विस्तार के साथ इस ढाल पर बने विविध चित्रों का उल्लेख करते हुए एक स्थान पर यह कहते हैं कि उस ढाल पर जुते हुए खेत का एक ऐसा चित्र है जो सोने से बना है, मगर वह ऐसा दिखाई देता है मानो सचमुच ही जोता जा रहा हो। इस अंश से स्पष्ट है कि कवियों के मन में कला के विषय में यह धारणा थी कि कलाकृति में व्यक्त यथार्थ सृष्टि जैसा होना चाहिए—किसी भी दृश्य की तस्वीर को देखकर उस दृश्य का भ्रम होना चाहिए। प्लेटो, अरस्तू, होरेस आदि के विवेचन में यह धारणा ही उनके चिन्तन विशेष की परिधि में अधिक विकसित रूप में दिखाई देती है। कवियों की उक्त धारणा में अनुकृति और फिर औचित्य सिद्धान्त के बीज स्पष्ट रूप से लक्षित होते हैं।

काव्य की प्रेरणा के बारे में भी 'दि ईलियट' एवं 'दि ओडिसी' में इस बात के स्पष्ट संकेत मिलते हैं कि होमर काव्य की सर्जना का सम्बन्ध दैवी शक्ति से मानते थे। 'ईलियड' के आरम्भ में ही होमर देवी से प्रार्थना करते हैं कि वह ऐचिलीज़ के क्रोध का गान करे। 'दि ओडिसी' में डैमोडोकस का वर्णन करते हुए होमर ने स्पष्ट रूप से काव्य देवी 'म्यूज़' के वरदान का उल्लेख किया है। यही संकेत प्लेटो के काव्य-विवेचन में, जहाँ वे काव्य को काव्यदेवियों के आवेश से रचित मानते हैं, विकसित रूप में दिखाई देते हैं।

प्राचीन चिन्तन-पद्धति की यह विशेषता रही है कि यदि कोई तथ्य जीवन को अनुकूल या प्रतिकूल रूप से प्रभावित करता है और उसकी व्याख्या यदि बौद्धिक स्तर पर न की जा सके तो उसे किसी दैवी शक्ति के साथ जोड़ दिया जाता था। भारतीय काव्यशास्त्र में भी वाग्देवी सरस्वती की उद्भावना काव्य और कलाओं की देवी के रूप में की गयी है।

उपर्युक्त विवेचन से तीन बातें स्पष्ट रूप से उभरकर सामने आती हैं। पहली बात यह है कि प्राचीन यूनानी कवियों ने काव्य के विषय के सम्बन्ध में तथा

काव्यगत विषय एवं सृष्टि के सम्बन्ध में कुछ संकेत दिये हैं। दूसरी, जिस बात ने कवियों का ध्यान आकर्षित किया, वह काव्य की प्रेरणा से सम्बद्ध थी और इस सन्दर्भ में कवियों ने देवी या काव्य की प्रेरणा की बात की। तीसरी बात है, काव्य के प्रभाव की। काव्य का प्रभाव गम्भीर एवं अमोघ है, यह तो सभी को स्वीकार्य है, मगर इस बात पर भी बल है कि काव्य का प्रभाव व्यक्ति और समाज के लिए कल्याणकारी होना चाहिए। ये बातें ही आगे चलकर काव्य की बुनियादी समस्याओं के रूप में उभरकर सामने आती हैं।

अध्याय-2

प्लेटो के काव्य सिद्धान्त

(427 ई.पू.–347 ई.पू.)

सापेक्ष दृष्टि

प्लेटो मूलतः एक दार्शनिक थे। लेकिन अपने युग के अन्य चिन्तकों के समान उन्होंने जीवन के अन्य पक्षों—राजनीतिक, साहित्यिक आदि, पर भी विचार किया है। दार्शनिक होने के नाते उन्होंने सृष्टि और जीवन के शाश्वत प्रश्नों पर विचार करते हुए परम सत्य की परिकल्पना की और उसी के आलोक में जीवन की अन्य क्रियाओं एवं सर्जनाओं का विवेचन-मूल्यांकन किया। स्पष्ट है कि बुनियादी दृष्टि को अपनाने के बाद प्रत्येक सर्जना या क्रिया का महत्त्व इस बात पर निर्भर करेगा कि वह व्यक्ति को परम सत्य तक पहुँचाने में कहाँ तक सहायक होती है। इसी दृष्टि से उन्होंने काव्य पर विचार किया है। उन्होंने यह सिद्ध करने का प्रयास किया है कि परम सत्य की प्राप्ति में काव्य कहाँ साधक या बाधक होता है। जाहिर है कि ऐसी स्थिति में वही काव्य स्वीकार्य हो सकता है जो परम सत्य को प्राप्त करने में सहायक होता है और यदि काव्य का रूप, प्रेरणा, प्रभाव आदि ऐसे हों जो व्यक्ति को मूल सत्य से दूर ले जाते हों तो ऐसा काव्य सर्वथा त्याज्य है।

स्पष्टतः प्लेटो ने काव्य पर बतौर काव्य के विचार नहीं किया। उनकी दृष्टि काव्य पर केन्द्रित नहीं रही। उनके विवेचन का केन्द्र उनकी परम सत्य की परिकल्पना है। इसलिए यह कहा जा सकता है कि प्लेटो में काव्यशास्त्री का रूप प्रधान नहीं है। उनका काव्य-विवेचन आनुषंगिक एवं उनके चिन्तन की व्यवस्था में गौण है। लेकिन इसमें सन्देह नहीं कि प्लेटो ने काव्य के विषय में महत्त्वपूर्ण

एवं बुनियादी समस्याओं को उठाया है जो आज के आलोचक के लिए चुनौती के रूप में आती हैं और जिनसे आज का विचारक भी जूझा करता है। प्लेटो के काव्य-विवेचन का महत्त्व इसी बात पर निर्भर करता है कि वह गौण होते हुए भी बुनियादी सवालों को उभारता है।

दर्शन और काव्य में द्वन्द्व का होना स्वाभाविक ही है। प्लेटो स्वयं इसके प्रति सजग हैं कि वे दार्शनिक के नाते काव्य पर विचार कर रहे हैं, मगर साथ ही वे यह मत भी निर्भ्रान्त रूप से व्यक्त करते हैं कि काव्य की सत्ता सापेक्ष है—काव्य का महत्त्व इस बात पर निर्भर करता है कि वह जीवन के सही आदर्शों को प्राप्त करने में कहाँ तक सहायक होता है। काव्य के सापेक्षिक विवेचन की पद्धति प्लेटो से आरम्भ होकर आधुनिक युग तक चली आती है। नीतिवादी एवं मार्क्सवादी काव्य-दृष्टियों की विवेचन-पद्धति की बुनियादी विशेषता भी यही सापेक्षवादी दृष्टि ही है। इन चिन्तनधाराओं में काव्य पर बतौर काव्य के विचार नहीं किया जाता; बल्कि काव्य के इतर चिन्तन-सरणियों द्वारा प्रतिपादित सत्य के प्रकाश में काव्य के महत्त्व को आँकने का प्रयास किया जाता है। इस प्रकार के विवेचन की अपनी सीमाएँ और शक्तियाँ हो सकती हैं, मगर से दृष्टियाँ काव्य का सापेक्षिक विवेचन ही करती हैं जिसका आरम्भिक रूप प्लेटो में दिखाई देता है।

द्विविध दृष्टि

प्लेटो ने काव्य पर द्विविध दृष्टि से विचार किया है। एक ओर तो वे अपने युग के काव्य को आधार बनाकर विवेचन करते हुए यह देखने का प्रयास करते हैं कि प्रेरणा, विषय, प्रभाव आदि की दृष्टि से वह काव्य कहाँ तक सत् का पोषक है और जीवन को कल्याण-मार्ग पर अग्रसर करने की शक्ति रखता है। यह दृष्टि सापेक्ष होते हुए भी अगमन विधि का अनुसरण करती है और इस निष्कर्ष पर पहुँचती है कि काव्य को, जैसाकि वह होमर आदि द्वारा रचित है, नगर से बहिष्कृत कर देना चाहिए। मगर इस निष्कर्ष से यह नहीं समझ लेना चाहिए कि प्लेटो काव्य-मात्र का विरोध करते हैं, वे ऐसे काव्य को सहर्ष स्वीकार करने के लिए तैयार हैं जो मनुष्य में सद्वृत्तियों को जगाता है, उन्हें सत्य की ओर प्रेरित करता है तथा उनके जीवन को अनुशासन, संयम एवं व्यवस्था प्रदान करता है। प्लेटो ने काव्य का जो विरोध किया है, उसका आधार उनके युग का काव्य है, मगर वे काव्य-मात्र के विरोधी नहीं हैं। इसका कारण वह विरोध है जो दर्शन एवं काव्य में हमेशा से चला आ रहा है। प्लेटो होमर की प्रशंसा करते हुए भी इस विरोध के कारण कविता को अस्वीकार करने के लिए बाध्य होते हैं—

अस्तु, जब तुम होमेरस (होमर) के प्रशंसकों को यह कहते हुए पाते हो कि

इस कवि ने हेल्लस को शिक्षित किया और यह कि मानव आचरण एवं संस्कृति की समस्याओं के समाधान के लिए होमेरस का अध्ययन करना चाहिए और उसकी सीख के अनुसार अपना सम्पूर्ण जीवन व्यवस्थित करना चाहिए तो ऐसे लोगों के प्रति तुम्हें उदार और दयावान होना चाहिए—वे उतने साधु होते हैं जितना होना उन्हें आता है और इस बात से भी तुम्हें सहमत होना चाहिए कि होमेरस (होमर) में काव्य-गुण सर्वाधिक हैं और त्रासदी-कवियों में उसका स्थान मूर्धा पर है, परन्तु अपने मन में तुम्हें यह दृढ़तापूर्वक समझ लेना चाहिए कि किसी भी नगर में केवल उसी कविता का प्रवेश होने दिया जायगा जिसमें ईश्वर की स्तुति हो अथवा जिसमें साधुजनों का गुणगान हो। यदि तुम गीति एवं महाकाव्य की आनन्दसिद्धा देवी की प्रतिष्ठा करोगे तो विधि एवं सिद्धान्त के स्थान पर तुम्हारे नगर में सुख-दुख शासन करेंगे और समाज ने विधि एवं सिद्धान्त को ही सर्वदा श्रेष्ठतम स्वीकार किया है।

'अस्तु, तब हमारी यह प्रत्युक्ति रहे कि हम काव्य के विषय में विचार कर चुके। उसकी प्रकृति ही ऐसी होती है कि उसे नगर से वहिष्कृत किया ही जाना चाहिए। युक्तियों ने हठात् हमें इस निष्कर्ष पर पहुँचा दिया है। यदि वह हम पर निर्ममता और अशिष्टता का अभियोग लगाये तो हम उसे यह भी स्पष्टतः बता दें कि दर्शन और कविता का प्राचीन काल से विरोध चला आ रहा है। 'अपने स्वामी पर भौंकने वाली कुतिया', 'भौंकता हुआ कुत्ता जो मूर्खों की सभा में शीश समुन्नत करता है', 'अति चतुरों का विजयोन्मत्त तुमुल नाद' आदि वाक्यांश और यह वक्तव्य कि सूक्ष्म विचारवान् मनुष्य सभी भिक्षुक होते हैं, आदि इस चिरकाल से चले आते विरोध के प्रमाण है। तथापि, हम यह कह दें कि यदि आनन्दजनक काव्य और अनुकरण की ओर से युक्ति द्वारा यह प्रमाणित हो जाए कि किसी सुशासित नगर में काव्य का उचित स्थान है तो हम सहर्ष पुनः उसका स्वागत करने को प्रस्तुत हैं।'[1]

दर्शन और काव्य का यह विरोध भारतीय परम्परा में भी रहा है। साधक के लिए यह आदेश है कि वह काव्य और आलाप का वर्जन करे—काव्यालापाश्च वर्जयेत। उधर काव्यशास्त्री इस बात पर बल देते हैं कि सहृदय व्यक्ति ही काव्यरस का अधिकारी है, वेदाभ्यासी जड़ मुनि को रस की अनुभूति ही नहीं हो सकती, क्योंकि वह साधना के द्वारा अपनी वासना को उच्छिन्न कर देता है। सरस्वती और लक्ष्मी के विरोध की कथाएँ काफी प्रचलित हैं। स्पष्ट है कि दर्शन को आधार बनाकर काव्य पर विचार करने से काव्य के साथ न्याय नहीं हो सकता।

प्लेटो के उपर्युक्त उद्धरण में काव्य के ऐसे रूप की भी चर्चा है जो सत् विचारों का पोषक और काम्य हो सकता है। 'ईश्वर की स्तुति' और साधुजनों के गुणगान वाला आदर्श भक्तिपरक काव्य पर भी घटित हो सकता है। मगर उस

1. सावित्री सिन्हा (सम्पादिका), प्लेटा-'गणतन्त्र', 'पाश्चात्य काव्यशास्त्र की परम्परा', पृ. 22-23

मूल्य को स्वीकार करने पर काव्य की एक व्यापक और महत्त्वपूर्ण राशि को काव्य से वहिष्कृत करना होगा। मगर काव्येतर दृष्टियों से निर्धारित काव्य को ही एकमात्र काव्य मानने वाले आधुनिक काल में प्रचलित रहे हैं और इस मत को स्वीकार करने पर काव्य के शिल्पगत पक्ष की उपेक्षा होती है।

प्लेटो के काव्य सम्बन्धी विचारों को तीन प्रमुख प्रश्नों से सम्बद्ध करके देखा जा सकता है। उनके कुछ विचार तो ऐसे हैं जो काव्य-प्रेरणा के स्वरूप आदि को स्पष्ट करने का प्रयास करते हैं, अन्यत्र वे काव्य-वस्तु या काव्य के विषय का विश्लेषण करते हैं, और कहीं वे काव्य के प्रभाव पर विचार करते हैं। इन तीन दृष्टियों से प्लेटों के काव्य-चिन्तन का विवेचन करने से उसे तथा उससे व्यंजित काव्य के बुनियादी सवालों को समझने में सरलता होगी।

काव्य की प्रेरणा

पहले होमर के काव्यों के आधार पर यह संकेत किया गया है कि वे काव्य को किसी दैवी शक्ति या काव्यदेवी से प्रेरित मानते थे। प्लेटो में इसी संकेत की विस्तृत व्याख्या मिलती है।

प्लेटो की विवेचन-शैली द्वन्द्वात्मक है—वे प्रश्न और उत्तर के रूप में विचार करते हैं। प्लेटो किसी रैप्सोड (काव्यपाठी) से—जो काव्य का संगीतमय पाठ किया करता था और काव्य पर व्याख्यान भी दिया करता था—तर्क-वितर्क करते हुए अपने मत की प्रतिष्ठा करते हैं। यद्यपि आज यह मत स्वीकार्य नहीं हो सकता, मगर यहाँ बुनियादी समस्या यह है कि ऐसी कौन-सी मानसिक स्थिति है जिसमें कोई भी कवि काव्य की रचना करता है। यह तो सर्वविदित ही है कि प्रत्येक कवि के जीवन में प्रेरणा के विशेष क्षण आते हैं जब वह कविता, उत्कृष्ट कविता की रचना कर सकता है। वैसे तो आशुकवियों का जिक्र भी किया जा सकता है, मगर उत्कृष्ट कविता का निर्माण एक विशिष्ट मानसिक स्थिति में ही होता है, इसे सभी स्वीकार करते हैं। यह तथ्य ऐसा है जो होमर के पूर्वोक्त कथन से भी व्यंजित होता है। अब सवाल यह पैदा होता है कि सर्जना के लिए उपयुक्त कथन से मनोभूमि का निर्माण कैसे होता है और उसका स्वरूप क्या है? प्लेटो के युग की सीमाओं को देखते हुए हम यह आशा नहीं कर सकते कि वह इस सवाल पर विस्तार से विचार करने में समर्थ होगा। मगर एक बात स्पष्ट है। प्लेटो ने सर्जना की विशिष्ट मनोभूमि को पहचाना, यही बात अपने-आप में महत्त्वपूर्ण है। सर्जना की मनोभूमि सहज मानसिक अवस्था से भिन्न होती है, यह एक ऐसा सत्य है जिसे आज तक अनेक आलोचक अपने-अपने बोध के स्तर पर स्वीकार करते रहे हैं।

रचनाकार काव्यदेवी से आविष्ट होकर ही रचना करने में समर्थ होता है।

काव्यदेवी के प्रभाव से रचनाकार देश और काल की सीमाओं का उल्लंघन कर जाता है और ऐसे तथ्यों का चित्रोपम वर्णन करने में समर्थ होता है, जो उसने कभी नहीं देखे। अनदेखे पात्रों और अनदेखी घटनाओं का ऐसा चित्रण कि वे सजीव और साक्षात् प्रतीत होने लगें, किसी विशिष्ट शक्ति का ही प्रभाव हो सकता है। प्राचीन युग में जब कभी उस 'विशिष्ट' की तर्कसम्मत व्याख्या नहीं हो पाती थी तो उसे किसी आध्यात्मिक या लोकोत्तर सत्ता से जोड़ दिया जाता था। प्लेटो ने भी रचना-क्षण के इस वैशिष्ट्य की व्याख्या काव्यदेवी की सहायता से की। इस विशिष्ट मनोभूमि को, जो रचनात्मक होती है, प्लेटो विक्षेप की स्थिति का एक प्रकार मानते हैं।

'एक और प्रकार की विक्षिप्तता उन लोगों की है जो काव्यदेवी से आविष्ट होते हैं—वह किसी सुकोमल और अक्षत आत्मा को अभिभूत कर लेती है और उसमें उन्माद का संचार करती हुई प्रगती एवं अन्य काव्यों के स्वर जगाती है। इसके द्वारा वह परवर्ती पीढ़ियों के ज्ञान के लिए प्राचीन वीरों के बहुविध कृत्यों की प्रशस्ति एवं श्लाघा करती है। किन्तु जो अपनी आत्मा में काव्यदेवी के अनुग्रह से जनित इस विक्षिप्तता का स्पर्श पाये बिना द्वार पर उपस्थित होता है और समझता है कि अपनी कला के बल पर वह मन्दिर में प्रवेश पा जाएगा, मैं कहता हूँ, उसे और उसकी कविता को प्रविष्ट नहीं किया जाता, वह व्यक्ति विलुप्त हो जाता है, और उसे विक्षिप्त व्यक्ति की प्रतिद्वन्द्विता में खड़े होने पर उसका कोई भी स्थान नहीं होता।'[1]

उपर्युक्त उद्धरण में प्लेटो ने काव्य की प्रेरणा या हेतु के रूप में दो तत्त्वों का उल्लेख किया है—एक, काव्यदेवी के आवेश का, द्वितीय, कला का। कला से तात्पर्य काव्यशास्त्र का ज्ञान तथा काव्यशास्त्र के नियमों के अनुकूल रचना करने की क्षमता से है। इस सम्बन्ध में प्लेटो का स्पष्ट मत है कि वही रचना स्थायी हो सकती है जो काव्यदेवी की प्रेरणा से निर्मित हो, मात्र कला से निर्मित रचना स्थिर नहीं रह पाती। दूसरे शब्दों में यह कहा जा सकता है कि रचना में उत्कर्ष का कारण काव्यदेवी का आवेश है, दैवी-प्रेरणा है, कला नहीं है। रचना के संदर्भ में दैवी-प्रेरणा और कला के सापेक्षिक महत्त्व का विवाद परवर्ती आलोचकों में भी दिखाई देता है और सभी आलोचकों ने कला की निपुणता की अपेक्षा दैवी-प्रेरणा या विशिष्ट रचनात्मक मनोभूमि को ही अधिक महत्वपूर्ण माना है। उदाहरण के लिए लोंजयूनस तथा होरेस प्रकृति और कला दोनों को स्वीकार करते हुए भी प्रकृति को ही अधिक महत्त्वपूर्ण मानते हैं।

काव्य-हेतु के सम्बन्ध में भारतीय मत भी कुछ इसी तरह का है। यद्यपि प्रतिभा या शक्ति, व्युत्पत्ति या निपुणता और अभ्यास इन तीनों तत्त्वों का उल्लेख

1. सावित्री सिन्हा (सम्पादिका), प्लेटो-'फएद्रस', 'पाश्चात्य काव्यशास्त्र की परम्परा' पृ. 8-9

काव्य-हेतु के विवेचन के सन्दर्भ में किया जाता है, मगर यह प्रायः सर्वमान्य है कि प्रतिभा का महत्त्व ही सबसे अधिक है और प्रतिभा अर्जित नहीं होती, जन्मजात होती है। कुछ आचार्यों ने उत्पाद्या प्रतिभा की चर्चा भी की है, मगर अधिकांश आचार्य उसे संस्कार रूप ही मानते हैं। प्लेटो की काव्यदेवी की अवधारणा, भारतीय काव्यशास्त्र की प्रतिभा और आधुनिक आलोचना में स्वीकृत कल्पना की अवधारणा में अन्तर होते हुए भी यह स्पष्ट है कि ये तीनों तत्त्व एक ही स्थिति—रचनात्मक मनोभूमि की व्याख्या का प्रयास करती हैं। इसी सन्दर्भ में प्रसाद की 'संकल्पात्मक अनुभूति' की चर्चा करना भी अप्रासंगिक न होगा, जिसे वे आत्मा की मनन की असाधारण अवस्था मानते हैं।

उपर्युक्त विवेचन से यह नहीं समझना चाहिए कि काव्यदेवी, प्रतिभा, कल्पना और संकल्पात्मक अनुभूति की अवधारणाओं में कोई अन्तर नहीं है। इनका परस्पर अन्तर तो स्पष्ट ही है, मगर समानता इस बात में है कि प्राचीन और आधुनिक प्रायः सभी आलोचकों ने यह स्वीकार किया है कि कविता की रचना की मनोभूमि एक असाधारण अवस्था है।

प्लेटो ने काव्यदेवी के आवेश की जो बात कही है, उसे प्लेटो के समग्र काव्य-चिन्तन के सन्दर्भ में रखकर ही पूरी तरह समझा जा सकता है। काव्यदेवी के प्रभाव से उत्पन्न आवेशमयी स्थिति की व्याख्या करते हुए ही प्लेटो ने कवि-काव्यपाठी और श्रोता के बीच सम्बन्ध की, तादात्म्य की स्थिति का उल्लेख भी किया है और इसके स्पष्टीकरण के लिए चुम्बक का उदाहरण दिया है। चुम्बक लोहे के टुकड़े को आकर्षित कर लेता है और चुम्बक से आकृष्ट लोहे के टुकड़े में भी चुम्बक जैसी आकर्षण की शक्ति आ जाती है और इस प्रकार वह दूसरे लोहे के टुकड़े को आकृष्ट करके एक शृंखला का रूप धारण कर लेते हैं। ऐसी ही स्थिति काव्य की भी है। कवि का आवेश काव्यपाठी से होता हुआ श्रोता मात्र तक में व्याप्त हो जाता है और इस प्रकार आवेश की इस भूमि पर सभी श्रोता कवि की अनुभूति से सम्बद्ध हो जाते हैं।

गहराई से देखने पर स्पष्ट हो जाता है कि इस विवेचन में कवि की अनुभूति की सम्प्रेषण की समस्या के बीज विद्यमान हैं और विविध आलोचकों ने अपने-अपने ढंग से इस सवाल पर विचार किया है कि कवि की अनुभूति काव्य द्वारा कैसे सामाजिक मात्र तक पहुँच जाती है। भारतीय काव्यशास्त्र का साधारणीकरण सिद्धान्त या तादात्म्य की बात भी इसी मूल समस्या के समाधान का प्रयास है।

पहले यह संकेत दिया जा चुका है कि प्लेटो के अनुसार काव्य सामाजिक पर अशुभ प्रभाव डालता है, इसलिए कवि को राज्य से निष्कासित कर देना चाहिए। यहाँ यह सवाल उठाया गया है कि काव्य की प्रेरणा दैवी है—काव्यदेवी से आविष्ट होकर कवि रचना करता है—तो काव्य का प्रभाव अशुभ कैसे हो सकता है? आगे

के विवेचन में इसका उत्तर पूरी तरह से स्पष्ट होगा, मगर यहाँ कुछ बातों पर विचार कर लेना अनिवार्य है।

पहली बात तो यह है कि प्लेटो ने काव्यदेवी की परिकल्पना रचनात्मक मनोभूमि की विशिष्टता की व्याख्या के लिए की है, साथ ही यह दिखाने के लिए भी कि कविता की रचना करते समय कवि अपने सामान्य स्तर पर विचरण नहीं करता। इसमें भी उद्देश्य यह नहीं है कि काव्य के सत या असत प्रभाव का विवेचन किया जाये, बल्कि प्लेटो काव्यदेवी के आवेश की चर्चा द्वारा यह सिद्ध करना चाहते हैं कि कवि किस प्रकार अनदेखे 'प्राचीन वीरों' को जीवन्त रूप प्रदान करता है। दूसरे शब्दों में प्लेटो सृर्जन-प्रक्रिया के अन्तर्गत आने वाली शक्ति विशेष को समझाने का प्रयास करता है या काव्यदेवी के आवेश के कार्य का उल्लेख करता है, उसके स्वरूप का नहीं।

दूसरी बात यह है कि जहाँ तक काव्यदेवी के स्वरूप या मूल्यांकन की बात है, वह 'विक्षप्तता' शब्द के प्रयोग से सहज ही व्यंजित हो जाती है। प्लेटो की दृष्टि में यह आवेश हेय है, जो सुकोमल और अक्षत आत्मा को अभिभूत कर लेता है और उसमें उन्माद का 'संचार' करता है। दूसरे शब्दों में आवेश की यह स्थिति सर्जनात्मक होते हुए भी उन्मादपूर्ण है। यहाँ यह अन्तर्विरोध क्यों दिखाई देता है? इस सवाल को डेविड डैचेस ने 'क्रिटिकल अप्रोचेज टु लिट्रेचर' में उठाया है और कहा है कि इस बात का कोई सन्तोषप्रद उत्तर नहीं मिलता कि प्लेटो काव्य की प्रेरणा को दैवी मानते हुए भी क्यों काव्य का विरोध करते हैं। यह कहना कि काव्य के प्रभाव से व्यक्ति की वासना का सम्पोषण होता है, सन्तोषप्रद उत्तर नहीं है, क्योंकि फिर वही सवाल उठता है कि दैवी-प्रेरणा से रचित कृति में वासना का सम्पोषण कैसे हो सकता है?

यदि इस सवाल पर प्लेटो के व्यापक दर्शन के सन्दर्भ में विचार किया जाये तो इसका सही उत्तर मिल सकता है। प्लेटो मूलतः दार्शनिक हैं और इस नाते वे मन की उस अवस्था को काम्य एवं आदर्श मानते हैं, जो विवेकयुक्त, संयत और शान्त हो, क्योंकि विवेक एवं संयम के द्वारा ही व्यक्ति सत्य की उपलब्धि कर सकता है। सत्य की उपलब्धि के लिए मनोवेगों का संयमन अनिवार्य है। मगर काव्यदेवी कवि के मन में और फिर सामाजिक के मन में एक ऐसी स्थिति को जन्म देती है जिसमें मनोवेग अत्यन्त शक्तिशाली हो उठते हैं और वे विवेक को नष्ट कर देते हैं। दरअसल दर्शन और कविता का द्वन्द्व ज्ञान और भाव का द्वन्द्व बनकर भी सामने आता है। दर्शन ज्ञान और संयम पर बल देता है, कविता भाव और आवेश पर। प्लेटो के शब्दों में यह आवेश विक्षेप या उन्माद की स्थिति है जो ज्ञान की विरोधी है। इस दृष्टि से स्पष्ट है कि आवेश को जन्म देने वाली प्रत्येक शक्ति प्लेटो की दृष्टि से ज्ञान या दर्शन की विरोधी होने के कारण हेय मानी जायेगी। इसमें सन्देह नहीं कि जहाँ तक कवि के आवेश का सवाल है, वह सर्जनात्मक तो है पर इस सर्जनात्मकता

के साथ ही काव्यदेवी के आवेश को सम्बद्ध किया गया है। वह सर्जना प्रभाव में भी शुभ हो, यह अनिवार्य नहीं है। उस आवेश की स्थिति को दैवी कहना प्लेटो के युग की सीमा है और परम्परा का प्रभाव है, क्योंकि होमर, जिसकी प्लेटो प्रशंसा करता है, काव्यदेवी और दैवी शक्ति का उल्लेख करता है। कुछ तो होमर के प्रमाण के आधार पर और कुछ तत्कालीन युग के चिन्तन की सीमाओं के कारण प्लेटो ने काव्य के सर्जना पक्ष की व्याख्या करने के लिए काव्यदेवी को स्वीकार किया।

इस सन्दर्भ में देवी या देवता और परम तत्त्व के सम्बन्ध को भी समझना अनिवार्य है। होमर के काव्यों में देवी-देवताओं का चरित्र क्षुद्र और पतित है। उनमें हिंसा है, वे झूठ बोलते हैं, धोखा देते हैं, चोरी करते हैं, मानव के दुःख और विपत्ति पर हर्षित होते हैं तथा परस्पर द्वेष और प्रतिहिंसा से भरे हुए हैं। इसलिए यह स्पष्ट है कि प्लेटो के युग में देवी या देवता का स्वरूप नैतिक दृष्टि से कोई आदर्श, महान या गरिमशाली नहीं था। काव्य की प्रेरणा को काव्यदेवी से जोड़ देने मात्र से ही काव्य को अनिवार्यतः मंगलमय मानना पड़ेगा, इसकी कोई सम्भावना या आशंका प्लेटो के युग में नहीं हो सकती थी।

काव्य की वस्तु

प्लेटो ने काव्य की वस्तु पर एक दार्शनिक की दृष्टि से विचार किया है, काव्यशास्त्री की दृष्टि से नहीं। इसका सहज परिणाम यह हुआ है कि वह अपनी सृष्टि-विषयक धारणा को, परम सत्य के स्वरूप को आधार बनाकर काव्यवस्तु पर विचार करता है। इसीलिए प्लेटो के अनुसार काव्य के सत्य का अपना स्वतन्त्र, निरपेक्ष अस्तित्व नहीं है, बल्कि वह परम सत्य के सन्दर्भ से ही सत्य या असत्य माना जा सकता है। परम सत्य या दार्शनिक सत्य की सापेक्षता में काव्य-सत्य का यह विवेचन अपना महत्त्व रखता है। यद्यपि प्लेटो के बाद अरस्तू ने काव्य-सत्य के विवेचन की दृष्टि में दार्शनिक सत्य की किसी भी अवधारणा को हस्तक्षेप नहीं करने दिया, फिर भी यह नहीं समझना चाहिए कि दार्शनिक सत्य के सन्दर्भ में विचार करने वाला प्लेटो प्रथम और अन्तिम आचार्य है। प्लेटो के बाद कालरिज, क्रोचे आदि ने भी दर्शन के सत्य के आलोक में ही काव्य के विविध पक्षों और प्रतिक्रियाओं का विवेचन किया है।

काव्य-वस्तु की दृष्टि से प्लेटो काव्य को अनुकृति की अनुकृति मानता है और काव्य के सत्य को मूल सत्य से तिगुना दूर मानता है। इस मत को समझने के लिए प्लेटो के दर्शन में प्रतिष्ठित मूल सत्य के स्वरूप का संक्षिप्त स्पष्टीकरण आवश्यक है।

प्लेटो के अनुसार ईश्वर ने सृष्टि का निर्माण किया है। पलंग और मेज का

उदाहरण देते हुए प्लेटो यह कहता है कि इनकी 'आकृति' का निर्माता तो ईश्वर ही है, इसलिए परम सत्य तो इनकी यह आकृति ही है जो ईश्वर द्वारा निर्मित होती है। बढ़ई उस आकृति के आधार पर ही मेज़ या पलंग का निर्माण करता है, लेकिन बढ़ई उस अर्थ में मेज या पलंग का 'निर्माण' नहीं करता जिस अर्थ में ईश्वर उनका निर्माण करता है, क्योंकि ईश्वर आदि स्रष्टा है, और बढ़ई एक बनी हुई सृष्टि के आधार पर रचना करता है, या यों कहें कि ईश्वर द्वारा निर्मित आकृति का अनुकरण करता है। इस प्रकार बढ़ई द्वारा निर्मित मेज या पलंग सच्चे अर्थों में निर्मित न होकर अनुकृति ही हैं, जिनका अनुकार्य है ईश्वर की सृष्टि। इस प्रकार यह भौतिक सृष्टि परम सत्य नहीं है, वरन ईश्वर की चेतना में विद्यमान 'विचार' या 'प्रत्यय' रूप से निर्मित आकृतियों की अनुकृति है। अनुकृति होने के कारण यह सृष्टि मूल सत्य से दूर है और निम्न स्तर की रचना है, क्योंकि मूल सिद्धान्त यह है कि अनुकृति अनुकार्य की अपेक्षा हीन और निम्न स्तर की रचना है। यह तो हुई सृष्टि के स्वरूप की बात।

कलाकार अपने विषय सृष्टि से ही ग्रहण करता है। अगर ऊपर के उदाहरण को और आगे बढ़ाएँ तो यह कह सकते हैं कि चित्रकार द्वारा बनाये गये पलंग के चित्र का आधार बढ़ई द्वारा निर्मित पलंग है जो स्वयं एक अनुकृति है। चित्रकार भी उस अर्थ में पलंग का निर्माण नहीं करता, जिस अर्थ में बढ़ई पलंग का निर्माण नहीं करता है। चित्रकार अपने चित्र में पलंग की अनुकृति करता है–चित्रकार द्वारा बनाया हुआ पलंग का चित्र अनुकृति की भी अनुकृति है, क्योंकि मूल अनुकार्य तो ईश्वर द्वारा निर्मित पलंग की आकृति है। इस प्रकार कला अनुकृति की अनुकृति होने के कारण मूल सत्य से तिगुनी दूर है। और जाहिर है कि जो सत्य से तिगुनी दूर है, वह सत्ता कभी काम्य नहीं हो सकती, क्योंकि इस सत्ता में आसक्त होने का अर्थ होगा मूल सत्य से दूर हो जाना, जो किसी भी दार्शनिक को स्वीकार्य नहीं होगा। काव्य का सत्य, सत्य से भ्रष्ट होता है इसलिए काव्य त्याज्य ही माना जाना चाहिए। प्लेटो ने 'गणतन्त्र' में इस विषय पर जो विचार व्यक्त किये हैं, उनके उद्धरण से उपर्युक्त निष्कर्ष सहज ही स्पष्ट हो जाता है–

'अब जब हमने आत्मा के विभिन्न तत्त्वों में भेद कर लिया है, तो मैं समझता हूँ, यह पहले की अपेक्षा कहीं अधिक स्पष्ट प्रतीत होने लगा है, यह (कला का) बहिष्कार सर्वथा पूर्ण होना चाहिए।'

'क्या हम यह विवेचन अपनी साधारण पद्धति से ही आरम्भ करें? तुम्हें स्मरण होगा, जहाँ कई स्थलों पर एक ही नाम का प्रयोग आता है, वहाँ हम उसकी जगह एक आकृति का न्यास करते रहे हैं। एक वर्ग के अनेक पदार्थों को व्यक्त करने के लिए एक आकृति। समझे?'

'हाँ।'

'और जो भी 'अनेक पदार्थ' तुम चाहो, हम ले लें। उदाहरणार्थ, यदि काम चल जाये तो अनेक पलंग और मेजें ही ले लें।'

'अवश्य।'

'परन्तु इन वस्तुओं की दो आकृतियाँ हैं—एक पलंग की और एक मेज की।'

'ठीक।'

'और क्या हम यह भी नहीं कहते हैं कि प्रत्येक वस्तु का निर्माता आकृति को देखकर ही पलंग और मेजें बनाता है जिनका हम उपयोग करते हैं। और अन्य वस्तुओं के बारे में भी यह बात है—क्योंकि कोई भी निर्माता वास्तविक आकृति का निर्माण नहीं करता।...या करता है?'

'निश्चय ही नहीं।'

'अब इस निर्माता के विषय में सोचो। इसे क्या कहोगे?'

'किसे?'

'जो अपने-आप उन सब वस्तुओं का निर्माण करता है जिन्हें विभिन्न शिल्पी (अनुकरण द्वारा) बनाते हैं।'

'अद्वितीय कुशल व्यक्ति।'

'तनिक ठहरो—और तुम्हारे पास यही बात कहने का और भी पुष्ट कारण होगा। यह शिल्पी इस प्रकार की ही समस्त वस्तुएँ नहीं बनाता, वह पृथ्वी से उत्पन्न होने वाली समस्त वस्तुओं का निर्माता होता है—सम्पूर्ण प्राणिजगत् का सृजन करता है, उनके साथ अपनी भी, और उतने से ही सन्तुष्ट न होकर स्वर्ग और मृत्युलोक की सृष्टि करता है, देवताओं की सृष्टि करता है और स्वर्ग एवं पृथ्वी के नीचे नरक की अन्य सभी वस्तुओं की भी।'

'कैसी पूर्ण और विलक्षण प्रतिभा है!'

'मेरा विश्वास नहीं करते। बताओ, क्या तुम समझते हो ऐसा कोई स्रष्टा है ही नहीं या यह सोचते हो कि मानव एक प्रकार से तो इन सब वस्तुओं का निर्माता हो सकता है और दूसरे प्रकार से नहीं? क्या तुम्हें यह नहीं लगता कि प्रकार विशेष से तुम स्वयं भी ये सब वस्तुएँ बना सकते हो?'

'और वह प्रकार विशेष क्या है?'

'वह कठिन नहीं, सृजन की सहज एवं नित्य विधि है। उसका कदाचित् सबसे सरल ढंग यह है कि एक दर्पण लेकर उसे चतुर्दिक् घुमाते जाओ। इस प्रकार तुरन्त ही तुम सूर्य, तारागण एवं पृथ्वी का, स्वयं अपना, अन्य प्राणियों का, लता-द्रुमों का तथा उन सभी वस्तुओं का निर्माण कर सकते हो जिनका अभी-अभी हम वर्णन कर रहे थे।'

'हाँ, परन्तु वह समूची सृष्टि प्रतीयमान होगी, निश्चय ही वास्तविक नहीं।'

'तुमने बहुत ही अच्छी बात कही है। प्रस्तुत युक्ति शृंखला में ठीक इसी की आवश्यकता थी। मैं समझता हूँ कि चित्रकार भी इसी प्रकार का स्रष्टा है। है या नहीं?'

'अवश्य।'

'परन्तु मैं सोचता हूँ, तुम यह कहोगे कि वह जो कुछ बनाता है, सत्य नहीं होता। यद्यपि एक प्रकार से चित्रकार भी पलंग की सृष्टि करता है, करता है या नहीं?'

'हाँ, वह अन्यों की भाँति प्रतीयमान पलंग की ही सृष्टि करता है।'

'बढ़ई का क्या होता है? क्या तुमने यह नहीं कहा कि वह एक पलंग विशेष का निर्माण करता है, केवल उस आकृति का नहीं जिसे हमने पलंग के नाम से अभिहित किया है।'

'हाँ, मैंने कहा था।'

'अस्तु, जो है उसका यदि वह निर्माण नहीं करता तो वह वास्तविक का निर्माण नहीं करता, वह जो बनाता है वास्तविक नहीं परन्तु उसी जैसी वस्तु होती है। परन्तु यदि कोई कहे कि बढ़ई अथवा किसी अन्य शिल्पी का कार्य सर्वथा वास्तविक है तो कदाचित् वह सत्य का आख्यान नहीं करेगा। है कि नहीं?'

'हाँ, कम से कम उन लोगों के मत से तो नहीं, जो इस प्रकार की तर्क प्रणाली से अवगत हैं।'

'तब यदि निर्मित वस्तु भी सत्य की अपेक्षा कुछ अस्पष्ट हो तो हमें आश्चर्य नहीं होना चाहिए?'

'नहीं।'

'तो हम अनुकर्ता के स्वरूप का अन्वेषण करने में क्या इन्हें दृष्टान्त रूप में ग्रहण कर सकते हैं?'

'यदि आप चाहें।'

'अच्छा, तो अब ये तीन पलंग हैं– एक, जिसका प्रकृति में अस्तित्व है, और जिसे मैं समझता हूँ, हमें ईश्वर द्वारा निर्मित कहना चाहिए। ठीक है न?'

'हाँ।'

'और दूसरा बढ़ई द्वारा निर्मित।'

'ठीक।'

'और तीसरा चित्रकार द्वारा।'

'हाँ, यही मान लें।'

'चित्रकार, बढ़ई और ईश्वर–पलंगों के तीन वर्गों पर इन तीन निर्माताओं के नाम हैं।'

'हाँ।'

'और ईश्वर ने अपनी इच्छावश अथवा इस कारण कि उसके लिए यह

आवश्यक था कि प्रकृति में एक से अधिक पलंग न बनाये, केवल एक ही पलंग बनाया जो उसका आदि सत्य रूप है। परन्तु इस प्रकार के दो या अधिक पलंग ईश्वर ने न कभी बनाये, न कभी बनायेगा।'

'और मैं समझता हूँ ईश्वर यह जानता था और वस्तुतः ऐसे पलंगों का स्रष्टा होना चाहता था, जिसका वास्तविक अस्तित्व हो। किसी पलंग विशेष का निर्माता विशेष नहीं। अतः उसने एक प्रकृत पलंग का निर्माण किया।'

'सम्भवतः।'

'तब हम उसे उसका 'प्रकृति-निर्माता' कहें या वैसा ही कोई और नाम दें।'

'हाँ, वही उचित है, जबकि उसके द्वारा इस एवं अन्य वस्तुओं का निर्माण प्रकृति के द्वारा निर्माण ही है।'

'बढ़ई के विषय में क्या कहते हो? उसे तुम एक पलंग का निर्माता कहोगे?'

'मेरे विचार में अन्य दो जो कुछ बनाते हैं, उसे उसका अनुकर्ता कहना सर्वाधिक उचित और संगत होगा।'

'अच्छा, तो तुम उसे अनुकर्ता कहोगे जिसका सम्बन्ध ऐसी चीज से होता है जो प्रकृति से तिगुनी दूर हो?'[1]

उपर्युक्त उद्धरण में दो बातें विशेष महत्त्व की हैं। पहली तो यह कि उसका सम्बन्ध चित्रकला से है और इस दृष्टान्त के आधार पर इस विवेचन का सीधा सम्बन्ध त्रासदी से जोड़ना कठिन है। दूसरी बात यह है कि यहाँ प्लेटो ने अनुकरण सम्बन्धी अपने मत को भी स्पष्ट किया है। दर्पण के दृष्टान्त से स्पष्ट है कि प्लेटो का ध्यान अनुकरण में 'रचनात्मकता' की ओर नहीं है। यहाँ अनुकरण एक यान्त्रिक व्यापार के रूप में स्वीकार किया गया है जो जड़ है तथा रचनात्मकता से असम्पृक्त है। स्पष्टतः अनुकरण व्यापारकरण व्यापार की अपेक्षा हीन है। इस मत की पुष्टि उपर्युक्त पुस्तक के इस उद्धरण से भी होती है जहाँ प्लेटो त्रासदीकार की प्रक्रिया का विवेचन करता हुआ 'करण' की अपेक्षा 'अनुकरण' को हीन व्यापार मानता है–

'अच्छा, बताओ तुम क्या यह सोचते हो कि यदि कोई व्यक्ति अनुकरण के आधार और उसकी छायाकृति दोनों का निर्माण कर सकता हो तो वह केवल छायाकृतियों के निर्माण को ही अपना लक्ष्य बना बैठेगा और अपनी इस क्षमता को अपने जीव की सर्वोत्तम निधि के रूप में प्रस्तुत करेगा?'

'मैं तो वैसा नहीं समझता।'

'परन्तु मैं सोचता हूँ कि यदि उसको उन वस्तुओं का सच्चा ज्ञान भी होता जिनका वह अनुकरण करता है तो 'अनुकरण' के बजाय उनके 'करण' (रचना) में उसका कहीं अधिक उत्साह होता और वह अपने पश्चात अनेक सुकृत्य स्मृति

1. सावित्री सिन्हा (सम्पादिका), प्लेटो, 'गणतन्त्र', 'पाश्चात्य काव्यशास्त्र की परम्परा', पृ. 12-16

रूप में छोड़ जाता। प्रशंसा गीत गाने वाले कवि की अपेक्षा वह वीर नायक होता जिसके प्रशंसा गीत गाए जाते हैं।'[1]

उपर्युक्त विवेचन से स्पष्ट है कि प्लेटो अनुकरण का विरोध दो स्तरों पर करते हैं। पहला स्तर तो दर्शन का है जहाँ वह अनुकरण को सत्य से दूर ले जाने वाला व्यापार मानते हैं। दूसरा स्तर लोककल्याण का है जहाँ कवि (अनुकर्ता) की अपेक्षा वीर नायक (अनुकार्य) का महत्त्व अधिक है जो अपने में कर्मों द्वारा लोक ख्याति एवं सम्मान पाता है। दूसरे स्तर के विवेचन को और आगे बढ़ाते हुए प्लेटो इस निष्कर्ष पर पहुँचते हैं कि त्रासदीकार द्वारा चिकित्सक या सेनापति का अनुकरण अज्ञान पर आधारित नहीं होता; क्योंकि कवि न तो चिकित्साशास्त्र ही जानता है और न ही सेना का संचालन कर सकता है। स्पष्ट है कि उस विवेचन में प्लेटो का ध्यान जीवनविषयक कौशल और काव्यविषयक कौशल के अन्तर को नजरअंदाज कर देता है। वे इससे परिचित नहीं हैं कि यदि ये दोनों कौशल दो भिन्न प्रकार के कौशल हैं, इसीलिए वीर नरायक और कवि में भिन्न प्रकार के गुणों की अपेक्षा करते हैं। यहाँ प्लटो पर यह आक्षेप किया जा सकता है कि अगर कवि में सेनापति के गुण नहीं हैं तो सेनापति में कविता रचने के गुण अनिवार्यतः नहीं होते। यदि अच्छा कवि अनिवार्यतः अच्छा सेनापति नहीं हो सकता तो अच्छा सेनापति अनिवार्यतः अच्छा कवि भी नहीं हो सकता। इसलिए इन दोनों के व्यक्तित्व में, इनके कार्यों में कहीं कोई बुनियादी अन्तर है। दर्शन और समाजकल्याण की भावना में केन्द्रित काव्य-चिन्तन में ऐसी सीमाओं का होना स्वाभाविक ही है।

काव्य का प्रभाव

काव्य का सामाजिक पर बड़ा गम्भीर प्रभाव पड़ता है। प्रभाव की यह गंभीरता ही काव्य के प्रशंसकों के लिए प्रशंसा का आधार बनती है और काव्य के विरोधियों के लिए काव्य की निन्दा का आधार प्रस्तुत करती है। इसलिए अधिकांश काव्यशास्त्रियों एवं आलोचकों ने काव्य से उत्पन्न होने वाले प्रभाव को अपने चिन्तन का आधार बनाया है। कारण यह है कि समाज में केन्द्रित दृष्टि के लिए काव्य की शक्ति की उपेक्षा कर पाना असम्भव है। आज आलोचना की एक ऐसी दृष्टि का विकास भी हुआ है जो सामाजिक की प्रतिक्रिया या काव्य के प्रभाव को सर्वथा उपेक्षणीय एवं त्याज्य मानती है। 'कला कला के लिए सिद्धान्त' में तथा नयी समीक्षा में यही दृष्टि दिखाई देती है, मगर यह दृष्टि प्लेटो की दृष्टि का विपर्यय है।

दार्शनिक होने के नाते प्लेटो के लिए यह सबसे महत्त्वपूर्ण बात है कि काव्य का प्रभाव ऐसा होना चाहिए जो समाज में सद्वृत्तियों को पुष्ट करे और असत्

1. सावित्री सिन्हा (सम्पादिका), प्लेटो, 'गणतन्त्र', पाश्चात्य काव्यशास्त्र की परम्परा' उपर्युक्त, पृ. 17

एवं अशुभ से उसे विरत करे। इससे स्पष्ट है कि प्रभाव की दृष्टि से काव्य पर विचार करते हुए प्लेटो द्विविधि दृष्टि को अपनाते हैं। ऐसा काव्य जिसके प्रभाव से पाठक या श्रोता के मन में निर्मल भावों का संचार हो तथा जो उसे सन्मार्ग की ओर प्रेरित करे, वह निश्चय ही काम्य एवं मूल्यवान माना जायगा। मगर जिस काव्य के श्रवण आदि से विवेक कुंठित हो जाये, निम्न वृत्तियों का पोषण हो तथा निम्न कोटि के ऐन्द्रिय आनन्द की उपलब्धि हो, वह निश्चित ही त्याज्य है। प्लेटो ने 'गणतन्त्र' में काव्य के प्रभाव के इस रूप का विशद वर्णन किया है। इसमें ध्यान देने की बात यह है कि ऐसे स्थलों में प्लेटो काव्य की अनुकरणात्मक प्रवृत्ति की चर्चा बार-बार करते हैं जिससे यह स्पष्ट रूप से ध्वनित होता है कि काव्य अनुकृति की अनुकृति होने के कारण, सत्य से तिगुना दूर होने के कारण, केवल निकृष्ट प्रभाव को ही जन्म दे सकता है। जो सत्य भ्रष्ट है, उसका प्रभाव भी सत्य का विरोधी होगा। इसलिए प्लेटो दार्शनिक की मुद्रा में, सामाजिक के आत्मिक उत्कर्ष के मूल्य के विरोधी होने के कारण काव्य की निन्दा करते हैं। त्रासदी के प्रभाव के असत् रूप का विवेचन करते हुए प्लेटो कहते हैं :

'अतः अब हम कवि को चित्रकार के समकक्ष रख सकते हैं; क्योंकि वह ऐसी वस्तु का सृजन करने में चित्रकार के ही समान है जिसका सत्य की दृष्टि से कोई मूल्य नहीं और इस दृष्टि से भी उसका आत्मा के तद्वत् अंश से ही सम्बन्ध है जो सर्वोत्कृष्ट नहीं। अतः अब हमारे लिए यह न्याय्य होगा कि हमें जिस देश को सुशासित रखना है उसमें कवि के प्रवेश का निषेध कर दें, क्योंकि वह आत्मा के इस अंश को जाग्रत, पोषित और परिपुष्ट करता है तथा विवेक अंश का क्षय करता है। जैसे कोई किसी नगर को दुष्टों के हाथों में सौंप दे और श्रेष्ठतर नागरिकों का संहार कर दे, उसी प्रकार से, हम यह कहेंगे कि अनुकर्त्ता कवि प्रत्येक व्यक्ति की आत्मा में असाधु प्रकृति की प्रतिष्ठा करता है। वह आत्मा के अज्ञान तत्त्व का परितोष करता है जो महान और क्षुद्र का भेद नहीं कर सकता, वरन यह समझता है कि एक ही वस्तु कभी महान होती है और कभी क्षुद्र। वह ऐसी छायाओं का सृजन करता है जो सत्य से बहुत दूर होती हैं।

'और मैथुनेच्छा, क्रोध एवं हमारे कर्म का अनुगमन करने वाली आत्मा की समस्त दुःख-सुखमयी भावनाओं-अभिलाषाओं के विषय में तुम देखते हो कि काव्यात्मक अनुकरण से हममें ये सभी प्रभाव उत्पन्न होते हैं। उन्हें म्लान-निष्प्राण हो जाना चाहिए परन्तु यह (अनुकरण) उन्हें सींचकर पनपने-बढ़ने का अवसर देता है। यह उन्हें हमारे ऊपर शासन करने का अवसर देता है जबकि यदि हमें अधिक दुःखी और अपकृष्टतर होने की बजाय अधिक सुखी और श्रेष्ठतर बनना है, वे हमारे अधीन होने चाहिए।[1]

1. सावित्री सिन्हा, उपर्युक्त, पृ. 20, 22.

प्लेटो इस बात से इनकार नहीं करते कि काव्य से आनन्द की प्राप्ति होती है। एक गम्भीर चिन्तक होने के नाते प्लेटो ने अपनी विवेचन-रीति और चिन्तन-दृष्टि के अनुसार काव्य के उन सभी सन्दर्भों पर विचार व्यक्त किये हैं जो प्रत्यक्ष रूप से महत्त्वपूर्ण हैं। इसलिए सामाजिक को काव्य से प्राप्त होने वाले आनन्द के स्वरूप की मीमांसा किये बिना काव्य-विवेचन अधूरा ही रह जाता। प्लेटो ने आनन्द की कोटियाँ मानी हैं। सामान्य रूप से आनन्द तीन कोटियों का हो सकता है—ऐन्द्रिय आनन्द, बौद्धिक आनन्द और आत्मिक आनन्द। एक दार्शनिक के लिए प्रथम प्रकार का आनन्द निकृष्टतम है और उससे उबरे बिना व्यक्ति उच्चतर आनन्द को प्राप्त नहीं कर सकता। विज्ञान, गणित आदि की गुत्थियों को सुलझाने का भी अपना एक आनन्द होता है जिसे बौद्धिक आनन्द कहा जाता है। और इससे ऊपर के आनन्द की कोटि वह है जो विशुद्ध आत्मा का आनन्द है, परम सत्य की उपलब्धि का आनन्द है। ऊपर के उद्धरणों से स्पष्ट है कि प्लेटो का मत यह है कि काव्य ऐन्द्रिय पक्ष को जगाता एवं परिपुष्ट करता हुआ निकृष्ट कोटि के आनन्द की ओर व्यक्ति को प्रेरित करता है, जो व्यक्ति को सत्य से दूर ले जाता है। इस स्थिति का कारण है काव्य का अनुकरणात्मक होना, काव्य का सत्यभ्रष्ट होना। इस प्रकार प्लेटो काव्य को अनुकृति मानकर, अनुकरण के अर्थ को हीन स्तर पर ही स्वीकार करते हैं।

प्लेटो ने त्रासदी के आस्वाद की समस्या पर भी विचार व्यक्त किये हैं और यह मानते हुए भी कि त्रासदी में व्यक्त दुःख का भाव सामाजिक में आनन्द का अनुभव पैदा करता है, इस स्थिति को अज्ञान एवं भ्रम का ही परिणाम मानते हैं। जीवन में हम जिन स्थितियों से विरक्ति का अनुभव करते हैं और ऐसी उद्वेगजनक परिस्थितियों से बचने की कोशिश करते हैं, उन्हीं स्थितियों को त्रासदी में देखकर हम उनमें आसक्ति का अनुभव करते हैं और हर्ष या आनन्द प्राप्त करते हैं। यद्यपि जीवन में हम प्रतिकूल एवं विषम स्थितियों से बच नहीं सकते और जब कभी जीवन में ऐसी स्थितियाँ आती हैं तो हम उन्हें साहसपूर्वक झेलने की कोशिश करते हैं। सहिष्णुता जीवन का एक महत्त्वपूर्ण मूल्य है। मगर त्रासदी में व्यक्त प्रतिकूल स्थितियों को देखकर विवेक का नियन्त्रण ढीला पड़ जाता है और व्यक्ति सुख का अनुभव करने लगता है। प्लेटो के अनुसार इसका परिणाम यह होता है कि व्यक्ति जीवन में भी प्रतिकूल स्थितियों का सामना करने में दुर्बलता का अनुभव करता है। दूसरी बात यह है कि जीवन में यदि किसी आदमी पर विपत्ति पड़ती है तो नैतिकता का आग्रह यह है कि अन्य व्यक्ति उसके प्रति सहानुभूति व्यक्त करें। लेकिन त्रासदी में इसके ठीक विपरीत होता है। दर्शक त्रासदी के पात्रों की विपत्ति को देखकर आनन्दित होता है। स्पष्ट है कि यह आचरण सामाजिक नैतिकता के विपरीत है, इसलिए निन्दनीय है। इसका मूल कारण भी यही है कि

अनुकृति होने के कारण त्रासदी सत्यभ्रष्ट होती है। 'गणतन्त्र' में ही प्लेटो ने कहा है–

'परन्तु अभी तक हमने अनुकरण के विरुद्ध प्रबलतम अभियोग तो लगाया ही नहीं; क्योंकि साधु को भी, कुछेक के अतिरिक्त, पथभ्रष्ट करने की उसकी शक्ति निश्चय ही सबसे भयंकर होती है।'

'यदि सचमुच वैसा होता है, तब तो निश्चय ही सत्य है।'

'सुनो और सोचो। मान लो, हम में जो सर्वश्रेष्ठ हैं वे होमेरस (होमर) अथवा किसी अन्य त्रासदी कवि का काव्य श्रवण कर रहे हैं। उस समय, जब वह किसी शोकार्त्त नायक का अनुकरण कर रहा हो और उसके लम्बे विषादमय विलाप का ताना-बाना बुन रहा हो अथवा शोकगीत गाते हुए शोक-विकल व्यक्ति का अनुकरण कर रहा हो, तुम जानते हो, वह हमें आनन्द प्रदान करता है और हम मुक्त भाव से उसका अनुगमन करने लगते हैं, हमारी सहानुभूति जाग्रत होती है और हम पर गम्भीर प्रभाव पड़ता है। इस प्रकार जिसका हमारे ऊपर सर्वाधिक प्रभाव पड़ता है उसकी भी सुकवि के रूप में हम प्रशंसा करते हैं।'

'मैं जानता हूँ, हम ऐसा ही करते हैं।'

'परन्तु अनुकर्त्ता का वही दुःख जब हमारे किसी के ऊपर पड़ता है, तब तुमने देखा होगा, हम उसके सर्वथा प्रतिकूल आचरण में ही गर्व का अनुभव करते हैं अर्थात अचल-अडिग रहकर उसे सहन कर लेने में। मानो इस प्रकार हम पुरुष की भूमिका सम्पन्न कर रहे हों और दूसरे प्रकार का आचरण, जिसकी पहले हमने प्रशंसा की, नारी की भूमिका रही हो।'

'सत्य है।'

'तब क्या वह प्रशंसा उचित थी? हम लज्जा का अनुभव किये बिना स्वयं जो कुछ नहीं बन सकते, उसे भूमिका में किसी अन्य को देखकर वितृष्णा का अनुभव करने के स्थान पर यदि हम उसकी प्रशंसा करें और उसमें रस लें तो क्या वह उचित होगा?'

'जेउस[1] की सौगन्ध, यह तो न्याय नहीं प्रतीत होता।'

'यदि उस तरह देखें तो ठीक है।'

'किस तरह?'

'वह तत्त्व जो हमारी व्यक्तिगत आपदाओं में बलात् दबा हुआ रहता है और जिसकी क्रन्दन और विलाप की प्रवृत्ति को निर्बाध अभिव्यक्ति नहीं दी जाती, कवियों द्वारा इन्हीं सहज प्रवृत्तियों का परितोष और प्रसादन किया जाता है और उधर विलाप की प्रवृत्ति पर हमारे ऐसे गुणों का प्रभाव, जो प्रकृत्या सर्वश्रेष्ठ होते हैं, विवेक अथवा स्वभाव द्वारा सम्यक रूप से अनुशासित न रहने के कारण शिथिल हो जाता है।

1. एक यूनानी देवता

वह जो दुःख देखता है उसके अपने नहीं होते और यदि सद्वृत्ति का दावा करने वाला कोई व्यक्ति उसकी अपेक्षा अधिक शोकाकुल हो तो उसकी प्रशंसा करना और उसके प्रति करुणा का अनुभव करना कोई लज्जा की बात नहीं, बल्कि वह सोचता है कि समूची कविता की अवज्ञा करके आनन्द का वास्तविक लाभ हो सकता है। बात यह है कि मेरे विचार में तो कम ही लोग सोच पाते हैं कि दूसरों के दुःख हमारे लिए भी दुःख का कारण हो जाते हैं; क्योंकि दूसरों के दुर्भाग्य पर यदि हम करुण भाव का पोषण करते रहें तो अपनी बारी आने पर उसका नियन्त्रण कर पाना सहज नहीं होता।'[1]

उपर्युक्त उद्धरण से स्पष्ट है कि प्लेटो काव्य जगत और यथार्थ जगत में भेद नहीं कर पाये। काव्य के पात्र अनुकर्त्ता होते हुए भी काल्पनिक हैं, उनकी सत्ता का स्तर और रूप वह नहीं हो सकता जोकि यथार्थ जगत के किसी व्यक्ति का होता है। नतीजा यह होता है कि सामाजिक का काव्य के पात्र के साथ उस स्तर का सम्बन्ध नहीं होता, जिस स्तर का सम्बन्ध अपने समाज के व्यक्ति के साथ होता है। सम्बन्ध के स्तर और रूप के इस अन्तर के कारण ही त्रासदी के शोकाकुल नायक और समाज के शोकाकुल व्यक्ति की एक जैसी प्रतिक्रिया उसके मन में नहीं होती। काव्य सत्य और जगत के स्तर के अन्तर के प्रति संकेत न होने पर ऐसे असंगत निष्कर्ष जन्म लेते हैं।

दूसरी बात यह है कि प्लेटो के अन्तिम कथन की प्रथम तीन पंक्तियों में विरेचन सिद्धान्त के बीज भी लक्षित होते हैं, जिसकी बुनियादी विशेषता यह है कि जीवन में जो भाव दबे रहते हैं, उन्हें ही त्रासदी जगाती है और उनका 'परितोष और प्रसादन' करती है। मगर प्लेटो इस 'परितोष और प्रसादन' को यथार्थ जगत की नैतिकता और व्यावहारिक आदर्श आचरण के सन्दर्भ में रखकर देखते हैं, जिसका परिणाम यह होता है कि वे इस काव्य से उत्पन्न होने वाले इस 'परितोष और प्रसादन' का विवेचन काव्य के स्तर पर नहीं वरन दर्शन या व्यावहारिकता के स्तर पर करते हैं, जिससे तर्क में दोष आ जाता है।

जैसे प्लेटो ने त्रासदी के आस्वाद की व्याख्या यथार्थ आचरण के सन्दर्भ में की है, वैसे ही वे कामदी के आस्वाद की व्याख्या भी उसी स्तर पर करते हुए यह सिद्ध करने की कोशिश करते हैं कि कामदी का प्रभाव भी आचरण के सन्दर्भ में अस्वीकार्य ही है और इसलिए कामदी का स्वरूप भी त्रासदी के दोष से ग्रस्त है :

'और क्या हास्य के विषय में यही युक्ति सत्य नहीं। कामदी का अभिनय या श्रवण कर तुम्हें आसाधारण आनन्द की उपलब्धि हो सकती है; और मित्र-मण्डली में ऐसे परिहास में, जिसे स्वयं करने में तुम लज्जा का अनुभव करो,

1. सावित्री सिन्हा (सम्पादिका), प्लेटो 'गणतन्त्र', 'पाश्चात्य काव्यशास्त्र की परम्परा', पृ. 21, 22

उनकी अपकृष्टता से भी तुम्हें विरुचि नहीं होगी, परन्तु ऐसा करके क्या तुम उस परिहास-वृत्ति को प्रतिफलन का अवसर नहीं देते जिसका तुमने दमन किया हुआ था, क्योंकि तुम्हें डर था कि तुम्हें विदूषक न समझ लिया जाये? और अब तुम उसे खुलकर खेलने का अवसर देते हो और इन अभिनयों में उसका परिपोषण करते हो। फलतः बहुधा ऐसा होता है कि तुम अनजाने अपने व्यवहार में प्रहसन कवि की सीमा तक पहुँच जाते हो।'[1]

उपर्युक्त विवेचन के आधार पर स्पष्ट है कि प्लेटो ने प्रमुख रूप से दो स्तरों पर—दार्शनिक रूप सत्य के स्तर पर और व्यावहारिक सत्य के स्तर पर, काव्य का विवेचन करते हुए उसके बारे में अपने निष्कर्ष दिए हैं। निःसंदेह प्लेटो के विवेचन के ये स्तर आज सभी को मान्य नहीं हो सकते और इसलिए उनके विवेचन की सीमाएँ स्पष्ट हैं, मगर उनके काव्य-विवेचन में काव्यशास्त्र की कुछ बुनियादी और महत्वपूर्ण समस्याएँ उभरकर आई हैं जो आज के आलोचक के लिए भी चुनौती बनकर सामने आती हैं।

मूल्यांकन

प्लेटो ने काव्य को दर्शन के स्तर पर रखकर देखने की कोशिश की है। इसलिए उनका मूल उद्देश्य काव्य के विभिन्न पक्षों के स्पष्टीकरण तक ही सीमित नहीं रहा, वरन उन्होंने उस स्पष्टीकरण को दर्शन के साध्य के प्रकाश में परखने का प्रयास किया। यद्यपि प्लेटो ने स्वयं दर्शन और काव्य के विरोधी होने की बात कही है, मगर आज की एक प्रधान दृष्टि यह मानती है कि दर्शन और काव्य परस्पर अन्योन्याश्रित हैं, क्योंकि दोनों ही अपने-अपने स्तर पर जीवन की व्याख्या करने पर विशेष बल देते हैं। यदि दर्शन जीवन की बौद्धिक व्याख्या है तो काव्य जीवन की भावात्मक व्याख्या मानी जाती है। इसलिए जीवन के स्तर पर दर्शन और काव्य दोनों एक-दूसरे के समीप आ जाते हैं और परस्पर पूरक भी हो सकते हैं। प्लेटो ने स्वयं इस सत्य को स्वीकार किया है। वे भी ऐसे काव्य को काम्य मानते हैं जो जीवन में पवित्र संवेगों और उदात्त आदर्शों को पुष्ट करता है। उनकी काव्य सम्बन्धी यह दृष्टि उस काल के चिन्तन में सारे परिवेश में कहीं गहरे रूप से विद्यमान रही होगी। इस अनुमान का आधार यह है कि प्लेटो के बाद के काव्यशास्त्री लोंजाइनस ने काव्य की महानता का विवेचन करते हुए कवि की आत्मा की गरिमा और औदात्य पर बल दिया है। आधुनिक युग के आलोचक मैथ्यू आर्नाल्ड ने भी धर्म और दर्शन पर बढ़ती हुई अनास्था के सन्दर्भ में काव्य द्वारा जीवन के मूल्यों की स्थापना की बात की है। मगर इसमें सन्देह नहीं है कि प्लेटो के आदर्श काव्य सम्बन्धी ये विचार उस युग के

1. सावित्री सिन्हा, उपर्युक्त पृ. 22

काव्य-सत्य से इतने दूर थे कि प्लेटो ने कवि को—अपने युग के कवि को—आदर्श गणराज्य से निष्कासित कर देने की सलाह दी।

यहाँ प्लेटो के काव्य-विवेचन के बारे में एक बुनियादी सवाल पैदा होता है। प्लेटो की दृष्टि में काव्य प्रकृति की अनुकृति है; और प्रकृति स्वयं विचार की अनुकृति है। इस प्रकार काव्य का विषय प्लेटो की शब्दावली में सत्य से तिगुना दूर है। मगर साथ ही प्लेटो ऐसे काव्य को काम्य मानते हैं जो व्यक्ति में सद्बुद्धि को सम्पुष्ट करता है। तो क्या ऐसा काव्य विषय की दृष्टि से अनुकृति नहीं माना जायेगा? स्पष्ट है कि ऐसा काव्य भी अनुकरणात्मक ही होगा। अनुकरणात्मक होने के कारण वह सत्य से दूर भी होगा, मगर प्लेटो उसे स्वीकार करते हैं, मगर वह मानव-मन में सत्प्रेरणा का संचार करता है। अनुकरणात्मक होने पर भी, सत्य से दूर होने पर भी, वह सत्प्रेरणा का संचार कैसे कर सकता है? या तो यह माना जाये कि प्लेटो ऐसे आदर्श काव्य को अनुकरणात्मक नहीं मानते। यदि वह अनुकरणात्मक नहीं है तो फिर प्रकृति से, सत्य से उसका सम्बन्ध क्या होगा? स्पष्टतः ऐसे सवालों की ओर प्लेटो की दृष्टि नहीं गयी।

प्लेटो की काव्य-समीक्षा की दृष्टि से असहमत होते हुए भी तथा उनके काव्य सम्बन्धी निष्कर्षों को अस्वीकार करते हुए भी यह मानना होगा कि उनके विवेचन में काव्य से सम्बद्ध अनेक ऐसी समस्याएँ उभरकर आयी हैं, जो आज तक सर्वमान्य समाधान नहीं पा सकी हैं।

पहली बात तो यह है कि प्लेटो में काव्य और दर्शन तथा आलोचना और दर्शन के सम्बन्ध की समस्या के आरम्भिक रूप मिलते हैं। दर्शन और काव्य के विरोध की चर्चा भारतीय परम्परा में भी 'काव्यालापाश्च वर्जयेत' आदि उक्तियों में मिलती है। पश्चिम में काव्य और आलोचना की दष्टि से जो अन्धकार युग है, उसमें इसी दृष्टि का प्रभुत्व दिखाई देता है। इस युग के सभी प्रतिभाशाली व्यक्ति चर्च में दीक्षित हो जाते थे, इसीलिए काव्य एवं आलोचना की वृद्धि नहीं हो पायी; मगर परवर्ती दार्शनिकों ने काव्य और दर्शन के परस्पर सम्बन्ध की बात कही है। कांट, हीगल, शापेनहावर आदि दार्शनिकों ने काव्य को बहुत ऊँचा स्थान दिया है तथा काव्य को दर्शन का विरोधी नहीं माना। मैथ्यू आर्नाल्ड का उल्लेख पहले किया जा चुका है। कालरिज भी यह मानते हैं कि महान कवि के लिए गम्भीर दार्शनिक होना आवश्यक है। फ्रांस में बॉदलेयर, रिम्बो, मालर्मे आदि का प्रतीकवादी आंदोलन काव्य को दर्शन के धरातल पर स्वीकार करता हुआ उसके लोकोत्तर महत्त्व की प्रतिष्ठा करता है। भारतीय परम्परा में प्रसाद, महादेवी तथा सुमित्रानन्दन पंत आदि ने काव्य और दर्शन को अनिवार्य रूप से परस्पर पूरक माना है। अरविंद ने गम्भीर दार्शनिक विवेचन के आधार पर काव्य और दर्शन के मूलभूत सम्बन्ध का उद्घाटन किया है। इस प्रकार हम देखते हैं कि प्लेटो की यह मान्यता कि

दर्शन और काव्य परस्पर पूरक होने चाहिए, अनेक रूपों में परवर्ती युगों में भी लक्षित होती है।

मगर इसका यह तात्पर्य नहीं है कि यही सर्वमान्य दृष्टि रही है। ऐसे आलोचक भी हैं जिन्होंने सूक्ष्म एवं गम्भीर तर्कों के आधार पर यह सिद्ध करने का प्रयास किया है कि काव्य की सत्ता निरपेक्ष सत्ता है और उसे किसी अन्य विषय से, यहाँ तक कि जीवन से भी सम्बद्ध करके नहीं देखना चाहिए। मगर यह जान लेना जरूरी है कि प्लेटो की दृष्टि के हिमायती विचारकों की संख्या भी कम नहीं है।

इसी प्रकार आलोचना और दर्शन के सम्बन्धों की समस्या भी विवादास्पद रही है। आज भी आलोचना के दार्शनिक आधार को लेकर काफी विवाद चलता रहता है। पश्चिम में दार्शनिकों के अतिरिक्त ऐसे अनेक काव्यशास्त्री हुए हैं जिन्होंने आलोचना की विविध समस्याओं के समाधान के लिए दार्शनिक दृष्टि का उपयोग किया है। सौन्दर्य-शास्त्र की परम्परा तो दर्शनशास्त्र के साथ अभिन्न रूप से जुड़ी हुई है, मगर अनेक ऐसे आलोचक भी हुए हैं जिन्होंने काव्य-सम्बन्धी विविध समस्याओं और पक्षों के समाधान के लिए दर्शन का सहारा लिया है। लोंजाइनस ने काव्य के औदात्य की व्याख्या करने के लिए शैली को आधार बनाकर भी कवि की आत्मा के सत्य को महत्त्वपूर्ण स्थान दिया है। कॉलरिज का कल्पना-सिद्धान्त का विवेचन दर्शन पर आधारित है। क्रोचे ने भी, जो आधुनिक काल के महान काव्यशास्त्रियों में से माने जाते हैं, अपने सिद्धान्त को विचारवाद के आधार पर प्रतिष्ठित किया है। भारतीय आलोचना की परम्परा में लक्षणा और व्यंजना का विवेचन दर्शन पर आधारित रहा है, भट्टनायक के अनुसार रस-सिद्धान्त की व्याख्या का आधार दर्शन के विविध सम्प्रदाय बनते हैं, अरविंद तथा प्रसाद आदि ने भी आत्मवाद के आधार पर काव्यगत मूल्यों के उद्घाटन का प्रयास किया है। इस प्रकार हम देखते हैं कि काव्य की आलोचना में दर्शन की अवधारणाओं के उपयोग की एक लम्बी परम्परा रही है।

प्लेटो ने काव्य की अनुकरणात्मकता को लेकर काव्य-सत्य की समस्या को उठाया है। इस प्रकार एक ओर तो उन्होंने काव्य-विवेचन के सन्दर्भ में पहली बार व्यापक रूप से अनुकरण की अवधारणा का उपयोग किया और दूसरी ओर काव्य-सत्य की समस्या को उठाया। प्लेटो के तुरन्त बाद अरस्तू ने अनुकरण की सर्वथा नवीन व्याख्या का प्रयास किया और जिस अनुकरण की प्रवृत्ति के आधार पर प्लेटो ने काव्य का विरोध किया था, उसी प्रवृत्ति के आधार पर अरस्तू ने काव्य के महत्त्व की प्रतिष्ठा का प्रयास किया। अरस्तू के अनुकरण-सिद्धान्त की भूमिका के रूप में प्लेटो का अनुकरण सम्बन्धी विवेचन महत्त्वपूर्ण है। साथ ही काव्य-सत्य की समस्या भी एक सनातन समस्या रही है और आज तक वह विवाद का विषय रहा है कि काव्य-रूप और प्रकृति के सत्य में क्या सम्बन्ध एवं अन्तर है। प्लेटो

ने दोनों को भिन्न स्तर का सत्य माना है, जैसाकि आज की आलोचना में भी दिखाई देता है। यद्यपि आज ऐसे आलोचक भी हैं जो प्रकृति और काव्य के सत्य में कोई बुनियादी अन्तर नहीं मानते।

प्लेटो ने काव्य की एक अन्य महत्त्वपूर्ण समस्या–काव्य की प्रेरणा की समस्या पर विचार किया है। काव्य की प्रेरणा का स्वरूप दैवी है, यह मत अनेक परवर्ती आलोचकों को भी मान्य रहा है। लोंजाइनस के यहाँ प्रकृति के रूप में तथा संस्कृत काव्यशास्त्र में प्रतिभा के रूप में कुछ ऐसे ही विचार लक्षित होते हैं; मगर प्लेटो के काव्य-विक्षेप आदि की मान्यता की अपनी सीमाएँ हैं।

प्लेटो ने पहली बार काव्य की सामाजिक उपयोगिता का सवाल उठाया और आदर्श काव्य को सामाजिक कल्याण के साथ सम्बद्ध माना। काव्य की आलोचना में नैतिक दृष्टि के समावेश का यह प्रथम गम्भीर प्रयास है और आज भी यह एक गम्भीर विवाद का विषय बना है कि काव्य का प्रयोजन क्या होना चाहिए? परवर्ती आलोचना में नैतिकता, मनोविज्ञान, सामाजिकता आदि के विविध स्तरों पर काव्य की सामाजिक उपयोगिता का सवाल उठाया गया है।

प्लेटो ने त्रासदी द्वारा प्राप्त होने वाले दर्शक के सुख की चर्चा की है और साथ ही भावों के विरेचन का संकेत भी किया है, लेकिन प्लेटो का यह विवेचन गम्भीर स्तर पर नहीं हुआ है। उदाहरण के लिए प्लेटो यदि यह कहने के बाद कि दर्शक नायकादि के विलाप से भी सुख की प्राप्ति करता है, इस प्रश्न पर विचार करते कि त्रासदी का रागात्मक प्रभाव हर्षमय क्यों होता है, तो यह विवेचन अधिक गम्भीर और पूर्ण हो जाता।

मुख्यतः दर्शन आदि की समस्याओं के समाधान में व्यस्त रहने के कारण प्लेटो ने जो काव्य का विवेचन किया है, उसकी अपनी सीमाएँ हैं, मगर उन्होंने काव्य से सम्बद्ध बुनियादी समस्याओं को व्यक्त किया है। यही उनके काव्य-विवेचन की सबसे बड़ी उपलब्धि रही है।

अध्याय-3

अरस्तू

(384 ई. पूर्व-232 ई. पूर्व)

प्लेटो ने परवर्ती काव्यशास्त्र के विकास के लिए एक भूमिका का निर्माण कर दिया था। अनुकृति, त्रासदी का आस्वाद, काव्य-प्रेरणा, काव्य का उद्देश्य आदि विषयों की चर्चा करते हुए प्लेटो ने काव्य की महत्त्वपूर्ण समस्याओं का स्पर्श किया। इसलिए जब अरस्तू ने काव्य का विवेचन किया तो उनके सामने प्लेटो का काव्य-विवेचन विद्यमान था।

लेकिन अरस्तू की प्रधान उपलब्धि इस बात में है कि उन्होंने अपने विवेचन को प्लेटो के विचारों से निर्धारित नहीं होने दिया। उन्होंने प्लेटो की काव्य-विवेचन की मूल दृष्टि—दर्शनाश्रित दृष्टि—का त्याग कर काव्याश्रित दृष्टि का उपयोग किया, जिसका परिणाम यह हुआ कि उनका काव्य-विवेचन यथार्थ के स्तर पर अनुगम विधि पर आधारित होने के कारण विशेष रूप से महत्त्वपूर्ण माना गया। उन्होंने काव्य को ही मूल आधार बनाया और अपने युग में उपलब्ध काव्य के आधार पर सिद्धान्तों का निर्माण किया। इसका जहाँ यह लाभ हुआ कि अरस्तू के विवेचन में काव्य से इतर किसी विषय का हस्तक्षेप नहीं दिखाई देता, वहीं यह सीमा भी दिखाई दी कि उनके काव्य-सिद्धान्त प्रधान रूप से अपने युग के काव्य तक ही सीमित रहे। आधुनिक आलोचना में प्रायः उनके सिद्धान्तों की व्याख्या, पुनर्व्याख्या के प्रयास दिखाई देते हैं। इसीलिए नव्य आभिजात्यवादी आलोचकों ने जब शेक्सपियर को अरस्तू के नाट्य-सिद्धान्तों का पालन न करने के कारण एक असफल नाटककार घोषित किया तो ड्राइडन ने यह कहा कि यदि अरस्तू ने हमारे युग का साहित्य देखा होता तो वह अपने सिद्धान्त बदल देता। मगर यहाँ यह

संकेत करना भी अनिवार्य है कि अरस्तू ने लगभग दो हजार वर्षों तक पाश्चात्य काव्य-चिन्तन पर शासन किया है, जो नव्य आभिजात्यवाद युग के रूप में आधुनिक युग के आरम्भ में भी लक्षित होता है। मगर इस दीर्घ शासन का एक प्रधान कारण अंधकार युग है, जिसमें दांते के अलावा कोई महान लेखक पैदा नहीं हुआ। आधुनिक युग में जब पश्चिम में चर्च के शासन का अन्त हुआ; तभी आलोचना ने भी मुक्त होकर पुरानी मान्यताओं का परीक्षण आरम्भ किया और कहीं तो उनकी पुनर्व्याख्या के आधार पर संशोधन का प्रयास किया तो कहीं बिल्कुल नये सिरे से काव्य पर विचार करने का प्रयास शुरू किया। ड्राइडेन के बाद हमें दूसरी प्रवृत्ति की ही प्रधानता लक्षित होती है। इसलिए यह सवाल उठाना कि अरस्तू के सिद्धान्तों की आधुनिक युग में क्या उपयोगिता है, बेमानी-सा प्रतीत होता है।

यहाँ अरस्तू के विवेचन की एक विशेषता का उल्लेख करना अनिवार्य प्रतीत होता है। अरस्तू ने भाषण कला और शैली या पदावली की समस्याओं पर भी विचार किया है, मगर उनके विवेचन की कुछ सीमाएँ हैं। यह सम्भवतः उनके युग की सीमाएँ भी हो सकती हैं। उन्होंने काव्य के सन्दर्भ में अनुकरण, विरेचन आदि अवधारणाओं का उपयोग किया है, मगर इन अवधारणाओं की निर्भ्रान्त व्याख्या नहीं की, फलतः इन अवधारणाओं के स्वरूप को लेकर काफी मतभेद हुआ। जिस प्रकार भारतीय काव्यशास्त्र की परम्परा में भारत के रस-सूत्र की व्याख्याएँ लक्षित होती हैं, उसी प्रकार अरस्तू के उपर्युक्त सिद्धांतों की भी विविध व्याख्याएँ देखने में आती हैं।

अनुकरण-सिद्धान्त

अरस्तू ने काव्य, चित्र एवं संगीत कलाओं पर एक साथ विचार करते हुए अनुकरण को उनका महत्त्वपूर्ण एवं अन्तरंग व्यापार माना है। वे यह मानते हैं कि अनुकरण की वृत्ति मानव में बचपन से ही रहती है तथा वह अनुकरण के कारण बहुत कुछ सीखता है। इसलिए वे अनुकरण की वृत्ति को काव्य के जन्म का पहला और प्रधान कारण मानते हैं। उनके मत में कविता के उद्गम का दूसरा कारण है—सामंजस्य और लय की वृत्ति, जो आदिम मानव में रही होगी और जो विकास के साथ-साथ कविता में छन्द और लय के रूप में व्यक्त हुई। मगर फिर भी प्रधान कारण अनुकरण ही है।

यहाँ यह सवाल किया जा सकता है कि अरस्तू ने काव्य-विवेचन में अनुकरण को इतना महत्त्व क्यों दिया?

इसके उत्तर में चार प्रधान कारणों का उल्लेख किया जा सकता है। पहला कारण तो यह है कि अरस्तू से पहले प्लेटो काव्य तथा अन्य कलाओं का विवेचन करते हुए अनुकरण का प्रयोग कर चुके थे। यद्यपि प्लेटो के लिए अनुकृति व्यापार दर्शन से सम्बद्ध होने के कारण एक हीन व्यापार है, लेकिन अरस्तू ने उसे केवल

काव्य और सृष्टि के सम्बन्ध के सन्दर्भ में ही ग्रहण किया। इसलिए उन्होंने अनुकरण का अर्थ और उसकी व्यंजनाओं को बदल दिया। अनुकरण के महत्त्व का दूसरा कारण यह हो सकता है कि अरस्तू ने प्लेटो के समान ही चित्र, संगीत और साहित्य पर एक साथ विचार किया है। चित्र और काव्य तो स्पष्ट रूप से अनकरणमूलक कलाएँ हैं। इसी सन्दर्भ में यदि हम इस तीसरे कारण पर ध्यान दें कि अरस्तू काव्य में भी त्रासदी को सबसे अधिक महत्त्वपूर्ण रूप मानते थे और उनका सारा काव्य-विवेचन त्रासदी के विवेचन के सन्दर्भ में ही हुआ है—यहाँ तक कि कामदी और महाकाव्य का विवेचन भी त्रासदी के सन्दर्भ में हुआ है—तो यह स्पष्ट हो जाता है कि अरस्तू ने अनुकरण को इतना महत्त्व क्यों दिया? त्रासदी में अनुकरण की प्रधानता होती है, क्योंकि वहाँ नट मूल नायकादि के चरित्र का अनुकरण करते हैं और अरस्तू ने त्रासदी की परिभाषा देते हुए उसे 'कार्य की अनुकृति' का नाम दिया है। इसलिए अरस्तू के काव्य-विवेचन में अनुकरण की प्रधानता का होना स्वाभाविक ही है। चौथा कारण हो सकता है, ग्रीक भाषा में कवि के लिए प्रयुक्त शब्द 'पोएतेस' है। जैसाकि गिल्बर्ट मरे ने कहा है, 'पोएतेस' शब्द का व्युत्पत्त्यर्थ है—कर्त्ता। मगर क्या कवि उन घटनाओं का कर्त्ता होता है जिन्हें वह रचना में संयोजित करता है? क्या होमर ट्राय के युद्ध का कर्त्ता माना जा सकता है, जिसका वर्णन वह 'ईलियड' में करता है? स्पष्टतः कवि उन घटनाओं का कर्त्ता नहीं हो सकता। हाँ, उसे उन घटनाओं का अनुकर्त्ता माना जा सकता है। इस प्रकार अनुकरण की प्रधानता का सम्बन्ध 'पोएतेस' के व्युत्पत्त्यर्थ से जुड़ जाता है।

अब महत्त्वपूर्ण सवाल यह पैदा होता है कि अरस्तू के अनुसार 'अनुकरण' का अर्थ क्या है? जब हम इस बात पर ध्यान देते हैं कि प्लेटो ने अनुकृति होने के कारण ही काव्य को हीन सिद्ध किया है और अरस्तू अनुकरण-सिद्धान्त के आधार पर ही ही काव्य के उत्कर्ष का प्रतिपादन करते हैं, तो यह और भी जरूरी हो जाता है कि हम अरस्तू द्वारा प्रयुक्त 'अनुकरण' के अर्थ पर विचार करें। मगर आश्चर्य की बात यह है कि अरस्तू ने स्वयं कहीं भी 'अनुकरण' की अवधारणा की व्याख्या नहीं की। ऐतिहासिक स्थिति को देखते हुए, यह देखते हुए कि प्लेटो ने 'अनुकृति' को ही काव्य और कलाओं की हीनता की सिद्धि का आधार बनाया, अरस्तू द्वारा 'अनुकरण' की स्पष्ट और विस्तृत व्याख्या का अभाव अजीब-सा लगता है। सम्भवतः अरस्तू की यह मान्यता रही हो कि 'अनुकरण' को दर्शन से मुक्त करके प्रयुक्त करने में ही उसकी अनुकरण सम्बन्धी धारणा का स्वरूप स्पष्ट हो जाता है, जो उसे प्लेटो से भिन्न स्तर पर प्रतिष्ठित करता है। अरस्तू मूल सत्य की समस्या तथा मूल सत्य और सृष्टि के सम्बन्ध की समस्या का जिक्र नहीं करते—स्पष्टतः वे इस विवेचन को काव्य-विवेचन के लिए सर्वथा अप्रासंगिक और अनुपयोगी समझते थे। उन्होंने 'अनुकरण' के अन्तर्गत काव्य-वस्तु और सृष्टि के सम्बन्ध

पर ही विचार किया है। इस विवेचन-विधि से प्लेटो एवं अरस्तू द्वारा प्रयुक्त 'अनुकरण' की अवधारणा का अन्तर तो स्पष्ट हो जाता है, मगर अरस्तू का 'अुनकरण' से क्या तात्पर्य था, यह स्पष्ट नहीं होता। अनुकरण तथा काव्य के सम्बन्ध में उन्होंने कुछ बातें कही हैं जिनके आधार पर उनकी अनुकरण-सम्बन्धी अवधारणा पर प्रकाश पड़ता है।

अनुकरण सामान्यतः एक यान्त्रिक और हीन व्यापार माना जाता है, जहाँ अनुकृति अनुकार्य की अपेक्षा निम्न कोटि की रचना मानी जाती है। प्लेटो द्वारा अनुकरण का प्रयोग इसी सन्दर्भ में हुआ है। दूसरी ओर अरस्तू अनुकरण को एक यान्त्रिक व्यापार नहीं मानते, वे अनुकरण में निर्माण के व्यापार को भी समाविष्ट करने का प्रयास करते हैं, मगर ऐसा करने के लिए वह अनुकरण की व्याख्या नहीं करते, वरन अनुकरण से उद्भूत काव्य के विविध पक्षों का विवेचन करते हुए ऐसे संकेत छोड़ जाते हैं जिनके आधार पर अनुकरण के स्वरूप पर प्रकाश पड़ता है। यहाँ अनुकरण की अवधारणा या कॉन्सेप्ट का विवेचन उस वस्तु अर्थात काव्य के आधार पर करना समीचीन होगा, जिसके सन्दर्भ में अनुकरण का प्रयोग हुआ है। जिस प्रकार प्लेटो के द्वारा प्रयुक्त 'अनुकरण' की अवधारणा का स्वरूप जानने के लिए हमें उस आधार अर्थात दर्शन के क्षेत्र में जाना पड़ता है, जिससे वे 'अनुकरण' को सम्बद्ध करते हैं, उसी प्रकार अरस्तू के मतानुसार अनुकरण का अर्थ जानने के लिए भी हमें उनके काव्य-विवेचन से सहायता लेनी पड़ती है, क्योंकि उन्होंने अनुकरण का प्रयोग काव्य के सन्दर्भ में ही किया है। अतः यहाँ पहली बात तो यह है कि अरस्तू के अनुसार अनुकरण की अवधारणा एक लौकिक अवधारणा है, दार्शनिक अवधारणा नहीं।

अब यह सवाल उठता है कि भावात्मक अर्थों में अरस्तू के अनुसार अनुकरण व्यापार का स्वरूप क्या होगा?

यहाँ हमें अरस्तू के काव्य-विवेचन के उन विचारों का सहारा लेना पड़ेगा जो उन्होंने अन्यत्र व्यक्त किये हैं, मगर जिनसे अनुकरण के स्वरूप की व्याख्या में सहायता ली जा सकती है। इस सन्दर्भ में उनके काव्य-सम्बन्धी चार विचारों का उल्लेख उपयोगी होगा। प्रथम, अरस्तू ने कवि और इतिहासकार में भेद करते हुए यह कहा है कि इतिहासकार तो केवल उसी घटना का वर्णन करता है जो हो चुकी है, मगर कवि घटनाओं का संयोजन भी करता है जो घटित हो सकती हैं। दूसरे शब्दों में कहें तो कह सकते हैं कि इतिहासकार की दृष्टि विशिष्ट घटनाओं, व्यक्तियों आदि पर केन्द्रित रहती है, मगर कवि विशिष्ट घटनाओं आदि के माध्यम से एक सामान्य प्रभाव सृष्टि करता है। अरस्तू ने 'पेरि पोइतिकेस' (काव्यशास्त्र) में लिखा है—

'कवि और इतिहासकार में भेद यह नहीं है कि एक पद्य में लिखता है, दूसरा गद्य में। वास्तविक भेद यह है कि एक तो उसका वर्णन करता है जो घटित हो

चुका है और दूसरा उसका जो घटित हो सकता है। परिणामतः काव्य में दर्शन-तत्त्व अधिक होता है, उसका स्वरूप इतिहास से भव्यतर है; क्योंकि काव्य सामान्य (सार्वभौम) की अभिव्यक्ति है और इतिहास विशेष की। सामान्य (सार्वभौम) से मेरा तात्पर्य यह है कि विशेष प्रकार का कोई व्यक्ति सम्भाव्यता अथवा आवश्यकता के नियम के अनुसार किसी अवसर पर कैसे बातचीत या व्यवहार करेगा। नाम-रूप से विशिष्ट व्यक्तियों के माध्यम से इसी सार्वभौमता की सिद्धि काव्य का लक्ष्य होती है।'[1] जब अरस्तू यह कहते हैं कि कवि उसका भी वर्णन कर सकता है जो घटित हो सकता है तथा काव्य विशिष्ट के चित्रण के माध्यम से सामान्य की अभिव्यक्ति करता है, तो वे कवि के व्यक्तित्व की सर्जनात्मकता या कल्पना की स्वीकृति करते हैं। इतिहास यान्त्रिक अनुकर्त्ता है। हू-ब-हू घटित घटनाओं को शब्दों में पेश करता है, मगर कवि घटनाओं की सर्जना भी कर सकता है। इस विचार पर गहराई से विचार करने पर हम सहज ही सर्जना की मूल शक्ति कल्पना तक पहुँच जाते हैं। मगर अरस्तू अपने कथन के इस पक्ष तक नहीं पहुँचते। इसी प्रकार विशिष्ट के माध्यम से सामान्य की अभिव्यक्ति के लिए भी यान्त्रिक अनुकरण पर्याप्त नहीं है, इसके लिए भी पात्रों, घटनाओं आदि का विशिष्ट रीति से संयोजन होना चाहिए और इस संयोजन के लिए कवि के व्यक्तित्व को सर्जनात्मक होना पड़ेगा। अतः स्पष्ट है कि अरस्तू द्वारा प्रयुक्त अनुकरण की अवधारणा में सर्जना वाला अर्थ भी विद्यमान है।

इस सम्बन्ध में दूसरी बात यह है कि अरस्तू काव्य-विषय का विवेचन करते हुए कहते हैं कि उसके तीन रूप हो सकते हैं—प्रतीयमान रूप, सम्भाव्य रूप, आदर्श रूप। स्पष्टतः प्रतीयमान रूप के बारे में तो अनुकरण की यान्त्रिकता का आरोप लगाया जा सकता है, मगर सम्भाव्य या आदर्श रूप में तो अनुकरण का सर्जनात्मक पक्ष ही सामने आता है। जब तक कवि में सर्जना की शक्ति नहीं होगी, यह काव्य में सम्भाव्य या आदर्श रूप को चित्रित नहीं कर सकता। यहाँ भी अनुकरण की अवधारणा में कवि की योग्यता की स्वीकृति विद्यमान है।

तीसरी बात यह है कि अरस्तू ने अनुकरण के द्वारा प्राप्त आनन्द की चर्चा भी की है :

'त्रासदी से हम सभी प्रकार के नहीं वरन उसके अपने विशिष्ट प्रकार के आनन्द की ही अपेक्षा कर सकते हैं और चूँकि यह आनन्द अनुकरण के माध्यम से करुणा और त्रास जगाकर निष्पन्न होता है; अतः स्पष्ट है कि गुण की स्थिति घटनाओं में होनी चाहिए।'[2] त्रासदी से उसके अपने विशिष्ट प्रकार के आनन्द की उपलब्धि होती है। 'अपने' तथा 'विशिष्ट प्रकार' के उल्लेख के द्वारा लेखक त्रासदी

---

1. सावित्री सिन्हा, उपर्युक्त, पृ. 33
2. वही, पृ. 36

के आनन्द को जीवन के आनन्द से पृथक करने का प्रयास करता है और त्रासदी एक रचना होने के कारण उसके आनन्द की यह 'विशिष्टता' और 'अपनापन' रचनात्मकता से ही आता है। यहाँ अन्तिम वाक्यांश से भ्रम हो सकता है जहाँ 'इस गुण' की स्थिति घटनाओं में मानी गयी है; अतः यहाँ 'घटनाओं' का सही तात्पर्य समझना होगा। यह प्रयोग जीवन की घटनाओं का पर्याय नहीं है, बल्कि त्रासदी में संघटित 'घटनाओं' का पर्याय है। किन्तु त्रासदी की घटनाएँ जीवन की घटनाओं से किस अर्थ में भिन्न हैं? इसी अर्थ में न कि त्रासदी की घटनाएँ जीवन की घटनाओं की अनुकृति हैं अर्थात त्रासदी की घटनाएँ जीवन की घटनाओं के आधार पर की गयी 'सृष्टि' हैं। इस बात को और अधिक स्पष्ट करने के लिए अरस्तू का घटनाओं की अन्विति सम्बन्धी मत भी उद्धृत करना उपयोगी होगा :

'जैसे अन्य अनुकरणात्मक कलाओं में अनुकार्य वस्तु के एक होने पर अनुकृति भी एक होती है, इसी प्रकार कथानक को, जो कार्य-व्यापार की एक अनुकृति होता है, तथा सर्वांगीणपूर्ण कार्य का अनुकरण करना चाहिए और उसमें अंगों का संगठन ऐसा होना चाहिए कि यदि एक अंग को भी अपनी जगह से इधर-उधर करें तो सर्वांग ही छिन्न-भिन्न और अस्त-व्यस्त हो जायें, क्योंकि ऐसी वस्तु जिसके होने न होने से कोई प्रत्यक्ष अन्तर नहीं पड़ता, किसी पूर्ण इकाई का सहज अंग नहीं हो सकती।'[1]

यहाँ अरस्तू त्रासदी के कथानक की आन्तरिक एकता की अनिवार्यता की प्रतिष्ठा करते हैं और उसकी व्याख्या करते हुए कथानक के विविध अंगों के अन्तःसम्बन्धों की अपरिहार्यता को बुनियादी मूल्य मानते हैं। यहाँ यह सवाल किया जा सकता है कि कथानक के अंगों के अनिवार्य अन्तःसम्बन्धों की जटिलता में व्यक्त अन्विति क्या मात्र अनुकरण से, यान्त्रिक अनुकरण से सिद्ध हो सकती है? स्पष्टतः ऐसा नहीं है। कवि न केवल अनुकार्य के स्वरूप में अपेक्षित परिवर्तन करता है वरन त्रासदी (रचना) के स्तर पर अनुकार्य के विविध अंगों की सम्पृक्ति की भी स्थापना करता है। यद्यपि अरस्तू यह स्थापना करने वाली कवि की योग्यता की प्रत्यक्ष रूप से चर्चा नहीं करते, मगर यह निर्विवाद है कि कवि में सर्जना-शक्ति के अभाव में यह स्थापना सम्भव नहीं है और कवि की यह सर्जना-शक्ति अरस्तू की 'अनुकरण' की अवधारणा का अन्तरंग गुण है।

अरस्तू ने कथा के आधारों का विवेचन करते हुए उनके तीन प्रकारों का उल्लेख किया है : ऐतिहासिक कथा, दन्तमूलक कथा, कल्पित कथा। ऐतिहासिक कथा और दन्तमूलक कथा के आधार पर रचित कृतियों के लिए तो एक अनुकार्य बना-बनाया है, मगर कल्पित कथा की स्वीकृति में तो अरस्तू कवि की सर्जना शक्ति को ही स्वीकार करते हैं, यद्यपि वे इसका विशद विवेचन नहीं करते। यदि वे ऐसा

1. सावित्री सिन्हा, उपर्युक्त, पृ. 33

करते तो वे अनुकरण को सृजनात्मक व्यापार के रूप में स्पष्ट रूप में परिभाषित करने का प्रयास करते, मगर अनुकरण की सृजनात्मकता को प्रमाणित करने के लिए कल्पित कथा की स्वीकृति ही पर्याप्त है।

उपर्युक्त विवेचन से स्पष्ट है कि अरस्तू ने 'अनुकरण' का प्रयोग एक ऐसी अवधारणा के अर्थ में किया है जिसका अन्तरंग एवं अनिवार्य गुण है निर्माण। इसीलिए अरस्तू के व्याख्याकारों ने अनुकरण का अर्थ करते हुए उसमें निर्माण और कल्पना के तत्त्वों को स्वीकार किया है। उपर्युक्त विवेचन के आधार पर हम अरस्तू के द्वारा प्रयुक्त 'अनुकरण' की अवधारणा का अर्थ 'अनुकार्य का काव्यात्मक निर्माण' कर सकते हैं जिसमें कवि न केवल अनुकार्य के यथार्थ स्वरूप की काट-छाँट करता है, वरन उसे काव्य-रूप के अनुरूप संयोजित और सम्पृक्त भी करता है।

पाश्चात्य काव्यशास्त्र में अनुकरण का प्रयोग कई रूपों में लक्षित होता है। प्लेटो ने अनुकरण का प्रयोग मूल सत्य और सृष्टि तथा सृष्टि और काव्य दोनों के सन्दर्भों में किया था। अरस्तू ने उसका प्रयोग सृष्टि एवं काव्य के सन्दर्भ में किया है। मगर अरस्तू के बाद होरेस में उसका एक नया अर्थ देखने को मिलता है। वे उसका प्रयोग प्राचीन काव्यों और अपने युग के काव्यों के सन्दर्भ में करते हैं और अपने युग के कवियों को यह सलाह देते हैं कि यदि वे श्रेष्ठ काव्यों का निर्माण करते हैं तो उन्हें प्राचीन उत्कृष्ट काव्यों को हमेशा ज़ेहन में रखना चाहिए अर्थात होमर आदि की रचनाओं का अनुकरण करना चाहिए। सम्भवतः इसका एक कारण यह भी है कि अरस्तू ने यह माना है कि सभी काव्य-रूप विकासशील हैं, मगर वे यूनान के कवियों और नाटककारों की रचनाओं में—होमर के महाकाव्यों और सोफोक्लेस आदि की त्रासदियों में, परम विकसित रूपों में लक्षित होते हैं। होरेस इस कथन को स्वीकार करते हुए अपने युग के कवियों को यह सलाह देते हैं कि वे परम विकसित प्राचीन काव्यों का अनुकरण करें।

नव्य-आभिजात्यवादी आलोचना में अनुकरण का सन्दर्भ बदलकर अरस्तू का काव्यशास्त्र और तत्कालीन साहित्य हो गया। वे आलोचक उन्हीं काव्यों को श्रेष्ठ मानते थे जिनमें अरस्तू के काव्य-सिद्धान्तों का पालन-अनुकरण हो। शेक्सपियर ने इन सिद्धान्तों का अनुकरण नहीं किया, इसलिए वे असफल नाटककार माने गये।

मगर नव्य-आभिजात्यवादी आलोचना के बाद ही यान्त्रिक अनुकरण का विरोध शुरू हो गया। ड्राइडेन (सन 1610-1700 ई.) पर आभिजात्यवादी धारा का प्रभाव है, मगर वह यान्त्रिक अनुकरण को अस्वीकार करता है। वह यह मानता है कि कवि को प्रकृति से सामग्री प्राप्त होती है और कवि अपनी कुशलता के अनुरूप ही उस सामग्री से श्रेष्ठ या निकृष्ट रचना करता है। इस सम्बन्ध में उसने बन्दूकसाज और घड़ीसाज का उदाहरण दिया है। जिस प्रकार दो घड़ीसाज, जिनकी कार्यकुशलता में अन्तर है, एक ही सामग्री तथा एक-से औजारों से अच्छी या बुरी

घड़ी बनाते हैं, उसी प्रकार विभिन्न कवि प्रकृति से प्राप्त समान सामग्री से अपनी कुशलता के अनुरूप अच्छी या बुरी कविता करते हैं। यहाँ स्पष्ट रूप से कवि की योग्यता या कुशलता की स्वीकृति हुई।

पश्चिम में ऐसे आलोचक भी हुए हैं जिन्होंने अनुकरण का विरोध करते हुए उसे असम्भव एवं रचना के सन्दर्भ में अप्रासंगिक माना है। कॉलरिज कल्पना-सिद्धान्त का विवेचन करते हुए कविता के क्षेत्र में अुनकरण को असम्भव मानते हैं। क्योंकि पहली बात तो यह है कि कवि की कल्पना-शक्ति सीमित होने के कारण, ईश्वर की असीम कल्पना द्वारा निर्मित सृष्टि का अनुकरण कर ही नहीं सकती और दूसरी बात यह है कि कल्पना का सहज एवं अनिवार्य गुण निर्माण है, अनुकरण नहीं। इसलिए उनके मतानुसार काव्य-रचना में अनुकरण का कतई कोई स्थान नहीं है। क्रोचे तो एक कदम और आगे बढ़ जाते हैं तथा रचना को बाह्य सृष्टि से बिल्कुल काटकर एक आन्तरिक आत्मिक व्यापार घोषित करते हैं जहाँ बाह्य अभिव्यक्ति भी रचनात्मकता का अनिवार्य चरण नहीं है। इस प्रकार अरस्तू और क्रोचे पाश्चात्य आलोचना के दो ठीक विरोधी बिन्दुओं पर स्थित हैं।

भारतीय काव्यशास्त्र में अुनकरण का प्रयोग कवि के सन्दर्भ में नहीं किया गया क्योंकि कवि को आरंभ से ही स्रष्टा माना गया। नट के सन्दर्भ में अनुकरण का प्रयोग किया गया क्योंकि नाटक का प्रदर्शन करते हुए नट पात्रों का अनुकरण करता है। उधर शंकुक ने रस की व्याख्या करते हुए रस को भाव की अनुकृति माना, मगर साथ ही भाव और रस में नाम-मात्र का अन्तर माना। नट के सन्दर्भ में अनुकरण वाली बात सर्वमान्य है। मगर परवर्ती आचार्यों ने शंकुक के मत का खण्डन किया और रस को निर्मिति या अभिव्यक्ति माना। स्पष्टतः शुरू से ही भारतीय काव्यशास्त्र में काव्य के निर्माण पक्ष पर बल दिया गया, जिसका कारण वेदों की रचना में खोजा जा सकता है। भवभूति के 'उत्तर रामचरितम्' में जब यह समाचार मिलता है कि महर्षि वाल्मीकि ने वेदों से भिन्न किसी छन्द का निर्माण किया है तो सबको महान आश्चर्य होता है और वाल्मीकि ऋषि को ही भारत का आदि कवि माना जाता है। यह तथ्य भी काव्यशास्त्र में इस धारणा के रूप में व्यक्त हुआ कि काव्य एक विशिष्ट रचना है, जिसका निर्माण करने के लिए लोकोत्तर शक्ति (प्रतिभा) की अपेक्षा होती है। लेकिन यहाँ रचना प्रतिभा और आध्यात्मिकता के साथ लोकोत्तर तत्त्व एवं दर्शन के साथ जुड़कर प्रधानतया विशेष आनन्दवादी धारा के रूप में प्रवाहित होती रही। पश्चिम में आरंभ से ही काव्य-विवेचन सृष्टि या यथार्थ में केन्द्रित हुआ जिसका परिणाम यह हुआ कि काव्य-सत्य के अध्ययन की आरम्भिक अवस्था ही लोक-सत्य पर आधारित हुई। स्थूल यथार्थ और व्यवहार का यह प्रबल आग्रह पश्चिम में आगे चलकर भौतिक एवं यान्त्रिक प्रगति से सम्बद्ध होता प्रतीत होता है।

त्रासदी का विवेचन

यद्यपि अरस्तू ने अनुकरण को काव्य का मूल व्यापार माना है, फिर भी अनुकरण के विषय, उसके माध्यम और उसकी विधि के अनुसार काव्य के रूप में विभिन्नता दिखलाई देती है। उदाहरण के लिए जिस नाट्यकृति का विषय यथार्थ से श्रेष्ठ होता है और जिसमें करुणा और त्रास की व्याप्ति होती है, वह त्रासदी कहलाती है तथा जिस नाट्यकृति का विषय यथार्थ से निकृष्ट होता है तथा जिसमें हास्य की प्रधानता होती है, वह कामदी कहलाती है। त्रासदी के समान महाकाव्य का विषय भी गम्भीर एवं श्रेष्ठ होता है। अनुकरण की रीति के अनुसार भी काव्य-रूप में अन्तर आ जाता है। काव्य में ये दो रीतियाँ दिखाई देती हैं—समाख्यान की रीति जो महाकव्य में दिखाई देती है, प्रदर्शन या अभिनय की रीति जो दृश्य काव्य या नाटक में लक्षित होती है इसी प्रकार अनुकरण का माध्यम भी दो प्रकार का हो सकता है; गद्य और पद्य। इस प्रकार अरस्तू सभी साहित्य-विधाओं को अनुकरण-व्यापार में केन्द्रित कर उनके स्वरूप की भिन्नता की व्याख्या का प्रयास करते हैं।

अरस्तू त्रासदी को काव्य का सर्वश्रेष्ठ रूप मानते हैं। 'पेरि पोइतिकेस' में, जहाँ वे त्रासदी को महाकाव्य की अपेक्षा श्रेष्ठ सिद्ध करते हैं, यह स्पष्ट हो जाता है कि अरस्तू के काल में इस बात को लेकर मतभेद था। इस अनुमान का आधार यह है कि अरस्तू पहले तो इस मत को व्यक्त करते हैं कि त्रासदी की अपेक्षा महाकाव्य श्रेष्ठ है तथा इस मान्यता के कारणों पर भी प्रकाश डालते हैं, फिर इस मत का खण्डन करके त्रासदी की श्रेष्ठता की स्थापना करते हैं :

'एक प्रश्न यह हो सकता है कि महाकाव्य और त्रासदी—अनुकरण के इन दोनों रूपों में से कौन-सा उत्कृष्ट है? यदि अधिक परिष्कृत कला ही उत्कृष्ट है, और अधिक परिष्कृत प्रत्येक दशा में वही है जो सुरुचि-सम्पन्न सामाजिक को आह्लादित करे तो स्पष्ट है कि हर किसी वस्तु का अनुकरण करने वाली कला अत्यन्त परिष्कृत होगी। सामाजिकों को इतना मूढ़ समझ लिया जाता है मानो वे तब तक कुछ समझ ही नहीं सकते जब तक अभिनेता अपने कुछ चमत्कार न दिखाएँ, अतः वे निरन्तर भाँति-भाँति की चेष्टाएँ करते रहते हैं।...कहा जाता है कि त्रासदी में यही दोष है।...अतएव समग्र रूप में त्रासदी का महाकाव्य के साथ वही सम्बन्ध हुआ जो नये अभिनेताओं का ज्येष्ठ अभिनेताओं के साथ होता है। इसीलिए यह कहा जाता है कि महाकाव्य का 'अधिकारी' संस्कृत सामाजिक वर्ग होता है, जिसके लिए भंगिमाओं का प्रदर्शन आवश्यक नहीं और त्रासदी निम्न स्तर की जनता के लिए होती है। इस प्रकार अपरिष्कृत होने के कारण स्पष्टतः दोनों में इसी का स्थान नीचा है।

पहले तो इस अभिशंसा का लक्ष्य काव्य कला नहीं, अभिनय कला है। क्योंकि

इस प्रकार आंगिक चेष्टाओं का अतिचार तो महाकाव्य के पाठ में भी हो सकता है। दूसरे, हर प्रकार के आंगिक अभिनय की निन्दा नहीं की जा सकती, जैसे सभी प्रकार के नृत्य की गर्हणा उचित नहीं, केवल निकृष्ट श्रेणी के नटों की चेष्टाएँ ही निन्दनीय हो सकती हैं। इसके अतिरिक्त त्रासदी भी महाकाव्य के समान बिना आंगिक अभिनय के ही प्रभाव डालती है, पढ़ने-मात्र से उसका प्रभाव व्यक्त हो जाता है। ऐसी स्थिति में यदि अन्य सभी दृष्टियों से त्रासदी श्रेष्ठतर है तो हम कहेंगे कि यह दोष त्रासदी में अनिवार्य एवं सहजात नहीं है।

'और वास्तव में उत्कृष्ट तो वह है ही, उसमें महाकाव्य के सभी तत्त्व विद्यमान हैं। उसके छन्द तक का प्रयोग त्रासदी में हो सकता है। उधर संगीत और रंग-प्रभाव उसके अपने अतिरिक्त महत्त्वपूर्ण सहायक तत्त्व हैं, जिनसे सर्वाधिक प्रत्यक्ष आनन्द की सृष्टि होती है। पाठ और अभिनय दोनों में ही उसका प्रभाव बड़ा विशद होता है, इसके अतिरिक्त अपेक्षाकृत सीमित परिधि में ही कला यहाँ अपनी सिद्धि कर लेती है। विस्तृत कालपट पर बिखरे हुए तरल प्रभाव की अपेक्षा सुसंहित सघन प्रभाव अधिक आह्लादकारी होता है। एक बात और, महाकाव्य में इतनी अन्विति भी नहीं होती, इसका प्रमाण यह है कि किसी भी महाकाव्य से अनेक त्रासदियों की सामग्री उपलब्ध हो सकती है। कवि द्वारा गृहीत कथावस्तु में यदि दृढ़ अन्विति है तो उसे संक्षेप में कहना पड़ेगा और वह कुछ कटी-कटी अधूरी-सी लगेगी, यदि उसे महाकाव्य के शास्त्र-सम्मत विस्तार के अनुकूल रखना है तो वह निश्चय ही क्षीण-तरल-सी बिखरी-बिखरी-सी प्रतीत होगी।'

'अतः यदि त्रासदी इन सभी दृष्टियों से महाकाव्य से उत्कृष्ट है और साथ ही कला के रूप में अपने विशेष कर्त्तव्य की अधिक सफलता के साथ पूर्ति करती है; क्योंकि जैसा पहले कहा जा चुका है, प्रत्येक कला को किसी सांयोगिक नहीं, अपितु एक विशिष्ट आनन्द की सृष्टि करनी चाहिए, तो यह स्पष्ट है कि त्रासदी उत्कृष्टतर कला है; क्योंकि वह अपना लक्ष्य अधिक पूर्णता के साथ सिद्ध करती है।'[1]

अरस्तू के उपर्युक्त कथन के आधार पर यह स्पष्ट है कि महाकाव्य को श्रेष्ठ मानने वाले विचारक त्रासदी की आन्तरिक संरचना को आधार नहीं बनाते थे वरन उसकी अभिनेयता को, अभिनेयता के भी क्षुद्र पक्ष को आधार बनाकर त्रासदी की हीनता सिद्ध करते हैं। उसके विरुद्ध अरस्तू ने त्रासदी के पक्ष में तीन महत्त्वपूर्ण बातें कही हैं। प्रथम, त्रासदी काव्य का अभिनेय रूप है तथा उसमें अभिनेयता व संगीतात्मकता के गुण हैं, जो महाकाव्य में नहीं पाये जाते। इसलिए संगीत-युक्त प्रत्यक्ष प्रदर्शन की योग्यता के कारण त्रासदी अधिक महत्त्वपूर्ण है। द्वितीय, त्रासदी अभिनेय होकर तो सामाजिक को प्रभावित करती ही है, उसके पढ़ने से भी पाठक

1. सावित्री सिन्हा, उपर्युक्त, पृ. 40-42

के मन में गम्भीर प्रभाव की सृष्टि होती है। इस प्रकार महाकाव्य का पाठ्यकाव्य के रूप में जो महत्त्व है, वह महत्त्व भी त्रासदी को सहज की प्राप्त हो जाता है। तीसरी बात यह है कि त्रासदी समाख्यान काव्य है इसलिए उसमें कथा का विस्तार अधिक होता है—काल के स्तर पर भी और घटनाओं की योजना में भी। इसके विपरीत नाटक की कथा सीमित और एक निश्चित आयाम वाली होती है। इसका परिणाम यह होता है कि त्रासदी में जो अन्विति और संगठन दिखाई देता है तथा उसमें प्रभाव की जो सघनता होती है, वह महाकाव्य में नहीं आ पाती क्योंकि महाकाव्य में वैसी सम्बद्धता और अन्विति की सम्भावना ही नहीं होती। मगर इस तीसरी बात का एक ऐसा पहलू भी है जो महाकाव्य के पक्ष में जाता है। अभिनेयता से अनुशासित होने के कारण त्रासदी में अनेक घटनाओं का संयोजन नहीं किया जा सकता, मगर समाख्यान काव्य होने के कारण महाकाव्य में किसी घटना का नियोजन किया जा सकता है। इस दृष्टि से महाकाव्य में, घटनाओं की विविधता और पात्रों एवं काल के विस्तार के कारण, अद्भुत के सम्मिश्रण का अवकाश अधिक रहता है और चमत्कार पैदा करने की, विस्तृत विषय को काव्यात्मक रूप में संजोने की सम्भावना रहती है। मगर साथ ही, जैसाकि भारतीय काव्यशास्त्र में कहा गया है, महाकाव्य के सभी अंश समान रूप से शक्तिशाली एवं सरल नहीं होते तथा उसमें, संक्षेप में ही सही, नीरस अंशों का समावेश भी करना पड़ता है।

अरस्तू ने त्रासदी की विस्तृत समीक्षा की है। कहीं अन्य काव्य रूपों की—कामदी, महाकाव्य आदि के विवेचन को त्रासदी के विवेचन के सन्दर्भ में ही प्रस्तुत किया है—त्रासदी से समानता दिखाकर और कहीं त्रासदी से उनका भेद दिखाकर। त्रासदी की परिभाषा देते हुए अरस्तू ने कहा है :

'त्रासदी किसी गम्भीर, स्वतःपूर्ण तथा निश्चित आयाम से युक्त कार्य की अनुकृति का नाम है, जिसका माध्यम नाटक के भिन्न-भिन्न भागों में भिन्न-भिन्न रूप से प्रयुक्त सभी प्रकार के आभरणों से अलंकृत भाषा होती है, जो समाख्यान के रूप में न होकर कार्य-व्यापार के रूप में होती है और जिसमें करुणा तथा त्रास के उद्रेक द्वारा इन मनोविकारों का उचित विरेचन किया जाता है। 'अलंकृत भाषा' से मेरा अभिप्राय ऐसी भाषा से है जिसमें लय, सामंजस्य और गीत का समावेश हो जाता है। विभिन्न 'आभरण नाटक के अलग-अलग भागों में' (पाये जाते हैं)—इस उक्ति से मेरा तात्पर्य यह है कि कुछ भागों में केवल पद्य के माध्यम का प्रयोग किया जाता है और कुछ में गीत का भी समावेश किया जाता है।'[1]

उपर्युक्त उद्धरण से स्पष्ट है कि त्रासदी एक दृश्य काव्य है, उसकी भाषा लय और सामंजस्य से युक्त है, उसमें गीत की योजना होती है, उसका कार्य गम्भीर

1. सावित्री सिन्हा, उपर्युक्त, पृ. 29

एवं पूर्ण होता है तथा उसके द्वारा करुणा एवं त्रास का उचित विरेचन किया जाता है।

अरस्तू ने त्रासदी के छः तत्त्व माने हैं—कथावस्तु, चारित्र्य, पद-रचना, विचार-तत्त्व, दृश्य-विधान और गीत। इन सभी तत्त्वों में से अरस्तू ने कथावस्तु को सबसे अधिक महत्त्वपूर्ण माना है। इसका कारण यह है कि अरस्तू की दृष्टि वस्तुपरक दृष्टि है और वस्तुपरकता का यह आग्रह विवेचन में स्थूल तत्त्व के महत्त्व की स्वीकृति के रूप में सहज की परिणत हो जाता है। जाहिर तौर पर अन्य सभी तत्त्व कथावस्तु पर ही आधारित प्रतीत होते हैं। दूसरी बात यह है कि अरस्तू के सामने जो साहित्य था, उसमें कथावस्तु की, घटनाओं के चमत्कारपूर्ण संयोजन की ही प्रधानता थी और ऐसी स्थिति में साहित्य-केन्द्रित विवेचन सहज ही कथा के सर्वोपरि महत्त्व को स्वीकार कर लेगा। इसीलिए जब नव्यआभिजात्यवादी आलोचकों ने शेक्सपियर को एक असफल नाटककार घोषित किया तो शेक्सपियर का समर्थन करते हुए ड्राइडेन ने यह बात कही थी कि अरस्तू के नाट्यसिद्धान्त तो उसके युग के साहित्य पर आधारित हैं। यदि अरस्तू के युग में शेक्सपियर के नाटकों जैसी रचनाएँ होतीं तो वह अपने सिद्धान्त बदल देता। स्पष्ट है कि आलोचना के विकास में ऐतिहासिक दृष्टि के समावेश के महत्त्व को परवर्ती आलोचकों को स्वीकार करने में कोई संकोच नहीं हुआ।

कथावस्तु

अरस्तू ने कथावस्तु को नाटक का सबसे महत्त्वपूर्ण तत्त्व माना; क्योंकि अरस्तू के मतानुसार नाटक के शेष सभी तत्त्व कथावस्तु पर ही आधारित होते हैं। इसीलिए अरस्तू के काव्यशास्त्र में कथावस्तु का विस्तृत विवेचन मिलता है। यदि कथावस्तु उपयुक्त नहीं है, यदि कार्य-व्यापार में गम्भीर प्रभाव उत्पन्न करने की क्षमता नहीं है, तो रचना कभी भी सफल नहीं हो सकती।

प्राचीन काल में प्रायः प्रसिद्ध और जनता में प्रचलित कथा को ही अधिक महत्त्वपूर्ण माना जाता था। इसका कारण यह है कि जो कथा जनता के बीच प्रचलित होती है, उसके साथ जनता का एक सहज अनिवार्य रागात्मक सम्बन्ध स्थापित हो जाता है और इसलिए एक कुशल नाटककार जब उस कथा की काव्योचित संरचना करके उसके विविध सन्दर्भों और पक्षों को समन्वित करके उसे नाटक के रूप में प्रस्तुत करता है तो गम्भीर पूर्व-परिचय के कारण उसका सामाजिक पर अनिवार्य रूप से गहरा प्रभाव पड़ता है। अरस्तू के अनुसार कथा के तीन आधार हो सकते हैं—लोककथा, कल्पना और इतिहास। इस प्रकार कथानक लोककथा का परिष्कृत रूप हो सकता है या कल्पित हो सकता है या ऐतिहासिक कथा का उपयुक्त

रूपान्तर हो सकता है। इन तीनों में से स्पष्टतः लोककथा और इतिहास के आधार ही श्रेष्ठ हैं। ऐतिहासिक कथा की अपेक्षा, लोककथा का प्रचार अधिक व्यापक होता है और इसलिए उन दोनों में से लोककथा की शक्ति अधिक होती है। भारतीय काव्यशास्त्र में भी कल्पित या उत्पाद्य कथा की चर्चा है, मगर महत्त्व पौराणिक या ऐतिहासिक कथा को ही दिया गया है, जो जनता में प्रसिद्ध होने के कारण अधिक प्रभावशाली होती है। प्रसिद्ध या प्रचलित कथा को महत्त्वपूर्ण मानने के मूल में यह दृष्टि कार्यशील है कि काव्य का उद्देश्य सामाजिक को गम्भीर रूप से प्रभावित करना है। आगे हम देखेंगे कि अरस्तू ने भी नाटक की सफलता की कसौटी प्रभाव की गम्भीरता को ही माना है। कथावस्तु को सबसे अधिक महत्त्वपूर्ण मानने के मूल में भी यही धारणा निहित लक्षित होती है कि सामाजिक पर प्रभाव डालने का सबसे अधिक समर्थ और स्थूल साधन घटनाएँ हैं, कार्य-व्यापार की प्रगति के विविध चरण हैं। आधुनिक अंग्रेज़ी आलोचना में यद्यपि ड्राइडेन ने कथावस्तु के महत्त्व के स्थान पर चरित्र आदि के महत्त्व की स्थापना की थी, मगर परवर्ती शताब्दी के प्रसिद्ध आलोचक मैथ्यू आर्नाल्ड ने कार्य-व्यापार की उत्कृष्टता पर बल दिया है और उस सन्दर्भ में यूनान के साहित्यकारों की प्रशंसा की है :

'अतः निष्कर्ष यह निकला कि इस बात का विशेष महत्त्व नहीं कि कोई कार्य किस समय सम्पन्न हुआ—सारा महत्त्व कार्य का, उसके चयन और निर्माण का है। यह बात जितनी अच्छी तरह यूनानियों ने समझी थी, हम आज भी नहीं समझते। मेरे विचार में उनके और हमारे काव्य-सिद्धान्त में मौलिक भेद यह है : उनके यहाँ प्रथम महत्त्व कार्य के निज के काव्यमय स्वरूप और उसकी क्रियान्विति को दिया जाता था, हमारे यहाँ कार्य के काव्यानुबन्धन में जो पृथक-पृथक विचार और बिम्ब जागते हैं, मुख्यतः उनके मूल्य पर ध्यान केन्द्रित रहता है। उनका ध्यान सम्पूर्ण की ओर होता है, हमारा अंगों की ओर। उनके निकट कार्य की महत्ता उसकी अभिव्यंजना से अधिक थी, हमारे यहाँ कार्य की अपेक्षा अभिव्यंजना को अधिक महत्त्व दिया जाता है। मेरे कहने का तात्पर्य यह नहीं कि अभिव्यंजना के क्षेत्र में वे असफल थे या उसकी उपेक्षा करते थे, बल्कि इसके विपरीत, उनमें अभिव्यंजना का सर्वोच्च उत्कर्ष दृष्टिगोचर होता है; वे भव्य शैली के बेजोड़ एवं निष्णात कलाकार हैं; परन्तु उनकी अभिव्यंजना इतनी उत्कृष्ट इसीलिए है कि उन्होंने बड़े प्रशंसनीय ढंग से उसकी महत्ता को समुचित मर्यादा में बाँधकर रखा है, क्योंकि वह अत्यन्त सरल और संयत है, क्योंकि उसी शक्ति का स्रोत उसके सम्प्रेषणीय विषय की सारगर्भिता ही होती है।'[1]

'प्रभाव की सघनता' यह अरस्तू के त्रासदी के विवेचन का मूलमन्त्र प्रतीत होता है। इसलिए कथा के स्वरूप और विस्तार पर विचार करते हुए वे उन

1. सावित्री सिन्हा, उपर्युक्त, पृ. 195-96

विशेषताओं पर बल देते हैं जो गम्भीर प्रभाव का सृजन करने में सहायक हों। उनके मतानुसार कथा बहुत लम्बी नहीं होनी चाहिए, उसका आयाम इतना तो अवश्य होना चाहिए कि उसके द्वारा जीवन के किसी महत्त्वपूर्ण पक्ष की व्यंजना की जा सके, मगर साथ ही वह इतनी विस्तृत नहीं होनी चाहिए कि दर्शक उसे उसकी समग्रता में ग्रहण न कर सके, उसे याद न कर सके। काल में घटना का विस्तार कितना होना चाहिए, इसको लेकर मतभेद है। अरस्तू ने यह मत व्यक्त किया है कि कथा की घटनाएँ प्रायः 'सूर्य की एक परिक्रमा' के काल में घटित हो जाती हैं। कुछ आलोचकों ने 'सूर्य की एक परिक्रमा' का अर्थ बारह घण्टे किया है तथा कुछ ने चौबीस घण्टे। मगर समय की इस सीमा से यह तो स्पष्ट हो जाता है कि अरस्तू कथावस्तु के कालगत आयाम को सीमित करने पर बल देते हैं, जिसका सहज परिणाम यह होगा कि कथावस्तु में अन्विति और सघनता आयेगी। यह तो कहा जा सकता है कि 'सूर्य की एक परिक्रमा' वाली बात में तत्कालीन प्रयोग का संकेत किया गया है, बूचर ने यह कहा भी है, मगर स्पष्टतः यह प्रयोग भी त्रासदी को अधिक सुगठित और सम्बद्ध बनाने में सहायक होता है।

अरस्तू ने कथावस्तु के विकास, उसके अंग, उसकी मूल त्रासद घटना आदि का विस्तार से विवेचन किया है। उन्होंने कथा के सहज विकास पर बल दिया है और इस सन्दर्भ में कथा की स्वाभाविकता और सम्भाव्यता आदि गुणों की चर्चा की है। कथा स्वाभाविक तभी मानी जायगी जब इसका विकास सम्भाव्य रीति से किया जाये; ऐसा आभास नहीं होना चाहिए कि नाटककार ने जबर्दस्ती घटनाक्रम को अभिप्रेत दिशा में मोड़ दिया है। कथा के स्वाभाविक विकास के फलस्वरूप दर्शक की चेतना भी कथा के साथ-साथ अभिप्रेत दिशा में अग्रसर होती है और मुख्य कार्य के बिन्दु तक पहुँचते-पहुँचते जैसे कथा के विविध पक्ष सम्बद्ध होकर एक केन्द्र में दीप्त हो उठते हैं, उसी प्रकार सामाजिक की चेतना भी नाटक के साथ पूर्ण तादात्म्य स्थापित कर लेती है। इसीलिए अरस्तू ने कथावस्तु की एकान्विति पर बल दिया है। इस बात पर बल दिया है कि कथावस्तु के सभी कार्य, सभी गौण घटनाएँ परस्पर सम्बद्ध हों। इसका यह तात्पर्य नहीं है कि कथावस्तु में एक ही कार्य-व्यापार होना चाहिए। कार्य-व्यापार दोहरा भी हो सकता है। इकहरे कार्य-व्यापार वाले सरल कथानक की अपेक्षा दोहरे कार्य वाले जटिल कथानक की प्रभावात्मक शक्ति अधिक होती है। लेकिन जटिल कार्य-व्यापार का सफल निर्वाह करने के लिए रचनाकार में अधिक कौशल की अपेक्षा होती है।

कथानक के विवेचन के अन्तर्गत अरस्तू ने स्थिति-विपर्यय (मूल शब्द 'पेरि-पेतेइआ') और अभिज्ञान के स्वरूप पर प्रकाश डाला है। 'पेरि-पेतेइआ' का तात्पर्य यह है कि घटना एक दिशा की ओर अग्रसर होते-होते सहसा विपरीत दिशा की ओर मुड़ जाती है। घटना की दिशा का यह वैपरीत्य सम्भाव्य और औचित्य

पर आधारित होता है। वह बलपूर्वक किया गया प्रतीत नहीं होता वरन नाटककार कथा के भीतर ऐसी घटनाओं या स्थितियों को प्रस्तुत करता है जिनसे घटना-व्यापार विपरीत दिशा की ओर अग्रसर हो जाता है। भारतीय साहित्य से यदि उदाहरण लेना चाहें तो दशरथ द्वारा राम को वन-गमन की आज्ञा स्थिति-विपर्यय का सुन्दर उदाहरण हो सकती है। कहाँ तो राम को राज्य मिलना था और कहाँ उन्हें वनवास मिल जाता है। यह घटना मंथरा-कैकेयी के संवाद एवं दशरथ की वरदान सम्बन्धी प्रतिज्ञा के आधार पर संगत और सम्भव प्रतीत होती है। यह परिवर्तन गम्भीर होता है और अप्रत्याशित रूप से होता है, इसलिए स्थिति-विपर्यय से घटनाओं के विकास में त्वरा आती है तथा पाठक की कथा के प्रति आसक्ति एवं जिज्ञासा अधिक तीव्र हो उठती है। 'पेरि-पेतेइआ' का सम्बन्ध पात्रों के भाग्य से भी होता है और कथा के विकास से भी, इसलिए इस शब्द का अर्थ करते हुए आलोचकों ने उसे पात्रों के भाग्य से सम्बद्ध माना है, और कुछ आलोचकों ने घटना की दिशा से। मगर अर्थ का सम्बन्ध चाहे पात्र से हो, चाहे घटना से, पात्र और घटना असम्बद्ध तत्त्व नहीं हैं। दोनों सम्बद्ध एवं अन्योन्याश्रित हैं।

अरस्तू ने स्थिति-विपर्यय के साथ-साथ अभिज्ञान पर भी विचार दिया है। अभिज्ञान से तात्पर्य है, किसी विस्मृत या अज्ञात महत्वपूर्ण घटना आदि का ज्ञान। इस रूप में अभिज्ञान स्थिति-विपर्यय का कारण बन जाता है। अभिज्ञान वस्तु के द्वारा हो सकता है, पात्र के द्वारा हो सकता है या किसी अन्य रूप में भी हो सकता है। उदाहरण के लिए जब दुष्यन्त का सिपाही मछेरे से राजा की अँगूठी प्राप्त कर उसे दिखाता है, तो उसे शकुन्तला से अपने गन्धर्व विवाह की बात याद हो आती है और घटनाओं का रुख बदल जाता है। इसे अभिज्ञान का उदाहरण माना जा सकता है।

कथानक का सबसे महत्त्वपूर्ण अंश है वह मूल घटना जो करुणा और त्रास के सम्मिलित प्रभाव को जन्म देती है। यह करुण-त्रासद स्थिति ही सफलता का प्रधान आधार है। इसलिए अरस्तू ने करुण-त्रासद स्थिति का बड़ा विस्तृत विवेचन किया है तथा न केवल उन घटनाओं का विवेचन किया है जिनसे करुणा और त्रास के भाव पैदा होते हैं वरन उन घटनाओं या स्थितियों का विवेचन भी किया है जो इन भावों की विरोधी स्थितियाँ हैं। इस विवेचन में हम यह देखेंगे कि अरस्तू की नैतिक भावना ने कहाँ तक उनकी मूल दृष्टि को प्रभावित किया है। यहाँ यह स्मरण रखना चाहिए कि अरस्तू ने नीतिशास्त्र पर भी ग्रन्थ लिखा है और उसका प्रभाव उनके काव्यशास्त्र के ग्रन्थ से भी अधिक महत्त्वपूर्ण माना जाता है। इसलिए त्रासदी, जिसमें अरस्तू सामान्य से उत्कृष्ट जीवन का चित्रण मानते हैं, के प्रभाव तथा उस प्रभाव को उत्पन्न करने वाली घटना के विवेचन पर उनकी नैतिक भावना का प्रभाव होना स्वाभाविक ही है।

करुण-त्रासद घटना की विरोधी स्थितियों का विवेचन करते हुए उन्होंने तीन विरोधी परिस्थितियों का उल्लेख किया है। प्रथम, किसी भद्र एवं श्रेष्ठ व्यक्ति के पतन का चित्रण त्रासदी में नहीं करना चाहिए; क्योंकि यह देखकर पाठक के मन में करुणा और त्रास का उदय नहीं होगा। यह सामान्य विश्वास और विश्वास से अधिक यह आकांक्षा रहती है कि भद्र व्यक्ति समाज में उन्नति करते रहें। यद्यपि समाज में हमेशा ऐसा नहीं होता और यह बात आज चाहे व्यापक रूप से एक कटु यथार्थ के रूप में हमारे सामने हो, प्राचीन यूनानी समाज में भी ऐसे उदाहरण मिलते ही होंगे, मगर अरस्तू के अनुसार ऐसी स्थिति का चित्रण त्रासदी के उपयुक्त नहीं होगा क्योंकि यह मानव के विश्वास और उसकी आस्था को चोट पहुँचाता है। इस स्थिति को त्रासदी की विरोधी स्थिति मानने के मूल में नैतिक आग्रह स्पष्ट है। जो व्यक्ति सर्वथा निष्पाप और पवित्र है, यदि उसका अपकर्ष दिखाया जायेगा तो इसके जीवन के मूल्यों और आदर्शों के महत्त्व की भी हानि होगी और हो सकता है कि सामाजिक का उन मूल्यों पर से विश्वास उठने लगे। यद्यपि अरस्तू ने ऐसा नहीं कहा, मगर इस विवेचन से यह निष्कर्ष निकाला जा सकता है; क्योंकि आगे की विरोधी स्थितियों के विवेचन में नैतिक आग्रह और भी स्पष्ट रूप से लक्षित होता है। यहाँ यह संकेत करना आवश्यक है कि इस विवेचन के सन्दर्भ में राम के वनगमन या सीता के निर्वासन की घटनाएँ त्रासदी के अनुकूल नहीं मानी जायेंगी; क्योंकि राम और सीता दोनों ही भद्र एवं निष्पाप हैं। यहाँ यह स्पष्ट है कि कुछ अंग्रेज़ी विद्वानों ने संस्कृत नाटकों की जो कटु आलोचना की है, उसका कारण उनका अज्ञान ही है। वे न तो भारतीय जिजीविषा के स्वरूप को ही समझ सके हैं और न ही यूनानी नाट्य परम्परा और उसके विवेचन की सीमाओं से ही परिचित हैं।

त्रासदी की द्वितीय और तृतीय घटनाओं का सम्बन्ध दुष्ट और पापी पात्रों से है। अरस्तू का मत है कि दुष्ट या पापी व्यक्ति की उन्नति और समृद्धि का चित्रण नैतिक मर्यादाओं के सर्वथा प्रतिकूल होगा और इससे सामाजिक की नैतिक भावना को आघात पहुँचेगा। यह स्पष्ट है कि इस तरह का चित्रण करुणा और त्रास का प्रभाव पैदा नहीं कर सकता और इससे दर्शक के नैतिक आदर्श और विश्वास का आधार भी कमजोर हो जायेगा। साथ ही ऐसे व्यक्ति के अपकर्ष के चित्रण से सामाजिक की नैतिक भावना की सन्तुष्टि होगी मगर करुणा और त्रास के भाव पैदा नहीं होंगे। यह मान्यता विवादास्पद है। उदाहरण के लिए रावण आदि राक्षसों का वध क्या त्रास का भाव पैदा नहीं करता? स्पष्ट है कि उनके वध से करुणा तो पैदा नहीं होती, मगर उससे यह तो स्पष्ट रूप से व्यक्त होता है कि सामाजिक मर्यादाओं और आदर्शों के उल्लंघन करने वाले व्यक्ति को समाज में ही कठोर दण्ड मिलता है और इसलिए सामान्य व्यक्ति उन कुकर्मों से बचने का प्रयास करता है। उसके मन में त्रास का भाव पैदा होता है। नैतिक मर्यादाओं के उल्लंघन

का भय पैदा होता है। इस विवेचन को अरस्तू के युग की सीमा के रूप में ही स्वीकार किया जा सकता है क्योंकि जब इस प्रकार की रचनाएँ ही नहीं हुईं तो इस प्रकार का विवेचन कैसे हो सकता है?

उपर्युक्त विरोधी स्थितियों का उल्लेख करने के बाद अरस्तू ने उस स्थिति का उल्लेख किया है जो त्रासदी की रचना के लिए सबसे अधिक अनुकूल होती है। उनका कथन है कि सफल त्रासदी में किसी ऐसे समृद्ध व्यक्ति का अपकर्ष दिखाया जाना चाहिए जो अपने अवगुण या पाप के कारण नहीं वरन किसी भूल या कमजोरी के कारण विपत्ति में फँस जाता है। उदाहरण के लिए दुष्यन्त द्वारा शकुन्तला की विस्मृति एक ऐसी घटना है जो इस कोटि में आ सकती है। या साफोक्लेस के नाटक 'इंडिपस दि किंग' में इंडिपस अज्ञान के कारण ही अपने पिता को मारकर अपनी माता से विवाह कर लेता है। इस प्रकार की स्थिति में प्रायः किसी दैवी-सत्ता का, नियति आदि का हाथ रहता है। मगर अरस्तू ने इसका विवेचन नहीं किया, यद्यपि आधुनिक आलोचकों की दृष्टि में नियति के खिलाफ मानव के संघर्ष वाला पक्ष अत्यन्त महत्त्वपूर्ण हो गया है। अरस्तू ने त्रासदी में व्यक्त क्रूर कार्य के कई रूपों की समीक्षा की है जिससे यह स्पष्ट हो जाता है कि अरस्तू के अनुसार त्रासदी का दुःखान्त होना अनिवार्य नहीं है। त्रासदी सुखान्त भी हो सकती हैं, मगर उसकी सफलता का आधार यह होगा कि करुणा और त्रास के भाव उसके अधिकांश में व्याप्त हैं या नहीं। क्रूर कर्म के कई रूप हो सकते हैं—यथा, माता पुत्र की या पुत्र माता की हत्या करना चाहे, पति पत्नी की या पत्नी पति की हत्या करना चाहे, भाई भाई की हत्या करना चाहे, इत्यादि। यह क्रूर कर्म जान-बूझकर पूर्व निर्णय के अनुसार भी करने का प्रयास किया जा सकता है और अज्ञान के कारण भी। इनमें से प्रत्येक की दो स्थितियाँ हो सकती हैं—क्रूर कर्म पूर्व निर्णय के अनुसार करने का प्रयास किया जाये या वह कार्य कर दिया जाये। दूसरी स्थिति यह हो सकती है कि वह क्रूर कर्म न हो। इसी प्रकार दूसरी स्थिति के भी दो रूप हो सकते हैं। क्रूर कर्म अज्ञान के कारण करने का प्रयास किया जाये और वह या तो (क) हो जाये (ख) अथवा न हो। बाद की दोनों स्थितियाँ पहली दोनों स्थितियों की अपेक्षा त्रासदी के लिए अधिक उपयुक्त हैं और इनको अरस्तू महत्त्वपूर्ण स्थिति मानते हैं। यदि क्रूर कर्म को अज्ञान के कारण करने का प्रयास किया जाये और वह न हो तो स्पष्ट है कि ऐसी स्थिति में रचना सुखान्त हो जायेगी। मगर उसे त्रासदी मानने का प्रधान आधार यह है कि उस रचना के अधिकांश में करुणा और त्रास के भाव व्याप्त होंगे। स्पष्टतः यह मत विवादास्पद है। इस सम्बन्ध में प्रसाद के मत का उल्लेख करना उपयोगी होगा जो उन्होंने 'काव्य और कला तथा अन्य निबन्ध' में व्यक्त किया है। वे यह मानते हैं कि 'नाटक में आरम्भ से ही सभी कार्य, चरित्र आदि एक विशेष दिशा की ओर अग्रसर होते

हैं, बीच में चाहे उनमें कुछ असम्बद्धता का आभास भी हो, मगर नाटक के अन्त तक आते-आते वे सब एक केन्द्र पर मिलकर नाटक के प्रधान प्रभाव की सृष्टि करते हैं।' इस प्रकार प्रसाद का मत है कि नाटक के प्रभाव की शक्ति अन्तिम दृश्य पर निर्भर करती है।

यहाँ यह संकेत करना आवश्यक है कि अरस्तू और प्रसाद में प्रायः ढाई हजार वर्षों का अन्तर है। मगर प्रसाद के मत का उल्लेख करने का उद्देश्य यह है कि आज की आलोचना के सन्दर्भ में अरस्तू की महत्त्वपूर्ण और विवादास्पद मान्यताओं को रखकर देखने और समझने का प्रयास किया जाये। उदाहरणार्थ—आज भी यह अनेक लेखकों को मान्य है कि किसी भी रचना के प्रधान प्रभाव का आधार अन्तिम दृश्य नहीं है, मगर भाव-विशेष की अधिकांश में व्याप्ति है।

त्रासदी का प्रभाव–विरेचन सिद्धान्त

करुणा और त्रास के भाव जीवन में दुःखमय होते हैं, उनसे उद्वेग पैदा होता है और व्यक्ति को उनसे तथा उन्हें उत्पन्न करने वाली स्थितियों से विरक्ति होती है। जीवन में किसी भी व्यक्ति की हत्या आदि के दृश्यों में आसक्ति नहीं होती, वरन वह उनसे दूर रहने का प्रयास करता है। मगर यही भाव जब काव्य में व्यक्त होते हैं, तो उनसे विरक्ति नहीं होती वरन सामाजिक को ऐसी रचनाओं से एक विशेष प्रकार के आनन्द या परितोष की अनुभूति होती है। स्पष्ट है कि यह स्मस्या जीवन के दुःखद भाव काव्य में व्यक्त होकर कैसे सुखद हो जाते हैं, प्रत्येक सजग काव्य-चिन्तक के सामने पैदा होगी ही। अरस्तू के सामने भी यह समस्या थी और इसी समस्या के समाधान के लिए उन्होंने विरेचन सिद्धान्त की प्रतिष्ठा की। त्रासदी की परिभाषा में ही अरस्तू ने उसके विरेचन व्यापार की चर्चा की है। त्रासदी की व्याख्या करते हुए वे कहते हैं कि 'जिसमें करुणा तथा त्रास के उद्रेक द्वारा इन मनोविकारों का उचित विरेचन किया जाता है।' अरस्तू ने विरेचन शब्द की व्याख्या नहीं की मगर संगीत के उद्देश्यों की व्याख्या करते हुए अपने ग्रन्थ 'राजनीति' भाग 8, अध्याय-7 में कहा है :

विरेचन (शुद्धि) के लिए (यहाँ हम 'विरेचन' शब्द का प्रयोग बिना व्याख्या के कर रहे हैं, किन्तु काव्य का विवेचन करते समय हमंने इस विषय का यथार्थ प्रतिपादन किया है)...शिक्षा के लिए सर्वाधिक नैतिक रागों को प्राथमिकता देनी चाहिए, किन्तु दूसरों का संगीत सुनने के समय (अर्थात संगीत सभाओं में या रंगमंच पर) हम कार्य (उत्साह) और आवेग को अभिव्यक्त करने वाले रागों का भी आनन्द ले सकते हैं, क्योंकि करुणा और त्रास अथवा आवेग कुछ व्यक्तियों में बड़े प्रबल होते हैं और उनका न्यूनाधिक प्रभाव तो प्रायः सभी पर रहता है। कुछ व्यक्ति 'हाल'

की दशा में आ जाते हैं, किन्तु हम देखते हैं कि धार्मिक रागों के प्रभाव से–ऐसे रागों के प्रभाव से, जो रहस्यात्मक आवेश को उद्‌बुद्ध करते हैं–वे शान्त हो जाते हैं, मानो उनके आवेश का शमन और विरेचन हो गया हो। करुणा और त्रास से आविष्ट व्यक्ति–प्रत्येक भावुक व्यक्ति–इस प्रकार का अनुभव करता है, और दूसरे भी, अपनी-अपनी संवेदन शक्ति के अनुसार प्रायः सभी, इस विधि से एक प्रकार की शुद्धि का अनुभव करते हैं, उनकी आत्मा विशद और प्रसन्न हो जाती है। इस प्रकार विरेचक राग मानव समाज को निर्दोष आनन्द प्रदान करते हैं।'[1]

यद्यपि उपर्युक्त कथन संगीत के सन्दर्भ में कहा गया है, फिर भी यह स्पष्ट है कि काव्य के विषय में भी स्थिति ऐसी ही होगी। अरस्तू के ग्रन्थ का वह भाग उपलब्ध नहीं होता जहाँ वे काव्य के सम्बन्ध में विरेचन की विस्तृत व्याख्या करने की बात कहते हैं और इसीलिए उनके विरेचन सिद्धान्त की विविध व्याख्याएँ आधुनिक आचार्यों ने प्रस्तुत की हैं। लेकिन उन व्याख्याओं पर विचार करने से पहले यह देखने का प्रयास करना चाहिए कि अरस्तू ने विरेचन व्यापार के बारे में जो कुछ भी कहा है, उसके आधार पर विरेचन का क्या अर्थ किया जा सकता है। यह स्पष्ट है कि संगीत के उद्देश्यों पर विचार करते हुए अरस्तू ने विरेचन का उल्लेख किया है तो विरेचन की व्याख्या करते हुए 'शुद्धि', 'आत्मा के विशद और प्रसन्न' होने की बात कही है, 'हाल' की स्थिति का जिक्र किया है, जिसका सम्बन्ध धर्म के साथ माना जाता है और इस प्रकार आत्मशुद्धि का भाव भी विरेचन में समाहित प्रतीत होता है।

अरस्तू के इस कथन का महत्त्व समझने के लिए उसे ऐतिहासिक परिप्रेक्ष्य में रखकर देखना होगा। अरस्तू से पूर्व प्लेटो काव्य के रागात्मक प्रभाव के कारण उसका विरोध कर चुके हैं क्योंकि 'वह तत्त्व जो हमारी व्यक्तिगत आपदाओं के वेग में बलात दबा हुआ रहता है और जिसकी क्रन्दन और विलोप की प्रवृत्ति को निर्बाध अभिव्यक्ति नहीं दी जाती, कवियों द्वारा उन्हीं सहज प्रवृत्तियों का परितोष और प्रसादन किया जाता है। और उधर विलाप की प्रवृत्ति पर हमारे ऐसे गुणों का प्रभाव, जो कि प्रकृत्या सर्वश्रेष्ठ होते हैं, विवेक अथवा स्वभाव द्वारा सम्यक रूप से अनुशासित न रहने के कारण शिथिल हो जाता है।'[2]

अरस्तू ने 'भाषण कला' के अन्तर्गत सुख का जो विवेचन किया है, उससे भी हमें विरेचन से उपलब्ध आनन्द के स्वरूप को समझने में सहायता मिलती है–

हम कह सकते हैं कि सुख एक गति है–एक ऐसी गति जिसके द्वारा सम्पूर्ण आत्मा को सचेष्ट रूप से अपने अस्तित्व की प्रकृत अवस्था में लाया जाता है, और दुःख इसके विपरीत है। अगर यही सुख है तो स्पष्ट है कि जो तत्त्व यह परिस्थिति

1. सावित्री सिन्हा, उपर्युक्त, पृ. 48
2. सावित्री सिन्हा, उपर्युक्त, पृ. 21-22

उत्पन्न करने की ओर प्रवृत्त हो अथवा आत्मा को प्रतिकूल अवस्था में लाने का कारण बने, वह दुःखद होगा। अतः अस्तित्व को प्रकृत अवस्था की ओर अग्रसर होना सर्वथा सुखकर होगा—विशेष रूप से तब, जब किसी प्रकृत प्रक्रिया द्वारा उस प्रकृत अवस्था की पूर्ण पुनः प्रतिष्ठा हो गयी हो।

'सुख इन्द्रियों के द्वारा एक विशेष प्रकार के भाव की चेतना है, परन्तु कल्पना एक क्षीण-सी संवेदना होती है और जो व्यक्ति किसी वस्तु का स्मरण अथवा आकांक्षा करता है, उसके मन में उसका कोई न कोई बिम्ब या चित्र अवश्य रहता है। अगर ऐसा है तो स्पष्ट है कि संवेदना से संयुक्त होने के कारण स्मृति और आकांक्षा सुख से भी संयुक्त हो सकते हैं। अतः निष्कर्ष यह निकलता है कि कोई भी सुखकर वस्तु या तो वर्तमान अथवा गोचर होगी, अथवा अतीत तथा अनुस्मृत या भविष्यगर्भित और आकांक्षित, क्योंकि वर्तमान सुखों को हम देखते हैं, विगत सुखों का स्मरण करते हैं एवं भावी सुखों की आकांक्षा। जिन चीजों का स्मरण सुखकर होता है, वे केवल वही नहीं होतीं जो वर्तमान के रूप में अनुभव करते समय सुखकर न रही हों, परंतु बाद में जिनके परिणाम श्रेयस्कर और शुभ रहे हों। इसका कारण यह है कि बुराई से मुक्त होना भी सुखकर होता है। और आकांक्षा उन्हीं चीजों की सुखकर होती है जो विद्यमान होने पर हमें या तो महान आह्लाद से भर दें या महान कल्याण की साधना करें जिसमें दुःख का लेश भी न हो। और सामान्यतः वे सब चीजें जो विद्यमान होने पर आह्लादित करती हैं, हमारे द्वारा अनुस्मृत या आकांक्षित होने पर भी नियमतः आह्लाद प्रदान करती हैं। कुपित होना भी सुखकर है। होमरेस (होमर) ने रोष को लक्ष्य करके कहा है :

'वह माधुर्य से ओत-प्रोत मधुकोश से भी कहीं अधिक मधुर है।—क्योंकि ऐसे व्यक्ति पर कोई क्रोध नहीं करता जिससे बदला लेना सम्भव ही न हो, और जो शक्ति में हमसे वरीयस हैं, उनके प्रति तो हमारे मन में बहुत कम रोष जागता है अथवा बिल्कुल नहीं जागता। हमारी अधिकतर बुभुक्षाओं के साथ कोई न कोई सुखकर भावना सम्बद्ध रहती है।...इसी प्रकार किसी मृतात्मा के लिए विलाप और क्रन्दन करने में भी सुख का तत्त्व सन्निहित रहता है। उसे खो देने का तो हमें शोक होता है, परन्तु उसकी याद करने में, जीवन एवं कृत्यों में उसे मूर्त देखने में, एक प्रकार का सुख मिलता है। प्रतिशोध भी सुखकर होता है। जिस चीज के न पा सकने में दुःख होता है, उसे पा लेने पर सुख मिलता है। क्रुद्ध मनुष्य जब प्रतिशोध नहीं कर पाता तो उसे असीम यातना होती है और प्रतिशोध की प्रत्याशा से ही वह आह्लादित हो उठता है।'[1]

इस उद्धरण से दो बातें स्पष्ट होती हैं, जिनके आधार पर विरेचन के सुखात्मक प्रभाव को समझा जा सकता है। पहली बात तो यह है कि जो गति आत्मा को

1. सावित्री सिन्हा, उपर्युक्त, पृ. 44-45

'प्रकृत अवस्था' में लाती है, वह सुखात्मक ही होगी, दुःखात्मक नहीं। यहाँ यह समझना जरूरी होगा कि आत्मा की 'प्रकृत अवस्था' से अरस्तू का क्या अभिप्राय है। इसका तात्पर्य है मन की वह अवस्था जिसमें द्वन्द्व, तनाव, विषमता आदि का अभाव है और जहाँ व्यक्ति और परिवेश में एक सहज सामरस्य का सम्बन्ध है। इसलिए यह देखना होगा कि क्या विरेचन के प्रभावस्वरूप आत्मा अपनी 'प्राकृत अवस्था' को प्राप्त करती है? विरेचन से पूर्व की आत्मा की अवस्था त्रास एवं करुणा के अतिशय के कारण प्रकृत अवस्था में नहीं रहती। उनकी अतिशयता आत्मा की सहज सामरस्यपूर्ण अवस्था को खण्डित करती है। इसलिए त्रास एवं करुणा के उचित विरेचन द्वारा, (यहाँ 'उचित' शब्द महत्त्वपूर्ण है; क्योंकि इन भावों का पूर्ण विरेचन भी आत्मा की प्रकृत अवस्था के प्रतिकूल होगा) आत्मा अपनी प्रकृत अवस्था को प्राप्त करती है।

उपर्युक्त उद्धरण में दूसरी महत्त्वपूर्ण बात यह है कि अरस्तू दुःख या सुख को परिस्थितियों से विच्छिन अनुभव के रूप में नहीं देखते। उन्होंने भावों को उनकी समग्रता में, जीवन की अतीत, वर्तमान एवं भविष्य की परिस्थितियों के साथ जोड़कर देखा है, जिसमें कल्पना की 'क्षीण सी संवदेना' का भी उपयोग किया है और इसलिए यह कहा जा सकता है कि भाव का सुखात्मक या दुःखात्मक होना उससे उत्पन्न जीवन के व्यापक प्रभाव के अनुरूप होता है। मगर कोई भाव जीवन के लिए कल्याणकारी सिद्ध होता है तो वह तात्कालिक अनुभव में दुःखमय भी हो, तो भी सुखात्मक ही माना जायेगा। गोया दुःख और सुख का सम्बन्ध जीवन के पतन या विकास के साथ है। इस प्रकार त्रासदी के प्रभाव के दुःखात्मक या सुखात्मक होने का निर्णय जीवन पर पड़ने वाले प्रभाव के आधार पर होना चाहिए। ये दोनों बातें विरेचनजन्य आनन्द को समझने में विशेष रूप से सहायक हैं।

विरेचन की परिभाषा के अन्तर्गत तीन प्रक्रियाओं का या स्थितियों का उल्लेख मिलता है। प्रथम, त्रासदी के प्रभाव से त्रास और करुणा के भावों का उद्रेक होता है, दर्शक की चेतना में जो भाव सुप्त एवं अव्यक्त होते हैं वे त्रासदी के प्रभाव से व्यक्त और उद्‌बुद्ध हो जाते हैं। द्वितीय, उन उद्‌बुद्ध भावों का उचित विरेचन होता है, पूर्ण निष्कासन नहीं होता। ऐसा नहीं होता है कि त्रासदी के दर्शन से दर्शक इन भावों से पूर्णतः मुक्त हो जाता है। उचित शब्द के प्रयोग द्वारा अरस्तू सम्भवतः इस बात का संकेत करना चाहते हैं कि विरेचन के फलस्वरूप आत्मा प्रकृत अवस्था को प्राप्त कर लेती है और इसी उचित विरेचन के फलस्वरूप दर्शक सुख का अनुभव करता है। मगर महत्त्वपूर्ण बात यह है कि सुख का अनुभव मात्र विरेचन का प्रभाव नहीं है, वरन पूर्ण त्रासद स्थिति का प्रभाव है, एक प्रकार से पूरी त्रासदी का प्रभाव है क्योंकि ऊपर दिए गए 'भाषण कला' के उद्धरण में अरस्तू जीवन की पूर्णता के सन्दर्भ में ही दुःख और सुख के अनुभवों पर विचार करते हैं।

इस बात को समझने के लिए त्रासदी की संरचना के सन्दर्भ में विरेचन व्यापार को समझने का प्रयास करना चाहिए।

विरेचन त्रासदी के किसी अंश या किसी एक दृश्य में नहीं होता। ऐसा नहीं है कि त्रासदी में कहीं कोई ऐसी घटना होती है जिसके प्रभावस्वरूप त्रास एवं करुणा के भावों का उद्रेक भी हो जाता है, उनका उचित विरेचन भी हो जाता है और इसके परिणामस्वरूप सुख की प्राप्ति भी हो जाती है। विरेचन का यह व्यापार सारी रचना में व्याप्त है या यों कहें कि जैसे-जैसे त्रासदी का प्रदर्शन होता है, वैसे-वैसे यह व्यापार दर्शक की चेतना में चलता रहता है और चरम सीमा पर आकर ही उचित विरेचन होता है। दरअसल विरेचन व्यापार को सहृदय मात्र तक केन्द्रित कर देने के कारण उसके वस्तु पक्ष की, त्रासदी में होने वाले घटनाक्रम की, उसके उतार-चढ़ाव की उपेक्षा हुई है। जीवन का जो अंश या जो सन्दर्भ त्रासदी में उचित है, उस समग्र की प्रतिक्रिया के रूप में विरेचन व्यापार चलता रहता है। और उस प्रकार त्रासदी में चित्रित जीवन के शुभ और अशुभ के साथ, सुखमय और दुःखमय गति के साथ, जीवन के मन एवं उत्कर्ष के साथ दर्शक की प्रतिक्रिया घनिष्ठ रूप से सम्बद्ध है। उदाहरण के लिए ईडिपस की यन्त्रणा खास विषम परिस्थितियों का परिणाम है जिस पर उसका वश नहीं है, वह तो भाग्य के हाथ का एक खिलौना है, वह पिता को मारकर अपनी माता से विवाह करता है, यह सब अनजाने में किसी अज्ञात एवं रहस्यमयी शक्ति के कठोर निर्देशन में होता है और जब भाग्य की यह विडम्बना और क्रूरता स्पष्ट होती है तो ईडिपस ग्लानि से भर जाता है। वह अपने पापकर्मों के लिए उत्तरदायी नहीं है; क्योंकि वह तो सब अज्ञात रूप से घटित होता चला जाता है। मगर जो कुछ भी होता है, वह मान्य नैतिक मूल्यों के विपरीत है और इस सारी विषम एवं रहस्यमयी स्थिति के प्रभावस्वरूप ही दर्शक में विरेचन होता है। विरेचन व्यापार दर्शक पर पड़ने वाले प्रभाव की समग्रता है जो ईडिपस की घटना समग्रता द्वारा निर्धारित है, उससे सम्बद्ध है। इसलिए यहाँ यह देखना स्वाभाविक ही नहीं, आवश्यक भी हो जाता है कि जीवन के कल्याण के साथ इन घटनाओं का, उनसे उत्पन्न होने वाले प्रभावों का क्या सम्बन्ध है। इसी सम्बन्ध के स्तर पर, त्रासदी के दुःखात्मक या सुखात्मक प्रभाव को समझा जा सकता है। जीवन के कल्याण की भावना से सम्बद्ध होने के कारण, असत् से विरक्ति पैदा करने के कारण, नैतिकता और शुभ की प्रेरणा देने के कारण त्रासदी का यह प्रभाव सुखात्मक ही हो जाता है।

विरेचन के प्रभाव को लेकर तीन प्रश्न उठाए गये हैं। क्या विरेचन का प्रभाव नैतिकता से युक्त है? क्या वह धार्मिक शुद्धि के समकक्ष रखा जा सकता है? अथवा क्या वह कलाजन्य अनुभूति है? इन सवालों के आधार पर विरेचन की व्याख्या को नीतिशास्त्र, धर्मशास्त्र या कलाशास्त्र से सम्बद्ध करने का प्रयास किया है।

यहाँ पहली बात तो यह समझ लेनी चाहिए कि उपर्युक्त तीनों दृष्टियों का सम्बन्ध विरेचन से उत्पन्न प्रभाव की व्याख्या के साथ है, विरेचन के स्वरूप के साथ नहीं। विरेचन के स्वरूप से सम्बद्ध करके देखने पर तो कुछ इस तरह की असंगत मान्यताएँ सामने आयेंगी कि विरेचन एक नैतिक व्यापार है, या एक आर्थिक व्यापार है या कलागत व्यापार है। निस्सन्देह विरेचन व्यापार तो कला का व्यापार है, नाटक का व्यापार है, जो नाटक के अभिनय और दर्शक की प्रतिक्रिया से सम्बन्ध रखता है। यह सवाल जरूर उठाया जा सकता है कि विरेचन से होने वाला प्रभाव नैतिक शुद्धि के समान है, आत्मिक शुद्धि के समान है या कलाजन्य चमत्कार के समान है?

पहले धर्म पर आधारित व्याख्या के स्वरूप पर विचार करना उपयोगी होगा। प्राचीन काल में नाटक के जन्म का सम्बन्ध किसी न किसी रूप में धर्म से जोड़ने की कोशिश हुई है। प्राचीन यूनान में भी धार्मिक उत्सवों से नाटक का सम्बन्ध रहा है, इस बात के संकेत मिलते हैं और प्राचीन भारत में तो नाटक का सम्बन्ध वेदों से जोड़ा ही जाता है; क्योंकि भरत ने यह कहा है कि उन्होंने चारों वेदों के आधार पर पाँचवें वेद 'नाट्यशास्त्र' की रचना की है। यह स्वाभाविक भी है कि सभ्यता के धर्म-प्रधान युग में वह सब कुछ जो महत्त्वपूर्ण और प्रभावशाली था, धर्म से सम्बद्ध हो जाता है। इस सम्बन्ध का एक स्वाभाविक परिणाम यह प्रतीत होता है कि जिस प्रकार धर्म का सम्बन्ध आत्मिक शान्ति, आत्मिक विकास और शुद्धि से माना जाता रहा, उसी प्रकार त्रासदी का सम्बन्ध भी आत्मिक शुद्धि से माना जाये। इस सम्बन्ध में यह तथ्य भी महत्वपूर्ण है कि प्लेटो ने धार्मिक या दार्शनिक विकास के लिए लौकिक भावों या मनावेगों के आवेश से मुक्त होने की बात की है, ऐन्द्रिय स्तर से ऊपर उठने की बात की है। व्यक्ति लौकिक राग-द्वेष से जितना अधिक ऊपर उठ सकेगा, वह उतना ही दार्शनिक सत्य के निकट पहुँच सकेगा। विरेचन में भी व्यक्ति त्रास और करुणा के भावों के अतिशय से मुक्ति पाता है और यह मुक्ति आत्मिक शुद्धि की ओर ही एक चरण है। इस प्रकार विरेचन से उत्पन्न चित्त की अवस्था एक ऐसी शुद्ध अवस्था है जो कुछेक मनोभावों के अतिशय से मुक्त है और इसलिए उस अवस्था को आत्मिक शुद्धि की अबस्था के करीब माना जा सकता है।

उपर्युक्त सरणि पर विचार करते हुए विरेचन के प्रभाव को नैतिक शुद्धि के समकक्ष भी माना जा सकता है। अरस्तू ने नीतिशास्त्र पर विचार करते हुए यह कहा है कि 'शुभ एक स्वर्णिम मध्यम स्थिति है' (गुड इज दि गोल्डन मीन)।

इसी प्रकार यह मत भी व्यक्त किया गया है कि विरेचन व्यापार एक कलागत व्यापार है और उससे प्राप्त होने वाला सुख विरेचन व्यापार की कलात्मकता का परिणाम है। इसमें सन्देह नहीं कि प्रेक्षक शोकपूर्ण दृश्यों के अभिनय में ही नटों

के कौशल का आस्वाद करता है। इस बात की ओर स्पष्ट संकेत 'नाट्यदर्पण' के रचयिता रामचन्द्र गुणचन्द्र में मिलता है जो रस को सुख-दुःखात्मक मानते हैं और दुःखात्मक रसों के आस्वाद का कारण अभिनय कौशल से उत्पन्न चमत्कार को मानते हैं।

इस प्रकार विरेचन से प्राप्त आनन्द के स्वरूप की चर्चा करते हुए उसे धार्मिक, नैतिक या कलागत सन्दर्भों के माध्यम से समझने का प्रयास किया गया है। मगर यह निश्चित रूप से कहना कठिन है कि अरस्तू का अभिप्राय क्या था? साथ ही विरेचन की प्रक्रिया को लेकर भी आक्षेप किया जा सकता है। अगर त्रासदी के विरेचन व्यापार की प्रक्रिया को चिकित्साशास्त्र के विरेचन व्यापार की प्रक्रिया के समानान्तर माना जाये तो यह मानना पड़ेगा कि भाव भी एक प्रकार का द्रव्य है जिसका निष्कासन त्रासदी के दर्शन द्वारा होता है। इसलिए इस प्रक्रिया के स्वरूप को ठीक-ठीक समझने के लिए यह जरूरी हो जाता है कि हमें यह पता हो कि अरस्तू के मतानुसार भाव का स्वरूप क्या है, मगर प्राप्त सामग्री के आधार पर इस प्रश्न का उत्तर नहीं मिलता।

अरस्तू के द्वारा किये गये त्रासदी के विरेचन के आधार पर इस व्यापार के स्वरूप को ठीक-ठीक नहीं समझा जा सकता है। लगता है कि इस व्यापार द्वारा अरस्तू ने प्रेक्षक के अनुभव को एक तर्कसंगत रूप में प्रस्तुत करने का प्रयास किया है। त्रासदी के दर्शन से प्रेक्षक में त्रास-करुणा का उद्रेक होता है, इस बात पर सन्देह नहीं किया जा सकता। साथ ही यह भी स्पष्ट है कि त्रासदी के दर्शन के अन्त तक पहुँचते-पहुँचते करुणा और त्रास का यह उद्रेक शान्त होने लगता है और अन्तिम दृश्य के बाद प्रेक्षक को सन्तोष का या सुख का अनुभव होता है। इस प्रकार यह स्पष्ट है कि त्रासदी के दर्शन से उत्पन्न प्रेक्षक की प्रतिक्रिया एक गतिशील व्यापार है जिसकी परिणति सुख में होती है। यह तो रही प्रेक्षक के अनुभव की गतिशीलता की बात। मगर उसकी सुख में परिणति कैसे होती है? इस प्रश्न का स्पष्ट उत्तर अरस्तू में नहीं मिलता। लगता है कि विरेचन की व्याख्या में अरस्तू प्रेक्षक के गतिशील अनुभव की बात कर रहे हैं, कोई गहन-गम्भीर सिद्धान्त की प्रतिष्ठा नहीं कर रहे है।

प्रेक्षक का अनुभव नैतिकता के गुण से युक्त है, यह बात तो त्रासद स्थितियों के विवेचन से स्पष्ट ही है। जब अरस्तू यह कहते हैं कि सर्वथा निर्दोष और सज्जन व्यक्ति की विपत्ति को देखकर या दुष्ट एवं अत्याचारी व्यक्ति के उत्कर्ष को देखकर तो नैतिक भावना को ठेस पहुँचेगी ही, तो यह स्पष्ट हो जाता है कि वे सफल त्रासदी के प्रभाव को नैतिकता से सम्पृक्त करके ही देखते हैं।

उपर्युक्त विवेचन के आधार पर विरेचन व्यापार के बारे में ये निष्कर्ष निकाले जा सकते हैं :

1. विरेचन व्यापार की परिभाषा देते हुए अरस्तू प्रेक्षक की संवेगात्मक प्रतिक्रिया की गतिशीलता का वर्णन करते हैं, जिसका प्रमाण है प्रेक्षक का अनुभव।

2. विरेचन की परिणति जिस अनुभव में होती है, वह सुखात्मक है।

3. विरेचन के फलस्वरूप जो अनुभव होता है, वह नैतिकता से सम्पृक्त होता है। यह मान्यता त्रासद स्थितियों के विवेचन से सम्बद्ध है।

यहाँ बुनियादी सवाल यह है कि त्रासदी में व्यक्त दुःखात्मक भाव प्रेक्षक के लिए सुखात्मक कैसे हो सकता है? यह प्रश्न भारतीय काव्यशास्त्रियों के लिए भी चुनौती बना रहा है, मगर भट्टनायक के बाद के काव्यशास्त्रियों ने दार्शनिक एवं कलागत तर्कों के आधार पर इस प्रश्न के उत्तर का प्रयास किया है। दार्शनिक तर्क का आधार यह है कि रस आत्मा के आनन्द का ही एक रूप है जो संविन्द्धि श्रान्ति से (अभिनव गुप्त) या आत्मा पर पड़े आवरणों के भग्न होने से (पण्डितराज जगन्नाथ) प्राप्त होता है तथा संविन्दि श्रान्ति या आवरणों का भग्न होना काव्य के श्रवणादि का प्रभाव है। इस तर्क की शक्ति और सीमा उसकी दार्शनिकता में है, इसलिए उस पर आपत्ति का रूप यह रहा है कि यह आधारभूत दर्शन ही स्वीकार्य नहीं है। पहले तो आत्मा की स्थिति पर सन्देह किया जा सकता है और फिर आत्मा की आनन्दमयता को लेकर भी आपत्ति की जा सकती है।

कलागत तर्क अधिक सार्थक और मान्य है। इसके अनुसार यह माना गया है कि काव्य का एक विशिष्ट व्यापार साधारणीकरण है (भट्टनायक के अनुसार भावकत्व है) जिसके प्रभाव से काव्य-निबद्ध भाव का स्तर लौकिक भाव से भिन्न हो जाता है। लौकिक भाव में सामान्यतया स्व पर और का भाव रहता है, योगक्षेम की भावना रहती है जबकि 'लौकिक सत्य' व्यवहार का जगत है जहाँ व्यक्ति प्रायः स्वार्थ के घेरे में बन्दी रहता है। इसके विपरीत काव्यजगत व्यवहार का जगत नहीं है, काव्य के पात्रों से सामाजिक को उस प्रकार हानि-लाभ नहीं हो सकता, जैसे लौकिक पात्रों द्वारा हो सकता है। इसलिए काव्यगत पात्रों के प्रति सहृदय की दृष्टि भी भिन्न हो जाती है। या यों कहें कि जैसे भारतीय काव्यशास्त्रियों ने भावकत्व, साधारणीकरण या विभावन व्यापार की व्याख्या में कहा है : काव्यगत पात्र लौकिक पात्रों की अपेक्षा संवेदना के एक भिन्न स्तर पर जीते हैं, जो स्तर वैशिष्ट्यरहित है। इस स्तर पर काव्यगत पात्र व्यक्ति, देश, काल आदि की सीमाओं से मुक्त हो जाते हैं, जिसका अर्थ यह है कि सहृदय उन्हें व्यक्ति आदि की सीमाओं से मुक्त रूप में देखने लगता है। यह तभी सम्भव है जब सहृदय की संवेदना भी इन सीमाओं का अतिक्रमण कर जाये। संवेदना के इस स्तर पर, स्वार्थ आदि का भाव न रहने पर दुःखात्मक भावों की दुःखात्मकता भी नहीं रहती है, क्योंकि दुःखात्मकता तो वहीं तक है जहाँ तक योग क्षेम की संवेदना है। अगर इस संवेदना से व्यक्ति ऊपर उठ जाए तो वह दुःखात्मकता के बंधन से भी मुक्त

हो सकता है। काव्य-संसार में व्यावहारिक संसार के सम्बन्ध स्थिर नहीं रह सकते। व्यावहारिक संसार के सम्बन्धों में तथा काव्यगत पात्रों, घटनाओं आदि से बनने वाले सम्बन्धों में गुणात्मक अन्तर होता है, जिसका कारण भारतीय काव्यशास्त्रियों के मतानुसार साधारणीकरण व्यापार है। आज के संघर्षाकुल जीवन में इस प्रकार के विवेचन की सीमाएँ मानी जा सकती हैं, फिर भी कुछ विचारक इस विवेचन की संगति को निर्विवाद मानते हैं।

चरित्र-चित्रण

कथानक के विशद विवेचन के बाद अरस्तू ने चरित्र या चारित्र्य के तत्त्व पर विचार किया है। इस सम्बन्ध में उनका मत है :

'चारित्र्य उसे कहते हैं, जो किसी व्यक्ति की रुचि-विरुचि का प्रदर्शन करता हुआ अभिकर्ताओं में कुछ गुणों का आरोप करता है।'[1] चारित्र्य उसे कहते हैं जो व्यक्ति की रुचि-विरुचि का प्रदर्शन करता हुआ नैतिक प्रयोजन को व्यक्त करे।'[2]

इन दोनों कथनों से स्पष्ट है कि त्रासदी के सन्दर्भ में अरस्तू चरित्र के अंतर्गत पात्रों के गुणों को, उनकी रुचि-विरुचि को तथा नैतिक प्रयोजन को अनिवार्य मानते हैं। इस प्रकार पात्रों में व्यक्तित्व की भी स्वीकृति है, क्योंकि प्रत्येक पात्र की रुचि एवं गुण उसके व्यक्तित्व का आधार हैं और साथ ही यह भी आवश्यक है कि वे अपने जीवन द्वारा किसी सामान्य नैतिक आदर्श की अभिव्यक्ति करें। क्योंकि अरस्तू त्रासदी के लिए नैतिकता को अन्तरंग तत्त्व के रूप में स्वीकार करते हैं।

त्रासदी के स्वरूप पर विचार करते हुए अरस्तू ने यह कहा है कि त्रासदी के पात्र सामान्य से श्रेष्ठ होते हैं। मगर इसका अर्थ यह नहीं है कि पात्र जीवन के अनुरूप न हों, वे यथार्थ के अनुकूल न हों। कोई भी रचना तब तक सफल नहीं हो सकती जब तब उसके पात्र जीवन्त न हों, सहृदय को सजीव न प्रतीत हों। इसलिए अरस्तू पात्रों की भद्रता पर बल देते हुए इस बात पर विशेष महत्त्व देते हैं कि वे अयथार्थ न प्रतीत हों। यह तभी सम्भव है जब कि पात्रों के चरित्र में औचित्य हो या वे त्रासदी में भी वैसा ही आचरण करते दिखाए जायें, जैसा आचरण कि वह पात्र जीवन में करता है। ऐतिहासिक पात्रों की योजना करते हुए यह बात और भी महत्त्वपूर्ण हो जाती है। किसी भी नाटककार को यह अधिकार नहीं है कि वह ऐतिहासिक पात्रों के स्वरूप को बिल्कुल बदल दे। वह उनमें परिवर्तन तो दिखा सकता है, मगर वह परिवर्तन सम्भाव्य होना चाहिए, उनके ऐतिहासिक अस्तित्व के विरुद्ध नहीं होना चाहिए। काव्य और इतिहास का अन्तर स्पष्ट करते

1. डॉ. नगेन्द्र (सम्पादक), महेन्द्र चतुर्वेदी (अनुवादक), 'अरस्तू का काव्यशास्त्र', पृ. 20
2. वही, पृ. 22.

हुए अरस्तू यह कहते हैं कि इतिहास केवल उसी का वर्णन करता है जो घटित हो चुका है, मगर साहित्य उसका भी वर्णन करता है जो घटित हो सकता है। मगर ऐतिहासिक पात्र का कथानक में सम्भाव्य वही माना जायेगा जो उसके मान्य एवं प्रसिद्ध रूप के विरुद्ध नहीं पड़ता।

चरित्र-चित्रण के बारे में उपर्युक्त सामान्य स्थापनाओं के साथ-साथ अरस्तू ने चरित्र की गतिशीलता के संगत रूप पर भी विचार किया है। उनके मतानुसार पात्रों में परिवर्तन होता है, मगर यह परिवर्तन असम्भव नहीं प्रतीत होना चाहिए, इस परिवर्तन के लिए अपेक्षित कारणों का, घटनाओं तथा परिस्थितियों का चित्रण होना चाहिए, जो यह परिवर्तन उत्पन्न करती हैं। साथ ही परिवर्तन के बावजूद भी चरित्र में अन्विति बनी रहनी चाहिए। इस विवेचन से यह स्पष्ट है कि अरस्तू ने चरित्र को त्रासदी के कथ्य की समग्रता के सन्दर्भ में रखकर देखा है जो कि एक सही और मान्य दृष्टि है। त्रासदी की घटनाओं की अनेकरूपता ही अनुकूल रूप से पात्रों में, उनमें होने वाले चारित्रिक परिवर्तनों में लक्षित होती है। इस प्रकार यह स्पष्ट संकेत मिलता है कि अरस्तू ने यद्यपि त्रासदी के विविध तत्त्वों का विश्लेषण किया है, मगर यह विश्लेषण रचना की समग्रता के सन्दर्भ में, कथ्य की पूर्ण संरचना के सन्दर्भ में ही किया गया है।

त्रासदी का नायक ही वह पात्र है जो सब पात्रों एवं घटनाओं में अन्विति स्थापित करता है तथा त्रासदी के रागात्मक प्रभाव का एक महत्त्वपूर्ण आधार नायक ही है। मगर यहाँ भी अरस्तू नायक को रचना की समग्रता से सम्बद्ध करके ही देखते हैं। उनके मतानुसार त्रासदी का नायक अभिजात वर्ग का तथा समृद्ध व्यक्ति होना चाहिए, जो सज्जन होते हुए भी सर्वथा दोषरहित नहीं होता। उसमें कुछ चारित्रिक कमी होती है जिसके कारण वह विपत्ति में पड़ता है। इस विवेचन को त्रासद स्थितियों के विवेचन से तथा विरेचन की व्याख्या से सम्बद्ध करके देखें तो त्रासदी के अन्य पक्षों से इसके सम्बन्ध और संगति का स्पष्ट ज्ञान हो जाता है। नायक जिस भूल के कारण विपत्ति में पड़ता है, उसे हमरतिआ कहा जाता है। हमरतिआ की व्याख्या के सम्बन्ध में मतभेद है। कुछ विद्वानों के अनुसार हमरतिआ का कारण यह है कि नायक को परिस्थितियों का पूर्ण ज्ञान नहीं होता, जैसेकि ईडिपस अज्ञान के कारण ही अपने पिता को मारकर अपनी माता से विवाह कर लेता है। हमरतिआ का कारण आवेश भी हो सकता है और चरित्र-दोष भी। दरअसल ये व्याख्याएँ यूनानी त्रासदियों के आधार पर की गयी हैं और उनकी आवश्यकता एवं संगति का कारण यह है कि विभिन्न रचनाओं में नायक के पतन के कारणों में भिन्नता होना स्वाभाविक ही है।

यह स्पष्ट है कि अरस्तू के नायक सम्बन्धी विवेचन के अंतर्गत निष्पाप और सच्चरित्र पात्रों का समाहार नहीं किया जा सकता। न तो देव पात्र ही नायक हो

सकते हैं और न ही दानव पात्र। यह सवाल किया जा सकता है कि क्या इसे अरस्तू के नायक सम्बन्धी विवेचन की सीमा माना जाये? अगर अरस्तू की त्रासदी सम्बन्धी परिकल्पना को देखा जाए तो स्पष्ट है कि ऐसा नायक ही काव्य में हो सकता है जिसमें कोई न कोई कमी हो। अन्यथा करुणा और त्रास का उद्‌बोध भी नहीं होगा और नैतिक दृष्टि का परितोष भी नहीं होगा। अरस्तू की नायक सम्बन्धी यह परिकल्पना उसके त्रासदी सम्बन्धी दृष्टिकोण के अनुरूप ही है।

विचार-तत्त्व

कथावस्तु के विवेचन के अन्तर्गत अरस्तू ने नाटक के स्थूलतम तत्त्व पर घटनाओं के विन्यास और क्रम पर विचार किया है। मगर विरेचन आदि के विवेचन में तथा पात्रों के विवेचन में अरस्तू ने त्रासदी के प्रभाव एवं उसके नैतिक उद्देश्य को स्पष्ट करने का प्रयास किया है। मगर उक्त विवेचन में यह अपेक्षा बराबर बनी हुई थी कि इन तत्त्वों पर और विस्तार से विचार किया जाये। स्थूल घटनाएँ तथा पात्र कुछ सूक्ष्म अगोचर मूल्यों के प्रतिनिधि या प्रतीक हो सकते हैं और होते हैं। विचार-तत्त्व के अन्तर्गत अरस्तू ने वाणी से उत्पन्न होने वाले प्रभाव का विवेचन किया है। इस विवेचन में भाषणशास्त्र के तत्त्वों का प्रभाव मिलता है क्योंकि प्राचीन यूनान में वक्तता पर विशेष बल दिया जाता रहा है। वहाँ वक्ता तर्कों एवं आवेशपूर्ण भाषा द्वारा दूसरे के मत का खण्डन करता था, अपने मत की प्रतिष्ठा करता था और श्रोताओं को तर्क एवं भाषण-शक्ति के बल पर अपनी बात का विश्वास दिलाता था। इसीलिए अरस्तू द्वारा प्रस्तुत विचार-तत्त्व के अन्तर्गत घटनाओं या पात्रों द्वारा सम्बन्धित संकेतित विचार का उल्लेख नहीं मिलता वरन वाणी द्वारा उत्पन्न प्रभाव की समग्रता पर बल दिखाई देता है। मगर यह वाणी घटनाओं एवं पात्रों से विच्छिन्न नहीं है; क्योंकि नाटक के सन्दर्भ में ये सभी तत्त्व परस्पर अनुस्यूत रहते हैं। विचार-तत्त्व के बारे में अरस्तू के ये दो कथन विशेष महत्त्वपूर्ण हैं :

'विचार वहाँ विद्यमान रहता है जहाँ किसी वस्तु का भाव या अभाव सिद्ध किया जाता है, या किसी सामान्य सत्य की व्यंजक सूक्ति का आख्यान होता है।'[1]

'विचार के अन्तर्गत ऐसा प्रत्येक प्रभाव आ जाता है जो वाणी द्वारा उत्पन्न हो। इसके उपविभाग हैं : प्रमाण और प्रतिवाद, करुणा, त्रास, क्रोध की उद्‌बुद्धि, अतिमूल्यन और अवमूल्यन।'[2]

इन उद्धरणों से स्पष्ट है कि अरस्तू ने विचार का प्रयोग दो अर्थों में किया है। सीमित अर्थ में विचार का प्रयोग किसी वस्तु की सिद्धि या खण्डन के लिए,

1. डा. नगेन्द्र (सम्पा.) महेन्द्र चतुर्वेदी (अनुवादक), 'अरस्तू का काव्यशास्त्र,' पृ. 22
2. वही, पृ. 51

प्रस्तुत तर्क के लिए या किसी सार्वभौम सत्य की अभिव्यक्ति के लिए हुआ है। इस प्रकार विचार के अन्तर्गत चिन्तन, सन्देश और तर्क-प्रणाली का समावेश हो जाता है। दूसरे उद्धरण में विचार का प्रयोग व्यापक अर्थ में किया गया है। वहाँ वाणी से पैदा होने वाले समस्त प्रभावों का उल्लेख मिलता है जिनमें भाव भी आ जाते हैं और तर्क-प्रणाली तथा उसका प्रयोजन भी। यह भी कहा जा सकता है कि अरस्तू ने भाव और विचार में अन्तर स्पष्ट नहीं किया। मगर क्या भाव और विचार के बीच वैसा पार्थक्य सचमुच होता है जैसाकि कुछ लोग मानते हैं? वस्तुतः ये दोनों संयुक्त रूप से रहते हैं और यह संयुक्ति वाणी के माध्यम से ही सम्भव होती है। यह नहीं कहा जा सकता कि अरस्तू ने भाषा को इस व्यापक अर्थ में ग्रहण करने का सजग रूप से प्रयास किया है, मगर उनके विवेचन से यह संकेत स्पष्टतः मिलता है कि वे भाषा के इस व्यापक एवं समाहार की शक्ति से युक्त रूप से विमुख नहीं थे।

विचार-तत्त्व को व्यक्त करने वाली भाषा का स्वरूप भी विशिष्ट होता है। जहाँ तक त्रासदी का सवाल है, अरस्तू निरन्तर उसके सभी पक्षों को जीवन पर आधारित मानते हुए भी उन्हें यथार्थ से श्रेष्ठ मानते हैं। यही बात भाषा या पद रचना के बारे में भी कही जा सकती है, जिसे अरस्तू सार्थक शब्द के रूप में स्वीकार करते हैं। विचार-तत्त्व तथा अन्य तत्त्वों से सम्बद्ध करके देखने पर यह स्पष्ट हो जाता है। महत्त्व उस शब्द का है जो विशिष्ट अर्थ को, त्रासदी के अनुकूल अर्थ को व्यक्त कर सके। इसलिए अरस्तू ने त्रासदी की भाषा में सहजता, स्वच्छता, लय, संगीतात्मकता और गरिमा आदि पर बल दिया है। साथ ही यह चेतावनी भी दी है कि उसमें चमत्कार-प्रदर्शन का ओछापन नहीं होना चाहिए। वस्तुतः भाषा का यह रूप त्रासदी के पात्रों के भावों एवं विचारों के, कुल मिलाकर त्रासदी की संपूर्ण परिकल्पना के अनुरूप ही होना चाहिए।

त्रासदी के विवेचन में अरस्तू ने गीत एवं मंचसज्जा का उल्लेख भी किया है। प्राचीन यूनानी नाटकों में गीत का प्रयोग प्रभाव की वृद्धि के लिए किया जाता था, मगर आधुनिक आलोचना में नाटक में गीत की स्थिति को लेकर काफी विवाद रहा है और गीतों का निषेध किया जाने लगा है। गीत के तत्त्व की उपयोगिता का भी एक खास सन्दर्भ है। जहाँ नाटक का उद्देश्य रागात्मक प्रभाव पर आधारित हो, वहाँ गीत की स्वीकृति इस उद्देश्य की सिद्धि में सहायक होकर आती है। संस्कृत के नाटकों में छन्दों की स्वीकृति है और विशेषकर भावपूर्ण स्थलों में छन्दों का प्रयोग मिलता है। आधुनिक हिन्दी नाटक में, प्रसाद युग के नाटकों तक में, गीत का प्रयोग मिलता है जो कथाक्रम के आवेशपूर्ण स्थलों को अधिक प्रभावशाली बनाने में सहायक होते हैं। मगर जीवन के परिवर्तन के साथ-साथ, नाटक सम्बन्धी दृष्टि बदली और नाटक की उद्देश्य सम्बन्धी धारणा के बदलने पर गीतों का महत्त्व भी कम होने लगा तथा

आधुनिक जीवन में अधिक उपयुक्त माना जाने लगा। इसी प्रकार मंच-सज्जा नाटक का अत्यन्त महत्त्वपूर्ण तत्त्व है, मगर उसका सम्बन्ध नाटककार से इतना नहीं है जितना कि मंच के निर्माता कारीगरों के साथ। पर एक बात स्पष्ट है कि घटनाओं आदि के अनुरूप दृश्य की परिकल्पना तो नाटककार ही करता है; क्योंकि अनकूल मंचसज्जा से ही अपेक्षित प्रभाव का सृजन सम्भव है।

अरस्तू त्रासदी को साहित्य का सबसे अधिक महत्त्वपूर्ण रूप मानते थे। इसलिए उन्होंने विस्तार के साथ त्रासदी का विवेचन किया है और अन्य रूपों का बीच-बीच में उल्लेख भर कर दिया है। हो सकता है अरस्तू ने कामदी का स्वतन्त्र विवेचन किया हो, मगर वह विवेचन प्राप्त नहीं होता। इसलिए त्रासदी के सम्बन्ध में अरस्तू ने जहाँ लिखा है, वहीं बीच-बीच में कामदी के बारे में भी कुछ संकेत मिलते हैं। कामदी के पात्र सामान्य से निम्न कोटि के होते हैं और ऐसे होते हैं जो हास्य को व्यंजित करें। इस प्रकार यह कहा जा सकता है कि कामदी एक हल्के-फुल्के मनोरंजन का साधन है, जिसमें ऐसे पात्रों एवं उनसे सम्बद्ध घटनाओं का प्रदर्शन होता है जो किसी गम्भीर प्रभाव की सृष्टि नहीं करते। कामदी की भाषा में सरलता और स्पष्टता के गुण होने चाहिए। किन्तु इसके प्रभाव में नैतिकता का समावेश होता है या नहीं, यह नहीं कहा जा सकता। इतना तो निश्चित है कि कामदी का प्रभाव अनैतिक नहीं होता, और नैतिकता का विराधी नहीं होता; क्योंकि अरस्तू के अनुसार अनैतिक तो अवांछनीय है, त्याज्य है। कामदी के बारे में यह भी विवादास्पद है कि उसके दर्शन से विरेचन होता है या नहीं। यहाँ यह सवाल किया जा सकता है कि जिस प्रकार त्रासदी के द्वारा करुणा और त्रास का विरेचन होता है क्या उसी प्रकार कामदी के द्वारा हास्य का विरेचन नहीं हो सकता? इस प्रश्न का सर्वमान्य उत्तर देना सम्भव नहीं है क्योंकि अरस्तू का कामदी विषयक विवेचन उपलब्ध नहीं होता।

अरस्तू ने महाकाव्य के स्वरूप पर विचार करते हुए उसे त्रासदी के सन्दर्भ में रखकर देखने की चेष्टा की है। उन्होंने दोनों की तुलना भी की है और उस मत का खण्डन किया है जो त्रासदी से महाकाव्य को श्रेष्ठ मानता था।

महाकाव्य का रूप समाख्यानात्मक होता है, इसलिए उसमें तथा त्रासदी में समानता के साथ-साथ अन्तर भी होता है। इस सम्बन्ध में अरस्तू ने कहा है :

'महाकाव्य के भी उतने ही प्रकार होने चाहिए और हैं जितने त्रासदी के अर्थात सरल, जटिल, नैतिक और करुण। गीत एवं दृश्य विधान के अतिरिक्त दोनों के अंग भी समान ही हैं; क्योंकि इसमें भी स्थिति-विपर्यय, अभिज्ञान एवं यातना के दृश्य आवश्यक होते हैं। साथ ही पदावली भी विचारात्मक एवं कलात्मक होनी चाहिए। ...किन्तु महाकाव्य और त्रासदी में कथा के आकार और छन्द का भेद होता है। जहाँ तक आकार या विस्तार का प्रश्न है, हम पहले ही एक उचित सीमा

निर्धारित कर चुके हैं। वह इतना होना चाहिए कि आदि और अवसान दोनों एक ही दृष्टि की परिधि में आ सकें। यह शर्त तब पूरी हो सकती है जब काव्यों का आकार प्राचीन महाकाव्यों से कम हो और उन त्रासदियों के बराबर हो जिसको एक ही बैठक में प्रस्तुत किया जा सकता है।

'महाकाव्य में एक बड़ी, एक विशिष्ट क्षमता होती है अपनी सीमाओं का विस्तार करने की, और इसका कारण भी समझ में आता है। त्रासदी में हम एक ही समय में प्रवाहित कार्य की अनेक धाराओं का अनुकरण नहीं कर सकते, हमें मंच पर निष्पादित कार्य और अभिनेताओं के क्रिया-कलाप तक ही अपने आपको सीमित रखना पड़ता है; किन्तु महाकाव्य में, उसके समाख्यानात्मक रूप के कारण, एक ही समय घटित होने वाली अनेक घटनाएँ प्रस्तुत की जा सकती हैं और यदि ये विषयसंगत हों तो इनके काव्य को घनत्व और गरिमा प्राप्त होती है। महाकाव्य को यह बड़ा लाभ हैः जिससे उसकी प्रभाव-गरिमा की वृद्धि होती है, श्रोता का मनोरंजन होता है और विविध उपाख्यानों के द्वारा कथा की एकरसता दूर होती है। घटनाएँ यदि एकरस हों तो सामाजिक बड़ी जल्दी ऊब जाता है और रंगमंच पर त्रासदी विफल हो जाती है।'[1]

उपर्युक्त उद्धरण से महाकाव्य का स्वरूप स्पष्ट हो जाता है। वह काव्य का दृश्य रूप न होकर समाख्यानात्मक होता है, इसलिए उसमें रंग विधान और गीत ये दो तत्त्व नहीं होते। इस प्रकार महाकाव्य के चार तत्त्व हुए : कथा, पात्र, विचार और शैली। साथ ही यह भी स्पष्ट है कि महाकाव्य में त्रासदी की अपेक्षा एक सुविधा रहती है। वह है अनेक घटनाओं के वर्णन की। त्रासदी में तो रंगमंच के विधान के कारण एक समय में केवल एक घटना ही दिखलाई जा सकती है, मगर महाकाव्य का स्वरूप वर्णनात्मक है, इसलिए उसमें अनेक घटनाओं का वर्णन एक साथ चल सकता है। एक कुशल महाकवि अनेक घटनाओं को परस्पर सम्बद्ध और समंजस रूप में प्रस्तुत करके महाकाव्य को अधिक प्रभावशाली बना सकता है। स्पष्ट है कि ऐसी स्थिति में महाकाव्य का आयाम त्रासदी की अपेक्षा दीर्घ होगा। मगर अरस्तू उसे सीमित करने पर बल देते हैं जिसका कारण उनका त्रासदी के प्रति विशेष मोह प्रतीत होता है। अरस्तू के अनुसार महाकाव्य के लिए वीर छन्द उपयुक्त है। इस प्रकार शैली की दृष्टि से महाकाव्य में एकरसता रहती है। महाकाव्य की एक अन्य विशेषता यह है कि उसमें अद्भुत का वर्णन किया जा सकता है। त्रासदी में अभिनय का नियन्त्रण रहता है इसलिए कवि त्रासदी की घटनाओं की योजना में अपेक्षाकृत कम स्वाधीन रहता है। महाकाव्य में उन घटनाओं का वर्णन भी किया जा सकता है जो विराट एवं असाधारण हों और उस प्रकार महाकाव्य की शक्ति और प्रभविष्णुता की वृद्धि होती है। मगर आवश्यकता इस बात की है कि महाकाव्य

1. सावित्री सिन्हा (सम्पादिका), अरस्तू, 'पेरि पोइतिकेस', 'पाश्चात्य काव्यशास्त्र की परम्परा', पृ. 38-39

में ऐसी घटनाओं की योजना कुशल एवं विश्वसनीय ढंग से होनी चाहिए। जहाँ महाकाव्य की यह एक विशेषता है, वहाँ त्रासदी का महत्त्व उसकी अभिनेयता में और स्पष्ट सघनता में है जिसमें रंग विधान और गीत तत्त्व सहायक होते हैं। इसलिए एक ओर यदि त्रासदी रंगमंच की सीमाओं से आबद्ध है तो दूसरी ओर अभिनय होने के कारण वह अधिक प्रभावशाली भी हो सकती है।

महाकाव्य और त्रासदी के महत्त्व की तुलना करते हुए अरस्तू ने अपने युग के उस मत का उल्लेख किया है जिसके अनुसार महाकाव्य त्रासदी से श्रेष्ठ माना जाता था; क्योंकि महाकाव्य का अधिकारी अभिजात वर्ग है और त्रासदी सामान्य जनता के लिए है :

'एक प्रश्न यह हो सकता है कि महाकाव्य और त्रासदी, अनुकरण के इन दोनों रूपों में से कौन-सा उत्कृष्ट है? यदि अधिक परिष्कृत कला ही उत्कृष्ट है—और अधिक परिष्कृत प्रत्येक दशा में वही है जो सुरुचिसम्पन्न सामाजिक को आह्लादित करे—तो स्पष्ट है कि हर किसी वस्तु का अनुकरण करने वाली कला अत्यन्त अपरिष्कृत होगी। सामाजिकों को इतना मूढ़ समझ लिया जाता है कि मानो वे तब तक कुछ समझ ही नहीं सकते, जब तक अभिनेता कुछ अपने चमत्कार न दिखाएँ, अतः वे निरन्तर भाँति-भाँति की चेष्टाएँ करते रहते हैं। ...इसलिए यह कहा जाता है कि महाकाव्य का 'अधिकारी' संस्कृत सामाजिक वर्ग होता है जिसके लिए भंगिमाओं का प्रदर्शन आवश्यक नहीं। त्रासदी निम्न स्तर की जनता के लिए होती है। इस प्रकार अपरिष्कृत होने के कारण, स्पष्टतः दोनों में उसी का स्थान नीचा है।'[1]

मगर इसका उत्तर अरस्तू यह देते हैं कि त्रासदी बिना अभिनीत हुए, मात्र पाठ से भी प्रभाव डालती है और अभिनय की अतिशयता तो महाकाव्य के पाठ करते समय भी की जा सकती है। इसलिए यदि किसी त्रासदी के अभिनय में नट ज्यादा उछल-कूद मचाते हैं तो इसमें त्रासदी का कोई दोष नहीं है। त्रासदी को उत्कृष्ट सिद्ध करते हुए उसके विषय में अरस्तू कहते हैं :

'और वास्तव में उत्कृष्ट तो वह है ही, उसमें महाकाव्य के सब तत्त्व विद्यमान हैं। उसके छन्द तक का प्रयोग त्रासदी में हो सकता है। उधर संगीत और रंग-प्रभाव उसके अपने अतिरिक्त महत्त्वपूर्ण सहायक तत्त्व हैं, जिनसे सर्वाधिक प्रत्यक्ष आनन्द की सृष्टि होती है। पाठ और अभिनय दोनों में ही उसका प्रभाव बड़ा विशुद्ध होता है, इसके अतिरिक्त अपेक्षाकृत सीमित परिधि में ही कला यहाँ अपनी सिद्धि कर लेती है। विस्तृत कालपट पर बिखरे हुए तरल प्रभाव की अपेक्षा सुसंहित सघन प्रभाव अधिक आह्लादकारी होता है। एक बात और, महाकाव्य में उतनी अन्विति भी नहीं होती, इसका प्रमाण यह है कि किसी भी एक महाकाव्य में अनेक त्रासदियों की सामग्री उपलब्ध हो सकती है। कवि द्वारा गृहीत कथावस्तु में यदि दृढ़ अन्विति

1. सावित्री सिन्हा (सम्पादिका), वही, पृ. 40-41

है तो उसे संक्षेप में कहना पड़ेगा और वह कुछ कटी-कटी अधूरी-सी लगेगी, यदि उसे महाकाव्य के शास्त्रसम्मत विस्तार के अनुकूल रखना है तो वह निश्चय ही क्षीण-तरल-सी, बिखरी-बिखरी-सी प्रतीत होगी।

'अतः यदि त्रासदी इन सभी दृष्टियों से महाकाव्य से उत्कृष्ट है और साथ ही कला के रूप में अपने विशेष कर्त्तव्य की अधिक सफलता के साथ पूर्ति करती है—क्योंकि जैसा पहले कहा जा चुका है, प्रत्येक कला को किसी सांयोगिक नहीं अपितु एक विशिष्ट आनन्द की सृष्टि करनी चाहिए—तो यह स्पष्ट है कि त्रासदी उत्कृष्टतर कला है; क्योंकि वह अपना लक्ष्य अधिक पूर्णता के साथ सिद्ध करती है।'[1]

मूल्यांकन

अरस्तू के काव्य-विवेचन की दृष्टि में गोचर एवं विराट अधिक महत्त्वपूर्ण हैं। मगर इतना कहना ही पर्याप्त नहीं होगा। वे कला के स्वतन्त्र अस्तित्व की सिद्धि के लिए काव्यगत तत्त्वों एवं नियमों का, संरचनागत सिद्धान्तों का उद्‌घाटन करते हैं जो वस्तुपरक विश्लेषण के आधार पर ही सम्भव है। इसीलिए अरस्तू के काव्य-चिन्तन में गीत की उपेक्षा दिखाई देती है। यह तो स्पष्ट ही है कि अरस्तू बड़े मनोयोग से त्रासदी, महाकाव्य आदि के रचनागत गुणों और विविध तत्त्वों के सम्बन्धों का विवेचन करते हैं, मगर साथ ही यहाँ उनका व्यापक जीवन के प्रति मोह भी स्पष्ट हो जाता है। वे न केवल कलागत सिद्धान्तों का उद्‌घाटन करते हैं, वरन जीवन के नैतिक तत्त्व पर भी इतना ही बल देते हैं। विचार, भाव, शुद्धि, आनन्द, नैतिक प्रयोजन आदि तत्त्वों पर बल देकर वे काव्य में जीवन के महत्त्व को मुक्त कण्ठ से स्वीकार करते हैं। स्पष्ट है कि उपर्युक्त दोनों बातें सम्बद्ध हैं। जीवन के आदर्शों के प्रति आसक्ति और जीवन की व्यापकता को व्यक्त करने में समर्थ विराट काव्य रूप त्रासदी और महाकाव्य आदि के प्रति आसक्ति का उत्स एक ऐसी दृष्टि है जो व्यापक यथार्थ को रचनात्मकता के स्तर पर कला से अभिन्न मानती है। इस प्रकार कला एवं जीवन सम्बन्धी आदर्शों की प्रतिष्ठा ही उस सिद्धान्त की नींव है जिसे अभिजातवाद के रूप में एक महत्त्वपूर्ण काव्य दृष्टि के रूप में स्वीकार किया गया है। प्लेटो के दर्शनाश्रित काव्य-विवेचन के बाद अरस्तू में आलोचना को एक ठोस और सुदृढ़ आधार प्राप्त होता है, जो साहित्यिक रचना और जीवन के आदर्शों की संघटना पर स्थित है।

साहित्य के मूल्यांकन का आग्रह काव्यशास्त्री को आदर्श के स्तर पर पहुँचा देता है। अरस्तू में मूल्यांकन का यह आग्रह बहुत प्रबल है, वे त्रासदी को कामदी

1. सावित्री सिन्हा (संपादिका), वही , पृ. 41-42

से श्रेष्ठ मानते हैं, उसे महाकाव्य से भी श्रेष्ठ मानते हैं, तथा त्रासदी के अन्तर्गत आने वाली विविध त्रासद स्थितियों के सापेक्षिक महत्त्व पर विचार करते हैं। इस प्रकार अरस्तू की दृष्टि का मूल स्वर मूल्य की प्रधानता का है, चाहे वह मूल्य रचनागत हो, चाहे जीवनगत। नव्य आभिजात्यवादी चिन्तकों में भी हम मूल्यों के प्रति यह आसक्ति देखेंगे, मगर बीच में आदर्श प्रधान ईसाई धर्म की व्यापक चेतना का प्रसार है जिसने पुनर्जागरण काल में भी आदर्शवादिता की भावना को बलवान बनाया।

प्लेटो में भी मूल्य की प्रधानता का स्वर स्पष्ट है मगर प्लेटो और अरस्तू में एक बुनियादी अन्तर है। प्लेटो जीवन के मूल्यों को साहित्य की कसौटी भी मान लेते हैं, मगर अरस्तू जीवन के मूल्यों की स्वीकृति के साथ-साथ साहित्यिक मूल्यों की खोज भी करते हैं, साहित्यिक मूल्यों की प्रतिष्ठा भी करते हैं। इस प्रकार अरस्तू के काव्यशास्त्र से हमें मूल्यों के द्विविध स्तर के साहित्यिक मूल्यों और जीवनगत मूल्यों के स्पष्ट दर्शन होते हैं। मगर मूल्यों के ये दोनों स्तर क्या अनिवार्यतः परस्पर पूरक हैं? या इनमें विरोध भी हो सकता है? और अगर विरोध है तो काव्यशास्त्र को किस स्तर के मूल्यों को सर्वोपरि मानना चाहिए? ये सवाल ऐसे हैं जो परवर्ती आधुनिक काव्य-चिन्तन में बार-बार सामने आते हैं। हाँ, अरस्तू में इन दोनों स्तरों के मूल्यों की टकराहट नहीं है, वहाँ उन दोनों का सहअस्तित्व स्वीकृत-सा है।

अध्याय-4

लोंजाइनस का उदात्त सिद्धान्त

कुछ विद्धानों के अनुसार लोंजाइनस का काल ईसा की तीसरी शती माना जाता है तथा कुछ उसे ईसा की प्रथम शती का आलोचक मानते हैं। जो भी हो, यह निर्विवाद है कि उसकी कृति 'पेरि इप्सुस' (काव्य में उदात्त तत्त्व) काव्यशास्त्र का एक महत्त्वपूर्ण ग्रन्थ है जिसका नाम अरस्तू की पुस्तक 'पेरि पोइतिकेस' (काव्यशास्त्र) के बाद आता है।

लोंजाइनस के काव्य सिद्धान्त पर विचार करने से पहले उससे पहले की भाषण-कला की परम्परा की प्रमुख विशेषताओं पर विचार करना आवश्यक है। अरस्तू ने भी भाषण-कला पर काफी गम्भीर विचार किया था और उसके बाद वह परम्परा विकसित होती रही। भाषणशास्त्र का काव्य-चिन्तन पर गहरा असर पड़ा। इसके कई कारण हैं। पहला और प्रधान कारण तो यह है कि दोनों का विवेच्य भाषा है, वरना यों कहें कि भाषा का विशिष्ट प्रयोग है। भाषण-कला में भी जनता की भाषा को ही विभिन्न प्रकार के अलंकारों द्वारा, योजनाओं द्वारा, तर्कों एवं उदाहरणों द्वारा विशिष्ट बना दिया जाता है, जिसके द्वारा वक्ता न केवल अपने मंतव्य का सम्प्रेषण करता है वरन वह श्रोताओं को अपने पक्ष पर आस्था उत्पन्न करने के लिए विवश करने का प्रयास करता है, अपने मत से श्रोता को सहमत होने पर मजबूर करता है। इस प्रयास में वह लय का सहारा लेता है, प्रवाह का उपयोग करता है। मौन का तथा विशिष्ट स्थलों पर विशेष बल देने का प्रयास करता है। उसके सामने उसकी भाषा तथा श्रोता दोनों ही विद्यमान रहते हैं और वह दोनों की उपस्थिति की चेतना को एक विशिष्ट संयोजन देता है जिसके माध्यम से श्रोता उसके सिद्धान्त को स्वीकार कर ले। यही बात कवि के भाषा-प्रयोग के बारे में

कही जा सकती है। वह भी भाषा के विशिष्ट प्रयोग के द्वारा श्रोता को अपनी चेतना में डुबो देना चाहता है और सफल कवि की भाषा का प्रभाव अनिवार्य होता है। इस प्रकार भाषण-शास्त्र में शब्दों एवं शब्द-योजनाओं की विशेषताओं का सूक्ष्म एवं वैज्ञानिक अध्ययन किया गया है जो काव्यशास्त्री के लिए भी उपयोगी है। मगर काव्यशास्त्री के लिए इतना ही पर्याप्त नहीं है।

होरेस ने रोमन संस्कृति की व्यावहारिक बुद्धि के अनुकूल ही काव्य-भाषा, काव्य-प्रयोजन आदि पर विचार किया है। होरेस में कोई मौलिकता तो नहीं मिलती, मगर वह अरस्तू के काव्य-सिद्धान्तों एवं यूनान के काव्यों को आधार बनाकर काव्य के बारे में अपने विचार व्यक्त करता है। वह काव्य के प्रयोजन के रूप में शिक्षा अथवा आनन्द या दोनों को ही स्वीकार करता है। और इस प्रकार का सफल काव्य लिखने के लिए वह यह आवश्यक समझता है कि उसके युग के कवि यूनान के महान काव्यों को आदर्श के रूप में स्वीकार करें। इसके साथ ही साथ वह लोकजीवन को भी महत्त्वपूर्ण मानता है। उसके औचित्य-सिद्धान्त पर अरस्तू के अनुकरण-सिद्धान्त की स्पष्ट छाया दिखाई देती है। औचित्य के पालन से ही श्रेष्ठ काव्य का निर्माण हो सकता है। औचित्य का एक छोर तो काव्य सम्बन्धी उन नियमों में है जिनकी स्थापना अरस्तू ने की तथा दूसरा छोर लोकजीवन में है। उदाहरण के लिए श्रेष्ठ त्रासदी या महाकाव्य की रचना के लिए अरस्तू द्वारा प्रतिपादित नियमों का पालन अनिवार्य है। होरेस इन नियमों को स्पष्ट एवं संक्षिप्त सूत्रों के रूप में व्यक्त करता है। इसलिए विवेचन की इस स्पष्टता एवं संक्षिप्तता के कारण उसका ग्रन्थ अरस्तू के काव्य-शास्त्र से भी अधिक लोकप्रिय रहा। औचित्य का दूसरा आधार है जीवन। अरस्तू ने यह कहा था कि चरित्र आदि यथार्थ के अनुकूल होने चाहिए, सम्भाव्य होने चाहिए। जहाँ यह अनुकूलता या सम्भाव्यता है, वहीं होरेस औचित्य मानता है। नाटक में राजा, सेवक आदि का चरित्र तभी उचित माना जायेगा, जबकि वह लोक में लक्षित होने वाले राजा या सेवक आदि के चरित्र के अनुरूप होगा। इसी प्रकार भाषा के औचित्य का आधार भी यही होगा कि वह पात्रों के, विचारों के, परिस्थितियों के अनुकूल हो। इस प्रकार होरेस में अरस्तू की काव्य-दृष्टि का ही व्यवस्थित और सरल रूप मिलता है, जिसमें मौलिकता न होने पर भी सरलता एवं व्यावहारिकता है।

क्विंतीलियन रोमी आलोचकों में विशिष्ट स्थान रखता है। उसकी आलोचना में भाषणशास्त्र के तत्त्वों का स्पष्ट प्रभाव दिखाई देता है। उसने इस बात पर बल दिया है कि गद्य की रचना के लिए लेखक को एक विशिष्ट भाषा का प्रयोग करना होता है जो जनता की भाषा की अपेक्षा अधिक कुशलता एवं सम्बद्धता से युक्त होती है। इस प्रकार उसने साहित्यिक गद्य की विशिष्टता की ओर संकेत किया है। साथ ही क्विंतीलियन में तुलनात्मक दृष्टि भी मिलती है, क्योंकि उसके सामने

पुराना गरिमापूर्ण यूनानी साहित्य भी था और रोम का साहित्य भी था। उसने दोनों के सम्यक अध्ययन के आधार पर दोनों के अन्तर को स्पष्ट किया और इस बात की ओर ध्यान आकर्षित किया कि लैटिन भाषा और ग्रीक भाषा की प्रकृति में अन्तर है और इसलिए ग्रीक भाषा के साहित्य जैसे उत्कर्ष की प्राप्ति के लिए लैटिन के लेखकों को विशेष प्रयास करने की आवश्यकता होगी। इस प्रकार क्विंतीलियन ने भी भाषणशास्त्र की दृष्टि के अनुसार काव्य के रूप तत्त्व पर, भाषा तत्त्व पर विशेष बल दिया।

लोंजाइनस के सिद्धान्तों में हमें एक नयी दृष्टि मिलती है। यद्यपि उस पर भी भाषणशास्त्र की परम्परा का गहरा असर था और वह भाषणशास्त्र के सभी तत्त्वों से पूरी तरह परिचित था, मगर वह काव्य को मात्र रूप तक प्राचीन प्रयोजनों (आनन्द और शिक्षा) तक सीमित नहीं करता। ऐसा नहीं है कि उसने काव्य के रूप पर बल नहीं दिया। यह तो स्वाभाविक ही था कि भाषणशास्त्र की परम्परा के पोषक के रूप में वह काव्य में भाषा के तत्त्व पर तथा भाषा के माध्यम से प्राप्त समन्विति पर विशेष बल दे। आगे हम देखेंगे कि उसने पद-योजना के अन्तर्गत भाषा के माध्यम से उपलब्ध रचना की एकान्विति पर विशेष बल दिया है जिसके अभाव में कोई भी कृति खण्डित हो सकती है। मगर उसकी दृष्टि भाषा-केन्द्रित होते हुए भी अर्थ की उन विशिष्टताओं को खोजने का प्रयास करती है जो कार्य को उत्कर्ष प्रदान करते हैं। क्या सर्वथा निर्दोष शब्द-योजना से ही कोई कृति उत्कृष्ट बन जाती है? यद्यपि भाषणशास्त्र में इस प्रकार की शब्द-योजना अत्यन्त महत्त्वपूर्ण है, मगर काव्य के सन्दर्भ में वह पर्याप्त नहीं है। इसका कारण यह भी है कि लोंजाइनस ने आनन्द और शिक्षा को तो काव्य प्रयोजन के रूप में स्वीकार किया है, मगर साथ ही उसने एक अन्य प्रयोजन का उल्लेख भी किया है। उसके अनुसार श्रेष्ठ काव्य वह है जिससे पाठक निजता का अतिक्रमण कर जाता है। उत्कृष्ट कृति पाठक को अपने निजत्व से ऊपर उठा देती है। (लिफ्टिंग दि रीडर आउट ऑफ हिमसेल्फ)। इस प्रकार उत्कृष्ट काव्य का प्रभाव अनिवार्य और अमोघ है, सामाजिक अपने आपको उससे बचा नहीं सकता। यह एक ऐसा सत्य है जिससे इनकार नहीं किया जा सकता। अब सवाल यह है कि काव्य इस प्रयोजन की सिद्धि कैसे करता है? काव्य का प्रभाव क्यों अमोघ होता है जो पाठक को निजता के ऊपर उठा देता है? दूसरे शब्दों में उत्कृष्ट काव्य में ऐसे कौन-से तत्त्व होते हैं जिनके कारण वह इस कार्य में सफल होता है? इस प्रश्न के उत्तर में दो तत्त्व स्पष्टतः दिखाई देते हैं : एक तो भाषणशास्त्र का प्रभाव जिसके अनुसार लोंजाइनस ने उत्कृष्ट काव्य की भाषा पर, अलंकारादि पर विचार किया है और दूसरा भाषा के अर्थ का वैशिष्ट्य या कृति के कथ्य की बनावट, जिससे सामाजिक अपने आपको बचा नहीं पाता। ये दोनों तत्त्व परस्पर सम्बद्ध हैं, यह सत्य लोंजाइनस को स्वीकार्य है।

क्योंकि वह औदात्य को भाषा-शैली का गुण मानता है, मगर विश्लेषण के स्तर पर वह इन पाँच तत्त्वों का उल्लेख करता है। उसने यह कहा हैः

उदात्त के पाँच तत्त्व

'हम कह सकते हैं कि उदात्त भाषा के पाँच मुख्य स्रोत होते हैं। इन पाँचों भेदों के तल में वक्तृत्वशक्ति की प्रतिष्ठा होती है, मानो वही सबकी नींव है। वह अनिवार्य है। सर्वप्रथम और सर्वाधिक महत्त्वपूर्ण है। **महान विचारोद्भावनाओं की क्षमता**। दूसरा तत्त्व है **प्रेरणा-प्रसूत एवं उद्दाम आवेग**। उदात्त के ये दो तत्त्व अधिकांश में नैसर्गिक होते हैं। शेष तत्त्व अंशतः कला की निष्पत्ति हैं। तीसरा अवयव है **समुचित अलंकार-योजना**, जिसके अन्तर्गत भाव और अभिव्यंजना दोनों से सम्बन्धित अलंकार आ जाते हैं। इसके पश्चात् **साधु भाषा आती** है, जिसके अन्तर्गत शब्दचयन, रूपकादि के प्रयोग और भाषा-विस्तार का समावेश है। उदात्त का पाँचवाँ कारण है **गरिमामय रचना-विधान**। अब हम यह विचार करें कि इनमें से प्रत्येक में क्या निहित है, परन्तु पहले भूमिका के रूप में एक बात कह दें; और वह यह कि कैकिलिउस ने इन पाँचों अवयवों में से कुछ का उत्सर्ग कर दिया है, उदाहरणार्थ, आवेग का। यदि उसने ऐसा इस आधार पर किया है कि ये दोनों–औदात्य एवं आवेग–अभिन्न हैं और यदि उसे ऐसा प्रतीत होता है कि वे निसर्गतः एक और अविभाज्य हैं, तो निश्चय ही यह उसकी भूल है क्योंकि कुछ आवेग ऐसे हैं जो निम्न कोटि के और उदात्तता से बहुत दूर होते हैं : जैसे, दया, शोक एवं भय। दूसरी ओर उदात्त के कई ऐसे उदाहरण हैं जो आवेग से निरपेक्ष होते हैं। जैसे, अलोअदए के विषय में होमर के साहसपूर्ण शब्द :

और हाँ, उन्होंने दोषाविष्ट होकर ओल्युंपुस के
उच्च शिखर पर ओस्सा को स्थापित कर दिया,
और फिर उसके ऊपर वनाच्छादित पेलिओनको–
जहाँ से वे आकाश पर चढ़ सकें।'[1]

उपर्युक्त उद्धरण में औदात्त्य का स्वरूप पर्याप्त रूप से स्पष्ट हो जाता है। पहली बात तो यह है कि उदात्त के पाँच स्रोतों का उल्लेख करते हुए उन्होंने वक्तृत्वशक्ति को उसकी नींव के रूप में स्वीकार किया है। यह स्पष्ट है कि काव्य के सन्दर्भ में महत्त्व केवल कथ्य का नहीं होता, इस बात का भी होता है कि कथ्य को कैसी शैली में व्यक्त किया गया है। यहाँ लोंजाइनस काव्य की अभिव्यक्ति के विशिष्ट्य के महत्त्व की स्थापना करते हैं। पाँच तत्त्व हैं : महान विचार, गम्भीर

1. सावित्री सिन्हा (सम्पादिका), महेन्द्र चतुर्वेदी, (अनुवादक) लोंजाइनस, 'पेरि इप्सुस', 'पाश्चात्य काव्यशास्त्र की परम्परा', पृ. 51

आवेग, अलंकार भाषा और गरिमामय रचना-विधान। इन पाँचों तत्त्वों में वे प्रथम दोनों को, विचार और आवेग को अधिकांश में नैसर्गिक मानते हैं और शेष तीनों को अंशतः कला से उत्पन्न मानते हैं। यहाँ 'अधिकांश में' तथा 'अंशतः' शब्द महत्त्वपूर्ण हैं, क्योंकि बाद के तीनों तत्त्व भी प्रधानतः नैसर्गिक ही हैं, मगर उनमें कला का, काव्यशास्त्र के ज्ञान एवं अभ्यास आदि का भी महत्त्व है। इस प्रकार लोंजाइनस प्रथम दो तत्त्वों को अन्तरंग या बाद के तीन तत्त्वों को बहिरंग नहीं मानते। वे इनको परस्पर सम्बद्ध मानते हैं और इनको प्रधान रूप से नैसर्गिक ही मानते हैं। इन सभी तत्त्वों की अनिवार्य अखण्डता का उल्लेख करते हुए वे कहते हैं :

'मानव शरीर की रचना की भाँति त्रासदी में भी 'उदात्त' का एक मुख्य कारण होता है : उसके अवयवों का विन्यास। इन अवयवों का यदि परस्पर विच्छेद कर दिया जाये तो प्रत्येक में अपने आप में कोई भी विशेषता नहीं होती, परन्तु परस्पर संयोजित होकर वे एक अविकल एवं पूर्ण शरीर का निर्माण करते हैं। इसी प्रकार गरिमा के तत्त्वों को भी परस्पर विच्छिन्न कर दिया जाये तो वे 'उदात्त' तत्त्व को खण्डित कर इधर-उधर बिखरा देते हैं, परन्तु संसर्ग द्वारा एक पूर्णता से संघटित होने पर और सामंजस्य की शृंखला में बँध जाने पर अपनी वर्तुलता में ही वे मंजुल हो उठते हैं और कभी-कभी तो 'उदात्त' मानो विविध तत्त्वों के संयोग से ही उद्भूत होता है।'[1]

यह तो स्पष्ट है कि विचार और आवेग दोनों प्रधान रूप से नैसर्गिक होने के कारण समान स्तर के प्रतीक होते हैं; क्योंकि दोनों का उद्गम आत्मा से और व्यक्तित्व के विकास के स्तर से होता है, जिसे लोंजाइनस ने 'मन की ऊर्जा' कहा है। लेकिन अन्य तत्त्वों की सिद्धि के लिए भी आत्मा की महानता अपेक्षित है, क्योंकि बिना आत्मा की महानता के उदात्त का जन्म नहीं हो सकता :

'अस्तु पूर्वोक्त अवस्थाओं में प्रथम, अर्थात मन की ऊर्जा सर्वाधिक महत्त्वपूर्ण है। यद्यपि यह भी अर्जित तत्त्व की अपेक्षा नैसर्गिक गुण ही है, तथापि (यथासम्भव) हमें अपनी आत्मा को उदात्त विचारों से परिपोषित करना चाहिए और उसे साधु प्रेरणा से परिपूर्ण रखना चाहिए। तुम प्रश्न कर सकते हो कि यह कैसे हो? अन्यत्र मैं यह लिख चुका हूँ, उदात्तता महान आत्मा का ही प्रतिबिम्ब है। अतः कभी-कभी कोई विचार मात्र स्वतः बिना उच्चरित शब्द की सहायता के, प्रशंसा भाव जगा देता है, क्योंकि जिस आत्मा में उसकी उद्भावना हुई, वह महान है।'[2]

विचार और भाव की तुल्य गरिमा पर परवर्ती कई आलोचकों ने भी बल दिया है। कॉलरिज ने तो स्पष्ट कहा है कि महान कवि को एक गम्भीर दार्शनिक भी होना चाहिए। आचार्य रामचन्द्र शुक्ल ने भी भाव एवं विचार, रस एवं लोक-मंगल

1. सावित्री सिन्हा (सम्पादिका), उपर्युक्त, पृ. 57
2. वही, पृ. 52

को महत्त्वपूर्ण माना है। मगर लोंजाइनस के उपर्युक्त मत को पूर्णतः स्वीकार नहीं किया जा सकता। आज हम जानते हैं कि अनेक महान कवि ऐसे हुए हैं जिनका निजी जीवन नैतिकता के मूल्यों का पालन कम और अवलेहना अधिक करता रहा है। ऐसी स्थिति में आज 'आत्मा की महानता' या 'उदात्त विचारों' एवं 'साधु प्रेरणा' से उसे परिपूर्ण रखने की बात स्वीकार नहीं की जा सकती। विलासपूर्ण एवं मर्यादाहीन जीवन जीने वाला गेटे 'फाऊस्ट' जैसे महान ग्रन्थ का निर्माण कर सका, यह तथ्य लोंजाइनस की उपर्युक्त मान्यता का खण्डन करता है। यद्यपि भारतीय काव्यशास्त्र में कवि को प्रजापति (अपारे काव्यसंसारे कविरेव प्रजापतिः) तक कहा गया है, उसे विधाता से विलक्षण काव्यसृष्टि का स्रष्टा माना गया है। (भारती कवेर्जयति), लेकिन आज के तथ्य इस बात की पुष्टि नहीं करते।

लेकिन यह सवाल किया जा सकता है कि काव्य-निबद्ध विचार तथा आवेग का स्रोत तो कवि की आत्मा या उसका व्यक्तित्व ही है, इसलिए अनुमान द्वारा क्या यह सिद्ध नहीं होता कि कवि की आत्मा अनिवार्य रूप से महान होनी चाहिए? इसीलिए महान विचारों, गम्भीर आवेगों आदि से निर्मित उदात्त का आधार महान आत्मा ही हो सकती है। मगर इस प्रकार की मान्यता के मूल में यह असंगत मान्यता है कि कवि का व्यावहारिक आचरण और कवि कर्म एक ही स्तर की क्रियाएँ हैं। प्लेटो ने काव्यदेवियों के उल्लेख द्वारा यह निर्विवाद रूप से सिद्ध कर दिया था कि कवि का सामान्य धर्म और कविकर्म एक ही स्तर की क्रियाएँ नहीं हैं। मगर लोंजाइनस में इस प्रकार का अन्तर नहीं मिलता। निर्माण के क्षण में प्रेरणा द्वारा कवि की आत्मा महान एवं गरिमामय स्तरों पर विचरण करती है, इसे स्वीकार करने में कठिनाई नहीं हो सकती, मगर कवि एक महान एवं साधु पुरुष होता है, यह मान्यता तथ्यों के विपरीत है।

मगर लोंजाइनस की विवेचन दृष्टि का एक पक्ष स्पष्ट रूप से उभरकर सामने आता है। वह शैली को आधार बनाकर उदात्त का विवेचन करता है, मगर साथ ही कवि के व्यक्तित्व को उपेक्षित नहीं करता और कवि की आत्मा को विचारों आदि का स्रोत मानते हुए इस दृष्टि का पूर्वाभास देता है, जो वड्‌र्सवर्थ आदि रोमानी कवियों की काव्यदृष्टि में मिलती है। वड्‌र्सवर्थ ने 'शक्तिशाली आवेगों के सहज उच्छलन' की बात की है, जिसकी तुलना लोंजाइनस के इस कथन से की जा सकती है :

'मैं विश्वासपूर्वक दृढ़ता से कह सकता हूँ कि जो सच्चा आवेग अदम्य उत्साह के झंझा का रूप लेकर आविर्भूत होता है और मानो वक्ता के शब्दों को उन्माद से अनुप्राणित कर देता है, उसके यथास्थान व्यक्त होने से स्वर में जैसी उदात्तता भर जाती है, वैसी अन्यत्र दुर्लभ है।'[1]

कवि की आत्मा की गरिमापूर्ण अवस्था को प्रसाद ने भी स्वीकार किया है

1. सावित्री सिन्हा (सम्पादिका), उपर्युक्त, पृ. 52

क्योंकि वे काव्य को 'आत्मा की संकल्पानुभूति' से जोड़ते हैं और 'संकल्पानुभूति' 'आत्मा की मनन की असाधारण अवस्था है।' मगर प्रसाद का यह विवेचन इस असाधारण अवस्था को कवि की आत्मा का स्थायी गुण नहीं मानता वरन सृजन के क्षण में इसे अनिवार्य मानता है।

लोंजाइनस के आवेग सम्बन्धी विवेचन में दो बातें महत्त्वपूर्ण हैं : प्रथम यह कि वे सभी प्रकार के आवेगों को उदात्त का पोषक नहीं मानते। जैसे, दया, शोक, भय को वे उदात्त का विरोधी मानते हैं। दूसरी बात यह कि वे बिना आवेग के भी उदात्त की सृष्टि सम्भव मानते हैं। उनकी प्रथम मान्यता तो आज किसी को भी स्वीकार्य नहीं होगी, वरन आज के साहित्य में तो दया, भय, शोक की ही प्रधानता है। इतना ही नहीं, भारतीय काव्यशास्त्र में तो भय एवं शोक भी रस में परिणत हो जाते हैं और भवभूति ने करुण रस को ही एकमात्र रस माना है। लोंजाइनस के सामने जो साहित्य था, उसमें दया, भय, शोक आदि का वर्णन मिलता है, मगर फिर भी उसने इन भावों को उदात्त का विरोधी माना। यह सवाल उठ सकता है कि ऐसा क्यों हुआ?

उनके समग्र विवेचन के आधार पर यह उत्तर दिया जा सकता है कि वे कवि की आत्मा की महानता का, मन की ऊर्जा का आधार लेकर चले हैं और वही ज्यों का त्यों काव्य का आधार बन जाता है। सामान्य जीवन में दया, भय, शोक मन की ऊर्जा के विरोधी हैं, चेतना का संकोच करते हैं। इसलिए यह कहा जा सकता है कि जो जीवन में ऊर्जा का बाधक है, वह काव्य में भी उदात्त का बाधक होगा। मगर यहाँ मूल असंगति है व्यावहारिक जीवन के स्तर और काव्य के स्तर को समान मान लेना।

लोंजाइनस की दूसरी मान्यता कि बिना आवेग के भी उदात्त की सृष्टि हो सकती है, आज मान्य हो सकती है। आज के बुद्धिप्रधान युग में भाव या भावुकता से रहित बुद्धिप्रधान या चिन्तनप्रधान काव्य की स्थिति स्वीकार की जाती है। हिन्दी में रसवाद के विरोध में यही स्थिति लक्षित होती है। पश्चिम में भी रोमांटिसिज्म के बाद काव्य में विचार के महत्त्व को अधिक उभारकर रखने की कोशिश की गयी। टी.एस. इलियट ने तो कविता को 'व्यक्तित्व से पलायन' तक कह दिया। लोंजाइनस ने स्पष्ट रूप से मात्र भावप्रवणता का विरोध किया—'यही कारण है कि आवेगप्रवण वक्ता प्रायः निकृष्ट कोटि के प्रशस्तिकार होते हैं और उधर जो स्तवन में निपुण होते हैं, उनमें आवेग का अभाव होता है।'[1]

जहाँ तक सन्तुलित अलंकार-योजना, परिष्कृत भाषा और उत्कृष्ट रचना-विधान का सवाल है, इन्हें लोंजाइनस ने अंशतः कला से निष्पन्न माना है, अर्थात उनमें सिद्धि पाने के लिए कवि में नैसर्गिक शक्ति तो होती है, मगर वह कला के ज्ञान

1. सावित्री सिन्हा (सम्पादिका), उपर्युक्त, पृ. 51-52

से और अभ्यास से भी इनकी सिद्धि करता है। कला द्वारा कवि की अव्यक्त नैसर्गिक शक्ति अलंकार-योजना आदि में निपुण हो जाती है। लेकिन फिर भी यदि इस तथ्य को प्रवृत्ति (दैवी शक्ति या प्रतिभा) और कला (अर्जित निपुणता) के सापेक्षिक महत्त्व सम्बन्धी विवाद के सन्दर्भ में रखकर देखें तो यह कहा जा सकता है कि लोंजाइनस ने प्रकृति को ही अधिक महत्त्वपूर्ण माना है। यही कारण है कि वह उदात्त की सृष्टि करने वाले कवि की आत्मा में गरिमा को अनिवार्य मानता है। इसलिए अलंकार-योजना में निपुणता पाने के लिए कला के साथ-साथ प्रकृति का होना भी अनिवार्य है। यहाँ इस बात की ओर ध्यान देना आवश्यक है कि काव्य की रचना एक समग्रता है और उसमें यह विभाजन मानना असंगत होगा कि उसके अन्तरंग पक्ष, विचार एवं आवेग, तो प्रकृति से जनमते हैं और बहिरंग तत्त्व–अलंकार-योजना आदि कला से। वस्तुतः प्रकृति और कला में न तो कवि की दृष्टि से द्वैत माना जा सकता है और न ही सर्जनात्मक व्यापार की दृष्टि से। कवि की सर्जनाशक्ति एक इकाई है और सर्जनात्मक व्यापार संश्लिष्ट एवं सम्पृक्त व्यापार है, जिसको अलग-अलग खानों या तत्त्वों में नहीं बाँटा जा सकता।

लोंजाइनस ने इस बात की ओर संकेत किया है कि प्रकृति से उत्पन्न कृतियों में दोष हो सकते हैं, और होते हैं। कोई भी महान साहित्यकार हो, उसकी रचना में कुछेक दोष तो मिल जायेंगे, मगर उन दोषों के बावजूद उनकी रचनाएँ महान हैं और वे महान कवि हैं। यह तो ठीक है कि यदि वे निर्दोष रचनाएँ होतीं तो उनका महत्त्व अधिक होता, मगर सदोष होने पर भी उनमें औदात्य विद्यमान रहता है और इसलिए उनकी श्रेष्ठता निर्विवाद है। इसका कारण यह है कि औदात्य की सृष्टि का मूल गुण या आधार–आत्मा की गरिमा–उन रचनाकारों में विद्यमान होता है। इसके विपरीत ऐसी रचनाएँ भी हो सकती हैं और होती हैं जिनमें दोष नहीं होते क्योंकि उनके रचनाकर काव्य के नियमों का विधिवत् पालन करते हैं, मगर वे रचनाएँ कला की दृष्टि से निर्दोष होती हुई भी महान रचनाएँ नहीं कहलातीं। इसका कारण यही है कि उनकी रचना का आधार प्रकृति नहीं है, नैसर्गिक कवित्वशक्ति नहीं है।

उत्कृष्ट काव्य में अलंकारों का स्थान महत्त्वपूर्ण है। मगर अलंकार-योजना तभी सार्थक होती है जब वह विषय, सन्दर्भ, शैली आदि के अनुरूप है। सामान्य कृति में अलंकारों की अधिकता रचना के लिए घातक ही सिद्ध होती है। आग्रहपूर्वक उत्पन्न किया गया आलंकारिक चमत्कार आडम्बर बन जाता है, जिससे रचना की हीनता ही सिद्ध होती है। इसी प्रकार भाषा का प्रयोग भी कथ्य, पात्र, सन्दर्भ आदि के अनुकूल होना चाहिए। प्राचीन आचार्यों का काव्य-भाषा सम्बन्धी विवेचन भाषणशास्त्र के प्रभाव के कारण वैज्ञानिक और ग्राह्य है। इस प्रकार हम यह देखते हैं कि लोंजाइनस के अलंकार एवं भाषा सम्बन्धी विचार आज की तत्सम्बन्धी मान्यता के काफी निकट पड़ते हैं।

रचना-विधान की परिकल्पना एक महत्त्वपूर्ण परिकल्पना है, क्योंकि काव्य में उपर्युक्त सभी तत्त्व अलग-अलग नहीं होते, अलग-अलग हो ही नहीं सकते। वे परस्पर सम्बद्ध, समरस और सम्पृक्त रहते हैं। इसलिए उनकी संबद्धता या संश्लेश का जो रूप है वह रचना-विधान के अन्तर्गत आता है। इससे पहले अरस्तू ने कथानक का विवेचन करते हुए एकान्विति का विवेचन किया था और कार्य की सरलता या जटिलता के अनुसार ही रचना के विधान का संकेत किया था। सभी महान काव्यशात्रियों ने काव्यगत तत्त्वों की अन्विति पर बल दिया है और अपने-अपने ढंग से इस पर विचार किया है। उदाहरण के लिए भारतीय काव्यशास्त्र में अंगी रस की परिकल्पना संरचना के स्तर पर एकान्विति की ओर संकेत करती है। नाटक में सन्धियों एवं अवस्थाओं का विवेचन भी इसी एकान्विति को व्यंजित करता है। लोंजाइनस ने भी रचना-विधान के अन्तर्गत अन्य सभी तत्त्वों की सम्पृक्ति को स्वीकार करने की चेष्टा की है, मगर इसका यह अर्थ नहीं है कि लोंजाइनस के विवेचन में नयी आलोचना की संरचना जैसी परिकल्पना मिलती है। क्योंकि नयी आलोचना में संरचना की परिकल्पना के पीछे एक दीर्घ प्रयास है जो सजग भी है और जटिल भी, तथा जो अनेक शास्त्रों का उपयोग करता है। सम्पूर्ण पाश्चात्य काव्यशास्त्र की परम्परा तथा सम्बद्ध शास्त्रों की विकास की परम्परा इस संरचना के सिद्धान्त में केन्द्रित हो गयी है। लोंजाइनस की दृष्टि प्रधानतया भाषा पर केन्द्रित रही है और इसलिए यहाँ वस्तुवादी दृष्टि का आरम्भिक रूप देखा जा सकता है। रचना-विधान में यही वस्तुवादी दृष्टि लक्षित की जा सकती है। मगर वस्तुवादी दृष्टि के संकेत का होना एक बात है और सजग रूप से वस्तुवादी दृष्टि का उपयोग करते हुए वस्तुपरक गुणों या तत्त्वों अथवा उनके पारस्परिक सम्बन्धों का संधान करना दूसरी बात है। इन दोनों प्रकार के प्रयासों में गुणात्मक अन्तर है जिसे विस्मृत नहीं किया जा सकता।

मूल्यांकन

लोंजाइनस के मूल्यांकन के बारे में मतभेद मिलता है; क्योंकि एक ओर तो वे विचारों तथा आवेगों पर बल देते हैं तथा कवि की आत्मा की गरिमा की अनिवार्यता को रेखांकित करते हैं तथा दूसरी ओर वे प्राचीन आदर्श काव्यों के महत्त्व को भी स्वीकार करते हैं। वे होरेस के समान यह तो नहीं कहते कि कवियों को सदैव पुराने आदर्श काव्यों को याद रखना चाहिए, मगर यह जरूर कहते हैं कि पुराने महान काव्यों से सभी कवि प्रेरणा ग्रहण कर सकते हैं तथा वह प्रेरणा महान काव्यों की रचना के लिए उपयोगी होती है। इस प्रकार वह प्राचीन काव्य-परम्परा के महत्त्व को समकालीन रचना के लिए भी स्वीकार कर लेते हैं। जिन आलोचकों को लोंजाइनस का पहला

पक्ष महत्त्वपूर्ण लगता है, वे उसे पहला रोमानी आलोचक मानते हैं और जिन्हें उनका दूसरा तत्त्व महत्त्वपूर्ण लगता है, वे उसे अन्तिम आभिजात्यवादी आलोचक मानते हैं। दोनों प्रकार के निष्कर्षों के पक्ष एवं विपक्ष में तर्क दिये जा सकते हैं। हाँ, एक बात स्पष्ट है जो इस विवाद में पड़कर उपेक्षित हो जाती है, मगर है जो अत्यन्त महत्त्वपूर्ण। वह यह कि लोंजाइनस की दृष्टि एक सीमित या संकुचित दृष्टि नहीं है। उसने काव्य की परम्परा के महत्त्व को भी स्वीकार किया है और विचारों एवं उद्दाम आवेगों के महत्त्व को भी। उसने कवि की आत्मा की गरिमा को भी अनिवार्य माना है और रचना के 'विन्यास' को भी। उदाहरणार्थ, लोंजाइनस के ये विचार भारतीय काव्यशास्त्र के 'काव्य-पुरुष' की परिकल्पना से बहुत मिलते-जुलते हैं :

'मानव-शरीर की रचना की भाँति वाणी में भी 'उदात्त' का एक मुख्य कारण होता है, उसके अवयवों का विन्यास। इन अवयवों का यदि परस्पर विच्छेद कर दिया जाये तो प्रत्येक में अपने आप में कोई भी विशेषता नहीं होती, परन्तु परस्पर संयोजित होकर वे एक अविरल एवं पूर्ण शरीर का निर्माण करते हैं। इसी प्रकार गरिमा के तत्त्वों को भी परस्पर विच्छिन्न कर दिया जाये तो वे 'उदात्त' तत्त्व को खण्डित कर इधर-उधर बिखरा देते हैं, परन्तु संसर्ग द्वारा एक पूर्णता में संघटित होने पर और सामंजस्य की शृंखला में बँध जाने पर अपनी वर्तुलता में ही वे मंजुल हो उठते हैं और कभी-कभी तो 'उदात्त' मानो विविध तत्त्वों के संयोग से ही उद्भूत होता है।'[1]

लोंजाइनस के विवेचन का आरम्भ इस प्रयास से होता है कि उत्कृष्ट काव्य का लक्षण क्या है और उस उद्देश्य की पूर्ति के लिए वह उन सभी स्रोतों एवं तत्त्वों की ओर देखते हैं जो महान काव्य में लक्षित होते हैं या जो महान काव्य में लक्षित हो सकते हैं। इस प्रकार वह परम्परा को, कवि के व्यक्तित्व को, प्राचीन महान काव्यों की परम्परा को और अलंकार एवं पदयोजना जैसे रचनागत गुणों को समझने-समझाने की कोशिश करते हैं और अपने युग की सीमाओं के अन्तर्गत काव्य को समग्रता में समझने की कोशिश करते हैं। उन्हें किसी एक प्रवृत्ति में बाँधने का अर्थ होगा, उनकी विवेचन दृष्टि के महत्त्व को कम करना तथा उनकी दृष्टि को समग्रता में ग्रहण न कर पाना।

यहाँ यह सवाल किया जा सकता है कि लोंजाइनस ने काव्य को तीन आयामों के बीच रखकर देखा है : परम्परा, कवि का व्यक्तित्व (काव्य में महान विचार एवं गम्भीर आवेगों की सृष्टि) तथा सामाजिक की प्रतिक्रिया, जो भावमूलक होती है। लोंजाइनस ने काव्य का प्रयोजन शिक्षा या आनन्द ही नहीं माना वरन उत्प्रेरित भी करना माना है जिसमें शिक्षा और आनन्द का अन्तर्भाव तो है, मगर जिसकी अपनी स्वतन्त्र सत्ता भी है। इस सम्बन्ध में लोंजाइनस का कथन है :

1. सावित्री सिन्हा (सम्पादिका), उपर्युक्त, पृ. 57

'प्रिय मित्र, तुम्हें लिख रहा हूँ और तुम साहित्य-मर्मज्ञ हो, सु-अधीत हो, अतः मैं समझता हूँ कि इस विषय में कोई लम्बी-चौड़ी भूमिका बाँधने की आवश्यकता नहीं कि औदात्य अभिव्यंजना के वैशिष्ट्य और उत्कर्ष का नाम है और यही एकमात्र ऐसा आधार है, जिसके अवलम्ब से महानतम कवियों एवं लेखकों ने गौरव लाभ किया है और यशःकाय से अमर हो गये हैं। उदात्त भाषा का प्रभाव श्रोता के मन पर प्रत्यय के रूप में नहीं पड़ता, वरन भावों के रूप में पड़ता है गरिमामयी वाणी सर्वदा और सब प्रकार से हमें मानो मन्त्रमुग्ध करके उस तत्त्व पर विजयिनी होती है, जिसका लक्ष्य होता है अनुनय एवं परितोष। अपने प्रत्यय का हम प्रायः नियन्त्रण कर सकते हैं, परन्तु औदात्य के सूत्रों का प्रभाव अमित और दुर्निवार होता है और वे प्रत्येक श्रोता के मन पर एकछत्र साम्राज्य जमा लेते हैं। इसी प्रकार नवोद्भावना और साम्रगी के समुचित क्रम एवं सु-विन्यास में भी कौशल अपेक्षित होता है। वह एक या दो तत्त्वों की सिद्धि नहीं वरन रचना के समूचे ताने-बाने पर आधारित दुःसाध्य उपलब्धि है, जबकि औदात्य उपयुक्त क्षण पर उन्मेष पाकर वज्र की भाँति अपने सम्मुख समस्त तत्त्वों को खण्ड-खण्ड कर देता है, और सर्वांगीण पूर्णता के साथ वक्ता की शक्ति प्रकट कर देता है।'[1]

यहाँ सामाजिक के प्रभाव का स्वरूप स्पष्ट करते हुए उसे 'भावों के रूप में' माना है तथा औदात्य को 'उपयुक्त क्षण पर उन्मेष' पाने वाला माना गया है। परम्परा का महत्त्व भी इस बात में है कि प्राचीन काव्य पढ़ने से कवि गम्भीर प्रेरणा ग्रहण करता है और यह प्रेरणा और चित्त का आन्दोलन कवि की मौलिक सर्जना में महत्त्वपूर्ण भूमिका निभाता है। यद्यपि पहले के दिये गये एक उद्धरण से स्पष्ट है कि लोंजाइनस ने औदात्य को कहीं-कहीं आवेगनिरपेक्ष भी माना है, मगर सामान्यतः उसमें गम्भीर आवेगों का सम्मिलन रहता है। इस प्रकार पुराने आदर्श काव्यों का महत्त्व अनुकरण की दृष्टि से, उनकी संरचना आदि को कला के स्तर पर ग्रहण करने के अर्थ में स्वीकार नहीं किया गया वरन उनकी प्रेरक शक्ति के स्तर पर माना गया है। इस प्रकार यह कहा जा सकता है कि अभिव्यंजना के माध्यम से औदात्य का विवेचन करते हुए लोंजाइनस के सिद्धान्तों में आवेगों का, प्रेरणा का और सहृदय पर पड़ने वाले दुर्निवार प्रभाव का विशेष महत्त्व है, जैसे रोमानी काव्य सिद्धान्त में मिलता है। लोंजाइनस ने काव्य की प्रेरणा का विवेचन करते हुए, प्रकृति और कला के सापेक्षिक महत्त्व पर विचार करते हुए, दोनों को अन्योन्याश्रित रूप से स्वीकार किया हैः

'सर्वप्रथम तो हम यह प्रश्न उठाएँ कि औदात्य की कोई कला है भी या नहीं? कुछ विद्वान तो कहते हैं कि इस प्रकार के विषयों को कला-नियमों के अन्तर्गत लाने वाले सर्वथा भूल करते हैं। एक मनीषी की उक्ति है : उदात्त प्रवृत्ति निसर्गजात

1. सावित्री सिन्हा (सम्पादिका), उपर्युक्त, पृ. 48-49

होती है, शिक्षा से उसका अर्जन नहीं होता, प्रकृति ही एकमात्र कला है जो उसे परिधि में बाँध सकती है। उसका विचार है कि कला-नियमों के अवंचन में प्राकृतिक कृतियाँ निकृष्टतर और प्रायः प्राणहीन हो जाती हैं। परन्तु यदि इस बात पर विचार किया जाये कि प्रकृति की प्रक्रिया नियमतः आवेग और औदार्य के विषय में मुक्त और स्वायत्त होते हुए भी सर्वथा अनियत एवं व्यवस्थाहीन नहीं है तो वस्तुस्थिति कुछ और ही जान पड़ेगी।

'इसके अतिरिक्त प्रकृति तो सर्वत्र मौलिक और प्राणप्रद आधार-तत्त्व होती है, परन्तु व्यवस्था द्वारा सीमाएँ और उपयुक्त अवसर निर्धारित किये जा सकते हैं और वह उपयोग एवं व्यवहार के लिए सर्वाधिक निरापद नियम दे सकती है। और, आपदा के लिए तब अधिक अवकाश रहता है जब उदात्त की अभिव्यंजना ज्ञान के निर्देश के बिना स्वयं अपने मनमाने मार्ग पर अग्रसर होती है–जब उसे अस्थिर एवं चंचल रहने दिया जाता है, जब उसे निरे वेग और अज्ञानमूलक औदात्य के सहारे छोड़ दिया जाता है। यह ठीक है कि उसे प्रायः प्रोत्साहन की आवश्यकता होती है, परन्तु यह भी सत्य है कि बहुधा अवरोध भी उसके लिए आवश्यक हो जाता है। सामान्यतः मानव-जीवन के सम्बन्ध में देमोस्थेनेस का विचार है कि सौभाग्य सबसे बड़ा वरदान है जबकि सन्मति भी, जिसका दूसरा स्थान है, महत्त्व में किसी प्रकार कम नहीं है क्योंकि उसके अभाव में अनिवार्यतः सौभाग्य का नाश निहित रहता है। यही सिद्धान्त काव्य-भाषा के क्षेत्र में लागू होता है–प्रकृति को सौभाग्य के स्थान पर समझिए और कला को सन्मति के। सबसे महत्त्वपूर्ण बात, जो हमें स्मरण रखनी चाहिए, यह कि यह तथ्य कला के अतिरिक्त किसी अन्य सूत्र से जाना ही नहीं जा सकता कि अभिव्यक्ति के कुछ तत्त्व ऐसे भी हैं जो एकान्ततः प्रकृति के अधीन हैं।'[1]

प्रकृति और कला को काव्यसर्जना के सन्दर्भ में इस रूप में परस्पर सम्बद्ध मानना भी इस बात का प्रमाण है कि लोंजाइनस का काव्य-विवेचन, आभिजात्यवादी या रोमानी, किसी एक प्रवृत्ति के भीतर सीमित नहीं किया जा सकता तथा उसका महत्त्व इस बात में केन्द्रित है कि उसने यथासम्भव काव्य को समग्रता में समझने-समझाने का प्रयास किया है। इस प्रकार यह कहा जा सकता है कि लोंजाइनस पश्चिम का पहला पूर्ण आलोचक है।

1. सावित्री सिन्हा (सम्पादिका), उपर्युक्त, पृ. 49

अध्याय-5

अन्धकार युग

ईसा की पाँचवीं शती से लेकर पन्द्रहवीं शती का काल यूरोप के साहित्यिक इतिहास की दृष्टि से अन्धकार युग माना जाता है। इन एक हजार वर्षों के दौरान तेरहवीं शती में दांते एक ऐसा महान कृतिकार हुआ है जिसने 'डिवाइन कामेडी' के रूप में न केवल एक महान साहित्यिक रचना की, वरन साहित्य के सम्बन्ध में कुछ मौलिक प्रश्नों पर भी विचार किया। लेकिन ईसाई धर्म के प्रभुत्व के कारण साहित्य की धारा अवरुद्ध रही जो पुनर्जागरण काल में आकर फिर उभरती है और शक्ति के साथ प्रवाहित होती है।

उक्त काल में प्रतिभा का अकाल तो नहीं था, मगर एक ऐसा धर्मप्रधान वातावरण निर्मित हो गया था तथा चर्च की राजनीतिक शक्ति भी इतनी व्यापक हो गयी थी कि उसका आदेश ही पूरे यूरोप पर हावी रहता था। धर्म और साहित्य तथा कलाओं का विवाद तो बहुत पुराना है जिसका सबसे प्राचीन उल्लेख प्लेटो में मिलता है। इसलिए जब भी धर्म की प्रभुता बढ़ती है, समाज में विशुद्ध साहित्यक विकास कठिन हो जाता है। इस काल में धर्म के प्रभुत्व के दो परिणाम हुए जो साहित्य रचना की दृष्टि से घातक सिद्ध हुए। पहला तो यह कि जितने प्रतिभाशाली व्यक्ति थे, वे चर्च में दीक्षित हो गये और इसलिए साहित्यिक निर्माण का क्षेत्र सूना हो गया। दूसरा परिणाम यह हुआ कि काव्य को आत्मिक विकास की बाधा माना गया तथा साहित्य के अध्ययन, अध्यापन और श्रवण तक पर प्रतिबन्ध लगाये गये। जिस प्रकार प्लेटो ने कवि को आदर्श गणराज्य से निष्काषित करने का सुझाव दिया था, क्योंकि कविता वासना को सींचती है, उसी प्रकार शक्ति पा लेने पर धर्म ने साहित्य को राज्य से निष्कासित कर दिया।

मगर इस कड़े प्रतिबन्ध के बावजूद भी लोक साहित्य की धारा विकासमान रही जिसमें जीवन के सहज आवेगों एवं स्थितियों का प्रकाशन होता रहा, लेकिन अभिजात मानव समाज में कलात्मक सर्जना के व्यापार के लिए अवकाश नहीं था। इस युग में वास्तुकला का विकास किलों तथा गिरजाघरों के रूप में दिखाई देता है, क्योंकि इस कला को सुरक्षा एवं धर्म की दृष्टि से पर्याप्त प्रोत्साहन मिला, मगर साहित्य को धार्मिक उन्नति का विरोधी मानकर उसे विकसित नहीं होने दिया गया। स्कॉट जेम्स[1] ने कहा है कि एक हजार वर्ष के अरसे में जहाँ-जहाँ कैथोलिक चर्च की प्रभुता थी, रचनात्मक साहित्य तथा साहित्यिक आलोचना का अभाव मिलता है और साथ ही धर्मशास्त्र, कानून और वास्तुकला के क्षेत्रों में विशेष समृद्धि लक्षित होती है। दरअसल इस युग में सम्पूर्ण ज्ञान-साधना का केन्द्र ईसाई धर्म था और इसलिए ही ज्ञान-धाराएँ इस प्रधान साधना या धर्म के केन्द्र से संयुक्त रहीं। उनका भरपूर विकास हुआ और जो इसके विरोध के कारण इससे विच्छिन्न रहीं, वे जीर्ण हो गयीं।

तेरहवीं शती में दांते ने न केवल 'डिवाइन कामेडी' के रूप में एक महान रचना प्रस्तुत की वरन साहित्य के कई सवालों पर भी विचार किया। पहला सवाल जो उसने उठाया, वह काव्य-भाषा का था। उस युग में लैटिन की ही प्रधानता थी और शिक्षित वर्ग की भाषा लैटिन थी जबकि बोली—बोलचाल की भाषा, भिन्न थी। दांते के सामने यह सवाल आया होगा कि हम रोज़मर्रा की जिन्दगी में जिस भाषा का प्रयोग करते हैं, क्या उसमें साहित्य की रचना नहीं हो सकती? क्या यह आवश्यक है कि हम जीवन में तो एक भाषा का व्यवहार करें और साहित्य में एक अन्य भाषा का, जिसे सीखने में विशेष श्रम और समय लगाना पड़े? उसकी दृष्टि लोक-साहित्य पर भी गयी होगी और उसने अनुभव किया होगा कि बोलचाल की भाषा के प्रयोग से रचनाओं में कितनी सजीवता और ताजगी आ जाती है। इसीलिए उसने लैटिन को अस्वीकार कर दिया। सहज जीवन के जटिल अनुभवों को परिश्रम से सीखी हुई कृत्रिम भाषा में संरचनात्मक रूप में प्रस्तुत करना एक बहुत बड़ी चुनौती है और बड़े श्रम के बावजूद भी इस कार्य में सफलता मिलने में सन्देह हो सकता है। लैटिन की अस्वीकृति एक प्रकार से सत्ता की अस्वीकृति का प्रतीक था, एक नयी मौलिक दृष्टि से सोचने का और एक नये आत्मविश्वास का संकेत था।

बोली में साहित्य लिखना भी एक जोख़िम की बात थी। इटली में अनेक बोलियाँ थीं, उनमें से किस बोली को चुना जाये और उसका उपयोग किस रूप में किया जाये, ताकि उसे सारे देशवासी समझ सकें? और दांते के सामने तो यह समस्या भी रही होगी कि बोली में लिखी हुई उसकी रचना कैसे लैटिन में दीक्षित

1. स्काट जेम्स, 'दि मेकिंग ऑफ लिट्रेचर', पृ. 100-101

शिक्षित समाज तक पहुँचाई जाये? इस प्रकार उसने परिपूर्ण बोली—इलस्ट्रियस वर्नाकुलर के प्रयोग का निश्चय किया। यह बोली का ऐसा रूप था जो स्थानीय सीमित प्रयोगों से मुक्त हो, परिष्कृत एवं सु-संस्कृत हो तथा जो क्षुद्र प्रयोग से मुक्त हो। इस प्रकार की भाषा का निर्माण-कार्य विशेष एवं दीर्घ साधना की अपेक्षा करता है, और दांते को इस बात का एहसास है कि इसके लिए उसे अथक साधना करनी होगी।

दांते ने काव्य-विषय पर भी विचार किया है। उसने तीन शब्दों में काव्य के सम्पूर्ण कथ्य को समाहित करने का प्रयास किया है। ये तीन शब्द हैं : सुरक्षा, प्रेम और महिमा। स्कॉट जेम्स[1] का मत है कि सुरक्षा का सम्बन्ध देश-प्रेम से, प्रेम का नारी-प्रेम से और महिमा का ईश्वर-प्रेम से जोड़ा जा सकता है। इस प्रकार दांते ने ठोस एवं यथार्थ सामाजिक दायित्व को भी स्वीकार किया, क्योंकि बिना सब प्रकार की सुरक्षा के जीवन एवं साधना सम्भव नहीं है, उसने व्यक्ति के महत्त्व को भी स्वीकार किया, क्योंकि व्यक्ति-जीवन के सन्दर्भ में प्रणय सबसे अधिक महत्त्वपूर्ण एवं शक्तिशाली भाव है जो सरल इकाई न होकर जीवन की अनेक स्थितियों एवं अनुभूतियों से सन्बद्ध है, साथ ही उसने लोक एवं व्यक्ति से उच्चतर सत्य—आध्यात्मिक सत्य को भी स्वीकार किया। उस युग के सन्दर्भ में रखकर देखें तो स्पष्ट हो जाता है कि दांते ने यथासम्भव जीवन को समग्रता में ग्रहण करने का प्रयास किया है।

दांते ने यद्यपि काव्य-भाषा और काव्य के कथ्य पर गम्भीर रूप से विचार किया है, मगर उसमें काव्य की संरचना का विवेचन नहीं मिलता। निस्सन्देह काव्यभाषा का प्रश्न एक महत्त्वपूर्ण प्रश्न है जो प्रत्येक युग के कृतिकारों और आलोचकों द्वारा नये रूप में उठाया जाता रहा है। लोक-भाषा एवं काव्यभाषा के सम्बन्ध की समस्या एक ज्वलंत समस्या रही है। आगे चलकर वड्र्सवर्थ और कॉलरिज में काव्य की भाषा को लेकर पर्याप्त विवाद चला और नयी समीक्षा में तो भाषा एक प्रधान तत्त्व के रूप में प्रतिष्ठित की गयी।

1. स्कॉट जेम्स, उपर्युक्त, पृ. 106

अध्याय-6

बेन जॉनसन

ईसा की पन्द्रहवीं और सोलहवीं शताब्दी में सारे यूरोप के जीवन में एक नया उत्साह, एक नयी हलचल दिखाई देती है। कॉंस्टेंटिनोपल में ग्रीक राज्य का पतन सन 1453 में हुआ और उसके बाद ग्रीक विद्वानों ने इटली में शरण ली। वे अपने साथ प्राचीन यूनान का साहित्य भी लेते गये थे। उसके प्रचार और प्रसार का इटली के बौद्धिक जीवन पर व्यापक प्रभाव पड़ा और इटली नव-जागरण का पहला गढ़ बना। लेकिन स्कॉट जेम्स[1] का मत है कि यद्यपि प्राचीन ग्रन्थों के अध्ययन-अध्यापन ने नवजागरण को दिशा दी, मगर नवजागरण के बीज तो यूरोप के जीवन में सन 1453 ई. से पहले से ही लक्षित हो रहे थे। चौदहवीं-पन्द्रहवीं शती में एक नये प्रकार का, बौद्धिक अन्वेषण का क्रम अंकुरित हो रहा था। प्रोटेस्टेंट आन्दोलन के फलस्वरूप धर्म का प्रभुत्व कम हुआ और व्यक्ति-स्वातन्त्र्य का भाव पनपने लगा। नवीन यात्राएँ हुईं, जिनके प्रभाव से व्यक्ति की चेतना का विस्तार हुआ, विज्ञान के क्षेत्र में नवीन आविष्कार हुए, जिन्होंने एक ओर तो धर्म की प्रभुसत्ता को चुनौती दी और दूसरी ओर छापेखाने के आविष्कार से विचारों के प्रचार-प्रसार का एक शक्तिशाली साधन पैदा हो गया। इन सब कारणों से मध्ययुगीन आतंक और नियन्त्रण कम होने लगा और उसके साथ ही काव्य पर पड़ा हुआ अंकुश ढीला होने लगा। सन 1581 में सर फिलिप सिडनी ने 'एपोलोजी फार पोएट्री' (प्रकाशन काल : 1595) में कविता के महत्त्व और उपयोगिता पर बल दिया। यह इस बात का प्रमाण है कि व्यक्ति-स्वातन्त्र्य के उदय के बाद ही कविता को सार्वजनीन रूप से प्रतिष्ठित होने में काफी समय लगा।

1. स्कॉट जेम्स, उपर्युक्त, पृ. 113-114

नव-जागरण युग ने कोई प्रथम कोटि का आलोचक पैदा नहीं किया। इस युग के प्रमुख दो ही आलोचक हैं, सिडनी और बेन जॉनसन। 'बेकन' इस युग का महत्त्वपूर्ण साहित्यकार है। सिडनी ने काव्य को नैतिकता एवं आनन्द से सम्बद्ध किया और यह भी मत व्यक्त किया कि प्लेटो ने केवल उस काव्य को त्याज्य बताया है जिसमें अनैतिकता का प्रचार लक्षित होता है तथा वह भी उस काव्य को स्वीकार करता है जो नैतिकता को पुष्ट करता है। उसने बाइबल तथा प्राचीन साहित्य एवं साहित्यकारों के जीवन-वृत्तों के आधार पर यह सिद्ध करने का प्रयास किया कि कविता निन्दनीय नहीं है, वह धर्म, दर्शन और नैतिकता के विरुद्ध नहीं है, वरन काव्य में महान दार्शनिक, धार्मिक एवं नैतिक मूल्यों की प्रतिष्ठा की जा सकती है तथा की गयी है। इस प्रकार कविता का आनन्द नैतिकता का हनन नहीं करता, वरन आनन्द एवं उपदेश दोनों ही कविता से उपलब्ध होते हैं। इस प्रकार सिडनी ने पूरे मध्ययुगीन संस्कार को, जो नैतिकता का आधार बनाकर कविता का विरोध करता रहा, बदलने की दिशा में एक प्रयास भी किया। उसने कविता के प्रभाव की व्याख्या करते हुए उसमें आनन्द और शिक्षा के साथ-साथ आन्दोलित करने की शक्ति को भी स्वीकार किया है। इस प्रकार सिडनी में कविता की पुनःप्रतिष्ठा का प्रयास दिखाई देता है जो तर्कों पर भी आधारित है, साथ ही व्यक्तिगत अनुभव पर भी, जो उसे काव्य से प्राप्त हुआ।

बेन जॉनसन के सामने सवाल कविता को प्रतिष्ठित करने का नहीं था। यह कार्य तो हो चुका था और एलिजाबेथ के काल में महान साहित्य की रचना हो चुकी थी। शेक्सपियर अपने नाटकों की रचना कर चुका था और मार्लो का सृजन भी ख्याति पा चुका था। मगर साथ ही एक अन्य तत्त्व उभरकर सामने आ गया था। कहाँ तो एक ओर मध्य युग में कविता पर जबर्दस्त नियन्त्रण था और अब प्रतिभा या प्रकृति का आधार ग्रहण करके कवि की पूर्ण स्वाधीनता पर, निरपेक्ष स्वतन्त्रता पर बल दिया जाने लगा। इसका परिणाम यह हुआ कि साहित्य के क्षेत्र में सभी नियमों को, सभी विधानों को अस्वीकार कर दिया गया और कवि को ही कविता का एकमात्र प्रमाण मान लिया गया। इस प्रकार कविता के सभी दोष भी क्षम्य माने गये, क्योंकि उनका सम्बन्ध 'कवि-विक्षेप' से माना गया, जिसका प्रबल समर्थक था फ्रांसीसी कवि रोंसार। शेक्सपियर को आधार बनाकर कवि की दैवी प्रतिभा और उसके स्वच्छन्द प्रकाशन की प्रशस्ति की जाने लगी। लेकिन बेन जॉनसन ने इस प्रकार की प्रशस्ति का विरोध किया। उसने यह माना कि वह शेक्सपियर से प्रेम करता है, मगर साथ ही उसने शेक्सपियर के दोषों का भी उल्लेख किया है। उदाहरण के लिए, बेन जॉनसन के अनुसार कुछ लोग शेक्सपियर की प्रशंसा करते हुए कहते हैं कि वह जो कुछ एक बार लिख देता था, उसे फिर काटता नहीं था; अर्थात जो शब्द एक बार शेक्सपियर की कलम से निकल गया,

वही आदर्श हो गया। बेन जॉनसन ने शेक्सपियर की भाषा के प्रवाह की, कल्पनाओं की मनोहरता की, और विचारों की गरिमा की प्रशंसा की है, मगर साथ ही उसने यह भी कहा है कि शेक्सपियर ने यदि अपनी रचनाओं में काट-पीट की होती तो अच्छा होता, क्योंकि बेन जॉनसन के अनुसार शेक्सपियर का सबसे बड़ा दोष यही है कि उसने अपने कृतित्व पर नियन्त्रण नहीं रखा। शेक्सपियर की इस आलोचना का प्रधान उद्देश्य यह था कि शेक्सपियर के दोषों को भी महान गुण मानकर उनकी प्रशस्ति करने वाले तथा उसका अनुकरण करने वाले लेखकों पर नियन्त्रण रखा जा सके। यदि कवि-प्रतिभा की निरपेक्ष-स्वतन्त्रता को स्वीकार कर लिया जाता तो उसका दुरुपयोग होता और साधारण लेखक इस स्वतन्त्रता को उच्छृंखलता के रूप में बदल देते। इसलिए जॉनसन को यह महसूस हुआ कि इस उच्छृंखलता को नियन्त्रित करना चाहिए, और इस कार्य की सिद्धि के लिए उसने प्राचीन ग्रीक काव्यशास्त्र को आधार बनाया।

बेन जॉनसन ने होरेस की पुस्तक का अनुवाद किया था और इस प्रकार अरस्तू के काव्यशास्त्रीय सिद्धान्तों का आधार ग्रहण करके नियन्त्रण और अनुशासन पर बल दिया। बुअलो, रर्पे तथा ला बोस्यू ने भी अरस्तू को आधार बनाकर नव्य शास्त्रवादी प्रवृत्ति की प्रतिष्ठा की। बेन जॉनसन ने काव्य में बढ़ती हुई उच्छृंखलता पर नियन्त्रण करने के लिए सन्तुलन, विवेक और औचित्य पर बल दिया। उसने भाषा पर, कथानक आदि पर जो विचार व्यक्त किये, वे अरस्तू के मत के अनुसरण पर ही थे। अरस्तू ने काव्य के नियमों का आविष्कार नहीं किया वरन उससे पहले जिन सिद्धान्तों के आधार पर महान साहित्य की रचना हुई थी उन सिद्धान्तों का उद्‌घाटन अरस्तू ने किया और बुद्धि के द्वारा उनको स्पष्ट रूप से व्यक्त किया तथा वह मार्ग बताया जिससे गलती करने से बचा जा सकता है। इस प्रकार हम देखते हैं कि बेन जॉनसन अपने युग के साहित्य पर किसी प्रकार का अनुशासन लगाना अत्यन्त आवश्यक समझता है। उसने कथानक में काल की अन्विति को अत्यधिक महत्वपूर्ण माना है तथा अन्य विचारों में भी वह अरस्तू का ही अनुकरण करता है।

यहाँ यह सवाल पैदा होना स्वाभाविक है कि शेक्सपियर के नाटकों का अध्ययन करने के बाद भी, उनका प्रशंसक होने के बावजूद भी बेन जॉनसन क्यों पुराने नियमों को इस प्रकार अकाट्य मानता है? इसका कारण उसके युग के साहित्य में तो है ही, साथ ही परम्परा का प्रभाव भी यहाँ स्पष्ट है। यद्यपि बेन जॉनसन ने प्रकृति को सबसे महत्त्वपूर्ण तत्त्व माना है जिसके अभाव में श्रेष्ठ काव्य की रचना नहीं हो सकती, मगर वह प्रकृति को अनियन्त्रित या स्वतन्त्र नहीं होने देता, उसके संचरण के लिए सीमाएँ निर्धारित करता है। यहाँ वह परिश्रम तथा अभ्यास पर बल देता हुआ कहता है, लेखक को सजग रूप से रचना के नियम को उसकी

विधि तथा भाषा को परखना चाहिए। बिना परिश्रम के, बिना इस सजग साधना के सफलता दुष्प्राप्य है। इस स्थिति को और स्पष्ट करते हुए वह प्राचीन काव्यों के अनुकरण के महत्त्व पर बल देता है, जिसके द्वारा कवि प्राचीन कवियों की उपलब्धि से सीख सकता है, उसका उपयोग अपनी रचना के हित में कर सकता है, मगर साथ ही वह यह भी कहता है कि कवि की स्वाधीनता को किसी दार्शनिक या व्याकरणशास्त्री के नियमों पर निछावर नहीं किया जा सकता। दूसरे शब्दों में वह निरंकुश नियन्त्रण का पक्षपाती नहीं है। वह साहित्य को उच्छृंखलता से बचाने के लिए ही प्राचीन सिद्धान्तों और काव्यादर्शों के अनुकरण की बात करता है। इस प्रकार उसके विचारों में यह द्वन्द्व लक्षित होता है जो वस्तुतः एक संक्रमणशील युग का द्वन्द्व है। यद्यपि उसका प्रधान बल प्राचीनों के नियमों पर है, मगर वह कवि की स्वतन्त्रता को उन पर निछावर नहीं करता; क्योंकि वह यान्त्रिकता के खतरे के प्रति भी सजग है।

यदि बेन जॉनसन को बुअलो, ला बोस्यू जैसे नव्य आभिजात्यवादी विचारकों के समक्ष रखकर देखा जाये तो उसकी स्थिति और स्पष्ट हो जाती है। फ्रांस में बुअलो नव्य आभिजात्यवाद का मूर्धन्य आचार्य था, जिसने दृढ़तापूर्वक प्राचीनों के नियमों के पालन पर बल दिया। बुअलो ने त्रासदी के लिए, काव्य-भाषा के लिए तथा अन्य विधियों के लिए अटल नियम बनाये या दोहराए। उसने होरेस के समान यह निर्देश दिया कि प्राचीनों की अनुकृति द्वारा ही महान काव्य की रचना की जा सकती है; क्योंकि उनकी बुनियादी मान्यता यह थी कि साहित्य के कुछ सनातन और शाश्वत प्रतिमान होते हैं जिनका पालन प्रत्येक साहित्यकार के लिए अनिवार्य है। इस प्रकार शास्त्र को ही काव्य का उपजीव्य बना दिया गया, मगर अनुकरण पर इतना अधिक बल देने से काव्य का सार तत्त्व ही उपेक्षित हो गया।

फ्रांसीसी मनीषियों ने अव्यवस्था में से व्यवस्था की उद्‌भावना की तथा 'प्राचीन' के अनुकरण के सिद्धान्त की प्रतिष्ठा की। परन्तु यह 'अनुकरण' प्रत्येक प्रकार के काव्य का यान्त्रिक पुनरुत्पादन-मात्र था; होरेस की भाँति प्रत्येक तत्त्व को पचाकर पुनः सृजन करने की प्रक्रिया न था, और न लोंजाइनस की भाँति प्राचीनों की भावना अथवा आन्तरिकता को पकड़ पाने की क्रिया। इस प्रकार नव्य शास्त्रवादियों ने कविता की देवी को बन्धनों में ऐसा जकड़ दिया कि वह रंचमात्र भी हिल-डुल न सके। उन्होंने लोंजाइनस के 'काव्य में उदात्त तत्त्व' का पुनरन्वेषण अवश्य किया, परन्तु उसकी मूल भावना का निश्शंक भाव से तिरस्कार किया।

'फ्रांसीसी नव्यशास्त्रवादियों ने इंग्लैंड पर भी पूर्ण आधिपत्य कर लिया। ड्राइडन, एडीसन, डॉ. जॉनसन आदि कुछ सामान्य अपवाद अवश्य हैं, परन्तु अधिकांश अंग्रेज़ी आलोचकों ने बुअलो के प्रति श्रद्धांजलि अर्पित की है। अधिवक्ताओं का विधायकों से जो नाता होता है, कुछ-कुछ वही नाता अंग्रेज़ी और

फ्रांसीसी आलोचकों का था। राइमर अंग्रेज़ नव्यशास्त्रवादी मस्तिष्क का पक्का प्रतिनिधि है, पोप भी उसी प्रवृत्ति की उपज है। ड्राइडन, एडीसन, डॉ. जॉनसन जैसे अपेक्षाकृत अधिक स्वतन्त्र आलोचकों ने नव्यशास्त्रवादी संहिता को स्वीकार तो अवश्य किया है परन्तु वे फ्रांसीसी परम्परा के विरुद्ध देशीय परम्परा की प्रतिष्ठा में भी सतत प्रत्यनशील रहे।'[1]

उपर्युक्त उद्धरण से स्पष्ट है कि बुअलो आदि ने जैसी यान्त्रिकता को सर्जना पर आरोपित किया है, बेन जॉनसन में ऐसा नहीं मिलता। इसलिए बेन जॉनसन में नव्य आभिजात्यवाद के बीज तो मिलते हैं लेकिन वह अन्धानुशासन पर विश्वास नहीं करता। यहाँ बेन जॉनसन के चिन्तन पर उसके युग की संक्रमणशील स्थिति का प्रभाव स्पष्ट दिखाई देता है।

1. सावित्री सिन्हा (सम्पादिका), 'पाश्चात्य काव्यशास्त्र की परम्परा', भूमिका, पृ. 7

अध्याय-7

जॉन ड्राइडन के काव्य सिद्धान्त

(सन 1610-1700 ई.)

ऐतिहासिक एवं तुलनात्मक दृष्टि

जॉन ड्राइडन को आधुनिक अंग्रेज़ी-आलोचना का जनक माना जाता है। इसका कारण यह है कि वह एक ओर तो प्राचीन काल एवं शास्त्र की परम्परा के प्रति पूरी तरह सजग है और दूसरी ओर अपने युग की स्थितियों एवं आवश्यकताओं का भी ध्यान रखता है। जब फ्रांस आदि अन्य देशों में नव्य आभिजात्यवाद की दृष्टि पूरे जोरों पर थी, तब ड्राइडन ने उसे ऐतिहासिक दृष्टि से देखते हुए उसकी शक्ति और सीमा का निर्देश किया तथा आलोचना के परवर्ती विकास के लिए दिशा का संकेत किया। इस सन्दर्भ में उसके महत्त्व का आधार उसकी आलोचना दृष्टि के दो गुण हैं : एक, तुलनात्मक तथा दूसरा, ऐतिहासिक। नव्य आभिजात्यवादियों का मूल आधार था अरस्तू का काव्यशास्त्र और इसलिए वे यह मानते थे कि जो रचना अरस्तू के सिद्धान्तों के विपरीत पड़ती है, वह श्रेष्ठ नहीं हो सकती। इस आधार पर शेक्सपियर के नाटकों में अनेक सीमाएँ दिखाई जा सकती हैं। जैसे, उनमें अन्विति-त्रय का ध्यान नहीं रखा गया, उनमें रूपों की शुद्धता का निर्वाह नहीं मिलता, उनमें कथानक सबसे महत्त्वपूर्ण तत्त्व नहीं है, आदि-आदि। इसके विपरीत बेन जॉनसन के नाटकों में इन सिद्धान्तों का पालन हुआ है। मगर ड्राइडन ने पुराने सिद्धान्तों का अनुकरण नहीं किया। उसने यह कहा कि वह बेन जॉनसन का सम्मान करता है, मगर वह शेक्सपियर से प्रेम करता है। इससे न केवल उसकी स्वतन्त्र दृष्टि का परिचय मिलता है वरन उस द्वन्द्व का भी स्पष्ट

संकेत मिलता है जिसे उसने आलोचक के रूप में चुनौती की तरह स्वीकार किया और उसके समाधान का प्रयास किया। बेन जॉनसन की रचना नियमों की दृष्टि से सर्वथा निर्दोष है, मगर शेक्सपियर की रचनाएँ सदोष होते हुए भी शक्तिशाली हैं। लोंजाइनस के शब्दों में कहें तो यह निर्दोष कला और सदोष प्रतिभा के सापेक्षिक महत्त्व की समस्या है। मगर ड्राइडन ने इस समस्या को उस ऐतिहासिक संदर्भ में रखकर देखने का प्रयास किया है। उसका कथन है कि 'केवल इतना कह देना काफी नहीं है कि अरस्तू ने ऐसा कहा है; क्योंकि अरस्तू ने अपने त्रासदी के आदर्श सोफोक्लेस और यूरिपिडीज़ से प्राप्त किये थे और उसने यदि हमारे (त्रासदी के आदर्श) देखे होते तो अपना विचार बदल दिया होता।' यह कथन अत्यन्त महत्त्वपूर्ण है क्योंकि इसमें न केवल तुलनात्मक दृष्टि का संकेत मिलता है वरन इस सत्य की भी व्यंजना है कि साहित्य के नियमों का आधार साहित्य होता है। इसलिए प्रधान सत्य साहित्य है न कि साहित्य के नियम। साथ ही यह भी स्पष्ट व्यंजना है कि साहित्य निरन्तर विकासशील संस्था है, इसलिए यह स्वाभाविक ही है कि परिवर्तनशील साहित्य निरंतर विकासशील रचना है, इसलिए यह अनिवार्य ही है कि परिवर्तनशील साहित्यिक सर्जना के अनुरूप साहित्यिक नियमों का भी निर्धारण किया जाये। इसमें नव्य आभिजात्यवाद के अंकुश से स्वतन्त्र होने का भी सशक्त प्रमाण मिलता है। मगर साथ ही यहाँ यह स्पष्ट करना भी आवश्यक है कि ड्राइडन पर परम्परा का काफी गहरा असर लक्षित होता है। वह संक्राति काल का आलोचक है, इसलिए यह स्वाभाविक है कि परम्परा से प्रभावित होने के साथ-साथ वह अपने जीवन की दिशा और अपेक्षा को भी समझने की कोशिश करे।

ड्राइडन के काव्य-चिन्तन की एक विशेषता यह भी है कि वह अपनी विचारधारा को निर्भ्रान्त शब्दों में व्यक्त करता है और साथ ही दूसरे साहित्यकारों की स्वतन्त्रता को, उनके कवि कर्म की मौलिकता को भी स्वीकार करता है। उसमें यह प्रयास नहीं मिलता कि वह अपने सिद्धान्तों को साहित्यमात्र पर आरोपित करे। जैसे कि स्कॉट जेम्स ने कहा है, वह काव्य को उसके तीनों सन्दर्भों में रखकर देखता है–कवि के सन्दर्भ में, आलोचक के सन्दर्भ में और समाज के सन्दर्भ में। इस प्रकार आलोचना एक व्यापक क्षेत्र के भीतर कार्यशील होती लक्षित होती है।

कल्पना एवं प्रकृति

कवि के सन्दर्भ में ड्राइडन ने कल्पना या ललित कल्पना (इमेज़िनेशन या फैंसी) के महत्त्व पर विशेष बल दिया है। उसने इमेजिनेशन और फैंसी दोनों शब्दों का प्रयोग एक पर्याय के रूप में किया है और दोनों से ही आज का इमेजिनेशन–कल्पना वाला अर्थ नहीं लिया, वरन फैंसी-ललित कल्पना–वाला अर्थ लिया है। यह भी

कह सकते हैं कि उसने इमेजिनेशन शब्द का प्रयोग फैंसी के पर्याय के रूप में किया है जो एक उच्छृंखल सृजनात्मक शक्ति है तथा जिसे विवेक के द्वारा नियन्त्रित करना अनिवार्य है। कवि किसी भी कथानक का आधार ग्रहण करके अपनी कल्पना शक्ति के द्वारा उस पर चरित्रों का, उनकी मनःस्थितियों का, विचारों आदि का सन्निवेश करता हुआ रचना को रूप देता है। कल्पना न केवल इन कार्यों में सहायक होती है वरन वह भाषा के उपयुक्त प्रयोग का भी कारण है। इस सम्बन्ध में ड्राइडन ने 'ऐन इवनिंग्ज़ लव' की भूमिका में नाटक की रचना के विषय में लिखा है :

'इतना हो चुकने के उपरान्त अंक और दृश्य निर्धारित किये जाते हैं, पात्रों के कार्यकलाप और इनके मनोवेगों को यथास्थान निरूपित किया जाता है और वर्णन, उपमा आदि तथा भाषा के सत्प्रयोग से दोनों की श्रीवृद्धि की जाती है—कवि का यही मुख्य कार्य है और कल्पना का विशालतम क्षेत्र भी, क्योंकि कल्पना ही रचनाकार का सर्वोपरि गुण है। विवेक-बुद्धि भी उसमें होनी चाहिए, किन्तु सजीवता और निगूढ़ सौंदर्य प्रदान करने वाली शक्ति तो कल्पना ही है, विशेषकर गम्भीर नाटकों में जिनमें पर्यवेक्षण का अधिक सहारा नहीं लिया जा सकता। हाँ, कामदियों में हास्य का अंकन करने के लिए कल्पना की अधिक आवश्यकता होती है। कवि हास्यास्पद एवं मनोरंजक मूर्खता का निरीक्षण करता है और यह निर्णय कर लेने के उपरान्त कि वह वास्तव में मूर्खता ही है, उसके निरूपण द्वारा आनन्द प्रदान करता है।

'किन्तु सामान्यतः कवि का कार्य किसी बन्दूक बनाने वाले अथवा घड़ीसाज की तरह है। इस्पात अथवा चाँदी—जिस पर वे काम करते हैं—उपारान कारण हैं और वास्तविक मूल्य इन वस्तुओं में नहीं बल्कि उन लोगों की कारीगरी में निहित होता है। ठीक इसी तरह जो व्यक्ति कामदी में कथानक को निर्जीव और निःस्पंद बनाकर लोगों को हँसा नहीं पाता अथवा जो व्यक्ति गम्भीर नाटक में लोगों को आकुल नहीं कर सकता, वह अकुशल कारीगर की भाँति असफल माना जाना चाहिए।'[1]

कवि के लिए प्रकृति का, कथ्य का वही महत्त्व है, जो घड़ीसाज के लिए चाँदी का है। जिस प्रकार कुशल घड़ीसाज चाँदी से अच्छी घड़ी बनाता है, उसी प्रकार एक कुशल (कल्पनाशील) कवि प्रकृति से प्राप्त सामग्री के आधार पर उत्कृष्ट कृति का निर्माण करता है अतः स्पष्ट है कि महत्त्व सामग्री का नहीं है, अनुकार्य का नहीं है, कवि शक्ति का है, उसके कौशल का है। यद्यपि ड्राइडन कवि कर्म की जटिलता के विश्लेषण में प्रवृत्त नहीं होता, मगर उपर्युक्त विवेचन में कवि के व्यक्तित्व की रचनात्मकता को स्थापित करने का प्रयास है। ऐतिहासिक दृष्टि से यह अत्यन्त महत्त्वपूर्ण है, क्योंकि अरस्तू से लेकर नव्य आभिजात्यवाद तक अनुकरण की धारणा का नियन्त्रण रहा, चाहे उसका अर्थ बदल गया। अरस्तू की

1. सावित्री सिन्हा (सम्पादिका), 'पाश्चात्य काव्यशास्त्र की परंपरा', पृ. 79-80

मान्यता 'प्रकृति की अनुकृति' से लेकर होरेस तथा नव्य आभिजात्यवादियों की मान्यता 'प्राचीन काव्यादर्शों की अनुकृति' तक की सारी विचारधारा में कवि की सर्जना-शक्ति को अपेक्षित महत्त्व नहीं मिला। यद्यपि ड्राइडन ने अनुकृति की अवधारणा का प्रयोग किया है, मगर कल्पना का बल पाकर यह 'अनुकृति' 'रचनात्मकता' की ही पर्याय हो गयी है। जॉनसन की एक प्रहसनात्मक कामदी 'बारथोलोक फेचर' की समीक्षा करते हुए ड्राइडन ने कहा है कि 'यदि वह मेले में नित्यप्रति घटित न होने वाली घटनाओं अथवा कही जाने वाली बातों का अक्षरशः निरूपण करता तो यह नाटक कभी सफल रचना सम्भव न होता। इनता ही नहीं, वैसी स्थिति में तो जो आनन्द जागरूक व्यक्ति को नाटक से प्राप्त होता है, वही उसे मेले से भी प्राप्त होना चाहिए, किन्तु हम जानते हैं कि यह वास्तविकता नहीं है। उसने एक अत्यन्त रुग्ण वस्तु में भी जान डाल दी है; अनुकृति अमूल्य है, मूल भले ही निस्सार हो।[1] अन्तिम वाक्यांश 'अनुकृति अमूल्य है, मूल भले ही निस्सार हो' को उपर्युक्त कथन से जोड़कर देखा जाये तो यही निष्कर्ष निकलता है कि 'निस्सार मूल' से 'अमूल्य अनुकृति' का निर्माण करने वाली शक्ति कल्पना ही है, कवि-कौशल ही है। इतना ही नहीं, ड्राइडन ने माना है कि 'अति साम्य भी एक दोष है।' कवि को एक कुशल चित्रकार की ही भाँति प्रकृति में ये चयन करना होता है, उसे यह देखना होता है कि कथ्य के किन पक्षों को लिया जाये और किनको छोड़ा जाये तथा उनका संयोजन कैसे किया जाये? इस प्रकार ड्राइडन ने यान्त्रिक अनुकृति का—चाहे वह प्रकृति की अनुकृति हो, चाहे वह काव्यादर्शों की, विरोध किया है और कवि को कल्पना एवं विवेक के प्रयोग से उत्कृष्ट सर्जना की सम्भावना की ओर आकृष्ट किया है।

यहाँ इस बात का संकेत करना आवश्यक है कि ड्राइडन में यद्यपि कवि की कल्पना शक्ति के रचनात्मक पक्ष पर बल दिया गया है, मगर ललित कल्पना (फैंसी) और कल्पना (इमेजिनेशन) का प्रयोग ललित कल्पना के अर्थ में—विवेक-शून्य शक्ति के रूप में किया गया है। विवेक कवि-कल्पना का अन्तरंग तत्त्व नहीं है जैसाकि आज माना जाता है। कॉलरिज ने इन दोनों शक्तियों के अन्तर को निर्भ्रान्त रूप से व्यक्त किया और कवि-कल्पना के स्वरूप का विवेचन किया। इस प्रकार ड्राइडन में प्राप्त कल्पना-शक्ति का विवेचन कॉलरिज के कल्पना सिद्धान्त की भूमिका के रूप में लक्षित है।

काव्य का लक्ष्य

अनुकरण को स्वीकार करते हुए भी ड्राइडन ने रचना के प्रभाव की गम्भीरता और

1. सावित्री सिन्हा (सम्पादिका), 'पाश्चात्य काव्यशास्त्र की परम्परा', पृ. 78

आनन्द को, काव्य के प्रयोजन के रूप में अधिक महत्त्वपूर्ण माना है। काव्य में अनुकरण का महत्त्व है, मगर उससे भी अधिक काव्य की सफलता का आधार यह है कि वह कितनी गहराई के साथ सामाजिक की आत्मा को प्रभावित करता है तथा सहृदय को आनन्द प्रदान करता है। नाटकों में गद्य अथवा पद्य के प्रयोग के सापेक्षिक महत्त्व की समस्या पर विचार करते हुए उसने यह कहा है कि यदि पद्य के प्रयोग अधिक 'हर्षोद्रेक' होता है तो उसे स्वीकार करने में कोई बाधा नहीं होनी चाहिए। 'डिफेंस ऑफ दि ऐस्से' में पद्य के इस गुण का उल्लेख करते हुए ड्राइडन ने स्पष्ट रूप से आनन्द पर बल दिया है तथा अनुकरण को गौण माना है :

'यदि उससे हर्षोद्रेक होता है तो मुझे केवल इतने में ही सन्तोष है, क्योंकि यदि हर्षोद्रेक काव्य का एकमात्र लक्ष्य नहीं तो उसका प्रमुख लक्ष्य अवश्य है। शिक्षा देना भी काव्य का उद्देश्य हो सकता है, लेकिन आनन्द के सम्मुख वह गौण ही होता है। कविता आनन्दानुभूति के सहारे ही शिक्षा दे सकती है। यह सच है कि कवि का कार्य भली-भाँति अनुकरण करना है, किन्तु आत्मा को प्रभावित करने और मनोभावों को उद्वेलित करने और इन सबसे भी अधिक ऐसा प्रभाव उत्पन्न करने के लिए कि बिना सराहना किये न रहा जा सके (क्योंकि गम्भीर नाटकों का यह परम धर्म है) अनुकरण मात्र यथेष्ट नहीं हो सकता। इसलिए कवि जिस कथोपकथन का अनुकरण करे, वह काव्य की समस्त कलात्मकताओं और अलंकारों से विभूषित होना चाहिये और वास्तव में देखा जाये तो, ऐसा होना चाहिए मानो बिना पूर्व चिन्तन के वह कभी बोला ही नहीं जा सकता।

'किन्तु मैं अधिक साहसपूर्वक यह कहूँगा, भले ही इसमें विरोधाभास जान पड़े, कि गम्भीर नाटकों में गद्य का प्रयोग न करने का एक बड़ा कारण यह भी है कि वह वार्तालाप के स्वरूप के अत्यधिक निकट होता है और उसमें अति साम्य का दोष झलक आने की आशंका रहती है...'[1]

'कविता आनन्दानुभूति के सहारे ही शिक्षा दे सकती है।' यह कथन भारतीय काव्यशास्त्र में मान्य कान्तासम्मित उपदेश की मान्यता का ही रूपान्तर लगता है। यह मान्यता कविता में उपदेश की अपेक्षा अनुभूति या आवेगों के अधिक महत्त्व की स्वीकृति का प्रमाण है और इस मान्यता में आगे आने वाले स्वच्छन्दतावादी काव्य-चिन्तन की भाववादी या आनन्दवादी मूल का पूर्वाभास लक्षित होता है। ड्राइडन की मान्यता पर उनके शेक्सपियर-प्रेम का कितना प्रभाव है, यह कहना कठिन है। मगर शेक्सपियर की त्रासदियों में उपदेश का पक्ष महत्त्वपूर्ण है, मगर उसका बुनियादी तत्त्व आवेगों की शक्तिशाली धारा ही है। ड्राइडन ने उपर्युक्त मान्यता को व्यापक काव्य के सन्दर्भ में व्यक्त किया है, और अपने निजी विश्वास को व्यक्त करते हुए वह कहता है : 'मेरी यह स्वीकारोक्ति है कि मेरा मुख्य ध्येय अपने युग को आह्लादित करना है।' इस मान्यता

1. सावित्री सिन्हा (सम्पादिका), उपर्युक्त, पृ. 76-77

में ड्राइडन ने सहृदय तथा अपने युग को अपेक्षित महत्त्व प्रदान करने का प्रयास किया है। दरअसल कवि अपने युग के सन्दर्भ में ही रचना करता है, इसलिए यह अनिवार्य है कि वह अपने युग के अनुरोधों को स्वीकार करके चले। मगर यहाँ भी सतर्क और सजग रहने की आवश्यकता है; क्योंकि ड्राइडन सहृदय में भी एक मानसिक विकास के स्तर को अनिवार्य मानता है।

नाटक का स्वरूप

ड्राइडन ने विस्तार के साथ नाटक के स्वरूप पर विचार किया है। नाटक के स्वरूप के बारे में तीन विकल्प उसके सामने थे—गद्य का, अतुकान्त पद्य का और तुकान्त पद्य का। इस सम्बन्ध में उसकी दृष्टि व्यावहारिक एवं वैज्ञानिक है। वह गद्य के सफल प्रयोग की चर्चा करता है तथा तुकान्त एवं अतुकान्त पद्य के सफल प्रयोग की भी। वह पद्य को और उसमें भी तुकान्त पद्य का अधिक आनन्दमय माध्यम के रूप में स्वीकार करता है :

'इस प्रकार गद्य उस युवराज की भाँति है जो सिंहासन का उत्तराधिकारी तो है पर जिसे गम्भीर नाटकों की शासन-व्यवस्था के लिए अत्यन्त अशक्त मानकर सर्वसम्मति से अधिकार-च्युत कर दिया गया है और उसके हट जाने पर क्षेत्र में दो प्रतियोगी शेष रहते हैं—अनुकान्त (पद्य) जो वंश-परम्परा की दृष्टि से उसके अधिक समीप है और तुकान्त (पद्य) जो कि शासन व्यवस्था की वागडोर के लिए अधिक उपयुक्त पात्र है।'

'अतुकान्त (पद्य) निस्सन्देह गद्य के अधिक निकट है किन्तु गद्य की निर्बलता का दोष भी उसमें उपस्थित है, तुकान्त (जिसका मैं स्पष्ट विवेचन करूँगा) सत्ता का अनधिकारी अपहर्त्ता है किन्तु वह वीर और उदार है, उसका साम्राज्य आनन्दमय है। इसी आनन्द तत्त्व के कारण प्राचीन रचनाकारों ने (जिनको मैं उतना ही विवेकपूर्ण मानता हूँ जितना कि उनको जो बड़े विश्वास के साथ उनकी भूलों को सुधारने के लिए प्रयत्नशील हैं) अपनी समस्त त्रासदियाँ पद्य में रची थीं। यद्यपि उनको ज्ञात था कि वह माध्यम बातचीत की भाषा से दूर है।...यह कहकर कि प्राचीन रचनाकारों ने पद्य के माध्यम को अपनाया है। मैंने यह सिद्ध नहीं किया कि वे तुकान्त को भी अपना लेते, यदि वह उस समय लिखा गया होता। मैं केवल यही कह सकता हूँ कि कवियों की सर्वसम्मति से सभी आधुनिक भाषाओं में अनुकान्त के स्थान पर तुकान्त की प्रतिष्ठा हो गयी है, क्योंकि लगभग सभी गम्भीर नाटक तुकान्त (काव्य) में ही लिखे जा रहे हैं। इससे यह निष्कर्ष नहीं निकलता कि चूँकि वे इस रूप में लिखे जा रहे हैं इसलिए लिखे भी जाते रहने चाहिए।'[1]

1. सावित्री सिन्हा (सम्पादिका), उपर्युक्त, पृ. 78-79

उपर्युक्त उद्धरण से स्पष्ट है कि गंभीर नाटक के स्वरूप के रूप में ड्राइडन ने जो कहा है, उसका आधार वह साहित्य है जो उसके सामने था। मगर साथ ही वह इस बारे में कोई अन्तिम निर्णय नहीं देता, वह यह नहीं कहता कि वे तुकान्त पद्य में ही 'लिखे भी जाते रहने चाहिए'। इस प्रकार के कथन उसकी ऐतिहासिकता बोध के साक्षी हैं जो कि तुलनात्मक दृष्टि से पैदा हुआ है और इसके साथ ही वह भाषा के दोषों का भी उल्लेख करता है। यहाँ प्रमुख दोष है वागाडम्बर। यदि पूर्ववर्ती काव्यशास्त्र में काव्य की भाषा के विवेचन को देखें तो दो बातें स्पष्ट दिखाई देती हैं। प्रथम, प्राचीन यूनान के काव्य-चिन्तन से ही भाषणशास्त्र के प्रभाव के कारण सभी काव्यशास्त्रियों ने भाषा पर विस्तार से विचार किया है–उसके शब्द-भण्डार, वाक्य-योजना, जनभाषा और काव्यभाषा का सम्बन्ध, काव्यभाषा का औचित्य, उसके दोषों आदि का विवेचन काव्य-चिन्तन के महत्त्वपूर्ण अंग हैं। दांते ने भी काव्यभाषा की समस्या पर विचार किया है और ड्राइडन ने भी जो परपम्रा से और अपने युग की अनेक भाषाओं की साहित्यिक गतिविधि से परिचित था, काव्य के माध्यम पर विस्तार से विचार किया है तथा वागाडम्बर और स्फीत शैली का विरोध करते हुए 'स्पेनिश फ्रायर' के समर्पण में कहा हैः

'त्रासदियों मे उदात्त शैली का मैं विरोधी नहीं हूँ, जो कि स्वभावतः ही भव्य और चमक-दमक वाली होती हैं, परन्तु कोई भी वस्तु जब तक वह न्याय संगत एवं उचित न हो, सच्चे अर्थ में उदात्त नहीं होती।...इस प्रकार महानता प्राप्त करने का इच्छुक अविवेकी कवि अस्वाभाविक स्फीत शैली के जाल में उलझकर रह जाता है, क्योंकि वह महानता की मरीचिका प्रस्तुत करती है। समूह की सराहना का महत्त्व बहुत कम है, पागलों को केवल पागलपन ही रुचिकर हो सकता है और उस दर्शक-समूह के बीच ख्याति पाने के लिए कवि को बहुत कुछ उनका-सा बनना होगा। जिस प्रकार रंगशाला में छत की ऊँचाई उसके क्षेत्रफल के अनुपात में होनी चाहिए, उसी प्रकार काव्योत्कर्ष में अलंकारों की शक्ति और गति–अवसर, विषयवस्तु एवं पात्रों के अनुरूप होनी चाहिए। उसके अतिरिक्त जो कुछ है अपरूप है, अस्वाभाविक है और काव्य का सजीव अंग न होकर कायिक विकार मात्र है।'[1]

संक्षेप में कहें तो कह सकते हैं कि ड्राइडन ने भाषा के औचित्य पर विशेष बल दिया है।

नाटक के विवेचन का एक अन्य महत्त्वपूर्ण तत्त्व कथानक रहा है। अरस्तू ने कथानक को ही नाटक का सबसे अधिक महत्त्वपूर्ण तत्त्व माना था और यही मान्यता नव्य आभिजात्यवाद में भी प्रचलित रही। ड्राइडन की सम्भवतः समस्या यह थी कि शेक्सपियर में कथानक गौण है तथा चरित्र, विचार एवं मनोवेग अधिक महत्त्वपूर्ण

1. सावित्री सिन्हा (सम्पादिका), उपर्युक्त, पृ. 81-82

हैं। इसलिए ड्राइडन ने कथानक को गौण तत्त्व के रूप में ही स्वीकार किया है जो रचनाकार को एक आधार प्रदान करता है। इस आधार को ग्रहण करके नाटककार कल्पना के द्वारा उसे सजाता-सँवारता है तथा उसमें चरित्रों की योजना करता है जिनके माध्यम से वह भावों एवं विचारों को व्यक्त करता है। इसलिए यह आवश्यक हो जाता है कि गम्भीर नाटककार नयी स्थितियों आदि की उद्‌भावना करे। कथानक की गौणता को सिद्ध करते हुए ड्राइडन ने 'ऐन इवनिंग्ज़ लव' की भूमिका में कहा है :

'किन्तु ये छोटे आलोचक इस विषय में भली-भाँति विचार नहीं करते कि कवि का कार्य क्या है और किसी कविता का सौन्दर्य क्या है? कथानक प्रत्येक दशा में गौण होता है। मेरा तात्पर्य उस आधारशिला से है जिस पर रचनाकार अपने कौशल से कलाकृति का निर्माण करता है, क्योंकि बाद में वह सावधानी से उसी के सुन्दर अंगों को सँवारता-उभारता है। कथानक की आधारशिला पर पात्र खड़े किये जाते हैं और चूँकि कोई भी कथानक अंग्रेज़ी रंगमंच की विविधता के अनुरूप पर्याप्त चरित्रों का समावेश नहीं कर सकता, इसलिए यह निष्कर्ष निकलता है कि उसे नये व्यक्तियों, घटनाओं और रूपों द्वारा परिवर्तित एवं परिवर्धित करना होगा, जो उसे प्रायः नवीन रूप प्रदान करेंगे। इतना हो चुकने के उपरान्त अंक और दृश्य निर्धारित किये जाते हैं, पात्रों के कार्यकलाप और उनके मनोवेगों को यथास्थान निरूपित किया जाता है और वर्णन, उपमा आदि तथा भाषा के सत्प्रयोगों से दोनों की श्रीवृद्धि की जाती है--कवि का यही मुख्य कार्य है और कल्पना का विशालतम क्षेत्र भी...।'[1]

इस उद्धरण में ड्राइडन ने नाटक के सम्पूर्ण रचनातन्त्र पर विचार करने का प्रयास किया है और उसे समग्रता में ग्रहण करने के कारण ही सही निष्कर्ष पर पहुँचा है, जहाँ कथानक की गौणता एवं कल्पना की सर्जनात्मकता महत्त्वपूर्ण तत्त्व बनकर सामने आते हैं। यह तो हो सकता है कि आज का समीक्षक नाटक की रचना के उस क्रम को स्वीकार न करे जो ड्राइडन के उक्त उद्धरण में मिलता है, मगर नाटक की समग्रता की परिकल्पना का आभास वहाँ अवश्य होता है। ड्राइडन के अनुसार यह भी स्पष्ट है कि वह अंग्रेज़ी रंगमंच की विविधता के प्रति सजग था तथा नवीन व्यक्तियों, घटनाओं और रूपों द्वारा नाटक को अधिक पूर्ण बनाने की आवश्यकता पर उसने बल दिया है और उस कार्य की सिद्धि के लिए कल्पना के महत्त्व को स्वीकार किया है। इस प्रकार यह कहा जा सकता है कि जहाँ तक नाटक का प्रश्न है, कथानक ही वह सामग्री है जिसके आधार पर नाटककार की कल्पना क्रियाशील होती हुई एक पूर्ण रचना का निर्माण करती है और यह कल्पना विवेक द्वारा नियन्त्रित होनी चाहिए।

1. सावित्री सिन्हा (सम्पादिका), उपर्युक्त, पृ. 79

अन्विति-त्रय

नाटक के सम्बन्ध में ड्राइडन ने अन्विति-त्रय के सिद्धान्त को भी स्वीकार किया है जिसके अन्तर्गत 'नाटक के कथानक का काल चौबीस घण्टों से अधिक नहीं होना चाहिए' (कालान्विति), उसका प्रदर्शन एक ही स्थान पर होना चाहिए तथा कथानक भी इकहरा होना चाहिए। अन्विति-त्रय का विवेचन करते हुए ड्राइडन ने प्राचीन रचनाकारों तथा फ्रांसीसियों का उदाहरण दिया है। मगर साथ ही वह इस तथ्य का भी उल्लेख करता है कि इन नियमों के आधार पर कुछ ही आधुनिक नाटक खरे उतरेंगे, क्योंकि 'आधुनिक' नाटकों में अन्विति-त्रय का पालन नहीं किया गया है :

'अरस्तू से हमें जो पुस्तक प्राप्त हुई है, उस पर होरेस की 'काव्य कला' (आर्स पोएतिका) कृति एक अनुपम भाष्य के समान है और मेरे विचार में कामदी-विषय उनकी दूसरी कृति के अभाव की मानो पूर्ति करती है।'

'इन दोनों से ही वे प्रसिद्ध नियम खोज निकाले गये हैं जिन्हें फ्रांसीसियों ने अन्विति-त्रय (Des Trois Unitez) के नाम से अभिहित किया है जिनका पालन प्रत्येक सम्पूर्ण नाटक में होना चाहिए। ये तीनों अन्वितियाँ हैं : काल की, देश की और कथानक की।'

'काल की अन्विति में चौबीस घण्टे की अवधि अथवा रात और दिन को मिलाकर एक प्राकृतिक दिन की अवधि अथवा उससे समीपतम अवधि आती है। इसका कारण स्पष्ट है कि अभिनय अथवा नाटक की कथा का समय उस अवधि के सर्वाधिक अनुपात में होना चाहिए जिसमें कि वह प्रस्तुत किया जाना है और चूँकि अधिकांश नाटक अधिक से अधिक चौबीस घण्टे की अवधि में ही प्रस्तुत किये जा सकते हैं, इसलिए उस नाटक को प्रकृति का निकटतम अंकन माना जाता है जो उस अवधि में पूरा हो जाये।...

'दूसरी अन्विति अर्थात देशगत अन्विति से प्राचीन रचनाकारों का तात्पर्य यह था कि नाटक भर में दृश्य वहीं पर स्थित रहे जहाँ वह नाटक के आरम्भ में स्थित था, क्योंकि जिस रंगमंच पर नाटक प्रस्तुत किया जाता है, वह भी एक ही होता है और रंगमंच का स्थल भी वही एक ही बना रहता है, इसलिए दृश्य न तो अनेक होने चाहिए और न एक-दूसरे से बहुत दूर स्थित ही।...

'जहाँ तक तीसरी अन्विति अर्थात कथानक की अन्विति अथवा कार्यान्विति का सम्बन्ध है, प्राचीन रचनाकारों का उससे वही तात्पर्य होता था जो तर्कशास्त्रियों का समापन से! कथानक का उद्देश्य और क्षेत्र जो रचना के उपक्रम में सर्वप्रथम और रचना सम्पन्न होने में अन्तिम रूप से उपस्थित रहता है। कवि का ध्येय एक महान और सम्पूर्ण कथानक की रचना करना रहता है और इस ध्येय की पूर्ति

के लिए अन्य सभी बातें, यहाँ तक कि बाधाएँ, गौण मानी जाती हैं। कोरण इसका भी उतना ही स्पष्ट है जितना कि पिछली अन्वितियों का। यदि लेखक दो बराबर के कथानक उठा ले तो कृति की अन्विति नष्ट हो जाये और वह एक नाटक न रहकर दोहरा बन जाये।'[1]

इस सम्बन्ध में ड्राइडन ने यह चर्चा भी की है कि नाटक का विभाजन पाँच अंकों में इस प्रकार करना चाहिए कि प्रत्येक अंक प्रायः कुल समय के पाँचवें हिस्से में होने वाली घटनाओं को प्रदर्शित करे। मगर यह कोई यान्त्रिक नियम नहीं है। इसमें रचनाकार को थोड़ी-बहुत स्वतन्त्रता रहती है और यह आवश्यक नहीं कि पाँचों अंकों का विभाजन एकदम समय के हिसाब से हो। मगर साथ ही ऐसा भी नहीं होना चाहिए कि इन अंकों में घटित होने वाली घटनाओं के समय में बहुत अधिक अन्तर हो। इससे नाटक का सन्तुलन खण्डित हो जाता है।

कार्यान्विति की व्याख्या करते हुए ड्राइडन ने यह स्वीकार किया है कि नाटक में अन्य गौण कथाएँ हो सकती हैं, मगर वे मुख्य कथा से घनिष्ठ रूप से सम्बद्ध होनी चाहिए। यहाँ ध्यान देने की बात यह है कि यद्यपि अरस्तू ने दोहरे कार्य व्यापार को–जटिल कथानक को भी स्वीकार किया है, मगर नव्यआभिजात्यवादी आलोचना में इकहरे कार्य व्यापार पर ही विशेष बल है। डॉ. जॉनसन आदि अन्य नव्यआभिजात्यवादी आलोचकों में भी इकहरे कार्य व्यापार की ही स्वीकृति मिलती है।

पुराने सिद्धान्तों की सीमा

ड्राइडन ने नव्यआभिजात्यवाद के विविध सिद्धान्तों को तो स्वीकार किया ही, साथ ही उनका ध्यान इस बात की ओर भी गया है कि किन पुराने सिद्धान्तों के आधार पर तत्कालीन नाटकों को नहीं परखा जा सकता क्योंकि उनमें उन सिद्धान्तों का पालन नहीं हुआ। इस अन्तराल को रेखांकित करते हुए उन्होंने 'ऑफ ड्रामेटिक पोएजी' में कहा है :

'यदि उक्त नियमों की कसौटी पर ही आधुनिक नाटकों को परखा जाये तो उनमें से कुछ ही खरे उतरेंगे। काल की अवधि एक दिन होने की बजाय हमें एक युग मिलेगी, नाटक का कथानक एक होने की बजाय उसमें मानव-जीवन की समस्त क्रियाओं का चित्रण मिलेगा और यद्यपि रंगमंच पर एक ही स्थल प्रस्तुत किया जाना चाहिए तथापि हमें इतने देशों में ले जाया जायेगा जितने हम नक्शे में भी न ढूँढ़ सकें।'[2]

1. ड्राइडन, 'ऑफ ड्रामेटिक पोएज़ी', पृ. 84-85
2. ड्राइडन, 'ऑफ ड्रामेटिक पोएज़ी', पृ. 96

पहले के उद्धरण में ड्राइडन ने यह उल्लेख किया है कि रचनाकार कथानक को आधार बनाकर कल्पना की सहायता से उनके पात्रों आदि की संयोजना करता है। इस प्रकार उसमें आभिजात्यवादी तत्त्वों के साथ-साथ नवीनता एवं मौलिकता की भी स्वीकृति मिलती है और इस सन्दर्भ में कल्पना-शक्ति और विवेक को स्वीकार किया गया है। साथ ही सिद्धान्त और साहित्य के ऐतिहासिक अन्तराल का भी तीव्र बोध लक्षित होता है। इसी में ड्राइडन की महानता निहित है।

अध्याय–8

डॉ. सैमुअल जॉनसन के सिद्धान्त

(सन्न 1709-1784 ई.)

डॉ. जॉनसन अंग्रेज़ी आलोचना में नव्यआभिजात्यवादी चेतना के प्रबल पोषक थे। फ्रांसीसी आभिजात्यवादियों, बुअलो आदि के अनुरूप ही इंग्लैण्ड में पोप तथा डॉ. जॉनसन आदि ने परम्परा से प्राप्त नियमों एवं मूल्यों की शक्तिशाली प्रतिष्ठा की।

जॉनसन के युग में समाज में काफी परिवर्तन आ गया था। औद्योगिक क्रान्ति एवं नव जागरण के कारण जनता में नयी चेतना का विकास हो रहा था, व्यक्तित्व का महत्त्व बढ़ता जा रहा था और इसके साथ ही व्यापक सिद्धान्तों और आदर्शों को–चाहे वे जीवन के क्षेत्र के हों, चाहे वे साहित्य से सम्बद्ध–सन्देह की दृष्टि से देखा जा रहा था। रोमांटिक चेतना के उदय की भूमिका तैयार हो चुकी थी, लेकिन डॉ. जॉनसन पुराने आदर्शों को ही व्यक्त कर रहे थे और उनके प्रभावशाली व्यक्तित्व के सामने साहित्य में कोई अन्य प्रवृत्ति उभरकर प्रतिष्ठित नहीं हो पा रही थी।

'मैथ्यू अर्नाल्ड का कथन है कि जिस युग में जनता विकास और स्वतन्त्रता की ओर बढ़ रही थी, उसमें जॉनसन प्राचीन परम्पराओं का अत्यंत दृढ़तापूर्वक संरक्षण कर रहे थे। वे वर्षों तक काव्य में नयी स्वच्छन्दतावादी चेतना का उग्र विरोध करते रहे। उसके प्रति जॉनसन का व्यवहार 'अमित्रोचित विरुचि' अथवा 'मित्रोचित अवज्ञा' का था। व्रास्तव में जॉनसन के जीवन-काल में वड्र्सवर्थ के गीतों और उनकी प्रसिद्ध भूमिका का प्रकाशन असम्भव था। डॉ. जॉनसन शास्त्रवाद के प्रबल पोषक थे। उन्होंने पोप और बुअलो जैसे आचार्यों द्वारा मान्य सिद्धान्तों को ही ग्रहण किया था। ड्राइडन के समान डॉ. जॉनसन भी साहित्य क्षेत्र के एकछत्र शासक थे। उनके

बाद साहित्य के नेता तो अनेक हुए किन्तु शासक एक भी नहीं हुआ।'[1]

आलोचना के प्रतिमान

डॉ. जॉनसन ने आलोचना के कार्य को पूरी गम्भीरता के साथ स्वीकार करते हुए उसके खतरों की ओर संकेत किया है, जिनसे किसी भी अच्छे एवं सन्तुलित आलोचक को बचना चाहिए। पहली बात जो अच्छी आलोचना लिखने के लिए आवश्यक है, वह यह है कि आलोचन का ज्ञान व्यापक होना चाहिए तथा वह आलोच्य कृति का तल्लीनता के साथ अध्ययन करे। प्रायः ऐसा होता है कि जब कोई रचना प्रसिद्ध हो जाती है तो कुछ लोग उसे ध्यान से पढ़े बिना ही उसकी प्रशंसा करने में जुट जाते हैं। इस प्रकार के लेखन से न तो उस रचना का ही हित होता है और न ही आलोचक का। इसलिए आलोचक की पहली योग्यता तो यह है कि वह तल्लीन होकर रचना का अनुशीलन करे, उसकी संवेदना के साथ तादाम्य स्थापित करे और फिर उसके बारे में अपनी कोई दृष्टि स्थिर करे।

आलोचक और रचनाकार के सामने परम्परा से प्राप्त अनेक सिद्धान्त एवं प्रतिमान होते हैं। इसलिए आलोचना करते हुए यह एक बुनियादी सवाल पैदा होता है कि किन प्रतिमानों को स्वीकार किया जाये और किनके प्रति विद्रोह किया जाये। इस सम्बन्ध में उसका मत है कि नियम दो प्रकार के होते हैं। पहले प्रकार के वे हैं जिनका आधार प्रकृति है। वे सार्वभौम एवं अनिवार्य हैं और दूसरे वे नियम हैं जिनका सम्बन्ध परम्परा से है और उनमें परिवर्तन लाया जा सकता है। इस प्रकार कुछ नियमों का पालन अनिवार्य है और नवीनतम की झोंक में उन्हें अस्वीकार नहीं किया जा सकता, जबकि कुछ नियमों में परिवर्तन या संशोधन किया जा सकता है। 'रैबलर' में जॉनसन ने लिखा है :

'लेखक का प्रथम प्रयास प्रकृति और परम्परा में भेद करना होना चाहिए– अर्थात जिसकी प्रतिष्ठा उपयुक्त होने के नाते हुई है और जो प्रतिष्ठित हो जाने के कारण उपयुक्त है इन दोनों का भेद उसे हृदयंगम कर लेना चाहिए जिससे वह नवीनता लाने की लालसा से अनिवार्य सिद्धान्तों का अतिक्रमण न करे और न ऐसे नियमों को, जिनके प्रवर्त्तन का अधिकार किसी साहित्यिक तानाशाह को न था, तोड़ने के आवश्यक डर के मारे अपनी दृष्टि की परिधि में आये हुए सौन्दर्य का समावेश करने से विमुख हो।'[2]

अब सवाल यह पैदा होता है कि यह निर्णय किस प्रकार किया जाये कि कौन-से नियम उपयुक्त एवं अनिवार्य हैं तथा कौन-से ऐसे हैं जिनका संशोधन

1. सावित्री सिन्हा (सम्पादिका), 'पाश्चात्य काव्यशास्त्र की परम्परा', पृ. 109
2. सावित्री सिन्हा (सम्पादिका), 'पाश्चात्य काव्यशास्त्र की परम्परा', पृ. 118

किया जा सकता है या जिनका विरोध किया जा सकता है। साथ ही यह समस्या भी पैदा होती है कि नवीन नियमों के निर्माण का आधार क्या हो तथा उनके निर्माण की प्रक्रिया क्या हो? ये सवाल इस रूप में डॉ. जॉनसन ने नहीं उठाए। इसका कारण यह है कि जो अनिवार्य है तथा जो अपरिवर्तनीय है उसे तो प्रायः पुराने काव्यशास्त्र एवं महान काव्यों के आधार पर विवेक की सहायता से समझा जा सकता है। इसलिए परम्परा से प्राप्त काव्य के प्रतिमानों के साथ-साथ इस बात की भी आवश्यकता होती है कि काव्य के आदर्शों के बारे में लचीली दृष्टि अपनाई जाये। लेकिन यह निर्णय करने के आधार की स्पष्ट व्याख्या उसके विवेचन में दिखाई नहीं देती है। उदाहरण के लिए 'दि रैंबलर' की इन पंक्तियों में यह स्पष्ट नहीं किया गया कि 'मौलिक और अपरिहार्य' नियमों की पहचान कैसे की जाये :

'सत्ता-विस्तार की इच्छा अथवा ज्ञानवर्धन के उत्साह की प्रेरणा से जिन नियमों का विधान हुआ है और उनमें से लेखकों को जो प्राप्त हुए हैं, वे सभी ऐसे नहीं हैं कि उन्हें हमारा आदर पाने का आधारभूत अधिकार हो। उनमें से कुछ मौलिक और अपरिहार्य होते हैं, शेष केवल उपयोगी और सुविधाजनक, कुछ का निर्देश आवश्यकता और विवेक के कारण हुआ है, औरों का निरंकुश प्राचीनता के द्वारा, कुछ को प्रकृति-विधान तथा बुद्धि-व्यापार की अनुरूपता के कारण अजेय समर्थन प्राप्त होता है, शेष दैवयोग से अस्तित्व में आते हैं, या उदाहरण से प्रतिष्ठापित होते हैं और इसीलिए वे सदैव विवादास्पद एवं परिवर्तनीय होते हैं।'[1]

इन पंक्तियों में 'आवश्यकता और विवेक', 'बुद्धि-व्यापार की अनुरूपता' आदि के उल्लेख से भी उपर्युक्त समस्या का समाधान नहीं होता क्योंकि 'आवश्यकता' आदि का भी तो कोई आधार होना चाहिए।

यदि डॉ. जॉनसन के विवेचन के अन्तर्गत उन सिद्धान्तों पर विचार करें जिन्हें वे आवश्यक या अनावश्यक मानते हैं तो स्पष्ट होता है कि उनके विवेचन का आधार तत्कालीन साहित्य था। उदाहरण के लिए वे कहते हैं, 'प्राचीन आचार्यों ने इस नियम का दृढ़तापूर्वक पालन करने की आज्ञा दी है कि एक समय में मंच पर तीन से अधिक बोलने वाले पात्र नहीं होने चाहिए। उन्होंने इस नियम को अनावश्यक बताते हुए कहा है : 'प्राचीन आचार्यों का दृढ़ आदेश है कि मंच पर एक समय में तीन से अधिक सवाक् व्यक्ति न आये–परन्तु आज के नाटक की विविधता और जटिलता ने इस नियम का पालन असम्भव कर दिया है।'[2] इसमें यह स्पष्ट रूप से स्वीकार किया गया है कि तत्कालीन नाटकों में जो नये प्रयोग हुए हैं, जिनके कारण उसमें 'विविधता और जटिलता' पैदा हो गयी है, उसके कारण उपर्युक्त नियम का पालन सम्भव ही नहीं है। यहाँ जॉनसन ने ऐतिहासिक दृष्टि का परिचय दिया है। इसी प्रसंग की व्याख्या आगे करते हुए उन्होंने यह भी विचार

1-2. सावित्री सिन्हा (सम्पादिका), उपर्युक्त, पृ. 115

किया है कि आखिर प्राचीन आचार्यों ने तीन बोलने वाले पात्रों का यह नियम क्यों बनाया, कम या अधिक का क्यों नहीं बनाया? और इसकी भी ऐतिहासिक व्याख्या करते हुए उन्होंने कहा कि त्रासदी का जन्म कविता आदि की प्रेरणा उत्पन्न करने वाले तथा भय के यूनानी देवता बैक्स की प्रशंसा में गाये जाने वाले गीत के रूप में हुआ था। इस गीत को एक ही व्यक्ति गाया करता था। जब धीरे-धीरे त्रासदी की विधा का विकास हुआ तो लेखकों ने एक से अधिक गीत गाने वालों को पेश करना शुरू कर दिया होगा और धीरे-धीरे तीन की संख्या नियत की गयी होगी। इसी प्रकार तत्कालीन नाटक की जटिलता को देखते हुए यह संख्या बढ़ाई भी जा सकती है। मगर जॉनसन में इस प्रकार की ऐतिहासिक दृष्टि का व्यापक विकास दिखाई नहीं देता।

इसी प्रकार जॉनसन ने नाटक के अंकों की संख्या को पाँच तक सीमित कर देना भी आवश्यक नियम के रूप में स्वीकार नहीं किया। इस सम्बन्ध में उनका कहना है कि 'इतना निश्चित है कि कार्य की प्रकृति अथवा प्रदर्शन के औचित्य से उद्‌भूत किसी आवश्यकता के वश यह निर्णय नहीं किया गया।' नाटक में कार्य के आयाम और जटिलता के अनुरूप अंकों की संख्या पाँच से कम भी हो सकती है और अधिक भी। और तत्कालीन नाटकों में दृश्य-परिवर्तन के साथ थोड़े-बहुत समय का व्यवधान पड़ ही जाता था। इस प्रकार वे काल की अन्विति पर भी आक्षेप करते हैं। साथ ही यह भी स्वीकार करते हैं कि यदि घटनाओं के घटित होने तथा प्रदर्शन का समय समान हो तो यह सम्भाव्यता के अनुकूल होगा, मगर नाटक में ऐसा भी हो सकता है कि ये दोनों काल समान न हों और ऐसी स्थिति में नाटक को स्वीकार करना होगा, क्योंकि काल की अन्विति के नियम का दृढ़तापूर्वक पालन नहीं करवाया जा सकता। एक अन्य महत्त्वपूर्ण समस्या त्रासिक कामदी की है। अरस्तू ने तथा अन्य आभिजात्यवादी काव्यशास्त्रियों ने रूपों की शुद्धता को एक अकाट्य नियम के रूप में स्वीकार किया है। मगर शेक्सपियर के नाटकों में रूपों की शुद्धता के नियम को स्वीकार नहीं किया गया, उसकी त्रासदियों में भी हास्यपूर्ण दृश्यों की योजना मिलती है। तो क्या रूपों की शुद्धता के नियम गलत तथा अनावश्यक हैं? क्या त्रासिक कामदी की निन्दा नहीं करनी चाहिए? इस मिश्र या संसृष्ट नाटक को सम्मान देने का, स्वीकार करने का क्या आधार हो सकता है? तथा इस मिश्रण से रचना की शक्ति पर क्या असर पड़ता है?

'इस संसृष्ट नाटक में ऐसी क्या बात है कि निष्पक्ष बुद्धि उसकी गर्हणा करे? नाटक जीवन का दर्पण होने का दावा करता है और संसार में महत्त्वपूर्ण के साथ तुच्छ का संयोग सामान्य ही नहीं, नित्य हैं—अतः मंच पर भी निश्चय ही उसका प्रदर्शन किया जा सकता है। अगर कहा जाये कि रागों को, उत्तेजना को अभीष्ट अवस्था तक लाने से पहले दबा देना और किसी घटना को बाद में उठाने

के लिए बीच में लटकाकर प्रत्याशा को छलना अनुचित है तो इसमें सत्य का आभास हो सकता है। परन्तु क्या अनुभव से यह आक्षेप न्याय्य होने की बजाय केवल विदग्धतापूर्ण ही सिद्ध नहीं हो जायेगा? क्या यह निश्चय नहीं कि कारुणिक और हास्यात्मक भावों का बारी-बारी से समान प्रभविष्णुता के साथ उपयोग किया गया है और जिन नाटकों में बीच-बीच में उल्लास का पुट रहता है उनके बराबर कोई भी नाटक नयनों को अश्रु से तथा हृदय को स्पंदन से नहीं भर सका?

'परन्तु मैं प्रतिभा के कामों को केवल कार्य के आधार पर आँकना उचित नहीं समझता। कभी-कभी ऐसा भी हो सकता है कि हृदय के इन निर्बाध परिवर्तनों, आह्लाद तथा गम्भीरता के इस प्रकार बारी-बारी से व्याप्त होने का श्रेय परियोजना की संगति के बजाय लेखक की प्राणवत्ता को ही देना ज्यादा सही हो, और त्रासदी कामदी के सन्दर्भ में शेक्सपियर की सफलता की युक्ति प्रस्तुत करने के बजाय शायद हमें उस असीम-उत्कृष्ट प्रतिभा को नया सम्मान देना चाहिए जो सहज ही आवेगों को वश में रख सकती है, जिसे भावों को उद्दीप्त करने के लिए सामान्य साधनों के क्रमिक अवस्थानों की आवश्यकता नहीं होती; बल्कि जो सहसा हमारे हृदयों को आह्लाद या शोक से भर देती है और जो अपने दृश्य बदलने के साथ ही हमारी मन-प्रवृत्ति को भी बदल सकती है। यदि शेक्सपियर ने अपना ही प्रतिकार न किया होता तो शायद उसकी कविता और भी अधिक प्रबल प्रभाव डाल पाती और यदि उसके विदूषकों के हास-परिहास ने हमारे ध्यान को इतना बाँट न दिया होता तो शायद हम इसके नायकों के दुःख में अधिक सहानुभूति दे पाते।'[1]

प्रतिभा

उपर्युक्त उद्धरण से यह स्पष्ट है कि जॉनसन ने नियमों की अवहेलना करके नयी शक्तिशाली रचना का निर्माण करने का आधार 'लेखक की प्राणवत्ता', तथा 'असीम उत्कृष्ट प्रतिभा' को माना है तथा उसे नया सम्मान देने का आग्रह किया है। यही स्थिति हमने ड्राइडन के नव्यआभिजात्यवादी चिन्तन में भी देखी। लगता है कि अंग्रेजी नव्य आभिजात्यवादी चिन्तन में शेक्सपियर की स्थिति एक चुनौती की रही जो परम्परावादी नियमों में नहीं बाँधा जा सकता था तथा जिसकी सफलता एवं शक्ति को नकारा भी नहीं जा सकता था। इसलिए ड्राइडन, जो बेन जॉनसन का सम्मान करता है, शेक्सपियर से प्रेम करता है और यही प्रेम उसे नव्यआभिजात्यवाद की रूढ़ियों में पूरी तरह बँधने नहीं देता। डॉ. जॉनसन के सामने भी शेक्सपियर का ही प्रतिभाशाली कृतित्व है जिसके आधार पर वह प्राचीन दृढ़ नियमों में भी संशोधन की आवश्यकता का संकेत करते हैं। ऊपर के उद्धरण में जॉनसन द्वारा

1. सावित्री सिन्हा (सम्पादिका), उपर्युक्त, पृ. 116-17

सहृदय की भूमिका की स्पष्ट स्वीकृति है। प्रतिभा की महिमा ही इस बात में है कि वह सहृदयों की संवेदना पर पूरा नियन्त्रण रखती है, उसे अपेक्षित रीति से परिवर्तित कर सकती है। इस प्रकार प्रतिभा का कार्य सहृदय को प्रभावित करना है, मगर साथ ही यह भी कहा जा सकता है कि सहृदयता को प्रभावित करने की शक्ति ही प्रतिभा की शक्ति का प्रमाण भी है।

नाटक के सम्बन्ध में डॉ. जॉनसन ने दो नियमों को अपरिहार्य माना है। प्रथम, वह यह मानता है कि नाटक का प्रधान कार्य-व्यापार इकहरा की होना चाहिए। इसका कारण यह है कि नाटक की प्रभाव डालने की शक्ति का आधार उसका कार्य ही हो सकता है और यदि कार्य की अन्विति नहीं होगी तो उसका प्रभाव खण्डित हो जायेगा। कार्य की अन्विति के साथ-साथ यह भी आवश्यक है कि उसका नायक भी एक होना चाहिए। जिस प्रकार एक से अधिक कार्य के द्वारा नाटक खण्डित हो जाता है, उसी प्रकार दो नायकों के होने से भी प्रभाव की शक्ति क्षीण हो जाती है। दो नायकों की स्थिति एवं संघर्ष के परिणाम यह होंगे कि 'जो त्रास एवं आशा उद्बुद्ध होगी, वह क्षीण तथा शिथिल होगी।' यहाँ भी जॉनसन ने सिद्धान्त की सिद्धि के लिए सहृदय की प्रतिक्रिया को ही आधार बनाया है।

आलोचना की सीमाएँ

आलोचना का विकास एक अनुशासित अध्ययन की शाखा के रूप में हो रहा था और इसलिए जॉनसन ने आलोचना की सीमाओं का उल्लेख भी किया है। सबसे पहली बात तो यह है कि आलोचक को आलोच्य कृति का गम्भीर अध्ययन करना चाहिए, उस पर निष्ठा के साथ मनन करना चाहिए और तब ही वह उस कृति की आलोचना करने में समर्थ हो सकता है। आज यह बात बड़ी साधारण प्रतीत हो सकती है, मगर जॉनसन के युग में इस प्रकार की सहृदय सापेक्ष दृष्टि का प्रयोग चाहे कितना ही कम क्यों न हो, विशेष महत्त्व रखता है।

आलोचक की रुचि भी आलोचना एवं मूल्यांकन में भ्रान्तियाँ पैदा करती है—'अन्य मुनष्यों की भाँति आलोचक भी बहुधा रुचि के कारण भ्रान्त होते हैं।' रुचि आलोचना को दोनों प्रकार से प्रभावित कर सकती है—वह कृति के अति मूल्यन के रूप में व्यक्त हो सकती है और अवमूल्यन के रूप में भी। यदि आलोचक और आलोच्य कृति की आस्था में समानता हो, तो यह आशंका होती है कि आलोचक उसकी अपेक्षा से अधिक प्रशंसा करे और यदि आलोचक की दृष्टि और आलोच्य कृति के आधारभूत सिद्धान्तों एवं संवेदना में असहमति या विरोध हो, तो रचना का मूल्यांकन करते हुए आलोचक उसे अपेक्षित से कम महत्त्वपूर्ण मान बैठता है।

मगर यहाँ यह सवाल उठाया जा सकता है कि क्या आलोचक के लिए सर्वथा

रुचिहीन या आदर्शहीन होना सम्भव है? क्या यह आवश्यक है कि आलोचक कृति की संवेदना के साथ पूर्ण तादात्म्य स्थापित करके ही आलोचना करे? यह समस्या विवादपूर्ण हैं फ्रांसीसी आलोचक सेंत व्यव के अनुसार आलोचक वही आदर्श है जिसका कोई आग्रह न हो, जिसका कोई सिद्धान्त न हो, जो सर्वथा निजी व्यक्तित्व से विहीन है। मैथ्यू आर्नल्ड ने भी यथार्थ मूल्यांकन की बात की है और व्यक्तिगत और ऐतिहासिक मूल्यांकन का विरोध किया है। मगर यथार्थ मूल्यांकन भी सर्वथा निष्पक्ष नहीं है; क्योंकि उसमें सांस्कृतिक प्रगति का आग्रह अत्यंत प्रबल होता है। फिर भी इतना अवश्य कहा जा सकता है कि आलोचक का व्यक्तित्व इतना पूर्वाग्रह युक्त नहीं होना चाहिए कि वह कृति से तादात्म्य ही न स्थापित कर सके, उसके मंतव्य को समझ ही न सके।

आलोचना का एक अन्य दोष है साहित्यिक देशभक्ति का अग्रह। अगर आलोचना के मूल में यह भावना हो कि उसे अपने देश के साहित्यकारों एवं साहित्यिक परम्पराओं को उत्कृष्ट सिद्ध करना है तथा अन्य देशों की साहित्यिक परम्परा को हेय प्रमाणित करना है तो उसकी आलोचना सन्तुलित और ग्राह्य नहीं हो सकती। डॉ. जॉनसन के युग में तुलनात्मक आलोचना के लिए उपयुक्त पृष्ठभूमि का निर्माण हो चुका था। इसलिए यह सम्भाव्य ही है कि तुलनात्मक आलोचना में एक देश के आलोचक अन्य देशों के साहित्य की तुलना में अपने देश की साहित्यिक विधि को श्रेष्ठ सिद्ध करने का प्रयास करें। आलोचना की जिन दुर्बलताओं की ओर डॉ. जॉनसन ने संकेत किया है, वे एक युग या देश तक ही सीमित नहीं हैं। व्यक्तिगत पूर्वाग्रह प्रायः आलोचकों में देखा जाता है और आदान-प्रदान की प्रवृत्ति भी लक्षित होती ही है। 'कुछ लोग भीरु होने के कारण विनयशील होते हैं और कुछ लोग इसलिए खुले दिल से प्रशंसा करते हैं कि उन्हें भी बदले में प्रशंसा मिले।' इसलिए सन्तुलित आलोचना का उद्देश्य स्पष्ट करते हुए डॉ. जॉनसन ने कहा है :

'एडीसन ने सच्चे समालोचक का यह लक्षण बताया है कि वह दोषान्वेषण की बजाय सौन्दर्य की ओर इंगित करता है। परंतु प्रतिभा-सम्पन्न एवं ज्ञानवान व्यक्ति के लिए वह स्वाभाविक ही है कि वह मुख्यतः ऐसे लेखकों के अध्ययन में निरत हो जहाँ दोष-दर्शन की अपेक्षा उसे सौन्दर्य ही अधिक मिले, क्योंकि आलोचना का कर्त्तव्य न तो किसी रचना का अवमूल्यन करना होता है और न आंशिक विवेचन द्वारा उसे गरिमा मंडित करना; उसका कर्त्तव्य तो विवेक के आलोक में जो दीखे, उसका उद्घाटन करना और सत्य के निर्देश में जो निर्णय हो, उनका आख्यान करना है।'[1]

नव्य आभिजात्यवादी प्रवृत्ति के अनुरूप ही डॉ. जॉनसन का सामान्य के प्रति विशेष मोह था। वे विशिष्ट एवं व्यक्तिगत की अपेक्षा सामान्य या सार्वभौम आदर्श

1. सावित्री सिन्हा (सम्पादिका), उपर्युक्त, पृ. 114

की स्थापना पर बल देते हैं तथा सामान्य की अवधारणा को प्राचीन परम्परा के साथ जोड़ देते हैं। इसमें सन्देह नहीं है कि 'उन्होंने प्रतिभा की शक्ति को भी स्वीकार किया है मगर प्रधान बल सामान्य पर ही है। इसीलिए यह कहा गया है कि उनकी सम्पूर्ण आलोचना में सामान्य एवं वस्तुपरकता के प्रति विशेष मोह दिखाई देता है। जो उन्हें नव्य प्लेटोवादी परम्परा से जोड़ता है। सामान्य के प्रति यह आग्रह ही भाषा के सामान्य रूप के प्रयोग पर आग्रह उत्पन्न करता है। दांते के विवेचन में भाषा के सवाल पर जनभाषा के प्रभाव का तथा उसके संस्कार का प्रयास देखा जा चुका है। डॉ. जॉनसन भी यही चाहते हैं कि कविता की भाषा ऐसी होनी चाहिए जिसे आसानी से समझा जा सके, जिसमें अन्य विषयों की विशिष्ट शब्दावली का प्रयोग न हो; क्योंकि इस प्रयोग से भाषा दुर्बोध हो जाती है। जनभाषा और काव्यभाषा के सम्बन्ध का सवाल एक विवादास्पद सवाल रहा है जो सभी देशों के आलोचकों का ध्यान आकृष्ट करता रहा है।

पोप

डॉ. जॉनसन से थोड़ा पहले पोप ने भी बड़े स्पष्ट और वैज्ञानिक ढंग से काव्य का विवेचन नव्याभिजात्यवादी चेतना के अनुरूप किया है। पोप ने अनुकृति को महत्त्वपूर्ण माना है, आलोचक के गुणों पर विचार किया है तथा काव्य की भाषा पर विचार किया है जो प्राचीन आचार्यों की मान्यता के अनुकूल ही है। भाषा के बारे में उनका स्पष्ट मत है कि काव्य की भाषा अतिशय अलंकार योजना से मुक्त होनी चाहिए तथा मात्र छन्द के सफल प्रयोग से कोई भी रचना श्रेष्ठ रचना नहीं हो सकती। 'अभिव्यक्ति विचार का परिच्छेद होती है, वेशभूषा जितनी अच्छी होगी, उतना ही विचार सुघड़ मालूम पड़ेगा। आडम्बरपूर्ण शब्दों में अभिव्यक्त तुच्छ भावना राजकीय सज्जा से मंडित विदूषक की भाँति लगती है। उन्होंने लेखकों को मध्यम मार्ग का अनुसरण करने की सलाह दी है और इसलिए कभी-कभी यह भी आवश्यक हो जाता है कि दोषों को भी क्षम्य माना जाये। अगर सम्पूर्ण रचना में शक्ति है तो उसमें दोष भी हों तो इस कारण सम्पूर्ण रचना हेय सिद्ध नहीं होती। पोप ने आलोचक के जिन गुणों का उल्लेख किया है, वे डॉ. जॉनसन की आलोचक सम्बन्धी मान्यता से पर्याप्त रूप से मिलते हैं।

'परन्तु ऐसे लोग कहाँ मिलते हैं जो सम्मति दे सकें, जो शिक्षा देने में प्रसन्नता लाभ करें, परन्तु जिन्हें ज्ञान का अभिमान न हो, जो राग-द्वेष से मुक्त हों; अभिजात हों—और अभिजात होने के साथ ही सच्चे, निष्कपट हों, जो विनयशील होने के साथ ही निर्भीक हों, जिनमें कठोरता के साथ ही करुणा हो; जो मित्र को निश्शंक भाव से उसके दोष दिखा सकें और शत्रु के गुणों की प्रशंसा प्रसन्नतापूर्वक करें,

जिनमें यथार्थ रसानुभूति हो—परन्तु वे एकांगी न हों; जिन्हें ग्रन्थ-ज्ञान भी हो और मानव-प्रकृति का ज्ञान भी, जो मधुरभाषी हों, जिनका हृदय अभिमान-विहीन भी हो, जिनका मन सविवेक प्रशंसा-रुचि से ओत-प्रोत हो।'[1] पोप का मूल सिद्धान्त भी अनुकरण ही है जिसकी उन्होंने विस्तार से अपने 'एसे आन क्रिटिसिज्म'में व्याख्या की है। प्रकृति एक 'सार्वभौम प्रकाश' है जिसका अनुकरण विवेक द्वारा करना चाहिए। यह अनुकरण प्राचीन मूल्यों का भी है तथा प्राचीन काव्यादर्शों का भी। इस प्रकार यह स्पष्ट है कि नव्याभिजात्यवादी आलोचना में प्राचीन आदर्शों के प्रति, अनुकरण एवं औचित्य के प्रति विशेष आग्रह है, मगर साथ ही अंग्रेज़ आलोचक पोप और विशेषकर डॉ. जॉनसन में नवीन साहित्यिक प्रगति के आधार पर कहीं-कहीं उन प्राचीन नियमों के संशोधन की आवश्यकता की स्वीकृति भी संकेतित होती है।

---

1. सावित्री सिन्हा (सम्पादिका), महेन्द्र चतुर्वेदी (अनुवादक), पोप, 'एसे आन क्रिटिसिज्म', 'पाश्चात्य काव्यशास्त्र की परम्परा', पृ. 108

अध्याय–9

विलियम वर्ड्सवर्थ

(सन 1770 से 1850 तक)

विलियम वर्ड्सवर्थ रूमानी युग का प्रवर्तक कवि है, मगर आलोचक के रूप में भी उसका स्थान महत्त्वपूर्ण है। वस्तुतः वह एक युगप्रवर्तक कवि और आलोचक है। इससे पूर्व की साहित्य-चेतना आभिजात्यवादी सिद्धान्तों से आक्रान्त थी। नव्याभिजात्यवादी आलोचकों की स्थिति व्याख्याकार सिद्धान्त-निर्माता की न होकर एक शास्ता की-सी थी। वे परम्परा से चले आते आदर्शों को सार्वभौम और सार्वकालिक मानते हुए समकालीन कृतिकारों को यह उपदेश दिया करते थे कि उन्हें किस प्रकार रचना करनी चाहिए, उनका उद्देश्य क्या होना चाहिए तथा उद्देश्य की पूर्ति के लिए उन्हें किन रास्तों का अनुसरण करना चाहिए। अन्धकार युग में साहित्य के निर्माण पर ही प्रतिबन्ध था लेकिन नव्याभिजात्यवादी काल में साहित्य-निर्माण की प्रकृति और प्रतिमान आदि आलोचकों द्वारा निर्धारित होते थे और इस प्रकार कवि की व्यक्तिगत रुचि तथा मौलिकता आदि का प्रश्न गौण बनकर रह गया था। ड्राइडन जैसे आलोचकों में कवि की कुशलता की स्वीकृति तो मिलती है–जैसा कि घड़ी बनाने वाले उदाहरण से स्पष्ट होता है, मगर साथ ही परम्परा के प्रतिमानों के प्रति भी उसका गहरा मोह दिखाई देता है। मगर वर्ड्सवर्थ ने सब बाह्य सिद्धान्तों को अस्वीकार करते हुए कवि को ही रचना का तथा कुछ सीमा तक आलोचना का भी केन्द्र बना दिया। इस प्रक़ार वर्ड्सवर्थ की कविताओं तथा आलोचना-सिद्धान्तों ने एक युगान्तर प्रस्तुत कर दिया।

रूमानी चेतना की पृष्ठभूमि

इस सम्बन्ध में एक तथ्य सहसा ध्यान आकृष्ट करता है। ड्राइडन, जिसने नव्याभिजात्यवादी सिद्धान्तों को स्वीकार करते हुए भी कवि-कौशल के महत्त्व को स्वीकार किया, स्वयं एक रचनाकार था तथा वर्ड्सवर्थ भी एक रचनाकार था। इससे यह संकेत मिलता है कि रचनाकार जब आलोचना के क्षेत्र में प्रवेश करता है और यदि उसका परिवेश-बोध तीखा और सार्थक है तो वह सर्जना एवं आलोचना दोनों क्षेत्रों में मौलिक धाराओं या प्रवृत्तियों का सूत्रपात करता है। इसमें सन्देह नहीं कि वर्ड्सवर्थ का परिवेश-बोध मौलिक रूप से नवीन एवं मूल्यवान था और इसीलिए उसकी कविता तथा आलोचना ऐसी भूमिका बनाते हैं जो प्राचीन से पूर्ण विच्छेद की सूचक होने के साथ-साथ सर्वथा नवीन तथा मौलिक की स्थापना करते हैं। यह नवीन संचरण युग का अनुरोध था जिसे वर्ड्सवर्थ ने पहचाना, इसीलिए स्वच्छन्दतावाद की यह लहर शीघ्र की सारे इंग्लैण्ड में फैल गयी।

रूमानी युग का प्रवर्तन तत्कालीन परिस्थितियों की माँग थी। नवजागरण और औद्योगिक क्रान्ति ने युग को दो रूपों से प्रभावित किया। एक तो प्राचीन ग्रन्थों के अध्ययन-अध्यापन से ज्ञान की अनेकरूपता की भावना पर आस्था पैदा हुई। यद्यपि ईसाई धर्म के अन्तर्गत प्रोटेस्टेंट आन्दोलन ने भी यह सिद्ध कर दिया कि एक ही ग्रन्थ और प्रधान आस्था को आधार मानकर भी नवीनता का, संशोधन का अवकाश रहता है और इस प्रकार अन्धकार युग में एक विशिष्ट परिनिष्ठित चिन्तन-पद्धति का जो एकछत्र राज्य था, उसकी बुनियाद हिल उठी। प्राचीन दार्शनिकों एवं काव्यशास्त्रियों के अध्ययन से—विशेषकर दार्शनिकों के अध्ययन से विचार की विविधता के प्रति बुद्धिजीवी जागरूक हुए, एक प्रकार की ही चिन्तन-पद्धति की अकाट्य स्थिति और उसमें अटूट आस्था को झकझोर दिया तथा विविध एवं विरोधी विचारधाराओं के बीच उस युग के मानव ने सत्य को अनेक आयामों में देखने और परखने की एक नयी दृष्टि को पहचाना। विचारों की विविधता के प्रति सजगता ने विशेष विचार के आधिपत्य को खत्म किया और न सिर्फ विचार की विविधताओं के प्रति सजग किया वरन इस विविधता ने स्वतन्त्र चिन्तन की भी प्रेरणा दी। इसलिए इस युग का महत्त्व दो दृष्टियों से है। प्रथम, विचार विशेष का आधिपत्य खत्म हुआ। द्वितीय, स्वतन्त्र चिन्तन को, व्यक्ति की स्वतन्त्रता को बल मिला। यद्यपि ये दोनों बातें परस्पर पूरक हैं, मगर हम देखेंगे कि किस प्रकार स्वतन्त्र चिन्तन भी कहीं न कहीं व्यक्तिवाद से ऊपर उठता हुआ सर्ववाद से जुड़ने का प्रयास करता है, मानवता को समाहित करने की चेष्टा करता है। निरपेक्ष व्यक्ति की सत्ता के सत्य की घोषणा करने वाले चिन्तन का स्रोत भी यहीं खोजा जा सकता है—रूमानी प्रवृत्ति भी अस्तित्ववाद जैसे घोर व्यक्तिवादी दर्शन को जन्म देने का एक कारण बनी।

नवजागरण के साथ-साथ औद्योगिक क्रान्ति ने जीवन के भौतिक पक्ष को समृद्ध किया, शिक्षा का व्यापक प्रसार हुआ और पूँजीवाद के उदय ने आभिजात्यवाद से जुड़ी हुई सामन्तवादी व्यवस्था को खत्म किया। इसलिए औद्योगिक क्रान्ति के फलस्वरूप एक नये प्रकार की व्यवस्था का उदय हुआ, जिसके निर्माण में नवजागरण की भूमिका स्पष्ट है, और इस नयी व्यवस्था में सामाजिक सम्बन्धों में गुणात्मक परिवर्तन आया। प्रधानतया सामन्त और प्रजा के रूप में बँटे हुए समाज के दो वर्गों की स्थिति और उनका पारस्परिक सम्बन्ध खत्म हुआ और एक नये वर्ग का, मध्य वर्ग का उदय हुआ जो एक ओर पूँजीपतियों पर और पूँजीवाद से उत्पन्न व्यवस्था पर आश्रित था और साथ ही निम्न वर्ग के साथ भी सम्बद्ध था। यह वर्ग आर्थिक दृष्टि से सुखी था, बौद्धिक दृष्टि से एक सीमा तक शिक्षित था तथा विकासशील सामाजिक परिस्थितियों में अपनी सत्ता एवं अस्मिता को खोजने और प्रतिष्ठापित करने के लिए प्रयत्नशील था। वर्ड्सवर्थ और कॉलरिज का आरम्भिक जीवन मुसीबतों का जीवन था ही, शैले भी, जो उच्च कुल का था, अपने वर्ग के साथ समझौता नहीं कर सका। इस प्रकार तेजी से होने वाले सामाजिक परिवर्तनों ने संवेदनशील बुद्धिजीवियों पर गहरा प्रभाव डाला और समाज में नयी उभरती हुई शक्तियों के दुःख और सुख दोनों ही उन्हें झेलने पड़े। ऐसी विषम एवं संघर्षाकुल परिस्थितियों में नवीनता को जन्म देने की अपार शक्ति होती है।

व्यापक समाज में—पूर्ण समाज में चाहे न हो, भौतिक समृद्धि की उपलब्धि का एक निश्चित परिणाम यह होता है कि व्यक्ति-स्वातन्त्र्य को प्रोत्साहन मिलता है। आभिजात्यवादी तथा सामन्तवादी युग की व्यक्तिवादी प्रवृत्ति उच्च वर्ग तथा धनवान वर्ग तक सीमित होती है, मगर पूँजीवादी व्यवस्था में व्यक्तिवादी भावना का प्रसार समाज में होता है—जनसाधारण भी अपने व्यक्तित्व के महत्त्व के प्रति, अस्मिता के प्रति सजग होता है। आम जनता के सन्दर्भ में प्रायः हम उसे सामाजिक चेतना या समाजवादी भावना के उदय के रूप में स्वीकार करते हैं, मगर ध्यान देने की बात यह है कि समाजवादी भावना को व्यक्ति के सन्दर्भ में आम व्यक्ति के व्यक्तिवाद का उदय कह सकते हैं। वह व्यक्ति जो सामन्तवादी युग के व्यक्तिवादी शासन में दलित रहता है तथा अपने आपको, अपनी शक्ति को भूला रहता है, वह भौतिक दृष्टि से जब व्यक्ति का आश्रित न होकर (जैसा कि सामन्तवादी युग में होता है) एक व्यवस्था का आश्रित होता है—चाहे वह व्यवस्था पूँजीवादी ही क्यों न हो, तो उसमें एक नया आत्म-विधि पैदा होता है। वह अपने आपको अधिक सुरक्षित महसूस करते ही, अपने अधिकारों के प्रति सचेत हो जाता है तथा बौद्धिक स्तर पर अधिकारों की यह सजगता नवीन प्रवृत्तियों एवं आन्दोलन का रूप धारण करती है। यहाँ इस बात का संकेत करना आवश्यक है कि पूँजीवाद के उदय के आरम्भ में तो नवीन बौद्धिक अन्वेषण को प्रोत्साहन मिलता है, नवीन

सम्भावनाएँ दिखाई देने लगती हैं और आम बुद्धिजीवी उन सम्भावनाओं को हस्तगत करने का स्वप्न देखता है। उन्हें प्राप्त करने का एक स्वाभाविक अधिकार मानता है और उसका प्रयास उस दिशा में बढ़ता है। एक नयी प्रेरणा, नयी आशा और नयी संभावना, एक नई महत्त्वाकांक्षा को उद्दीप्त करती है, जिससे व्यक्ति का मन आंदोलित होता रहता है। यह भौतिक समृद्धि के—जो पूँजीवादी से उत्पन्न हुई—पहले चरण की प्रतिक्रिया होती हैं, मगर धीरे-धीरे समय की प्रगति के साथ-साथ आम बुद्धिजीवी को इस बात का भी तीखा और कटु बोध होने लगता है कि यह उसकी महत्त्वाकांक्षा पर कड़ा नियन्त्रण है, वह परिस्थितियों की जटिलता में कशमकश करता हुआ अपनी कल्पनाओं को साकार नहीं कर सकता है। इस असफलता की भावना से या तो निराशा का जन्म होता है, या विद्रोह का। ये दोनों स्वर रूमानी चेतना में भी दिखाई देते हैं और जैसे-जैसे समय बीतता है, ये स्वर अधिक प्रबल हो जाते हैं। वर्ड्सवर्थ, कॉलरिज और शैले में हमें एक नये भावमूलक मानवतावाद का स्वर भी मिलता है जो मानव-भविष्य की मंगलमय कल्पना से जुड़ा हुआ है। स्वाधीनता अपने आप में ही काम्य एवं प्रेरक है और फिर वह एक भावमूलक आदर्शवाद से जुड़कर अधिक अर्थवान एवं जीवन्त हो उठती है।

पूर्ववर्ती काव्य-दृष्टि और रूमानी युग की काव्य-दृष्टि के मौलिक अन्तर को समझने के लिए इस बात का संकेत करना उपयोगी होगा कि काव्य के अनेक आयाम हैं। इसलिए उसकी विवेचन-दृष्टियों में भी अनेकरूपता हो सकती है। काव्य का उपजीव्य जीवन या प्रकृति है, इसलिए काव्य के विवेचन की एक दृष्टि यह हो सकती है कि उसे उपजीव्य प्रकृति के सन्दर्भ में रखकर देखा जाय, प्रकृति और काव्य के सम्बन्ध पर विचार किया जाये और साथ ही काव्य के अपने व्यक्तित्व पर भी रोशनी डाली जाये। अनुकरण सिद्धान्त के मूल में विवेचन की यही दृष्टि दिखाई देती है। जब अनुकरण के अर्थ का विस्तार हुआ तो कृतियों को प्राचीन महान काव्यों के सन्दर्भ में रखकर देखने की प्रवृत्ति लक्षित हुई, गोया कि प्राचीन महान काव्य भी प्रकृति के ही अंग हों। मगर यहाँ मात्र कथ्य पर ही दृष्टि केन्द्रित नहीं रहती वरन काव्य-शिल्प के प्रति भी सजगता दिखाई देती है। चाहे यह सजगता इसी रूप में हो कि परवर्ती कवियों को पुराने काव्यों में व्यक्त नियमों का—जो कि स्पष्टतः शिल्प के अन्तर्गत आते हैं—का भी अनुकरण (पालन) दृढ़तापूर्वक करना चाहिए। यही दृष्टि हमें नव्याभिजात्यवाद में लक्षित होती है। अनुकरण के इस अर्थ-विस्तार में एक महत्त्वपूर्ण बात यह लक्षित होती है कि यहाँ शिल्प के प्रति भी आलोचना सजग होती है। इस प्रकार की काव्य-दृष्टि की शक्ति एवं सीमाएँ स्पष्ट हैं। काव्य के विवेचन की एक अन्य दृष्टि यह हो सकती है जिसका केन्द्र कवि हो या रचना-व्यापार हो। यहाँ विवेचन का केन्द्र यह होता है कि कृति की रचना के व्यापार का स्वरूप क्या है? जिसका अर्थ यह भी होता है कि कवि में

ऐसी कौन-सी विशिष्ट शक्ति है जिसके द्वारा वह काव्य का निर्माण करता है। काव्य-समीक्षा की एक अन्य दृष्टि यह हो सकती है कि रचना का सहृदय पर जो प्रभाव पड़ता है, उसको विवेचन का आधार बनाया जाये। बाद की दोनों प्रवृत्तियाँ—रचना-व्यापार का स्वरूप या कवि के वैशिष्ट्य का विवेचन तथा सहृदय की प्रतिक्रिया (दोनों परस्पर सम्बद्ध हैं क्योंकि दोनों ही मन के समान आधार पर स्थित होने के कारण सहज ही सम्बद्ध हो जाती हैं) रूमानी काव्यशास्त्र में दिखाई देती है। जब कवि की चेतना को विवेचन का आधार बनाया जाता है, तथा भाव को कविता का प्राणतत्त्व माना जाता है तो सम्प्रेषण की अनिवार्यता पर भी ध्यान जाता है तथा सम्प्रेषण का माध्यम (भाषा) विवेचन के लिए एक महत्त्वपूर्ण आधार प्रस्तुत करता है। वर्ड्सवर्थ और कॉलरिज में भाषा का भी सूक्ष्म विवेचन मिलता है जो भाव के सम्प्रेषण के साथ रचना-व्यापार एवं सहृदय की प्रतिक्रिया की समस्या का स्पर्श करता है। इसके अलावा काव्य को ही केन्द्र मानकर वस्तुपरक रीति से उसके मूर्त गुण-दोषों का विवेचन किया जा सकता है, जैसा कि नयी समीक्षा में दिखालाई देता है।

कवि का व्यक्तित्व

वर्ड्सवर्थ ने कविता की रचना-प्रक्रिया पर, उसमें भाषा के स्वरूप एवं छन्द की स्थिति पर, कविता के प्रयोजन पर तथा कविता के विषय पर विचार किया है। उसका विशेष महत्त्व इन सवालों के समाधान पर नहीं वरन इन सवालों के उठाने पर है। सही ढंग से नये सवाल उठाना कम महत्त्वपूर्ण नहीं होता; क्योंकि जब तक नये सवालों को सही तौर पर उठाया नहीं जाता, तब तक उनके सही समाधान भी नहीं खोजे जा सकते, दरअसल सही समाधान खोजने की प्रेरणा ही नहीं मिल सकती। जिस प्रकार प्लेटो ने 'कवि' के व्यक्तित्व पर विचार किया था तथा उसे अपनी दृष्टि के नियन्त्रण के अनुरूप एक खास ढंग से समझा तथा समझाया था, उसी प्रकार वर्ड्सवर्थ ने भी 'कवि' के अर्थ को ही स्पष्ट करने का प्रयास किया है। मगर प्लेटो की दृष्टि का केन्द्र है कवि की प्रेरणा का स्रोत जब कि वर्ड्सवर्थ कवि को विविध सन्दर्भों में रखकर देखने का प्रयास करता है।

'अस्तु, सामान्य भूमिका पर इस विषय का विवेचन करें तो मैं यह पूछूँगा कि 'कवि' शब्द का अर्थ क्या है? कवि कौन होता है? वह किससे अपनी बात कहता है? उससे किस भाषा की अपेक्षा की जानी चाहिए? वह मानव होता है, मानवों से ही अपनी बात कहता है। हाँ, उसकी संवेदना-शक्ति अधिक जीवन्त होती है, उसमें अधिक उत्साह, अधिक सौकुमार्य होता है, मानव-स्वभाव का उसे अधिक गम्भीर ज्ञान होता है, उसकी आत्मा अधिक विशाल होती है—सामान्य मानव

में ये तत्त्व इतनी मात्रा में नहीं होते।... इन्हीं गुणों में उसने एक मनोवृत्ति जोड़ ली है–परोक्ष वस्तु से अन्यों की अपेक्षा अधिक प्रभावित होने की : ऐसे मानो वे प्रत्यक्ष हों... इस कारण से और अभ्यासवश वह जो कुछ सोचता और अनुभव करता है, उसे अभिव्यक्त करने की अधिक तत्परता एवं क्षमता उसने अर्जित कर ली है। विशेष रूप से उन विचारों और भावनाओं को व्यक्त करने की, जो स्वेच्छा से अथवा अपने मन की विशिष्ट रचना के कारण, बिना किसी प्रत्यक्ष बाह्य उत्तेजना के उसके मन में जाग्रत होते हैं।'[1]

यहाँ वर्ड्सवर्थ ने तीन सवाल उठाए हैं। पहला सवाल तो यह है कि कवि कौन होता है? अर्थात कवि में ऐसी क्या विशेषता होती है जिसके आधार पर वह रचना करने में समर्थ होता है? स्पष्ट है इसी सवाल का उत्तर देने के प्रयास में प्लेटो ने काव्य देवियों के सिद्धान्त की प्रतिष्ठा की थी। मगर वर्ड्सवर्थ ने कवि के मानसिक गुणों का उल्लेख किया है जो कि सामान्य व्यक्ति के गुणों के समान ही होते हैं। अन्तर है तो सिर्फ मात्रा का। कवि में उत्साह आदि गुण सामान्य व्यक्ति की अपेक्षा अधिक पाये जाते हैं। संक्षेप में यह कहा जा सकता है कि कवि सामान्य व्यक्ति की अपेक्षा अधिक संवेदनशील व्यक्ति होता है। मगर साथ ही वर्ड्सवर्थ ने कवि की 'एक मनोवृत्ति' का उल्लेख किया है, जिसके अनुसार वह परोक्ष वस्तुओं से सामान्य व्यक्ति की अपेक्षा अधिक प्रभावित होता है, तथा वह उन प्रभावों को व्यक्त करने की शक्ति को अर्जित करता है। सामान्य व्यक्ति भी परोक्ष वस्तुओं से प्रभावित तो होता है, मगर कवि पर यह प्रभाव अधिक गम्भीर होता है। और खास बात यह है कि कवि ने अभिव्यक्ति की क्षमता 'अर्जित' कर ली है। इस प्रकार यह कहा जा सकता है कि कवि सामान्य व्यक्ति से अधिक संवेदनशील होता है, मगर सामान्य व्यक्ति और कवि में अन्तर का आधार है कवि की अभिव्यक्ति की शक्ति, जिस वर्ड्सवर्थ ने अर्जित माना है और जिसमें अभ्यास का महत्त्वपूर्ण स्थान है। यहाँ स्पष्ट है कि कवि के बारे में जो प्राचीन धारणा थी कि कवि दैवी आवेश से प्रभावित होकर लिखता है या उसमें कुछ लोकोत्तर शक्ति होती है, वर्ड्सवर्थ ने उसे स्वीकार किया है तथा कवि को जनसामान्य के निकट का ही एक व्यक्ति माना है तथा अभिव्यक्ति की शक्ति भी एक अर्जित शक्ति ही है। यद्यपि कवि के व्यक्तित्व की उपर्युक्त व्याख्या में कल्पना-शक्ति की प्रच्छन्न स्वीकृति है, मगर उसका स्पष्ट कथन नहीं है। क्योंकि यदि यह सवाल किया जाये कि कवि क्यों परोक्ष वस्तुओं से अधिक प्रभावित होता है तो इसका उत्तर कल्पना में ही मिलेगा और अभिव्यक्ति की शक्ति का आधार भी कल्पना ही है।

दूसरी महत्त्वपूर्ण बात यह कही गयी है कि कवि अपनी बात किससे कहता

1. डा. सावित्री सिन्हा (सम्पादिका), महेन्द्र चतुर्वेदी (अनुवादक), 'वर्ड्सवर्थ, लिरिकल बैलेड्स' के द्वि. सं., की भूमिका, 'पाश्चात्य काव्यशास्त्र की परम्परा', पृ. 144-145

है। स्पष्ट है कि वर्ड्सवर्थ के मतानुसार कवि अपनी बात सामान्य व्यक्ति से कहता है। परन्तु 'कवि कवियों के लिए तो लिखते नहीं, जनसाधारण के लिए लिखते हैं।' वर्ड्सवर्थ के इस कथन से स्पष्ट है कि कवि आम आदमी को ही सम्बोधन करता है। यह भी आभिजात्यवादी दृष्टि से भिन्न दृष्टि है। आम जनता में शिक्षा के प्रचार-प्रसार से (जो कि औद्योगिक क्रान्ति के बाद ही सम्भव था) यह आवश्यक हो गया था कि काव्य को केवल उच्च वर्ग तक सीमित नहीं किया जा सकता और जनसाधारण के लिए लिखने के लिए कुछ अन्य शर्तें भी हैं जिन्हें पूरा करना आवश्यक है।

काव्यभाषा का सिद्धान्त

इनमें से पहली तथा सबसे अधिक महत्त्वपूर्ण शर्त है भाषा। इसलिए कवि की भाषा पर विस्तार से विचार करना आवश्यक है। वर्ड्सवर्थ ने इस विषय पर गम्भीर रूप से विचार किया है तथा उसी के समकालीन कवि और आलोचक कॉलरिज के साथ इस विषय पर उसका तीव्र मतभेद है। जब यह मान्य है कि कवि जनसाधारण के लिए लिख रहा है तो सम्प्रेषण कविता का अनिवार्य मूल्य है। इस प्रकार वर्ड्सवर्थ का भाषा-सम्बन्धी विवेचन काव्य के कथ्य के विवेचन से अनिवार्य रूप से सम्बद्ध है—कवि जनता की भावनाओं को जनता की भाषा के द्वारा व्यक्त करता है।

'अतः कवि अपनी भावनाओं को उन व्यक्तियों की भावनाओं के निकट लाना चाहेगा जिनकी भावनाओं का वह निरूपण करता है—बल्कि शायद कुछ समय के लिए अपने आपको एकदम भ्रमान्वित हो जाने देना चाहेगा और चाहेगा कि उसकी भावनाएँ उनकी भावनाओं के साथ एकाकार हो जायें, उनका परस्पर तादात्म्य हो जाये; हाँ, वह इस प्रकार स्फुरित होने वाली भाषा में संशोधन कर लेगा—यह सोचकर कि वह एक विशेष प्रयोजन से कह रहा है, कि पाठक आनन्द-लाभ करे।'[1]

यह आवश्यक है कि कवि जिन व्यक्तियों की भावनाओं की अभिव्यक्ति कर रहा है, उनके साथ तादात्म्य स्थापित करे तथा भाषा को पाठकों की योग्यता के अनुरूप संशोधित करे या उसमें सम्प्रेषण शक्ति को बनाये रखे। इस प्रकार परम्परा में महान पात्रों के चित्रण पर बल था, गरिमा और औदात्य पर बल था, मगर वर्ड्सवर्थ ने काव्य में जनसाधारण को प्रतिष्ठित किया और इस प्रकार कविता को अपने नवीन उत्तरदायित्व—सामाजिक दायित्व का निर्वाह करने के लिए पूरी तरह समर्थ बनाने का प्रयास किया। इस प्रयास में सफलता पाने के लिए भाषा एवं कथ्य दोनों की साधना अपेक्षित है। जनसाधारण के भावों पर, विशेष बल होने के कारण रूमानी आलोचना में नाटक की अपेक्षा एक भिन्न काव्य रूप (गीत)

1. सावित्री सिन्हा (सम्पादिका), उपर्युक्त, पृ. 145

को महत्त्व दिया गया। यूनानी काव्यशास्त्र में गीत की उपेक्षा हुई, वहाँ आलोचना का आधार नाटक था, मगर रूमानी काव्य एवं आलोचना दोनों में ही गीत की प्रधानता थी। इसका कारण भी जनवादी आग्रह है जो उस युग विशेष की परिस्थितियों से पैदा हुआ। नाटक का प्रदर्शन एवं प्रेक्षण दोनों ही श्रम साध्य हैं और धन साध्य भी। आज भी थियेटर का सम्बन्ध प्रायः अभिजात वर्ग के साथ ही जुड़ा हुआ है। इसके विपरीत गीत अपनी भाव-मूलक अपील के कारण जनता में अधिक प्रिय सिद्ध हुआ। वह जनता के लिए अधिक सुलभ विधा भी है।

कविता की भाषा को लेकर तीन प्रधान सवाल हमारे सामने आते हैं : 1. कविता की भाषा और जनता की भाषा का सम्बन्ध; 2. कविता की भाषा और गद्य की भाषा का सम्बन्ध; 3. कविता की भाषा में छन्द का महत्त्व। इन तीनों समस्याओं का लेकर वर्ड्सवर्थ और कॉलरिज में काफी विवाद हुआ। वर्ड्सवर्थ का स्पष्ट मत है कि कविता की भाषा जनता की ही भाषा होनी चाहिए, क्योंकि वह जनता के लिए जनता की भावनाओं की अभिव्यक्ति करता है। इस मत के विरोधियों का खण्डन करते हुए वह कहता है कि यह सर्वमान्य है कि कवि जनसाधारण के लिए लिखता है तो कृत्रिम या कल्पित भाषा का प्रयोग करने की छूट नहीं दी जा सकती :

'इनका और ऐसी ही संवेदनाओं और विषयों का निरूपण कवि करता है—ये ही संवेदनाएँ औरों की भी होती हैं। इन्हीं विषयों में औरों की अभिरुचि भी होती है। मानवीय वासनाओं के अनुरूप ही वह सोचता है, वैसी ही अनुभूतियाँ उसमें जगती हैं। तब जिन लोगों की दृष्टि अमलिन होती है और जो अनुभूति-प्रवण होते हैं, उनकी भाषा से कवि की भाषा बहुत भिन्न कैसे हो सकती है? यह प्रमाणित किया जा सकता है कि यह असम्भव है। पर मान लें कि ऐसा नहीं है, तो हम कवि को अपने या अपने सरीखे अन्य लोगों के परितोष के लिए अपनी भावनाएँ व्यक्त करते समय विशेष प्रकार की भाषा के प्रयोग की छूट दे सकते हैं। परन्तु कवि कवियों के लिए तो लिखते नहीं, जनसाधारण के लिए लिखते हैं। अतः यदि हम अज्ञानमूलक प्रशस्ति के, और जो हम समझ नहीं पाते उसे सुनकर उत्पन्न होने वाले आनन्द के, हिमायती नहीं तो निश्चय ही कवि को इस कल्पित ऊँचाई से उतरना होगा और उसे अन्य लोगों की भाँति ही अपनी अभिव्यक्ति करनी होगी, ताकि लोग बात समझें और समझकर सराहना और सहानुभूति दे सकें। इसके साथ ही यह भी कह दिया जाये कि जब वह मानव की यथार्थ भाषा से इस प्रकार चयन करता है अथवा यों कहें कि इस प्रकार चयन की भावना से प्रेरित होकर रचना करता है तब मानो उसके कदम सुरक्षित भूमि पर बढ़ रहे होते हैं और हमें भी ज्ञात होता है कि हम उससे क्या प्रत्याशा करते हैं।'[1]

1. सावित्री सिन्हा (सम्पादिका), उपर्युक्त, पृ. 150-151

इस उद्धरण की अन्तिम पंक्तियों में जनता की भाषा से 'चयन' की बात कही गयी है, जो इस सजगता का संकेत करती है कि विशुद्ध जनभाषा में रचना नहीं हो सकती। हाँ, कविता की भाषा जनता की भाषा के निकट की होनी चाहिए, यद्यपि उसमें चयन के आधार पर थोड़े परिष्कार की अपेक्षा होती है।

इस सन्दर्भ में यह ध्यान देने की बात है कि जनता की भाषा को कविता की भाषा बनाने का आन्दोलन बाद में प्रगतिवाद ने भी चलाया। प्राचीन दृष्टि महान काव्य में क्षुद्र एवं ग्राम्य भाषा के प्रयोग के वर्जन की थी। वर्ड्सवर्थ के उपर्युक्त मत के बारे में दो बातें कही गयी हैं। पहली बात तो यह है कि वह स्वयं ही अपने इस सिद्धान्त का निर्वाह नहीं कर पाया। इसमें सन्देह नहीं कि वर्ड्सवर्थ जनभाषा का समर्थन करते हुए परम्परा से चली आती काव्यभाषा की कृत्रिमता और दुरूहता का विरोध करता है और जहाँ तक इस विरोध के महत्त्व का सवाल है, उसके बारे में विवाद नहीं हो सकता। लेकिन साथ ही यह मान्यता भी स्वीकार नहीं की जा सकती कि जनता की भाषा में ही कविता की रचना की जा सकती है क्योंकि वर्ड्सवर्थ ने स्वयं भाषा में चयन एवं कल्पना के उपयोग के महत्त्व को स्वीकार किया है। वह मानता है कि जनता की भाषा का प्रयोग एक अन्य दृष्टि से भी उपयोगी है। जनता की भाषा का सम्बन्ध जीवन के रोजमर्रा तथा प्रामाणिक अनुभव के साथ है और इसलिए जब बार-बार जनभाषा जीवन के प्रामाणिक अनुभवों को दुहराती है तो इससे भाषा की उन अनुभवों को व्यक्त करने की, शक्ति बढ़ जाती है। प्रयोग से आम भाषा में सहजता की भी रक्षा होती रहती है। और उसकी शक्ति की वृद्धि भी होती है। साथ ही ऐसी भाषा में रचा गया काव्य जनता के लिए सरलता से ग्राह्य होगा, वह जनता में गम्भीर अनुभूति जगाने में समर्थ होगा। मगर ठीक उसके विपरीत भी तर्क दिया जाता है। एक ही भाषा के तत्त्वों के, रूपक आदि के, बार-बार प्रयोग से उनकी शक्ति क्षीण होने लगती है क्योंकि सहृदय उनका इतना अभ्यस्त हो जाता है कि उसे उस प्रयोग में कोई नवीनता नहीं दिखाई देती। उदाहरण के लिए जब किसी ने पहली बार मुख के लिए चन्द्रमा के उपमान का प्रयोग किया होगा, यह प्रयोग विलक्षण एवं नूतन होने के कारण सहृदय को बरबस आसक्त करने में समर्थ हुआ होगा। मगर सदियों तक चंद्रमा के उपमान के प्रयोग का परिणाम यह हुआ कि उसमें प्रभाव डालने की शक्ति कम होने लगी और फिर नये प्रयोगों की आवश्यकता प्रतीत हुई। इस प्रकार एक मत यह भी है कि बार-बार के प्रयोग से भाषा की शक्ति कम होने लगती है।

लेकिन वर्ड्सवर्थ के उपर्युक्त मत को ऐतिहासिक सन्दर्भ में रखकर देखना आवश्यक है। नव्याभिजात्यवाद के प्रभाव के कारण पुराने रूढ़ और दुरूह प्रयोगों का महत्त्व उस युग में निर्विवाद रूप से प्रतिष्ठित था। जब काव्य की नयी चेतना का उदय हुआ, अलोचना की नयी दृष्टि का उदय हुआ तो यह स्वाभाविक था कि

काव्य के सभी पक्षों के बारे में नये सिरे से विचार हो। दरअसल ये तीनों बातें बदलती हुई चेतना के अभिन्न पक्ष हैं। इसलिए इस सन्दर्भ में रखकर देखने पर वर्ड्सवर्थ के मत का महत्त्व स्पष्ट होता है।

कॉलरिज का काव्यभाषा सम्बन्धी मत

कॉलरिज ने वर्ड्सवर्थ के भाषा सम्बन्धी मतों का विरोध किया है और उसके सभी तर्कों का उत्तर देने का प्रयास किया है। पहली बात तो उसने यह कही है कि वर्ड्सवर्थ के लिए जो जनसाधारण की भाषा है, वह वास्तव में आशिक्षित एवं मूढ़ जनता की भाषा नहीं है। वर्ड्सवर्थ के प्रदेश के निवासी–वेस्टमोरलैण्ड और कांबरलैण्ड के निवासी–जो भाषा बोलते थे, वह सक्षम भाषा थी। इसका कारण यह है कि वहाँ के निवासियों में स्वतन्त्रता का मोह है, उन्हें धर्म का तथा बाइबिल का विशेष ज्ञान है और धार्मिक आस्था एवं प्रार्थना गीतों के प्रभाव से उनकी बोलचाल की भाषा में भी परिष्कार आ गया है। इसलिए वर्ड्सवर्थ को जनता की भाषा को महत्त्वपूर्ण मानने का आधार मिल गया। मगर फिर भी गीत काव्य की रचना में आम बोलचाल की भाषा के प्रयोग से नीरसता और अपेक्षा का ही भाव पैदा हो सकता है। गीतकार को अपनी भाषा को बड़े श्रम से परिष्कृत एवं संस्कृत करना चाहिए। वर्ड्सवर्थ ने कविता में पुराने 'प्रतीकों' एवं रूपकों आदि के प्रयोग का विरोध किया है और उदाहरण देकर यह दिखाया है कि होमर आदि द्वारा प्रयुक्त प्रतीकों का अनुकरण करने वाली रचनाओं में कृत्रिमता एवं भारीपन आ जाता है, वहाँ वे प्रतीक कविता का उत्कर्ष बढ़ाते नहीं वरन उसे कम करते हैं। जैसा कि पहले कहा गया है, नव्याभिजात्यवाद के प्रभाव से इस प्रकार के प्रयोगों की भरभार होती जा रही थी, मगर कॉलरिज ने उन्हीं उदाहरणों की समीक्षा करते हुए यह निष्कर्ष निकाला कि बुराई उन प्रतीकों में नहीं है, प्रतीकों के व्यवहार में है। वस्तुतः कोई भी प्रतीक या बिम्ब अपने आप में अच्छा या बुरा नहीं होता, अपने आप में न तो उसमें कोई चमत्कार होता है और न ही प्रभाव डालने की शक्ति ही। उसका महत्त्व तो उसके प्रयोग पर निर्भर करता है तथा प्रयोग की कुशलता या भद्दापन निर्भर करता है प्रयोग करने वाले कवि की शक्ति पर। इसलिए अगर ऐसे उदाहरण मिलते हैं जहाँ प्राचीन उत्कृष्ट प्रतीकों के प्रयोग से भी रचना में उत्कर्ष नहीं आता तो उसका कारण कवि में कवित्व-शक्ति का अभाव है न कि उस प्रतीक की निकृष्टता। इस कथन के प्रमाण में ऐसे अनेक उदाहरण दिये जा सकते हैं जहाँ पुराने प्रतीकों के प्रयोग से कविता के उत्कर्ष की वृद्धि हुई है। यहाँ भी मूल कारण है कवि की शक्ति।

दूसरा सवाल जो वर्ड्सवर्थ ने उठाया है वह कविता और गद्य की भाषा के सम्बन्ध का है, जिसमें छन्द के महत्त्व की समस्या भी स्वयमेव आ जाती है। उसका

मत है कि कविता तथा सुष्ठु गद्य की भाषा में कोई भिन्नता नहीं होती क्योंकि दोनों का ही आधार जनता की भाषा है। यदि यह कहें कि छंद कविता की भाषा का विशिष्ट तत्त्व है जो गद्य में लक्षित नहीं होता तो यह मान्यता भी सही नहीं है; क्योंकि छन्द का भेद भी कविता की भाषा को जनता की भाषा या गद्य की भाषा से भिन्न नहीं बना सकता। इसी संदर्भ में उसने जनता की भाषा को काव्य में प्रयुक्त करते हुए उसे 'जीवन की अगमता और अश्लीलता' से मुक्त करने की बात भी की है।

'प्रत्येक सुन्दर कविता की भाषा अधिकांश में सुष्ठु गद्य की भाषा से किसी प्रकार भी भिन्न नहीं हो सकती। इससे भी आगे बढ़कर हम निस्संकोच यह कह सकते हैं कि गद्य-भाषा और छन्दबद्ध रचना की भाषा में न तो कोई तात्त्विक अन्तर है, न हो सकता है। कविता और चित्रकला के साम्य के निरूपण का हमें चाव है और इस साम्य-निरूपण के फलस्वरूप हम उन्हें स्वर्गीय कलाएँ कहते हैं, परन्तु छन्दोबद्ध एवं गद्य-रचना के बीच जो सम्बन्ध है, उसे विशेषित करने के लिए पर्याप्त दृढ़ सम्बन्ध-सूत्र हम कहाँ से पायेंगे? उनकी अभिव्यंजनेन्द्रिय एवं ग्रहणेन्द्रिय दोनों एक ही हैं, उनके परिच्छद एक ही तत्त्व से निर्मित कहे जा सकते हैं, उनकी राग-रुचि परस्पर समान, प्रायः एक-सी ही है। यहाँ तक कि उसमें मात्र भेद होना भी आवश्यक नहीं। कविता जो आँसू बहाती है वह 'स्वर्ग के देवताओं जैसे आँसू' नहीं होते बल्कि वे मानव के प्राकृतिक आँसू होते हैं, कविता कोई इस प्रकार का गर्व नहीं कर सकती कि उसके अन्तर में कोई दिव्य प्राणरस प्रवाहित होता है जो गद्य से भिन्न है। तथ्य यह है कि दोनों की शिराओं में एक ही मानव-रक्त का संचार होता है।'[1]

उपर्युक्त पंक्तियों के अर्थ पर गहराई से विचार करने की आवश्यकता है। यद्यपि आदि में वर्ड्सवर्थ ने कहा कि वह पद्य और सुष्ठु गद्य की भाषा में तात्त्विक अन्तर नहीं मानता, लेकिन आगे चलकर दोनों में अन्तर का भी उल्लेख किया है। पहले हम दोनों की भाषा की समानता पर विचार करेंगे। सवाल यह है कि किन तर्कों के आधार पर वर्ड्सवर्थ ने कविता और गद्य की भाषा को समान माना है, और उन तर्कों की शक्ति कैसी है? समानता का पहला आधार यह है कि कविता और गद्य की भाषा की 'अभिव्यंजनेन्द्रियाँ' और 'श्रवणेन्द्रियाँ' एक ही हैं। मगर क्या इस आधार पर दोनों की समानता स्थापित की जा सकती है? 'अभिव्यंजनेन्द्रियाँ' और 'श्रवणेन्द्रियाँ' तो साहित्य मात्र की एक ही हैं तो क्या हम साहित्य मात्र में भाषा का, अभिव्यंजना का, प्रभाव आदि का अन्तर न मानें? स्पष्ट है कि यह आधार कोई अकाट्य आधार नहीं है। दूसरा आधार यह है कि 'उनके परिच्छद' एक ही तत्त्व से निर्मित हैं। तो यह 'परिच्छद' भी साहित्य मात्र का एक अंग है। इस प्रकार दोनों के प्रभाव के साम्य के आधार पर भी कविता और गद्य की भाषा की

1. सावित्री सिन्हा (सम्पादिका), उपर्युक्त, पृ. 143

समानता मानना संगत नहीं होगा। यदि यह मान भी लिया जाये कि कविता और गद्य में 'एक ही मानव रूप का संचार होता है। दोनों का कथ्य एक है' तो भी इससे भाषा की समानता सिद्ध नहीं होती। कविता और गद्य की 'भाषा की समानता का एक आधार यह दिया गया है कि दोनों का आधार बोलचाल की ही भाषा है, न तो कवि नयी भाषा का निर्माण करता है और न ही गद्यकार। मगर कविता की भाषा पर विचार करते हुए तथा उसका बोलचाल की भाषा से सम्बन्ध स्थापित करते हुए वर्ड्सवर्थ ने कहा है कि बोलचाल की भाषा से कविता की 'भाषा का यह वरण जहाँ भी सच्ची भावना और रुचि से किया जायेगा, वहाँ स्वयं ही इतना अधिक विभेद पैदा हो जायेगा जिसकी पहले-पहल कल्पना भी नहीं की जा सकती और वह उक्त रचना को साधारण जीवन की अधमता और अश्लीलता से बिल्कुल विमुक्त कर देगा; फिर इसके अतिरिक्त यदि छन्द का समावेश और कर दिया जाये तो मेरा विश्वास है, ऐसा विसादृश्य उत्पन्न हो जायेगा जो विवेकपूर्ण मन के परितोष के लिए सर्वांशतः पर्याप्त हो।' यहाँ कविता की भाषा में 'अश्लीलता' आदि को मुक्त करने की बात की गई है और छंद के प्रयोग से उसमें विसादृश्य उत्पन्न होने की चर्चा भी की गयी है। इससे यह स्पष्ट है कि वर्ड्सवर्थ छन्द के महत्त्व को अस्वीकार नहीं करता, मगर साथ ही उसे कविता की भाषा और गद्य की भाषा के बीच विभेदक तत्त्व के रूप में स्वीकार नहीं करता।

छन्द का महत्त्व

छन्द का महत्त्व स्वीकार करते हुए वह कहता है : 'छन्द के विषय में भी हमारी भावनाएँ यही हैं। वह समुचित, नियमित और एकविध होना चाहिए, मनमाना नहीं, जिसमें पूर्ण स्वैरता से काम लिया गया हो और जिसके आधार पर कोई निश्चय करना ही सम्भव न हो। एक अवस्था में तो पाठक को पूर्णतः कवि के इशारे पर नाचना पड़ जाता है कि वह मनोगत वासना के साथ जाने कौन-से बिम्ब और पदावली का सम्बन्ध जोड़े। दूसरी अवस्था में, छन्द कुछ नियमों में बँधकर चलता है। कवि और पाठक दोनों उन्हें सहर्ष स्वीकार करते हैं, क्योंकि वे नियत-निश्चित होते हैं और वासना में किसी प्रकार का अवरोध उपस्थित नहीं करते, बल्कि युगों के अविकल साक्ष्य से यह सिद्ध है कि इससे उसका सहवर्ती आनन्द और भी तीव्रतर एवं परिष्कृत होता है।... अतः भाषा को उसकी यथार्थता से कुछ हद तक वंचित करने की छन्द की प्रवृत्ति के कारण—और इस प्रकार समूची रचना को अमूर्त अस्तित्व की एक प्रकार की अर्धचेतना से अभिभूत कर देने के कारण—यह मत पहले पहल कुछ विरोधाभास-सा प्रतीत हो सकता है किन्तु इसमें कोई सन्देह नहीं कि अधिक करुण स्थितियाँ और भावनाएँ—अर्थात वे स्थितियाँ और भावनाएँ, जिनके साथ दुःख

का अधिक अंश समन्वित होता है—गद्य की अपेक्षा छन्दमयी रचना में ही अधिक स्थायित्व पा सकती हैं; विशेषतः लययुक्त पद्य में।'[1]

इस प्रकार स्पष्ट है कि वर्ड्सवर्थ छन्द को उपयोगी मानता हो, मगर छन्द के बावजूद भी कविता और गद्य की भाषा में 'तात्त्विक' अन्तर नहीं मानता। फिर भी, जैसा कि ऊपर देखा गया है, इस तात्त्विक अन्तर को वह स्पष्ट नहीं कर पाया। इसके विपरीत कॉलरिज ने गद्य और कविता की भाषा को मूलतः भिन्न माना है और इस भिन्नता का प्रमाण है छन्द। छन्द ही वह बुनियादी तत्त्व है जो कविता की भाषा को, उसके स्वरूप एवं संरचना को, गद्य की भाषा से भिन्न कर देता है। छन्द कविता का अंतरंग तत्त्व है जो कवि की आत्मा से जन्म लेता है। वह बाहर से ओरापित कोई अलंकरण नहीं है। कवि में उपयुक्त छन्द रचना की शक्ति या तो जन्म से होती है, यह वह शक्ति उसमें कभी नहीं आ पाती। छन्द की अनिवार्य स्थिति का विवेचन करते हुए कॉलरिज ने चार तर्क प्रस्तुत किये हैं :

पहला तर्क यह है कि छन्द का उद्गम कवि की आत्मा से होता है। वह छन्द के विषय में कहता है, 'मैं तो उसका उद्गम उस स्वतः स्फुरित प्रयास द्वारा मन में उत्पन्न सन्तुलन से मानता हूँ, जो भावना के ज्वार को संयत रखने में संलग्न होता है।' किसी भी कविता में 'भावना और संकल्प, स्वतःस्फूर्त आवेग और ऐच्छिक उद्देश्य' ये सब साथ-साथ होते हैं, मगर इनकी स्थिति एक खास तरह की अविच्छिन्नता में होती है। ये परस्पर सम्बद्ध और समरस होकर आते हैं और छन्द द्वारा ही ये परस्पर अन्वित होते हैं। इसीलिए छन्द की योजना में आवेगों के अनुरूप ही गति एवं लय होती है। छन्द के प्रयोग से कविता के उद्देश्य (आनन्द प्रदान करने) में भी सहायता मिलती है। इस प्रकार छन्द की योजना में ही कविता के आन्तरिक तत्त्व परस्पर घुल-मिल जाते हैं।

कॉलरिज ने दूसरा तर्क यह दिया है कि वह छन्द के प्रभाव की दृष्टि से उसे अत्यन्त महत्वपूर्ण मानता है। वह प्रभाव को अधिक गम्भीर और अमोघ बनाता है। उसने कहा है कि वर्ड्सवर्थ ने छन्द का विवेचन प्रभाव की दृष्टि से ही किया है उसकी 'शक्ति का निरपेक्ष और पृथक' विवेचन नहीं किया। छन्द का प्रभाव उन सब तत्त्वों के कारण होता है जो कविता में विद्यमान रहते हैं और इसलिए यह विचार किया जाना चाहिए कि ऐसे कौन-से तत्त्व हैं जिनके कारण छंद प्रभाव डालता है। कॉलरिज तो यह कहता है, 'मुझे तो सिवा इसके और कोई उत्तर दिखाई नहीं पड़ता, जो बुद्धिग्राह्य हो, कि मैं छंद में इसलिए लिखता हूँ कि मैं गद्य से भिन्न भाषा का प्रयोग कर रहा होता हूँ।' इस आधार पर वह तीसरा तर्क यह देता है कि कविता के लिए छंद अनिवार्य है और 'बिना छंद की कविता अपूर्ण एवं सदोष रह जाती है।' इसलिए यही निष्कर्ष निकलता है कि श्रेष्ठ कविता में छंद अनिवार्य होता है।

अपना चौथा तर्क देते हुए वह कहता है, 'चौथे और अधिक व्यापक रूप

---

1. सावित्री सिन्हा (सम्पादिका), उपर्युक्त, पृ. 15।

में यदि वही युक्ति नहीं तो उससे घनिष्ठ रूप से सम्बन्धित अवश्य है, मैं मानव की उच्च आध्यात्मिक सहज वृत्ति का उल्लेख करूँगा जो सामंजस्यपूर्ण संयोजन द्वारा हमें ऐक्य साधना के लिए प्रेरित करती है और इस प्रकार इस सिद्धान्त की प्रतिष्ठा करती है कि किसी संगठित इकाई के विविध अंग उसके अधिक महत्त्वपूर्ण एवं अनिवार्य अंगों से सम्बद्ध होने चाहिए।'[1] इन सब युक्तियों के आधार पर वह वर्ड्सवर्थ के मत का खण्डन करते हुए छन्द को कविता के लिए अनिवार्य मानता है तथा गद्य और पद्य की भाषा में तात्त्विक अन्तर मानता है।

'अन्त में मैं कहूँगा कि प्रत्येक देश के और प्रत्येक युग के श्रेष्ठ कवियों की चर्चा इसी उपर्युक्त युक्तियों से निष्कर्ष-रूप में निकाले गये मत का समर्थन करती है 'तात्त्विक' शब्द के प्रत्येक अर्थ में–जिसमें यहाँ कोरा प्रत्यक्ष सत्य ही अन्तर्भूत नहीं–गद्य की भाषा तथा छंदोबद्ध रचना की भाषा में 'तात्त्विक' भेद हो सकता है, होता है और होना चाहिए।'[2]

आज जब मुक्त छंद का व्यापक प्रसार हो रहा है, छंद की समस्या तथा पद्य एवं गद्य की भाषा के सम्बन्ध की समस्या फिर से महत्त्वपूर्ण हो उठी है। प्रायः जनभाषा का पक्ष लेने वाले विचारों का यह आग्रह होता है कि पद्य तथा गद्य की भाषा समान होनी चाहिए। कारण यह है कि जनभाषा का पक्ष लेने वाले विचारक काव्य में सम्प्रेषण को सबसे अधिक महत्वपूर्ण मूल्य मानते हैं तथा साहित्य को जनसामान्य के जीवन के लिए उपयोगी मानते हैं। उसे हम साहित्य का उपयोगितावादी दृष्टिकोण कह सकते हैं और भाषा विषयक यह धारणा कला को लोकहित से सम्बद्ध करके देखने वाले चिन्तकों की ही होती है। इसके विपरीत अभिव्यंजना तथा कला के निरपेक्ष सत्य को स्वीकार करने वाले चिन्तक काव्य की भाषा को विशिष्ट एवं जनभाषा से मूलतः भिन्न मानते हैं, किन्तु इसके अपवाद भी हैं। वर्ड्सवर्थ और कॉलरिज को इन वर्गों में नहीं रखा जा सकता, मगर फिर भी उनकी भाषा विषयक दृष्टि में बुनियादी अन्तर लक्षित होता है।

कविता की परिभाषा

'लिरिकल बैलेड्स' के द्वितीय संस्करण की भूमिका में वर्ड्सवर्थ ने कविता की परिभाषा इस रूप में दी है। 'मैं पहले कह चुका हूँ कि कविता बलवती भावनाओं का सहज उच्छलन होती है। शान्त अवस्था में भाव के स्मरण से उसका उद्भव होता है। उस भाव का भावन किया जाता है, यहाँ तक कि एक विशेष प्रकार की

1. डॉ. सावित्री सिन्हा (सम्पादिका), महेन्द्र चतुर्वेदी (अनुवादक), कॉलरिज, 'बायोग्रैफिया लिट्रेरिया', 'पाश्चात्य काव्यशास्त्र की परम्परा', पृ. 164
2. वही, पृ. 165

प्रतिक्रिया द्वारा, शनैः-शनैः शान्तता का लोप होकर वैसा ही भाव उत्पन्न हो जाता है जो पहले भावन का विषय रहा हो और वह भाव वास्तव में मन में अस्तित्व ग्रहण कर लेता हैं। प्रायः ऐसी मनोदशा में सफल रचना का सूत्रपात होता है और उसके सदृश मनोदशा में ही वह अग्रसर होती रहती है। परन्तु विविध कारणों से उत्पन्न भाव—चाहे वह किसी भी प्रकार का, तीव्र-तीक्ष्ण कैसा भी हो—विविध प्रकार के आनन्द से संयुक्त होता है; अतः किसी भी वासना के निरूपण में, जो स्वतःस्फूर्त हो, मन कुल मिलाकर आनन्द की अवस्था में ही रहता है।'[1]

भावमूलक मानवतावाद

इस प्रकार वर्ड्सवर्थ ने कविता में कथानक आदि के स्थान पर भावना का (वासना का) महत्त्व स्थापित किया और नव्याभिजात्यवादी चिन्तन से भिन्न एक नयी दृष्टि का सूत्रपात किया। उपर्युक्त उद्धरण के अनुसार यह कहा जा सकता है कि परम्परावादी अनुकरण पर आधारित काव्यशास्त्र के स्थान पर वर्ड्सवर्थ ने कवि को केन्द्र बनाया और कवि के भावों को, कवि की रचनात्मकता को तथा सामाजिक के आनन्द को काव्य के आधारभूत तत्त्व माने। वर्ड्सवर्थ तथा कॉलरिज दोनों ही काव्य का प्रयोजन आनन्द मानते हैं, जो सब प्रकार की स्थितियों में रहता है। इस प्रकार कविता कवि में केन्द्रित होकर व्यक्ति के भीतर सीमित होने की दिशा में अग्रसर हुई। दरअसल सहृदय के आनन्द को प्रयोजन के रूप में स्वीकार करने के मूल में इस व्यक्तिवादी काव्य-दृष्टि की सीमा का संकेत भी मिलता है। कवि के निजी सुख-दुःख से अन्य व्यक्तियों को क्या? किसी की भी निजी भावनाओं से किसी अन्य व्यक्ति का क्या सरोकार हो सकता है और जैसे कि इस सीमा से बचने के लिए ही सहृदय की प्रतिक्रिया को, काव्य के प्रयोजन के रूप में प्रस्तुत किया जाता है। यह तभी सम्भव होगा जब कवि भावनाओं को निजता से मुक्त करके व्यक्त करेगा, उन्हें इस रूप में कविता में रूपायित करेगा कि वे व्यक्तिमात्र को आनन्द प्रदान कर सकें। इस प्रकार कविता का कथ्य (मनोवेग) विशेष होते हुए भी, कवि के मनोवेग होते हुए भी, कविता के माध्यम से निर्विशेष हो जाते हैं, साधारणीकृत हो जाते हैं। इसका एक ऐसा आधार है जिसका सम्बन्ध मानव के स्वभाव से है। मानव-मात्र का भावात्मक संसार परस्पर समान होता है। उसका दृढ़ मत था कि भावनाएँ मानव-स्वभाव के प्राथमिक नियमों का प्रकाशन करती हैं, भाव के स्तर पर मानव-मात्र में समानता है। इस प्रकार वह भावना के स्तर पर मानवतावाद की प्रतिष्ठा करता है। मेरा मत कि रूमानी कवियों के मानवतावाद को भावनात्मक मानवतावाद कहा जा सकता है।

1. सावित्री सिन्हा (सम्पादिका), उपर्युक्त, पृ. 152

भावमूलक मानवतावाद एक ओर तो निर्विशेष और सामान्य की ओर संकेत करता है, दूसरी ओर वह आभिजात्यवादी परम्परा का विरोध भी करता है। आभिजात्यवादी दृष्टि में कविता का कथ्य किसी महान, कुलीन सम्राट आदि से सम्बद्ध होना चाहिए, मगर रूमानी काव्य चिन्तन में, जो भावना पर आधारित है, किसी भी व्यक्ति के भावों का चित्रण हो सकता है। वस्तुतः जनसाधारण की भावनाओं को व्यंजित करने वाली रचनाओं में अधिक प्रभावात्मक शक्ति होगी। यद्यपि यह मत विवादास्पद है, फिर भी ऐतिहासिक सन्दर्भ में देखने पर नव्य आभिजात्यवादी चिन्तन के विरुद्ध आम जनता को काव्य के केन्द्र के रूप में स्थापित करना एक मौलिक परिवर्तन का सूचक है। कविता की भावात्मक शक्ति पर बल देते हुए वर्ड्सवर्थ ने कहा है :

'इस विषय में जो कुछ कहना आवश्यक है, वह इतना कहने से ही समझा जा सकता है, और कम ही लोग इससे असहमत होंगे : कि यदि आवेग, आचार, व्यवहार अथवा चरित्रों के दो समान सुष्ठु वर्णन हैं, जिनमें से एक गद्य में हो, दूसरा पद्य में तो पद्यबद्ध वर्णन को सौ बार पढ़ा जायेगा और गद्य को केवल एक बार।'[1]

यहाँ वर्ड्सवर्थ ने काव्य की विशेष शक्ति का उल्लेख तो किया ही है मगर इस सन्दर्भ में वह पद्य और गद्य के महान अन्तर को भी व्यक्त है, जो यह सोचने पर मजबूर करता है कि क्या कविता और गद्य की भाषा तात्त्विक रूप से समान हो सकती है?

रूमानी काव्यधारा की यह भाववादी, व्यक्तिकेन्द्रित प्रवृत्ति इतनी बढ़ी कि उसके विरुद्ध टी. एस. इलियट ने यहाँ तक कह डाला कि कविता कवि के व्यक्तित्व की अभिव्यक्ति नहीं है; बल्कि कविता व्यक्तित्व से पलायन है। आधुनिक हिन्दी कविता की छायावादी धारा के ह्रास के कारणों में एक प्रधान कारण उसकी घोर अंतर्मुखी प्रवृत्ति थी, जिसने उसे जनता से विच्छिन्न कर दिया था। इस प्रकार व्यक्ति-केन्द्रित भाववादी रूमानी काव्यधारा का खतरा भी स्पष्ट हो जाता है।

प्रकृति-चित्रण

वर्ड्सवर्थ ने काव्य में प्रकृति-चित्रण को अत्यन्त महत्त्वपूर्ण माना है। उसके अनुसार कवि के लिए यह ज्ञान अत्यन्त महत्त्वपूर्ण है कि मानव और प्रकृति दोनों का ही समान महत्त्व है तथा प्रकृति से हमें विशुद्ध आनन्द की जो अनुभूति होती है, वह अत्यन्त मूल्यवान होती है। वह मानता है कि मानव और प्रकृति मूलतः एक दूसरे के अनुकूल ढले हुए हैं और मानव का मन निसर्गतः प्रकृति के उत्कृष्टतम एवं सर्वाधिक रोचक गुणों का दर्पण है। प्रकृति के आनन्द की उपलब्धि कवि की ज्ञान

1. सावित्री सिन्हा (सम्पादिका), उपर्युक्त, पृ. 153

साधना का एक अनिवार्य गुण होती है। कवि को प्रकृति के विविध दृश्यों एवं घटनाओं से जो आनन्द उपलब्ध होता है, उसके लिए उसे जीवन एवं प्रकृति के बारे में एक खास दृष्टि का विकास करना होता है, उसे अपने बोध को यत्नपूर्वक इस दिशा में प्रवर्तित करना होता है, जहाँ उसे दोनों की परस्परता का ज्ञान हो। यह दशा उसके रागबोध का परिष्कार करती हुई उसे उस स्थिति तक ले जाती है जहाँ वह प्रकृति से तादात्म्य का अनुभव करने में सफल होता है। विज्ञान के ज्ञान से भी आनन्द की प्राप्ति होती है, वह ज्ञान समाज की उपलब्धि बन जाता है और उस आनन्द में उपयोगिता का तत्त्व भी मिला रहता है। कविता का ज्ञान कवि की व्यक्तिगत साधना की उपलब्धि है, मगर वह रचनाओं के द्वारा उस ज्ञान और आनन्द को सहृदय मात्र के लिए सुलभ बना देता है : कविता ज्ञान का प्राण है, उसकी शुद्ध-बुद्ध आत्मा है, वह रागदीप्त अभिव्यक्ति है, जो समस्त विज्ञान का आश्रय है।'

'कविता ज्ञान का अर्थ भी है और इति भी। वह मानव-मन की भाँति अमर है।' आदि उक्तियों में यह प्रयास स्पष्ट लक्षित होता है कि कविता और ज्ञान में, भाव एवं विचार में कोई विरोध नहीं है। कॉलरिज ने तो स्पष्ट ही कहा है कि महान कवि को एक गम्भीर दार्शनिक भी होना चाहिए। लेकिन यह समझ लेना चाहिए कि इन सब विचारों के बावजूद भी बल है कविता के राग तत्त्व पर, उसकी अन्तर्मुखी प्रवृत्ति पर। कविता प्रकृति का चित्रण भी दो रूपों में करती है। प्रथम, वह विशिष्ट प्राकृतिक दृश्य का सांगोपांग वर्णन करती है। उसका मूर्त बिम्ब प्रस्तुत करती है ताकि उसे पढ़कर पाठक के सामने भी प्रकृति का वह चित्र सजीव हो उठे और उस पर वही प्रभाव पड़े जो प्रभाव उस दृश्य को देखकर कवि के मन में पैदा हुआ था। इस प्रकार कवि प्रकृति के कल्पनापूर्ण मूर्त चित्रण के द्वारा भाव का सम्प्रेषण करता है। आचार्य रामचन्द्र शुक्ल की शब्दावली में इसे 'बिम्ब ग्रहण' की पद्धति कहा जा सकता है, जहाँ सहृदय कविता के माध्यम से सजीव चित्र को देखता हुआ उससे तादात्म्य स्थापित करता है तथा भावना के सागर में डूब जाता है। प्रकृति-चित्रण की दूसरी विधि विषयीपरक है। कवि अपनी रचना में प्राकृतिक दृश्य का सांकेतिक चित्रण करता हुआ प्रधान रूप से उस प्रभाव को वाणी देता है जो उस दृश्य ने उस पर डाला है तथा प्रभाव की इस अभिव्यक्ति द्वारा सहृदय को अनुकूल रूप से प्रभावित करता है।

कविता और ज्ञान

वर्ड्सवर्थ ने कविता में ज्ञान एवं आनन्द की भूमिका के विवेचन के साथ-साथ सत्य एवं सौन्दर्य का भी विवेचन किया है। दरअसल ज्ञान एवं आनन्द, सत्य तथा सौन्दर्य कविता के सन्दर्भ में परस्पर संबद्ध हैं। उपर्युक्त विवेचन में ज्ञान एवं आनन्द के

सम्बन्ध का स्वरूप स्पष्ट हो जाता है। कविता में सत्य की अभिव्यक्ति अनिवार्यतः होती है। मगर कविता का सत्य दर्शन का या तर्क का सत्य न होकर भाव का सत्य है और चूँकि मानव का भाव-संसार अनादि काल से एकरस एवं एकरूप है, इसलिए कविता का सत्य सार्वदेशिक एवं सार्वकालिक होता है, वह सदा सबको प्रभावित करता है।

'अरस्तू ने कहा है कि समस्त वाङ्मय में कविता सबसे अधिक दार्शनिक वस्तु होती है। यह बिल्कुल सत्य है। उसका विषय होता है सत्य—वैयक्तिक या स्थानीय सत्य नहीं, सामान्य और व्यावहारिक सत्य। वह किसी बाह्य-साक्ष्य पर आधृत नहीं होता, भाव के माध्यम से वह अविकल रूप से हृदय में प्रवेश करता है। ऐसा सत्य जो अपना साक्ष्य स्वयं ही है। वह जिस न्यायाधिकरण के सम्मुख आवेदन करता है, उसमें स्वयं ही विश्वास एवं क्षमता जगाता है और उसी न्यायाधिकरण से प्राप्त भी करता है। कविता मानव और प्रकृति का प्रतिबिम्ब होती है।... कवि पर केवल एक प्रतिबन्ध होता है, अर्थात उसे मानव को तात्कालिक आनन्द प्रदान करना होता है... किन्तु तात्कालिक आनन्द निष्पन्न करने की इस आवश्यकता को कवि की कला का अपकर्ष समझा जाए यह बात एकदम इसके विपरीत है, यह तो सृष्टि के सौन्दर्य की स्वीकृति है जो अधिक सच्ची है, क्योंकि वह औपचारिक नहीं वरन अप्रत्यक्ष है। यह कार्य उसके लिए सरल और सहज है, जो प्रेम-भाव से संसार को देखता है; इसके अतिरिक्त यह मानव की नैसर्गिक एवं अपरिच्छन्न गरिमा के प्रति मानो श्रद्धांजलि है, उस भव्य तात्त्विक आनन्द सिद्धान्त के प्रति श्रद्धांजलि है जो उसके जानने, समझने, अनुभव करने, जीने और चलने-फिरने का आधार है। आन्नद से जिसका संचार होता है, उसके अतिरिक्त हमारी कोई सहानुभूति नहीं। मेरी बात को अन्यथा न समझा जाये; परन्तु जहाँ कहीं भी हम दुःख से सहानुभूति करते हैं, वहाँ यह देखा जा सकता है कि उस सहानुभूति का उद्भावन और निर्वहण आनन्द के साथ सूक्ष्म संयोग द्वारा ही होता है।'[1]

उपर्युक्त उद्धरण में सत्य, ज्ञान, सौन्दर्य एवं आनन्द के सम्बन्ध की स्थापना के लिए पूर्ण रूप से पुष्ट आधार नहीं दिखाई देता, लेकिन उस युग की सीमाओं को देखते हुए तथा यह देखते हुए कि वर्ड्सवर्थ मूलतः एक कवि था, यह पूर्णता सम्भव भी नहीं थी। इसका महत्त्व इस बात में है कि परवर्ती आलोचना में जो कविता के तत्त्व विचार और गहन चिन्तन का विषय बने, उनकी ओर वर्ड्सवर्थ सजग था। यद्यपि यह सजगता एक आलोचक की सजगता न होकर एक कवि की सजगता थी, जो तर्क और प्रमाण की तुलना में अन्तःसाक्ष्य को अधिक महत्त्वपूर्ण आधार मानती है। यहाँ जो सबसे महत्त्वपूर्ण बात है, वह है विज्ञान के ज्ञान और

1. सावित्री सिन्हा (सम्पादिका), उपर्युक्त, पृ. 146-147

आनन्द की तुलना में कविता के ज्ञान और आनन्द के महत्त्व की स्थापना की। यहाँ विज्ञान तथा विज्ञान से प्रभावित और नियन्त्रित होने वाले समाज में कविता के महत्त्व की स्थापना का प्रयास है, जो आगे चलकर बुद्धि और भाव के द्वन्द्व के रूप में व्यक्त होता है। फिर भी इस काल के आलोचक और कवि के लिए विज्ञान एवं कविता में द्वन्द्व नहीं है, दोनों आनन्द प्रदान करने की योग्यता के कारण सम्बद्ध हैं। यद्यपि दोनों के क्षेत्र अलग-अलग हैं, दोनों की सीमाएँ अलग हैं, तब भी दोनों में विरोध नहीं है। मगर दोनों के अन्तर का स्पष्ट ज्ञान धीरे-धीरे विरोध में परिणत होता दिखाई देता है।

आधुनिक हिन्दी आलोचना के सबसे प्रखर आलोचक रामचन्द्र शुक्ल की समीक्षा-पद्धति और वर्ड्सवर्थ की तथा अन्य रूमानी आलोचकों की समीक्षा-पद्धति में पर्याप्त समानता लक्षित होती है। शुक्ल जी की दृष्टि भी रसवाद के आधार पर स्थित होने के कारण भाववादी ही है। मगर वे प्रकृति के अनेक रूपों के महत्त्व को भी स्वीकार करते हैं और कविता को 'भावयोग' की संज्ञा देते हुए उसे ज्ञानयोग तथा भक्तियोग के समकक्ष ठहराते हैं। वे भाव को केन्द्र मानकर चलते हैं, मगर भाव की सार्वभौम एवं सार्वकालिक स्थिति को स्वीकार करते हैं। कविता के विषय को विशेष मानते हुए भी 'साधारणीकरण' और 'लोक सामान्य भावभूमि' को महत्त्वपूर्ण मानते हैं। मगर शुक्ल जी एक अधिक विकसित युग में कार्यशील थे, इसलिए वे भाव से आगे बढ़कर कर्म के सौन्दर्य को, लोकमंगल को भी स्वीकार करते हैं और इस प्रकार 'भावयोग' को उसके व्यापक जीवन के समग्र सन्दर्भ में ग्रहण करने का प्रयास करते हैं।

अध्याय-10

कॉलरिज

(सन 1772 से 1834 ई.)

कॉलरिज

वर्ड्सवर्थ के समान एक महत्त्वपूर्ण कवि होने के साथ-साथ एक महत्त्वपूर्ण रूमानी आलोचक भी है। काव्यभाषा तथा छन्द सम्बन्धी उसके विचारों पर प्रकाश डाला जा चुका है। उसके अन्य विचारों को दो प्रमुख वर्गों में रखा जा सकता है : प्रथम, उसने उत्कृष्ट काव्य के गुणों का विवेचन किया है। द्वितीय, उसने कल्पना-शक्ति का विवेचन किया है जो एक सुदृढ़ दार्शनिक आधार पर प्रतिष्ठित है। जहाँ तक उत्कृष्ट काव्य-गुणों का सवाल है, उसने मुख्य रूप से चार गुणों का उल्लेख किया है :

उत्कृष्ट काव्य के गुण

छन्द–उत्कृष्ट काव्य का पहला गुण है, छन्द या आदर्श लयात्मकता। कॉलरिज की मान्यता है कि बिना छन्द या, संगीतात्मक अभिव्यक्ति के, महान काव्य की रचना नहीं हो सकती। साथ ही वह यह भी मानता है कि छन्द काव्य का अन्तरंग गुण है जो काव्य के सभी तत्त्वों को संयोजित करता हुआ अन्विति की प्रतिष्ठा करता है। इसलिए यह गुण कवि में जन्मजात होता है। अभ्यास के द्वारा वह इस गुण का विकास कर सकता है, मगर मात्र अभ्यास के आधार पर वह इसे अर्जित नहीं कर सकता।

कथ्य में तटस्थता

कॉलरिज एक ऐसे रूमानी कवि जिन्होंने काव्य को आलोचनात्मक दृष्टि से भी देखा था और कुछ हद तक तटस्थ होकर अपनी तथा अपने युग की रचना की शक्ति और सीमा को परखने का प्रयास किया था। इस सत्य के प्रति सजग थे कि कविता एकदम निजता के घेरे में बँध जाने पर कविता नहीं बनी रह सकती। वे एक ओर तो कविता के केन्द्र कवि पर, उसके भावों एवं आवेगों पर बल देते हैं, साथ ही इस बात पर भी समान बल देते हैं कि रचना की भावना सामान्य होनी चाहिए, जो मानव मात्र के मर्म को छू सके, उसे प्रभावित, आनन्दित और आन्दोलित कर सके। इस प्रकार रूमानी काव्यचिन्तन में एक ओर यह बुनियादी सिद्धान्त है कि काव्य का विषय विशिष्ट होता है—व्यक्ति होता है, और साथ ही यह भी बुनियादी सिद्धान्त है कि काव्य के विषय में मानव मात्र को प्रभावित करने की शक्ति होनी चाहिए, उसमें सम्प्रेषण की अमोघ शक्ति होनी चाहिए। और, जैसा कि वर्ड्सवर्थ में हम देख चुके हैं, उसका आधार मानव मात्र के भाव संसार की समानता है। इस प्रकार वर्ड्सवर्थ, कॉलरिज, गेटे आदि सभी ने काव्य के कथ्य को विशेष से निर्विशेष की ओर ले जाने की अनिवार्यता पर बल दिया है। आचार्य रामचन्द्र शुक्ल ने भी काव्य का विषय तो विशेष ही माना है, मगर साथ ही साधारणीकरण को भी अनिवार्य माना है। गेटे की मान्यता है कि 'उत्कृष्ट प्रकार की कविता पूर्णतः वस्तुपरक रूप से अपने को व्यक्त करती है। जब वह बाह्य सृष्टि से विमुख होकर अन्तर्मुखी हो जाती है, तब उसका ह्रास होने लगता है। जब तक कवि अपनी विषयीगत भावनाओं को मुखर करता है तब तक उसको कवि कहलाने का कोई अधिकार नहीं है।' कॉलरिज ने भी यह विचार व्यक्त किया है कि कवि को निजी जीवन से सम्बद्ध विषयों को काव्य में व्यक्त नहीं करना चाहिए क्योंकि ऐसा करने से कवित्व शक्ति की हानि होती है। इस प्रकार के विचारों को देखकर आश्चर्य हो सकता है क्योंकि रूमानी काव्य-चिन्तन व्यक्तिवादी पूर्वाग्रह के लिए विख्यात या कुख्यात है। मगर रूमानी काव्य-चिन्तन आत्मसजग होने पर अपनी सीमाओं को भी पहचानने का प्रयास करता है। उसका यह अर्थ नहीं कि रूमानी कवियों में घोर व्यक्तिवादिता का दोष कहीं भी नहीं दिखाई देता। इसी दोष का यह परिणाम है कि बाद में टी. एस. इलियट ने काव्य में व्यक्तित्व की अभिव्यक्ति का विरोध किया है। कॉलरिज के अनुसार श्रेष्ठ काव्य का दूसरा महत्त्वपूर्ण गुण यह है कि उसका विषय कवि के निजी जीवन से दूर का होना चाहिए। यह विशेषता विवादास्पद है, क्योंकि सामान्य तौर पर यह माना जाता है कि कविता का विषय या तो कवि की स्वानुभूति होती है या लोकानुभूति। स्वानुभूति को कविता के क्षेत्र से निकाल देने पर कविता का क्षेत्र सीमित हो जाता है। जैसा कि स्कॉट जेम्स ने 'दि मेकिंग ऑफ लिट्रेचर' पुस्तक में पृ. 236 पर कहा है, काव्य में

निष्पक्षता के दो अर्थ हो सकते हैं : एक, काव्य का विषय तटस्थ हो, कवि के जीवन से असम्बद्ध हो। द्वितीय, विषय का प्रतिपादन तटस्थ रीति से किया जाये। इन दोनों में से दूसरी बात ही अधिक महत्त्वपूर्ण है। काव्य-विषय की तटस्थता का क्या अर्थ है? क्या इसका यह अभिप्राय लिया जाये, जैसा कि कॉलरिज आदि लेते हैं, कि कवि को व्यक्तिगत जीवन से सम्बद्ध घटनाओं या अनुभवों को काव्य का विषय नहीं बनाना चाहिए? स्पष्ट है कि इस प्रकार का नियम कविता के बारे में नहीं बनाया जा सकता। कविता के सन्दर्भ में, विशेषकर उत्कृष्ट कविता के सम्बन्ध में, विषय के बारे में, व्यक्तिपरकता और वस्तुपरकता का सवाल ही नहीं उठाया जा सकता। कवि विषय के प्रति तटस्थ हो ही कैसे सकता है? यहाँ बुनियादी बात है कवि कौशल की। यदि कवि में कुशलता है, यदि वह कवि कर्म की जटिलता और रहस्यों को जानता है तथा उन पर उसका अधिकार है तो वह किसी भी विषय को काव्य में सफल रूप से अभिव्यक्त कर सकता है। क्या काव्य की तटस्थता सम्भव है? यदि, किसी कवि ने किसी सामाजिक घटना को या प्राकृतिक दृश्य को रचना में व्यक्त किया तो क्या वह रचना सिर्फ इसीलिए श्रेष्ठ हो जायेगी कि उसका विषय कवि के निजी जीवन का नहीं है? वस्तुतः रचनाकार जब किसी सामाजिक घटना को काव्य के विषय की योग्यता प्रदान करता है, तो उसका अर्थ यह है कि वह उस घटना के विविध तत्त्वों एवं पक्षों को समझता है, उनका अनुभव करता है, उनसे तादात्म्य स्थापित करता है। सारांश यह कि जब उस घटना को रचनाकार अपने अनुभव का अंग बनाता है, तभी उसे वह सफल अभिव्यक्ति दे पाता है।

इसी प्रकार जब रचनाकार अपने जीवन के किसी अनुभव या घटना को काव्य का विषय बनाता है तो वह पहले उस विषय से अपना व्यक्तिगत, निजी या स्वार्थपरक सम्बन्ध तोड़ डालता है तथा उसके उन पक्षों को पहचानने का प्रयास करता है जो मानव मात्र के लिए मार्मिक होते हैं या मार्मिक बनाये जा सकते हैं और फिर उन्हीं पक्षों एवं सन्दर्भों को रचना में रूपायित करता है। दूसरे शब्दों में कहें तो कह सकते हैं कि रचनाकार जब अपने जीवन से बाहर के विषय को काव्य का विषय बनाता है तो वह पहले उसे अपनी आत्मा के रस से सींचता है, उसे अपनी संवेदना का अंग बनाता है और तभी वह उसकी सफल अभिव्यंजना कर पाता है। यहाँ संवेदना का प्रवाह बाहर से भीतर की ओर, लोक से व्यक्ति की ओर प्रवाहित होता है। इसके विपरीत जब वह अपने को काव्य का विषय बनाता है तो वह उसे ऐसे रूप में सँजोता है कि वह अन्य मनुष्यों को भी प्रभावित कर सके। यहाँ संवेदना की गति भीतर से बाहर की ओर होती है। प्रथम स्थिति में वह तटस्थ विषय को स्वानुभूति के नियमों के अनुकूल रूपान्तरित करता है। इस दृष्टि से हम यह कह सकते हैं कि दो विरोधी केन्द्रों से–निजी जीवन एवं लोक-जीवन से–कथ्य का चयन करते हुए रचनाकार जब उसे काव्योचित बनाता

है तो एक ही स्थिति पर पहुँच जाता है। कथ्य को समान रूप प्रदान करता है जहाँ वह कवि की निजी जीवन की संवेदना और लोक-जीवन की संवेदना का आलम्बन बन जाता है। कथ्य के चयन का क्षेत्र चाहे जो भी हो, उसका काव्योचित रूप ऐसा होता है जो कवि तथा सहृदय में समान संवेदना उत्पन्न कर सके। इसलिए पूरे तर्क का केन्द्र यही है : कवि एवं सहृदय में समान संवेदना पैदा करने की शक्ति। काव्य का विकास यह बतलाता है कि काव्य विषय कभी तो मात्र कवि की अनुभूति तक सीमित हो जाता है और कभी उस पर सामाजिकता का नियन्त्रण बहुत कड़ा हो जाता है। इन दोनों अतियों के बीच की स्थिति ही उत्कृष्ट काव्य-निर्माण के लिए उपयुक्त स्थिति है।

एक प्रधान भाव

कॉलरिज के अनुसार उत्कृष्ट रचना में एक प्रधान भाव का गुण भी होना चाहिए। अर्थात उसमें एक प्रधान भाव हो जो उसके सभी बिम्बों को, सभी घटनाओं आदि की अनेकता को एक सूत्र में बाँध सके। रचना में अन्विति का सिद्धान्त अत्यन्त प्राचीन सिद्धान्त है। अरस्तू ने भी नाटक में अन्विति की बात की है और, इसी कारण, यह माना है कि नाटक में सामान्यतया इकहरा कार्य-व्यापार होना चाहिए। वहाँ अन्विति का आधार है कार्य की एकता। मगर रूमानी युग घटना या चरित्र आदि के स्थान पर भाव को केन्द्र बनाकर चला है। अतः जो तत्त्व काव्यचिन्तन का प्रधान तत्त्व होगा, वही अन्विति का आधार भी होगा। उसी के सन्दर्भ में रचना में अन्विति की स्थापना और संधान होगा। कॉलरिज का कहना है कि बिम्ब चाहे कितने ही सुन्दर एवं प्रकृति के अनुरूप क्यों न हों, उनमें सम्बद्धता का होना अनिवार्य है और यह सम्बद्धता प्राप्त होती है एक प्रधान भाव से आगे चलकर। यह विशेषता गीति-काव्य का एक अनिवार्य लक्षण बन गयी। यहाँ तक कि गीत की सफलता का आधार ही भाव की इकाई को माना गया, जो विविध बिम्बों के माध्यम से व्यक्त होती है। प्रसाद, निराला, महादेवी आदि के गीतों में अनेक बिम्बों की योजना है, मगर वे सारे बिम्ब गीत की मूल भावना के सूत्र में पिरोए होते हैं और अपनी स्वतन्त्र सत्ता रखते हुए भी कुल मिलाकर एक ही समन्वित प्रभाव पैदा करते हैं।

कॉलरिज की इस परिकल्पना की तुलना हम भारतीय काव्यशास्त्र की अंगी रस की परिकल्पना से कर सकते हैं। भाव के स्तर पर अन्विति केवल गीति-काव्य में ही काम्य एवं अनिवार्य नहीं है वरन महाकाव्य में भी आवश्यक है। महाकाव्य में घटनाओं, पात्रों आदि की विभिन्नता के बीच भी सम्पूर्ण रचना के अन्विति प्रभाव के महत्त्व को रेखांकित करने के लिए ही अंगी रस की परिकल्पना की गयी होगी।

कॉलरिज के समान गेटे ने भी काव्य की अन्विति की व्याख्या करते हुए उसकी परिस्थिति और प्रयोजन का उल्लेख किया है। बात चाहे प्रयोजन की करें, चाहे प्रधान भाव की, मूल सत्य यह है कि रूमानी काव्य चिन्तन में रचना का केन्द्र कवि है और कवि के व्यक्तित्व का सबसे अधिक सर्जनात्मक तत्त्व है उसकी भावना, उसका प्रयोजन, जिसका सम्बन्ध उसकी आत्मा से है। इस प्रकार कथ्य की वस्तुपरकता पर बल देते हुए भी ये आलोचक कवि की अनुभूति और संवेदना को ही केन्द्र मानते हैं।

यहाँ इस बात की चर्चा करना आवश्यक है कि वर्ड्सवर्थ, कॉलरिज और गेटे का युग विज्ञान और यन्त्र के विकास के आरम्भिक चरण का युग था। इसलिए मानव के, व्यक्तित्व का, एक संगठित और संयोजित तत्त्व था, जिसमें नवीन उभरते हुए मानव-सम्बन्धों के महत्त्व को रेखांकित करने के लिए भाव, मनोवेग, भावना, प्रयोजन आदि शब्दों का प्रयोग लक्षित होता है। वह युग जनसाधारण के जीवन के स्तर पर, भावात्मक आधार पर सहानुभूतिजन्य एकता की भावना से विशिष्ट था, जिसका प्रभाव सर्जना और आलोचना दोनों पर पड़ा। भाव का यह महत्त्व जीवन के मूल्यों की व्यवस्था की माँग करता है; क्योंकि जीवन को परिचालित करने वाले मूल्यों के आधार पर बनने वाले सम्बन्धों में चाहे आर्थिक-सामाजिक आदि अन्य तत्त्व भी सक्रिय होते हैं, लेकिन महत्त्व राग तत्त्व का ही होता है। बाद में जब विज्ञान और यन्त्र ने तथा उसके प्रभावों ने मूल्यों की इस व्यवस्था को भंग किया, तो व्यक्तित्व के विघटन के साथ-साथ भाव का महत्त्व भी कम होने लगा।

कॉलरिज की उपर्युक्त एकता सम्बन्धी आवधारणा भाव पर स्थित होते हुए भी उसके कल्पना-सिद्धान्त से प्रत्यक्ष रूप से सम्बद्ध है। कल्पना का मूल गुण ही है, संगठन और एकता। आगे कल्पना-सिद्धान्त के विवेचन में यह बात और भी स्पष्ट होगी कि किस प्रकार कवि कल्पना-शक्ति के द्वारा विरोधी तत्त्वों का समन्वय करता हुआ कविता में आवयविक एकता की स्थापना करता है।

कविता और दर्शन

उपर्युक्त सारी विशेषताओं के होते हुए भी क्या कोई रचना महान रचना कहला सकती है? क्या छन्द एवं संयोजना आदि के द्वारा जो रचना निर्मित होगी, उसे उत्कृष्ट रचना कहा जा सकता है? इस सम्बन्ध में कॉलरिज का स्पष्ट उत्तर यह है कि महान कवि अनिवार्यतः एक गम्भीर दार्शनिक भी होता है। 'कविता सम्पूर्ण मानव-ज्ञान, मानवीय विचारों, मानवीय आवेगों, भावों एवं भाषा की चरम परिणति है।' दर्शन या ज्ञान का यह महत्त्व वस्तुतः कवि शिक्षा के सम्बन्ध रखता है, क्योंकि इसका आधार कवि का व्यक्तित्व है। वर्ड्सवर्थ का वह कथन उद्धृत किया जा चुका

है, जहाँ उसने इस महत्त्वपूर्ण मान्यता की व्याख्या की है कि काव्य में दर्शन का ही उत्कृष्ट रूप दिखाई देता है। वस्तुतः सभी रूमानी कवियों में कविता और ज्ञान के बीच घनिष्ठ सम्बन्ध पर आस्था लक्षित होती है। 'इन डिफेंस ऑफ पोयज़ी' में शेले ने भी यह कहा है कि कविता एक ऐसी दिव्य शक्ति है जिसमें मानव की अन्य सभी उपलब्धियों का–ज्ञान-विज्ञान आदि का–समावेश अनिवार्यतः होता है।

'कविता सचमुच एक दिव्य शक्ति है। वह ज्ञान का केन्द्र बिन्दु भी है, परिधि भी, उसमें समस्त विज्ञान का अन्तर्भाव है, वे सब उसी के अधीन होने चाहिए। चिन्तन की अन्य समस्त प्रणालियों की वह मूल भी है, फूल भी; सबका उद्‌भव उसी से होता है और सब उसी से सुशोभित हैं; यदि उसका क्षय हो जाये तो यह वन्ध्य जगत्-जीवन-वृक्ष के अंकुर के उत्तराधिकार और पोषण से वंचित हो जाये, उसके बीज और फल का तिरोभाव हो जाये।'[1]

जिस प्रकार ऊपर यह स्पष्ट किया गया है कि रूमानी आलोचना भाववादी और व्यक्ति-केन्द्रित होते हुए भी वस्तुपरकता पर, प्रकृति-चित्रण आदि पर, विशेष बल देती है, उसी प्रकार वह कविता के ज्ञान-पक्ष को, उसके लोकमंगलकारी पक्ष को भी अनिवार्य रूप से स्वीकार करती है। रूमानी कविता की जो सीमाएँ एवं दुर्बलताएँ हो सकती हैं, उनका परिहार मानो रूमानी कवि अपनी आलोचना में करने का प्रयास करते हैं। कविता का ज्ञान भाव से समन्वित होने के कारण प्रभावशाली होता है, वह सुन्दर और शिव होता है। इस बात का स्पष्टीकरण करते हुए शेले ने कहा है :

'कवित्व शक्ति के कार्य दो प्रकार के हैं–एक में वह ज्ञान, शक्ति और आनन्द के नये उपादानों की सर्जना करती है, दूसरे में वह इन सबको एक विशेष लय के अनुकूल अभिव्यक्त और विन्यस्त करने की इच्छा तथा 'शिव' एवं 'सुन्दर' की प्रेरणा मन में जगाती है।'[2]

इस प्रकार सम्पूर्ण रूमानी आलोचना जो भाव, आवेग या प्रयोजन आदि को महत्त्व देती है तथा आनन्द को काव्य की प्रधान उपलब्धि मानती है, ज्ञान एवं पाण्डित्य को भी स्वीकार करती है। यह मान्यता सहसा ही लोंजाइनस का स्मरण करा देती है जिसने महान विचार और गम्भीर अनुभूति को औदात्य के निर्माण में श्रेष्ठ काव्य के लक्षण के रूप में अनिवार्य रूप से स्वीकार किया है।

कॉलरिज की इस मान्यता का आधार भी उसका कल्पना सम्बन्धी मत है, जिसके अनुसार कल्पना एक ऐसी शक्ति है, जो अनिवार्य रूप से भाव और विचार में–जो प्रायः विरोधी माने जाते हैं–सामंजस्य स्थापित करती है, क्योंकि आध्यात्मिक शक्ति होने के नाते कल्पना आत्मा की मूलभूत एकता को सहसा ग्रहण कर लेती

1. सावित्री सिन्हा (सम्पादिका), 'पाश्चात्य काव्यशास्त्र की परम्परा', पृ. 178

2 . सावित्री सिन्हा (सम्पादिका), वही, पृ. 178

है, उसे अभिव्यक्त करने में समर्थ होती है। उत्कृष्ट काव्य के इन गुणों के विवेचन को उस सम्बद्धता एवं एकान्विति के सौन्दर्य में रखकर ही देखना चाहिए, जिसकी सिद्धि कॉलरिज कल्पना-शक्ति द्वारा मानता है। कॉलरिज ने लिखा है कि एक बार वर्ड्सवर्थ की एक कविता सुनते हुए वह उससे अभिभूत हो गया और उसके उत्कर्ष की मीमांसा करते हुए उसे ज्ञात हुआ कि उसकी शक्ति का कारण है, बुद्धि तत्त्व और राग तत्त्व की समन्विति। अब सवाल यह है कि कविता की ऐसी कौन-सी शक्ति है जिसके द्वारा भाव और विचार के द्वन्द्व का तथा वस्तुपरकता और आत्मपरकता के द्वन्द्व का समाहार होता है?

कल्पना-सिद्धान्त

इस प्रश्न का उत्तर कॉलरिज के कल्पना-सिद्धान्त में मिलता है। कॉलरिज से पहले की आलोचना में कवि की शक्ति-विशेष की चर्चा होती रही, जिसकी सहायता से वह विविध विचारों या प्रत्ययों को संयोजित करके नये बिम्बों को निर्मित करता है। इस शक्ति के लिए 'फैन्सी' (ललित कल्पना) तथा 'इमेजिनेशन' (कल्पना) का प्रयोग होता रहा और ड्राइडन ने दोनों का प्रयोग 'फैसी' (ललित कल्पना) के अर्थ में किया है। सत्रहवीं शताब्दी में तो ललित कल्पना और कल्पना का प्रयोग उस शक्ति के पर्याय के रूप में ही होता था, जिसके द्वारा मन विचारों के साहचर्य द्वारा नये रूपों का, बिम्बों का निर्माण करता है, मगर साथ ही इस शक्ति को उच्छृंखल माना गया और विवेक या ज्ञान आदि द्वारा उसके नियन्त्रण की चर्चा ड्राइडन में मिलती है। मगर अठारहवीं शती में ललित कल्पना और कल्पना का अन्तर स्पष्ट होने लगा था और प्रायः कल्पना को ललित कल्पना की अपेक्षा उच्चतर शक्ति माना जाने लगा था। मगर कॉलरिज ने सबसे पहले ललित कल्पना तथा कल्पना का अन्तर स्पष्ट एवं वैज्ञानिक रूप से किया जो कि परवर्ती आलोचना में मान्य हो गया। इसलिए कल्पना-शक्ति को ललित कल्पना से पृथक एवं उच्चतर धरातल पर प्रतिष्ठित करने का श्रेय कॉलरिज को ही दिया जाता है।

कल्पना और ललित कल्पना

यह सवाल उठना स्वाभाविक ही है कि आखिर कल्पना एवं ललित कल्पना को समान माने जाने का क्या कारण है? क्यों उन दोनों में अन्तर आरम्भ में ही नहीं कर लिया गया?

उत्तर स्पष्ट है। ललित कल्पना तथा कल्पना का सामान्यतः एक ही कार्य प्रतीत होता है। दोनों की सामग्री प्रत्यक्ष से प्राप्त संवेदनाएँ हैं। हम इन्द्रियों द्वारा

जो ज्ञान प्राप्त करते हैं या जो संवेदनाएँ प्राप्त करते हैं, उन्हें हम हमेशा ज्यों का त्यों नहीं रहने देते। प्रायः उन संवेदनाओं का संश्लेषण करते हैं तथा नयी संवेदनाओं या प्रत्ययों को जन्म देते हैं। मन के व्यापार की दो अनिवार्य क्रियाएँ हैं–विश्लेषण और संश्लेषण। विश्लेषण के द्वारा हम ऐन्द्रिय ज्ञान को उसके घटक तत्त्वों में, उसके गुणों एवं तत्त्वों आदि में विभाजित करते हैं तथा संश्लेषण द्वारा उन विश्लेषित गुणों या तत्त्वों का संयोग करके नये बिम्बों का निर्माण करते हैं। 'नीलम का पर्वत' मन के संश्लेषण व्यापार से ही उत्पन्न एक बिम्ब है। मन में नीलम का भी प्रत्यय है और पर्वत का भी; वह दोनों का संयोग करके नीलम के पर्वत का आविष्कार करता है। इस प्रकार ऐन्द्रिय प्रत्ययों को, जो अपने आप में असंख्य हैं, परस्पर संयुक्त करके असंख्य बिम्बों या रूपों का निर्माण किया जा सकता है। इन संश्लिष्ट बिम्बों का निर्माण करने वाली मानसिक शक्ति को पहले एक इकाई समझा गया और वह सोचने का गम्भीर प्रयास नहीं किया गया कि बिम्बों का निर्माण करने वाली यह मानसिक शक्ति एकाधिकार की हो सकती है। इस बात के प्रति आलोचक काफी सजग दिखाई देते हैं कि कुछ संश्लेषित बिम्ब सार्थक एवं सरल होते हैं, उनमें क्रमबद्धता होती है वे अन्यों द्वारा आस्वाद्य भी होते हैं तथा कुछ अन्य संश्लेषित बिम्ब अनर्गल एवं उच्छृंखल होते हैं, उनमें क्रम का अभाव होता है तथा अन्यों के लिए वे हास्यास्पद होते हैं। प्रथम प्रकार के बिम्ब कविता में ललित होते हैं तथा दूसरे प्रकार के बिम्ब दिवास्वप्न में। कविता के बिम्बों में तथा दिवास्वप्न के बिम्बों में क्रम, अर्थ एवं प्रभाव की दृष्टि में आकाश-पाताल का अन्तर होता है। मगर दोनों के निर्माण की प्रक्रिया एक ही है। दोनों में अलग-अलग कालों एवं स्थानों पर देखी गयी वस्तुओं, घटनाओं आदि के प्रत्ययों का संयोग मिलता है। प्राचीन आलोचकों का ध्यान प्रत्ययों वाली बात पर ही प्रधान रूप से गया तथा इस संयोग वाली मन की शक्ति के लिए कभी ललित कल्पना तथा कभी कल्पना का प्रयोग होता रहा है। ड्राइडन जैसे आलोचकों ने कविता में प्राप्त प्रत्ययों के संयोग का दिवास्वप्न में होने वाले प्रत्ययों के संयोग को साधने से अन्तर करते हुए विवेक के नियन्त्रण की बात तो की थी, मगर यह उसने आगे बढ़कर कविता एवं दिवास्वप्नों के बिम्बों में तथा उनका निर्माण करने वाली मन की शक्तियों में अन्तर की उद्भावना का प्रयास नहीं मिलता।

कॉलरिज ने दिवास्वप्न में बिम्बों का निर्माण करने वाली शक्ति को ललित कल्पना तथा कविता में बिम्बों का निर्माण करने वाली शक्ति को कल्पना कहा तथा दोनों में एक प्रकार का अन्तर माना। ललित कल्पना या फैंसी एक ऐसी शक्ति है जो प्रत्ययों का संश्लेषण तो करती है मगर यह संश्लेषण रचनात्मक नहीं होता, जड़ एवं विशृंखल होता है। यह एक निम्न प्रकार की शक्ति है जिसका व्यक्तिगत जीवन में–दिवास्वप्न में उपयोग होता है, मगर जो किसी सार्थक आस्वाद्य

बिम्ब का निर्माण नहीं कर सकती। 'बायोग्रैफिया लिट्रेरिया' में कॉलरिज ने कल्पना से ललित कल्पना का अन्तर स्पष्ट करते हुए कहा है:

'इसके विपरीत, ललित कल्पना की क्रीड़ा का अचलता और निर्दिष्टता के क्षेत्र के अतिरिक्त और कोई ठिकाना नहीं होता। ललित कल्पना, वास्तव में, देशकाल के अनुशासन से मुक्त स्मरण की एक रीति है और कुछ नहीं। वह इच्छा-शक्ति के उस अनुभवमूलक व्यापार से पुष्ट और परिवर्तित होती है जिसे हम 'चयन' शब्द से व्यंजित करते हैं। परन्तु साधारण स्मृति की भाँति ललित कल्पना भी अपने सम्पूर्ण सामग्री साहचर्य-नियम से यथावत् ग्रहण करती है।'[1]

ललित कल्पना के विपरीत कल्पना आत्मा की एक शक्ति है जो दिव्य होने के साथ-साथ सर्जभात्मक है। रचनात्मकता उसका मूल गुण है। इसलिए विवेक का ज्ञान तो कल्पना का अनिवार्य तथा अंतरंग गुण है। कल्पना द्वारा निर्मिति बिम्बों में सम्बद्धता होती है, क्रम होता है, सावयविक एकता होती है तथा वे आस्वाद्य होते हैं। इस प्रकार ललित कल्पना एक निम्न स्तर की शक्ति है जो ऐसी स्मृति का एक रूप है, जो रचनात्मक तो नहीं होती, लेकिन आस्वाद्य होती है। कॉलरिज के बाद की अलोचना में ललित कल्पना तथा कल्पना के स्वरूप एवं कार्य आदि के विषय में कोई सन्देह नहीं रहा तथा कवि की कल्पना ललित कल्पना से भिन्न एक सृजनात्मक शक्ति के रूप में स्वीकृत हुई। मगर कॉलरिज से कल्पना का जो दार्शनिक विवेचन किया, वह परवर्ती आलोचना में मान्य नहीं हुआ, हाँ यदि उस विवेचन को दार्शनिकता से अलग करके देखें तो स्पष्ट होता है कि कॉलरिज ने कल्पना के विवेचन में जिन गुणों का उल्लेख किया है, वे गुण स्वीकार कर लिये गये हैं।

कॉलरिज का कल्पना का विवेचन समझने के लिए दर्शन की कुछ बुनियादी समस्याओं एवं तथ्यों को समझना आवश्यक है।

कल्पना का दार्शनिक आधार

इस सम्बन्ध में दो समस्याओं का उल्लेख करना अनिवार्य है। पहली समस्या वह है जिसका उल्लेख देकार्त के दर्शन में मिलता है। अन्य दार्शनिकों की भाँति उसके सामने भी मूल समस्या यह थी कि सृष्टि का मूल सत्य क्या है? और इस प्रश्न के समाधान के प्रयास में वह इस निष्कर्ष पर पहुँचा कि सृष्टि के मूल सत्य दो हैं—एक, पदार्थ जो जड़ है, दूसरा चैतन्य। जब ये दो बुनियादी सत्य हैं तथा दोनों मूलतः भिन्न हैं—एक जड़ है, दूसरा चेतन, तो फिर यह सवाल पैदा होता है कि दोनों के बीच सम्बन्ध कैसे स्थापित होता है? इस समस्या को भारत के सांख्यदर्शन की समस्या के समानान्तर रखा जा सकता है क्योंकि सांख्य में भी प्रकृति जड़

1. सावित्री सिन्हा (सम्पादिका), 'पाश्चात्य काव्यशास्त्र की परम्परा', पृ. 166

मगर सक्रिय है तथा पुरुष चेतन किंतु निष्क्रिय। द्वैतवाद मानने पर यह समस्या एक चुनौती बनकर सामने आती है। पश्चिम के द्वैतवादी धारा के चिन्तकों ने अपने-अपने ढंग से इस समस्या के समाधान का प्रयास किया है। काव्यशास्त्र में यह समस्या वस्तुतत्त्व एवं आत्मतत्त्व के संयोग की समस्या के रूप में सामने आती है। कविता एक ओर तो बाह्य प्रकृति को विषय बनाती है, दूसरी ओर उसमें कवि की चेतना की, व्यक्तिगत अनुभूतियों की अभिव्यक्ति होती है। इस प्रकार काव्यशास्त्र में यह सवाल पैदा होता है कि वह कौन-सी शक्ति है जिसके द्वारा काव्य-जगत में वस्तुतत्त्व और आत्मतत्त्व का सामंजस्य घटित होता है। कॉलरिज यह मानता है कि कल्पना-शक्ति के द्वारा ही कविता इन विरोधी तत्त्वों का समन्वय सम्भव होता है।

दूसरी समस्या है विचार एवं भाव के द्वन्द्व की। दार्शनिक प्लेटो ने, जो विचार की खातिर कवि को अस्वीकार करने में नहीं हिचकिचाता, विचार एवं भाव के द्वन्द्व को नकारते हुए मात्र विचार की, दार्शनिक सत्य की प्रतिष्ठा की है तथा भाव को, वासनाओं को विचार या सत्य का विरोधी मानकर, अस्वीकार कर दिया है। कवि को आदर्श गणराज्य से निष्कासित कर दिया है। मगर लोंजाइनस में तथा रूमानी काव्य-चिन्तन में विचार एवं भाव के सामरस्य की बात की गयी है।

प्रस्तुत विवेचन के सन्दर्भ में इस समस्या की एक ऐतिहासिक सार्थकता भी है। विज्ञान की प्रगति को देखकर तथा बढ़ती हुई बौद्धिकता के कारण यह स्पष्ट हो गया था कि कविता विचार या ज्ञान को स्वीकार किये बिना अपने आपको पूर्ण रूप से प्रतिष्ठित नहीं कर सकती। कॉलरिज ने कल्पना-शक्ति के द्वारा विचार तथा भाव के मस्तिष्क तथा हृदय के द्वंद्व का भी समाधान करने का प्रयास किया।

लॉक से जिस लोकवादी दर्शन का आरम्भ हुआ, उसकी परिणति ह्यूम के सन्देहवाद में हुई। लॉक की प्रत्यक्ष के सम्बन्ध में मूल मान्यता यह थी कि व्यक्ति का मन एक कोरी स्लेट के समान है और बाहर की वस्तुएँ उस पर प्रत्ययों की छाप छोड़ती हैं। इस पर बर्कले ने यह कहा कि व्यक्ति तो वस्तुतः इन प्रत्ययों के संसार में ही रहता है क्योंकि भौतिक सृष्टि से उसका प्रत्यक्ष सम्बन्ध तो हो नहीं पाता। भौतिक सृष्टि और द्रष्टा के बीच भौतिक सृष्टि के प्रत्यय निरन्तर विद्यमान रहते हैं तथा कोई भी व्यक्ति इन प्रत्ययों के संसार का अतिक्रमण नहीं कर सकता। इस तर्क को आगे बढ़ाते हुए ह्यूम ने यह कहा कि अगर व्यक्ति प्रत्ययों की दुनिया में ही रहता है और बाह्य भौतिक संसार से उसका प्रत्यक्ष सम्बन्ध स्थापित नहीं हो सकता, तो यह कैसे कहा जा सकता है कि हमारे प्रत्यय बाह्य सृष्टि के समान हैं या नहीं हैं। व्यक्ति जब यह कहता है कि वह पुस्तक देखता है तो वस्तुतः उसका ज्ञान पुस्तक के प्रत्यय का होता है। द्रष्टा और पुस्तक के बीच पुस्तक का प्रत्यय हमेशा विद्यमान रहता है। तो फिर यह सवाल पैदा होता

है कि व्यक्ति यह कैसे कह सकता है कि पुस्तक का प्रत्यय पुस्तक के समान है या पुस्तक से भिन्न है। इस तर्क के क्रम से ह्यूम ने सारी सृष्टि विषयक मान्यताओं एवं सिद्धान्तों पर ही प्रश्नचिह्न लगा दिया। कुछ अर्से तक तो ऐसा लगा जैसे कि दर्शन का डेड एण्ड आ गया। लॉक का लोकवाद बर्कल के प्रत्ययवाद से होता हुआ ह्यूम के सन्देहवाद में परिणत हो गया।

जर्मन दार्शनिक कांट ने उपर्युक्त डेड एण्ड से दर्शन को निज़ात दिलाई और उसने इस सिद्धान्त की प्रतिष्ठा की कि व्यक्ति का मन निष्क्रिय द्रष्टा नहीं है। लॉक के विरोध में उसने कहा कि व्यक्ति की चेतना बहिःसृष्टि से प्राप्त होने वाले संवेदनों को संयोजित करती है, उन्हें एक व्यवस्था प्रदान करती है। दर्शन की जटिलताओं में न जाते हुए यह कहना पर्याप्त होगा कि प्रत्यक्ष में व्यक्ति की चेतना का भी रचनात्मक योग रहता है, व्यक्ति की चेतना में ऐसी शक्ति है जिससे वह बाहरी संसार से प्राप्त होने वाले प्रत्ययों को समन्वित तथा सम्बद्ध करती है। कॉलरिज के कल्पना सम्बन्धी विवेचन पर इस मत का स्पष्ट प्रभाव दिखाई देता है।

कॉलरिज जर्मन की दार्शनिक विचारधारा से गम्भीर रूप से प्रभावित था। वह आत्मवादी चिन्तन पर आस्था रखता था और इसलिए उसके कल्पना-सिद्धान्त को आत्मवाद के आधार पर ही समझा जा सकता है।

यहाँ यह सवाल पैदा होता है कि जब सृष्टि का मूल सत्य चैतन्य है तो वह कौन-सी शक्ति है जिसके द्वारा इस चेतन शक्ति ने अपने आपको विषय और विषयी के रूप में व्यक्त किया। दूसरे शब्दों में सृष्टि की रचना की आधारभूत शक्ति कौन-सी है? इसके उत्तर में कॉलरिज ने कल्पना-शक्ति को प्रतिष्ठित किया। उसके अनुसार कल्पना-शक्ति की सहायता से ईश्वर ने सृष्टि की रचना की। विषय और विषयी का विचार एवं भाव का द्वन्द्व ईश्वरी कल्पना की ही उपज है। यहाँ कल्पना-शक्ति का प्रयोग ईश्वर की रचनात्मिका शक्ति के रूप में किया गया है जो भारतीय दर्शन में 'माया' के प्रयोग से (शंकराचार्य की माया से नहीं) मिलता-जुलता है, जिसके द्वारा ईश्वर सृष्टि का निर्माण करता है। ईश्वर अपनी दिव्य एवं विराट कल्पना-शक्ति के द्वारा सृष्टि का निर्माण करता है। इसी कॉलरिज की मान्यता है कि प्रकृति ईश्वर की कला है।

मानव की चेतना विराट ईश्वरीय चेतना का अंश है। इसलिए मानव के अन्दर ईश्वर की सृजनात्मक शक्ति (कल्पना) सीमित रूप में विद्यमान रहती है। ईश्वरीय कल्पना और मानवीय कल्पना में अन्तर तथा साम्य स्पष्ट है। ईश्वरीय कल्पना विराट एवं अनंत है, इसलिए वह इस अनंत सृष्टि का निर्माण करती है। चेतना को विषय एवं विषयी के रूप में और विचार तथा भाव आदि के रूप में विभाजित कर देती है। यह उसी ईश्वरीय कल्पना का प्रभाव है कि एक ही आत्मिक सत्य विषय और विषयी के रूप में दिखाई देने लगता है। मानव की सत्ता सीमित है, इसलिए उसकी

कल्पना-शक्ति जिसे कॉलरिज ने मुख्य कल्पना (प्राइमरी इमेजिनेशन) नाम दिया है, भी सीमित है। दोनों में साम्य यह है कि दोनों ही सर्जनात्मक हैं। मगर साथ ही यहाँ यह भी स्पष्ट है कि कॉलरिज के अनुसार प्रकृति की अनुकृति असम्भव है। क्योंकि प्रकृति विराट है, उसकी रचना के लिए असीम शक्ति की अपेक्षा होती है जबकि व्यक्ति की कल्पना-शक्ति सीमित है। कहा जा सकता है कि व्यक्ति अपनी सीमित कल्पना-शक्ति के द्वारा सम्पूर्ण प्रकृति की अनुकृति तो नहीं कर सकता, एकांश की कर सकता है।

मगर कॉलरिज के मतानुसार यह भी सम्भव नहीं है; क्योंकि कल्पना की रचना एक अखण्ड रचना है। यद्यपि उसके अवयव या खण्ड की प्रतीति होती है, मगर व्यक्ति सीमित कल्पना-शक्ति के द्वारा उस खण्ड को समग्रता में ग्रहण नहीं कर सकता क्योंकि वह खण्ड सम्पूर्ण सृष्टि से संयुक्त है, और जब तक उसे सम्पूर्ण सृष्टि से संयुक्त रूप में न देखा जाए, तब तक उसे पूरी तरह से समझा नहीं जा सकता और सीमित कल्पना-शक्ति होने के कारण व्यक्ति खण्ड को खण्ड रूप में ही देख सकता है, उसकी समग्रता में रखकर उसे नहीं देख सकता। इसलिए अनुकृति सृष्टि से कटे हुए खण्ड की होगी और खण्डित होगी। दूसरी बात यह है कि अनुरकण तो ललित कल्पना का गुण है, कल्पना का नहीं। कल्पना तो अनिवार्यतः सृजनात्मक होती है। इसिलए काव्य के सन्दर्भ में अनुकरण असम्भव है। यह कहना कि कवि प्रकृति की अनुकृति करता है; वस्तुतः कवि की ईश्वर से मूर्खतापूर्ण स्पर्धा होगी। आगे चलकर हम देखेंगे कि यह आत्मवादी काव्य-चिंतन क्रोचे के अभिव्यंजनावाद में चरम परिणति प्राप्त करता हुआ बाह्य सत्य की ही उपेक्षा करने लगता है।

यद्यपि सभी मानवों में कल्पना-शक्ति होती है, मगर कुछ व्यक्तियों में, कवियों एवं कलाकारों में वह अधिक उर्वरा हो उठती है। मानव मात्र में पायी जाने वाली कल्पना को कॉलरिज ने मुख्य कल्पना (प्राइमरी इमेज़िनेशन) कहा है और कवि की कल्पना को गौण कल्पना (सेकेण्डरी इमेजिनेशन)। दोनों में प्रकार का अन्तर नहीं है। केवल मात्रा का अन्तर है। दोनों ही सृजनात्मक होती हैं तथा एक अखण्डता का निर्माण करती हैं। इसमें भी यह स्पष्ट होता है कि कॉलरिज के मतानुसार भी प्रत्येक व्यक्ति में कविता रचने की शक्ति होती है, किसी में वह कम होती है, किसी में अधिक। क्रोचे के काव्य-चिन्तन में भी हमें यही विचार मिलता है। वह भी सभी व्यक्तियों में कला की रचना की क्षमता स्वीकार करता है।

मुख्य कल्पना और गौण कल्पना

मुख्य कल्पना और गौण कल्पना के सम्बन्ध का विवेचन करते हुए कॉलरिज ने 'बायोग्रैफिया लिट्रेरिया' में कहा है :

'मेरे विचार में कल्पना या तो मुख्य होती है या गौण। मुख्य कल्पना ही मेरे अनुसार समस्त मानव-ज्ञान की जीवंत शक्ति और प्रमुख माध्यम होती है। वह असीम में होने वाली अनंत सृजन-प्रक्रिया की ससीम मन में आकृति होती है। गौण कल्पना को मैं मुख्य कल्पना की छाया-मात्र समझता हूँ। सचेतन संकल्प-शक्ति के साथ उसका सह-अस्तित्व होता है, परन्तु फिर भी माध्यम का प्रकार वह वैसी ही होती है जैसी मुख्य कल्पना। अन्तर होता है मात्रा का और क्रियाविधि का। पुनः सृजन के निमित्त उसका तिरोधान, विकिरण, विघटन होता है या जहाँ यह प्रक्रिया असम्भव होती है, वहाँ भी आदर्शीकरण तथा एकीकरण का प्रयत्न तो होता ही है। वह मूलतः सजीव होती है—वैसे ही जैसे (वस्तुओं के रूप में) सभी वस्तुएँ मूलतः अचल और निर्जीव होती हैं।'[1]

यह गौण कल्पना ही वस्तुतः कवि-कल्पना है। उपर्युक्त विवेचन की शक्ति एवं सीमाएँ स्पष्ट हैं। एक ओर तो दार्शनिकता का जो गहरा पुट है और जिस पर यह सारा विवेचन आधारित है, वस्तुतः वह आस्था और विश्वास की अपेक्षा करता है, जो आज के युग में सम्भव नहीं प्रतीत होता—कम से कम काव्यशास्त्र के व्यापक क्षेत्र में तो इसकी स्वीकृति नहीं हुई। मगर यदि दार्शनिकता से मुक्त करके उपर्युक्त विवेचन की उपयोगिता को देखा जाये तो कुछ महत्त्वपूर्ण उपलब्धियाँ स्पष्ट हो जाती हैं। पहली बात तो यह है कि कॉलरिज ने स्पष्ट एवं निर्णायक रीति से ललित कल्पना तथा कल्पना के अन्तर को स्पष्ट किया है जो सर्वमान्य हो गया है। दूसरी बात यह है कि यद्यपि ईश्वरी कल्पना, मुख्य कल्पना तथा गौण कल्पना का विभाजन मान्य नहीं हुआ, मगर केवल मुख्य कल्पना के कार्यों को, उसके स्वरूप आदि को परवर्ती काव्य-कल्पना के विवेचन में प्रायः स्वीकार किया गया है। गौण कल्पना या कवि-कल्पना स्वभावतः सृजनात्मक शक्ति है तथा वह एक अखण्ड रचना का निर्माण करती है, जिसमें आवयविक एकता है। इस प्रकार कृति की समग्रता का दृष्टिकोण, कृति का प्रत्येक बिम्ब अन्य बिम्बों से एवं सम्पूर्ण कृति से अंगांगि भाव से सम्बद्ध है। यह दृष्टिकोण आगे की आलोचना के विकास में महत्त्वपूर्ण होता चला गया। इस प्रकार कॉलरिज ने रूमानी काव्य-दृष्टि के विविध पक्षों की सुसंगत एवं सम्बद्ध व्याख्या करने का प्रयास किया, जिसमें रूमानी कविता का भावमूलक सर्ववाद आत्मिक सर्ववाद के रूप में व्यक्त हुआ।

हिन्दी के स्वच्छन्दतावादी काव्य-दृष्टि के विकास में समानान्तर क्रम दिखाई देता है। हिन्दी की छायावादी कविता का आरम्भ व्यक्तिवादी अन्तर्मुखी एवं भावभादी आग्रहों से निर्मित विद्रोह की चेतना से हुआ, मगर धीरे-धीरे उनकी काव्यदृष्टि आत्मवाद की ओर अग्रसर हुई। प्रसाद, पन्त, महादेवी आदि ने कविता की जो मीमांसा की है, वह भावमूलक एवं आत्ममूलक सर्ववाद आदि पर आधारित है, जिसमें

1. सावित्री सिन्हा (सम्पादिका), उपर्युक्त, पृ. 166

श्रेय, ज्ञान, सौन्दर्य, आनन्द, कल्पना, अखण्डता आदि की परिकल्पनाएँ समाहित हैं। वस्तुतः रूमानी काव्य-दृष्टि एक नवीन जीवन-व्यवस्था के उदय के साथ संयुक्त है, जो व्यवस्था-विज्ञान और यन्त्र की उपज है। मगर व्यवस्था का पहला चरण अनेक सम्भावनाओं का, आशाओं का तथा आदर्शों का संचार करता हुआ आया और इस प्रथम चरण में नवजागरण के प्रभाव से तथा नवीन विकासशील व्यवस्था में जनसाधारण का जीवन सहसा महत्त्वपूर्ण हो उठता है, इसीलिए रूमानी काव्य-दृष्टि से आशावाद का, सामरस्य और सन्तुलन का, ज्ञान और भाव के सामरस्य का, भावमूलक एवं आत्ममूलक सर्ववाद का सम्मिश्रण मिलता है।

रूमानी काव्य-चिन्तन यद्यपि नये ज्ञान-विज्ञान को समाहित करने का प्रयास करता है। एक ओर शिव, तथा लोकमंगल आदि की अवधारणाओं के द्वारा काव्य की सामाजिक उपयोगिता को स्वीकार करता है तथा दूसरी ओर भाषा, छन्द, सौन्दर्य आदि की मान्यताओं के द्वारा कवि एवं काव्यगत गुणों को भी स्वीकार करता है। फिर भी द्रुतगति से विकासशील चेतना के साथ नहीं चल पाता और फिर से नयी प्रवृत्तियों का उदय होता है। पाश्चात्य आलोचना में रूमानी काव्य-चिन्तन की उपर्युक्त चारों प्रवृत्तियाँ अलग-अलग ढंग से विकसित होती हुई नयी अर्थवत्ता प्राप्त करती हैं। भावमूलक दृष्टि का वैज्ञानिक विकास आई. ए. रिचर्ड्स की काव्य के मनावैज्ञानिक मूल्य की आवधारणा में मिलता है, लोकहित और शिव का विकास मैथ्यू आर्नल्ड तथा फिर मार्क्सवादी चिन्तन में लक्षित होता है, आत्मवादी सर्ववाद क्रोचे के अभिव्यंजनावाद के रूप में परिणत हो जाता है। छन्द, लय, भाषा तथा रचना की आवयविक अन्विति के विचार आई. ए. रिचर्ड्स के काव्यभाषा-विवेचन एवं नयी समीक्षा में लक्षित होते हैं। इस दृष्टि से रूमानी काव्य-चिन्तन को संक्रान्ति काल का काव्य-चिन्तन कहा जा सकता है, जो प्राचीन के समकक्ष नये चिन्तन-बिन्दुओं की स्थापना करता है तथा भविष्य के लिए अनेक सम्भावनाओं के द्वार खोलता है।

अध्याय-11

वाल्टर पेटर

(सन 1839 से 1894 ई.)

वाल्टर पेटर का अंग्रेज़ी आलोचना में विशिट स्थान है। उसने शैली के माध्यम से काव्य पर विचार किया है तथा उसकी स्थिति 'कला कला के लिए' सिद्धान्त की स्थिति के निकट पहुँच जाती है, मगर अन्त में वह वस्तु की गरिमा और महानता की बात भी करता है। फिर भी यह स्पष्ट है कि उसने काव्यभाषा पर, शब्दों के चयन पर, शब्दों की अवितथता पर, वाक्य-योजना पर, वाक्यों के प्रकार पर, संघटना पर इतना अधिक बल दिया है कि ऐसा प्रतीत होने लगता है मानो वह काव्य को जीवन के समकक्ष एक भिन्न स्तर पर रखकर देखता है।

कविता की भाषा : स्वरूप और समस्याएँ

काव्यभाषा की समस्या काव्यशास्त्र की बुनियादी और महत्त्वपूर्ण समस्या है। आरम्भिक काव्यशास्त्रियों ने भी काव्य की भाषा के वैशिष्ट्य और स्वरूप पर विचार किया है। उसका कारण यह है कि भाषा केवल काव्य में ही प्रयुक्त नहीं होती, सम्पूर्ण वाङ्मय में प्रयुक्त होती है। साथ ही यह भी कि भाषाकाव्य का सबसे अधिक मूर्त्त तत्त्व है। यहाँ यह भी स्मरण रखना चाहिए कि भाषा एक सामाजिक संस्था है। मानव समाज का एक अनिवार्य एवं अन्तरंग पक्ष है। इस प्रकार प्रयोग की दृष्टि से हमें भाषा के तीन रूप लक्षित होते हैं। पहला रूप वह है जो दैनिक व्यवहार में प्रयोग में आता है तथा जो नियमों का पालन भी करता है और उल्लंघन भी, क्योंकि बिना नियमों के उल्लंघन के भाषा का विकास ही नहीं हो सकता। जहाँ

तक नियमों के पालन का सवाल है, वहाँ की भाषा का यह रूप दृढ़तापूर्वक उनका पालन नहीं करता। यह रोज़मर्रा के जीवन से सम्बद्ध होने के कारण, सम्प्रेषण की शक्ति से युक्त होने के साथ-साथ बहुत अधिक गम्भीरता की ओर भी उन्मुख नहीं होता। भाषा के इस रूप को भाषा का अनौपचारिक रूप कह सकते हैं। भाषा का दूसरा रूप वह है जो हमें काव्य से भिन्न वाङ्मय के सभी रूपों में, शास्त्र में या ज्ञान के साहित्य में दखाई देता है। दर्शन, नीतिशास्त्र, अर्थशास्त्र, रसायन-शास्त्र आदि विषयों की अपनी भाषा होती है, जिसमें लेखक अपने विषय के अनुरूप भाषा का प्रयोग इस रूप में करता है जिससे पाठक के लिए विचार स्पष्ट हो जायें। साथ ही वह विषय की तकनीक बारीकियों को व्यक्त कर सके। भाषा का तीसरा रूप हमें काव्य में लक्षित होता है जो अन्य रूपों से भिन्न है; क्योंकि वहाँ केवल कथ्य की स्पष्ट व्याख्या ही नहीं होती, उस व्याख्या का अपना अन्दाज होता है। हर कवि की भाषा की अपनी खास बनावट होती है तथा यह बनावट कवि की दृष्टि, कथ्य तथा उद्देश्य के अनुरूप होती है।

इस प्रकार हम कह सकते हैं कि भाषा के सामान्यतः दो प्रकार के प्रयोग दिखाई देते हैं—एक, अनौपचारिक जो दैनिक जीवन के सामान्य व्यवहार में लक्षित होता है। दूसरा औपचारिक जो वाङ्मय में लक्षित होता है। वाङ्मय में उपलब्ध भाषा के भी दो रूप हैं—एक वह जो शास्त्र में दिखाई देता है और दूसरा वह जो काव्य में मिलता है। यहाँ दो बातें स्पष्ट हैं—पहली, भाषा का औपचारिक रूप उसके अनौपचारिक रूप से ही ग्रहण किया जाता है, उसका आधार अनौपचारिक रूप ही है। दूसरी, शास्त्र एवं काव्य में प्रयुक्त भाषा के रूपों में भी स्पष्ट अन्तर होता है जिसकी ओर काव्यशास्त्रियों ने प्राचीन काल से ही ध्यान दिया है। प्राचीन भारतीय आचार्यों ने काव्य की भाषा और शास्त्र की भाषा का अन्तर करते हुए काव्य की भाषा को वक्रोक्ति-प्रधान बताया है तथा शास्त्र की भाषा को स्वभावोक्ति-प्रधान। पश्चिम में डी क्विंसी ने ज्ञान के साहित्य तथा शक्ति के साहित्य (लिट्रेचर ऑफ नॉलिज तथा लिट्रेचर ऑफ पावर) का अन्तर कल्पना के आधार पर किया है। ज्ञान के साहित्य में कल्पना का प्रयोग अनिवार्य या काम्य नहीं है, मगर शक्ति के साहित्य में कल्पना का स्थान महत्त्वपूर्ण है।

काव्य की भाषा पर विचार करते हुए पहली समस्या पैदा होती है, काव्यभाषा तथा जनभाषा के सम्बन्ध की। कविता की भाषा का आधार तो जनता की भाषा ही होती है। कवि शब्द-समूह, प्रयोग की सामान्य विधियों को जनसामान्य की भाषा से ग्रहण करता है। इसलिए यह सवाल पैदा होता है कि क्या कविता की भाषा जनता की भाषा के समान होती है या भिन्न? अगर कविता की भाषा बोलचाल की भाषा से भिन्न होती है तो उस 'भिन्नता' के स्वरूप को स्पष्ट करने की, उसे परिभाषित करने की समस्या पैदा होती है। अरस्तू ने भी त्रासदी की भाषा पर विचार

करते हुए उसे क्षुद्रता और ग्राम्यत्व आदि दोषों से बचाने की आवश्यकता पर बल दिया था। दांते ने लेटिन के विरुद्ध बोलचाल की भाषा के ही परिष्कृत रूप को व्यक्त करने पर बल दिया तथा वर्ड्सवर्थ ने जनता की भाषा में ही कविता रचने का आग्रह किया था। इस प्रकार जनभाषा और काव्यभाषा के सम्बन्ध का सवाल विवादास्पद रहा है।

काव्यभाषा के स्वरूप का स्पष्टीकरण करते हुए दूसरा सवाल यह पैदा होता है कि वह वाङ्मय के अन्य रूपों की भाषा से, शास्त्र की भाषा से किस रूप में भिन्न है। इस सम्बन्ध में आई. ए. रिचर्ड्स ने भाषा के 'सांकेतिक प्रयोग' तथा 'भावोद्‌बोधक' प्रयोग का अन्तर स्पष्ट करते हुए पहले प्रकार के प्रयोग को शास्त्र के उपयुक्त माना है तथा दूसरे प्रकार के प्रयोग को काव्य के लिए अनिवार्य माना है। भारतीय काव्यशास्त्र में शास्त्र की भाषा का प्रधान गुण स्वभावोक्ति माना गया है तथा कविता की भाषा का प्रधान गुण वक्रोक्ति। मगर काव्य विषयक धारणा के परिवर्तन के साथ-साथ काव्य की भाषा के वैशिष्ट्य को व्यक्त करने के लिए अलंकार, गुण, ध्वनि, रस, रमणीयता आदि अवधारणाओं का प्रयोग किया गया है, जो शास्त्र की भाषा के लिए अनुपयोगी ही नहीं, बाधक भी हैं। इस प्रकार हम कह सकते हैं कि कविता के भाषा के स्वरूप की व्याख्या करते हुए दो पद्धतियाँ अपनाई गयी हैं। एक, प्रधानतया वस्तुपरक पद्धति, जहाँ वक्रोक्ति, गुण, ध्वनि आदि भाषागत गुणों का उल्लेख किया गया है। द्वितीय, रस, जहाँ प्रधान रूप से काव्यभाषा के प्रभाव की दृष्टि से उसके स्वरूप को निर्दिष्ट करने का प्रयास किया है। आई. ए. रिचर्ड्स में ये दोनों पद्धतियाँ मिलती हैं—एक ओर तो वह भाषा के भावोद्‌बोधक गुण की चर्चा करता है, जहाँ स्पष्टतः भाव का उद्‌बोध सहृदय-सापेक्ष है, और दूसरी ओर भाषागत तत्त्वों का—रूपक तथा अनेकार्थता आदि का विवेचन करता है।

इन सवालों के अतिरिक्त काव्य के क्षेत्र के भीतर का एक अन्य ज्वलंत प्रश्न भी है जिसका सम्बन्ध पद्य एवं गद्य की भाषा के अन्तर से है। कुछ आलोचकों—वर्ड्सवर्थ आदि ने दोनों में अन्तर नहीं माना जबकि कॉलरिज आदि ने दोनों में बुनियादी अन्तर माना है। संस्कृत काव्यशास्त्र में गद्य को कवियों की कसौटी कहा गया है क्योंकि वहाँ यह माना जाता रहा है कि कवि की कवित्व शक्ति की पूरी पहचान और परख गद्य में होती है तथा गद्य तथा पद्य में छन्द का अन्तर माना गया है। लेकिन यहाँ यह ध्यान रखना चाहिए कि संस्कृत के गद्य साहित्य—कादम्बरी आदि में—ऐसी भाषा का प्रयोग मिलता है जो काव्य की भाषा से तात्त्विक रूप से भिन्न नहीं है।

कविता की भाषा को विशिष्ट मानते हुए भी यह सवाल बड़ा महत्त्वपूर्ण प्रतीत होता है कि कविता की समग्रता में शैली का क्या स्थान है? क्या शैली को कविता का परिच्छद माना जाये? क्या शैली कविता का बहिरंग तत्त्व है? क्या शैली को

सम्पूर्ण काव्य का प्रतिनिधि माना जा सकता है? क्या शैली के माध्यम से कृति की समग्रता को समझा और परखा जा सकता है? ये सवाल अनेक आलोचकों का ध्यान आकर्षित करते रहे हैं और पेटर ने शैली पर इसी व्यापक सन्दर्भ में विचार किया है। वह यह मानता है कि शैली के माध्यम से सम्पूर्ण काव्य को समझा जा सकता है।

इस सम्बन्ध में एक अन्य मत पर भी विचार करना आवश्यक है, जिसके अनुसार यह माना जाता है कि शब्द काव्य की सामग्री है। यह मत एक अर्थ में ठीक भी है तथा एक अन्य अर्थ में गलत भी। अगर शब्द में अर्थ का भी समावेश कर दिया जाये तो शब्द को काव्य का विषय मानने का अर्थ होगा, शब्द और वस्तु को काव्य का विषय मानना। इस मत का संगत निष्कर्ष यह होगा कि यह माना जाये कि कविता की साधना शब्द एवं विषय की समन्वित साधना है और यह मत अधिकांश काव्यशास्त्रियों को मान्य होगा। यदि शब्द को उस अर्थ में काव्य की सामग्री माना जाये जिस अर्थ में मूर्ति की सामग्री है तो यह मान्यता असंगत होगी। इसका कारण यह है कि पत्थर एक जड़ पदार्थ है तथा वह मूर्ति का उपादान कारण है। उसका अपने आप में, मूर्ति बनने से पहले कोई अभिप्राय नहीं होता, कोई अर्थ नहीं होता। वह मूर्ति में ढलकर ही सार्थक होता है। मगर शब्द कविता का रूप ग्रहण करने से पहले भी अर्थवान होता है और वही या वैसा ही अर्थ वह काव्य में भी धारण किये रहता है। अगर काव्य में शब्द का प्रचलित या साक्षात् संकेतित अर्थ बदलता भी है तो इस बदलाव का भी आधार होता है, एक पद्धति होती है। दूसरी बात यह है कि शब्द कविता का उपादान कारण नहीं होता। कविता का उपादान कारण शब्द और वस्तु दोनों ही अभिन्न रूप से होते हैं। इसलिए कविता में शब्द के स्थान का निर्धारण करने के लिए विशेष सावधानी से सोचने की अपेक्षा होती है। आगे नयी समीक्षा पर विचार करते हुए इस समस्या पर फिर से विचार करने का अवसर आयेगा।

शैली का स्वरूप

पेटर ने शैली को व्यापक अर्थ में ग्रहण किया है। उसके अनुसार कथ्य भी शैली का अविभाज्य तत्त्व होने के नाते उसी के अन्तर्गत आता है। उसने शैली के दो तत्त्व माने हैं : एक मानस-तत्त्व, दूसरा आत्म-तत्त्व। मानस-तत्त्व के अन्तर्गत शब्द-चयन, वाक्य-योजना, संघटन आदि का विवेचन किया गया है तथा आत्म-तत्त्व से तात्पर्य है, व्यक्तित्व का गुण, जो कि भाषा में रूपायित होता है। पेटर के अनुसार भाषा व्यक्ति स्वयं नहीं है वरन भाषा व्यक्ति का सच्चा रूप होता है।

शैली के मानसतत्त्व का विवेचन करते हुए पेटर सबसे पहले शब्दों के चयन

पर बल देता है। जनभाषा का अपना एक स्वरूप होता है, अपना एक संसार होता है। कवि जनभाषा से ही शब्दों का सजग रूप से चयन करता है तथा इस चयन का निर्धारण करने वाला सिद्धान्त होता है—शब्द की उपयुक्तता, मात्र शब्द की ही नहीं, अर्थपूर्ण शब्द की। इसलिए कवि में केवल उपयुक्त शब्द को ग्रहण करने की योग्यता ही नहीं होनी चाहिए, उसे यह भी ज्ञात होना चाहिए कि किन शब्दों का चयन नहीं करना चाहिए, कौन-से शब्द क्षुद्र एवं अनुदात्त हैं। ऐप्रिशिएशंस में पेटर ने लिखा है :

'अस्तु, कोई भी लेखक, जो तनिक भी अनुवाद के योग्य है, अपने शब्दों का सम्यक् अन्वेषण और चयन करता है, वह इस सम्बन्ध में सचेष्ट रहता है कि उसे किन शब्दों को ग्रहण करना है, और उससे भी अधिक सजग इस सम्बन्ध में कि उसे किन शब्दों को ग्रहण करना—असंख्य शब्दों के बीच एक वस्तु को, एक विचार को व्यक्त करने के लिए एक ही शब्द होता है—अन्य शब्दों से काम चल सकता है, पर उपयुक्त शब्द एक ही होता है। शैली की समस्या यही है—मानसिक उपस्थापना अथवा अन्तर्ज्ञान की अभिव्यक्ति के सर्वथा उपयुक्त जो अद्वितीय शब्द, पदोच्चय, वाक्य, प्रकरण, निबन्ध अथवा गीत है, उसकी साधना। शैली का प्रासंगिक और बाह्य सौन्दर्य हमें आनन्द दे सकता है; किन्तु शैली का अस्तित्व उसके बिना भी हो सकता है। वह बाह्य उपकरणों से स्वतन्त्र होती है, फिर भी उनका कुशल प्रयोग करती है। श्रेष्ठ रचना में वह सर्वव्यापक होती है, एक विशेषण से लेकर सम्पूर्ण पुस्तक की लय तक हर बिन्दु में उनकी गति होती है। अनावश्यक उपकरणों के परे जहाँ यह अखण्ड संगति है, वहीं साहित्य का विशिष्ट, अनिवार्य, अत्यन्त बौद्धिक सौन्दर्य है—इसी सौन्दर्य की सम्भावना साहित्य को ललित कला बनाती है।'[1]

मानस-तत्त्व एवं आत्म-तत्त्व

उपर्युक्त उद्धरण से स्पष्ट है कि पेटर के अनुसार शैली वस्तुतः समग्र काव्य का ऐसा तत्त्व है जो 'विशेषण' से लेकर 'सम्पूर्ण पुस्तक' में प्रत्येक स्थल पर विद्यमान है। यह शैली का एक विशिष्ट प्रयोग है—सामान्य से भिन्न अर्थ में। सम्पूर्ण रचनात्मकता से मिलता-जुलता अर्थ शैली द्वारा व्यक्त करने का प्रयास है। इसीलिए मानस तथा आत्म-तत्त्व का भेद करना कठिन होता है, मगर शैली में मानस तथा आत्म-तत्त्व की समन्विति हो जाती है। पेटर के अनुसार आत्म-तत्त्व भाषा द्वारा व्यक्त नहीं होता वरन आत्म-तत्त्व भाषा को अपनी ओर आकर्षित करता है। इसका तात्पर्य यह है कि सामाजिक संस्था के रूप में विद्यमान भाषा में से लेखक शब्दों का चयन

1. सावित्री सिन्हा (सम्पादिका), 'पाश्चात्य काव्यशास्त्र की परम्परा', पृ. 222-228

अपने आत्म-तत्त्व के अनुरूप ही करता है। इसीलिए हमारा मत है कि शैली भाषा का वह रूप है जो रचनाकार के व्यक्तित्व के माध्यम से व्यक्त होता है। भाषा शैली तभी कहलाती है, जब वह रचनाकार के व्यक्तित्व द्वारा सँजोयी जाती है। मानस एवं आत्म-तत्त्व के सम्बन्ध का निर्देशन करते हुए पेटर ने कहा है :

'शैली में मानस का यही विशिष्ट कार्य-व्यापार है। मानस और आत्म दर्शनशास्त्र की दृष्टि से इनमें विभेद करना कठिन है; किन्तु व्यवहार में इनका अन्तर स्पष्ट है। कारण; वे प्रायः एक-दूसरे का रास्ता काटते हुए एक-दूसरे का कभी-कभी विरोध करते हुए दिखाई पड़ते हैं।—कुछ लेखकों के अन्दर प्रत्येक दशा में, शैली के गुण के रूप में, आत्म-तत्त्व तथ्य होता है।—उनके अन्दर जो आत्म-तत्त्व है, उसका अन्तर्भाव वे भाषा में करते हैं, भाषा को उस ओर आकर्षित करके उसे उसमें तल्लीन करते हैं—यह सब इतने सूक्ष्म रूप में होता है कि यथार्थ परिणाम एक अनिर्वचनीय प्रेरणा-सा प्रतीत होता है। मानस साहित्यिक कला को हम तक पहुँचाता है—रचना विधान के उन निश्चल एवं वस्तुनिष्ठ संकेतों द्वारा जो सबके लिए स्पष्ट हैं। आत्मा उसे हम तक पहुँचाता है, विचारशील संवेदना एवं एक प्रकार के प्रत्यक्ष सम्पर्क द्वारा। कलाकार की यह पहुँच शायद कुछ मन की तरंग पर आश्रित होती है, यह आवश्यक नहीं कि वह सब तक हो। जहाँ हम मानस का अभिज्ञान करते हैं, वहाँ उसका अनुमोदन करना ही पड़ता है, किन्तु आत्म से हमें विकर्षण भी हो सकता है। इसलिए नहीं कि उसे हम गलत समझते हैं। जिस रीति से धर्मशास्त्रीय विषय भाषा का कभी-कभी प्रयोग करते हैं, वह इस शक्ति का शायद सबसे अच्छा उदाहरण है, जिसे मैं साहित्य में सामान्यतः आत्मशब्द से व्यक्त करना चाहता हूँ। भाषा में तदनुरूप ऊष्मा लाये बिना भी प्रबल धार्मिक मत अपना अस्तित्व रख सकता है, आगे बढ़ सकता है, अथवा विभिन्न मात्रा में शब्दों को अर्थगर्भित बना सकता है, और तब सचमुच वह उन्हें अभिभूत कर लेता है, तब उसकी शक्ति द्विगुणित हो उठती है।'[1]

आत्मा के उपर्युक्त विवेचन में द्वन्द्व-सा लक्षित होता है। बिना शब्दों को अर्थगर्भित बनाये हुए भी आत्म-तत्त्व का महत्त्व है, वह अपने आपको स्थित रख सकता है तथा प्रभावित भी कर सकता है। तो फिर शैली से भिन्न आत्म-तत्त्व या विचार-तत्त्व का महत्त्व क्यों न स्वीकार कर लिया जाये? आगे चलकर जब पेटर अच्छे काव्य और महान काव्य में अन्तर करता है तो वहाँ वह आत्म-तत्त्व को ही निर्धारक तत्त्व के रूप में स्वीकार करता है, जिसके बारे में विद्वानों का मत है कि यह मान्यता भी पेटर के प्रधान शैली सिद्धान्त के विरुद्ध पड़ती है।

शब्दों की परख के बाद दूसरा महत्त्वपूर्ण तत्त्व है, वाक्य का। वाक्यों के गठन एवं शक्ति की विविधता को पेटर ने विस्तारपूर्वक व्यक्त करते हुए संघटन को भी, काव्य की समग्र रचना को भी, अत्यन्त महत्त्वपूर्ण माना है। वाक्यों का सूक्ष्म

1. सावित्री सिन्हा (सम्पादिका), 'पाश्चात्य काव्यशास्त्र की परम्परा', पृ. 218

विश्लेषण करता हुआ वह कहता है कि एक वाक्य आता है जो गूढ़ और विवाद युक्त है, उसमें विजय का दर्प है, उसका अनुगमन करता हुआ दूसरा वाक्य आता है जिसमें हल्का उल्लास और कसाव है...। इस प्रकार एक ही रचना में एक ही कृति में भिन्न-भिन्न प्रकृति के वाक्यों की योजना रहती है।

मगर कहीं शब्दों का चयन, सुष्ठु वाक्यों का गठन ही पर्याप्त नहीं है। उन सबकी उपयुक्त संयोजना और संघटन भी होना चाहिए।

'अन्य कलाओं की तरह साहित्य में भी संघटन का सर्वाधिक महत्त्व होता है। संघटन का अस्तित्व कृति को मूल्यवान बनाता है; अतः उसका अभाव बुरी तरह खलता है। यह संघटन कृति की वस्तुपरक अवधारणाएँ हैं, वह इति को आरम्भ में ही पूर्वलक्षित कर लेता है और फिर उसे दृष्टि से ओझल नहीं होने देता, प्रत्येक अवयव में वह शेष अवयवों के प्रति जागरूक होता हैं। ...साहित्य की स्थापत्य कला यदि सम्पन्न और व्यंजनापूर्ण होती है तो उसमें केवल अन्त को आदि में देखने की पूर्वदृष्टि ही नहीं होती, रचना तन्त्र का वह विकास भी होता है, जो संघटन की प्रक्रिया में निहित है और जिसमें कितनी ही अनियमितताएँ, विलक्षणताएँ और पश्चाद्वर्त्ती विचार होते हैं। वहाँ प्रासंगिक और आवश्यक दोनों कृति की समग्र एकता में अन्तर्भूत हो जाते हैं।'[1]

सच्चा साहित्यिक कलाकार मन्द विमूढ़, आतिशय्य अथवा अलंकार को घृणा की दृष्टि से देखता है। इससे स्पष्ट है कि संघटना में न सिर्फ सभी तत्त्वों का सम्मिलन और सामरस्य होना चाहिए वरन उसमें वागाडम्बर का भी अभाव होना चाहिए, उसके सभी अंगों में अनुपात, औचित्य एवं संतुलन होना चाहिए। यहाँ आरम्भ और अन्त आदि की जो बातें कही गयी हैं, वे सहसा अरस्तू के उस नियम का स्मरण करा देती हैं जहाँ वे कहते हैं कि नाटक का आरम्भ, मध्य और अन्त होना चाहिए। वहाँ की मूलतः संरचनात्मक एकता और विकासशील अन्विति का स्पष्ट संकेत मिलता है। यह संरचनात्मक दृष्टि धीरे-धीरे आधुनिक काव्य समीक्षा में विकसित होती हुई नयी समीक्षा की संरचना विषयक धारण में व्यय होती है। साथ ही पेटर ने शैली के मानस-तत्त्व तथा आत्म-तत्त्व का जो विवेचन किया है, उसे लोंजाइनस की औदात्य की परिकल्पना के समकक्ष देखा जा सकता है। लोंजाइनस ने आत्म-तत्त्व भाव और विचार के साथ-साथ अलंकार पद-रचना तथा अन्विति, रचनात्मक एकता पर भी बल दिया है और लोंजाइनस में भी यह रचनात्मक एकता भाषा के माध्यम से ही विवेचित हुई है।

पेटर की यह मान्यता भी महत्त्वपूर्ण है कि साहित्यिक कलाकार अनिवार्यतः पण्डित होता है और जो कुछ भी वह लिखता है, उसका ध्यान सर्वप्रथम पण्डित और पण्डित की अन्तरात्मा पर स्थिर होता है। साहित्यिक कलाकार में पाण्डित्य के महत्त्व की स्वीकृति तथा शैली के अन्तर्गत आत्म-तत्त्व के महत्त्व की स्वीकृति

1. सावित्री सिन्हा (सम्पादिका), 'पाश्चात्य काव्यशास्त्र की परम्परा', पृ. 225-226

इस बात का स्पष्ट प्रमाण है कि शैली विषयक विशिष्ट एवं व्यापक अवधारणा को प्रस्तुत करते हुए पेटर विशेष रूप से काव्य के विषय के गौरव के प्रति सजग है और यह सजगता ही उसके सिद्धान्त को पूर्णतः कला की निरपेक्ष स्थिति के साथ सम्बद्ध करने से रोकती प्रतीत होती है।

गद्य और पद्य का अन्तर

पेटर ने गद्य को पद्य अपेक्षा श्रेष्ठ माना है। रूमानी काव्य-धारा का विकास पेटर के सामने था और साथ ही जीवन की निरन्तर विकासशील जटिलता एवं संघर्ष भी उसके सामने थे। इन दोनों में—रूमानी काव्य-चेतना में तथा औद्योगिक जीवन के गतिशील दुरूह एवं संघर्षानुकूल जीवन में सामरस्य नहीं था, रूमानी कविता अव्यवस्थित एवं विघटित होती हुई व्यवस्था को व्यक्त करने में असमर्थ थी। पेटर ने पद्य की अपेक्षा गद्य को श्रेष्ठ मानते हुए दो कारणों की चर्चा की है। वह 'कल्पनात्मक गद्य को आधुनिक जगत की एक विशिष्ट कला मानता है। इसका पहला कारण तो यह है कि उस युग का जीवन सरल, सर्वमान्य नैतिक—धार्मिक आदर्शों का युग नहीं था, वरन विविध विचारधाराओं एवं विरोधी शक्तियों के संचरण से उत्पन्न अव्यवस्था और विषमता से आक्रान्त था। बौद्धिकता उग्र होती हुई विकासमान थी और मन प्राकृतिक एवं सरल अवस्था के शान्त स्निग्ध वातावरण से दूर होने लगा था। अतः मानसिक स्तर पर भी विक्षोभ, आन्दोलन और जटिलता पैदा हो रही थी। ऐसी स्थिति को और ऐसे युग को मुखर करने के लिए पेटर को तत्कालीन पद्य की अपेक्षा 'कल्पनात्मक गद्य' अधिक उपयुक्त प्रतीत हुआ। बाद में चलकर युग और व्यक्ति के जीवन के विक्षोभ, संघर्ष और अव्यवस्था को व्यक्त करने वाली एक नयी प्रकार की कविता का उदय हुआ। कल्पनात्मक गद्य की श्रेष्ठता का दूसरा कारण है, सर्वव्यापी प्रकृतवाद—एक ऐसी जिज्ञासा जो वस्तु को उसके यथार्थ रूप में देखना चाहती है।' इस प्रकार यथार्थोन्मुख जीवन की अभिव्यक्ति के लिए गद्य ही अधिक उपयुक्त प्रतीत हुआ।

उपर्युक्त विवेचन में भी पेटर के युगबोध की व्यंजना मिलती है। यही उसके चिन्तन का द्वन्द्व है। एक ओर तो वह शैली के माध्यम से विशुद्ध कलागत तत्त्वों का—उपयुक्त शब्द-चयन एवं वाक्य-विन्यास का तथा सम्पूर्ण संरचना का या संघटन का महत्त्व प्रतिष्ठित करता है, दूसरी ओर आत्म-तत्त्व के माध्यम से तथा युगबोध के तकाजे से कथ्य के महत्त्व का निषेध भी नहीं कर सकता। उसका यह निष्कर्ष सर्वमान्य-सा है कि 'साहित्य भी जब अपना विशिष्ट उत्कर्ष शब्द और भाव की पूर्ण अनुरूपता में प्राप्त करता है, तब वह अच्छी कला की माँग को, वस्तु की कलात्मक प्रकृति की माँग को ही सर्वत्र पूरा करता है।'

अच्छा काव्य और महान काव्य

यहाँ एक सवाल पैदा होता है। शैली का उत्कर्ष पेटर के अर्थ में, गीत में भी मिलता है और महाकाव्य में भी। दो कविताएँ अभिव्यंजना के स्तर पर समान हो सकती हैं तो क्या सारा उत्कृष्ट काव्य समान रूप से श्रेष्ठ है? क्रोचे का उत्तर है कि अभिव्यंजना में उत्कर्ष की दृष्टि से कोई अन्तर नहीं होता। मगर पेटर 'अच्छी कला' और 'महान कला' में अन्तर करता है और अन्तर का आधार कथ्य की गरिमा एवं महिमा है। इस विषय पर पेटर के मत को सविस्तार उद्धृत करना उपयोगी होगा। 'ऐप्रिशिएशंस' में उसने 'शब्द और भाव की पूर्ण अनुरूपता प्राप्त' करने वाली अच्छी कला का मूल्यांकन करते हुए लिखा है :

'यह कला अच्छी कला होगी, पर यह आवश्यक नहीं कि वह महान कला भी हो, महान कला और अच्छी कला में अन्तर सम्प्रति रूपविधान पर नहीं, वस्तु पर निर्भर करता है—कम से कम साहित्य के क्षेत्र में तो यह सभी स्थितियों में सत्य है। कला की महानता इस पर निर्भर करती है कि वह जिस वस्तु को अनुप्राणित अथवा नियमित करती है वह किस कोटि की वस्तु है। उसकी विविधता, महत् उद्देश्यों से उसकी सन्धि, उसमें विद्रोह की गहराई अथवा आशा का सन्देश, ये सब उसकी महानता को निर्धारित करते हैं।

'जिन अवस्थाओं में मैंने अच्छी कला की स्थिति मानी है, उनमें यदि कला अवस्थित हो और फिर यदि उसे मानवता की कल्याण-साधना में, पीड़ित-दमित के परित्राण में अथवा हमारी सहानुभूति के विस्तार में लगा दिया जाये, तो वह कला महान होगी, अथवा यदि कला हमारे विषय में तथा हमारे और विश्व के सम्बन्धों के विषय में ऐसे नये या पुराने सत्य का उद्घाटन करे जिससे हमारे ऐहिक जीवन को शाक्ति और उन्नयन मिले अथवा दांते की तरह ईश्वर की महिमा को प्रकाशित करे, तो वह कला महान होगी। कला के जिन गुणों को मैंने सार रूप में मानस और आत्म द्वारा व्यक्त किया है, उस न्यायोचित संघटन एवं रंग और रहस्यमय गन्ध के परे यदि कला में मानव जाति की आत्मा का कुछ भी अंश है, तो मानव जीवन के विशाल प्रासाद में उसका तर्कसंगत और वास्तुविहित स्थान होगा।'[1]

उपर्युक्त पंक्तियों में विषय की गरिमा के प्रति निष्ठा एक ओर तो लोंजाइनस तथा नीतिवादियों का स्मरण कराती है तथा दूसरी ओर पेटर की परवर्ती आलोचना में आर्नल्ड की विचारधारा का पूर्वाभास-सा देती है। मगर यह स्पष्ट है कि पेटर का प्रधान बल शैली संघटना आदि पर है तथा इस प्रकार वह कलावादी आन्दोलन के निकट पड़ता है।

---

1. सावित्री सिन्हा (सम्पादिका), 'पाश्चात्य काव्यशास्त्र की परम्परा', पृ. 331

अध्याय-12

मैथ्यू आर्नल्ड

(सन 1822 से 1889 तक)

पृष्ठभूमि

मैथ्यू आर्नल्ड से पूर्व काव्य चेतना एवं आलोचना रूमानी भावधारा के प्रभाव से एक विशिष्ट दिशा में प्रवाहित हो रही थी। उस दिशा का मूल स्वर परम्परा से काव्य के क्षेत्र में सत्ता से विद्रोह का था। वर्ड्सवर्थ, कॉलरिज, शैले आदि ने आभिजात्यवादी नियमबद्धता के विरोध में एक नयी काव्य-दृष्टि की उद्भावना की जा कवि की स्वच्छन्दता के केन्द्र से आरम्भ होती थी और कवि तथा पाठक के रागात्मक सम्बन्ध तक व्याप्त थी। कवि की स्वच्छन्दता की सिद्धि के लिए यह आवश्यक था कि काव्य पर बाह्य अनुशासन की निरर्थकता को सिद्ध करने के साथ-साथ सर्जना व्यापार के उस अन्तरंग स्वभाव का उद्घाटन किया जाये जिसके आधार पर कवि के व्यक्तित्व के महत्त्व की प्रतिष्ठा की जा सके। अरस्तू एवं आभिजात्यवादियों की दृष्टि का मूल स्वर यह था कि कला और जीवन के सम्बन्ध को अनुकरण के स्तर पर व्यक्त करते हुए कला के अनुरूप नियमों का उद्घाटन किया जाये और फिर यह देखा जाए कि कलाएँ उन नियमों का पालन कहाँ तक करती हैं। स्वच्छन्दतावादी चेतना में इन नियमों को कृत्रिम मानकर उनका निषेध किया गया और आलोचना के एक नये केन्द्र की—कवि के व्यक्तित्व और रचना-व्यापार की प्रतिष्ठा की गयी। इस दृष्टि के अनुसार काव्य में तीन तत्त्वों का महत्त्व सबसे अधिक माना गया है। रूप की दृष्टि से त्रासदी के स्थान पर युगीन मुक्तक की प्रतिष्ठा हुई, कथ्य के रूप में कार्य-व्यापार एवं कथावस्तु के

स्थान पर भाव, आवेग, अनुभूति आदि की श्रेष्ठता प्रतिपादित की गयी और शिल्प के सन्दर्भ में बिम्ब को सबसे अधिक महत्त्वपूर्ण माना गया। मैथ्यू आर्नल्ड ने जब साहित्य-क्षेत्र में पदार्पण किया तो उसे ऐसे वातावरण का सामना करना पड़ा जो रूमानी चेतना के उपर्युक्त तीन तत्त्वों से—प्रगीत मुक्तक, भाव और बिम्ब से प्रधान रूप से निर्मित था। पहले तो आर्नल्ड पर भी इन तत्त्वों का प्रभाव रहा, लेकिन फिर उसने कविता एवं आलोचना की सभी प्राचीन दृष्टियों के विरोध में एक नयी दृष्टि का उद्‌घाटन किया। यह दृष्टि थी, कविता एवं आलोचना को सांस्कृतिक परिवेश में रखकर देखने की दृष्टि।

यह दृष्टि न केवल अपनी मौलिकता के कारण प्रभावशाली बनी, बल्कि अंग्रेज़ मन की व्यावहारिक प्रवृत्ति के अनुकूल भी थी। इसलिए मैथ्यू आर्नल्ड का अंग्रेज़ी आलोचना पर प्रायः आधी सदी तक बड़ा व्यापक और गहरा प्रभाव पड़ा। जिस प्रकार किसी युग में अरस्तू को आलोचना का प्रमाण माना जाता था, उसी प्रकार काफी अरसे तक आर्नल्ड को भी आलोचना का प्रमाण माना जाता रहा।

काव्य-का कथ्य एवं आनन्द

आर्नल्ड कवि भी था मगर उसकी विशेष ख्याति उसकी आलोचना के कारण ही हुई। वह आनन्द को काव्य का महत्त्वपूर्ण तत्त्व मानता है, मगर साथ ही वह आनन्द को एक विशेष सन्दर्भ से—उत्कृष्ट कार्य से तथा श्रेष्ठ प्रतिपादन रीति से जोड़ देता है। इस प्रकार आर्नल्ड की आनन्द सम्बन्धी अवधारणा विशेष महत्त्वपूर्ण हो जाती है क्योंकि वह आनन्द को काव्य से उत्पन्न एक गम्भीर एवं मूल्यवान मनःस्थिति मानता है। कविता का उद्देश्य मात्र मनोरंजन करना नहीं है। मनोरंजन तो एक हल्की स्थिति है जबकि काव्य का कार्य एवं लक्ष्य अत्यन्त भव्य है। इसीलिए वे उत्कृष्ट कार्य-व्यापार को काव्य का सबसे अधिक महत्त्वपूर्ण तत्त्व मानते हैं। इसका यह तात्पर्य नहीं कि वह प्रतिपादन रीति की अवलेहना करता है या शैली पक्ष को समुचित महत्त्व नहीं देता। यदि काव्य का विषय उत्कृष्ट है, उसमें सत्य एवं गांभीर्य है तो उसमें शैली और उसकी गति का उत्कर्ष अपने आप ही आ जाता है क्योंकि काव्य में ये दोनों तत्त्व परस्पर अभिन्न रूप से सम्बद्ध हैं। मगर साथ ही यह भी एक सत्य है कि ऐसी रचनाएँ भी देखने में आती हैं जहाँ कार्य-व्यापार गौण या सामान्य होता है, मगर कौशल एवं चमत्कार की दृष्टि से उसका शिल्प समृद्ध होता है। इस बात की ओर संकेत करते हुए आर्नल्ड ने कहा है :

'समस्त राष्ट्रों में सदा-सर्वदा काव्य के शाश्वत विषय क्या रहे हैं? कार्य-व्यापार मानव के कार्य-व्यापार। उनमें एक निहित रोचकता होती है, कवि की कला द्वारा रोचक नीति से ही उसका सम्प्रेषण होना चाहिए। यदि कवि समझता है कि सब

कुछ उसी की शक्ति में है, कि वह अपनी प्रतिपादन-कला से किसी मूलतः निकृष्ट कार्य-व्यापार को उत्कृष्ट कार्य-व्यापार के समान आनन्ददायक बना सकता है तो उसका यह विचार मिथ्या है। निश्चय ही वह हमें अपने कौशल की प्रशंसा करने पर विवश कर सकता है, परन्तु उसकी कृति में एक असाध्य दोष तो विद्यमान रहेगा ही। अतः सर्वप्रथम तो कवि को उत्कृष्ट कार्य-व्यापार का चयन कर लेना चाहिए। और सबसे उत्कृष्ट कार्य-व्यापार कौन-से होते हैं? निश्चय ही वे जो मानव के सहज संस्कारों को सबसे अधिक आन्दोलित करें, उन मूलवर्ती भावनाओं को (आन्दोलित करें) जिनका जातीय मानस में स्थायी वास होता है और जो काल निरपेक्ष होती हैं। ये भावनाएँ स्थायी और अपरिवर्तनशील होती हैं और इनके अनुरंजन के साधन भी स्थायी और अपरिवर्तनशील होते हैं।

'अतः किसी कार्य का, काव्यगत चित्रण के लिए, उपयुक्त होना उसकी प्राचीनता या अर्वाचीनता पर बिल्कुल निर्भर नहीं होता, यह तो उसके निहित गुणों पर निर्भर है। हमारे स्वभाव के मूलवर्ती अंश के सम्मुख, हमारी वासनाओं के सम्मुख जो कुछ महान और रागात्मक होता है, वह शाश्वत रोचकता से सम्पन्न होता है, और उसकी रोचकता ठीक उसकी महानता और रागात्मकता के अनुपात में होती है। एक हजार वर्ष पुराना कोई महान कार्य आज के किसी लघुतर कार्य की अपेक्षा अधिक रोचक होगा, भले ही इस लघुतर कार्य के चित्रण में अत्यन्त सूक्ष्म कौशल का परिचय दिया गया हो और भले ही अपनी आधुनिक भाषा, परिचित आचार-व्यवहार और समसामयिक निर्देशों के कारण वह हमारी क्षणिक भावनाओं और रुचियों को अपनी ओर आकर्षित करने की अधिक क्षमता रखता हो। परन्तु वे किसी काव्य कृति से यह माँग नहीं कर सकतीं कि वह उनकी परितृप्ति करे। उनके दावे दूसरी दिशा में उन्मुख हो सकते हैं। काव्य कृतियों का सम्बन्ध हमारी शाश्वत वासनाओं के साम्राज्य से होता है। यदि वे इन्हें आकर्षित करती हैं तो और सब छोटे-मोटे दावों का स्वर स्वयं ही मौन हो जाता है।'[1]

इस उद्धरण में आर्नल्ड मानव-स्वभाव के शाश्वत भावों या वृत्तियों का उल्लेख करता है जिनमें कभी परिवर्तन नहीं आता तथा कविता को उत्कृष्ट कार्य-व्यापार के माध्यम से उन मूल शाश्वत भावों के साथ सम्बद्ध करने का प्रयास करते हैं। आचार्य रामचन्द्र शुक्ल ने भी इसी प्रकार के विचार व्यक्त करते हुए 'कविता क्या है' निबन्ध के मूल रूप और मूल व्यापार के महत्त्व की प्रतिष्ठा की है :

'जिन रूपों और व्यापारों से मनुष्य आदिम युगों से परिचित है, जिन रूपों और व्यापारों को सामने पाकर वह नर जीवन के आरम्भ से ही लुब्ध और क्षुब्ध होता आ रहा है, उनका हमारे भावों के साथ मूल या सीधा सम्बन्ध है। अतः काव्य के प्रयोजन के लिए हम उन्हें मूल रूप और मूल व्यापार कह सकते हैं। इस विशाल

1. सावित्री सिन्हा (सम्पादिका), 'पाश्चात्य काव्यशास्त्र की परम्परा', पृ. 194-95

विश्व के प्रत्यक्ष से प्रत्यक्ष और गूढ़ तथ्यों को भावों का विषय या आलंबन बनाने के लिए इन्हीं मूल रूपों और मूल व्यापारों में परिणत करना पड़ता है।'[1]

आर्नल्ड और शुक्ल जी की बुनियादी दृष्टि में समानता है। दोनों ही मानव-स्वभाव के रागात्मक अंश को शाश्वत मानते हैं। सभ्यता का रूप चाहे कितना ही क्यों न बदल जाये, मानव की भावनाएँ और अनुभूतियाँ स्थायी रहती हैं। इसलिए प्राचीन काल के जो कार्य-व्यापार उन मूल भावनाओं को जगाने में समर्थ हैं, वे आधुनिक युग में भी महत्त्वपूर्ण हैं। मगर दोनों आलाचकों की दृष्टि का अन्तर भी स्पष्ट है। आर्नल्ड यह मानता है कि समकालीन जीवन किसी उत्कृष्ट कार्य-व्यापार का स्रोत नहीं हो सकता और इसलिए प्राचीन कार्य-व्यापारों के महत्त्व को स्वीकार करता है। आर्नल्ड के इस मत की कटु आलोचना की गयी है और काव्य के परवर्ती विकास ने आर्नल्ड के इस मत का खण्डन कर दिया है। मगर शुक्ल जी में एक सन्तुलन दृष्टि मिलती है। वे प्राचीन कार्य-व्यापारों का महत्त्व स्वीकार करते हुए भी समकालीन जीवन की काव्योचित उपयोगिता का निषेध नहीं करते वरन उसके महत्त्व की प्रतिष्ठा करते हैं। स्पष्ट है कि शुक्लजी मैथ्यू आर्नल्ड को मन को दोहराते हैं।

यहाँ यह सवाल हो सकता है कि आर्नल्ड ने समकालीन जीवन की उपेक्षा करके प्राचीन कार्य-व्यापारों के महत्त्व की प्रतिष्ठा क्यों की? इसके ऐतिहासिक कारण हैं जिन्हें जानने के लिए आर्नल्ड के समकालीन समाज का तथा उस समाज-विषयक आर्नल्ड की मान्यता को समझना आवश्यक है।

तत्कालीन सांस्कृतिक अराजकता

आर्नल्ड के मतानुसार उसके समकालीन समाज में विशेष यान्त्रिक प्रगति हुई है, मगर कुल मिलाकर जीवन में असन्तुलन दिखाई देता है, नैतिक गरिमा का अभाव दिखाई देता है। इसका कारण यह है कि वैज्ञानिक विकास तथा भौतिक समृद्धि के कारण जीवन में असन्तुलन आ गया है। असमानता बढ़ी है, समाज वर्गों में विभाजित हो गया है तथा प्रत्येक वर्ग स्वाभाविक एवं परिष्कृत जीवन से च्युत होकर विघटित एवं संकुचित होता गया है। इस असमानता से उच्च वर्ग भौतिकवादी हो गया है, मध्य वर्ग क्षुद्र बन गया है तथा निम्न वर्ग में पाशविकता आ गयी है। सब तरफ विघटन का, अराजकता का बोलबाला है। एक ओर तो ऐसे लोग हैं जो तत्कालीन अंग्रेज़ी समाज की प्रगति का गान करते हैं, दूसरी ओर आर्नल्ड उन प्रशस्तियों का मज़ाक उड़ाता हुआ तत्कालीन मूल्यों के विघटन पर बल देता है और यह आशा करता है कि कविता मानव-जीवन में फिर से नयी आस्था को, नये विश्वासों को जन्म देगी। यान्त्रिक प्रगति ने एक ओर तो जीवन में व्यावहारिक और उपयोगितावादी दृष्टिकोण

1. रामचन्द्र शुक्ल, 'चिन्तामणि', प्रथम भाग, पृ. 142

को शक्तिशाली बनाया है, दूसरी ओर प्राचीन अर्थ और दर्शन के मूल्यों के प्रति सन्देह पैदा कर दिया है। डार्विन के विकासवाद के सिद्धान्त ने तथा अन्य वैज्ञानिक आविष्कारों ने यह प्रमाणित करने का प्रयास किया कि अर्थ और दर्शन के नाम पर जो विश्वास एवं आस्थाएँ पनप रही थीं, उनकी बुनियाद को ही हिला दें। नतीजा यह हुआ कि व्यक्ति और समाज के जीवन में असन्तुलन आ गया तथा नैतिक एवं धार्मिक मूल्यों का ह्रास हो गया। इसीलिए आर्नल्ड की मान्यता है कि समकालीन जीवन से श्रेष्ठ कार्य-व्यापार की उपलब्धि नहीं की जा सकती। आर्नल्ड अपनी इस मान्यता की दुर्बलता से परिचित है, मगर साथ ही यह कहकर छुट्टी पा लेता है कि यदि समकालीन जीवन से उत्कृष्ट कार्य-व्यापार की प्राप्ति हो सके तो उसे कोई आपत्ति नहीं होगी। मगर स्पष्ट है कि उसे ऐसी आशा कम है। विघटन और अराजकता के युग में उत्कृष्ट कार्य-व्यापार की प्राप्ति कैसे हो सकती है? इसीलिए वह प्राचीन कार्य-व्यापार के महत्त्व पर बल देता है और कहता है :

'आज के युग में असीम विभ्रम फैला हुआ है। विविध परामर्श देने वाले असंख्य स्वर संभ्रम में डाल देते हैं। युवक लेखक का ध्यान आकृष्ट करने वाली और उसका दर्शन बन सकने वाली कृतियों की संख्या अपार है। उसे आवश्यकता इस बात की है कि किसी का हाथ इस विभ्रम में उसका दिशा-निर्देश करे, कोई स्वर ऐसा लक्ष्य नियत कर दे, जिसका वह ध्यान रख सके और उसे यह समझाए कि इस लक्ष्य की ओर अग्रसर करने की जिस साहित्यिक कृति में जितनी शक्ति हो, उसका उतना ही मूल्य आँकना चाहिए। अंग्रेज़ी लेखक को आज ऐसा पथ-प्रदर्शक कहीं नहीं मिल सकता। जब यह सम्भव नहीं तो फिर यही अपेक्षा और यही वांछा की जा सकती है कि उसका ध्यान उत्कृष्ट आदर्शों (आदर्श कृतियों) पर केन्द्रित हो, यदि स्वतन्त्र रूप से उसे उत्कृष्ट कवि का सृजन (व्यापार) नहीं सिखाया जा सकता तो वह उनका (आदर्श कृतियों का) गहन अवगाहन करके और उसकी भावना को आत्मसात् करके कम से कम उनकी थोड़ी-बहुत उत्कृष्टता तो अपनी कृति में ला ही सकता है।'[1]

इस उद्धरण में होरेस की उस उक्ति का स्मरण हो आता है, जहाँ वह अपने युग के कवियों को यह सुझाव देता है कि वे प्राचीन आदर्श काव्यों को हमेशा ध्यान में रखें। यहाँ आर्नल्ड का आभिजात्यवादी आग्रह पूर्णतः स्पष्ट हो जाता है। आभिजात्यवाद जीवन में शाश्वत और सनातन अंश पर बल देता है और उस अपरिवर्तनशील स्वभाव को ही परितुष्ट करने वाली कलाकृति को उत्कृष्ट मानता है। उत्कृष्ट कार्य-व्यापार (एक्सीलेन्ट एक्शन) की व्याख्या करते हुए वह कहता है कि यह व्यापार मानव की उन मूल भावनाओं को प्रभावित करता है जो मानव जाति में स्थायी रूप से निवास करती हैं।

1. सावित्री सिन्हा (सम्पादिका), 'पाश्चात्य काव्यशास्त्र की परम्परा', पृ. 199

आर्नल्ड का यह मत कि उत्कृष्ट कार्य-व्यापार का आधार समकालीन समाज नहीं हो सकता, मान्य नहीं हुआ। आर्नल्ड के बाद काव्य और कलासाहित्य का जो विकास हुआ, वह इस बात का स्पष्ट प्रमाण है कि समकालीन जीवन से विषय ग्रहण करके उत्कृष्ट रचनाओं का निर्माण किया जा सकता है। नाटक के क्षेत्र में जार्ज बर्नार्ड शॉ, उपन्यास के क्षेत्र में ज़ोला तथा नयी कविता ने यह सिद्ध कर दिया कि साहित्य किस प्रकार समकालीन सन्दर्भों का उपयोग रचनात्मक के स्तर पर सफलता के साथ कर सकता है।

यहाँ आर्नल्ड के पक्ष में इतना ही कहा जा सकता है कि वह अपने युग के सन्दर्भ में बात कर रहा है, और इस मत के पीछे उसकी काव्य सम्बन्धी दृष्टि का भी हाथ है। वह कविता को सांस्कृतिक सन्दर्भ में रखकर देखता है। अरस्तू आदि ने काव्य पर विचार करते हुए काव्य एवं सृष्टि के सम्बन्ध की—अनुकरण की बात की थी, मगर वह युग अपेक्षाकृत सरल था, आर्नल्ड का युग जटिल युग है, संक्रान्ति का युग है। इसलिए वह काव्य को पूरे युग जीवन के साथ सम्बद्ध करके देखता है। काव्य और जीवन के सम्बन्ध की चर्चा कहीं प्रत्यक्ष और कहीं परोक्ष रूप से रोमांटिक आलोचना में भी मिलती है। मगर रोमांटिक आलोचना का केन्द्र कवि था, कवि का व्यक्तित्व, उसकी अभिव्यक्ति और उसकी अनुभूति का महत्त्व सर्वोपरि था। रोमांटिक आलोचना में सर्जना-प्रक्रिया पर भी बल दिखाई देता है। मगर आर्नल्ड की दृष्टि का स्वरूप यह है कि काव्य तत्कालीन अराजकतापूर्ण स्थिति में जीवन को नैतिक आदर्शों की ओर प्रेरित कर सकता है, जो सांस्कृतिक पूर्णता की ओर ले जा सकता है। इस उद्देश्य की पूर्ति के लिए उसे प्राचीन कवियों से प्रेरणा लेनी होगी। उसका कथन है :

'स्मरण रहे, मैं सामान्य पाठक के लिए बौद्धिक उत्तेजना के सर्वश्रेष्ठ स्रोतों की ही नहीं वरन व्यक्ति-लेखक के शिक्षण के श्रेष्ठ आदर्शों की भी बात कर रहा हूँ। व्यक्ति-लेखक तीन बातें निश्चय ही कहीं अन्यत्र की अपेक्षा प्राचीनों से अधिक अच्छी तरह सीख सकता है, जिनका जानना उसके लिए अत्यन्त महत्त्वपूर्ण है, विषय-चयन का सर्वोपरि महत्त्व सही निर्माण की आवश्यकता और अभिव्यंजना की गौणता। उनसे वह यह सीख सकता है कि किसी महान कार्य को उसकी सम्पूर्णता में ग्रहण करने से मन पर जो नैतिक छाप पड़ती है, उसका प्रभाव किसी एक असाधारण से असाधारण विचार या सुखद से सुखद बिम्ब के प्रभाव की अपेक्षा कहीं अधिक उत्कृष्ट होता है। जैसे-जैसे वह महान अभिजात काव्य-कृतियों की अन्तरात्मा में प्रवेश करेगा, जैसे-जैसे वह क्रमशः उनकी गहन गम्भीर अर्थवत्ता, उनकी भव्य सरलता, शान्ति एवं कारुणिकता से अवगत होता जायेगा, वैसे-वैसे उसे यह प्रतीति होती जायेगी कि नैतिक प्रभाव की यही एकता और गहनता प्राचीन कवियों का लक्ष्य हुआ करती थी। उनकी कृतियों का यही वैभव है, इसी के बल पर वे

अमर हैं। तब उसके अपने प्रयत्न भी यही प्रभाव उत्पन्न करने की ओर उन्मुख होंगे। सबसे बड़ी बात तो यह है कि वह आधुनिक आलोचना के वाग्जाल से अपने को मुक्त कराएगा और काल की अस्थिरता की भावना से अनुप्राणित काव्य-कृतियों की—जिनमें स्वयं भी वही क्षणिकता आ जाती है—सर्जना से बच जायेगा।...उनका काम युग के गीत गाना नहीं होता वरन अपने समकालीनों को वह सर्वोपरि आनन्द प्रदान करना होता है जिसकी अनुभूति स्वयं करने में वे समर्थ हों। यदि उनसे कहा जाये कि वे युगीन विषयों के माध्यम से इस आनन्द की उपलब्धि करायें तो वे पूछते हैं कि इस युग में ही ऐसी क्या विशेष बात है कि उससे विषय ग्रहण किये जायें? उत्तर मिलता है कि यह प्रगति का युग है, ऐसा युग है जिस पर औद्योगिक विकास और सामाजिक उन्नयन के महान विचारों की कार्यान्विति का दायित्व है। वे कहते हैं कि इस सबसे उनका कोई काम नहीं बनता, उनकी कला के प्रयोग के लिए जो तत्त्व आवश्यक हैं, वे महान कार्य हैं—मानवात्मा के शाश्वत तत्त्वों को अभिभूत करने के लिए सशक्त और आह्लाददायक रूप से संयोजित महान कार्य। वर्तमान युग जहाँ तक ऐसे कार्य उपलब्ध करा सकता है, वे सहर्ष उनका उपयोग करेंगे परन्तु जिस युग में नैतिक भव्यता नहीं, उसमें उनका मिलना भी कठिन है और आध्यात्मिक उद्वेग के युग में उनका कोई प्रबल प्रभाव पड़ना एवं इनसे आह्लाद की सिद्धि होना भी कठिन है।'[1]

विज्ञान और काव्य

कविता के माध्यम से प्राचीन कार्य-व्यापारों की अभिव्यक्ति साधन है, जिसका लक्ष्य है एक नवीन सन्तुलित-समरस जीवन-व्यवस्था का निर्माण। विज्ञान ने धर्म और दर्शन को, जो विज्ञान के पहले के मध्यकालीन जीवन की स्थिति और प्रेरणा के प्रधान आधार थे, चुनौती दी। अराजकता के ऐसे युग में केवल काव्य ही वह साधना है जो जीवन में सांस्कृतिक पूर्णता की स्थापना में सहायक होगा। विज्ञान मानव-जीवन के एक पक्ष को, भौतिक एवं ऐन्द्रिय पक्ष को, सन्तुष्ट करता है, इसलिए विज्ञान की उपलब्धियों का महत्त्व सर्व-स्वीकृत है। मगर विज्ञान पर आधारित भौतिक सभ्यता के सुखों में ही सम्पूर्ण जीवन को सीमित कर देना जीवन की अपूर्ण सिद्धि होगी, जीवन का अधूरापन होगा। जीवन की पूर्ण सिद्धि के लिए हमें विज्ञान के साथ-साथ काव्य की अपेक्षा है। आर्नल्ड की मान्यता है कि जैसे-जैसे समय बीतेगा, मानवता इस सत्य का आविष्कार करेगी कि हमें जीवन की व्याख्या के लिए, जीवन को परितोष एवं आधार प्रदान करने के लिए, काव्य की ओर उन्मुख होना पड़ेगा। काव्य के बिना हमारा विज्ञान अधूरा प्रतीत होगा और आज जिसे

1. सावित्री सिन्हा (सम्पादिका), 'पाश्चात्य काव्यशास्त्र की परम्परा', पृ. 199-201

हम धर्म और दर्शन मानते हैं, उसके अधिकांश का स्थान कविता ले लेगी। 'आज हमारे धर्म का सशक्ततम अंश उसकी अचेतन कविता ही है।'[1]

'कविता जीवन की आलोचना है' यह आर्नल्ड का ऐसा कथन है जो काफी प्रसिद्ध है। मगर इस कथन को अलग से देखने पर यह लगता है कि आर्नल्ड काव्य में रचनात्मकता को अपेक्षित महत्त्व नहीं देता। वस्तुतः ऐसी बात नहीं है। वह शैली के सन्दर्भ में उच्च गम्भीरता (हाई सीरियसनेस) की बात कहता है, आवयविक एकता की बात करता है, आनन्द की बात करता है, जिससे यह स्पष्ट हो जाता है कि वह काव्य के काव्यगत गुणों को भी महत्त्वपूर्ण मानता है। मगर यह निर्विवाद है कि काव्य के उन सभी तत्त्वों का महत्त्व तभी स्वीकार किया जा सकता है, जबकि उसमें उत्कृष्ट कार्य-व्यापार की व्यंजना होगी। साथ ही वह काव्य के सौन्दर्य आदि गुणों पर भी बल देता है। उदाहरण के लिए, वह कहता है कि कविता जीवन की आलोचना तो जरूर है, मगर इस आलोचना के अपने काव्य-सत्य और काव्य-सौन्दर्य के विशिष्ट नियम हैं (पोएट्री ऐज क्रिटिसिज्म ऑफ लाइफ अंडर दि कंडीशंस फिक्स्ड फार सच एक क्रिटिसिज्म बाई दि लाज ऑफ पोएटिक ट्रुथ एण्ड पोएटिक ब्यूटी)[2] ...मगर आर्नल्ड की काव्य-दृष्टि कविता की बजाय मानव-जीवन की समग्रता पर केन्द्रित है और इसी सरणि पर उसने काव्य पर विचार किया है। जिस प्रकार वह कविता की आवश्यक एकता की बात करता है, उसी प्रकार वह जीवन में भी एक प्रकार की आवयविक एकता के आदर्श को लेकर चला है, जिसमें भौतिक एवं राजनीतिक पक्षों के साथ-साथ जीवन के नैतिक, धार्मिक आदि अन्य पक्षों का भी समुचित विकास हो।

कविता का यथार्थ मूल्यांकन

आर्नल्ड ने कविता के मूल्यांकन की समस्या पर विचार करते हुए भी इसी सांस्कृतिक आदर्श को ध्यान में रखा है। लेकिन इससे पहले कि हम आर्नल्ड के कविता के मूल्यांकन सम्बन्धी विचारों का विवेचन करें, यह जरूरी है कि आर्नल्ड ने कविता के उत्कर्ष को समझने के लिए जिस व्यावहारिक कसौटी का वर्णन किया है, उस पर विचार करें।

एक सामान्य पाठक के सामने यह एक बुनियादी समस्या आती है कि वह किसे उत्कृष्ट काव्य माने और किसे निकृष्ट माने। दूसरे शब्दों में समस्या यह है कि एक आम पाठक को उत्कृष्ट काव्य की पहचान कैसे कराई जाये। इसका उत्तर

1. दि स्ट्रांगेस्ट पार्ट ऑफ अवर रिलिजन टुडे इज इट्स अनकांशस पोएट्री। विल्सन ऐलन और हैरी हेडन क्लार्क (सम्पा), 'लिट्रेरी क्रिटिसिज्म : पोप टफ क्रोचे', पृ. 503
2. सावित्री सिन्हा (सम्पादिका), 'पाश्चात्य काव्यशास्त्र की परम्परा', पृ. 510

आर्नल्ड ने एक सरल व्यावहारिक स्तर पर दिया है। उसका कहना है कि प्राचीन महान रचनाओं के कुछ अंश—चाहे वह छन्द हो या एक पंक्ति की हो—ऐसे हैं जो निर्विवाद रूप से उत्कृष्ट काव्य के उदाहरण माने जाते हैं। इसलिए ऐसे सर्वमान्य रूप से उत्कृष्ट उदाहरणों का संकलन किया जा सकता है और इसमें संकलित कविताओं के अंशों से तुलना करके यह निर्णय किया जा सकता है कि कौन-सी नयी रचना उत्कृष्ट काव्य की कोटि में रखी जा सकती है। इस प्रकार आर्नल्ड ने कविता के श्रेष्ठ अंशों और पंक्तियों का संकलन तैयार किया, जिससे आम पाठक काव्य का मूल्यांकन कर सके।

मगर स्पष्ट है कि उपर्युक्त रीति से संकलित की गयी कसौटियों की उपयोगिता सीमित है। इस पर तीन आपेक्ष किये जा सकते हैं। पहला आपेक्ष तो यह है कि कविता का कोई अंश, चाहे वह एक छन्द हो या एक पंक्ति, पूरी रचना से सम्पृक्त है और इसलिए उसका महत्त्व उस रचना के सन्दर्भ से ही जाना जा सकता है। रचना से उस अंश को अलग कर देने पर उसका वह महत्त्व नहीं रह पाता। यह बात आर्नल्ड की अपनी मान्यता के भी विरोध में पड़ती है। पीछे दिये एक उद्धरण से यह स्पष्ट हो जाता है कि आर्नल्ड उन रचनाओं का विरोध करता है जिनका महत्त्व किसी एक बिम्ब या अंश के कारण है, साथ ही वह कविता में आवश्यक एकता की बात भी करता है। ऐसी स्थिति में रचना का कोई अंश रचना से कटकर उत्कृष्ट रह सकता है, यह मान्यता विवादास्पद है। दूसरी बात यह है कि प्राचीन काव्य का जन्म एक विशेष परिवेश से होता है और आज का परिवेश बदला हुआ है। इसलिए प्राचीन चेतना से निर्मित रचना आज की चेतना से उत्पन्न रचना के लिए कसौटी नहीं बन सकती। आर्नल्ड की ओर से यह कहा जा सकता है कि वह जीवन के शाश्वत मूल्यों को व्यक्त करने वाले काव्य को श्रेष्ठ मानता है, इसलिए प्राचीन काव्य के वे अंश ही श्रेष्ठ माने जायेंगे जिनमें सनातन मूल्यों की स्थिति हो। मगर मूल्यों की यह सनातनता अपने आप में संदिग्ध है। तीसरी बात यह है कि यदि सभी कुछ काव्यांशों को उत्कृष्ट मानते हैं, तो यह आसानी से समझा जा सकता है कि उस 'उत्कृष्ट' का स्वरूप क्या है। आलोचक उन अंशों के आधार पर उत्कृष्ट काव्य के सर्वमान्य लक्षण का निर्धारण भी कर सकता है। यदि यह सम्भव है तो अधिक वैज्ञानिक पद्धति यह होगी कि उन उत्कृष्ट अंशों के आधार पर उत्कृष्ट काव्य के सामान्य लक्षणों का निर्देश कर दिया जाये, जो आगे की रचना के मूल्यांकन में सहायक हो सकें। इस प्रकार आंशिक व्यावहारिक उपयोगिता के बावजूद भी आर्नल्ड की यह मान्यता सदोष है।

काव्य के मूल्यांकन के सामान्य प्रश्न पर विचार करते हुए आर्नल्ड ने व्यक्तिपरक मूल्यांकन (पर्सनल अस्टिमेट) और ऐतिहासिक मूल्यांकन (हिस्टारिकल अस्टिमेट) के विरोध में यथार्थ मूल्यांकन (रियल अस्टिमेट) की चर्चा की है। यथार्थ

मूल्यांकन का विवेचन करते हुए आर्नल्ड ने आलोचक की निष्पक्षता (डिस्इन्ट्रेस्टिडनेस) की बात भी की है। निष्पक्ष आलोचना ही जीवन को तात्कालिक व्यावहारिक उपयोगिता के संकीर्ण घेरे से बाहर निकालकर उसे पूर्णता और सन्तुलन की ओर अग्रसर करती है। इस प्रकार आर्नल्ड ने आलोचना के व्यापक उत्तरदायित्व को सबसे अधिक प्रधानता दी है।

आलोचना का स्वरूप और उद्देश्य

यथार्थ मूल्यांकन की बात करते हुए आर्नल्ड ने समकालीन पत्र-पत्रिकाओं के पूर्वाग्रहपूर्ण रवैये की निन्दा की है। 'वर्तमान काल में आलोचना के प्रयोजन' (दि फंक्शन ऑफ क्रिटिसिज्म एट दि प्रजेन्ट टाइम) नाम के निबन्ध में उन्होंने कहा है कि 'एडिनबरा रिव्यू' ओल्ड विगस के विचारों को प्रस्तुत करता है। 'क्वार्टर्ली रिव्यू' टोरीज का पत्र है। 'ब्रिटिश क्वार्टर्ली रिव्यू' राजनैतिक व्यवस्था के विरोधियों के रवैये से आक्रान्त है और 'टाइम्स' सम्पन्न अंग्रेज़ की मनोवृत्ति का प्रतिनिधित्व करता है। ऐसी स्थिति में यह और भी जरूरी हो जाता है कि आलोचना इन सब पूर्वाग्रहों से मुक्त होकर जीवन को पूर्णता में देखे और इसी दृष्टि से साहित्य का मूल्यांकन करे। इस प्रकार आर्नल्ड का आलोचक मात्र काव्यशास्त्री ही नहीं है, वह तो एक सांस्कृतिक चिन्तक है, जो अपने युग को सही आदर्श प्रदान करता है। इस उद्देश्य को पूरा करने के लिए आलोचना को तीन कार्य करने होंगे। प्रथम, आलोचना को जीवन और काव्य की महान उपलब्धियों को समझना होगा, उन्हें आत्मसात् करना होगा। द्वितीय, इन उपलब्धियों के विचारों को शक्तिशाली अभिव्यक्ति देनी होगी। और तृतीय, इस प्रकार जीवन में उत्कृष्ट विचारों का संचार करके एक ऐसे वातावरण का निर्माण करना होगा जो महान साहित्य के निर्माण की प्रेरणा दे सके। स्पष्टतः यहाँ आर्नल्ड ने आलोचना को महान काव्य के प्रेरक के रूप में प्रतिष्ठित करके एक बुनियादी समस्या को उठा दिया है। यह बुनियादी समस्या है आलोचना और रचना के सापेक्षिक महत्त्व की। प्रायः रचना आलोचना से अधिक महत्त्वपूर्ण मानी जाती है, लेकिन आर्नल्ड व्यापक परिप्रेक्ष्य में आलोचना को अधिक महत्त्वपूर्ण मानता है क्योंकि आलोचना ही महान विचारों के सम्प्रेषण द्वारा उत्कृष्ट साहित्य के निर्माण की प्रेरणा देती है। क्या सचमुच आलोचना इस महत्त्वपूर्ण कार्य को कर सकती है? स्पष्ट है कि सामान्य तौर पर ऐसा सम्भव नहीं है और आलोचना रचना की अपेक्षा गौण मानी जाती है। भारतीय काव्यशास्त्र में प्रचलित यह उक्ति कि 'लक्ष्य ग्रन्थों के निर्माण के बाद ही लक्षण ग्रन्थों का निर्माण होता है' भी इसी बात की ओर इशारा करती है कि आलोचना काव्य से प्रेरणा ग्रहण करती है और काव्य पर आधारित होती है। इस सम्बन्ध में बुनियादी सवाल

यह है कि आलोचना का प्रयोजन क्या है? अगर आलोचना का कार्य काव्य के विविध पक्षों की व्याख्या भर है तो स्पष्टतः आलोचना काव्य की अपेक्षा गौण है। यदि आलोचना का कार्य महान विचारों के प्रचार द्वारा उत्कृष्ट काव्य के निर्माण के लिए उपयुक्त पृष्ठभूमि तैयार करना है तो आलोचना को अधिक महत्त्वपूर्ण मानना होगा। आर्नल्ड ने आलोचना को काव्य के सन्दर्भ में रखकर नहीं देखा, आर्नल्ड का आलोचक कविता की समीओं के भीतर बँधा हुआ नहीं है। वरन उसने आलोचना को व्यापक जीवन के परिप्रेक्ष्य में रखकर देखा है और सांस्कृतिक नवनिर्माण में उसे सबसे अधिक महत्त्वपूर्ण माना है।

यहाँ यह सवाल उठाया जा सकता है कि क्या आलोचना को जीवन के व्यापक परिप्रेक्ष्य से सम्बद्ध करके देखना संगत है? क्या आलोचना का यही सही रूप है? आर्नल्ड मानता है कि आलोचना का यही एकमात्र उद्देश्य है। आर्नल्ड ने यह देखा कि उनके युग का जीवन स्वार्थ के संकुचित दायरे में कैद है जिसमें भौतिक सुखों का आग्रह ही प्रधान है। उन्नीसवीं शती के इंग्लैण्ड का जीवन भौतिक समृद्धि का जीवन था और इसलिए भौतिकता से आक्रान्त था। ऐसी स्थिति में आवश्यकता इस बात की थी कि कोई साधना या कोई विचारक ऐसा भी हो जो जीवन को इस क्षुद्रता से बचाकर उत्कृष्ट विचारों की ओर अग्रसर करे। आर्नल्ड ने यह कार्य आलोचक को सौंपा और इस प्रकार उसने यह माना कि आलोचना का उद्देश्य यह है कि 'वह मानव को ऐसे आत्मतोष से बचाए जो व्यवधान बनकर आता है और जो क्षुद्र बनाता है। वह मानव के मन को उस ओर आकर्षित करे जो अपने आप में श्रेष्ठ है। आलोचना का कार्य है कि वह व्यक्ति को निरपेक्ष सौन्दर्य की ओर आकृष्ट करके उसे पूर्णता की ओर उन्मुख करे।[1] इस प्रकार आलोचना व्यक्ति को व्यावहारिकता के क्षेत्र से ऊपर उठाने का प्रयास करती है। आर्नल्ड ने यह माना है कि इस मत पर यह आक्षेप लगाया जा सकता है कि मैं आलोचना का यह प्रयोजन मानकर भारतीय तटस्थता के मूल्य को अपना रहा हूँ और जीवन के व्यावहारिक क्षेत्र से आलोचना को काटकर उसके कार्य को मन्द गति वाला और दुरूह बना रहा हूँ। मगर आर्नल्ड यह मानता है कि चाहे यह कार्य मन्द गति वाला और दुरूह हो, पर आलोचना का यही एकमात्र उचित कार्य है।[2]

जिस प्रकार आलोचना जीवन के प्रति एक तटस्थ दृष्टिकोण अपनाती है,

1. दि एम ऑफ क्रिटिसिज्म 'इज टु कीप मैन फ्राम सेल्फ-सैटिस्फेक्शन ह्विच इज रिटार्डिंग एण्ड वल्गाइजिंग, टु लीड हिम टुवर्ड्स परफेक्शन, बाई मेकिंग हिज माइंड ड्वैल अपॉन ह्वाट इज ऐक्सिलेन्ट इन इटसेल्फ, एण्ड दि ऐब्सोल्यूट ब्यूटी एण्ड फिटनेस ऑफ थिंग्स।' एलेन और क्लार्क (सम्पा.), 'लिट्रेरी क्रिटिसिज्म : पोप टु क्रोचे', पृ. 498

2. 'इट विल बी सैड दैट इट इज ऐ वैरी सटल एण्ड इनडायरेक्ट एक्शन ह्विच आई एम दस प्रेस्क्राइबिंग फॉर क्रिटिसिज्म, एण्ड दैट, बाई एम्ब्रेसिंग इन दिस मैनर दि इंडियन वर्चू ऑफ डिटैचमेन्ट एण्ड अबंडनिंग दी स्फीयर ऑफ प्रैक्टिकल लाइफ, इट कंडेम्स इटसेल्फ टु ए स्लो एण्ड ऑब्सक्योर वर्क। स्लो एण्ड ऑब्सक्योर इट मे बी, बट इट इज दि ओनली प्रॉपर वर्क ऑफ क्रिटिसिज्म।' एलेन और क्लार्क (सम्पा.) 'लिट्रेरी क्रिटिसिज्म पोप टु क्रोचे', पृ. 495

उसी प्रकार आलोचना को काव्य के प्रति भी तटस्थ दृष्टि अपनानी चाहिए। तभी आलोचना काव्य का यथार्थ मूल्यांकन कर सकती है, जिसकी चर्चा पहले की जा चुकी है। आलोचना की तटस्थता या यथार्थ मूल्यांकन की इस दृष्टि को समझने के लिए मूल्यांकन की व्यक्तिपरक और ऐतिहासिक दृष्टियों को समझना जरूरी है क्योंकि इन्हीं के विरोध में आर्नल्ड ने यथार्थ मूल्यांकन की बात की है।

काव्य का व्यक्तिपरक मूल्यांकन आलोचक की व्यक्तिगत रुचि पर उसकी निजी प्रतिक्रिया पर निर्भर करता है। इस तरह के मूल्यांकन का महत्त्व सीमित होता है क्योंकि यहाँ न तो कृति महत्त्वपूर्ण होती है और न ही जीवन। महत्त्व तो केवल आलोचक की दृष्टि का है, उसे किसी कृति के अच्छे या बुरे लगने का है। इस प्रकार की आलोचना का विकसित रूप प्रभाववादी आलोचना में दिखाई देता है। आर्नल्ड ने इसका विरोध किया है।

ऐतिहासिक मूल्यांकन के दो रूप देखने में आते हैं। पहला रूप तो वह जिस में यह देखने का प्रयास किया जाता है कि किसी कृति में उसके युग का जीवन कहाँ तक प्रतिबिम्बित हुआ है। जो साहित्यकार अपने सामाजिक परिवेश के प्रति जितना अधिक सजग होता है, जो जितनी ईमानदारी के साथ अपने युग के अनुरोधों और चुनौतियों को रचनात्मकता के स्तर पर स्वीकार करता है, वह उतना ही महान माना जाता है। उदाहरण के लिए हिन्दी साहित्य के विकास में कबीरदास, तुलसीदास और प्रेमचन्द आदि ने अपने युग-जीवन की विविध समस्याओं को व्यक्त करने का प्रयास किया है। लेकिन इससे भिन्न ऐतिहासिक मूल्यांकन का एक दूसरा आधार भी होता है। साहित्य के विकास में कभी-कभी ऐसा भी होता है कि कोई लेखक रचनात्मकता के स्तर पर उत्कृष्ट न होते हुए भी एक नवीन प्रवृत्ति या धारा का प्रवर्तन करता है और इसलिए उसे महान साहित्यकारों की कोटि में स्वीकार कर लिया जाता है। यदि हिन्दी साहित्य के इतिहास से उदाहरण लें तो अयोध्यासिंह उपाध्याय 'हरिऔध', मैथिलीशरण गुप्त और श्यामसुन्दरदास के महत्त्व का आधार यही तर्क है। मैथ्यू आर्नल्ड ने इस प्रकार के मूल्यांकन का विरोध किया है और यथार्थ मूल्यांकन की प्रतिष्ठा की है जिसके सन्दर्भ में आर्नल्ड ने तटस्थता या निष्पक्षता की बात की है।

मगर पहले के विवेचन से स्पष्ट है कि आर्नल्ड ने निष्पक्षता का प्रयोग कोशगत अर्थ में न करके एक विशेष अर्थ में किया है। दरअसल उसका यह आदर्श निरपेक्ष निष्पक्षता का आदर्श नहीं है। यह निष्पक्षता युग-सापेक्ष है। इसे उस युग जीवन के सन्दर्भ में रखकर देखना होगा जिसमें भौतिकतावादी और उपयोगितावादी दृष्टि की प्रधानता होने के कारण विषमता आ गयी है, अपूर्णता आ गयी है। इस विषय, एकांगी जीवन के अनुरोधों से तटस्थ होकर, सांस्कृतिक पूर्णता को आधार बनाकर किया जाने वाला मूल्यांकन ही आर्नल्ड के अनुसार यथार्थ मूल्यांकन माना जायेगा।

इस प्रकार यह स्पष्ट है कि यथार्थ मूल्यांकन की निष्पक्षता युग-सापेक्ष निष्पक्षता है जिसका अर्थ है युग की पक्षपातपूर्ण जीवन-पद्धति का विरोध। यह आक्षेप लगाना असंगत न होगा कि आर्नल्ड द्वारा प्रतिष्ठित यथार्थ मूल्यांकन भी निष्पक्ष नहीं है, क्योंकि यहाँ भी आलोचना के सामने एक आदर्श है—सांस्कृतिक पूर्णता का आदर्श। यह सांस्कृतिक पूर्वाग्रह ही मूल्यांकन को निर्धारित करता है। इस आक्षेप के विरोध में युग-सापेक्षता का उपर्युक्त तर्क दिया जा सकता है, मगर इससे भी अधिक बुनियादी एक दूसरा आक्षेप भी किया जा सकता है। और वह यह कि आर्नल्ड की सांस्कृतिक पूर्णता का स्वरूप क्या है? आज के विचारक के लिए तो इसका उत्तर और जटिल है क्योंकि सांस्कृतिक पूर्णता के कई आदर्श हमारे सामने हैं और इसलिए आर्नल्ड द्वारा व्यक्त सांस्कृतिक पूर्णता की बात अस्पष्ट और व्याख्या-सापेक्ष रह जाती है।

यहाँ एक अन्य बुनियादी सवाल उठाना संगत है। क्या कोई भी महान आलोचक पूर्णतः निष्पक्ष हो सकता है? क्या किसी ऐसे आलोचक की कल्पना की जा सकती है जिसका कोई सिद्धान्त न हो, अपना कोई आदर्श न हो? स्पष्टतः ऐसा मान्य नहीं हो सकता। सेन्त ब्यव ने पूर्णतः निष्पक्ष आलोचक को ही सच्चा आलोचक माना है क्योंकि ऐसा आलोचक ही लेखक के साथ पूर्ण तादात्म्य स्थापित कर सकता है। इधर नयी समीक्षा से भी आलोचना के एक ऐसे रूप की परिकल्पना की गयी है जिसका एकमात्र कार्य रचना की जटिलता को खोलना है, शब्द, बिम्ब आदि की व्याख्या करना है। नयी समीक्षा कवि को न तो कृतिकार की दृष्टि से देखती है और न ही पाठक की दृष्टि से। इसीलिए उसका उद्देश्य माना जाता है कृति को आलोकित करना। मगर इसकी सीमाएँ भी स्पष्ट ही हैं। क्योंकि इस समस्या में और गहरे जाने पर हम उसी चिर-परिचित विवाद पर पहुँच जाते हैं कि कला कला के लिए है या लोकहित के लिए। इसलिए यदि हम यह मानते हैं कि आलोचक एक प्रबुद्ध चिन्तक होता है जो अपने आपको काव्य के दायरे के भीतर बन्द नहीं रखना वरन जीवन से सम्बद्ध मनोविज्ञान, अर्थशास्त्र, दर्शनशास्त्र आदि अन्य शास्त्रों से प्रेरणा लेता है तो वह काव्य को व्यापक जीवन के सन्दर्भ में रखकर देखेगा और उसके पूर्वाग्रह अनिवार्य रूप से काव्य की आलोचना और मूल्यांकन में महत्त्वपूर्ण भूमिका निभायेंगे।

मूल्यांकन

आर्नल्ड के आलोचना-सिद्धान्तों का महत्त्व असंदिग्ध है। उसकी सबसे महत्त्वपूर्ण भूमिका यह है कि वह रोमांटिक काव्य-चेतना की धारा की सीमाओं के प्रति सजग था और इसलिए उसने काव्य को कवि के व्यक्तित्व द्वारा निर्धारित सीमाओं से

निकालकर परिवेश से सम्बद्ध किया। इसी का यह परिणाम है कि आर्नल्ड काव्य को भाव, मनोवेग या संवेग की सीमा से निकालकर पूर्ण जीवन के दायरे में प्रतिष्ठित करता है तथा जीवन की पूर्णता को लक्ष्य बनाता है। इस उद्देश्य की पूर्ति में वह मात्र कवि के कृतित्व तक ही सीमित नहीं रहता, वरन वह आलोचक की महत्त्वपूर्ण भूमिका पर भी विस्तार से विचार करता है। इस प्रकार आर्नल्ड ने पहली बार आलोचक के व्यापक सांस्कृतिक दायित्व की चर्चा की और अपने युग के सन्दर्भ में आलोचना के प्रयोजन पर विस्तार से विचार किया। आर्नल्ड के सामने प्रधान प्रश्न काव्य का नहीं, अपने युग के जीवन का है—विघटनशील जीवन का, जहाँ विज्ञान की प्रगति धर्म औद दर्शन के मूल्यों और आस्थाओं को निरस्त करती जा रही है और मानव उस प्रगति की चकाचौंध में जीवन की एकांगिता में ही आत्मतोष का अनुभव कर रहा है। इसलिए बुनियादी सवाल यह बन जाता है कि जीवन की इस एकांगिता को तोड़कर सन्तुलन और पूर्णता की प्रतिष्ठा कैसे की जाये? आर्नल्ड का सम्पूर्ण काव्य-चिन्तन तथा आलोचना सम्बन्धी उसके विचार इस बुनियादी सवाल के समाधान का प्रयास करते हैं। आर्नल्ड में यह प्रवृत्ति इतनी बलवान हो गयी है कि उसके कारण उसके चिन्तन में भी कहीं-कहीं दुर्बलता आ गयी है। उदाहरण के लिए वह समकालीन जीवन को महान काव्य के सृजन के लिए आधार के रूप में स्वीकार न करके प्राचीन उत्कृष्ट कार्यों के महत्त्व की प्रतिष्ठा करता है। साथ ही वह शैली की, काव्य-सत्य और काव्य-सौन्दर्य की चर्चा करते हुए भी प्रधान रूप से जीवन की व्यापक समस्याओं के समाधान के प्रयास में ही तल्लीन दिखाई देता है और इसलिए आर्नल्ड के काव्य एवं आलोचना सम्बन्धी विचारों को देखकर साहित्य और प्रचार की समस्या सहसा सामने आ जाती है।

जहाँ तक हिन्दी आलोचना के विकास का सवाल है यह स्पष्ट है कि आचार्य रामचन्द्र शुक्ल की आलोचना पर उसका बहुत गहरा और व्यापक प्रभाव है। यद्यपि शुक्ल जी पर आई.ए. रिचर्ड्स के प्रभाव की चर्चा होती है, मगर उन पर वर्ड्सवर्थ और आर्नल्ड का गहरा प्रभाव है।

अध्याय-13

बेनेदेतो क्रोचे

(सन 1866-1952 ई.)

क्रोचे एक आत्मवादी विचारक था और उसने कलाओं का विवेचन भी इसी स्तर पर किया है। 'ऐस्थेटिक' नाम के ग्रन्थ में उनका सौन्दर्यशास्त्रीय विवेचन मिलता है। आत्मवादी होने के नाते उसने कलाओं के स्वरूप आदि का जो विवेचन किया है, वह गोचर या बौद्धिक जगत के आधार पर न होकर अतीन्द्रिय चेतना के स्तर पर है। इस प्रकार के विवेचन की सीमा एवं शक्ति स्पष्ट उभरकर सामने आ जाती है। एक ओर तो गोचर जगत से कटे रहने के कारण ऐसा विवेचन कुछ ऐसे तर्कों तथा प्रमाणों पर आधारित होता है जिन्हें शाश्वत माना जाता है तथा जिन पर विवाद नहीं किया जाता और दूसरी ओर व्यावहारिक आलोचना से दूर पड़ जाने के कारण इस विवेचन में साहित्य के कुछ पक्ष उपेक्षित रह सकते हैं। साथ ही यह आशंका भी बनी रहती है कि सिद्धान्त के व्यावहारिक प्रभाव के शुभ या अशुभ परिणामों की भी कहीं उपेक्षा न हो जाये। क्रोचे के सिद्धान्त पर, जिसे अभिव्यंजनावाद के नाम से जाना जाता है, इन सभी दृष्टियों से विचार किया गया है तथा उसकी शक्ति एवं सीमा का निर्देश किया गया है। मगर साथ ही एक बात स्पष्ट है। एक पूर्वनिश्चित व्यापक आत्मवादी आस्था पर आधारित होने के कारण क्रोचे ने कुछ ऐसी मौलिक उद्‌भावनाएँ की हैं जिन्होंने व्यापक एवं गम्भीर रूप से परवर्ती साहित्यिक विकास को प्रभावित किया है।

ज्ञान के प्रकार और अभिव्यंजना

सामान्य रूप से यह कहा जा सकता है कि आज तक के सांस्कृतिक विकास में

ज्ञान के तीन प्रकार माने जा सकते हैं जो ज्ञान के साधनों पर आधारित हैं। ज्ञान का पहला प्रकार है इन्द्रियज्ञान जो इन्द्रियों द्वारा प्राप्त होता है। दूसरे प्रकार का ज्ञान बौद्धिक ज्ञान है जिसमें प्रत्ययों एवं अवधारणाओं की सत्ता रहती है। इनसे भिन्न ज्ञान का एक तीसरा प्रकार भी है जिसके लिए अंग्रेज़ी में 'इन्ट्यूशन' शब्द प्रचलित है। यह ज्ञान आत्मा के भीतर से उत्पन्न होता है तथा ऐन्द्रिय ज्ञान एवं बौद्धिक ज्ञान से प्रकृति में भिन्न होता है।

इस विषय पर आगे विचार करने से पहले यह आवश्यक है कि 'इन्ट्यूशन' के हिन्दी पर्याय का निश्चय कर लिया जाये। आचार्य रामचन्द्र शुक्ल जिन्होंने हिन्दी में सबसे पहले अभिव्यंजनावाद पर विस्तृत समीक्षा लिखी थी 'स्वयं प्रकाश ज्ञान' पर्याय का प्रयोग किया है। यद्यपि अर्थ एवं प्रकृति की स्पष्ट अभिव्यक्ति की दृष्टि से यह पर्याय संगत है, मगर यह लम्बा है। इसलिए उसका बाद में प्रचलन नहीं हुआ। बाद में 'इन्ट्यूशन' के लिए 'सहजानुभूति' शब्द का प्रयोग किया गया। मगर यह पर्याय सर्वथा असंगत है; क्योंकि यह शब्द क्रोचे के आशय के ठीक विपरीत है। क्रोचे ने काव्य को ज्ञान का एक प्रकार माना है, अनुभूति का नहीं। अनुभूति शब्द वैसे भी व्याख्या-सापेक्ष है और प्रायः ज्ञान की विरोधी या ज्ञान से सर्वथा भिन्न प्रकार की प्रतिक्रिया के लिए प्रयुक्त होता है। इसलिए यह पर्याय सर्वथा भ्रष्ट है और क्रोचे के मूल मंतव्य के विरुद्ध पड़ता है। इनके अतिरिक्त 'सहजज्ञान' और 'अन्तर्ज्ञान' पर्यायों का प्रयोग हो सकता है। 'सहजज्ञान' भारतीय दार्शनिक परम्परा के एक वाद-विशेष से सम्बद्ध होने के कारण भ्रामक हो सकता है। इसलिए 'इन्ट्यूशन' का सही पर्याय 'अन्तर्ज्ञान' ही हो सकता है और इसी का प्रयोग किया जाना चाहिए।

क्रोचे ने कला का सम्बन्ध अन्तर्ज्ञान से माना है और उसे बौद्धिक ज्ञान तथा उससे उत्पन्न प्रत्ययों एवं अवधारणाओं से प्रकृत्या भिन्न माना है।

'ज्ञान के दो रूप हैं : सहजानुभूत ज्ञान अथवा तर्कमूलक ज्ञान, कल्पना अथवा बुद्धि के द्वारा उपलब्ध ज्ञान, वैयष्टिक ज्ञान अथवा सार्वत्रिक ज्ञान, वह ज्ञान जो वस्तुओं की इकाई से संयुक्त है अथवा वह जो वस्तुओं के परस्पर सम्बन्धों से सम्पृक्त है : ज्ञान या तो बिम्बों को या अवधारणाओं को उत्पन्न करता है।'[1]

इस उद्धरण से स्पष्ट है कि अन्तर्ज्ञान कल्पना के द्वारा उपलब्ध होता है, यह ज्ञान व्यक्ति का होता है, वस्तुओं की इकाई से सम्पृक्त है तथा यह बिम्बों को उत्पन्न करता है जब कि तर्कमूलक ज्ञान का साधन बुद्धि है, वह सार्वत्रिक होता है और उसका विषय वस्तुओं से परस्पर सम्बन्ध है तथा वह अवधारणाओं को उत्पन्न करता है। काव्य का आधार यह अन्तर्ज्ञान ही है जो काव्य-ज्ञान का एक प्रकार है। उसे अनुभूति मान लेना क्रोचे के मूल उद्देश्य को ही खण्डित कर

1. सावित्री सिन्हा (सम्पादिका), डा. मोहनलाल (अनुवादक), क्रोचे, 'ऐस्थेटिक' 'पाश्चात्य काव्यशास्त्र की परम्परा', पृ. 249

देता है। दरअसल रस-सिद्धान्त में आस्था रखने वाले व्यक्ति पूर्वाग्रह के कारण ही 'सहजानुभूति' का प्रयोग करते हैं क्योंकि रस में अनुभूति का तत्त्व ही प्रधान है।

इस सम्बन्ध में प्रसाद का काव्य-विवेचन सामने आ जाता है। प्रसाद ने भी काव्य को 'श्रेयमयी प्रेय रचनात्मक ज्ञानधारा' कहा है, अर्थात प्रसाद ने भी काव्य को ज्ञान का एक विशेष प्रकार माना है। यद्यपि वहाँ काव्य की व्याख्या करते हुए उसे 'संकल्पात्मक अनुभूति' भी कहा गया है, मगर 'संकल्पात्मक अनुभूति' की व्याख्या करते हुए उसे 'आत्मा के मनन की वह असाधारण अवस्था' माना गया है जो 'श्रेय सत्य को उसके मूल चारुत्व में सहसा ग्रहण कर लेती है'। इस प्रकार अनुभूति का प्रयोग करते हुए भी प्रसाद ने उसे ज्ञान के साथ ही ज़ोड़ दिया है। प्रसाद के काव्य-विवेचन में 'अनुभूति' शब्द का प्रयोग सार्थक है क्योंकि भारतीय दर्शन अनुभूति में ही पर्यवसित होकर सार्थक होता है जबकि पश्चिम में दर्शन के साथ ऐसी अनिवार्यता नहीं है। शंकराचार्य जैसे भारतीय दार्शनिक गम्भीर दर्शन की स्थापना करते हुए मोक्ष प्राप्त करते हैं। यदि मोक्ष वाली बात पर आस्था न हो तो यह भी सत्य है कि वे एक आदर्श और परम सन्तुष्ट, उद्वेग रहित जीवन व्यतीत करते हैं, जबकि पश्चिम में कांट जैसे महान दार्शनिक जीवन के अन्तिम चरण में असन्तुलन एवं विक्षोभ का शिकार हो जाते हैं। खैर, मुख्य बात यह है कि क्रोचे एवं प्रसाद दोनों ने ही काव्य को ज्ञान का एक प्रकार माना है और दोनों के विवेचन का स्तर एन्द्रिय ज्ञान बौद्धिक ज्ञान का न होकर आत्मिक ज्ञान का स्तर है।

यहाँ सवाल किया जा सकता है कि क्या क्रोचे के अनुसार अन्तर्ज्ञान में अवधारणाओं के लिए कोई स्थान नहीं है? क्रोचे ने काव्य के सन्दर्भ में अवधारणाओं को भी स्वीकार किया है मगर वे अन्तर्ज्ञान का अंग होकर आती हैं और उनकी स्वीकृति से अन्तर्ज्ञान की स्वतन्त्र सत्ता पर कोई असर नहीं पड़ता :

'पहली बात तो मस्तिष्क में अच्छी तरह बिठा लेनी चाहिए वह यह है कि सहजानुभूति ज्ञान को किसी स्वामी (बौद्धिक ज्ञान) की आवश्यकता नहीं होती। उसे किसी का सहारा नहीं चाहिए, उसके लिए यह आवश्यक नहीं कि वह दूसरे की आँखें उधार ले, कारण उसकी आँखें स्वयं काफी तेज हैं। इसमें सन्देह नहीं कि अवधारणाएँ सहजानुभूति के साथ घुली-मिली हो सकती हैं। किन्तु ऐसी सहजानुभूतियाँ भी होती हैं, जिनमें इस प्रकार का सम्मिश्रण नहीं होता। इससे यह सिद्ध है कि यह सम्मिश्रण आवश्यक नहीं।...जो अवधारणाएँ सहजानुभूतियों में घुल-मिल जाती हैं, उनमें अन्तर्भूत हो जाती हैं, वे फिर अवधारणाएँ नहीं रहतीं यदि उनका सम्मिश्रण यथार्थ है। कारण यह है कि उनकी स्वतन्त्रता स्वायत्तता जाती रहती है। किसी समय वे अवधारणाएँ थीं, किन्तु अब वे सहजानुभुति के साधारण तत्त्व मात्र हैं। त्रासदी अथवा कामदी के किसी पात्र के मुख से यदि दार्शनिक सूत्रों

का कथन कराया जाये तो वहाँ वे सूत्र अवधारणाओं का कार्य नहीं करते, किन्तु वे उसे पात्र की विशेषताओं को व्यक्त करते हैं।'[1]

अभिव्यंजना का अर्थ

उपर्युक्त उद्धरणों से क्रोचे के अनुसार अन्तर्ज्ञान का अर्थ स्पष्ट हो जाता है। अब दूसरा बुनियादी तत्त्व आता है अभिव्यंजना का। यह शब्द क्रोचे के सन्दर्भ में एक विशिष्ट पारिभाषिक शब्द है। वहाँ अभिव्यंजना का प्रयोग सामान्य अर्थ में–शाब्दिक अभिव्यंजना के अर्थ में नहीं है। इस अन्तर को न समझ सकने के कारण ही वक्रोक्ति और अभिव्यंजा में समानता की बात की जाती है। क्रोचे के अनुसार अन्तर्ज्ञान और अभिव्यंजना में अभेद है, दोनों दो नहीं एक हैं। अन्तर्ज्ञान, अर्थात कवि की चेतना में बिम्बों का उदय यही अभिव्यंजना है :

'प्रत्येक वास्तविक सहजानुभूति अथवा प्रतिनिधान अभिव्यंजना भी है। अभिव्यंजना में जो तत्त्व व्यक्ति-निरपेक्ष नहीं रहता, वह सहजानुभूति अथवा प्रतिनिधान नहीं है वह तो संवेदन और सिर्फ प्राकृतिक तथ्य है। आत्मसृजन में, रूप-निर्माण में, अभिव्यक्ति में वह स्वयं प्रकाशित होती है। जो सहजानुभूति को अभिव्यंजना से पृथक करता है वह उनके पुनः संश्लेषण में कभी सफल नहीं होता।

'सहजानुभूति की क्रिया उस अंश तक सहजानुभूति होती है जिस अंश तक वह उसे अभिव्यक्त करती है। यदि उस उक्ति में विरोधाभास प्रतीत हो तो उसका कारण यह है कि साधारणतः 'अभिव्यंजना का एक अत्यन्त सीमित अर्थ में प्रयोग किया गया है। इसे प्रायः उस तक सीमित रखा जाता है, जिसे शाब्दिक अभिव्यंजना कहते हैं। किन्तु अशाब्दिक अभिव्यंजनाएँ भी होती हैं, जैसे रेखा, रंग और ध्वनि की अभिव्यंजनाएँ। इन सब तक हमारी मान्यता का विस्तार होना चाहिए। अतः हमारी मान्यता व्यक्ति की सभी प्रकार की अभिव्यंजना को अपनी परिधि में समेट लेती है–वह व्यक्ति वक्ता भी है, संगीतज्ञ भी है, चित्रकार भी है और उसके अन्य रूप भी हैं। व्यक्ति का प्रकाशन चित्र, शब्द, संगीत या अन्य किसी रूप में क्यों न हो, सहजानुभूति अभिव्यंजना का कोई न कोई रूप ढूँढ ही लेती है; वस्तुतः अभिव्यंजना सहजानुभूति का अभिन्न अंग है।...अभिज्ञान की इस प्रक्रिया में सहजानुभूति का अभिव्यंजना से विभेद करना असम्भव है। जब एक उत्पन्न होती है तो उसी क्षण उसके साथ दूसरी भी उत्पन्न होती है, कारण वे दो नहीं, एक हैं।'[2]

उपर्युक्त उद्धरण में क्रोचे के अनुसार अभिव्यंजना का अर्थ स्पष्ट हो जाता

1. सावित्री सिन्हा (सम्पादिका), उपर्युक्त, पृ. 249
2. सावित्री सिन्हा (सम्पादिका), उपर्युक्त, पृ. 255-56

है। कलाकार के मन में बिम्बों का उदय चाहे वे शब्दमय बिम्ब हैं चाहे रंग-रेखामय या किसी अन्य प्रकार के—ही अभिव्यंजना है। अन्तर्ज्ञान से अभिन्न होने के कारण अभिव्यंजना एक आन्तरिक व्यापार है जो ज्ञानमय है। उसका उत्स भी आत्मा है और संचरण का क्षेत्र भी। बाह्य अभिव्यक्ति क्रोचे की अभिव्यंजना का अंग नहीं। कलात्मक व्यापार का जन्म कवि के अन्तर्जगत से होता है और वहीं वह पूर्ण भी हो जाता है। स्पष्टतः यह मान्यता विवादास्पद है। मगर इस विवाद में जाने से पहले एक अन्य बात पर विचार कर लेना चाहिए।

कुछ लोग यह कहते हैं कि उनके मन में विचार तो पैदा होते हैं, मगर वे उन्हें कुछ नहीं कर पा रहे हैं। क्रोचे इस स्थिति की व्याख्या करते हुए कहते हैं कि ऐसे लोगों के मन में वस्तुतः विचार पैदा नहीं होते। यदि होते हैं तो वे अत्यन्त 'न्यून एवं क्षीण' होते हैं, क्योंकि बिना शब्द के, बिना अभिव्यंजना के विचार की स्थिति ही नहीं है। अगर सचमुच विचार पैदा होते हैं तो वे अभिव्यंजना के रूप में ही होते हैं या फिर पैदा ही नहीं होते, उनकी छाया भर होती है।

ऊपर अभिव्यंजना के दो गुणों का उल्लेख किया गया है। प्रथम, अभिव्यंजना का उत्स आत्मा है, एवं द्वितीय अभिव्यंजना-व्यापार मन में ही पूरा हो जाता है, बाह्य अभिव्यंजना कलात्मक व्यापार का अनिवार्य चरण नहीं है। पहली मान्यता इस प्रचलित मान्यता के विपरीत है जिसके अनुसार कवि के लिए लोकादि के निरीक्षण पर बल दिया गया है। यह माना जाता है कि कवि जितनी गहराई एवं तन्मयता से लोकजीवन आदि का निरीक्षण करेगा, वह उतनी ही मौलिक और महान सर्जना करने में सफल होगा। इस मान्यता का निष्कर्ष यह होगा कि सर्जना के लिए ऐन्द्रिय ज्ञान महत्त्वपूर्ण है। यह मान्यता युगों से चली आ रही है। भारतीय काव्यशास्त्र में व्युत्पत्ति अथवा निपुणता का आधार ही अवेक्षण है मगर क्रोचे की मान्यता है कि अभिव्यंजना तो आन्तरिक स्पर्श से पैदा होती है, कलाकार की चेतना के भीतर से जन्म लेती है। ये दोनों स्थितियाँ ऐसी हैं कि पक्ष तथा विपक्ष में तर्क दिये जा सकते हैं। यदि मात्र निरीक्षण से ही अभिव्यंजना सम्भव होती, तो प्रत्येक व्यक्ति जो कि लोकादि का निरीक्षण करता है, महान कलाकार होता। मगर ऐसा नहीं है। इससे स्पष्ट है कि जहाँ तक कलात्मक सर्जना का सवाल है, लोकादि का निरीक्षण अपने आप में अर्थहीन है :

क्रोचे ने यह भी माना है कि प्रत्येक व्यक्ति में अभिव्यंजना होती है मगर कलाकारों की शक्ति व्यापक होती है, इसलिए सामान्य व्यक्ति की तुलना में कलाकारों की अभिव्यंजनाएँ अनेक होती हैं।

'सत्य तो यह है कि हममें से प्रत्येक व्यक्ति के अन्दर कवि, मूर्तिकार, संगीतज्ञ, चित्रकार, गद्य-लेखक का थोड़ा-सा अंश विद्यमान रहता है, किन्तु इन कलाकारों की तुलना में यह अंश कितना शून्य होता है, यह स्पष्ट है। इसका कारण

यही है कि इन कलाकारों के अन्दर मानव-प्रकृति की शाश्वत और सार्वभौम प्रवृत्तियाँ और शक्तियाँ महत् राशि में वर्तमान होती हैं। एक चित्रकार के पास एक कवि की सहजानुभूति का कितना थोड़ा अंश होता है। और एक चित्रकार के पास दूसरे चित्रकार की सहजानुभूति का अंश भी कितना कम होता है। इतना होने पर भी वह थोड़ा-सा अंश ही हमारी सहजानुभूतियों अथवा प्रतिनिधानों की वास्तविक पैतृक सम्पत्ति है। इनके परे जो है वह केवल प्रमुख, संवेदन, भाव, वृत्तियाँ, आवेग अथवा वह जिसे आप जो चाहें संज्ञा दें किन्तु वह आत्म-तत्त्व से रिक्त है और जिसे मनुष्य ने आत्मसात् नहीं किया है, व्याख्या की सुविधा के लिए उसे धारित किया जाता है, किन्तु वस्तुतः वह अस्तित्वहीन है। कारण, अस्तित्व भी आत्मा का ही तथ्य है।'[1]

यहाँ सहसा कॉलरिज के कल्पना-सिद्धान्त का स्मरण हो आता है। कॉलरिज भी आत्मवादी आधार पर कल्पना तथा काव्य-सर्जना की व्याख्या करता है और कल्पना को दैवी एवं आत्मा की शक्ति मानता है, जो प्रत्येक व्यक्ति में विद्यमान है। इसलिए कॉलरिज के अनुसार भी प्रत्येक व्यक्ति अंशतः कवि होता है क्योंकि कविता का निर्माण करने वाली कल्पना-शक्ति उसमें विद्यमान होती है।

बाह्य अभिव्यंजना

अब सवाल है बाह्य अभिव्यंजना का। क्रोचे के अनुसार अभिव्यंजना मानसी व्यापार है। सहज ज्ञान अभिव्यंजनात्मक ज्ञान ही है :

'आरम्भ में हमने सहजानुभूति का जो विविध शाब्दिक वर्णन किया है, उसमें यह जोड़ सकते हैं : सहजानुभूति ज्ञान अभिव्यंजनात्मक ज्ञान है। वह बौद्धिक क्रिया से स्वतन्त्र और स्वायत्त है, परवर्ती अनुभवाश्रित प्रभेदों यथार्थ और अयथार्थ स्थान एवं काल के रूप-संघटनों एवं अवबोधनों के प्रति वह उदासीन है। सहजानुभूति अथवा प्रतिनिधान रूप है और इसीलिए इससे भिन्न तो अनुभव है, वह संवेदन के प्रवाह अथवा तरंग से भिन्न है, वह मानसिक वस्तु द्रव्य से भिन्न है—यह रूप, यह अधिकृति, अभिव्यंजना है। सहानुभूति का होना अभिव्यंजित होना है, सिर्फ अभिव्यंजित होना (इससे न कुछ अधिक, न कम)।'[2]

अभिव्यंजना हो जाने पर या अन्तर्ज्ञान हो जाने पर बाह्य अभिव्यक्ति की कोई अनिवार्यता नहीं रह जाती। लेकिन अगर कलाकार बाह्य अभिव्यक्ति करना चाहे तो उसे कोई कठिनाई नहीं होती। कलात्मक व्यापार का अनिवार्य अंग न होते हुए भी बाह्य अभिव्यंजना के दो लाभ हैं ही—प्रथम, अभिव्यंजना कृति के रूप में सुरक्षित रहती है, विस्मृति के गर्भ में विलीन होने से बच जाती है। द्वितीय,

1. सावित्री सिन्हा (सम्पादिका), उपर्युक्त, पृ. 258
2. वही, पृ. 258

समाज उसका अध्ययन आदि कर सकता है। यद्यपि ये दोनों लाभ महत्त्वपूर्ण हैं और कुछ सिद्धान्तों के लिए तो दूसरा लाभ ही कलात्मक व्यापार को सार्थक करता है, मगर क्रोचे ने इन्हें सर्जना व्यापार के भीतर शामिल नहीं किया और इसीलिए सहृदय द्वारा कला के आस्वाद की समस्या का भी कोई सन्तोषजनक समाधान क्रोचे में नहीं मिलता। कठिनाई यह है कि कलाकार की अभिव्यंजना, बाह्य अभिव्यक्ति द्वारा सहृदय तक क्यों कर पहुँचे जिस से उसमें भी वही अभिव्यंजना पैदा हो तथा उसका आत्म-तत्त्व उसमें सम्पृक्त हो जाये। यदि एक कलाकृति सहृदय में अभिव्यंजना जगाने में समर्थ हो जाती है तो क्रोचे की यह बुनियादी मान्यता खण्डित हो जाती है कि अभिव्यंजना का जन्म आत्मा से ही होता है, बाह्य प्रभावों से नहीं। और अगर रचना अपनी अभिव्यंजना सहृदय में नहीं जगा सकती तो सहृदय उसे ग्रहण करने में असमर्थ रहेगा। इस प्रकार सम्प्रेषण अभिव्यंजना का विरोधी गुण सिद्ध होता है और इसी आधार पर क्रोचे के सिद्धान्त पर तीव्र आक्षेप किये गये।

पहले अभिव्यंजना के उत्स आदि पर विचार किया गया है। अब यह देखने का प्रयास करेंगे कि अभिव्यंजना का स्वरूप क्या है?

काव्य का रूप और कथ्य

अभिव्यंजना के दो पक्ष लक्षित होते हैं—वस्तु और रूप। वस्तुतः ये दोनों परस्पर सम्बद्ध होकर ही व्यक्त होते हैं। दर्शन के क्षेत्र में रूप एवं वस्तु के सम्बन्ध की समस्या एक जटिल एवं शाश्वत समस्या रही है, लेकिन क्रोचे वस्तु को बहिर्गत मानते हैं और रूप को आत्मा की क्रिया तथा दोनों सम्पृक्त रूप से व्यक्त होते हैं। रूप स्थिर होता है किन्तु सामग्री बदलती रहती है और इसी कारण अभिव्यंजनाओं में परस्पर अन्तर होता है :

'ऐसे ही क्षणों में हम वस्तु और रूप के गहन अन्तर को अच्छी तरह समझ पाते हैं। ये दोनों एक-दूसरे के विरोधी तत्त्व नहीं हैं, किन्तु एक बहिर्गत तत्त्व है—वह हम पर प्रहार करता है और हमारे पाँव उखाड़ देता है। दूसरा हमारे अन्दर वर्तमान है, वह उस बहिर्गत वस्तु को अन्तर्लीन करना चाहता है, उसके साथ तादात्म्य स्थापित करना चाहता है। वस्तु जब रूप-वेष्टित, रूप-विजित होती है, तब वह मूर्त्त रूप को उत्पन्न करती है। सहजानुभूति और दूसरी सहजानुभूति में क्या अन्तर है—यह वस्तु से, आधेय से ही प्रकट होता है; रूप स्थिर है, वह आत्मिक क्रिया है। इसके विपरीत वस्तु परिवर्तनशील है। वस्तु के बिना आत्मिक क्रिया अपनी अमूर्त्तता त्याग कर मूर्त्त और वास्तविक क्रिया नहीं हो सकती, वस्तु ही उसके विशिष्ट आधेय, उसकी विशिष्ट सहजानुभूति को प्रकट करती है।'[1]

1. सावित्री सिन्हा (सम्पादिका), उपर्युक्त, पृ. 253

यह मान्यता आत्मवाद पर आस्था की अपेक्षा करती है, मगर मात्र आत्मवादी होने से ही उपर्युक्त सभी मान्यताएँ स्वीकार नहीं की जा सकतीं। यहाँ अनेक सवाल पैदा होते हैं जो दर्शन के क्षेत्र के अन्तर्गत आते हैं। जैसे, बाह्य सृष्टि और आत्मा में क्या सम्बन्ध है? बाह्य सृष्टि का ज्ञान किस रीति से व्यक्ति को प्राप्त होता है? क्या व्यक्ति को जैसा ज्ञान होता है, सृष्टि वैसी है या उस ज्ञान में वस्तुपरक और आत्मपरक तत्त्व जुड़े हुए हैं? स्पष्टतः इन सवालों पर विचार करने के लिए हमें काव्यशास्त्र के क्षेत्र से बाहर दर्शनशास्त्र के क्षेत्र में जाना पड़ेगा, किन्तु वहाँ भी इनका कोई सर्वमान्य उत्तर नहीं मिलता। इसलिए क्रोचे की उपर्युक्त मान्यता तर्क पर आधारित नहीं है तथा व्यवहार या तर्क के द्वारा उसकी पुष्टि भी सम्भव नहीं है।

मगर साथ ही यह बात भी महत्त्वपूर्ण है कि अभिव्यंजना की उपर्युक्त व्याख्या बिम्ब की व्याख्या के काफी निकट पड़ती है। बिम्ब में वस्तु या सामग्री है जो बहिर्जगत से आती है तथा कवि-कल्पना उस सामग्री की एक खास रीति से संयोजना करती है, उसे एक खास रूप देती है। 'ऊषा, 'सन्ध्या', 'वर्षा' आदि अनेक प्राकृतिक दृश्यों का वर्णन अनेक बिम्बों के रूप में काव्य में बिखरा मिलता है। मगर प्रत्येक कविता के बिम्ब का अपना वैशिष्ट्य है। 'सन्ध्या' के कोई दो बिम्ब पूर्णतः समान नहीं हैं, चाहे इन बिम्बों में सामग्री 'सन्ध्या' ही है, मगर अन्तर उस सामग्री की संयोजना का है जो कल्पना से सम्पन्न होती है। कल्पना 'सन्ध्या' आदि की सामग्री को काव्य में विशिष्ट रूप प्रदान करती है। इस प्रकार काव्य-बिम्ब के विवेचन में बहिर्जगत से प्राप्त वस्तु तथा कल्पना से प्रदत्त संयोजना या रूप की मान्यता को स्वीकार करने में कोई बाधा नहीं है। मगर विवाद वहाँ पैदा होता है जहाँ रूप को आत्मा की क्रिया माना जाये या वस्तु को भी सहजानुभूति के माध्यम से ऐन्द्रिय साधना से काट दिया जाये।

बहिर्जगत तथा आत्मजगत अथवा वस्तुपरक सत्ता और आत्मा के बीच का यह द्वन्द्व कॉलरिज में भी मिलता है और वह भी इस द्वंद्व का कल्पना-शक्ति के द्वारा—जो ईश्वरी शक्ति का ही एक अंश है तथा आत्मा की शक्ति है—परिहार करता है। वस्तु सत्य एवं मनोजगत एक ही आत्मा के दो रूप हैं, इसलिए आत्मा की शक्ति कल्पना विरोधी प्रतीत होने वाले विषय और विषयी में सामंजस्य स्थापित करती है। दरअसल पश्चिम के दर्शनशास्त्र में पदार्थ और चेतना के सम्बन्ध की समस्या एक जटिल समस्या रही है तथा दर्शनशास्त्र से प्रभावित काव्य-चिन्तकों एवं सौन्दर्यशास्त्रियों में भी यह समस्या लक्षित हो ही जाती है।

दर्शनशास्त्र के प्रभाव से मुक्त होकर चलने वाले काव्य-चिन्तन में भी विषय और विषयी के समन्वय की समस्या को उठाया गया है, मगर वहाँ इसका समाधान आत्मा के अतीन्द्रिय स्तर पर न करके मन एवं व्यवहार के अधिक ठोस स्तर पर

करने का प्रयास किया गया है। आई. ए. रिचर्ड्स ने कल्पना के कार्यों के अन्तर्गत बिम्बों के निर्माण को भी स्वीकार किया है जो बहिर्जगत के प्राप्त संवेदनों को विशिष्ट रूप देती है। भारतीय काव्यशास्त्र में यह कार्य प्रतिभा का माना गया है, जो अभिनव वस्तु के निर्माण में समर्थ तथा नवनवोन्मेषशालिनी शक्ति मानी गयी है। स्पष्ट है कि काव्यशास्त्र में यह दूसरी विधि का चिन्तन ही अधिक स्वीकृति पा सका है। क्रोचे का चिन्तन काव्य-रचना के व्यापार को आत्मा के अरूप स्तर पर रखकर उसे रहस्यात्मक बना देता है जिसे अधिकांश काव्य-शास्त्री स्वीकार्य नहीं मानते हैं।

क्रोचे की अपनी तर्क-परम्परा सम्बद्ध और अविकल है, इसलिए उसकी एक मान्यता के क्रम में ही अन्य मान्यताएँ आती चली जाती हैं जो अत्यन्त विवादास्पद होने के साथ-साथ व्यावहारिकता के अनुकूल भी नहीं पड़तीं। उदाहरण के लिए क्रोचे सभी अभिव्यंजनाओं को समान रूप से श्रेष्ठ मानता है। अभिव्यंजना या तो होती है या नहीं होती। अगर अभिव्यंजना होती है तो वह किसी भी दूसरी अभिव्यंजना से हीन या श्रेष्ठ नहीं मानी जा सकती क्योंकि यदि अभिव्यंजनाओं में परस्पर उत्कर्ष के आधार पर अन्तर किया जायेगा तो फिर यह सवाल पैदा होगा कि इस अन्तर का आधार क्या है? यदि सभी अभिव्यंजनाएँ आत्मिक क्रियाएँ हैं तो फिर एक अच्छी क्यों मानी जाये और दूसरी बुरी क्यों मानी जाये? स्पष्ट है कि उनमें इस प्रकार का अन्तर या तो सामग्री के आधार पर हो सकता है या संरचना के आधार पर या फिर प्रभाव के आधार पर। क्रोचे इनमें से किसी आधार को स्वीकार नहीं कर सकता क्योंकि उसकी बुनियादी दृष्टि तथा विवेचन इस बात की इज़ाजत नहीं देता। क्रोचे की यह मान्यता व्यावहारिक आलोचना के प्रतिकूल पड़ती है; क्योंकि व्यवहार में हम रचनाओं में उत्कर्ष, अपकर्ष को स्पष्टतः लक्षित करते हैं और इसकी व्याख्या का भी प्रयास करते हैं। गीति काव्य के अन्तर्गत गीतों में परस्पर उत्कर्ष आदि का अन्तर होता है तथा उत्कृष्ट गीत, उत्कृष्ट प्रबन्ध काव्य में भी अन्तर होता है।

अलंकार की अन्तरंग स्थिति

क्रोचे अभिव्यंजना को एक समग्रता मानता है, इसलिए वह अलंकार और अलंकार्य का भी अन्तर नहीं मानता। साथ ही वह अलंकार को काव्य का अनिवार्य उपकरण मानता है—उतना ही महत्त्वपूर्ण जितना कि कोई अन्य उपकरण—विचार, भाव आदि होता है। बाद में भारतीय काव्यशास्त्र में अलंकार और अलंकार्य का अन्तर माना गया और इस प्रकार क्रोचे की यह मान्यता भी विवादास्पद बन गयी, मगर इस मान्यता पर अधिक सावधानी से विचार करने की आवश्यकता है।

पहले तो दो प्रकार के कथनों में अन्तर समझ लेना चाहिए। एक कथन यह है कि अलंकार काव्य-रचना के लिए अनिवार्य अन्तरंग तत्त्व हैं। यह प्राचीन

भारत के प्राचीन आचार्यों—भामह, दण्डी आदि का मत है। दूसरा कथन यह है कि जिस रचना में अलंकार है, उस रचना के सन्दर्भ में अलंकार अनिवार्य एवं अन्तरंग हैं। इन दोनों में अन्तर स्पष्ट है। क्रोचे की स्थिति पहली नहीं, दूसरी है। मैं भी यही समझता हूँ कि यह दूसरी स्थिति ही संगत है। उदाहरण के लिए प्रसाद के इस गीत पर विचार कीजिए :

बीती विभावरी जाग री
अंबर पनघट में डुबो रही ताराघट ऊषा नागरी।

यहाँ ऊषा प्रस्तुत है और नागरी अप्रस्तुत। अलंकारशास्त्र की दृष्टि से यहाँ सांग रूपक माना जायेगा। क्या यह सांग रूपक इस रचना के लिए अनिवार्य और अन्तरंग नहीं है? क्या बिना 'नागरी' के कार्य-व्यापार को स्वीकार किये इस गीत की स्थिति हो सकती है? स्पष्टतः इस रचना में अप्रस्तुत विधान अनिवार्य है तथा वह अलंकार सृजन-प्रक्रिया की दृष्टि से, गीत की संरचना की दृष्टि से तथा प्रभाव की दृष्टि से इस गीत के किसी भी तत्त्व से कम महत्त्वपूर्ण नहीं है। इसलिए हमें यह मत स्वीकार करने में कोई आपत्ति नहीं प्रतीत होती कि जिस रचना में अलंकार है, उस रचना में अलंकार की स्थिति अनिवार्य एवं अन्तरंग तत्त्व की है। मगर यह बात क्रोचे की तर्क-पद्धति को स्वीकार किये बिना अभिव्यंजना सम्बन्धी उसके मत से समहत हुए बिना भी स्वीकार की जा सकती है।

पहले यह कहा जा चुका है कि क्रोचे के मत में सम्प्रषेण पर बल नहीं है। अभिव्यंजनावाद का स्वरूप ही ऐसा है कि उसमें रचना का प्रमाण रचनाकार ही है, पाठक नहीं, सहृदय से कला को काट देने के दो प्रभाव पड़े। पहला तो यह कि पूर्ण स्वाधीनता मिल जाने के कारण कलाकारों ने कला के क्षेत्र में नये-नये प्रयोग किये और इससे जहाँ बहुत-सी अनर्गल रचनाएँ सामने आयीं, वहाँ नवीन विकास की सम्भावनाएँ भी पैदा हुईं। दूसरा प्रभाव यह हुआ कि सहृदय और सम्प्रेषण को अस्वीकार कर देने के कारण कलाएँ अपने सीमित संसार बनाने में लग गयीं और जनता की उपेक्षा होने लगी।

क्रोचे ने अनुवाद को असम्भव माना है। इसका कारण स्पष्टतः उनकी अभिव्यंजना सम्बन्धी मान्यता है। कवि की अभिव्यंजना ही कला है और अनुवादक के मन में वह अभिव्यंजना नहीं हो सकती क्योंकि प्रत्येक अभिव्यंजना विशिष्ट होती है तथा बाह्य अभिव्यक्ति के माध्यम से किसी अभिव्यंजना को ग्रहण नहीं किया सकता। इसलिए किसी भी रचना का अनुवाद सम्भव नहीं है।

क्रोचे के अनुसार यह मान्यता गलत है कि कला प्रकृति की अनुकृति है या वह प्रकृति के रूप के आधार पर उसके समान रूप का निर्माण करती है। कॉलरिज ने भी अनुकरण को असम्भव माना है। उसने इसके लिए भिन्न कारण दिया है। मगर क्रोचे का तर्क यह है कि अभिव्यंजना—कलात्मक सर्जना का व्यापार

एक आन्तरिक व्यापार है जो आत्मा के स्तर पर ही पूर्ण हो जाता है। इस प्रकार क्रोचे तक आते-आते काव्य-चिन्तन का वृत्त पूरा हो जाता है। अरस्तू का अनुकरण-सिद्धान्त तथा क्रोचे का अभिव्यंजनावाद काव्य-चिन्तन की दो विरोधी धुरियाँ हैं। अतः काव्य-चिन्तन वस्तुवादी दृष्टि से शुरू होकर आत्मवादी दृष्टि में पर्यवसित हो जाता है। परवर्ती आलोचकों में फिर से कला की वस्तुगत चिन्तन-पद्धति की प्रतिष्ठा का प्रयास मिलता है, जैसा कि रिचर्ड्स के भाषा सम्बन्धी विवेचन में या टी. एस. इलियट के काव्य सम्बन्धी विचारों में है।

अभिव्यंजनावाद और वक्रोक्ति

हिन्दी की आलोचना में अभिव्यंजनावाद और वक्रोक्ति-सिद्धान्त की तुलना का प्रयास किया गया है, मगर यह प्रयास कितना असंगत और कितना भ्रामक है, यह विचारणीय है। अभिव्यंजनावाद का सम्बन्ध सभी कलाओं के साथ है जबकि कुंतक का सिद्धान्त काव्य पर आधारित है। व्यावहारिक दृष्टि से देखते हुए अभिव्यंजनावाद के प्रभाव से विलक्षण अभिव्यंजनाओं से युक्त काव्य-रचना की प्रवृत्ति का विकास तो हुआ, मगर केवल इसी आधार पर दोनों सिद्धान्तों की तुलना भ्रामक मानी जायेगी। जहाँ तक सिद्धान्त का सवाल है, अभिव्यंजनावाद और वक्रोक्तिवाद दोनों दो विरोधी सिद्धान्त हैं। क्रोचे के विवेचन का केन्द्र है सर्जना-व्यापार जिसे वह आत्मा के स्तर पर समझाने का प्रयास करता है जबकि कुंतक के विवेचन का केन्द्र है काव्यकृति। क्रोचे की दृष्टि आत्मकेन्द्रित है, जबकि कुंतक की दृष्टि काव्य में केन्द्रित है। कुंतक वस्तुवादी रीति से विवेचन करते हुए कविता में लक्षित होने वाले गुणों का विवेचन करता है तथा इस विवेचन में कविता के वस्तुपक्ष का, वर्ण से लेकर प्रबन्ध तक की वक्रता का विवेचन कर डालता है जबकि कविता का यह रूप क्रोचे की दृष्टि से आनुषंगिक है इसलिए सर्वथा उपेक्षित है। कुंतक वर्ण, शब्द, कथ्य, प्रभाव (रस) आदि को समीक्षा का आधार बनाता है, मगर क्रोचे में इन तत्त्वों का कोई जिक्र नहीं है। क्रोचे के लिए अभिव्यंजना एक बुनियादी तत्त्व है, लेकिन कुंतक ने उसका स्पर्श तक नहीं किया, इस प्रकार क्रोचे और कुंतक दो सर्वथा विरोधी बिन्दुओं पर खड़े हैं और दोनों की तुलना असंगत एवं भ्रामक है। आचार्य शुक्ल ने अभिव्यंजनावाद को वक्रोक्ति का विलायती उत्थान माना है जो सर्वथा असंगत और अमान्य है। दरअसल शुक्लजी वक्रोक्ति और अभिव्यंजनावाद के अन्तर को समझ ही नहीं सके।

अध्याय-14

आई. ए. रिचर्ड्स

आई. ए. रिचर्ड्स आधुनिक युग का एक महत्त्वपूर्ण आलोचक माना जाता है। इसका मुख्य रूप से महत्त्व इस बात में है कि उसने अपने युग की विविध आलोचना-पद्धतियों का, जो कला के निरपेक्ष संसार पर आस्था रखती थीं, युक्तियुक्त खण्डन करके आलोचना को एक वैज्ञानिक आधार पर प्रतिष्ठित किया। 'कला कला के लिए', 'कविता कविता के लिए', तथा सौन्दर्यशास्त्रीय अवधारणाओं के प्रचार-प्रयास से ऐसे वातावरण का निर्माण हो रहा था जिसमें कला को जीवन से काटकर देखने की प्रवृत्ति बलवती होती जा रही थी। ऐसी परिस्थिति में रिचर्ड्स ने मनोविज्ञान के सहारे काव्य के भावपक्ष की व्याख्या की तथा काव्य के मनोवैज्ञानिक मूल्य का सिद्धान्त प्रस्तुत किया।

पूर्व परम्परा

रिचर्ड्स की पूर्व परम्परा को देखने से स्पष्ट हो जाता है कि उसने किन विचारों के आधार पर नयी काव्यशास्त्रीय मान्यताओं के विकास का कार्य किया होगा। एक विचारधारा (कलावाद) का तो उल्लेख हो चुका है। इसके अतिरिक्त रिचर्ड्स के सामने एक ओर रूमानी अलोचना थी, जो अन्तर्मुखी और भाव पर केन्द्रित थी, मगर साथ ही एक भावात्मक मानवतावाद पर भी आस्था रखती थी। दूसरी ओर मैथ्यू आर्नल्ड की दृष्टि थी जो कविता को सांस्कृतिक विकास का महत्त्वपूर्ण साधन मानती थी। इसके अतिरिक्त रिचर्ड्स मनोविज्ञान के क्षेत्र से आलोचना के क्षेत्र में आया था इसलिए मनोविज्ञान भी उसके अध्ययन का विशेष क्षेत्र रहा था। रिचर्ड्स

के काव्य-मूल्य के सिद्धान्त पर इन सभी क्षेत्रों के विचारों का स्पष्ट प्रभाव है।

रूमानी चिन्तन-पद्धति से रिचर्ड्स ने काव्य में भाव के महत्त्व को ग्रहण किया तथा भाव तत्त्व के आधार पर अपने प्रमुख सिद्धान्त की स्थापना की। उधर मनोविज्ञान प्रयोगों के आधार पर भाव के क्षेत्र में नित्य नये तथ्यों का उद्घाटन कर रहा था। रिचर्ड्स ने भाव की व्याख्या को समकालीन मनोविज्ञान से ग्रहण करते हुए अपनी भाव सम्बन्धी दृष्टि को वैज्ञानिक आधार प्रदान करने का प्रयास किया। इसका परिणाम यह हुआ कि रूमानी आलोचना का भाववाद वैज्ञानिक रूप में वृत्तियों आदि के सन्तुलन के रूप में उसकी आलोचना में व्यक्त हुआ। सौन्दर्यशास्त्रीय एवं कलावादी धारणाओं के विरोध का यह स्पष्ट अर्थ निकलता है कि रिचर्ड्स काव्य को जीवन से सम्बद्ध मानता है। इस दृष्टि से आर्नल्ड की आलोचना-दृष्टि उसके सामने थी, और वह उसको अत्यन्त महत्त्वपूर्ण मानता था। उसका कहना है–'मैथ्यू आर्नल्ड ने जब यह कहा कि कविता से जीवन की आलोचना होती है तो वह एक ऐसी बात कह रहे थे जो एकदम प्रत्यक्ष है या जिसकी बराबर उपेक्षा की गयी है। कलाकार का काम तो उन अनुभूतियों को अंकित कर देना एवं चिरस्थायी बना देना होता है जिन्हें वह सबसे अधिक मूल्यवान समझता है... कलाकार वह बिन्दु है जहाँ मन का विकास सुव्यक्त हो उठता है। उसकी अनुभूतियों में–कम से कम उन अनुभूतियों में जो उसकी कृति को मूल्यवान बनाती हैं–ऐसे आवेगों का सामंजस्य लक्षित होता है, जो अधिकांश लोगों के मन में अस्त-व्यस्त, परस्पर अन्तर्भूत तथा द्वन्द्वरत हुआ करते हैं। जो कुछ अधिकांश लोगों के मन में अव्यवस्थित रूप में विद्यमान होता है, उसकी कृति उसी को व्यवस्था देती है।'[1] इस प्रकार उसकी आलोचना में रूमानी आलोचना का भाववाद, आर्नल्ड की सामाजिकता तथा मनोविज्ञान की अन्तर्दृष्टि का समावेश दिखाई देता है। एक ओर तो वह कलागत मूल्यों की रक्षा करता है, दूसरी ओर उसे वृत्तियों की व्यवस्था और समन्वय के कार्य द्वारा जीवन से भी सम्बद्ध करता है।'

काव्य-मूल्य : मनोवेगों का समतोल

रिचर्ड्स ने मनोवेगों की व्यवस्था या समन्वय की जो बात की है, वह सहृदय-सापेक्ष है। विषयीगत प्रतिमान की सीमाओं के प्रति वह सजग है। इसलिए उसने भाषा का विस्तृत विश्लेषण किया है तथा काव्यभाषा की समीक्षा में वस्तुगत गुणों का प्रतीक, बिम्ब, लय आदि का विवेचन किया है, जिसको पेटर के शैलीगत विवेचन की प्रवृत्ति के साथ जोड़ा जा सकता है। पेटर के समान रिचर्ड्स काव्यभाषा को

1. सावित्री सिन्हा, (सम्पादिका), 'प्रिंसिपल्स ऑफ लिट्रेरी क्रिटिसिज्म', महेन्द्र चतुर्वेदी, (अनुवादक), 'पाश्चात्य काव्यशास्त्र की परम्परा', पृ. 293

मात्र केन्द्र नहीं बनाता, मगर रिचर्ड्स से पूर्व काव्यभाषा की सूक्ष्म मीमांसा पेटर में मिलती है। रिचर्ड्स ने कल्पना के कार्यों पर भी वैज्ञानिक रीति से विचार किया है और उसे कॉलरिज के समान दर्शन के आधार पर प्रतिष्ठित न करके व्यावहारिकता के स्तर पर उसे रखकर देखा है।

रिचर्ड्स ने अपने काव्य-मूल्य के सिद्धान्त के द्वारा उन्नीसवीं शती के आरम्भ में व्यक्त किये गये टॉमस लव पीकॉक के इस मत का खण्डन किया है कि बढ़ती हुई बौद्धिकता के युग में कविता के लिए कोई स्थान नहीं रहा है। शैले ने 'दि डिफेन्स ऑफ पोएज़ी' में इस मत का खण्डन किया था और आर्नल्ड ने कविता की सांस्कृतिक उपयोगिता के आधार पर कविता के व्यापक महत्त्व को स्थापित किया तथा रिचर्ड्स ने मनोविज्ञान के सहारे काव्य के स्वरूप एवं कार्य की व्याख्या करते हुए उसे वैज्ञानिक धरातल पर उपयोगी सिद्ध करने का प्रयास किया।

रिचर्ड्स ने मानव के सम्पूर्ण मनोवेगों को दो प्रमुख वर्गों में रखा। एक आसक्तिमूलक मनोवेग हैं (एपेटेन्सीज) और दूसरे हैं विरक्तिमूलक मनोवेग (एवर्शन्स)। प्रत्येक व्यक्ति में दोनों प्रकार के मनोवेग होते हैं तथा जीवन के अनुभवों में वस्तुतः इन्हीं मनोवेगों का संचरण होता है। सरल अनुभवों में कम वृत्तियों का योग रहता है तथा जटिल अनुभवों में अधिक वृत्तियाँ सक्रिय होती हैं। सामान्य जीवन में प्रायः अनुभव सरल होते हैं तथा ये वृत्तियाँ 'अव्यवस्थित' तथा 'अस्तव्यस्त' रहती हैं, मगर कवि के अनुभव में इन वृत्तियों की व्यवस्था होती है तथा कविता से उत्पन्न सहृदय का अनुभव भी इन वृत्तियों की व्यवस्थित अवस्था का नाम है। कविता से उत्पन्न मनोवेगों की इस व्यवस्था के लिए रिचर्ड्स ने पहले तो 'सिनिस्थीसिस' शब्द का प्रयोग किया, मगर फिर 'सिन्थीसिस' का भी प्रयोग किया है। 'विरोधी मनोवेगों का सन्तुलन या समन्विति' यही काव्य का चरम मूल्य है तथा काव्य के महत्त्व का आधार यह समन्विति ही है।

आचार्य रामचन्द्र शुक्ल ने भी सभी भावों का वर्गीकरण करते हुए उन्हें दो वर्गों में रखा है—दुःखमूलक भाव और सुखमूलक भाव। दोनों प्रकार के भाव काव्य का विषय बनते हैं तथा अपनी-अपनी विशेषताओं के अनुरूप सहृदय को प्रभावित करते हैं। जिस प्रकार आचार्य शुक्ल ने कविता के प्रभाव से भावों के व्यायाम और परिष्कार की बात की है, उसी प्रकार रिचर्ड्स भी यह मानता है कि काव्य के अध्ययन से सहृदय के राग तत्त्व का परिमार्जन होता है।

मनोवेगों का सन्तुलन या सामरस्य तो जीवन में भी सिद्ध होता है, मगर काव्य के द्वारा जो सामरस्य पैदा होता है वह अधिक जटिल एवं मूल्यवान होता है। इसकी एक विशेषता यह भी होती है कि इसमें यद्यपि विरोधी मनोवेगों में सन्तुलन की अवस्था पैदा होती है मगर यह अवस्था ऐसी होती है जो कम से कम मनोवेगों को अवरुद्ध या कुण्ठित करती है। सन्तुलन की इस स्थिति का स्पष्टीकरण

करते हुए रिचर्ड्स इस अवस्था को अनिर्णय की स्थिति से भिन्न रूप में प्रतिष्ठित करता है। अनिर्णय की स्थिति में दो विरोधी मनोवेग या विरोधी मनोवेगों के वर्ग सक्रिय रहते हैं, जिसका परिणाम यह होता है कि व्यक्ति कोई भी पथ निर्धारित नहीं कर सकता। यद्यपि अनिर्णय की अवस्था में भी विरोधी मनोवेगों का एक प्रकार का सन्तुलन रहता है, मगर वह काव्यजन्य सन्तुलन से भिन्न है। इसी प्रकार सन्तुलन की यह स्थिति अत्यधिक हर्ष और विषाद की अवस्था से भी भिन्न है जहाँ चेतना किसी एक वर्ग के मनोवेगों से आविष्ट होती है।

मनोवेगों का यह सन्तुलन इस रूप में निष्प्रयोजन होता है कि वह कर्म में प्रेरित नहीं करता। इस प्रकार यहाँ रिचर्ड्स का निष्प्रयोजनता से तात्पर्य है, कर्म में लीन होने की प्रक्रिया का अभाव। यद्यपि यह कहा गया है कि रिचर्ड्स द्वारा निष्प्रयोजनता का यह उल्लेख कांट के 'निष्प्रयोजन आनन्द' का स्मरण कराता है, मगर दोनों में अन्तर विवेचन के स्तर का है। कांट का विवेचन दर्शन पर आश्रित है जबकि रिचर्ड्स के विवेचन का आधार मनोविज्ञान है। उसने मनोवेगों के सन्तुलन की अवस्था की तुलना उस खिलाड़ी से की है जो खेल में भाग लेने के लिए सन्नद्ध है। खिलाड़ी की सन्नद्धता से तुलना का अभिप्राय यह है कि मानसिक सन्तुलन की यह स्थिति कर्म से विच्छिन्न नहीं है, उसमें कर्म के संस्कार विद्यमान रहते हैं कर्म के प्रति आसक्ति होती है, मगर कर्म में प्रवृत्ति होती है।

यहाँ सवाल यह पैदा होता है कि सभी सफल कविताओं के द्वारा मनोवेगों का सन्तुलन निष्पन्न होता है, तो क्या सभी सफल कविताएँ समान रूप से श्रेष्ठ हैं या उन सबमें मनोवेगों के सन्तुलन की स्थिति समान होती है? इसका उत्तर यह दिया गया है कि मनोवेगों के सन्तुलन की अवस्था में अन्तर होता है। रिचर्ड्स के अनुसार मनोवेगों के सन्तुलन के दो रूप हैं—पहला, मनोवेगों के समाहार के द्वारा (बाई इंक्लूशन) जहाँ अनेक मनोवेगों का समाहार या समावेश होता है। दूसरा, मनोवेगों के बहिष्कार के द्वारा (बाई एक्सलूशन), जहाँ कुछ सीमित मनोवेगों को स्वीकार किया जाता है तथा अधिकांश मनोवेगों का बहिष्कार या वर्जन किया जाता है। उदाहरण के लिए प्रसाद के गीत 'बीती विभावरी जाग री' में रिचर्ड्स के अनुसार बहिष्कार द्वारा मनोवेगों का सन्तुलन है और 'प्रलय की छाया में' समाहार के द्वारा सन्तुलन है।

मनोवेगों के सन्तुलन के बारे में रिचर्ड्स ने यह भी स्वीकार किया है कि इसकी सूक्ष्म एवं जटिल क्रिया के सभी पक्षों को पूरी तरह समझ पाना सम्भव नहीं है। कारण यह है कि मनोविज्ञान एवं मनोविश्लेषण के विकास के बावजूद भी मन की विविध क्रियाओं को, वृत्तियों एवं मनोवेगों के उदय, संघर्ष और समन्विति की पूर्ण, वैज्ञानिक एवं वस्तुपरक व्याख्या सम्भव नहीं है क्योंकि अध्ययन के विषयीपरक क्षेत्र के अध्ययन की सीमाएँ स्पष्ट हैं। आगे हम देखेंगे कि जॉन क्रोरैंसम ने मनोवेगों के सन्तुलन के इस प्रतिमान पर सबल आक्षेप लगाये हैं।

उपर्युक्त विवेचन से यह स्पष्ट है कि रिचर्ड्स की आलोचना का केन्द्र रूमानी आलोचकों के अनुरूप ही अन्तर्मन है, सहृदय या विषयी है। दोनों में अन्तर यह है कि रूमानी आलोचक भाव, आवेग आदि शब्दों का प्रयोग करते हैं, मगर इससे आगे बढ़कर भाव या आवेग के विश्लेषण का प्रयास नहीं करते। रिचर्ड्स ने मनोविज्ञान की सहायता से भाव की स्थिति से आगे बढ़कर मनोवेगों के स्तर पर हृदय के काव्यानुभव की समीक्षा की है।

काव्य भाषा–वास्तुगत समीक्षा

रिचर्ड्स अपने विषयीगत विवेचन तथा मनोवेगों के सन्तुलन के मूल्य की सीमाओं के प्रति सजग प्रतीत होता है। उसने कृति के मूर्त्त रूप (काव्य-भाषा) का विस्तृत विवेचन किया है। उसने शास्त्र एवं काव्य की भाषा का अन्तर करते हुए यह कहा है कि भाषा के दो रूप हैं, एक सांकेतिक, दूसरा भावोद्बोधक। सांकेतिक प्रयोग में भाषा का प्रयोजन होता है : अर्थ की अभिव्यक्ति, शब्दों द्वारा साक्षात् संकेतित अर्थ का प्रकाशन। विज्ञान एवं शास्त्र में भाषा के सांकेतिक रूप का ही प्रयोग होता है। इससे भिन्न काव्य में भाषा का ऐसा प्रयोग भी होता है, जहाँ उसका उद्देश्य अर्थ की प्रतीति मात्र कराना नहीं होता वरन सहृदय के मन में भावों को जगाना होता है। इस प्रयोजन से किया गया भाषा का प्रयोग भावोद्बोधक प्रयोग कहलाता है, जो मनोवेगों को उत्पन्न करता है, उन्हें परस्पर सम्बद्ध करता हुआ उनके बीच सामरस्य की स्थापना करता है।

रिचर्ड्स कृत भाषा के इस वर्गीकरण की तुलना एक ओर तो भामह आदि के इस मत से की जा सकती है जहाँ उन्होंने शास्त्र की भाषा को स्वभावोक्ति-प्रधान माना है तथा काव्य की भाषा को वक्रोक्ति-प्रधान। काव्य की भाषा में वक्रोक्ति के तत्त्व की स्वीकृति परवर्ती नयी समीक्षा में भाषा के विरोध, विडम्बना आदि वस्तुगत गुणों से की जा सकती है। दूसरी ओर रिचर्ड्स का उपर्युक्त वर्गीकरण भारतीय काव्यशास्त्र के शब्द-शक्ति-विवेचन के समकक्ष रखा जा सकता है। भाषा का सांकेतिक प्रयोग तो अभिधा शक्ति के समान ही है क्योंकि अभिधेय शब्द भाषा के साक्षात् संकेतित अर्थ की अभिव्यक्ति करता है। भाषा के भावोद्बोधक प्रयोग की तुलना लक्षणा एवं व्यंजना से की जा सकती है; क्योंकि इस ध्वनि के अन्तर्गत ही भाषा के अन्य प्रकार के प्रयोगों की परम सार्थकता मानी गयी है। मगर यहाँ यह कहना भी आवश्यक है कि भारतीय काव्यशास्त्र में उपलब्ध शब्द-शक्ति-विवेचन कहीं अधिक सूक्ष्म वैज्ञानिक एवं पूर्ण है।

यहाँ यह सवाल हो सकता है कि भाषा के भावोद्बोधक प्रयोग की क्या विशेषताएँ हैं? किन तत्त्वों के प्रयोग द्वारा काव्य-भाषा भाव जगाने में समर्थ होती

है? इस प्रश्न के उत्तर में रिचर्ड्स ने काव्य-भाषा के विविध तत्त्वों का विवेचन किया है। काव्य-भाषा में रिचर्ड्स ने चार तत्त्व माने हैं : पहला, वस्तु बोध (सेंस), यह वह पक्ष है जिसमें भाषा सामान्य अर्थ का ज्ञान कराती है, क्योंकि काव्य के अध्ययन में पहला चरण तथ्य या अर्थ के ज्ञान का है। दूसरा, मनोवेग (फीलिंग), अर्थात वस्तु के साथ लेखक का राग-बन्ध। काव्यगत तथ्य का अर्थ मात्र तथ्य नहीं होता, उसमें मात्र अर्थ का बोध नहीं होता, वरन उस काव्य तथ्य के प्रति कवि की कोई मनोभावना होती है, जो कविता की भाषा में व्यक्त होती है। तीसरा तत्त्व है, ध्वनि (टोन), भाषा के माध्यम से कवि सहृदय के साथ अपने आपको प्रतिबद्ध करता है और अन्त में चौथा तत्त्व आता है : अभिप्राय (इंटेंशन), लेखक का अभिप्राय, जो उसके अनुभव आदि की समग्रता को विशिष्ट बनाता है, वह भी भाषा में मूर्तिमान होता है। श्रेष्ठ काव्य की भाषा में इन चारों गुणों की योजना सहज भाव से रहती है।

इसके अतिरिक्त रिचर्ड्स ने काव्य में प्रसंग एवं रूपक पर विशेष महत्त्व दिया है। काव्य भाषा का शब्द प्रसंग-विशेष से सम्बद्ध होकर विशेष अर्थ की अभिव्यक्ति करता है। इस प्रकार यदि एक ही शब्द दो विविध प्रसंगों में आता है, तो चाहे दोनों जगह उसका कोशगत अर्थ एक ही हो, मगर काव्य तथा उसके प्रभाव की दृष्टि से उसके अर्थ में अन्तर हो जाता है क्योंकि कविता में प्रत्येक शब्द अन्य शब्दों से तथा पूरे प्रसंग से सम्बद्ध होता है। दूसरे शब्दों में कहें तो कह सकते हैं कि सहृदय में एक शब्द का वस्तुबोध तो एक ही होता है, मगर भावबोध में भेद हो जाता है। इस प्रकार काव्य-शब्द का अर्थ एक संश्लिष्ट अर्थ होता है जिसमें वस्तुबोध एवं रागबोध का सम्मिश्रण होता है और यह संश्लिष्ट अर्थ शब्द का नहीं, प्रसंग-युक्त शब्द का होता है। इस प्रकार रिचर्ड्स ने काव्य भाषा में शब्द की आवयविक स्थिति को रेखांकित किया है।

रूपक का प्रयोग भी काव्य भाषा का महत्त्वपूर्ण पक्ष है। इसका कारण है कि रूपक में अनेक अर्थों की संसृष्टि होती है। इस प्रकार काव्य भाषा की शक्ति का विस्तार होता है। यहाँ यह भी स्पष्ट है कि रूपक के प्रयोग से भाषा में अनेकार्थता (एंबिगुइटी) की सृष्टि होती है। ये सभी अर्थ अपने-अपने प्रसंग के अनुकूल विशिष्ट रागात्मक प्रतिक्रिया जगाते हैं। उदाहरण के लिए महादेवी के गीतों में दीपक के प्रयोग पर विचार किया जा सकता है। दीपक का लौकिक उपयोग भी है, जहाँ वह सामान्य जीवन में अन्धकार को दूर करके प्रकाश फैलाता है तथा सामान्य जीवन की गतिविधि को संचालित करने में महत्त्वपूर्ण उपकरण माना जाता है। दूसरी ओर दीपक पूजा का उपकरण है, आरती आदि में उसका उपयोग होता है। इस तरह यदि एक ओर दीपक का आध्यात्मिक अर्थ है तो दूसरी ओर दीपक स्वयं जलकर, अपने-आपको नष्ट करके परिवेश को आलोकित करता है और लोक-कल्याण के लिए बलिदान की भावना को भी व्यक्त करता है। इस प्रकार इन अनेक अर्थों

की सम्भावना के द्वारा, जो प्रसंग द्वारा उजागर किये जाते हैं, काव्य-भाषा के स्वरूप एवं शक्ति में असीम वृद्धि होती है।

कविता में उपयुक्त लय के प्रयोग से भी कविता एवं सहृदय के बीच नाद के सामरस्य के स्तर पर सम्बन्ध स्थापित होता है। बाद की समरस योजना के प्रति आसक्ति एवं उसकी पहचान व्यक्तिमात्र में होती है; जो गाना नहीं जानता, वह भी यह परख सकता है कि गीत में लय की रक्षा हो रही है या नहीं तथा वह भी गीत की संगीतात्मकता से प्रभावित होता है। इसी प्रकार कविता की लय भी महत्त्वपूर्ण बन जाती है। नाद की गति तथा लयात्मकता के कारण सहृदय कविता से एक विशेष प्रकार की आशा करता है। वह शब्दों के नादात्मक सामरस्य को पहचानता है तथा उसका आस्वाद करता है।

काव्य एवं शास्त्र की भाषा के उपर्युक्त अन्तर के आधार पर दर्शन एवं काव्य का अन्तर भी समझा जा सकता है। दर्शन में सार्वभौम सत्य का सांकेतिक आख्यान मिलता है, मगर काव्य एक ओर तो भावोद्बोध के प्रति आसक्त रहता है और दूसरी ओर दर्शन का उपयोग भी इसी उद्देश्य से करता है। इसलिए काव्य में व्यक्त दार्शनिक चेतना का विश्लेषण इस प्रकार नहीं किया जाता जैसे दर्शन के ग्रन्थ की दार्शनिक चेतना पर किया जाता है। इसका यह अर्थ नहीं है कि काव्य में व्यक्त दर्शन की असंगतियों का विवेचन नहीं किया जाता, मगर यह अवश्य है कि काव्य के समग्र प्रभाव में दर्शन का पृथक अस्तित्व, जैसाकि दर्शनशास्त्र में होता है, नहीं माना जाता।

कल्पना-शक्ति और उसके कार्य

काव्य-रचना में, भाषा के विशिष्ट प्रयोग आदि में कवि की कल्पना-शक्ति सहायक होती है। इस प्रकार कल्पना-शक्ति कविता के सन्दर्भ में अत्यन्त महत्त्वपूर्ण शक्ति है। मगर रिचर्ड्स ने कल्पना-शक्ति को कॉलरिज के समान दर्शन के स्तर पर ग्रहण नहीं किया। उसने कल्पना पर व्यावहारिक दृष्टि से विचार करते हुए उसके कार्यों का निर्देश किया है। उसके अनुसार कल्पना के छः गुण हैं। कविता सहृदय में मनोवेगों को जगाती है, उनकी संयोजना और व्यवस्था करती है था उनमें सामरस्य की स्थापना करती है। कविता और मनोवेगों के बीच बिम्ब की स्थिति है। उस संश्लिष्ट अर्थ या चित्र की स्थिति है जो सहृदय के मन में पैदा होती है। इन चाक्षुष बिम्बों का उत्पादन कल्पना के द्वारा होता है और इन चाक्षुष बिम्बों को जगाने वाली भाषा है : भाषा का भावोद्बोधक प्रयोग, जिसका उल्लेख पहले किया जा चुका है।

कवि केवल स्वानुभूति की अभिव्यक्ति ही नहीं करता, लोकानुभूति को भी चित्रित करता है। लोकानुभूति यानी अन्य व्यक्तियों की अनुभूति का चित्रण करने

में भी कल्पना का ही उपयोग होता है। कल्पना के सहारे कवि अन्य व्यक्ति के परिवेश का, परिस्थितियों का इस रूप में चित्रण करता है कि वह उसकी अनुभूति को व्यक्त कर सके। अन्यों की अनुभूति को समझने के लिए, उन्हें परखने के लिए, उसे आत्मसात् करने के लिए भी कवि कल्पना का प्रयोग करता है।

भाषा का अलंकरण कल्पना का तीसरा कार्य है। कविजन भाषा का, जो कि एक सामाजिक संस्था है, विशिष्ट उपयोग करता है जिसमें विशिष्ट शब्दों का चयन, उनकी संयोजना, छन्द एवं लय की उद्‌भावना, अलंकारों का प्रयोग आदि शामिल होते हैं। कुशल एवं अलंकारों का उपयुक्त प्रयोग करता है जो समग्र रचना से अन्वित होकर उसके प्रभाव को उद्दीप्त करते हैं। यह कार्य कल्पना के द्वारा सम्पन्न होता है।

कल्पना का उपयोग रचना के विविध तत्त्वों के परस्पर सामंजस्य में भी होता है। काव्यभाषा एवं अर्थ, जो अपने आप में भी इकाई नहीं हैं, संयुक्त रूप हैं। कृति में भाषा के विविध तत्त्वों की शब्द, प्रतीक, नाद, लय, आदि की तथा अर्थ के विविध तत्त्वों की–विचार, दृश्य, घटना, आदि की समन्विति है। ये सभी तत्त्व परस्पर सम्पृक्त होकर भी रचना को जन्म देते हैं। इन तत्त्वों को संयुक्त करने वाली शक्ति भी कल्पना ही है।

कल्पना का उपयोग केवल काव्य के क्षेत्र तक ही सीमित नहीं है। ज्ञान के अन्य क्षेत्र में भी–विज्ञान तथा दर्शनशास्त्र आदि में भी कल्पना का प्रयोग अनिवार्य रूप से किया जाता है। यहाँ कल्पना का कार्य यह होता है कि वह विविध तथ्यों एवं व्यापारों के बीच सम्बन्धों का उद्‌घाटन करे तथा परस्पर अलग-अलग प्रतीत होने वाले तथ्यों एवं व्यापारों के बीच विद्यमान अन्तःसम्बन्धों के ज्ञान के आधार पर उनकी समन्वित व्याख्या करे या नयी संभावनाओं के लिए दिशा का संकेत करते हुए नवीन आविष्कारों के लिए दृढ़ प्रमाण प्रस्तुत करे।

कल्पना का अन्तिम कार्य है : विरोधों का समाहार। काव्य में वस्तु तत्त्व एवं विषयी तत्त्व दोनों की विरोधी सत्ता है। शब्द और अर्थ के बीच में द्वन्द्व रहता है, विचार एवं भाव में भी संघर्ष विद्यमान है। कल्पना वस्तु तत्त्व और विषयी तत्त्व को, भाषा तथा अर्थ को, विचार तथा भाव को समन्वित करती हुई उनके विरोधों को दूर करती है।

कल्पना-शक्ति के उपर्युक्त विवेचन में रिचर्ड्स ने कल्पना के सभी कार्यों को स्पष्ट करने का प्रयास किया है और इस प्रयास में उसने काव्यशास्त्र की पूर्ववर्ती परम्परा का पूरा-पूरा उपयोग किया है। बिम्बों की निर्मित का उल्लेख लोंजाइनस में मिलता है। विभिन्न तत्त्वों की संरचना तथा उनके विरोधी तत्त्वों के समाहार की बात कॉलरिज के कल्पना-सिद्धान्त के विवेचन की महत्त्वपूर्ण उपलब्धियाँ हैं। जैसा कि पहले कहा गया है, कॉलरिज के दार्शनिक विवेचन को अस्वीकार करके भी उसके द्वारा बताये गये कल्पना के कार्यों को स्वीकार किया जा सकता है।

सम्प्रेषण

रिचर्ड्स ने आत्मवादी क्रोचे के अभिव्यंजनावाद के विपरीत सम्प्रेषण की अनिवार्यता पर बल दिया। वह सम्प्रेषण को काव्य का अनिवार्य गुण मानता है। भाषा के भावोद्‌बोधक प्रयोग का तथा कल्पना का जो विवेचन किया गया है, उससे स्पष्ट है कि रिचर्ड्स के विवेचन-क्रम में सहृदय का महत्त्वपूर्ण स्थान है। मगर रिचर्ड्स ने सम्प्रेषण की व्याख्या मनोविज्ञान की सहायता से कला-व्यापार के आन्तरिक एवं अनिवार्य गुण के रूप में की है।

प्रायः यह कहा जाता है कि कवि की तल्लीनता तो रचना-व्यापार में है; वह सजग रूप से सम्प्रेषण के लिए प्रयास नहीं करता। कारण यह है कि यदि सर्जना-व्यापार में तल्लीन कवि पर सम्प्रेषण के मूल्य का अनुरोध रहेगा तो सर्जना-व्यापार जिस तल्लीनता की अपेक्षा करता है, वह खण्डित हो जायेगी। प्रायः देखा गया है कि जो लेखक सजग रूप से सम्प्रेषण को साध्य बनाकर चलते हैं, उनकी रचनात्मकता निम्न स्तर की होती है, वे उत्कृष्ट कला की रचना नहीं कर पाते। इस प्रकार यह स्पष्ट है कि कलाकार यदि सम्प्रेषण के मूल्य के प्रति सजग है तो रचनात्मकता के उत्कर्ष की हानि होती है, और अगर सम्प्रेषण कला का अनिवार्य गुण नहीं है तो फिर रिचर्ड्स का काव्य-मूल्य का सिद्धांत अर्थहीन हो जाता है। इसलिए रिचर्ड्स ने सम्प्रेषण की ऐसी व्याख्या प्रस्तुत की है जिसके अनुसार सम्प्रेषण एक ओर तो सर्जना-व्यापार की शर्तों को पूरा करता है, दूसरी ओर एक अनिवार्य एवं अन्तरंग मूल्य के रूप में प्रतिष्ठित हो जाता है।

रिचर्ड्स के अनुसार सम्प्रेषण का व्यापार एक व्यापक और अत्यन्त प्राचीन व्यापार है। उतना ही प्राचीन जितनी प्राचीन मानव-सभ्यता है। आरम्भ से ही मानव-समाज में प्रत्येक स्तर पर सम्प्रेषण एक सहज एवं अनिवार्य प्रक्रिया के रूप में स्वीकृत रहा है, गतिशील रहा है। मानव भाषा के द्वारा ही नहीं, संकेतों द्वारा, मुद्राओं द्वारा तथा अन्य अनेक प्रकारों से अपने हृदय के भावों को व्यक्त व संप्रेषित करता है, यही मानव की मानवीयता है, यही मानव-समाज का धर्म है। लाखों वर्षों से इस सम्प्रेषण की सहज एवं अनिवार्य स्वीकृति का एक स्वाभाविक आधार यह है कि मानव मस्तिष्क की संरचना, उसके भावजगत के स्वरूप में ऐसा कुछ है जो सम्प्रेषण को अनिवार्य और सहज बनाता है। सम्प्रेषण की अनिवार्यता का अर्थ यह भी है कि मानव-मन में ग्राहकता की एक अनिवार्य शक्ति है, क्योंकि सम्प्रेषण की अनिवार्यता का अर्थ ही यह है कि मनुष्य में संप्रेषित कथ्य को ग्रहण करने की उतनी ही बद्धमूल शक्ति हो। इस प्रकार कवि चाहे सजग हो या न हो, सम्प्रेषण तो अनिवार्यतः होगा ही। उदाहरण के लिये गोस्वामी तुलसीदास ने रामचरितमानस के आरम्भ में ही यह लिखा है कि उन्होंने मानस की रचना "स्वांतः सुखाय" की

है। मगर उस रचना की सम्प्रेषण शक्ति की सनातन व्यापकता को सभी स्वीकार करते हैं।

सामान्य मानव परिवेश के प्रति एक निश्चित रूप से प्रतिक्रिया व्यक्त करता है। इस प्रकार परिवेश के प्रति एक समान राग-बन्ध प्रत्येक मनुष्य के स्वभाव का अनिवार्य गुण है। कविता के उदय में भी परिवेश से प्राप्त संवेदनों का महत्त्वपूर्ण स्थान रहता है और इस प्रकार कविता का कथ्य तथा मानव-जीवन का परिवेश वस्तुतः एक ही सत्य की दो स्थितियाँ हैं। कविता का कथ्य परिवेश की ही एक स्थिति है, उसी का एक रूप है जो अधिक व्यवस्थित, सघन एवं संयोजित होता है। इसलिए जिस प्रकार परिवेश के प्रति मनुष्यों की समान प्रतिक्रिया होती है, उसी प्रकार कविता में व्यक्त परिवेश की भी समान प्रतिक्रिया होती है। कवि अधिक संवेदनशील एवं कल्पना-सम्पन्न व्यक्ति होता है, इसलिए यह परिवेश को ऐसा रूप देता है, ऐसी भाषा में मूर्तिमान करता है कि सहृदय की प्रतिक्रिया अधिक व्यवस्थित और तीव्र हो जाये। पशु-पक्षी भी अपनी विविध ध्वनियों के द्वारा भूख, खतरे और प्रसन्नता आदि को व्यक्त तथा ग्रहण करते हैं।

आक्षेप

जॉन क्रो रैंसम ने रिचर्ड्स के काव्यमूल्य के सिद्धान्त की आलोचना की है। उसने दो प्रमुख आक्षेप किये हैं। पहला आक्षेप यह है कि कविता का मूल्य, रिचर्ड्स के अनुसार एक विषयीगत मूल्य है, उसकी स्थिति सहृदय के मन में है। तो पहली बात तो यह है कि पूर्णतः विषयीपरक होने के नाते तथा मनोविज्ञान एवं मनोविश्लेषण के विविध वादों में मौलिक भेद होने के कारण उसकी स्पष्ट एवं सर्वमान्य व्याख्या सम्भव नहीं है। इस सीमा के प्रति रिचर्ड्स स्वयं भी सजग है। दूसरी बात यह है कि यदि काव्य के मूल्य की प्रतिष्ठा सहृदय की चेतना में है तो आलोचना की सार्थकता क्या रही? आलोचना का केन्द्र तो प्रधान रूप से कृति ही होती है। समीक्षक किसी भी रचना में विद्यमान गुणों का विवेचन करता है लेकिन यदि प्रधान मूल्य की स्थिति रचना में नहीं होगी तो काव्य के प्रधान मूल्य को आलोचना की परिधि से बाहर करना होगा। स्पष्ट है कि इस आक्षेप का कोई सन्तोषजनक उत्तर रिचर्ड्स में नहीं मिलता। यद्यपि रिचर्ड्स की ओर से यह कहा जा सकता है कि उसके भाषागत विवेचन में, सम्प्रेषण आदि के विवेचन में काव्य के वस्तुगत पक्ष की तथा अन्य पक्षों की भी समीक्षा हुई है, मगर रिचर्ड्स के मतानुसार काव्य का प्रधान मूल्य तो सहृदयगत ही है।

दूसरा आक्षेप रैंसम ने यह किया है कि काव्य का प्रभाव एक अन्वित प्रभाव है जिसमें विविध मनोवेग समाहित हो जाते हैं। मगर रिचर्ड्स ने काव्य के प्रभाव

में विरोधी मनोवेगों के सन्तुलन को स्वीकार किया है जो सहृदय की अनुभूति के प्रमाण के विरुद्ध पड़ता है। काव्य के प्रभाव में सामाजिक की चेतना पूर्णतः समाहित हो जाती है। तल्लीनता की इस अवस्था की पृष्ठभूमि में अनेक मनोवेगों का संयोग रहता है, मगर तल्लीनता की अवस्था में सभी मनोवेग मिलकर एक समन्वित प्रभाव उत्पन्न करते हैं।

रिचर्ड्स के भाषा सम्बन्धी विवेचन की अपार सम्भावनाएँ हैं जो बाद में चलकर नयी समीक्षा में व्यक्त हुईं, मगर उसका काव्य-मूल्य का सिद्धान्त आंशिक स्वीकृति ही प्राप्त कर सका है।

भारतीय काव्यशास्त्र में रस-सिद्धान्त सहृदय-सापेक्ष सिद्धान्त है तथा आचार्य रामचन्द्र शुक्ल ने इसी सिद्धान्त की आधारशिला पर अपनी आलोचना का भवन खड़ा किया। इस सिद्धान्त की सहृदय-सापेक्ष स्थिति के कारण उसकी तुलना रिचर्ड्स के काव्य-मूल्य से की जा सकती है क्योंकि यह काव्य-मूल्य भी सहृदय-सापेक्ष है। मगर दोनों मूल्यों में बुनियादी अन्तर है। रिचर्ड्स द्वारा प्रतिष्ठित काव्य-मूल्य विरोधी मनोवेगों का सन्तुलन है जब कि रस का अनुभव एक अखण्ड अनुभव माना गया है जिसमें अन्य सभी भावों एवं मनोवेगों का समाहार हो जाता है। इसलिए रैंसम ने रिचर्ड्स के काव्य-मूल्य पर जो आक्षेप किया है–कि वह एक अन्विति न होकर अनेक मनोवेगों की सहस्थिति है–रस-सिद्धान्त पर नहीं किया जा सकता। दूसरी बात यह है कि रस के विवेचन में विभावादि की योजना पर रस की; सामग्री की योजना पर विशेष बल दिया गया है तथा प्राचीन काव्यशास्त्र में भी उसकी विस्तृत व्याख्या मिलती है और आचार्य शुक्ल ने भी रस को प्रकृति और जीवन के विविध दृश्यों एवं परिस्थितियों से सम्बद्ध करके उसे मात्र विषयीपरक मूल्य नहीं माना है। इसीलिए टी. एस. इलियट के वस्तुपरक प्रतिमान (ऑब्जेक्टिव कोरिलेटिव) की तुलना रस की विभावादि की सामग्री से की जा सकती है। रसानुभूति का वस्तुगत आधार विभावादि है जिसकी समीक्षा की जा सकती है और की जाती रही है।

अध्याय-15

टी. एस. इलियट

(सन 1882-1965 ई.)

टी. ए. इलियट कवि एवं नाटककार होने के साथ-साथ आलोचक भी था। आलोचक के रूप में भी उसने पश्चिम के काव्य-चिन्तन पर गम्भीर प्रभाव डाला। इसका कारण यह है कि उसकी आलोचना किसी एकांगी सूत्र को ग्रहण कर उसी का विस्तार नहीं करती। उसके अनेक पक्ष हैं, इसीलिए उसकी आलोचना का विशिष्ट स्थान है।

सामान्य रूप से कह सकते हैं कि उसकी आलोचना में तीन प्रधान स्थापनाएँ दिखाई देती हैं। पहली यह कि वह काव्य में आत्माभिव्यक्ति का विरोध करता है। इस प्रकार रूमानी काव्य-चिन्तन की सीमाओं को स्पष्ट करते हुए उसने एक नयी दिशा की ओर संकेत किया जो आभिजात्यवादी दृष्टि की पुनः स्थापना है। दूसरी बात यह है कि उसने इतिहास तथा परम्परा को अत्यन्त महत्त्वपूर्ण माना है तथा साहित्यिक परम्परा की पूर्णता में रखकर कृति को समझने और परखने का प्रयास किया है। इस प्रकार उसने कवि के इतिहास-बोध के महत्त्व पर विशेष बल दिया है। इसके अतिरिक्त उसने कृति के वस्तु पक्ष पर, उसकी संरचनात्मक स्थिति पर बल दिया है और काव्य में भाषा बिम्ब आदि की भूमिका को रेखांकित किया है। इस प्रकार इलियट में रूपात्मक या संरचनात्मक आलोचना के सूत्र भी लक्षित होते हैं। प्रथम दोनों विशेषताओं के बीच सम्बन्ध स्पष्ट है। जो आलोचक काव्य को आत्माभिव्यक्ति नहीं मानता, वह काव्य के आधार के लिए अन्य क्षेत्रों में प्रवेश करेगा। वह अन्य क्षेत्र, समाज का या परम्परा का या दोनों का ही हो सकता है। इलियट ने परम्परा और इतिहास-बोध पर तथा कवि के व्यक्तित्व के विलयन पर बल दिया है। मगर इस आभिजात्यवादी प्रवृत्ति के साथ संरचनात्मक

दृष्टि के सम्बन्ध की स्थापना कठिन प्रतीत होती है। यह सवाल उठाया जा सकता है कि कृति में इतिहास-बोध का महत्त्व अधिक है या संरचना का? यहाँ दोनों के समन्वय की मान्यता इस प्रश्न का समाधान नहीं कर सकती, क्योंकि परवर्ती नयी समीक्षा में जिसके उद्‌भव में इलियट की मान्यताओं का महत्त्वपूर्ण योगदान रहा है, संरचना को ही सबसे अधिक महत्त्वपूर्ण तत्त्व के रूप में स्वीकार किया गया है। इलियट का मत है कि आलोचना उतनी ही महत्त्वपूर्ण है जितनी हवा, क्योंकि किसी भी ग्रन्थ को पढ़ते हुए मन साथ-साथ उससे प्रभावित होता रहता है, और ज्ञात या अज्ञात रूप से इसका मूल्यांकन करता रहता है। प्रत्येक साहित्यकार प्रच्छन्न रूप से आलोचक भी होता है क्योंकि उसके सामने रचना करते हुए कई विकल्प आते हैं, पग-पग पर विकल्प आते रहते हैं और उन विकल्पों का परीक्षण करते हुए वह किसी एक का चयन करता है। इससे स्पष्ट है कि कवि अपने विवेक का प्रयोग करता हुआ उसका चयन करता है, जो श्रेष्ठ है। उसमें श्रेष्ठ को पहचानने की शक्ति होती है, जो कि आलोचना का अनिवार्य एवं प्रधान कर्म है।

परम्परा और व्यक्तित्व से पलायन

इलियट ने कविता को व्यक्तित्व की अभिव्यक्ति नहीं माना। उसने रूमानी आलोचना की मूल मान्यता का, कि कविता शक्तिशाली मनोवेगों का सहज उच्छलन है, विरोध किया है। क्योंकि इस पद्धति का अनुसरण करते हुए कविता घोर व्यक्तिवादी तथा आत्मकेन्द्रित हो जाती है। यद्यपि रूमानी आलोचक तथा रूमानी मूल दृष्टि का मनोवैज्ञानिक व्याख्याता रिचर्ड्स रूमानी कविता की इस सीमा के प्रति सजग है, फिर भी व्यवहार में यह आशंका बराबर बनी रहती है कि कविता आत्मकेन्द्रित होकर सहृदय से कहीं कट न जाये। इस प्रकार कविता की आत्मकेन्द्रित दृष्टि की चरम परिणति क्रोचे के उस कथन में मिलती है, जहाँ वह रचनात्मक व्यापार के स्वरूप की व्याख्या करते हुए उसमें सहृदय के लिए कोई स्थान नहीं रखता।

यह सवाल हो सकता है कि अगर कविता में व्यक्तित्व की अभिव्यक्ति नहीं होती तो कविता का कथ्य क्या है? कविता का प्रेरणा-स्रोत कौन-सा है तथा कविता में कवि के व्यक्तित्व की क्या भूमिका है?

इलियट ने कविता के स्थान पर परम्परा को; कवि के इतिहास-बोध को प्रतिष्ठित किया है तथा कवि के व्यक्तित्व को परम्परा की अभिव्यक्ति का माध्यम माना है। इस प्रकार काव्य में सबसे अधिक महत्त्वपूर्ण तत्त्व है परम्परा और उसने परम्परा की विस्तृत व्याख्या की है।

पहली बात यह है कि उसने यह सिद्ध करने का प्रयास किया है कि परम्परा

मानव की महत्त्वपूर्ण विरासत है तथा परम्परा का एक खास रूप है। सामान्यतया परम्परा का प्रयोग हेय अर्थ में किया जाता है। यदि किसी को परम्परावादी कहा जाये तो इसका यह अर्थ माना जाता है कि उसके कृतित्व में मौलिकता का अभाव है तथा उसकी रचनात्मक शक्ति सामान्य स्तर की है। उसने परम्परा के अन्धानुकरण की निन्दा की है। क्योंकि परम्परा की अनुकृति स्पष्टतः महान रचना के लिए घातक ही होगी। इसके विपरीत परम्परा के महत्त्व को स्पष्ट करते हुए वह कवि के इतिहास-बोध का महत्त्व स्पष्ट करता है।

परम्परा में, किसी भी युग की सांस्कृतिक चेतना में, दो प्रकार के तत्त्व होते हैं। एक वे जो देश और काल की सीमाओं में आबद्ध होते हैं, उन्हीं सीमाओं द्वारा निर्धारित होती हैं तथा दूसरे वे जो शाश्वत एवं सनातन होते हैं। इतिहास-बोध का अर्थ है परम्परा के शाश्वत और सनातन तत्त्वों की पहचान और यह तभी सम्भव है जब कि उसे परम्परा के सीमित अर्थों का भी ज्ञान हो। सारा अतीत मर नहीं जाता, वर्तमान अतीत की ही उपज है। वर्तमान के पीछे अतीत की पूरी साधनाएँ विद्यमान हैं। यदि अतीत परम्परा का रूप कुछ भिन्न होता, वह अधिक महान या कम महान होती तो वर्तमान का रूप भी निश्चित रूप से भिन्न होता। इस प्रकार अतीत का कुछ अंश होता है जो वर्तमान में भी जीवित रहता है। जीवित अतीत की पहचान इतिहास-बोध की सबसे बड़ी विशेषता है।

इलियट का मत है कि केवल अतीत ही वर्तमान के रूप को मर्यादित नहीं करता, वर्तमान भी अतीत को प्रभावित करता है। वह मानता है कि अतीत की कलाकृतियों की एक पूर्णता होती है, एक व्यवस्था होती है। जब कोई नयी महत्त्वपूर्ण कलाकृति प्रस्तुत की जाती है तो स्पष्ट है कि कलाकृतियों की पूर्णता एवं व्यवस्था में एक नया तत्त्व शामिल होता है जिससे वह व्यवस्था प्रभावित होती है। उस पूरी व्यवस्था में इस नयी कृति का स्थान निर्धारित होने का अर्थ है, पूरी व्यवस्था में ही परिवर्तन का आ जाना क्योंकि यह व्यवस्था सभी कलाकृतियों के पारस्परिक सम्बन्धों से निर्मित होती है। इस प्रकार अतीत वर्तमान का नियन्त्रण ही नहीं करता, वर्तमान भी अतीत को परिवर्तित कर देता है। उदाहरण के लिए इलियट के मतानुसार यूरोप की साहित्यिक परम्परा की एक व्यवस्था है और जब किसी नयी महत्त्वपूर्ण कृति का समावेश होता है तो इस व्यवस्था में परिवर्तन आ जाता है।

इलियट की यह मान्यता वैचारिक स्तर पर चाहे कितनी ही चमत्कारपूर्ण क्यों न लगे, व्यावहारिक स्तर पर सर्वथा असंगत और अर्थहीन है। यह कहना कि यूरोप के साहित्य की एक व्यवस्था है, रूप है, यह स्वीकार करना है कि कलाकार को सम्पूर्ण यूरोप के साहित्य का ज्ञान है और वह उस ज्ञान के आधार पर यूरोपीय साहित्य को एक खास रूप में व्यवस्थित करता है, यहाँ कई सवाल पैदा होते हैं? क्या यह सम्भव है कि सभी कवि या कोई भी एक कवि यूरोप के सम्पूर्ण साहित्य

का पण्डित हो सकता है? और अगर व्यवस्था का रूप बनता और बिगड़ता है तो फिर यूरोप का साहित्य ही क्यों लिया जाये, सारे विश्व का साहित्य क्यों न लिया जाये? क्योंकि श्रेष्ठ साहित्य, इलियट के मतानुसार भी देश-काल की सीमाओं का अतिक्रमण करता है। अगर मान लिया जाये कि कवियों को यूरोप के साहित्य की व्यवस्था का ज्ञान है, वह सम्पूर्ण साहित्य को पढ़कर उन्हें एक व्यवस्था या रूप के तौर पर समझते हैं तो क्या यह आवश्यक है कि यह 'व्यवस्था' सभी कवियों के लिए एक जैसी हो? इस प्रकार यूरोप के साहित्य की व्यवस्था की यह परिकल्पना, विचार के स्तर पर चाहे स्वीकार की जाये, व्यवहार के स्तर पर अमान्य ही है।

इलियट ने परम्परा के सन्दर्भ में ही कवि के व्यक्तित्व के महत्त्व को स्वीकार किया है। उसकी कवि के व्यक्तित्व सम्बन्धी धारणा भी संगत नहीं प्रतीत होती। उसका मत है कि कवि का व्यक्तित्व तो एक माध्यम है जिसमें विविध अनुभव, भाव, मनोवेग और विचारों का संयोग होता है और यह संयोग ही रचना है। इस विचार की व्याख्या करते हुए उसने विज्ञान का एक उदाहरण दिया है। प्लैटिनम की उपस्थिति में ऑक्सीजन तथा सल्फर डाई आक्साइड मिलकर सल्फ्यूरिक एसिड बनाते हैं। यहाँ ऑक्सीजन और सल्फर डाई ऑक्साइड मिलकर एक नयी वस्तु का निर्माण तो करती हैं मगर प्लैटिनम का टुकड़ा ज्यों का त्यों रहता है। प्लैटिनम के अभाव में ये दोनों गैसें मिल भी नहीं सकतीं। जिस प्रकार सल्फ्यूरिक एसिड दोनों गैसों के संयोग से बना है, मगर एक भिन्न पदार्थ है उसी प्रकार कविता भी अनेक तत्त्वों से मिलकर बनती है मगर उन सबसे भिन्न, एक नयी रचना होती है। जिस तरह प्लैटिनम के बिना दोनों गैसों का संयोग नहीं हो सकता, उसी प्रकार कवि के व्यक्तित्व के बिना कविता के घटक तत्त्वों का संयोग नहीं हो सकता। यहाँ विचारणीय यह है कि क्या यह दृष्टान्त संगत है? इस दृष्टान्त की सबसे बड़ी असंगति यह है कि गैसें आदि तो पृथक-पृथक तत्त्व हैं जिनकी अपने आप में स्वतन्त्र, निरपेक्ष सत्ता होती है, मगर विचारों, भावों, मनोवेगों आदि की ऐसी पृथक-पृथक निरपेक्ष सत्ता नहीं होती। पात्र में गैसों आदि का होना और व्यक्तित्व में भावादि का होना एक ही बात नहीं है, दोनों में गुणात्मक मूलभूत अन्तर है। विचार आदि तो व्यक्तित्व का अंग हैं, चेतना का रूप हैं, व्यक्तित्व की प्रतिक्रियाएँ हैं और इस प्रकार व्यक्तित्व को प्लैटिनम के समान मानना बिल्कुल गलत है।

इलियट व्यक्तित्व की निष्क्रियता और विलयन की बात करता है, व्यक्तित्व अपने आपको परम्परा के प्रति पूर्णतः समर्पित कर देता है और इसलिए कविता व्यक्तित्व की अभिव्यक्ति नहीं, उससे पलायन है। इलियट का कथन है :

'वस्तुतः कवि का मन असंख्य भावनाओं, पदावलियों बिम्बों के ग्रहण एवं संचयन के निमित्त एक आधान-पात्र की भाँति होता है और वे तब तक वहाँ रहते

हैं जब तक वे सब घटक जिनके संयोग से कोई नया यौगिक पदार्थ बन सकता हो, एक साथ एकत्र नहीं हो जाते।'

'मैं जो दृष्टिकोण प्रस्तुत करने का प्रयत्न कर रहा हूँ वह शायद आत्मा की तात्त्विक एकता के अधिमानसिक सिद्धान्त से सम्बद्ध है क्योंकि मेरा तात्पर्य यह है कवि के पास अभिव्यक्त करने के लिए कोई 'व्यक्तित्व' नहीं होता, एक विशिष्ट माध्यम होता है, जो केवल एक माध्यम होता है–व्यक्तित्व नहीं। उसमें मन पर पड़े हुए प्रभाव अजीब और अप्रत्याशित ढंग से संयुक्त होते हैं। हो सकता है व्यक्ति के लिए जो प्रभाव और अनुभव महत्त्वपूर्ण हों, वे काव्य में कोई स्थान न ग्रहण करें और जो काव्य में महत्त्वपूर्ण हो जायें, उनका योग व्यक्ति में–व्यक्तित्व में–नगण्य हो... ।'

'कविता भाव को उन्मुक्त रूप से प्रवाहित कर देना नहीं, भाव से पलायन है, कविता व्यक्तित्व की अभिव्यक्ति नहीं, उससे मुक्ति का नाम है। परन्तु हाँ, जिसके पास व्यक्तित्व और भाव दोनों हैं, वे ही यह समझ सकते हैं कि इनसे पलायन चाहना क्या होता है।'[1]

उपर्युक्त उदाहरण इलियट के चिन्तन के महत्त्व के उदाहरण के रूप में माने जाते हैं। हिन्दी के आलोचकों एवं अन्य तथाकथित आलाचेकों ने तो 'कविता व्यक्तित्व से पलायन है' (एन एस्केप फ्राम पर्सनैलिटी) का नारा बिना समझे-बूझे अपना लिया है। यहाँ बुनियादी सवाल यह है कि 'व्यक्तित्व' का अर्थ क्या है? इलियट ने किस अर्थ में 'पर्सनैलिटी' शब्द का प्रयोग किया है? इसका उत्तर मिलने पर ही उपर्युक्त उक्तियों पर विचार किया जा सकता है।

व्यक्ति एक अवधारणा है जिसकी विराट एवं वैज्ञानिक व्याख्या मनोविज्ञानशास्त्र प्रस्तुत करता है। इसलिए यदि उपर्युक्त उक्तियों में इलियट का व्यक्तित्व से तात्पर्य मनोविज्ञान वाले अर्थ से है तो उपर्युक्त मत भ्रान्तियों का एक पुंज ही सिद्ध होता है। क्योंकि मनोविज्ञान के अनुसार कोई भी व्यक्ति व्यक्तित्व से पलायन नहीं कर सकता, चेतन मन से और न ही अचेतन मन से। इसलिए यह कथन कि कविता 'व्यक्तित्व से पलायन है' सर्वथा असंगत और अवैज्ञानिक है, क्योंकि कोई भी व्यक्ति व्यक्तित्व का अतिक्रमण कर ही नहीं सकता। इसी प्रकार व्यक्तित्व को निष्क्रिय मात्र या निष्क्रिय साधन मानना, जिसकी उपस्थिति में अनुभवों आदि का संयोग होता है, असंगत ही माना जायेगा। व्यक्तित्व की यह निष्क्रियता अरस्तू के अनुकरण-सिद्धान्त का स्मरण कराती है। क्योंकि वहाँ भी व्यक्तित्व के सक्रिय एवं रचनात्मक कृतित्व पर स्पष्ट रूप से बल नहीं दिया गया।

दूसरी ओर इलियट ने प्रभावों के 'अजीब एवं अप्रत्याशित ढंग से संयुक्त

1. सावित्री सिन्हा (सम्पादिका), महेन्द्र चतुर्वेदी (अनुवादक), 'ट्रेडीशन एन्ड इंडिविजुअल टैलेन्ट', 'पाश्चात्य काव्यशास्त्र की परम्परा', पृ. 286-288

होने की बात की है। यहाँ क्रोचे की अभिव्यंजनावाद की अनुगूँज लक्षित होती है। अन्तर केवल इतना है कि क्रोचे ने संयुक्त होने की बात को अन्तर्ज्ञान द्वारा स्पष्ट रूप से प्रस्तुत करने का प्रयास किया है जबकि इलियट ऐसा करते हुए भी हिचकिचाता है।

उपर्युक्त मत में अगर कोई सार है तो इतना ही कि इलियट ने कविता में बढ़ती हुई व्यक्तिवादी प्रवृत्ति का विरोध किया है। जैसे कि हिन्दी की छायावादी कविता व्यक्तित्व में केन्द्रित होती हुई समाज से दूर होती गयी, उसी तरह यह आशंका किसी भी देश और व्यक्तिवादी कविता की धारा के बारे में हो सकती है। अतः रूमानी काव्यधारा की प्रवृत्ति के दोष के प्रति सतर्क करने की अपेक्षा रहती है। मगर यह प्रयास वैज्ञानिक एवं संगत विवेचन के स्तर पर होना चाहिए, मान्य अवधारणाओं के मनमाने प्रयोग के आधार पर नहीं।

वस्तुनिष्ठ समीकरण और काव्य की वस्तुपरक सत्ता

इलियट ने कविता में भाव एवं भावना की अभिव्यक्ति का विरोध नहीं किया। उसने वर्ड्सवर्थ की काव्य-परिभाषा का खण्डन करते हुए यह कहा है कि कविता शान्त अवस्था में अनुस्मृत भावों का सहज उच्छलन नहीं है क्योंकि कविता में एकाग्रता की अपेक्षा होती है तथा भावों का अनुस्मरण नहीं होता वरन भावों का संयोग होता है। और भावों की अभिव्यक्ति को स्वीकार करते हुए वह यह कहता है कि कला के रूप में भाव की अभिव्यक्ति करने की एकमात्र विधि है, भाव के वस्तुपरक प्रतिमान का वर्णन। वस्तुपरक प्रतिमान के अन्तर्गत वस्तुओं, परिस्थितियों और घटनाओं की शृंखला का संयोग होता है। यह संयोग एक विशेष भाव पैदा करता है तथा जहाँ भी यह संयोग होता है, वहीं वह विशेष भाव तुरन्त जाग्रत हो जाता है।[1] यहाँ भी इलियट ने भाव की अभिव्यक्ति के लिए भाव को जगाने वाली वस्तुओं आदि के चित्रण पर बल दिया है तथा भाव को जगाने का एकमात्र रास्ता यही माना है।

इलियट की उपर्युक्त मान्यता पर संस्कृत के रसशास्त्र का प्रभाव लक्षित होता है। इलियट ने तर्कशास्त्र, तत्त्वज्ञान, संस्कृत और पालि का अध्ययन किया था। इसलिए स्वाभाविक ही है कि उसने संस्कृत के काव्यशास्त्र को भी पढ़ा हो और रस की अभिव्यक्ति की पद्धति से प्रभावित हुआ हो। रस-सिद्धान्त एक ओर तो

1. दि ओनली वे ऑफ एक्स्प्रेसिंग इमोशन इन दि फार्म ऑफ आर्ट इज बाई फाइंडिंग ऐन 'आब्जेक्टिव कोरिलेटिव', इन अदर वर्ड्स, ए सैट ऑफ ऑबजेक्ट्स, ए सिचुएशन, ए चेन ऑफ इवेंट्स ह्विच शैल बी दि फार्मूला ऑफ देट (पर्टिकूलर) इमोशन, सच देट ह्वैन दि एक्स्टर्नल फेक्ट्स, ह्विच मस्ट टर्मिनेट इन सेंसरी एक्सपीरियंस, आर गिवन, दि इमोशन इज इमिजिएटली इवोक्ड–विमसैट एण्ड ब्रुक्स, 'लिट्रेरी क्रिटिसिज्म ए शार्ट हिस्ट्री', पृ. 667

भाव से जुड़ा हुआ होने के कारण तथा दूसरी ओर विभावादि की वस्तुगत सामग्री पर बल देने के कारण विषयीगत प्रतिक्रिया (रस) दो वस्तुगत योजना (विभावादि) से सम्बद्ध करके देखता है। इस प्रकार इलियट रस-सिद्धान्त में विषयीगत अनुभव तथा वस्तुगत पक्ष दोनों को समान रूप से महत्त्वपूर्ण मानता है। रस-सिद्धान्त के अनुसार रस की अभिव्यक्ति का यही एकमात्र रास्ता है। विभावादि की योजना के द्वारा रस की अभिव्यक्ति का यही एकमात्र रास्ता है। विभावादि की योजना के द्वारा रस की अभिव्यक्ति का दूसरा कोई रास्ता नहीं है। इलियट भी भाव की अभिव्यक्ति की एकमात्र पद्धति वस्तुपरक प्रतिमान की योजना में मानता है। दूसरी बात यह है कि जहाँ विशिष्ट विभावादि की योजना होगी, वहाँ उनके अर्थ के ग्रहण करते ही रस की अभिव्यक्ति भी होगी क्योंकि विभावादि का रस से नित्य एवं अविच्छिन्न सम्बन्ध है। यही बात इलियट ने भी कही है। जहाँ भी विशिष्ट भाव का 'फार्मूला'—वस्तुपरक प्रतिमान होगा, वहाँ ऐन्द्रिय बोध के माध्यम से उसी भाव की अभिव्यक्ति होगी। इस प्रकार इलियट का वस्तुपरक प्रतिमान एवं भाव सम्बन्ध का सिद्धान्त रस-सिद्धान्त का ही रूपान्तर प्रतीत होता है।

आन्तरिकता तथा कवि के व्यक्तित्व से मुक्त करने के बाद इलियट ने काव्य को वस्तुपरक निर्मिति के रूप में प्रतिष्ठित करने का प्रयास किया। इसी सन्दर्भ में वस्तुपरक प्रतिमान के सिद्धान्त की प्रतिष्ठा को भी देखना उचित होगा। उसने काव्य की भाषा 'विट' पर तथा बिम्ब पर विशेष बल देते हुए काव्य के विषय में संरचनात्मक अवधारणा को व्यवस्थित रूप से देखने का प्रयास किया। इलियट से पहले पेटर ने और फिर रिचर्ड्स ने शैली तथा काव्य भाषा पर विस्तार से विचार किया था। उसी क्रम में इलियट की इस मान्यता को भी देखा जा सकता है। कवि सजग एवं कुशल रूप से शब्दों एवं बिम्बों का चयन करता है तथा उनकी संयोजना करता है। बिम्ब के माध्यम से ही भाव की अभिव्यक्ति होती है। भाव अपने आप में अमूर्त्त एवं असम्प्रेषणीय है। उसे सम्प्रेषण का साधन चाहिए और यह साधन है भाषा, जिसमें बिम्ब का महत्त्वपूर्ण स्थान है। बिम्ब का प्रयोग केवल भाव के सम्प्रेषण के लिए ही नहीं होता वरन विचार के सम्प्रेषण के लिए भी होता है। बिम्ब के मूल में भाव, विचार आदि समग्र रूप से विद्यमान रहते हैं और यही समग्रता बिम्ब के माध्यम से व्यक्त भी होती है। इस प्रकार वस्तुपरक प्रतिमान तथा बिम्ब सम्प्रेषण के आधारभूत एवं वस्तुपरक तत्त्व हैं। काव्य के वस्तुपरक विवेचन की पद्धति की अपार सम्भावनाएँ हैं और ये सम्भावनाएँ नयी समीक्षा के रूप में विकसित हुईं।

अभिजात का अर्थ

इलियट ने विस्तार से अभिजात काव्य की मीमांसा करते हुए उसके लक्षणों को

निर्धारित किया है। उसने अभिजात का अर्थ किसी वाद विशेष की अवधारणा के आलोक में नहीं किया है। उसने कहा है कि अगर एक शब्द में अभिजात काव्य का लक्षण दिया जाये तो वह होगा 'प्रौढ़ता'। दूसरे शब्दों में अभिजात कृति का अर्थ हुआ, प्रौढ़ या श्रेष्ठ कृति। दरअसल उसी अर्थ में यह शब्द अन्य साहित्यों के अध्ययन के सन्दर्भ में प्रयुक्त हुआ है। मगर यह प्रौढ़ता भी व्याख्या-सापेक्ष है।

अभिजात कृति की पहली एवं प्रमुख विशेषता है प्रौढ़ता। कोई भी कृति जब तक जीवन के विकसित एवं उच्च आदर्शों की अभिव्यक्ति नहीं करती, प्रौढ़ नहीं कहला सकती। अब सवाल यह है कि कृति की इस प्रौढ़ता का स्रोत क्या है।

कृति की प्रौढ़ता कृतिकार के मस्तिष्क की प्रौढ़ता से आती है और कृतिकार प्रौढ़ता प्राप्त करता है अपने समाज से। और समाज की उन्नत अवस्था की व्याख्या करते हुए इलियट अपने प्रिय विषय या परम्परा या इतिहास पर पहुँच जाता है। उन्नत मस्तिष्क के निर्माण के लिए उन्नत सामाजिक व्यवस्था होनी चाहिए और उन्नत मस्तिष्क की निर्मिति शून्य नहीं होती वरन विशिष्ट सामाजिक, ऐतिहासिक, परिस्थितियों में होती है। इस प्रकार इलियट का यह स्पष्ट मत है कि कम विकसित समाज में न तो प्रौढ़ मस्तिष्क का विकास हो सकता है, और न ही अभिजात कृति का जन्म हो सकता है।

समाज एक निरन्तर विकासशील संस्था है। मगर अरस्तू यह नहीं मानता कि प्राचीन की अपेक्षा परवर्ती समाज निश्चित रूप से अधिक विकसित ही होगा क्योंकि व्यवस्था एवं नैतिक गरिमा विकसित युग के अनिवार्य लक्षण हैं जो कि पुराने समाज में हो सकते हैं और परवर्ती 'तथाकथित' विकसित समाज में उनका अभाव हो सकता है। स्पष्टतः इलियट का यह मत विवादास्पद है क्योंकि यदि वह नैतिक आदर्श से और आगे बढ़कर सामाजिक व्यवस्था की विकासमान जटिलता पर ध्यान देता तो सम्भवतः उसको वर्जिल इतना महत्त्वपूर्ण न लगता। उसके मतानुसार कोई भी युग अपनी सांस्कृतिक परम्पराओं की जीवन्तता और गरिमा के कारण ही प्रौढ़ता प्राप्त करता है और इसकी अभिव्यक्ति कवि के माध्यम से समाज में होती है। इलियट कांग्रीव (1670-1729 ई.) के नाटक 'दि वे ऑफ दि वर्ल्ड' को एक दृष्टि से शेक्सपियर के किसी भी नाटक की अपेक्षा प्रौढ़ मानता है—केवल इस दृष्टि से कि उसमें प्रौढ़तर समाज का प्रतिबिम्ब है, अर्थात उसमें 'आचार-व्यवहार की अधिक प्रौढ़ता' लक्षित होती है। यहाँ यह सवाल उठाया जा सकता है कि क्या 'आचार-व्यवहार की प्रौढ़ता' व्याख्या-सापेक्ष है? यह कैसे तय किया जाये कि शेक्सपियर के नाटकों का समाज अधिक प्रौढ़ है या कांग्रीव की उक्त कामदी में प्रतिपादित समाज? और फिर, क्या समाज की प्रौढ़ता के आधार पर कृति की प्रौढ़ता का निर्णय करने वाली पद्धति भ्रामक नहीं हो सकती?

अभिजात कृति का एक अन्य लक्षण है—भाषा की प्रौढ़ता। इस सम्बन्ध में

इलियट का मत है कि पद्य की अपेक्षा गद्य में यह प्रौढ़ताा आसानी से पहचानी जा सकती है। गद्य का महत्त्व संस्कृत काव्यशास्त्र में भी स्वीकृत है, जहाँ गद्य को ही कवियों का निकष कहा गया है। इलियट मानता है कि 'काव्य-रचना की अधिकाधिक जटिलता की ओर प्रगति अभिजात शैली की ओर पहुँचने के लक्षण हैं।' और साथ ही यह भी कि 'अभिजात गद्य का विकास सामान्य शैली में होता है।' यहाँ सामान्य से यह तात्पर्य नहीं है कि अभिजात युग के सभी गद्यकारों की शैली एक-सी होती है। तात्पर्य यह है कि उन सभी लेखकों की गद्य शैली में वाक्य-रचना, अर्थ-शक्ति आदि की दृष्टि से कुछ सामान्य लक्षणों से पहचाना जा सकता है। मगर साथ ही प्रत्येक लेखक की गद्य-शैली की अपनी विशिष्टता भी होती है।

अभिजात कृति का एक अन्य लक्षण है : व्यापक प्रभाव। यह बात सर्वस्वीकृत-सी ही है कि श्रेष्ठ रचना देश और काल की सीमाओं के भीतर ही अपने आप को प्रतिष्ठित नहीं करती वरन प्रत्येक देश एवं काल में अपनी प्रभावशक्ति के कारण वह मान्य होती है। उत्कृष्ट साहित्य देश एवं काल की सीमाओं का अतिक्रमण कर जाता है। क्योंकि अभिजात कृति में 'जातीय चरित्र' की अभिव्यक्ति होती है। इलियट जिस प्रकार कवि के व्यक्तित्व को सनातन परम्परा की अभिव्यक्ति का माध्यम मानता है, उसी प्रकार वह काव्य के कथ्य को भी विशेष की सीमाओं से निकालकर जातीय भावना की अभिव्यक्ति के लिए समर्थ बनाना चाहता है, अतः हम इस परिणाम पर पहुँच सकते हैं कि 'पूर्ण अभिजात कृति वह होगी जिसमें किसी जाति की समग्र प्रतिभा यदि सर्वथा व्यक्त हो तो अन्तर्हित अवश्य होगी और वह ऐसी भाषा में ही प्रकट होगी कि उसकी समग्र प्रतिभा एक साथ पुंजीभूत हो।' मगर उत्कृष्ट कृतियाँ जाति की प्रतिभा एवं निजी भाषा की सीमाओं एवं शक्तियों का भी अतिक्रमण करती हुई मानव-मात्र को प्रभावित करने की शक्ति से सम्पन्न होती हैं। यही सच्चे अर्थों में अभिजात कृति का आदर्श है।

इस प्रकार अभिजात साहित्य को दो वर्गों में रखा जा सकता है : एक सापेक्ष अभिजात साहित्य, दूसरा निरपेक्ष अभिजात साहित्य। सापेक्ष अभिजात साहित्य वह है जो अपनी जाति की सीमाओं तक ही प्रभावशाली होता है तथा दूसरी ओर ऐसी रचनाएँ हैं जो सार्वभौम प्रभाव से मुक्त होती हैं। इसके कारणों पर गहराई से विचार किया जाये तो स्पष्ट होगा कि इतना भर कह देना पर्याप्त नहीं है कि अभिजात कृति का सम्बन्ध समाज के आचार-व्यवहार की प्रौढ़ता से है। ऐसे अनेक उदाहरण मिल जाते हैं जब कि अविकसित समाज में अभिजात साहित्य की रचना हुई हो। ऐसे भी उदाहरण मिलते हैं जहाँ विकसित समाज में ऐसा साहित्य रचा गया हो जो अभिजात नहीं है। यदि इलियट के इस मत को स्वीकार भी कर लिया जाये कि प्रौढ़ समाज में ही प्रौढ़ कृति का निर्माण सम्भव है, तो क्या यह भी माना जा

सकता है कि प्रौढ़ समाज में प्रस्तुत की गयी सभी कृतियाँ अभिजात हैं? स्पष्टतः दूसरी मान्यता असंगत ही नहीं, हास्यास्पद भी है। यद्यपि इलियट ने रचनाकार के मस्तिष्क की प्रौढ़ता का उल्लेख किया है लेकिन उसे प्रौढ़ समाज का परिणाम माना है, फिर भी सवाल यह पैदा होता है कि प्रौढ़ समाज में पैदा होने वाले सभी साहित्यकार समान रूप से प्रौढ़ क्यों नहीं होते अथवा प्रौढ़ समाज में प्रस्तुत की गयी सभी रचनाएँ अभिजात क्यों नहीं होतीं। यहाँ यह सवाल अभिजात के सन्दर्भ में समाज और साहित्यकार के सम्बन्ध की मीमांसा के लिए नहीं उठाया गया है, बल्कि इसलिए उठाया गया है कि इलियट की अभिजात सम्बन्धी मान्यता उसकी कवि के व्यक्तित्व सम्बन्धी मान्यता के प्रतिकूल पड़ती है। अगर व्यक्तित्व मात्र एक पात्र है, जिसमें अनुभव आदि का संयोग होता है, तो फिर विकसित एवं अविकसित मस्तिष्क से उत्पन्न कृतियों में अन्तर क्यों है? स्पष्ट है कि कृतिकार के मस्तिष्क की उन्नत अवस्था का महत्त्व एक तटस्थ या निष्क्रिय सत्ता के रूप में नहीं वरन एक सजग एवं सक्रिय शक्ति के रूप में है जो अनुभवों आदि को तथ्य के रूप में ग्रहण नहीं करता वरन उनकी निर्मिति में योग भी देता है। अनुभव, विचार, संवेदना आदि कवि की चेतना में उत्पन्न होने वाले समाज के तथ्यों या घटनाओं की प्रतिकृतियाँ मात्र नहीं है वरन अनुभव सामाजिक स्थिति एवं कृतिकार की चेतना के संयोग से निर्मित होता है। अनुभव में कवि का व्यक्तित्व जुड़ा हुआ है। अनुभव की बनावट में सामाजिक परिस्थितियों के साथ-साथ व्यक्तित्व का भी हाथ रहता है। इसलिए व्यक्तित्व को एक तटस्थ उपकरण के समान स्वीकार नहीं किया जा सकता।

अपनी विविध सीमाओं के बावजूद भी इलियट ने रूमानी काव्य-चेतना की व्यक्ति-केन्द्रित एवं अन्तर्मुखी प्रवृत्ति का विरोध कर बाह्य सामाजिक स्थिति के महत्त्व को उजागर करने के साथ-साथ कृति के अपने महत्त्व का भी, उसके वस्तुगत तत्त्वों की भूमिका को भी रेखांकित किया और रूमानी काव्य-दृष्टि के समकक्ष रूपवादी आलोचना-दृष्टि के विकास की सम्भावना को स्पष्ट एवं सशक्त रूप से व्यक्त किया है।

संवेदना का विसंग

प्राचीन काल तथा मध्यकाल का जीवन अपेक्षाकृत सरल था तथा धर्म के उदय के साथ ही व्यक्ति को जीवन का एक सीधा प्रशस्त मार्ग मिल गया। परिणाम यह हुआ कि उसके विचारों और भावों में तालमेल रहता था और उनमें कोई विसंगति नहीं थी। लेकिन आधुनिक काल में अनेक सिद्धान्तों के उदय के साथ ही व्यक्ति की संवेदना में एक विषमता और संघर्ष ने जन्म लिया तथा उनकी संवेदना की

अन्विति खण्डित हो गयी, इससे व्यक्ति की संवेदना में विशृंखलता का जन्म हुआ और उसका असाहचर्य या विसंग हो गया। उसने काव्य रचना और उसके आस्वाद की प्रक्रियाओं को प्रभावित किया। समाज में चिन्तनधाराओं एवं अस्थाओं ने मनुष्य के बोध में तनाव और संघर्ष को जन्म दिया। यही कारण है कि आधुनिक युग में जीवन में व्याप्त अनेकायामी संघर्ष ने काव्य-चेतना को विविध विरोधी-रूपों में उजागर किया। इसीलिए इलियट ने सत्रहवीं शताब्दी के तत्त्वज्ञानिक (मेटा फ़िज़िकल) कवियों को श्रेष्ठ माना। वस्तुतः इस सामाजिक अन्तर्विरोध का सबसे पहले मैथ्यू आर्नल्ड ने विस्तृत विवेचन कर यह स्थापना की कि आधुनिक युग में कविता धर्म का स्थान ग्रहण कर लेगी तो मनुष्य जीवनमूल्यों को प्राप्त करने के लिए धर्म के स्थान पर काव्य का उपयोग करेगा।

अध्याय-16

उपन्यास

प्रायः यह देखा गया है कि जब आलोचना का उल्लेख किया जाता है तो उसका अर्थ कविता की आलोचना होता है। साहित्य में कविता के अलावा अन्य विधाएँ भी हैं जैसे नाटक, उपन्यास, निबन्ध, कहानी आदि। यद्यपि साहित्य, जिसके सीमित अर्थ में ये सभी विधाएँ आ जाती हैं, आलोचकों के अध्ययन एवं मनन का विषय रहा है और प्रत्येक विधा के अपने रूपगत एवं कथ्यगत नियम होते हैं, फिर भी अधिकांश आलोचकों का ध्यान कविता में केन्द्रित रहा। कविता में भी विविध रूप हैं : गीतिकाव्य व लम्बी कविता, खण्ड-काव्य, महाकाव्य आदि, और इनमें शिल्प आदि का स्पष्ट अन्तर भी है, मगर कविता के सभी रूपों के बुनियादी तत्त्वों में एक मूलभूत समानता पायी जाती है तथा इन विधाओं की अलग-अलग आलोचनाओं का अपना अस्तित्व होते हुए भी उनमें बुनियादी समानता देखी जा सकती है। यह तो स्पष्ट ही है कि महाकाव्य की आलोचना में और गीतिकाव्य की आलोचना में स्पष्ट अन्तर है, विषय की सीमा का, कार्य के विधान एवं विकास का। मगर मूलतः ये दोनों ही विधाएँ कविता हैं और इसलिए कुछ बुनियादी अर्थों में समान हैं। उदाहरण के लिए प्रसाद की 'कामायनी' तथा महादेवी के किसी गीत का अन्तर स्पष्ट है। 'रामचरितमानस' तथा 'विनय पत्रिका' के पदों के अन्तर के बारे में मतभेद नहीं हो सकता, मगर दोनों में बुनियादी समानता है। इसीलिए गीतिकाव्य एवं महाकाव्य के लेखक के लिए एक ही नाम (कवि) का प्रचलन है। इसका तात्पर्य यह है कि कविता के किसी भी रूप की रचना करने के लिए रचनाकार में कुछ मूलभूत एवं सामान्य गुणों, प्रतिभा, कल्पना आदि की अपेक्षा होती है। इस प्रकार कविता रूपगत भेदों के बावजूद भी एक बुनियादी समानता के आधार पर स्थित होती है।

आलोचना का प्रथम केन्द्र नाटक

उपर्युक्त विवेचन के सन्दर्भ में यह कहा जाता है कि इतिहास इस बात का गवाह है कि आलोचना का उद्‌भव नाटक के आधार पर हुआ। यह महज एक संयोग नहीं है कि भारत में उपलब्ध प्रथम आलोचना-ग्रन्थ भरत का नाट्‌यशास्त्र है और पश्चिम की आलोचना का जनक अरस्तू भी नाटक को—विशेषतः त्रासदी को ही आधार कहकर समीक्षा करता है तथा आदर्श प्रस्तुत करता है। अरस्तू के सामने नाटक के अलावा महाकाव्य भी थे और गीति काव्य भी, मगर उसने समीक्षा का केन्द्र नाटक को ही बनाया और महाकाव्य का विवेचन भी उन्हीं सिद्धान्तों के आलोक में स्वीकार्य माना, यद्यपि उनमें कुछ संशोधन भी किये, जो त्रासदी की समीक्षा में स्थापित किये गये थे। यद्यपि भारतीय परम्परा में वाल्मीकिकृत 'रामायण' को ही आदिकाव्य माना गया है और इसका उल्लेख भवभूति के एक नाटक 'उत्तररामचरित' में हुआ है, मगर भरत का ग्रन्थ नाटक की समीक्षा तक ही सीमित रहता है। बाद में नाटक के कपितय सिद्धान्तों—रस, सन्धियों आदि को महाकाव्य के लिए स्वीकार कर लिया गया।

इस प्रकार ऐतिहासिक दृष्टि से यह स्पष्ट है कि आलोचना का आरम्भ नाटक की आलोचना के रूप में हुआ। पश्चिम में अरस्तू ने आलोचना का केन्द्र बनाया नाटक को और भारत में भरत के नाटक के प्रमुख तत्त्वों को वेदों से गृहीत मानकर आलोचना को भी जीवन की समग्रता से चाहे परोक्ष रूप से ही सही—जोड़ दिया। इस सम्बन्ध में दूसरी बात यह है कि नाटक की आलोचना काव्य की आलोचना से सम्बद्ध हो गयी। यह सम्बन्ध नाटक और गीतिकाव्य पर आधारित न होकर नाटक और महाकाव्य के सम्बन्ध पर आधारित था।

पश्चिम में नव्य आभिजात्यवादी युग तक आलोचना का प्रधान केन्द्र परम्परा के प्रभाव से नाटक ही चला आ रहा था। रूमानी आलोचना एवं सम्बद्ध आलोचनात्मक दृष्टि के विकास के परिणामस्वरूप कविता—मुख्यतः गीति कविता—आलोचना का केन्द्र बनी और तब से अधिकांश आलोचना कविता की सीमाओं के भीतर ही संचरण करती रही। इधर भारत में स्वतन्त्र सामाजिक व्यवस्था के अनुरूप चिन्तन की स्वतन्त्रता रही और बहुत आरम्भ में ही, ईसा की पाँचवीं शताब्दी में, गीति-काव्य समीक्षा का केन्द्र बन गया। इस प्रकार भारतीय सन्दर्भ में प्राचीन काल में समीक्षा की दो धाराएँ दिखाई देती हैं—एक भारत से आरम्भ होने वाली नाट्‌य समीक्षा की धारा, दूसरी भारत से आरम्भ होने वाली काव्य-समीक्षा की धारा। मगर यहाँ भी धीरे-धीरे कविता ही आलोचक का केन्द्र बन गयी और सभी मूल्यों की प्रतिष्ठा प्रधान रूप से कविता के सन्दर्भ में होने लगी।

यहाँ यह सवाल हो सकता है कि ऐसा क्यों हुआ? आलोचना नाटक से आरम्भ होकर कविता में ही प्रधान रूप से क्यों सीमित हो गयी?

इसके तीन कारण हो सकते हैं। पहला तो यह कि प्राचीन काल में कविता अधिक विकासमान साहित्यिक विधा के रूप में लक्षित हुई। सम्भवतः नाटक की अपेक्षा उसी का महत्त्व अधिक रहा होगा क्योंकि नाटक रंगमंच से जुड़ा होने के कारण अपेक्षाकृत सीमित काव्य रूप हो गया। दूसरा यह कि उपन्यास, कहानी, निबन्ध आदि का विकास उस युग में नहीं हुआ। जब उपन्यास और कहानी का विकास हुआ तो आलोचना का ध्यान उधर भी जाने लगा। इसके अतिरिक्त तीसरा कारण यह भी हो सकता है कि कविता अपने सीमित कथ्य तथा अधिक उन्नत एवं जटिल शिल्प के कारण आलोचना को अधिक सफलता के साथ आकर्षित कर सकी। यद्यपि नाटक के काव्यगत गुणों की उपेक्षा नहीं की जा सकती, मगर नाटक कथानक की व्यापकता के कारण तथा सामान्य या एक साथ अनेक प्रेक्षकों के साथ सम्बद्ध होने के कारण अपेक्षाकृत सरल होता है, जब कि कविता शिल्पगत गुणों के कारण एवं कथ्यगत जटिलता के कारण व्याख्या व समीक्षा की अधिक अपेक्षा रखती है। इस प्रकार आलोचना का केन्द्र नाटक से हटकर कविता हो गया। मगर शीघ्र ही उपन्यास के विकासमान रूप ने भी आलोचना को आकर्षित किया और उपन्यास ही आलोचना की प्रतिष्ठा कविता की आलोचना से अलग स्वतन्त्र रूप में हुई।

उपन्यास : आलोचना का आरम्भ

उपन्यास के अस्तित्व एवं विकास का रोचक इतिहास रहा है। कहा जा सकता है कि कथा का प्रचलन अत्यन्त प्राचीन समाज में भी था और वह नाटक से पूर्ववर्ती था। इसका कारण यह है कि प्राचीनतम उपलब्ध नाट्यालोचन के ग्रन्थ भी प्रसिद्ध कथानक के महत्त्व को निर्विवाद रूप से स्वीकार करते हैं। उद्बुद्ध होती हुई मानवजाति में कथा का विकास जातीय दिवा-स्वप्नों के रूप में हो सकता है, अगोचर और अबोधगम्य, भयानक एवं सुखकर प्राकृतिक शक्तियों से सम्बद्ध होकर भी हो सकता है, तथा अपने कबीले के असहज एवं अतिप्राकृतिक गुणों के आधार पर भी हो सकता है। प्राचीनतम ग्रन्थों में इस प्रकार के कथात्मक सूत्र मिलते हैं जिनका अध्ययन अत्यन्त मनोरंजक एवं उपयोगी होगा, बशर्ते कि वह अध्ययन प्रतिभा-सम्पन्न व्यक्ति करे। मिथक एवं आद्यबिम्बों के विश्लेषण में कथा के आरम्भिक रूप को देखा जा सकता है।

मगर ये कथाएँ या लोककथाएँ आम समाज के साथ इतने घनिष्ठ रूप से सम्बद्ध रहीं कि उनका स्वतन्त्र अस्तित्व एक निश्चित एवं परिभाषित रूप में नहीं रहा और वे आलोचना को आकर्षित कर न सकीं। यह स्पष्ट है कि भारत एवं अरस्तू के ग्रन्थों में लोककथाओं का प्रचलन रहा क्योंकि उन्होंने प्रसिद्ध कथा या

दन्तकथा आदि का उल्लेख किया है, मगर ये कथाएँ विशिष्ट कथाकार से सम्बद्ध न होने के कारण अपना विशिष्ट व्यक्तित्व अक्षुण्ण न रख सकीं और अपने समकालीन समीक्षकों को आकर्षित न कर पायीं। लेकिन पुनर्जागरण के बाद जब छापेखाने के आविष्कार के फलस्वरूप, उपन्यास की प्रतिष्ठा एक साहित्यिक विधा के रूप में हो गयी तो उसकी आलोचना की प्रवृत्ति भी दिखाई दी। आरम्भ में तो प्रायः उपन्यासकारों ने ही उपन्यास के विषय में अपने विचार व्यक्ति किये किन्तु उपन्यास के महत्त्व की वृद्धि के साथ-साथ आलोचकों ने भी उसके कथ्य, रूप, शिल्प, टेकनीक, संरचना आदि की व्याख्या और मीमांसा की।

उपन्यास : परिभाषा और विकास

उपन्यास की परिभाषा देना एक दुस्तर कार्य है, क्योंकि उपन्यास के रूप, उद्देश्य, कथ्य शैली आदि में इतनी विभिन्नता मिलती है कि उसे किसी सर्वमान्य परिभाषा में बाँधना असम्भव है। सामान्यतया यह कहा जा सकता है कि उपन्यास गद्य की कथात्मक रचना है जिसको कल्पना की सहायता से निष्पन्न किया जाता है। इस प्रकार माध्यम के रूप में गद्य, वस्तु के रूप में कथा तथा साधन के रूप में कल्पना, इन तीनों तत्त्वों की स्वीकृति उपन्यास में लक्षित होती है। मगर ये सारे तत्त्व कहानी, लम्बी कहानी, लघु उपन्यास आदि में भी पाये जाते हैं। उपन्यास इन सभी कथा रूपों से मूलतः भिन्न है और इस भिन्नता का स्वरूप आलोचना का महत्त्वपूर्ण विषय रहा है।

जिस प्रकार भारत में कथा साहित्य का इतिहास बहुत प्राचीन है, जैसे कादम्बरी, दशकुमारचरित आदि से सिद्ध होता है, वैसे ही विदेशों में भी उपन्यास का इतिहास बहुत प्राचीन है। यद्यपि कादम्बरी को आज के अर्थ में उपन्यास नहीं कहा जा सकता, मगर उसे उपन्यास का आरम्भिक रूप अवश्य माना जा सकता है। वस्तुतः आधुनिक हिन्दी साहित्य में उपन्यास की रचना में प्रधान रूप से पाश्चात्य प्रेरणा रही है। प्राचीन मिस्र में भी उपन्यास का आरम्भिक रूप रहा है, मगर आज जो कृतियाँ प्राप्त होती हैं वे लघु उपन्यास के समान ही हैं। ईसा की दूसरी-तीसरी शताब्दी में यूनान में रोमांसों की परम्परा मिलती है जिनमें प्रणय, बहादुरी, चोरी आदि की घटनाओं की संयोजना हुई है।

आधुनिक अर्थ में प्रथम उपन्यास की रचना लेडी शिकिबू मुदाशाकी का उपन्यास 'दि टेल ऑफ गेन्जी' है, जिसकी रचना सन 1001 से 1015 के बीच हुई। उस जापानी उपन्यास में राजकुमार गेन्जी के आरम्भिक जीवन की प्रणय-गाथाओं का वर्णन है तथा उसकी शैली सूक्ष्म और मार्मिक है। उस काल में यूरोप में मध्यकालीन रोमांसों की रचना हो रही थी (ईसा की बारहवीं से पन्द्रहवीं

शती तक मध्ययुगीन रोमांसों की रचना हुई)। ये सब पद्य में रचित हैं तथा इनमें राजाओं एवं सामन्तों के शौर्य, प्रणय आदि के किस्सों का वर्णन है। इटली के लेखक बोकेशियो की रचना डिकामेरन (1348-53) गद्य में है। इस प्रकार की रचना के लिए इटली भाषा का शब्द 'नावेला' प्रचलित है। इसी से अंग्रेज़ी शब्द 'नावेल' की उत्पत्ति मानी गयी है। इसके अतिरिक्त 'नावेल' शब्द की व्युत्पत्ति मध्ययुगीन 'रोमांस' से भी मानी जाती है। धीरे-धीरे गद्ययुक्त कथा की रचना का प्रसार बढ़ा और कई कारणों से आज उपन्यास साहित्य का सबसे अधिक लोकप्रिय रूप बन गया है और उसके कथ्य, रूप, शिल्प, उद्देश्य आदि को लेकर असंख्य प्रयोग लक्षित होते हैं। शायद ही कोई ऐसा सिद्धान्त का विषय होगा जिसका उपन्यास पर प्रभाव नहीं पड़ा तथा जिसने उपन्यास साहित्य को समृद्ध करने में सहायता न दी हो।

उपन्यास भाषा, शिल्प एवं कथ्य सभी दृष्टियों से आम जीवन के निकट की साहित्यिक कृति है तथा छापेखाने एवं शिक्षा के प्रसार के कारण साहित्य का यह रूप विशेष रूप से समृद्ध होता जा रहा है। लोकप्रियता की दृष्टि से केवल कहानी ही इसकी तुलना कर सकती है। उपन्यास की प्रसिद्धि का यही एक कारण नहीं है कि वह जनता के जीवन को जनता की भाषा में प्रस्तुत करता है वरन वह जीवन के बारे में जनता की समझ और उसकी संवेदना को भी अधिक व्यापक एवं पैना बनाता है। साथ ही उपन्यास मनोरंजन का, स्तरीय मनोरंजन का भी साधन है। इस प्रकार वर्ड्सवर्थ ने जो आकांक्षा कविता से की थी, कि कविता जनता की भावनाओं को जनता की भाषा में व्यक्त करे, वह उपन्यास ने पूरी की। वर्ड्सवर्थ के उक्त कथन से यह स्पष्ट है कि साहित्यकार जनता की भाषा एवं जनता की भावनाओं के महत्त्व के प्रति सजग रहे थे। अगर कवियों में यह सजगता मूल्य का रूप धारण करती है तो यह इस बात का स्पष्ट संकेत है कि जनता किस प्रकार साहित्य की आकांक्षा करती है, किस प्रकार का साहित्य जनता द्वारा समादृत हो सकता है।

आधुनिक उपन्यास की आलोचना : विविध पक्ष

उन्नसवीं शती में यूरोप में उपन्यास साहित्य समृद्ध हो चुका था, मगर आलोचनात्मक दृष्टि का उद्भव देर से हुआ—पहले फ्रांस में और फिर इंग्लैण्ड में। उन्नीसवीं शती के अन्त में भी हेनरी जेम्स को यह एहसास था कि अंग्रेज़ी में उपन्यास की आलोचना का समुचित विकास नहीं हो पाया है और उपन्यास को एक कलात्मक संरचना के रूप में समझने और समझाने की दृष्टि का अभाव है। उपन्यास कथा के विस्तार के कारण जीवन के इतने निकट की साहित्यिक विधा है कि उसे जीवन से पृथक एक कलात्मक रचना के रूप में स्वीकार करने तथा परिभाषित करने का कार्य उस गति से नहीं चला जिस गति से उपन्यास साहित्य की रचना हुई। जेम्स ने इस

बात को तो स्वीकार किया कि उपन्यास में जीवन की यथार्थता की व्यापक अभिव्यक्ति होती है, मगर इसके साथ ही उसने इस बात पर विशेष बल दिया कि उपन्यास की अपनी विशिष्ट कला है। उसने अपने निबन्ध 'दि आर्ट ऑफ फिक्शन' में यह कहा है कि उपन्यास व्यापक अर्थ में 'जीवन का व्यापारिक एवं प्रत्यक्ष अंकन' (ए पर्सलन, ए डायरेक्ट इम्प्रेशन ऑफ लाइफ) है। 'व्यक्तिपरक एवं प्रत्यक्ष अंकन' में एक ओर तो उपन्यासकार की व्यक्तिगत रुचि, प्रतिभा आदि की स्वीकृति है तथा दूसरी ओर उसके गोचर मूर्त रूप या संरचना पर भी बल है। उपन्यासकार जीवन का जैसा अनुभव करता है, जैसा उसे समझता है, वैसा ही उसे विशिष्ट कलाकृति के रूप में चित्रित करता है। पेटर ने कवि के बारे में कहा था कि वह तथ्य की नहीं, तथ्य की प्रतीति (सेन्स ऑफ फैक्ट) को अभिव्यक्त करता है। यही बात उपन्यासकार के बारे में कही जा सकती है। उपन्यासकार जीवन की प्रतीति का, जैसा कि वह जीवन को देखता और समझता है, अंकन उपन्यास के रूप में करता है पेटर के 'सेन्स ऑफ फैक्ट' और जेम्स के 'इम्प्रेशन ऑफ लाइफ' की तुलना की जा सकती है।

फ्लाबेयर, बाल्जाक और जोला ने उपन्यास के विवेचन में भिन्न दृष्टि और उद्देश्य को स्वीकार किया। जोला की दृष्टि एक वैज्ञानिक की दृष्टि थी। वह यह मानता था कि जिस प्रकार वैज्ञानिक अपनी प्रयोगशाला में विभिन्न रासायनिक पदार्थों से प्रयोग करता है तथा उनके परिणामों को लिखता रहता है, उसी प्रकार उपन्यासकार भी उपन्यास में एक प्रयोगकर्त्ता के समान होता है जो विविध पात्रों, परिस्थितियों आदि की संयोजना करके प्रयोग करता है तथा तटस्थ भाव से उन 'प्रयोगों' के परिणामों को अंकित करता है। इसके विपरीत बाल्जाक में अपने परिवेश के प्रति विशेष आग्रह है तथा उसकी दृष्टि अपने युग के जीवन की सभी परिस्थितियों एवं विषमताओं को प्रस्तुत करने की रहती है। उस ऐतिहासिक दृष्टि का लाभ स्पष्ट है, मगर उसकी अपनी सीमाएँ भी हैं। फ्लाबेयर भी यथार्थ के रुग्ण और विकृत पक्ष को ही चित्रित करता है, मगर वह उपन्यास की कला के प्रति अधिक जागरूक प्रतीत होता है।

जेम्स ने उपन्यास को एक आवयविक समग्रता के रूप में देखा है, जिसमें उसका प्रत्येक अंश—पात्र, घटना, प्रतिक्रिया, उपन्यास के प्रत्येक अन्य अंश से सम्बद्ध होता हुआ समग्रता की रचना करता है। वहाँ उस अखण्डता की भावना पर परवर्ती आलोचना में विशेष बल दिया गया। साथ ही जेम्स शैली एवं विषय के द्वैत का भी विरोध करता है। उसका मत है कि शैली एवं विषय परस्पर सम्पृक्त हैं तथा उनकी अलग-अलग तत्त्वों के रूप में चर्चा एक भ्रान्ति के अलावा कुछ नहीं है। पर्सी लुब्बाक ने 'दि क्राफ्ट ऑफ फिक्शन' में उपन्यास के इस संरचनात्मक पक्ष की विस्तृत समीक्षा की है तथा उपन्यास के विभिन्न तत्त्वों को उनकी परस्पर सम्बद्धता की स्थिति में प्रस्तुत करने का प्रयास किया है।

कथ्य और रूप

उपन्यास के कथ्य का कोई भी स्रोत हो सकता है जैसे दर्शनशास्त्र, इतिहास, अर्थशास्त्र, विज्ञान, कला, जीवन का कोई भी विषय ऐसा नहीं है जो उपन्यास में व्यक्त न किया जा सके। उपन्यास का कथ्य जीवन जैसा ही व्यापक, गम्भीर एवं अनेकपक्षीय है। इसलिए यह पूरी तरह उपन्यासकार की रुचि एवं लक्ष्य पर निर्भर करता है कि वह अपनी कृति का विषय कहाँ से ग्रहण करें। इस प्रकार उपन्यास की रचना-प्रक्रिया का आरम्भ विशुद्ध रूप से विषय की खोज से होता है, मगर महत्त्वपूर्ण बात यह है कि यह उपन्यास की रचना की भूमिका यानी रचना की दिशा में पहला चरण है। विषय का चयन, उसकी सामान्य रूपरेखा का निर्माण आदि ऐसे कार्य हैं जो अपने आप में कलात्मक नहीं हैं, मगर सर्जन के लिए अनिवार्य हैं। विषय के विस्तार एवं स्थूलता के अनुरूप ही उपन्यास के कथ्य के चयन और उसे निरूपित करने की यह प्रक्रिया भी स्थूल एवं जटिल होगी। मगर यह रूपरेखा एक परिदृश्य मात्र है, एक तैयारी भर है। जब लेखक उपन्यास की रचना करती। है, जब वह सर्जना-व्यापार के बीच में होता है तो उस रूपरेखा में समुचित परिवर्तन की अपेक्षा होती है, और वह यह परिवर्तन करने में स्वतन्त्र होता है।

यह आवश्यक नहीं कि कथ्य की यह रूपरेखा लिखित रूप में ही हो, मगर प्रायः अधिक विस्तृत एवं जटिल कथ्य वाले उपन्यास की रचना के लिए रूपरेखा का लिखित रूप में तैयार करना अधिक उपयोगी होता है।

कथ्य के चयन का आधार दो तत्त्व हैं—उपन्यासकार की रुचि और उसका उद्देश्य। वस्तुतः इन दोनों का सम्बन्ध उपन्यासकार के व्यक्तित्व के साथ ही है। कोई उपन्यासकार ऐतिहासिक कथानक को लेता है तो कोई पौराणिक कथानक को, कोई समकालीन परिवेश से सम्बद्ध विषय लेता है तो कोई भविष्य की व्यवस्था की परिकल्पना से। समकालीन परिवेश के भी, वर्ग, प्रदेश, जाति आदि के आधार पर, अनेक पक्ष हो सकते हैं, मगर जिस प्रकार कॉलरिज ने कविता के सम्बन्ध में एक प्रधान मनोवेग की बात की है, उसी प्रकार उपन्यास के सम्बन्ध में उपन्यासकार के लक्ष्य का महत्त्व है। इस प्रकार यह समस्या चयन की समस्या है। यह चयन उपन्यासकार की सैद्धान्तिक आस्था के अनुरूप ही होगा।

चयन-व्यापार के भी दो आयाम हैं। पहला यह कि विस्तृत प्रकृति में से उपन्यासकार किसी प्रधान वस्तु को चुनता है, किसी प्रधान सन्दर्भ को ग्रहण करता है, फिर उस सन्दर्भ की जटिलता का उद्घाटन करते हुए उसके कुछ पक्षों को लेता है, कुछ को अस्वीकार करता है और फिर उन्हें परस्पर सँजोकर एक विशिष्ट रूप देता है।

कथ्य और रूप की समस्या दर्शन के धरातल पर एक विवादास्पद समस्या

रही है। संक्षेप में इसके दो विरोधी पक्ष हैं—क्या बिना कथ्य या सामग्री के चाहे वह सामग्री रेखाओं की ही हो, किसी रूप की परिकल्पना की जा सकती है? स्पष्ट है कि किसी भी रूप की परिकल्पना का कोई न कोई माध्यम या आधार होना चाहिए। कथ्य विहीन रूप की सत्ता नहीं है। इसी प्रकार क्या किसी ऐसी सामग्री की कल्पना की जा सकती है जिसका कोई रूप न हो? नहीं प्रत्येक सामग्री का, कथ्य का कोई न कोई रूप अनिवार्यतः होता ही है। यह सम्भव नहीं है कि व्यक्ति पहले रूप की, विशुद्ध रूप की परिकल्पना कर ले और फिर उसमें सामग्री भर दे, या पहले सामग्री की परिकल्पना कर ले और फिर उसे रूप दे। सामग्री चाहे कितनी ही स्थूल एवं संक्षिप्त रूप में स्वीकृत होगी, उसका रूप अनिवार्यतः होगा ही। इस प्रकार रूप और सामग्री की अभिन्नता स्वीकार की जाती है।

यहाँ यह कहा जा सकता है कि ऊपर सामग्री को सँजोकर एक विशिष्ट रूप देने की बात की गयी है, तो क्या सामग्री रूपहीन होगी? स्पष्टतः सामग्री यानी उपन्यास का कथ्य किसी भी स्थिति में रूपहीन नहीं होता? आरम्भ में—रूपरेखा के दौरान उसका रूप कुछ और होता है और जब वह कथ्य उपन्यास का रूप ग्रहण करता है तो उसका रूप कुछ और हो जाता है। उपन्यास की रचना की प्रक्रिया वस्तुतः सामग्री और रूप के युगपत् विस्तार की प्रक्रिया है, जिसमें पहले का अंश बाद के अंश को निर्धारित एवं निरूपित करता है तथा बाद का अंश भी पहले अंश को नया रूप या नया आयाम देता है। इस प्रकार उपन्यास की रचना के आरम्भ से लेकर अन्त तक अन्तःसम्बन्धों के निर्माण की प्रक्रिया चलती रहती है तथा उपन्यासकार उसके प्रति सजग एवं सतर्क रहता है।

यहाँ उपन्यास के रूप को समझने के लिए उपन्यास के साधन भाषा की भूमिका को समझना अनिवार्य होगा।

भाषा का द्विविध रूप है—यह ध्वनियों का समुच्चय है जो नाद, लय, यति आदि का निर्माण करता है तथा वह अर्थवान भी है जो प्रत्यय या बिम्ब को जगाता है। इसलिए जब हम उपन्यास की सामग्री की बात करते हैं तो वस्तुतः उसका अर्थ भाषा ही होता है। फलतः उपन्यास के रूप में सामग्री की योजना तथा भाषा की योजना दोनों का अन्तर्भाव है, जिससे सिद्ध होता है कि अन्य कलाओं की अपेक्षा काव्य का विशिष्ट स्थान है। अन्य कलाओं की सामग्री एकार्थक होती है, उसका एक ही आयाम होता है, चाहे वह चाक्षुष हो या श्रव्य, मगर काव्य की सामग्री का दुहरा आयाम होता है—नादगत एवं अर्थगत। चित्रकला आदि में भी भावादि अर्थ की अभिव्यक्ति होती है, मगर यह अर्थ भाषा के अर्थ से गुणात्मक रूप में भिन्न होता है। इस प्रकार यह स्पष्ट है कि उपन्यास की सामग्री में अर्थ भी है, जीवनगत सन्दर्भ भी है और भाषा भी है। विश्लेषण के स्तर पर इन दोनों के पृथक अस्तित्व की चर्चा की अपेक्षा होती है, अन्यथा व्यवहार के स्तर पर दोनों अभिन्न

हैं। जब उपन्यास के रूप की बात की जाती है तो उसमें भाषा एवं सामग्री दोनों ही समाविष्ट होते हैं, मगर अखण्ड को अखण्ड के रूप में ही पूरी तरह से नहीं समझा जा सकता, इसके लिए उसके विश्लेषण की अपेक्षा होती है।

विश्लेषण की प्रक्रिया की अपनी सीमाएँ हैं, जिन्हें स्पष्ट करना आवश्यक है। जिस प्रकार अरस्तू ने नाटक के अलग-अलग तत्त्वों का उल्लेख किया है, उसी प्रकार उपन्यास के अलग-अलग तत्त्वों का उल्लेख किया जाता है। उस दृष्टि से उपन्यास के कथा, पात्र, संवाद, शैली, देश-काल, उद्देश्य का और हिन्दी आलोचना में रस का उल्लेख किया जाता है। इस प्रकार का विश्लेषण उपन्यास के आरम्भिक विद्यार्थी के लिए उपयोगी तो होता है, मगर इसकी सबसे बड़ी सीमा यह है कि इससे, उपन्यास की अखण्डता से, अलोचना विमुख-सी हो जाती है। इसलिए इस विश्लेषणात्मक अध्ययन की तुलना में संश्लेषणात्मक अध्ययन, संरचनात्मक अध्ययन की उपयोगिता को रेखांकित करना अनिवार्य है।

संरचना एवं शिल्प

किसी भी कृति के विश्लेषण से उसकी अखण्डता पर आघात पहुँचता है, इसलिए आजकल आलोचना में कृति की अखण्डता पर बल दिया जाता है। अखण्डता पर बल देने का अर्थ समझ लेना चाहिए। उसको दो रूपों में समझा जा सकता है। पहला यह है कि कृतिकार की दृष्टि से, रचना-प्रक्रिया की दृष्टि से रचना एक अखण्डता है। ऐसा नहीं होता कि पहले वह कथा की—संक्षिप्त रूपरेखा के रूप में नहीं वरन जिस रूप में वह उपन्यास में पायी जाती है—भावना करता है, फिर चरित्रों की, फिर शैली की और फिर उद्देश्य आदि की। ये सब तत्त्व तो रचना की प्रक्रिया में, उपन्यास लिखते समय एक साथ सहवर्ती भाव से विकसित होते हैं और इसलिए रचना-व्यापार की दृष्टि से ये सभी तत्त्व अखण्ड रूप से सर्जित होते हैं। दूसरी ओर पाठक पर पड़ने वाले प्रभाव की दृष्टि से भी रचना की अखण्डता को समझा जा सकता है। सहृदय रचना के अलग-अलग तत्त्वों से अलग-अलग प्रभाव नहीं ग्रहण करता। ऐसा नहीं होता कि पहले वह कथा से प्रभावित हो, फिर पात्र से, फिर शैली आदि से। सहृदय तो इन तत्त्वों को एक साथ ग्रहण करता है तथा एक साथ ही उनसे प्रभावित होता है।

इसी बात को एक अन्य रूप में भी समझाया जा सकता है। कृति में वस्तुपरक रूप से सभी तत्त्व समन्वित होकर आते हैं, इसलिए वस्तुपरक दृष्टि का उपयोग करते हुए विविध तत्त्वों से निर्मित कृति की संरचना का, उसके शिल्प का अध्ययन किया जा सकता है। इस सम्बन्ध में पश्चिम की उपन्यास-विषयक आलोचना में विविध शब्दों का प्रचलन हुआ है। ये शब्द हैं क्राफ्ट अर्थात शिल्प, स्ट्रक्चर अर्थात

संरचना, और टेकनीक। इन अवधारणाओं को स्पष्ट रूप से समझना आवश्यक है। शिल्प के अध्ययन में रचनागत समग्रता के गुणों की ओर, समग्र रचना के सौन्दर्य की ओर ध्यान दिया जाता है। इसी प्रकार 'संरचना' में भी रचना की समग्रता पर ध्यान दिया जाता है। अतः शिल्प एवं संरचना समानार्थक हैं तथा इनका प्रयोग दो सन्दर्भों में होता है—एक, जहाँ शिल्प और संरचना का प्रयोग संज्ञा के रूप में है। दूसरे, शिल्प-विधि या संरचना-व्यापार के रूप में, अर्थात जहाँ ये शिल्प-निर्माण की विधि या संरचना की प्रक्रिया से सम्बद्ध हैं। इसके अलावा शिल्प-विधान का प्रयोग भी मिलता है। शिल्प एवं संरचना का प्रयोग अपने आप में व्यापार को अन्तर्भूत किये रहता है क्योंकि शिल्प उस व्यापार की निष्पत्ति है जिसने रचना को जन्म दिया। इस प्रकार रचना को समग्रता में ग्रहण करने का परिणाम यह हुआ कि एक समग्र रचनागत व्यापक विशेषता पर बल दिया गया और इस व्यापक विशेषता को व्यक्त करने के लिए शिल्प एवं संरचना आदि अवधारणाओं को प्रयोग किया गया।

टेकनीक का अर्थ स्पष्ट है। उसका प्रत्यक्ष सम्बन्ध निर्मित रचना से न होकर सृजन-प्रक्रिया की विशेषता से है। कवि ने जिन युक्तियों का प्रयोग करते हुए कृति का निर्माण किया है, यह अवधारणा कवि की योग्यता या कवि-कौशल की व्यंजना करती है।

इसमें सन्देह नहीं कि समग्र रचना के व्यापक धर्म के रूप में शिल्प या संरचना की अवधारणाओं का प्रयोग रचना की समग्रता के बोध को और उस बोध के महत्त्व को सहज ही व्यक्त कर देता है। मगर फिर भी यह सवाल पैदा होता है कि क्या शिल्प या संरचना का अध्ययन करने के लिए उनके विश्लेषण की, उनके तत्त्वों की मीमांसा की अपेक्षा नहीं होती? स्पष्ट है कि इनके समझने एवं समझाने के लिए भी घटनाओं का, उनके पारस्परिक सम्बन्धों का, शैली का, चरित्र का, उद्देश्य आदि का अध्ययन आवश्यक है। मगर अन्तर यह है कि शिल्प या संरचना के अन्तर्गत घटनाओं आदि तत्त्वों का विवेचन विश्लेषण के साथ-साथ संश्लेषण पर भी समान रूप से बल देता है। इस पद्धति में घटना को किसी एक अलग इकाई के रूप में नहीं वरन उस प्रसंग-विशेष के अवयव के रूप में, जिसमें कि वह चरित्र, उद्देश्य, शैली आदि से सम्बद्ध है, देखा जाता है। इसके अलावा एक प्रसंग की घटना को पूर्ववर्ती और परवर्ती घटनाक्रम से जोड़कर देखा जाता है, सम्पूर्ण कथा-तत्त्व से जोड़कर देखा जाता है और फिर रचना के अन्य तत्त्वों से उसके अन्तःसम्बन्धों का उद्घाटन करते हुए उसे अंगी (कृति) के अंग के रूप में देखा एवं समझा जाता है। इस तरह विवेचन एक तथ्य के—प्रसंग-विशेष की घटना से—सूत्र से अन्य सूत्रों की ओर बढ़ता हुआ समग्र रचना के सन्दर्भ में उसका स्थान निर्धारित करता है। इस प्रकार शिल्प एवं संरचना की अवधारणाएँ आलोचना के क्षेत्र में एक नये आयाम

का उद्‌घाटन करती हैं तथा तात्त्विक विश्लेषण की सहायता से कृति के पूर्ण कृतित्व की व्याख्या का प्रयास करती हैं।

स्पष्ट है कि शिल्प बाहर से आरोपित तत्त्व नहीं है, वह रचना-व्यापार के भीतर से ही जन्म लेता है। जिस रूप में कार्य आदि तत्त्व होते हैं, शिल्प उन्हीं की अन्तर्गत समन्विति है। इसलिए यहाँ दो सवाल पैदा होते हैं—पहला, क्या किसी उपन्यासकार की शिल्पगत सामान्य विशेषताओं का अध्ययन सम्भव है? दूसरा, क्या उपन्यास के शिल्प के सम्बन्ध में कुछ सामान्य नियम निर्धारित किये जा सकते हैं?

जब यह स्वीकार कर लिया गया कि शिल्प तो किसी भी रचना का आन्तरिक गुण या धर्म है जो सम्पूर्ण रचना में व्याप्त है तो फिर यह भी अनिवार्यतः मानना पड़ेगा कि प्रत्येक रचना का विशिष्ट शिल्प होता है, क्योंकि कोई भी रचना एक स्वतन्त्र रचना होती है और उसके कार्य आदि सभी तत्त्व अन्य रचनाओं के कार्य आदि तत्त्वों से भिन्न होते हैं, इसलिए उसका शिल्प भी विशिष्ट होगा। अतः न तो किसी उपन्यासकार की शिल्पगत सामान्य विशेषताओं का उल्लेख किया जा सकता है और न ही उपन्यास के शिल्प के कुछ सामान्य नियमों का निर्धारण किया जा सकता है।

ऐसी स्थिति में एक अन्य सवाल पैदा होता है। यदि प्रत्येक रचना का शिल्प अनिवार्यतः विशिष्ट होता है तो आलोचना का कार्य उसका अनुसंधान करना भर है, उसके स्वरूप का स्पष्टीकारण करना भर है। फिर शैल्पिक विशेषता की सीमाओं का या शक्तियों का उल्लेख किस आधार पर किया जाये? यह तो तभी सम्भव है जब यह माना जाये कि एक ही उपन्यास में दो प्रकार के शिल्प-विधानों का अवकाश है—एक सर्वथा निर्दोष एवं आदर्श तथा दूसरा सदोष। फिर उस आदर्श शिल्प की अवधारणा का आविष्कार कैसे होगा? और इस कथन का क्या अर्थ होगा कि प्रत्येक रचना का अपना विशेष शिल्प होता है जो उसके भीतर से पैदा होता है? कहा जा सकता है कि शिल्प सम्बन्धी इस दृष्टि को मान लेने पर न तो मूल्यांकन का अवकाश रहता है और न ही इस बात का कि एक उपन्यास को दूसरे उपन्यास से श्रेष्ठ कहा जाये, क्योंकि दोनों उपन्यासों का अपना विशिष्ट शिल्प है जो रचना-व्यापार की आन्तरिकता से जन्मा है। दूसरे शब्दों में, क्रोचे जिस प्रकार काव्य में स्तर का भेद नहीं मानता, उसी प्रकार उपन्यासों में भी स्तर का भेद मानने का आधार नहीं रह जायेगा।

रचनाकार का दृष्टिकोण और तटस्थता

उपन्यास की समीक्षा का एक अन्य महत्त्वपूर्ण सवाल है उपन्यासकार के दृष्टिकोण एवं उसकी तटस्थता का। फ्लाबेयर का आग्रह है कि 'लेखक को अपनी कृति

में वैसे ही होना चाहिए जैसे ईश्वर अपनी सृष्टि में—अदृश्य और सर्वशक्तिमान। वह अपने अस्तित्व का अनुभव तो सभी जगह कराये परन्तु देखा कहीं भी न जा सके।' इसका तात्पर्य यह है कि उपन्यासकार घटनाओं एवं चरित्रों आदि को सहज एवं जीवन्त बनाये रखे, उनका विकास उनकी आंतरिक आवश्यकता के फलस्वरूप करे। उसे यह अधिकार नहीं है कि वह घटनाओं आदि को मनचाहे ढंग से मोड़ दे। यहाँ अरस्तू का सम्भाव्यता का मूल्य सहसा याद आ जाता है। कुशल नाटककार वही है जो घटनाओं का विकास सम्भाव्य रीति से दिखाए, जिसे देखकर सहृदय को रचना की स्वतन्त्र सत्ता पर विश्वास पैदा हो जाये। प्रायः उपन्यासकार यह कहते हैं कि उनका रचनाकार पर तभी तक अधिकार रहता है जब तक कि वह उसका आरम्भ नहीं कर देते। एक बार आरम्भ कर देने पर उन्हें घटनाओं एवं पात्रों के अधीन होकर चलना पड़ता है, उनका विकास विश्वासोत्पादक ढंग से करना होता है।

मगर साथ ही उपन्यास जैसे बृहत् साहित्य रूप में लेखक के दृष्टिकोण का होना अनिवार्य है। निष्प्रयोजन और अनुपयोगी चित्र या मूर्ति या संगीत की धुन या गीतिकाव्य की बात तो कुछ हद तक की जा सकती है मगर निष्प्रयोजन और अनुपयोगी उपन्यास की चर्चा करना हास्यास्पद ही होगा। उपन्यासकार विशुद्ध कला के आनन्द की उपलब्धि के लिए नहीं लिखता, वह पाठक से प्रत्यक्ष एवं गम्भीर रूप से सम्बद्ध है। पाठक उपन्यास में जीवन का चित्र देखता है, जिसे उपन्यासकार ने प्रस्तुत किया है, और वह उस चित्र से प्रभावित होता है। इसलिए उपन्यास की रचना अनिवार्यतः सोद्देश्य होती है अर्थात उपन्यास में सामाजिक चेतना के तत्त्व को, उसके महत्त्व को नकारा नहीं जा सकता। इसका यह अर्थ नहीं कि उपन्यासकार शिल्प की अपेक्षा विषय को अधिक महत्त्व दे। वह शिल्प के प्रति भी उतना ही सतर्क होता है। दरअसल उपन्यासकार की कठिनाई ही यह है कि उसे सोद्देश्य कला का सृजन करना होता है, ऐसी रचना को जन्म देना होता है जिसमें शैल्पिक उत्कर्ष भी हो और सामाजिक जीवन का ऐसा चित्र भी जो कुछ कहता हो, कुछ सन्देश देता हो। इस प्रकार दृष्टिकोण एवं तटस्थता के सापेक्षिक महत्त्व या सापेक्षिक स्थिति की समस्या उपन्यास-कला की महत्त्वपूर्ण समस्या है।

इस समस्या के समाधान में यह कहा गया है कि उपन्यासकार का दृष्टिकोण रचना पर हावी नहीं होना चाहिए बल्कि वह अपने दृष्टिकोण के अनुरूप जीवन के चित्र को सँवारकर इस रूप में उपन्यास में प्रस्तुत कर दे जिस रूप में वह चित्र पाठक को जीवन में दिखाई देता है। पर्सी लुब्बाक का कहना है कि उपन्यासकार परदृश्य (पैनोरमा) और दृश्य (सीन) की योजना के द्वारा जीवन के व्यापक चित्र एवं सीमित प्रसंगों की योजना के द्वारा उपन्यास की कला की रक्षा भी कर सकता है और अपना दृष्टिकोण भी प्रस्तुत कर सकता है।

इस सन्दर्भ में उपन्यास के एक अन्य पक्ष पर भी विचार करना आवश्यक है। उपन्यास में सामान्यतया दो प्रकार के अंश होते हैं—पहला, वर्णनात्मक अंश, जहाँ उपन्यासकार प्रत्यक्ष रूप से घटनाओं, पात्रों आदि के विषय में अपनी धारणा व्यक्त करता है। दूसरा, अभिनयात्मक अंश, जहाँ पात्रों के माध्यम से कृति आगे बढ़ती है। स्पष्ट है कि तटस्थता या निर्वैयक्तिकता की रक्षा करने के लिए अभिनयात्मक अंश की योजना ही अधिक अनुकूल होती है। लेखक यदि बार-बार प्रत्यक्ष रूप से वर्णन या विवेचन करता है तो इससे उपन्यास की स्वतन्त्र सत्ता पर आघात पहुँचता है, मगर इन दोनों प्रकार के अंशों की संयोजना से भी अधिक महत्त्वपूर्ण बात यह है कि लेखक ने कितनी कुशलता से उनको प्रस्तुत किया है, उनका पारस्परिक सम्बन्ध क्या है तथा पूरी रचना में उनका स्थान क्या है।

उपन्यास के प्रकार

अनेक दृष्टियों से उपन्यासों का वर्गीकरण किया जा सकता है। विषय के काल के आधार पर ऐतिहासिक तथा सामाजिक उपन्यास के दो वर्ग किये जाते हैं। ऐतिहासिक उपन्यास एक विशेष देश-काल की ऐतिहासिक घटना एवं पात्रों को ग्रहण करता है। उनके निर्माण में कल्पना का उपयोग भी किया जाता है, मगर यह ध्यान रखा जाता है कि कल्पना प्रामाणिक इतिहास के विरुद्ध न हो। स्थानों, पात्रों के नाम आदि के द्वारा, वातावरण के द्वारा, आचार-व्यवहार के चित्रण के द्वारा तथा भाषा के विशिष्ट रूप के द्वारा ऐतिहासिक वातावरण का निर्माण किया जाता है तथा ऐतिहासिक सन्दर्भ के माध्यम से सामाजिक चेतना को व्यक्त करने का प्रयास भी रहता है। वर्तमान समाज पर आधारित उपन्यास के कई भेद हो सकते हैं, जैसे धार्मिक, सामाजिक, व्यक्तिमूलक आदि। यहाँ उपन्यासकार पर अपेक्षाकृत काल का नियन्त्रण कम रहता है, समकालीन कथ्य को ग्रहण करने के कारण उसे जीवन्त रूप में प्रस्तुत करना अपेक्षाकृत सरल भी होता है, मगर प्रबल व्यक्तिगत राग-द्वेष से बचने की, समकालीन परिवेश के प्रति अपेक्षाकृत तटस्थ दृष्टिकोण अपनाने की, आवश्यकता होती है। देश की दृष्टि से उपन्यासों का एक और रूप, जिसे आंचलिक उपन्यास कहा जाता है, सामने आया है, जो भारत जैसे विशाल देश में अत्यन्त महत्त्वपूर्ण होने के साथ-साथ कथ्य के क्षेत्र में अपार सम्भावनाओं का भी संकेत करता है। इसमें अंचल-विशेष के जीवन की विशिष्टता का चित्रण होता है, वहाँ की भाषा का भी कमोबेश प्रभाव रहता है, वहाँ की लोककथाओं का, रीति-नीतियों का चित्रण भी किया जाता है तथा जीवन के स्थानीय यथार्थ को व्यापक समाज की संवेदना के उपयुक्त बनाने का प्रयास किया जाता है। शैली के ढंग से उपन्यासों के वर्गीकरण का आधार यह है कि कहीं तो पात्र स्वयं अपनी-अपनी

कथा कहते चलते हैं, कहीं एक पात्र ही सारे उपन्यास की कथा कहता है, कहीं लेखक कथा का वर्णन करता है और कहीं लेखक और पात्र दोनों ही कथा का वर्णन करते हैं। कथ्य के आयाम की दृष्टि से लघु उपन्यास तथा महाकाव्यात्मक उपन्यास का भेद किया जाता है।

चेतना-प्रवाह

कथा साहित्य के सन्दर्भ में चेतना-प्रवाह के सिद्धान्त का महत्त्वपूर्ण स्थान रहा है। चेतन-प्रवाह पर आधारित उपन्यासों की रचना में प्रकृतिवादी एवं यथार्थवादी उपन्यासों की परम्परा की प्रतिक्रिया दिखाई देती है। इस कोटि के उपन्यास समाज के यथार्थ पर नहीं वरन व्यक्ति के अन्तर्सगत को केन्द्र बनाकर चलते हैं, मगर यहाँ आन्तरिकता का अर्थ आध्यात्मिकता नहीं है, मनोवैज्ञानिक आन्तरिकता है, जिसमें चेतन की अपेक्षा उपचेतन को प्रधान माना जाता है। चेतना-प्रवाह (स्ट्रीम ऑफ कॉन्शसनेस) का प्रयोग विलियम जेम्स ने 'प्रिंसिपल्स ऑफ साइकोलॉजी' में सन 1890 में किया था। प्रसिद्ध जर्मन दार्शनिक बर्गसाँ ने भी सत्य को चेतना का प्रवाह माना है। उसकी मान्यता है कि सृष्टि वस्तुतः विशुद्ध चेतना का एक शाश्वत प्रवाह है, मानव बुद्धि एवं ऐन्द्रियता के आधार पर इसी चेतना को सृष्टि के रूप में देखता है और उस सत्य को खण्ड-खण्ड करके विशिष्ट रूपों, संवेदनों एवं अवधारणाओं में परिणत कर देता है। सत्य को ग्रहण करने का अर्थ होगा—चेतना के सहज प्रवाह के साथ ही प्रवाहित होते रहना।

मनोविज्ञान ने मन को चेतना (जाग्रत अवस्था), उपचेतन (स्वप्नावस्था) स्तरों में विभाजित किया है तथा अचेतन को ही नियन्त्रक तत्त्व माना है। इस प्रकार भाषा दृष्टि से देखते हुए हम कह सकते हैं कि चेतन अवस्था वह अवस्था है जो वाच्य है, जिसे शब्दों के द्वारा व्यंजित किया जा सकता है। इस वाच्य-स्तर (स्पीच-लेबल) के अतिरिक्त एक वाच्य-पूर्व स्तर (प्री स्पीच-लेबल) है जिसको साधारण भाषा के माध्यम से, भाषा के सामान्य प्रयोग के द्वारा व्यक्त नहीं किया जा सकता। मन का वाच्य-पूर्व स्तर सूक्ष्म होता है, व्यावहारिकता एवं स्थूलता के संसार से दूर होता है और विशेष योग्यता एवं उपकरणों के माध्यम से उस सूक्ष्म, विशृंखल वाच्य-पूर्व स्तर को मुखर किया जा सकता है। वाच्य-पूर्व स्तर अचेतन नहीं बल्कि अचेतन से ऊपर का स्तर होता है। क्योंकि अचेतन वाणी का विषय नहीं हो सकता, इस स्तर पर कार्यशील कलाकार को सामान्य अर्थों में कार्य एवं पात्र की स्थूलता का तिरस्कार करना होता है।

व्यक्ति की चेतना असंख्य विचारों, भावनाओं, स्मृतियों आदि की संघटना है। सामान्य अवस्था में, चेतन अवस्था में व्यक्ति विवेक के द्वारा चेतना को संयत

बनाये रखता है, मगर जैसे ही विवेक का यह बन्धन ढीला पड़ता है, चेतना के विचार सक्रिय हो जाते हैं और उनका एक प्रवाह-सा बन जाता है, जिसमें सम्बन्ध हो भी सकता है और नहीं भी। प्रायः विचारों का यह प्रवाह असम्बद्ध प्रतीत होता है, मगर मनोविश्लेषक उस असम्बद्ध विचार-प्रवाह के बीच भी सम्बद्धता या अन्विति का संधान कर लेता है। यह विचारों का मुक्त आसंग या साहचर्य है—फ्री एसोसिशन ऑफ आइडियाज़। कथा साहित्य में चेतना-प्रवाह पद्धति को अपनाने वाले कथाकारों, मार्शल प्रूस्त, वर्जिनिया वुल्फ, जेम्स जॉयस, विलियम फाकनर आदि का विश्वास है कि विचारों के इस मुक्त आसंग की अभिव्यक्ति के द्वारा, चेतना की भावनाओं एवं बिम्बों के स्वच्छन्द प्रवाह के चित्रण के द्वारा मूल सत्य को पकड़ा जा सकता है या उसे पकड़ने की कोशिश की जा सकती है। विचारों के इस स्वच्छन्द प्रवाह को ही व्यक्त करने के कारण ऐसी कृतियों में विशृंखलता आ जाती है तथा देश एवं काल की अन्विति खण्डित हो जाती है।

विचारों का यह प्रवाह देश और काल की मर्यादाओं का अतिक्रमण कर ज़ाता है, उनमें कोई अन्विति तथा संगति नहीं रह जाती। लेखक कभी एक काल की बात करता है और तुरन्त ही दूसरे काल की बात करने लगता है और दोनों कालों में सैकड़ों, हजारों वर्षों का अन्तर हो सकता है। इस प्रकार यह वर्णन देश में स्थिर रहता है मगर काल में उच्छृंखल संचरण करता है—विविधि कालों के विचार, बिम्ब आदि एक-दूसरे के सहवर्ती होकर आते हैं। इसे **कालगत मोंताज** (दृश्य-संयोजन) कहा जा सकता है। दूसरी स्थिति वह होती है जहाँ वर्णन एक काल में स्थिर रहता है मगर चेतना हजारों मील दूर स्थित देशों का चित्रण करती है। यहाँ एक स्थान के विचार के तुरन्त बाद दूसरे स्थान का विचार प्रस्तुत हो जाता है, इसे **देशगत मोंताज** कहा जाता है। इस प्रकार चेतना के विचार-मुक्त प्रवाह के भीतर देश एवं काल की अन्विति का तिरस्कार हो जाता है और यह तिरस्कार सजग रूप से नहीं होता वरन सहज रूप से होता है, क्योंकि यह तो विचारों के मुक्त संचरण का सहज गुण है।

जैसा कि पहले कहा गया है, चेतना-प्रवाह पर आधारित उपन्यास पात्रों के अन्तरंग जीवन में, उपचेतन से भी नीचे वाच्य-पूर्व चेतना के स्तर में झाँकते हैं और उसी स्तर को कथ्य के रूप में प्रस्तुत करते हैं। इससे स्पष्ट है कि कथ्य का स्वरूप कितना सूक्ष्म उच्छृंखल एवं अव्यवस्थित है। कालगत एवं देशगत मोंताज भी कृति में दुरूहता की सृष्टि करते हैं। इस दुरूहता को कम करने के लिए तथा वाच्य-पूर्व चेतना की अवस्था को व्यक्त करनें के लिए लेखक उपन्यास के पात्र व घटनाओं के बीच से स्वयं हट जाता है और पात्र के स्वगत का सहारा लेता है। पात्र अकेला मुक्त भाव से अपने चेतना-प्रवाह को व्यक्त करता है और पात्र और पाठक का प्रत्यक्ष सम्बन्ध स्थापित हो जाता है। पात्र के इस स्वगत को अन्तरंग एकालाप (इंटीरियर मोनोलॉग) कहते हैं। यहाँ पात्र सीधे अभिव्यक्ति करता है तथा

टेढ़े-तिरछे संकेतों के द्वारा, अक्षरों की विशेष योजना के द्वारा अपने भीतर के विचारों को व्यक्त करता है।

ये सारे उपकरण चेतना-प्रवाह पर आधारित उपन्यासों में उच्छृंखलता की सृष्टि करते हैं। मगर रचना की यह उच्छृंखलता कहीं भीतर सम्बद्धता पर स्थित होती है। यह एक सम्बद्ध विशृंखलता है। जिस प्रकार मनोविश्लेषक किसी व्यक्ति के सर्वथा असम्बद्ध विचारों एवं स्मृतियों आदि के आधार पर भीतर कहीं अन्विति एवं संगति ढूँढ निकालता है, उसी प्रकार चेतना-प्रवाह से युक्त उपन्यासों में भी एक खास तरह की अन्विति मिलती है जो लेखक के दृष्टिकोण का संकेत करती है।

हर्बर्ट रीड, जे. डब्ल्यू. वीच आदि आलोचकों ने चेतना-प्रवाह से युक्त कथा साहित्य की आलोचना करते हुए उसे स्नायु रोग का लक्षण कहा है, मगर इसमें सन्देह नहीं कि चेतना-प्रवाह की प्रवृत्ति ने जीवन के आन्तरिक पक्ष को विशेष महत्त्व देकर कृतित्व के लिए एक नये पथ का निर्देशन किया। यह कहा जा सकता है कि चेतना-प्रवाहयुक्त कथा साहित्य में अचेतन के स्तर पर स्वच्छन्दतावाद का ही पुनरागमन हुआ जिसका आधार मनोविश्लेषणशास्त्र है।

अध्याय-17

कला कला के लिए सिद्धान्त

किसी भी विषय के बारे में यह प्रश्न स्वाभाविक ही नहीं अनिवार्य भी है कि उसकी सार्थकता क्या है? जीवन की सभी प्रकार की साधनाओं पर, चाहे वह आध्यात्मिक साधना हो, चाहे लौकिक, चाहे प्रवृत्तिमूलक हो, चाहे निवृत्तिमूलक, चाहे शास्त्र के क्षेत्र की हो, चाहे कला के क्षेत्र की, उसके बारे में यह सवाल अवश्य सामने आता है कि उसका उद्देश्य क्या है, उसका फल क्या है? इसी विधि के अनुरूप कला के सम्बन्ध में भी यह सवाल बहुत प्राचीन काल से उठाया जाता रहा है कि उसकी सार्थकता किसमें है। परिचित शब्दावली में कहें तो कह सकते हैं कि कला का उद्देश्य क्या है? साहित्य का प्रयोजन क्या है?

प्रयोजन का सवाल जाहिरा तौर पर काव्य के एक पक्ष से सम्बद्ध प्रतीत होता है। मगर गहराई से विचार करने पर स्पष्ट हो जाता है कि सवाल वस्तुतः काव्य-विषयक सम्पूर्ण दृष्टि से सम्बद्ध है। प्रयोजन के सवाल को काव्य के अन्य पक्षों से काटकर नहीं देखा जा सकता। किसी भी विचारक की काव्य-प्रयोजन सम्बन्धी मान्यता वस्तुतः उसके काव्य-विषयक समग्र दृष्टिकोण पर ही आधारित होती है। काव्य-प्रयोजन का सम्बन्ध रचना-प्रक्रिया से भी है और इस प्रकार कवि के व्यक्तित्व का सवाल भी इसमें अन्तर्भूत हो जाता है। कवि किस प्रकार रचना की प्रेरणा ग्रहण करता है, उसकी प्रेरणा का आधार बाह्य जगत् है या आन्तरिक जीवन, यह सवाल भी काव्य के प्रयोजन के सवाल से जुड़ जाता है। उदाहरण के लिए यदि यह माना जाये कि कवि को बाह्य जीवन से, प्रकृति से प्रेरणा मिलती है तथा वह परिस्थितियों से प्रभावित होकर रचना करता है तो प्रयोजन पर विचार करते हुए काव्य को शेष जीवन के साथ सम्बद्ध करके देखना अनिवार्य हो जायेगा।

कविता के प्रधान मूल्यों के सम्बन्ध में जो विविध दृष्टियाँ हैं, वे भी काव्य-प्रयोजन को निर्धारित या नियन्त्रित करती हैं। जैसे कि यदि अभिव्यंजना काव्य का मूल गुण है तो वहाँ सहृदय की स्थिति गौण हो जायेगी और अगर सम्प्रेषण प्रधान मूल्य है तो सहृदय की स्थिति कला सम्बन्धी चिन्तन में अनिवार्य तथा अन्तरंग हो जायेगी। इसी प्रकार काव्य-चिन्तन में सहृदय की प्रतिक्रिया के महत्त्व का सवाल है। अगर सहृदय की प्रतिक्रिया काव्य के विवेचन का अनिवार्य तत्त्व है, तो यह मान्यता भी काव्य-प्रयोजन पर प्रभाव डालेगी। यदि कविता को सहृदय से निरपेक्ष रखा जायेगा तो कविता की सार्थकता का आधार अन्यत्र ढूँढना पड़ेगा। इस प्रकार कला के प्रयोजन की समस्या कला के समग्र विवेचन से सम्बद्ध हो जाती है।

'कला कला के लिए' सिद्धान्त पर विचार करने से पहले एक अन्य बात विचार करना आवश्यक है। दरअसल यह कला की प्रयोजन-विषयक धारणा का एक रूप है। इसके विरुद्ध दूसरा मत वह है जो कला को लोकहित का अनिवार्य साधन मानता है। कलावाद (कला कला के लिए सिद्धान्त) के अनुसार कला का प्रयोजन कला स्वयं ही है। कला से बाहर प्रकृति, परम्परा या समाज आदि के क्षेत्र में कला की सार्थकता की तलाश करना सर्वथा असंगत एवं भ्रमित प्रयास है। इस मत के समर्थन में विविध तर्क दिये जाते हैं। इसके विपरीत कल्याणवाद (कला का उद्देश्य लोक-कल्याण है) के अनुसार कला की सार्थकता इस बात पर निर्भर करती है कि वह कहाँ तक समाज को अभिप्रेत नैतिक उत्कर्ष की ओर प्रेरित करती है। इस प्रकार काव्य-प्रयोजन का विवेचन करते हुए ये दोनों मत, कलावाद और कल्याणवाद, सम्बद्ध रूप से ही सामने आते हैं क्योंकि दोनों ही एक-दूसरे के लिए पूर्व पक्ष बन जाते हैं तथा एक को समझे बिना दूसरे को नहीं समझा जा सकता।

जैसा कि कहा जा चुका है, कला के प्रयोजन की समस्या अत्यन्त प्राचीन समस्या है। काव्य-चिन्तक की बुनियादी आस्था एवं युग के अनुरूप ही प्रयोजन सम्बन्धी धारणाओं में तथा उनकी पुष्टि में दिये गये तर्कों में अन्तर होता रहा है।

प्लेटो जो मूलत : दार्शनिक होने के नाते जीवन के कल्याण और सत्य के पक्ष की पुष्टि को ही अपना लक्ष्य मानता था, काव्य को भी इसी दृष्टि से देखता था। उसने निर्भ्रान्त शब्दों में कविता की निन्दा की है क्योंकि उसके सामने जो काव्य था वह नैतिक दृष्टि को पुष्ट नहीं करता था। वरन उसका प्रभाव पाठक पर अशुभ ही पड़ता था। होमर के काव्यों में देवताओं के चरित्र में ईर्ष्या, द्वेष, स्वार्थ, क्रूरता, विलास आदि के दुर्गुणों का चित्रण किया गया है और ऐसी रचना का सहृदय की नैतिक चेतना पर प्रतिकूल ही प्रभाव पड़ता है। इसलिए प्लेटो ने इस काव्य का विरोध किया है तथा आदर्श गणराज्य से कवि को निष्कासित करने का सुझाव दिया है। वह काव्य में नैतिकता का उग्र समर्थक था। वस्तुतः प्लेटो के काव्य-चिन्तन का महत्त्व ही इस बात में है कि उसने काव्य सम्बन्धी कुछ शाश्वत

समस्याओं को उभारकर सामने रखा। उसके अनुसार वही कला सम्मान और आदर के योग्य है जिसके द्वारा व्यक्ति और समाज के जीवन का नैतिक परिष्कार होता है तथा जो समाज को सत्य की प्राप्ति में सहायता प्रदान करता है।

यह कहा जा सकता है कि प्लेटो ने काव्य का मूल्यांकन करते हुए बहिरंग मूल्यों का, काव्य से भिन्न दर्शन के मूल्यों का उपयोग किया है। अतः यह आक्षेप किया जा सकता है, और किया गया है कि काव्य को दर्शन के दास के रूप में ही क्यों स्वीकार किया जाये। क्या दर्शन के समान या नीतिशास्त्र के समान काव्य का भी अपना वैशिष्ट्य नहीं है? क्या काव्य के अपने निजी कुछ मूल्य नहीं हैं? वस्तुतः यह आक्षेप प्लेटो से लेकर रस्किन तक उन सभी विचारकों पर किया जा सकता है जो काव्य को नैतिकता की सीमाओं के भीतर रखकर देखते-परखते हैं। और यही आक्षेप कलावादियों ने भी कल्याणवादियों पर किया।

प्लेटो के काव्य-चिन्तन के सम्बन्ध में यहाँ एक अन्य बात महत्त्वपूर्ण है। प्लेटो यह मानता है कि काव्य आनन्द प्रदान करता है। यदि काव्य आनन्द न प्रदान करता तो काव्य के प्रति कोई आसक्त न होता, और अगर जनता काव्य में आसक्त न होती, अगर जनता में काव्य के प्रति उपेक्षा का भाव रहता तो काव्य से जीवन की हानि न होती और प्लेटो को काव्य की तीव्र भर्त्सना करने की जरूरत भी महसूस न होती। मगर प्लेटो यह जानता था कि काव्य का प्रभाव बड़ा मोहक और संक्रामक होता है तथा काव्य से आनन्द की प्राप्ति होती है।

आनन्द बनाम नैतिकता

ऐसी स्थिति में यह सवाल पैदा होना स्वाभाविक ही है कि काव्य से प्राप्त होने वाले आनन्द एवं नैतिकता का क्या सम्बन्ध है? क्या आनन्द एवं नैतिकता अनिवार्य रूप से विरोधी होते हैं? अथवा क्या आनन्द एवं नैतिकता किन्हीं विशेष परिस्थितियों में ही विरोधी होते हैं? तथा ऐसी कौन-सी परिस्थितियाँ हैं जहाँ आनन्द और नैतिकता विरोधी होते हैं, जहाँ आनन्द और नैतिकता का सहभाव या समन्विति होती है? जैसे-जैसे प्रस्तुत विषय पर आगे विचार करेंगे, इन प्रश्नों के उत्तर स्पष्ट होते जायेंगे। मगर यहाँ ये सवाल इसलिए महत्त्वपूर्ण हो जाते हैं कि प्लेटो में जहाँ से पश्चिम का काव्य-चिन्तन आरम्भ होता है—आनन्द और नैतिकता दो विरोधी प्रयोजनों के रूप में प्रतिष्ठित हुए हैं। प्लेटो के अनुसार काव्य का आनन्द ऐन्द्रिय आनन्द है, वासनाओं से उत्पन्न आनन्द है। इसलिए यह आनन्द निम्नकोटि का है तथा नैतिकता का विरोधी है। इसके साथ-साथ काव्य बौद्धिक एवं आत्मिक आनन्द की स्थिति को भी स्वीकार करता है। आत्मिक आनन्द चेतना की उच्चतम अवस्था है जो सत्य पर आधारित है तथा काव्य वासनात्मक आनन्द का उद्रेक करके व्यक्ति

को आत्मिक उन्नति के मार्ग से विपरीत दिशा में ले जाता है। उसका निष्कर्ष यह भी है, और इसे प्लेटो ने भी स्वीकार किया है कि यदि काव्यानन्द नैतिकता का पोषक हो, यदि वह व्यक्ति और समाज को सत्य की ओर प्रेरित करे, तो ऐसा काव्य स्वीकार्य होगा। दूसरे शब्दों में प्लेटो एक ऐसे काव्य की कल्पना भी करता है जहाँ आनन्द और नैतिकता समन्वित हो जाते हैं। मगर प्लेटो ने इस प्रकार के काव्य का कोई उदाहरण नहीं दिया, जिसे अन्य काव्यशास्त्री भी स्वीकार कर लें।

तो प्लेटो से ही काव्य के विषय में आनन्द और नैतिकता का द्वन्द्व आरम्भ होता है जिसे पाश्चात्य काव्यशास्त्र के आनन्द और उपदेश के द्वन्द्व के रूप में स्वीकार किया गया है। यद्यपि ऐसे मत भी हैं जहाँ आनन्द और नैतिकता दोनों में सामरस्य मिलता है। रूमानी काव्य-चिन्तन में आनन्द की स्वीकृति प्रधान रूप से हुई है मगर यह आनन्द मानव की भावात्मक एकता की स्थापना करता हुआ जीवन से सम्बद्ध हो जाता है तथा काव्य एक साथ आनन्द एवं शिव की सिद्धि करता है। इसके विपरीत विशुद्ध आनन्द को स्वीकार करने वाले चिन्तक भी हुए हैं जो काव्य के प्रयोजन के रूप में आनन्द को तो स्वीकार करते हैं मगर इस आनन्द को जीवन के अन्य पक्षों से असम्बद्ध एवं विशुद्ध मानते हैं। जर्मन दार्शनिक कांट ने सबसे पहले निष्प्रयोजन आनन्द की अवधारणा का प्रयोग कलाओं के आनन्द के लिए किया, जिसका फ्रांस, इंग्लैण्ड तथा अमेरिका के काव्य-चिन्तन पर गहरा असर पड़ा।

प्लेटो के बाद अरस्तू ने काव्य-चिन्तन का आधार ही बदल दिया। प्लेटो ने दर्शन के स्तर पर काव्य पर विचार किया, मगर अरस्तू ने काव्यशास्त्रीय दृष्टिकोण को अपनाया तथा प्रकृति एवं काव्यगत संरचना के द्विविध आधार पर काव्य पर विचार किया। उसने काव्य को प्रकृति की अनुकृति माना तथा इस अनुकृति को आनन्दमय माना। साथ ही उसके त्रासदी के विवेचन से, खासकर त्रासद स्थितियों के विवेचन से स्पष्ट है कि उसमें एक सामान्य नैतिक पूर्वाग्रह भी विद्यमान है। मगर अरस्तू को न तो कलावादी विचारधारा के अन्तर्गत रखा जा सकता है और न ही कल्याणवादी विचारधारा के अन्तर्गत, क्योंकि उसमें प्रकृति की अनुकूलता की अवधारणा भी विद्यमान है, विरेचन के विवेचन में आनन्द की स्वीकृति भी है तथा त्रासद स्थितियों के विवेचन में नैतिक विचार का प्रभाव भी स्पष्ट है। मगर परवर्ती कलावादियों ने प्रकृति का विरोध किया है, प्रकृति को अपूर्ण तथा दोषपूर्ण माना है, तथा प्रकृति के संसार के समकक्ष कला के संसार की प्रतिष्ठा एक निर्दोष, पूर्ण एवं अपने आप में आदर्श निर्मिति के रूप में की है। और प्रकृति की अनुकृति अरस्तू की एक बुनियादी धारणा है। यह सत्य है कि अरस्तू की नवीन व्याख्याओं में उसके शिल्पगत विवेचन के महत्त्व को उभारा गया है, फिर भी प्रकृति सम्बन्धी पूर्वाग्रह के कारण अरस्तू को कलावादी विचारधारा के अन्तर्गत स्वीकार नहीं किया है।

होरेस ने आनन्द एवं शिक्षा दोनों को ही काव्य का प्रयोजन माना है। अतः काव्य स्वयं अपना लक्ष्य नहीं है, उसका लक्ष्य है समाज को आनन्द तथा शिक्षा प्रदान करना। लोंजाइनस ने आनन्द एवं शिक्षा के साथ-साथ आन्दोलित करने की शक्ति को भी काव्य के प्रयोजन के अन्तर्गत स्वीकार किया है। ये तीनों ही प्रयोजन, आनन्द, शिक्षा एवं आन्दोलित करने की शक्ति—सहृदय-सापेक्ष हैं। इस प्रकार लोंजाइनस में भी काव्य सहृदय से ही सम्बद्ध हो जाता है, उसकी सार्थकता सहृदय की चेतना को विशिष्ट रूप में प्रभावित करने में है। कलावादी विचारधारा कहीं तो निष्प्रयोजन आनन्द को स्वीकार करती है और कहीं सहृदय की सर्वथा उपेक्षा ही कर देती है। पहली प्रवृत्ति का उदाहरण कांट है और दूसरी का क्रोचे।

अन्धकार युग के रचनाकार दांते में सामाजिक प्रतिबद्धता की स्पष्ट स्वीकृति है तथा उसे कलावाद के अन्तर्गत नहीं रखा जा सकता। नवजागरण काल में प्राचीन नियमों का और नैतिकता का, आदर्श एवं औचित्य का प्रबल आग्रह था। स्वच्छन्दतावादी आलोचना में काव्यगत गुणों पर भी विचार किया गया है, मगर सभी ने आनन्द को ही कविता का प्रधान प्रयोजन माना है। वर्ड्सवर्थ तथा कॉलरिज दोनों ही आनन्द को महत्त्वपूर्ण मानते हैं, मगर उनकी आनन्द सम्बन्धी परिकल्पना नैतिकता के विरुद्ध नहीं है, वरन नैतिकता से समन्वित है। भाव का प्रबल आग्रह होने के कारण और भाव के स्तर पर मानव मात्र की मूलभूत एकता की स्वीकृति के कारण यह आनन्द मानव मात्र का आनन्द बन जाता है, मानव मात्र के हृदय को परिष्कृत करने वाला तथा उसे उसके सहज प्राकृत रूप से अवगत करने वाला सत्य बन जाता है। इस प्रकार हम देखते हैं कि प्लेटो में जहाँ काव्य का आनन्द नैतिकता के विरुद्ध पड़ता है, स्वच्छन्दतावादी आलोचना में काव्य का आनन्द नैतिकता से युक्त है। भारतीय काव्यशास्त्र में इसकी परिकल्पना में भी आनन्द और नैतिकता की समन्विति मिलती है, मगर यह समन्विति दार्शनिक आधार पर सिद्ध की गयी है। इसका आनन्द लोकोत्तर भी है तथा सत्त्वोद्रेक के कारण नैतिकता को पुष्ट भी करता है।

मगर कला की स्वतन्त्र और निरपेक्ष सत्ता की प्रबल प्रतिष्ठा जर्मनी में कांट ने की है और कांट के प्रभाव से फ्रांस, इंग्लैण्ड तथा अमेरिका में व्याप्त हो गयी। फ्रांस में गोतिए तथा कुछ हद तक बॉदलेयर, अमेरिका में एडगर एलन पो, इंग्लैण्ड में पेटर, ह्विसलर, वाइल्ड आदि के विचारों में कांट की सौन्दर्यशास्त्रीय मान्यताओं का गहरा प्रभाव दिखाई देता है। इसके अतिरिक्त रोजन फ्राइ तथा क्लाइव वेल के सौन्दर्यशास्त्र में कलावाद की प्रबल प्रतिष्ठा दिखाई देती है।

कांट ने आत्मा की तीन शक्तियाँ मानी हैं और प्रत्येक शक्ति के विवेचन के लिए उसने स्वतन्त्र ग्रन्थों की रचना की है। आत्मा की तीन शक्तियाँ हैं—ज्ञान-शक्ति, सुख-दुःख के अनुभव की शक्ति तथा इच्छा-शक्ति। ज्ञान-शक्ति

मेधा का व्यापार है और उसके आधार पर कांट ने 'विशुद्ध तर्कमीमांसा' (क्रिटीक ऑफ प्योर रीजन) की रचना की है। जो पाश्चात्य दर्शनशास्त्र का अत्यन्त महत्त्वपूर्ण ग्रन्थ माना जाता है। सुख-दुःख के अनुभव की शक्ति के विवेचन के लिए उसने 'निर्णय-मीमांसा' (क्रिटीक ऑफ जजमेन्ट) ग्रन्थ की रचना की है तथा इच्छा-शक्ति की समीक्षा 'व्यावहारिक तर्कमीमांसा' (क्रिटीक ऑफ प्रैक्टिकल रीजन) ग्रन्थ में की है। 'विशुद्ध तर्कमीमांसा' तत्त्वज्ञान का ग्रन्थ है, 'निर्णयमीमांसा' सौन्दर्यशास्त्र का तथा 'व्यावहारिक तर्कमीमांसा' नीतिशास्त्र का । इस प्रकार कांट ने मानव की तीन शक्तियों का अलग-अलग विस्तृत विवेचन करते हुए तत्त्वज्ञान, नीतिशास्त्र तथा सौन्दर्य की स्वतन्त्र सत्ता को स्थापित किया। कांट का कथन है—'आत्मा की समस्त शक्तियाँ अथवा क्षमताएँ तीन शक्तियों अर्थात ज्ञान-शक्ति, सुख-दुःखानुभूति और इच्छा-शक्ति में समाहित की जा सकती हैं। इन तीनों में से फिर किसी की भी उत्पत्ति समान स्रोत से नहीं कही जा सकती। इस प्रकार तात्त्विक दृष्टि से इन तीनों शक्तियों का अलग-अलग क्षेत्र होता है।'

इसके साथ ही साथ अनुभव-शक्ति को कांट ज्ञान-शक्ति और इच्छा-शक्ति के मध्य में स्थित मानता है। कांट के इस विवेचन को आलोचना में प्रचलित शब्दावली में यों व्यक्त कर सकते हैं कि ज्ञान-शक्ति का सम्बन्ध सत्य से है, इच्छा-शक्ति का शिव से तथा अनुभव शक्ति का सुन्दर से। इन तीनों तत्त्वों की अपनी स्वतन्त्र सत्ता है, स्वतन्त्र कार्य-क्षेत्र है। इस प्रकार के विवेचन में पहली बात तो यह दिखाई देती है कि यहाँ सुन्दर को सत्य और शिव से अलग किया गया है। यह अलगाव दरअसल कांट की आत्मा की शक्तियों के अलगाव की मान्यता पर ही स्थित है। कांट के सम्पूर्ण चिन्तन में दूसरी बात है। सत्य की निरपेक्ष स्थिति जो स्वतःसिद्ध है तथा जो तर्क का विषय नहीं है। इसलिए वह सौन्दर्य को मानव की अनुभव-शक्ति के साथ सम्बद्ध करता हुआ उसे निरपेक्ष एवं स्वतःसिद्ध मानता है। कला के सौन्दर्य का एक विशिष्ट रूप है, उसका अपना एक संसार है। अपना कार्य-क्षेत्र है। कलागत सौन्दर्य को हम सत्य एवं शिव सम्बन्धी परिकल्पनाओं से जोड़कर नहीं देख सकते, उसे इस रूप में जोड़कर देखना सर्वथा असंगत एवं अमान्य है। इसीलिए सौन्दर्य के प्रभाव को, आनन्द को वह निष्प्रयोजन आनन्द मानता है। इस सम्बन्ध में उसने जहाँ निष्प्रयोजन आनन्द का उल्लेख किया है, वहाँ सौन्दर्यमयी क्रिया के स्वरूप पर विचार करते हुए उसकी एक विशेषता यह मानी है कि वह निरुद्देश्य उद्देश्यात्मकता है। अर्थात कलाकार का उद्देश्य है भी और वह निरुद्देश्य भी है। इसका आशय यह है कि कलाकार जब सर्जना की क्रिया में तल्लीन होता है तो वह पूर्ण निरुद्देश्य तो नहीं हो सकता क्योंकि बिना उद्देश्य के कोई कार्य नहीं होता। इसलिए यदि कलागत सौन्दर्य का शिवादि से सम्बन्ध नहीं है तो फिर कलाकार के प्रयोजन की व्याख्या कैसे की जाये? इसका उत्तर यह है कि कलाकार

का उद्देश्य है कला की रचना करना, मात्र कला की रचना। कलाकार का उद्देश्य रचना-प्रक्रिया में तल्लीन होकर निर्मिति करना है, अतः रचनात्मक प्रक्रिया एवं निर्मिति के अलावा उसका कोई प्रयोजन नहीं होता, कोई अन्य उद्देश्य नहीं होता। मगर यह उद्देश्य अपने आप में निरुद्देश्य है, यह प्रयोजन की कड़ी आगे नहीं बढ़ती, रचनात्मक के साथ ही खत्म हो जाती है। यह सौन्दर्य शिव के साथ, नैतिक परिष्कार के साथ, सामाजिक प्रगति आदि के साथ सम्बद्ध नहीं होता। इस रूप में कलाकार का रचना का उद्देश्य निरुद्देश्य है, उसका कोई व्यावहारिक उद्देश्य नहीं होता।

कांट जिस प्रकार रचनाकार की दृष्टि से निरुद्देश्य उद्देश्य की या प्रयोजनहीन प्रयोजन की बात करता है, उसी बात को सहृदय की दृष्टि से निरुद्देश्य या निष्प्रयोजन आनन्द के रूप में व्यक्त करता है। कलाकार की सोद्देश्य उद्देश्यहीनता (रचना) सहृदय में जो प्रभाव उत्पन्न करती है वह विशुद्ध आनन्द का है, जिसमें उपयोगिता की भावना का कोई प्रभाव नहीं है। जिस प्रकार कलाकार की अनुभव-वृत्ति, जो इच्छा-शक्ति और ज्ञान-शक्ति से स्वतन्त्र है, रचना का रूप ग्रहण करती है उसी प्रकार सहृदय की अनुभव-वृत्ति उस रचना के प्रभाव को ग्रहण करते समय इच्छा-शक्ति और ज्ञान-शक्ति के हस्तक्षेप को सहन नहीं करती। यद्यपि इस मत पर अनेक दृष्टियों से आक्षेप किया जा सकता है और जिन पर आगे विचार किया जायेगा, मगर यहाँ बुनियादी आक्षेप इस मान्यता पर किया जा सकता है कि ज्ञान-शक्ति, इच्छा-शक्ति और अनुभव-शक्ति और परस्पर स्वतन्त्र मानने का आधार क्या है? इन्हें क्यों स्वतन्त्र माना जाये? क्या व्यक्तित्व में ये सभी पक्ष परस्पर अनुस्यूत नहीं होते?

भारतीय चिन्तन में ज्ञान-शक्ति, इच्छा-शक्ति और कर्म-शक्ति का उल्लेख मिलता है। इच्छा-शक्ति का सम्बन्ध वासना से माना गया है, आचार से नहीं, अनुभव से माना गया है, नैतिकता से नहीं और व्यवहार का सम्बन्ध है कर्म-शक्ति से। कांट ने इच्छा और अनुभव को अलग-अलग माना है, जो मनोवैज्ञानिक दृष्टि से और व्यावहारिक दृष्टि से भी संगत नहीं है। इस दृष्टि से ज्ञान, इच्छा और कर्म का त्रिविध विभाजन तर्क एवं व्यवहार की दृष्टि से, मनोवैज्ञानिक एवं समाजशास्त्र की दृष्टि से अधिक संगत है। साथ ही महत्त्वपूर्ण बात यह है कि भारतीय चिन्तन में यद्यपि ज्ञान, इच्छा और कर्म को आत्मा की तीन शक्तियाँ माना गया है, मगर तीनों में सामरस्य का आदर्श ही सत्य है। ज्ञान आदि परस्पर भिन्न प्रतीत होते हुए भी वस्तुतः आत्मा के स्तर पर सम्बद्ध हैं और इनका सामरस्य ही काम्य है। इसका स्पष्ट प्रभाव भारतीय काव्यशास्त्र के काव्यानन्द या रस की परिकल्पना पर दिखाई देता है। रस मूलतः आत्मानन्द का रूप है, मगर वह ज्ञान (संवित्) और नैतिकता (सत्त्व) से युक्त है। इस प्रकार यह स्पष्ट है कि आनन्द को कला का प्रयोजन मानने वाले चिन्तकों में जो भेद है, वह आनन्द के स्वरूप को लेकर है।

सौन्दर्यवादी आलोचना

कांट के प्रभाव से उन्नीसवीं शती के आरम्भ में फ्रांस में भी सौन्दर्यशास्त्र की उक्त धारा का प्रभाव पड़ा तथा फ्रांस के कलाशास्त्रीय विवेचन में 'विशद्ध कला' 'उद्देश्यहीन सोद्देश्यता' या 'सोद्देश्य उद्देश्यहीनता', 'निस्संगता', 'रूप' आदि शब्दों का प्रचलन हुआ। यह माना जाता है कि सन 1833 में 'कला कला के लिए' (लार पूर लार) पदावली का प्रयोग हुआ और गोतिए ने इस सिद्धान्त की प्रतिष्ठा एवं प्रचार में महत्त्वपूर्ण भूमिका अदा की। पेटर ने इसका अनुवाद अंग्रेजी में 'आर्ट फार आर्ट्स सेक' के रूप में किया जिसको कविता के सीमित सन्दर्भ में ब्रैडले ने 'कविता कविता के लिए' (पोएट्री फार पोएट्री सेक) का उपयोग किया।

कांट के विवेचन के फलस्वरूप जो विशुद्ध सौन्दर्यवाद प्रचलित हुआ, उसमें एक विशिष्ट पारिभाषिक शब्दावली का विकास हुआ जैसे 'सौन्दर्य', 'रूप', 'कल्पना का संसार', 'कविता का समानान्तर संसार', 'प्रकृति के विपरीत काव्य प्रकृति की गरिमा' आदि-आदि। अमेरिका में एडगर एलन पो के काव्य-विवेचन पर कांट का गहरा प्रभाव है। वह काव्य में उपदेशात्मक, सत्य आदि का विरोध करता हुआ काव्य के स्वायत्त, निरपेक्ष संसार की प्रतिष्ठा करता है। वह काव्य के उपयोगितावादी दर्शन का उग्र विरोध करता है–'कहा जाता है कि प्रत्येक कविता को कोई न कोई उपदेश देना चाहिए और उसी उपदेश के आधार पर उस काव्य कृति की काव्यात्मक उत्कृष्टता निर्धारित की जानी चाहिए। ...इसके विपरीत, सहज-सरल तथ्य यह है कि यदि हम स्वयं अपनी आत्मा के अन्दर झाँकने का तनिक प्रयास करें तो हमें तत्काल यह अनुभव हो जायेगा कि इस विशाल आकाश की छाया में इस कविता–स्वयं इसी कविता, कविता से अधिक और कुछ न होने वाली इस कविता, केवल कविता के लिए लिखी जाने वाली इस कविता–से अधिक भव्य एवं पावन, विशुद्ध रूपेण इससे अधिक गरिमामयी कोई अन्य कृति न तो है और न ही हो सकती है।...

संक्षेप में, मैं काव्य की परिभाषा यह कहकर देना चाहूँगा कि वह सौन्दर्य की लयात्मक सृष्टि है। अभिरुचि ही उसका एकमात्र निर्णायक है। मेधा और अन्तःकरण के साथ उसका केवल आनुषंगिक सम्बन्ध है। कर्तव्य और सत्य के साथ भी इसका प्रासंगिक के अतिरिक्त और कोई सम्बन्ध नहीं है।[1]

इसके अतिरिक्त पेटर, आस्कार वाइल्ड, ह्विसलर, रोजन फ्राइ, क्लाइव बेल, ब्रैडले आदि ने भी कला एवं काव्य-संसार के वैशिष्ट्य को महत्त्व देते हुए उसे व्यावहारिकता और उपयोगिता से असम्बद्ध माना है। पेटर ने काव्य पर शैली के माध्यम से विचार किया है। उसने शब्दों की परख, वाक्यों के विन्यास और संरचना

---

1. डॉ. राजकुमार कोहली (सम्पादक) डॉ. नगीनचन्द सहगल (अनुवादक), एडगर एलन पो, 'दि पोएटिक प्रिंसिपल', 'पाश्चात्य काव्यशास्त्र, सिद्धान्त और वाद', पृ. 184-85

आदि पर बहुत अधिक बल दिया है और इस प्रकार काव्य की निरपेक्ष स्थिति पर बल दिया है।

ह्विसलर की मान्यता है कि प्रकृति तो कला की दृष्टि से अपूर्ण एवं सदोष है। कलाकृति में ही प्रकृति को पूर्णता प्राप्त होती है। प्रकृति के विविध तत्त्वों में से चित्रकार चयन करता हुआ उन्हें एक विशेष रूप से सँजोता है, उनमें एक आन्तरिक समरसता पैदा करता है, उनको अन्तरंग रूप से सम्पृक्त करता है तथा उन्हें विशिष्ट प्रकार से संश्लिष्ट करके कलाकृति का निर्माण करता है। इस प्रकार कलाकृति में प्रकृति से कोई साम्य नहीं रहता। वह अपने आपको प्रकृति के दोषों से मुक्त करती हुई अपनी एक स्वायत्त नयी दुनिया बनाती है जिसके अपने नियम होते हैं तथा विशिष्ट प्रभाव होता है।

आस्कर वाइल्ड ने स्पष्ट एवं तीखे शब्दों में कला की स्वतन्त्रता की घोषणा की है। वह मानता है कि 'सम्पूर्ण कला अनुपयोगी है' (आल आर्ट इज यूजलेस)। वह मानता है कि 'भाव भाव के लिए' कला का लक्ष्य है और 'भाव कर्म के लिए' जीवन का लक्ष्य है। वाइल्ड के अनुसार सुन्दर वस्तुएँ वही हैं जो हमारे लिए उपयोगी नहीं। जब तक कोई वस्तु हमारे लिए उपयोगी होती है या दुःख-सुख प्रदान करती हुई हमें किसी भी रूप में प्रभावित करती है, तब तक वह कला के उपयुक्त क्षेत्र के बाहर पड़ती है। कला की विषयवस्तु के प्रति हमें कमोबेश उदासीन होना चाहिए।

रूपवाद

बीसवीं शताब्दी के आरम्भ में कला के क्षेत्र में रूपवादी स्कूल का विकास हुआ जिसमें कला के रूप को ही लक्ष्य माना गया तथा कला के निजी विशिष्ट रूप एवं विशिष्ट अनुभव की परिकल्पना की गयी। साथ ही यह भी मान्यता व्यक्त की गयी कि कला के सौन्दर्यपरक आस्वाद की शक्ति बहुत कम लोगों में होती है। अधिकांश व्यक्ति कला में उपयोगिता, नैतिकता, शिक्षा आदि तत्त्वों की खोज करते रहते हैं। रोजर फ्राई का कथन है कि जैसे-जैसे कला विशुद्ध होती जाती है, उससे प्रभावित होने वालों की संख्या कम होती जाती है। विशुद्ध कला केवल सौन्दर्य-बोध से सम्पन्न व्यक्तियों को प्रभावित करती है तथा ऐसी बोध-शक्ति से सम्पन्न व्यक्तियों की संख्या सीमित होती है। अधिकांश व्यक्तियों में यह बोध-शक्ति बहुत क्षीण होती है। इस प्रकार उसकी मान्यता है कि कला को देखने का, उससे अपने आपको सम्बद्ध करने का, एक विशिष्ट अर्थ है जिसके लिए असाधारण शक्ति की अपेक्षा होती है। भारतीय काव्यशास्त्र में भी सहृदय में भावयित्री प्रतिभा का होना अनिवार्य माना गया है क्योंकि उसके बिना सहृदय कला को पूरी तरह से समझ नहीं पायेगा, उससे रस नहीं ग्रहण कर पायेगा। मगर इस मान्यता के आधार पर काव्य को जीवन से असम्बद्ध नहीं माना गया।

क्लाइव बेल ने अपने प्रबन्ध 'कला' (आर्ट) में कला के मूल्यांकन को उसकी वस्तु से असम्बद्ध माना है। उसका मत है कि कला के कथ्य का तत्त्व हानिकारक भी हो सकता है और लाभप्रद भी, मगर कला की दृष्टि से वह अर्थहीन है। वह यह मानता है कि प्रत्येक कलाकृति का एक 'विशिष्ट रूप' (सिग्निफिकेंट फार्म) होता है तथा उससे एक खास तरह का भाव सहृदय में पैदा होता है। 'विशिष्ट रूप' से उत्पन्न भाव सामान्य जीवन के भावों से मूलतः भिन्न होता है और इस भिन्नता को व्यक्त करने के लिए कला से उत्पन्न भावों को 'सौन्दर्य भाव' (एस्थेटिक इमोशन) नाम देता है। कलावादियों ने अपने विवेचन के अन्तर्गत कला की विशिष्ट सत्ता को स्थापित करने के लिए जो तर्क दिये उन्हें संक्षेप में प्रस्तुत करने पर उनके आधार की शक्ति तथा सीमाएँ स्पष्ट हो जाती हैं। पहली बात तो यह है कि पश्चिम के कलावादी आन्दोलन का जन्म सिर्फ काव्य के विवेचन से नहीं हुआ, ललित कला के विवेचन से हुआ। कांट का 'निर्णय मीमांसा' ग्रन्थ इस वाद का आधार है और वहाँ सभी ललित कलाओं पर समान रूप से विचार किया गया है। मगर काव्य तथा अन्य कलाओं में एक बुनियादी अन्तर है जिसे नजरअन्दाज कर दिया गया है। काव्य का माध्यम भाषा एक सामाजिक संस्था है, जो अर्थवान् है और दैनिक जीवन का अभिन्न अंग है, वरन यों कहें कि मानव-जीवन भाषा से युक्त जीवन है। किन्तु अन्य कलाओं की सामग्री की, पत्थर, स्वर, रेखा-रंग आदि की, इस प्रकार की सामाजिक अर्थवत्ता नहीं है, शब्द सार्थक है, मगर पत्थर का टुकड़ा उस अर्थ में सार्थक नहीं है। इस प्रकार भाषा का दोहरा अस्तित्व है—वह नाद रूप भी है और बिम्ब रूप भी, जब कि अन्य कलाओं की सामग्री या तो बिम्ब रूप है या नाद रूप। मगर शब्द की यह दोहरी सार्थकता, उसका नाद एवं अर्थ उसे अन्य ललित कलाओं की सामग्री से भिन्न स्तर पर स्थापित करता है। अतः यहाँ यह सवाल पैदा होता है कि क्या काव्य का सब ललित कलाओं के साथ विवेचन करना संगत माना जा सकता है? क्या सामग्री के भेद के कारण काव्य अन्य ललित कलाओं से भिन्न, मूलतः भिन्न नहीं हो जाता? यदि ऐसा होता है तो यह भी सम्भव है कि रूप आदि के आन्दोलन, जो अन्य कलाओं के सन्दर्भ में सार्थक हैं, साहित्य के सन्दर्भ में सार्थक न हों। वस्तुतः ऐसा ही हुआ है। इसका एक कारण तो काव्य और अन्य कलाओं के बीच सामग्री का बुनियादी अन्तर है। इस मत का एक प्रमाण यह है कि कला सम्बन्धी कई आन्दोलनों ने अन्य ललित कलाओं के सन्दर्भ में महत्त्वपूर्ण परिवर्तन किये हैं तथा महत्त्वपूर्ण उपलब्धियाँ प्रस्तुत की हैं, मगर काव्य के सन्दर्भ में ऐसा नहीं हुआ।

इसलिए ब्रैडले ने 'काव्य काव्य के लिए' शीर्षक देते हुए काव्य के बहिरंग मूल्यों को स्वीकार तो किया, मगर उन्हें काव्य-मूल्य नहीं माना। दूसरे शब्दों में वह काव्य की सामग्री के दोनों पक्षों (शब्दबद्ध रचना तथा उस रचना के अर्थ) के प्रति

सचेत दिखाई देता है, मगर दूसरे अर्थ को वह काव्य-मूल्य के रूप में स्वीकार नहीं करता, भले ही जीवन के लिए वह कितना ही उपयोगी क्यों न हो। बहिरंग मूल्यों की स्थिति की स्वीकृति का तक़ाजा यह है कि भाषा को दोनों पक्षों में स्वीकार किया जाये और दोनों पक्षों से उत्पन्न मूल्यों को समान महत्त्व दिया जाये। काव्य के अनुभव के बारे में उसका कथन है :

'अस्तु, इस अनुभव के सम्बन्ध में 'काव्य काव्य के लिए' सूत्र क्या कहता है? जहाँ तक मैं समझता हूँ, उससे निम्न बातें व्यक्त होती हैं; एक तो यह कि यह अनुभव स्वयं अपना साध्य है, अपने ही कारण ग्राह्य है, उसका अन्तरंग मूल्य है। दूसरे यह कि इसका काव्य-मूल्य यह अन्तरंग गुण ही है। संस्कृति अथवा धर्म का साधन होने के नाते काव्य का बहिरंग मूल्य भी हो सकता है, उससे शिक्षा मिलती है, वासनाओं का संस्कार होता है, किसी श्रेयस्कर प्रयोजन को प्रोत्साहन मिलता है, क्योंकि उससे कवि को यश, अर्थ या निर्विकार अन्तःकरण की उपलब्धि होती है। इन सबका महत्त्व है, इन कारणों से भी काव्य की प्रतिष्ठा होने दीजिए। किन्तु यह बहिरंग मूल्य काव्य मूल्य नहीं है, और न यह प्रत्यक्षतः उसका निर्धारण ही कर सकता है। काव्य-मूल्य तो परितोषकारी कल्पनात्मक अनुभव है। और इसका मूल्यांकन पूर्णतः आभ्यन्तरिक ही हो सकता है। इन दो बातों के अतिरिक्त यह सूत्र एक तीसरी बात भी कहता है, यद्यपि यह आवश्यक नहीं है काव्य-सृजन की प्रक्रिया में कवि द्वारा अथवा अनुभव की प्रक्रिया में पाठक द्वारा बहिरंग मूल्यों की ओर ध्यान देने से काव्य-मूल्य के क्षय की आशंका रहती है।'[1]

कलावादियों ने अपने मत की पुष्टि के लिए विविध तर्कों एवं अवधारणाओं का सहारा लिया है। कला की वैशिष्ट्य-सिद्धि के लिए यह मान्यता व्यक्त की गयी है कि कला का निर्माण करने वाली शक्ति एक विशिष्ट शक्ति है। कल्पना की लोकोत्तरता या दिव्यता आदि के आधार पर यह सहज ही सिद्ध कर दिया जाता है कि इस लोकोत्तर से निर्मित वस्तु अर्थात कला भी लोकोत्तर ही होगी। इसके अतिरिक्त एक प्रयास यह भी लक्षित होता है कि कला के स्वतन्त्र एवं निरपेक्ष संसार की कल्पना की जाये। इसलिए प्रकृति से भिन्न और उत्कृष्टतर रूप में कला की प्रकृति की स्थापना दिखाई देती है। सामान्य प्रकृति अपूर्ण एवं सदोष है, कला ही उसे निर्दोष एवं पूर्ण बनाती है। इस प्रकार कला का अपना एक स्वतन्त्र संसार है जिसके अपने नियम हैं, अपनी संयोजना है और अपना विशिष्ट प्रभाव है। तीसरी बात यह दिखाई देती है कि कला के प्रभाव को उपयोगितावाद या नैतिकता से असम्बद्ध माना गया है तथा उसके आनन्द को विशिष्ट आनन्द माना गया है, जिसको जीवन की सब प्रकार की अनुभूतियों से भिन्न माना गया है। इस प्रकार पश्चिम में आरम्भ से ही कला के प्रयोजन को लेकर तीव्र विवाद रहा।

1. सावित्री सिन्हा (सम्पादिका), 'पाश्चात्य काव्यशास्त्र की परम्परा', पृ. 233-34

भारतीय मत

इस सिद्धान्त की दृष्टि से भारतीय काव्यशास्त्र का विकासात्मक अध्ययन करने से इस सम्बन्ध में भारतीय मत का स्वरूप भी स्पष्ट हो जाता है। आरम्भ से ही काव्य-मूल्यों की चर्चा में कलावाद तथा कल्याणवाद का विरोध नहीं दिखाई देता। दोनों की एक साथ प्रतिष्ठा ही भारतीय काव्यशास्त्र की विशेषता है। यह कहा जा सकता है कि कलागत मूल्यों एवं नैतिकता दोनों की एक साथ स्वीकृति प्रायः स्थूल समन्वयवादी दृष्टि का प्रभाव होती है। मगर भारतीय काव्यशास्त्रियों में दोनों के बीच अन्तरंग सम्बन्ध माना है और कभी भी दोनों में विरोध की स्थिति पैदा नहीं हुई। भरत मुनि ने एक ओर तो नाट्यशास्त्र में रस को उसका प्राण माना, मगर साथ ही नाटक की संरचना पर, उसके विविध अंगों-उपांगों व उनके पारस्परिक सम्बन्ध पर विस्तार से विचार किया और दूसरी ओर नाटक को धर्म, यश, आयु, हित, बौद्धिक विकास तथा उपदेश का साधन भी माना। इस प्रकार एक ओर तो नाटक की स्वतन्त्र सत्ता की स्थापना हुई और दूसरी ओर उसका जीवन से सम्बन्ध माना गया, उसे धर्म आदि का साधन भी माना गया। मगर यह स्पष्ट है कि नाटक की सार्थकता प्रधान रूप से रस-निष्पित्ति में है। भामह ने भी एक ओर तो काव्य का शास्त्र से भेद करते हुए उसे वक्रोक्ति-प्रधान माना है, साथ ही उसे चतुर्वर्ग की प्राप्ति का साधन भी माना है। भामह के अनुसार नाटक से धर्म, अर्थ, काम और मोक्ष की प्राप्ति होती है, साथ ही उससे (कवि को) कीर्ति और (सहृदय को) प्रीति की प्राप्ति होती है। यहाँ तक कि वक्रोक्ति को काव्य की आत्मा मानने वाले कुंतक ने भी चतुर्वर्ग के साथ-साथ आनन्द को स्वीकार किया है। भामह ने काव्य के प्रयोजनों के अन्तर्गत यश, अर्थ आदि के उल्लेख के साथ-साथ कांता-सम्मित उपदेश और लोकोत्तर आनन्द को भी स्वीकार किया है। आचार्य रामचन्द्र शुक्ल रसवाद को भी स्वीकार करते हैं तथा 'काव्य में लोकमंगल की साधना' को भी अत्यन्त महत्त्वपूर्ण मानते हैं। इस प्रकार यह स्पष्ट है कि भारतीय काव्यशास्त्र में कलावाद तथा कल्याणवाद का द्वन्द्व दिखाई नहीं देता।

इस सम्बन्ध में महत्त्वपूर्ण बात यह है कि पश्चिम के प्रथम काव्य-चिन्तक प्लेटो में ही यह द्वन्द्व लक्षित होता है। इसकी चर्चा पहले भी की जा चुकी है। निस्सन्देह प्लेटो का मुख्य उद्देश्य काव्य-विवेचन नहीं था। उसने जो काव्य की समीक्षा की है, वह उसके चिन्तक का एक गौण पक्ष है। मगर फिर भी उसने काव्य सम्बन्धी बुनियादी सवालों को मौलिक रूप से प्रस्तुत किया और ज्ञात या अज्ञात भावों से वही सवाल आगे के काव्य-चिन्तकों के लिए दिशा का निर्धारण करते रहे। भारत में भी धर्म की एकान्त साधना करने वालों ने 'काव्यालापांश्च वर्जयेत्' कहकर उसी दृष्टि का परिचय दिया जो दृष्टि प्लेटो में पश्चिम के अन्धकार युग

में दिखाई देती है। धर्म और कला का, नैतिकता और काव्यानन्द का यह द्वन्द्व पाश्चात्य साहित्य के लिए एक बुनियादी समस्या बन गयी। भारत में भी आध्यात्मिकता के महत्त्व के विषय में सन्देह नहीं था, मगर धर्मप्राण होते हुए भी भारत के काव्यशास्त्रियों ने काव्य को उसकी समग्रता में ग्रहण करते हुए एक समन्वित दृष्टि का प्रमाण दिया। इसमें कोई सन्देह नहीं कि भारतीय चिन्तन में काव्यगत मूल्यों को भी समुचित महत्त्व दिया गया और दिया जाता रहा है, मगर काव्यगत मूल्यों का यह महत्त्व काव्य के अन्य पक्षों के विवेचन को आच्छादित नहीं कर पाया। अलंकार, रस, ध्वनि, रीति, वक्रोक्ति आदि सिद्धान्तों में काव्यगत मूल्यों का महत्त्व निर्विवाद रूप से प्रतिष्ठित है और ये काव्यगत मूल्य ही हैं, यह भी स्पष्ट ही है।

भारतीय काव्य-चिन्तन में एकांगिता या दुराग्रह नहीं मिलता। इसकी सबसे बड़ी विशेषता यह रही है कि उसने काव्य को उसकी समग्रता में ग्रहण किया है, और इस प्रकार उसकी समग्रता में उसके निजी मूल्य—काव्यगत मूल्यों को भी अपेक्षित महत्त्व मिला है तथा उसके प्रभाव को भी या सहृदय की प्रतिक्रिया को भी। उदाहरण के लिए भामह ने काव्य के उद्देश्यों के रूप में जीवन के सभी उद्देश्यों को (चतुर्वर्ग को) स्वीकार किया है। इस प्रकार काव्य जीवन की समग्रता के समानान्तर भी है और वक्रोक्ति-प्रधान होने के कारण उसका अपना वैशिष्ट्य भी मान्य है।

यहाँ दो सवाल पैदा होते हैं। पहला, क्या भारतीय काव्य-चिन्तन में रस (आनन्द) और नैतिकता में कभी द्वन्द्व नहीं लक्षित होता? दूसरा, आनन्द और नैतिकता के सामरस्य का आधार क्या है?

पहले सवाल के उत्तर में तो ऐसे अनेक मत प्रस्तुत किये जा सकते हैं, जहाँ नैतिकता और रस के सापेक्षिक महत्त्व की तुलना करते हुए रस को ही अधिक महत्त्वपूर्ण माना गया है। भरत ने रस के बिना नाटक को अर्थहीन माना है, मम्मट ने रस को सब प्रयोजनों का मूलभूत प्रयोजन माना है तथा विश्वनाथ ने रस को काव्य की आत्मा माना है। इससे यह स्पष्ट संकेत निकलता है कि अन्य मूल्यों की अपेक्षा रस ही प्रधान मूल्य है। तब यह रस है क्या? रस काव्य विशिष्ट मूल्य है जो लोकोत्तर है, ब्रह्मानन्दसहोदर और आनन्दमय है। इस प्रकार प्राचीन काव्यशास्त्रियों ने, एकाध को छोड़कर, रस को काव्य का विशिष्ट मूल्य माना है, जिसकी सिद्धि जीवन में नहीं होती। इतना ही नहीं, कविता के संसार को इस संसार के समानान्तर स्थापित करने का प्रयास भी किया गया। जैसे मम्मट ने कवि की वाणी को सृष्टि से श्रेष्ठ माना है, क्योंकि वह नियत नियमों से रहित है, अनन्य परतन्त्र है, नव रस-युक्त है, मात्र आह्लादमयी है तथा निर्मिति करने वाली है जबकि सृष्टि नियमों के अधीन है, अनेक शक्तियों द्वारा निर्धारित होती है, छः रसों वाली

है, सुख-दुःखात्मक है तथा नाशवान है। इसी प्रकार कवि को अपार काव्य-संसार का प्रजापति माना गया है। भरत ने कहा है कि उसने चारों वेदों से उपकरण लेकर पाँचवें वेद—नाट्यशास्त्र की रचना की है। अन्य रसवादी आचार्यों—भट्टनायक, अभिनव, पण्डितराज जगन्नाथ आदि ने भी साधारणीकरण तथा विभावन व्यापार आदि के आधार पर काव्य की शक्ति को सृष्टि से विशिष्ट सिद्ध किया है। उसे लोकोत्तर विभावन व्यापार के कारण ही लोक में जो भाव के कारण आदि है वे काव्य में विभावादि कहलाते हैं तथा लौकिक कारण सुख तथा दुःख दोनों ही प्रकार के भाव पैदा करते हैं, मगर काव्य केवल आनन्द ही प्रदान करता है। इस प्रकार पश्चिम के कलावादियों ने कलावाद की प्रतिष्ठा करते हुए जिन आधारों का उल्लेख किया है, वे सारे आधार भारतीय काव्यशास्त्र में भी मिलते हैं। यहाँ भी कवि की प्रतिभा को जन्मजात मानकर उसे वैसा ही लोकोत्तर तत्त्व माना गया है जैसा कि पश्चिम में कलावादियों ने कल्पना को माना है। कलावादियों के समान ही भारतीय काव्य-चिन्तकों ने काव्य के स्वतन्त्र संसार की परिकल्पना की है, जो प्रकृति से उत्कृष्टतर है। कलावादियों के समान ही यहाँ भी काव्य के अनुभव को एक विशिष्ट अनुभव रस नाम दिया गया है, जो केवल काव्य से ही प्राप्त हो सकता है। मगर इन सब आधारों के होते हुए भी भारतीय काव्यशास्त्रियों को कलावादी नहीं कहा जा सकता। इसका कारण उसकी रस सम्बन्धी परिकल्पना है।

भारतीय काव्यशास्त्र में केवल रस का नामोल्लेख ही नहीं किया गया है, केवल इतना ही नहीं कहा गया कि काव्य का अनुभव रस लोकोत्तर है, यदि मात्र इतना कहा गया होता तो उसे सहज ही पश्चिम के कलावादी चिन्तन के समान माना जा सकता था, बल्कि यहाँ रस के स्वरूप की विस्तृत मीमांसा की गयी है, जैसा कि पश्चिम में कम मिलता है। इस विस्तृत मीमांसा का परिणाम यह हुआ कि नैतिकता और रस में विरोध नहीं हुआ, वरन नैतिकता रस का ही अंग बन गयी। भारतीय दर्शन के अनुसार सभी अनुभवादि तीन प्रकार के हो सकते हैं क्योंकि यह सृष्टि ही त्रिगुणात्मक है। अनुभव तामसिक या अधम हो सकता है, राजसिक अथवा मध्यम कोटि का हो सकता है, सात्त्विक अथवा उत्कृष्ट कोटि का हो सकता है। इस दृष्टि से देखते हुए आनन्द की तीन कोटियाँ हो सकती हैं—तामसिक आनन्द, जैसे सुरापान या व्यभिचार का आनन्द, राजसिक आनन्द, जैसे गृहस्थ धर्म के अनुरूप भोग आदि का आनन्द तथा सात्त्विक आनन्द जो भक्ति या लोकसेवा आदि से प्राप्त होता है। रस को सात्त्विक आनन्द माना गया है। भट्टनायक से होरेस की दार्शनिक मीमांसा का आरम्भ होता है और तभी से रस को सात्त्विक कोटि का आनन्द माना गया है, उत्कृष्टतम आनन्द माना गया है। और जो सात्त्विक है वह न अनिवार्यतः नैतिक ही होता है और न नैतिकता के विरुद्ध ही हो सकता है। रसाभास आदि के विवेचन में तथा औचित्य सिद्धान्त के अन्तर्गत इस बात

को और भी स्पष्ट रूप से व्यक्त किया गया है। इसलिए जब रस अनिवार्यतः एक सात्त्विक अनुभव है तो उपदेशहीन काव्य में भी, प्रकृति-चित्रण या भावपरक रचनाओं में भी, रस नैतिकता के बिपरीत नहीं होता। इसी वाद की व्याख्या करते हुए आचार्य रामचन्द्र शुक्ल ने कविता की भावात्मक परिष्कार की शक्ति की प्रशंसा की है तथा भावयोग को अन्य आध्यात्मिक साधना के रूपों के समकक्ष माना है। मगर परवर्ती आलोचना में कलावाद तथा कल्याणवाद के विरोध पर विचार हुआ है जिस पर पाश्चात्य चिन्तन का भी गहरा प्रभाव है।

मूल्यांकन

उपर्युक्त ऐतिहासिक विवेचन में कलावाद तथा कल्याणवाद के स्वरूप पर भी पर्याप्त प्रकाश पड़ता है, मगर दोनों पक्षों के तर्कों की समीक्षा भी अनिवार्य है। वस्तुतः दोनों पक्षों के पास प्रबल तर्क हैं—अपनी प्रतिष्ठा के लिए भी और अन्य मतों के खण्डन के लिए भी। ये तर्क सर्जना-व्यापार से रचना के प्रभाव तक के सन्दर्भों का स्पर्श करते हैं। इन तर्कों को कला के तीन पक्षों से सम्बद्ध करके रख सकते हैं—प्रथम, सर्जना व्यापार का पक्ष है। द्वितीय, सर्जना कलागत गुणों का पक्ष है। तृतीय, सर्जना प्रभाव का पक्ष है।

कलावादियों का मत है—और जो मान्य है—कला का सर्जना-व्यापार एक स्वच्छन्द व्यापार है। वह किसी प्रकार के बाह्य नियन्त्रण को बर्दाश्त नहीं कर सकता। वह मन के भीतर से जन्म लेने वाली मानसिक स्तर पर संचरण करने वाली क्रिया है। जब कलाकार सर्जना कर रहा होता है तो उसकी सम्पूर्ण चेतना सर्जना-व्यापार में ही समाहित होती है, वह पूर्णतः उसी में लीन रहता है। उसे यह अवकाश ही नहीं होता कि वह लोक-कल्याण तथा उससे सम्बद्ध किसी सिद्धान्त को ध्यान में रखकर सर्जना को उसके अनुरूप संयोजित करने का प्रयास करे। ऐसा करने पर वह सर्जना के व्यापार की स्वच्छन्दता को नष्ट कर देता है तथा सर्जना-व्यापार से कलाकृति का निर्माण न होकर प्रचारात्मक साहित्य का निर्माण होता है। बाहरी नियन्त्रण को, चाहे वह कितनी ही महान विचारधारा का नियन्त्रण क्यों न हो, स्वीकार करने से कलागत मूल्यों की हानि होती है। इस प्रकार रचनात्मक क्रिया की स्वच्छन्दता के आधार पर यह कहा जाता है कि उस पर बाहरी आदर्शों का नियन्त्रण अस्वाभाविक एवं अवांछनीय है। कलाकार के सामने तो एक ही लक्ष्य होता है—प्रेरणा-विशेष के अनुरूप रचना करना। इसलिए कला में नैतिक मूल्यों के अनुरोध की स्वीकृति असंगत है।

दूसरा तर्क कलागत मूल्यों से सम्बन्ध रखता है। क्या किसी कलाकृति का मूल्य उसकी विचारधारा पर निर्भर करता है? क्या हम किसी कलाकृति को इसलिए

महान कहते हैं कि उसमें महान आदर्श प्रतिष्ठित हैं? स्पष्टतः ऐसा नहीं है। जीवन के महान आदर्शों की प्रतिष्ठा जैसी धर्मग्रन्थों में मिलती है, वैसी और कहीं नहीं मिलती। मगर धर्मग्रन्थ काव्य के अन्तर्गत नहीं आते। इसके विपरीत ऐसी रचनाएँ भी हैं जहाँ महान आदर्शों की प्रतिष्ठा नहीं है, फिर भी वे प्रशंसनीय मानी जाती हैं। यहाँ मात्र काव्य से उदाहरण देना पर्याप्त नहीं है। अन्य ललित कलाओं के उदाहरणों द्वारा यह स्पष्ट होता है कि महान आदर्शों के बिना भी महान कलाकृतियों का निर्माण हो सकता है। इससे भी यह स्पष्ट है कि कलाकृति की महानता की व्याख्या जीवन के आदर्शों की शब्दावली में नहीं की जा सकती। उसके अपने कुछ विशिष्ट गुण होते हैं। काव्य के सन्दर्भ में ये गुण शब्द, प्रतीक, रूपक, रूप, संरचना, लय, नाद आदि से सम्बद्ध हैं और यहाँ जीवन के आदर्शों का सहारा लिये बिना भी कला की महानता की सिद्धि की जा सकती है।

तीसरा तर्क सहृदय पर पड़ने वाले प्रभाव से सम्बन्ध रखता है। किसी भी कलाकृति का सहृदय पर प्रभाव तो पड़ता ही है। इस प्रभाव से इनकार नहीं किया जा सकता। असली सवाल तो यह है कि प्रभाव का स्वरूप क्या है? क्या वह प्रभाव प्रकृति के विविध रूपों एवं व्यापारों से पड़ने वाले प्रभाव के समान है या उससे भिन्न है? कलावादियों का कहना है कि कला का प्रभाव प्रकृति के प्रभाव से प्रकृत्या भिन्न होता है। यह बात सभी कलाओं में देखी जा सकती है। जीवन के शोकमय प्रसंगों का जो प्रभाव पड़ता है, वह काव्य के शोकमय प्रसंगों से भिन्न होता है। इसका कारण यह है कि काव्य और सहृदय का सम्बन्ध प्रकृति और मानव के सम्बन्ध से गुणात्मक रूप से भिन्न होता है। दूसरी बात यह है कि काव्य कृति का सहृदय पर अच्छा या बुरा, शुभ या अशुभ प्रभाव पड़ जाता है और पड़ता है। मगर जैसा कि ब्रैडले के उपर्युक्त कथन में स्पष्ट है, यह प्रभाव कृति के महत्त्व का निर्णायक मूल्य नहीं हो सकता। यह तो इतिहास द्वारा सिद्ध है कि महान काव्य ग्रन्थों ने असंख्य व्यक्तियों के जीवन को प्रभावित किया है मगर यह प्रभाव तो धर्मग्रन्थों का भी पड़ता आया है, इसलिए इस प्रभाव से इनकार तो नहीं किया जा सकता, क्योंकि यह एक तथ्य है, किन्तु इसे कृति के मूल्यांकन का आधार भी नहीं बनाया जा सकता। कृति का मूल्यांकन तो कृति के गुणों के आधार पर ही हो सकता है। उदाहरण के लिए, 'प्रिय प्रवास' और 'कामायनी' दोनों में ही महान जीवनादर्शों की अभिव्यक्ति हुई है तो क्या दोनों कलात्मक दृष्टि से समान रूप में उत्कृष्ट हैं? उत्तर स्पष्ट है।

इन तीनों तर्कों के आधार पर कलावादियों की दृष्टि से कला का प्रधान गुण अभिव्यंजना है। कलाकासर का सर्जना-व्यापार अभिव्यंजना का ही व्यापार है, उसका लक्ष्य मन में उठने वाली अनुभूतियों को अभिव्यक्त करना भर होता है, अतः कला का मूल्यांकन भी अभिव्यंजना के गुणों के आधार पर ही हो सकता है। प्रत्येक

कला की अभिव्यंजना के गुणों का निर्धारण उसकी सामग्री के आधार पर किया जाता है।

कलावाद के तर्कों में सबसे महत्त्वपूर्ण तर्क है कलात्मक व्यापार की स्वच्छन्दता का। कलाकार रचना करते समय जीवन के आदर्शों के अंकुश को स्वीकार करके नहीं चल सकता। मगर यहाँ यह संकेत करना भी आवश्यक है कि सर्जना-व्यापार का एकमात्र गुण उसकी स्वच्छन्दता ही नहीं है। उसमें अन्य गुण भी हैं जिनकी ओर कल्याणवादियों ने ध्यान आकर्षित किया है।

कलावाद की सीमा यह है कि वह रचना को सहृदय से काटकर देखती है, उसे जीवन की व्यावहारिकता से विच्छिन्न कर देती है। अन्य कलाओं में तो यह सम्भव हो सकता है, मगर काव्य में यह सम्भव नहीं है क्योंकि काव्य की सामग्री जड़ और अर्थहीन नहीं है, वरन जीवन्त और अथर्वान है। अभिव्यंजना के आधार पर कवि को पूर्ण स्वातन्त्र्य दे देना भी कला के लिए (विशेषकर काव्य के लिए) घातक हुआ तथा अर्थहीन, अनर्गल सीमाएँ सामने आने लगीं।

इसमें सन्देह नहीं कि पश्चिम में कलावाद के सिद्धान्त ने कला की निरपेक्ष एवं स्वतन्त्र सत्ता की स्थापना करके कला को नव्य आभिजात्यवादी तथा नैतिक नियन्त्रण से मुक्त किया और कला के अनेक रूपों के विकास का मार्ग प्रशस्त हुआ।

कल्याणवाद के प्रतिष्ठापकों ने कलावाद के तर्कों का खण्डन करते हुए अपने मत की स्थापना की है। पहले सर्जना-व्यापार को ही लें। यह तो ठीक है कि सर्जना-व्यापार एक स्वच्छन्द व्यापार है, मगर क्या स्वच्छन्दता ही उसका एकमात्र गुण है? इस स्वच्छन्दता का अर्थ क्या है? माना कि उस पर बाह्य आदर्शों का नियन्त्रण नहीं होता, और न होना चाहिए, मगर क्या वह कवि के आन्तरिक आदर्शों से, कवि के व्यक्तित्व से भी स्वच्छन्द होता है? क्या सर्जना की प्रक्रिया कवि के व्यक्तित्व या उसकी आस्था से मर्यादित नहीं होती? स्पष्टतः सर्जना-व्यापार की स्वच्छन्दता का अर्थ कलाकार के व्यक्तित्व से स्वच्छन्दता नहीं माना जा सकता। कलाकार के व्यक्तित्व के गुण कला-व्यापार में अनिवार्यतः समाहित हो जाते हैं। सूर और तुलसी की कला उत्कृष्ट है, मगर भिन्न है क्योंकि दोनों के व्यक्तित्व में, दोनों की आस्था में अन्तर है। इसलिए रचना-व्यापार की स्वच्छन्दता मानते हुए भी उसमें जीवन के तत्त्वों की अनिवार्य एवं अन्तरंग समन्विति रहती है।

एक बात और है। कलाकार अन्य व्यक्तियों के समान समाज का प्राणी होता है और वह समाज से प्रभाव ग्रहण करता है। इस प्रक्रिया में उसकी अपनी रुचि भी सक्रिय रहती है। इस अनिवार्य सामाजिकता की विशद व्याख्या मैंने अपनी अन्य पुस्तक 'आलोचना : प्रकृति और परिवेश' में की है। कवि का व्यक्तित्व सामाजिकता का एक विशिष्ट रूप होता है। इसलिए कला के सर्जना-व्यापार में कलाकार के व्यक्तित्व के माध्यम से यह सामाजिकता सहज ही व्यक्त हो जाती है।

दूसरा तर्क काव्यगत गुणों का है। निस्सन्देह प्रत्येक कला के अपने विशिष्ट गुण होते हैं। इन गुणों के आधार पर ही काव्य और प्रचारात्मक साहित्य में अन्तर किया जा सकता है। इस सन्दर्भ में अभिव्यंजना के महत्त्व से इनकार नहीं किया जा सकता, मगर साथ ही क्या मात्र अभिव्यंजना के गुणों के आधार पर किसी कृति को अच्छा और महान माना जा सकता है? इसका उत्तर स्पष्ट है। पेटर तक को अच्छी और महान कृति में अन्तर करने की आवश्यकता का अनुभव हुआ। अन्य कलाओं में विचार का वह महत्त्व नहीं है जो काव्य में उसकी सामग्री भषा के द्विविध रूप के कारण है। इसीलिए महान काव्य का निर्णय करते हुए विचार पक्ष पर भी विचार करना अनिवार्य हो जाता है।

तीसरा तर्क है सहृदय की प्रतिक्रिया का। अगर रचना में सामाजिकता अनिवार्य रूप से है, अगर काव्य में महान आदर्शों की स्थापना की अपेक्षा है, तो उसमें अभिव्यंजना के साथ-साथ सम्प्रेषण का महत्त्व अपने आप ही प्रतिष्ठित हो जाता है। सहृदय जिस रूप में एक चित्र से प्रभावित नहीं होता है, उसी रूप में काव्य से प्रभावित नहीं होता। काव्य में जीवन की व्यापक और सूक्ष्म अभिव्यक्ति होती है, जैसा कि किसी अन्य ललित कला में नहीं हो सकती। उसका प्रभाव भी सहृदय पर अनिवार्य रूप से पड़ता है। ऐतिहासिक दृष्टि से देखते हुए यह स्पष्ट हो जाता है कि महान रचना सहृदय को अनिवार्य रूप से प्रभावित करती है। यहाँ यह स्पष्ट करना आवश्यक है कि प्रभाव का आधार मात्र विचार या आदर्श नहीं होता, उनकी अभिव्यक्ति का रूप भी होता है। विचार सजीव एवं मूर्त्त रूप ग्रहण करने के बाद ही सहृदय को साहित्य के माध्यम से प्रभावित करता है। इसलिए सहृदय की दृष्टि से काव्य का प्रभाव एक अन्तरंग तत्त्व है जो कला के भीतर से पैदा हुआ है। यह प्रभाव काव्य का 'बहिरंग' तत्त्व नहीं माना जा सकता है। ब्रैडले की यह मान्यता संगत नहीं है कि प्रभाव काव्य का 'बहिरंग' तत्त्व है, क्योंकि प्रभाव तो कृति के भीतर से ही पैदा होता है। वह कृति के विचारों पर ही निर्भर नहीं करता, उसके कलागत गुणों पर भी निर्भर करता है, भाषा के विशिष्ट प्रयोगों पर निर्भर करता है, विचार के जीवन्त एवं मूर्त्त रूप पर निर्भर करता है जो कलाकार ने विचार को प्रदान किया है।

मगर जिस प्रकार कलावाद का अतिवाद उच्छृंखल अभिव्यंजना होती है, उसी प्रकार कल्याणवाद का अतिवाद प्रचारात्मक साहित्य है। यदि उपर्युक्त तर्कों की शक्ति और सीमा को सही तौर पर परखा जाये तभी सही निष्कर्ष निकाला जा सकता है। मगर फिर भी इस विवाद का कोई सर्वस्वीकृत समाधान नहीं मिल सकता। जैसे जीवन के लक्ष्य के बारे में तीव्र मतभेद था, है और रहेगा, क्योंकि जीवन और काव्य समान रूप से व्यापक एवं संश्लिष्ट हैं।

अध्याय–18

आभिजात्यवाद तथा नव्य आभिजात्यवाद

विज्ञान के उदय के पूर्व के युग में चिन्तन के विकास की एक ऐसी अवस्था दिखाई देती है, जहाँ वह यह घोषणा करता है कि उसने परम सत्य को पा लिया है और उससे आगे जा पाना या उससे भिन्न किसी सत्य की परिकल्पना करना असम्भव है। इसे विज्ञान-पूर्व मानव-संस्कृति के चरम उत्कर्ष का काल कहा जा सकता है। इस काल में मानव के अनुसंधान का साधन, मेधा और क्षेत्र था परम सत्य की खोज। परम सत्य की खोज वस्तुतः जीवन की सार्थकता की खोज की सहज परिणति है। जब मानव आत्म-चेतन हुआ तो यह आत्म-चेतना जीवन की सार्थकता की तलाश में सहज एवं अनिवार्य रूप से अग्रसर हुई। जीवन की सार्थकता की तलाश में व्यक्ति ने बाह्य प्रकृति का भी सहारा लिया और परम सत्य की जो अवधारणा की वह व्यक्ति, समाज, शेष प्रकृति सभी के लिए आदर्श था। जो वस्तुतः है, उसी के मूल एवं आदर्श रूप की खोज जो सत्य के शोध का उद्देश्य था। इस प्रकार प्राचीनकाल में चिन्तन इस रूप में प्रायः विश्व के सभी सांस्कृतिक केन्द्रों में लक्षित होता है। प्राचीन भारत, प्राचीन चीन, प्राचीन मिस्र, प्राचीन यूनान एवं रोम, जहाँ-जहाँ मानव ने सजग सम्बद्ध रूप से ज्ञान की साधना की, वहाँ हमें एक आदर्श सत्य की प्रतिष्ठा का प्रयास मिलता है।

प्राचीन काल के धर्मों एवं दर्शनों के उदय के मूल में चिन्तन की यह प्रवृत्ति सहज ही लक्षित की जा सकती है। मगर इसका यह अर्थ नहीं है कि उस युग में केवल एक ही सिद्धान्त था या सत्य का एक ही आदर्श रूप था। सत्य के स्वरूप के बारे में मतभेद स्वाभाविक था और वह दिखाई भी देता है, मगर चिन्तन की प्रत्येक धारा की बुनियादी विशेषता यही है कि सत्य के जिस रूप को उसने

आविष्कृत किया है, वही सत्य है तथा उस धारा के अनुयायियों ने पूर्ण आस्था के साथ उस चिन्तन के सभी पक्षों को स्वीकार कर लिया।

इस प्रकार वहाँ हम चिन्तन से सम्बन्ध के आधार पर दो वर्गों को प्रत्यक्ष देखते हैं। एक वह वर्ग है जो चिन्तन करता है, सत्य की प्रतिष्ठा करता है, दूसरा वह वर्ग है जो उस सत्य का पालन करता है। विचारकों और अनुयायियों की एक परम्परा बन गयी जो सबसे शक्तिशाली रूप में धर्मों के रूप में आज तक विद्यमान है। आज भी धर्म के क्षेत्र में धर्म के आचार्यों एवं अनुयायियों की परम्परा चली आ रही है। अनुयायी के लिए यह परम आवश्यक है कि वह धर्म के आचार्यों द्वारा बताये गये मार्ग पर बिना किसी शंका या सन्देह के चलता रहे। धर्म के स्वरूप की यह अनिवार्य विशेषता है कि उसमें जीवन के सभी पक्षों से सम्बद्ध नियम और आदर्शों की स्थापना होती है, जिन्हें देश-कालातीत माना जाता है तथा उनके पालन में ही जीवन की सार्थकता मानी जाती है।

चिन्तन की यही पद्धति काव्य-चिन्तन के क्षेत्र में भी लक्षित होती है। प्राचीन काव्यशास्त्रियों ने काव्य के विविध पक्षों की विस्तृत एवं सूक्ष्म मीमांसा के आधार पर साहित्य के बारे में सामान्य सिद्धान्तों की स्थापना की। परवर्ती काव्य-चिन्तक एवं कवियों के लिए यह आवश्यक था कि वे काव्य सम्बन्धी उन सिद्धान्तों एवं आदर्शों का दृढ़तापूर्वक पालन करें। साहित्य की यही पद्धति आभिजात्यवाद या शास्त्रवाद के नाम से प्रचलित हुई जिसका आदि स्रोत पश्चिम में अरस्तू था। सत्रहवीं-अठारहवीं शताब्दी के यूरोप में इसी बुनियादी दृष्टि की पुनः प्रतिष्ठा हुई जो नव्य आभिजात्यवाद या नव्य शास्त्रवाद के नाम से स्वीकृत हुई। जहाँ तक सिद्धान्तों का सवाल है, आभिजात्यवाद और नव्य आभिजात्यवाद में थोड़ा-बहुत अन्तर है। जैसे अन्वितित्रय या रूपों की शुद्धता आदि के बारे में मतभेद है, किन्तु मूल प्रवृत्ति दोनों की समान है। दोनों ही इस बात पर बल देते हैं कि साहित्य के कुछ सनातन मूल्य हैं तथा लेखकों को उनका पूरी तरह पालन करना चाहिए। सिद्धान्त और आदर्श की प्रधानता और व्यक्तिगत प्रतिभा की गौणता की मान्यता के कारण दोनों सिद्धान्त वस्तुतः समान हैं।

नामकरण

आभिजात्यवाद या शास्त्रवाद नामों से इस वाद की दो प्रधान प्रवृत्तियों का संकेत मिल जाता है। पहले नाम के अर्थ की दृष्टि से देखा जाये तो अर्थ यह होगा कि ऐसा साहित्य जो अभिजात वर्ग से सम्बद्ध हो तथा जिसमें अभिजात वर्ग के जीवन को ही महत्त्वपूर्ण स्थान दिये जाये, आभिजात्यवादी साहित्य कहलाता है। शास्त्रवाद नाम में साहित्यिक नियमों पर, काव्यशास्त्र के सिद्धान्तों पर बल है और उससे

यह ध्वनि निकलती है कि शास्त्रवादी चेतना लेखकों से यह अपेक्षा करती है कि वे काव्य-सम्बन्धी सिद्धान्तों का पालन करें।

दूसरी शताब्दी के रोम के एक लेखक आउलुस गोल्लिउस ने अपने युग के साहित्य में दो प्रधान प्रवृत्तियाँ लक्षित कीं और उनके आधार पर अपने युग के लेखकों को दो वर्गों में रखा। पहला वर्ग आभिजात्यवादी लेखकों का है, जिन्हें उसने क्रिप्टर क्लासिकुस नाम दिया है और दूसरा वर्ग जनवादी लेखकों का है जिन्हें उसने 'स्क्रिप्टर प्रोलितेरिउस' कहा है। इस प्रकार आभिजात्यवादी लेखक का विषय एवं पाठक अभिजात्य वर्ग से सम्बद्ध है। जबकि जनवादी लेखक के साहित्य का विषय एवं पाठक सामान्य जनता से सम्बद्ध हैं। धीरे-धीरे आभिजात्यवादी कृतियों का अध्ययन-अध्यापन अकादमियों एवं शिक्षण संस्थाओं में होने लगा। उस युग में प्रायः उच्च वर्ग के परिवारों के बालकों को ही अध्ययन की सुविधाएँ प्राप्त थीं और इस प्रकार वर्ग सम्बन्धी यह चेतना निरन्तर पुष्ट होती रही। नव्य आभिजात्यवादी चिन्तक उसी प्राचीन आभिजात्यवादी परम्परा का पालन करने का प्रयास करता रहा, यद्यपि उसमें कहीं कुछ गौण संशोधन के प्रयास भी लक्षित होते हैं।

टी. एस. इलियट ने अभिजात साहित्य का अर्थ एक भिन्न रीति से किया और उसमें विषय की गरिमा, युग जीवन की प्रौढ़ता, कलाकार की प्रतिभा और व्यापक प्रभाव आदि का उल्लेख किया। इलियट पर विचार करते समय यह स्पष्ट किया जा चुका है। मगर आलोचना में आभिजात्यवाद का अर्थ प्रायः उसी रूप में प्रचलित रहा जिसका संकेत ऊपर किया गया है।

मूल प्रवृत्ति

आभिजात्यवादी प्रवृत्ति जीवन के व्यापक और सनातन पक्ष की खोज का प्रयास करती है। उसकी दृष्टि में उन नियमों और सिद्धान्तों का महत्त्व है जो किसी एक व्यक्ति या युग के लिए नहीं वरन पूरे समाज के लिए, व्यक्ति मात्र के लिए मान्य हैं। यह सिद्धान्त व्यक्ति को केन्द्र नहीं बनाता, विशेष का चित्रण इसका उद्देश्य नहीं होता वरन यह सामान्य की प्रतिष्ठा में ही चिन्तन एवं शास्त्र की सार्थकता मानता है। इसका स्वर आदेश का होता है। जो कहता है, 'अगर तुम श्रेष्ठ कृति का निर्माण करना चाहते हो तो इन सिद्धान्तों का पालन करो।' इसका परिणाम यह होता है कि श्रेष्ठता की एक सामान्य कसौटी बन जाती है, जिसे सभी रचनाओं के मूल्यांकन के लिए आधार बनाया जाता है।

इसमें सन्देह नहीं है कि जीवन में शाश्वत और सनातन सिद्धान्तों का महत्त्व है। आदिकाल से ही विचारक आम जनता के आचार-व्यवहार के लिए नियम और

आदर्श बनाते आये हैं। इससे जीवन में एकरूपता एवं व्यवस्था बनी रहती है तथा समाज की उच्छृंखलता से रक्षा होती है। इस प्रकार आदि काल का बुद्धिजीवी आम जनता के प्रति अपने दायित्व का निर्वाह करता है तथा आम आदमी के जीवन में उसका महत्त्व भी होता है। प्रत्येक व्यक्ति अपने लिए जीवनादर्शों का विधान नहीं कर सकता था। यह कार्य तो प्राचीन काल में वही व्यक्ति कर सकते थे जिन्होंने विशेष शिक्षा ली हो, विशेष साधना की हो। इस प्रकार जीवन को परिचालित एवं नियन्त्रित करने वाले आदर्शों की स्थापना का कार्य प्राचीन काल में अत्यन्त महत्त्वपूर्ण रहा है। आधुनिक युग की व्यक्तिवादी चेतना के प्रसंग में इस कार्य का महत्त्व उतना प्रमुख नहीं रहा।

मगर एक बात महत्त्वपूर्ण है। जीवन के सन्दर्भ में आदर्शों की प्रतिष्ठा तथा सामान्य व्यक्ति को उन आदर्शों के पालन का आदेश देना एक बात है और साहित्य के क्षेत्र में आदर्शों की प्रतिष्ठा कर अन्य साहित्यकारों को उन आदर्शों के पालन का आदेश देना दूसरी बात है। रचनाकार की स्थिति आम व्यक्ति की स्थिति नहीं है। वह भी अन्य प्राचीन लेखकों और अरस्तू जैसे काव्य-चिन्तकों के समान एक प्रतिभाशाली एवं कुशाग्रबुद्धि व्यक्ति होता है। सामान्य व्यक्ति के लिए आदर्श स्थिर करना एक बात है, रचनाकारों के लिए आदर्श प्रतिष्ठित करना दूसरी बात। पहली बात तो व्यापक सामाजिक सन्दर्भ में मान्य हो सक़ती है, कहीं पूर्णतः और कहीं अंशतः (यद्यपि इसके अपवाद भी हैं) मगर रचना के क्षेत्र में इसे स्वीकार करके महान रचना कर पाना सम्भव नहीं होता। सर्जना-व्यापार कलाकार के व्यक्तित्व की सक्रियता है तथा बाह्य आदर्शों का नियन्त्रण उसके व्यक्तित्व को कुण्ठित करता है, उसकी सक्रियता को कृत्रिम एवं अवांछनीय नियमों द्वारा शासित करने का प्रयास करता है। सच्ची एवं उत्कृष्ट कला किसी भी बाह्य नियन्त्रण को स्वीकार नहीं करती। एक कलाकार का दूसरे कलाकार से, चाहे वह दूसरा कलाकार कितना ही प्रतिष्ठित क्यों न हो, वही सम्बन्ध नहीं होता जो एक बुद्धिजीवी य पुरोहित का आम जनता से होता है। प्रत्येक कलाकार, यदि वह सच्चे अर्थों में कलाकार है तो वह अपना रास्ता खुद ही बनाना चाहता है। मगर आभिजात्यवाद इसकी इजाजत नहीं देता।

दूसरी बात यह है कि आभिजात्यवाद मूर्त्त पर विशेष बल देता है तथा कला के वस्तुपरक नियमों को आधार मानकर चलता है। यह वस्तुवादी दृष्टि, मूर्त्त के प्रति यह आग्रह भी कला के सन्दर्भ में हानिकारक ही सिद्ध होता है। मगर आरम्भिक काव्य-चिन्तन की यह प्रधान विशेषता रही है। उदाहरण के लिए अरस्तू ने कृति का विवेचन कृतिकार के सन्दर्भ में रखकर नहीं किया वरन एक स्थूल तथा सनातन तत्त्व प्रकृति के सन्दर्भ में रखकर किया है और इसी क्रम में उसने अनुकरण-सिद्धान्त की प्रतिष्ठा की, जो आभिजात्यवादी चेतना में अत्यन्त प्रभावशाली रहा है। इसके

अतिरिक्त अरस्तू ने त्रासदी आदि का वस्तुगत विश्लेषण करके उसके संरचनागत नियमों को प्रस्तुत किया है, जिसका एक स्वाभाविक परिणाम यह हुआ कि परवर्ती कवियों के लिए भी वही नियम और काव्यकृतियाँ आदर्श बनाकर प्रस्तुत की गयीं। स्पष्ट है कि यदि कृति का विवेचन कवि के सन्दर्भ में किया गया होता, यदि विवेचन की दृष्टि वस्तुपरक न होकर व्यक्तिपरक होती तो इस प्रकार के स्थिर नियमों की स्थापना का अवकाश न होता।

मगर हुआ यह कि अरस्तू के वस्तुपरक सिद्धान्तों को और भी दृढ़तापूर्वक होरेस ने स्वीकार किया तथा फ्रांस में बुअलो, इंग्लैण्ड में ड्राइडन, पोप, डॉ. जॉनसन आदि ने उन्हीं सिद्धान्तों को आदर्श मान लिया।

यहाँ उन विशिष्ट सिद्धान्तों एवं काव्य के पक्षों का विवेचन आवश्यक है जो आभिजात्यवाद के आधार बने।

अनुकरण

प्लेटो और उसके बाद अरस्तू ने काव्य को प्रकृति की अनुकृति माना। अरस्तू का अनुकरण सिद्धान्त ही काव्यशास्त्रीय सिद्धान्त है। इस सिद्धान्त के अनुसार कवि प्रकृति से जड़ एवं चेतन सृष्टि के रूपों और व्यापारों को ग्रहण करता है तथा उनका अनुसरण करता है। मगर अरस्तू के बाद सिकन्दर युग में जब यूनान में सर्जनात्मक प्रतिभा का ह्रास होने लगा तो तत्कालीन काव्य-चिन्तन में प्राचीन आदर्श रचनाओं का आधार ग्रहण करने का भाव पैदा हुआ तथा इसके बाद होरेस ने भी इसी विचार को स्वीकार कर लिया। उस समय के लेखकों के सामने दो रास्ते थे। एक तो यह कि वे भी प्रकृति की अनुकृति करें तथा इस प्रकार अनुकरण के आधार पर साहित्य की सर्जना करें। मगर इस पद्धति को अपनाकर भी वे श्रेष्ठ काव्य का निर्माण नहीं कर पाये और उस काल में श्रेष्ठता का आधार था प्राचीन यूनान का साहित्य। अतः तब लेखकों ने यह मान्यता व्यक्त की कि वे प्राचीन श्रेष्ठ कृतियों के अनुकरण द्वारा ही वैसी श्रेष्ठता प्राप्त कर सकते हैं। यद्यपि होरेस ने काव्य-सिद्धान्तों पर विचार किया और अरस्तू के ही सिद्धान्तों को सूत्र रूप में स्पष्ट रीति से प्रस्तुत किया मगर बल उन्होंने भी प्राचीन आदर्श काव्यों के अनुकरण पर दिया। इस प्रकार यहाँ अनुकरण के अर्थ में एक नये अर्थ का समावेश हो गया। अनुकरण का सम्बन्ध अब रचना और प्रकृति के बीच का सम्बन्ध न होकर प्राचीन-आदर्श काव्यों और नवीन काव्यों के बीच सम्बन्ध हो गया। अपने युग के लेखकों को होरेस ने यह आदेश दिया कि अगर वे उत्कृष्ट काव्य की रचना करना चाहते हैं तो उन्हें प्राचीन रचनाओं का, जो कि आदर्श हैं, अनुकरण करना चाहिए। साथ ही सिद्धान्तों की प्रतिष्ठा की। औचित्य-सिद्धान्त की प्रतिष्ठा में मूल दृष्टि यह थी कि तत्कालीन लेखक इन

सिद्धान्तों का पालन करें। इस प्रकार अनुकरण का अर्थ हुआ, प्राचीन आदर्श काव्यों तथा काव्य-सिद्धांतों का अनुकरण।

मगर ये काव्य-सिद्धान्त भी अतीत की आदर्श कृतियों पर ही आधारित थे। इसलिए मूल बात यही रही कि पुराने काव्यों का, उनमें लक्षित विविध सिद्धान्तों का अनुकरण ही श्रेष्ठ साहित्य के निर्माण का मार्ग है।

नव्य आभिजात्यवाद में भी यही प्रवृत्ति रही। बुअलो तो अपने-आपको होरेस का वारिस मानता था। उसने अपने युग के कवियों को आदेश दिया कि वे उन सिद्धान्तों की अनुकृति करें जिनको उसने होरेस के आधार पर प्रस्तुत किया है। ड्राइडन, बेन, जॉनसन, डॉ. जॉनसन एवं पोप आदि का भी यही मत है।

इस सम्बन्ध में संकलन-त्रय की चर्चा भी की गयी। यद्यपि उस विषय में अरस्तू ने कोई निश्चित नियम नहीं दिया था, मगर नव्य आभिजात्यवाद में कार्य, देश एवं काल की अन्विति पर बल दिया गया। यद्यपि डॉ. जॉनसन ने काल की अन्विति की अपेक्षा कार्य की अन्विति तथा एक नायक की स्थिति आदि पर विशेष बल दिया, मगर कुल मिलाकर मूल दृष्टि यही रही कि कवि को श्रेष्ठ रचना करने के लिए कुछ बुनियादी सिद्धान्तों का पालन करना चाहिए।

कथानक का महत्त्व

अरस्तू ने कथानक को सबसे अधिक महत्त्वपूर्ण तत्त्व माना क्योंकि अरस्तू के मतानुसार नाटक के अन्य सभी तत्त्वों की शक्ति कथानक की शक्ति पर ही आधारित होती है। यही बात नव्य आभिजात्यवादी आलोचना में पूरे बल के साथ कही गयी। यद्यपि शेक्सपियर ने ऐसे नाटकों की रचना की थी जिनमें कथानक की अपेक्षा चरित्र की प्रधानता थी, मगर फिर भी नव्य आभिजात्यवादी आलोचक शेक्सपियर की सफलता की उपेक्षा करके कथानक एवं कार्य को ही सर्वाधिक महत्त्वपूर्ण तत्त्व मानते रहे।

रूपों की शुद्धता

अरस्तू तथा होरेस ने रूपों की शुद्धता पर विशेष बल दिया था तथा रूपों के मिश्रण को वे हास्यास्पद एवं सर्वथा त्याज्य मानते थे। यदि लेखक त्रासदी की रचना कर रहा है तो उसमें हास्यपूर्ण दृश्यों का समावेश नहीं होना चाहिए और यदि वह कामदी की रचना कर रहा है तो उसमें त्रासद तत्त्व नहीं होने चाहिए। जिस प्रकार प्रत्येक प्राणी का एक निश्चित सामान्य रूप होता है, उसी प्रकार प्रत्येक काव्य रूप का भी अपना वैशिष्ट्य होता है। जैसे मछली के शरीर पर मानव का मुख हास्यास्पद

लगेगा, वैसे ही एक रूप पर दूसरे रूप का आरोप भी हास्यास्पद एवं अयथार्थ होगा।

रूपों की शुद्धता का सिद्धान्त दो मान्यताओं पर आधारित है। पहली मान्यता यह है कि प्राणियों के समान ही काव्य की भी विधाएँ होती हैं, जिनके स्वरूप, शिल्प, भाषा आदि के बारे में स्वय सिद्ध सिद्धान्त है। उन सिद्धान्तों की अवहेलना करना अक्षम्य दोष है। दूसरी मान्यता यह है कि काव्य रूपों का विकास होता है और एक अवस्था ऐसी आती है जबकि वे परम विकसित हो जाते हैं, जहाँ से आगे विकास सम्भव नहीं है। जैसे महाकाव्य के सर्वोत्कृष्ट उदाहरण हैं—होमर के 'इलियट' एवं 'ओडिसी', इसी प्रकार सोफोक्लेस की त्रासदियाँ आदर्श हैं। जब यह मान लिया कि महाकाव्य या त्रासदी किसी विशिष्ट युग की कृतियों में परम विकसित रूप उपलब्ध कर चुकी हैं तो फिर उनसे आगे विकास की कोशिश करना मूर्खता है। ऐसी स्थिति में बुद्धिमानी इसी में है कि परम विकसित काव्य रूपों का अनुकरण करके उन्हीं के समान उन्नत रचनाएँ की जायें।

नव्य आभिजात्यवादियों ने भी रूपों की शुद्धता पर बल दिया। यद्यपि शेक्सपियर के नाटकों में इस सिद्धान्त का पालन नहीं हुआ था और वे शक्तिशाली नाटक भी थे, मगर आदर्श यही शुद्धता का ही रहा।

इस प्रसंग में आभिजात्यवाद एवं नव्य आभिजात्यवाद का अन्तर भी स्पष्ट कर लेना चाहिए। आभिजात्यवादी आलोचना में अरस्तू ने रचना के बहिरंग एवं अन्तरंग को समान महत्त्व दिया। वह त्रासदी का विवेचन करते हुए उसके अलग-अलग पक्षों का विशद विवेचन करता है, मगर साथ ही सबकी अखण्ड संयोजना को भी अपेक्षित महत्त्व देता है। एक भी तत्त्व खण्डित हो जाने पर रचना की सफलता संदिग्ध हो जाती है। यद्यपि कथानक प्रधान तत्त्व है, मगर उसके माध्यम से अन्य सभी तत्त्व परस्पर सम्बद्ध हैं, सुनियोजित होते हैं तथा 'उचित विरेचन' द्वारा आनन्द प्रदान करते हैं। अरस्तू के काव्य-शास्त्र को मात्र विश्लेषणात्मक दृष्टि से देखने पर उनके इस सम्बद्धता के सिद्धान्त को समझने में भ्रान्ति हो सकती है और होती रही है। मगर अब यह स्पष्ट है कि उसने काव्य के अन्तरंग पर भी अपेक्षित मत दिया है।

अरस्तू के युग में जब कि चरणों की प्रथा का प्रचार था, रचना की प्रभावात्मकता की उपेक्षा नही हो सकती थी और संरचनात्मक तत्त्वों का विश्लेषण उस प्रभावात्मक शक्ति की व्याख्या करता है। उदाहरण के लिए त्रासद स्थिति का विवेचन एक ओर तो संरचना से सम्बद्ध है, दूसरी ओर प्रभाव से। मगर नव्य आभिजात्यवादियों ने रचना के बाह्य पक्ष को ही प्रधानता दी। यद्यपि नैतिक उद्देश्य को चलाने वाले आलोचकों ने साहित्य के सामाजिक प्रभाव की चर्चा भी की किन्तु अधिकांश आलोचकों ने नियमों का निर्देश किया तथा लेखकों को नियमों के पालन का आदेश दिया। इन नियमों का पालन कराने के लिए तथा लेखकों

पर नियन्त्रण रखने के लिए फ्रांस, स्पेन, पुर्तगाल तथा जर्मनी में अकादमियों की स्थापना हुई और इंग्लैण्ड में भी अकादमी की स्थापना का सुझाव दिया गया। मगर वहाँ सौभाग्य से अकादमी नहीं बनाई गयी। इन अकादमियों ने भाषा की शुद्धता पर जोर दिया तथा लेखकों पर भाषा सम्बन्धी एवं अन्य साहित्यिक नियमों का कठोर प्रतिबन्ध लगाया। इसका परिणाम यह हुआ कि नव्य आभिजात्यवाद के प्रभाव से श्रेष्ठ साहित्य का निर्माण नहीं हो पाया। कारण स्पष्ट है; लेखक की प्रतिभा जब खास नियमों में बाँध दी जायेगी तो उसकी रचनात्मकता के मूल्य की अनिवार्यतः हानि होगी।

विवेक का महत्त्व–सामान्य की प्रतिष्ठा

आभिजात्यवाद सामान्य की प्रतिष्ठा पर बल देता है और इसके लिए उपयुक्त तर्क देता है। अरस्तू, होरेस आदि ने नायक, पात्र, दास, नारी पात्र, भाषा, छन्द, अंक, कोरस आदि के बारे में उनके स्वरूप एवं चित्रण के बारे में, सामान्य सिद्धान्त स्थापित किये। इस प्रकार काव्य का विषय तो विशेष ही रहा, मगर विशेष को ऐसे औचित्य पूर्ण रूप में प्रस्तुत करने की कोशिश की गयी कि वह विश्वसनीय हो जाये, सभी को जीवन्त प्रतीत हो। यही प्रवृत्ति नव्य आभिजात्यवाद में भी लक्षित होती है। उसमें व्यक्तिगत चरित्र की अपेक्षा वर्गगत चरित्र–प्रतिनिधि चरित्र को प्रस्तुत करने पर बल दिया गया है। इस युग में विवेक एवं तर्क की प्रधानता थी, बढ़ती हुई वैज्ञानिक प्रगति के कारण बौद्धिकता का प्रचार-प्रसार बढ़ने लगा था। इसलिए भाव के विरोध में विवेक की प्रतिष्ठा हुई तथा विशेष के विरोध में सामान्य की।

यहाँ नव्य आभिजात्यवाद के सन्दर्भ में विवेक एवं सामान्य की प्रतिष्ठा के स्वरूप के स्पष्टीकरण की अपेक्षा है।

जीवन का सत्य हमेशा एवं सार्वभौम हुआ करता है। मगर उस सार्वभौम तक पहुँचने का साधन विशेष ही होता है। इस दृष्टि से प्रकृति को दो अंकों में समझा जा सकता है, उसकी द्विविध स्थिति होती है। अपने सीमित अर्थ में प्रकृति विशिष्ट एवं नश्वर है, गतिशील है और व्यापक अर्थ में प्रकृति एक सनातन सत्ता है जो निश्चित नियमों के अनुसार गतिमान होती रहती है, परिवर्तित होती रहती है। प्राचीन यूनान का चिन्तन प्रकृति के इस दृश्य एवं परिवर्तनशील रूप के पीछे विद्यमान एवं कार्यशील मूल सत्य को पकड़ने का प्रयास करता रहा–मूल सत्य स्थिर भी हो सकता है और परिर्वतनशील भी। मगर नश्वर एवं शिष्ट के माध्यम से शाश्वत और सनातन की खोज का क्षेत्र प्रकृति ही है क्योंकि वह दोनों अर्थों में ही सत्तावान है।

अब इसी बात को मानव-जीवन के बारे में भी इसी रूप में स्वीकार करने की प्रवृत्ति का उदय होना स्वाभाविक था। मानव नश्वर होते हुए भी कुछ सनातन आदर्शों को स्वीकार करता है, उनके द्वारा परिचालित होता है। इस प्रकार मानव व्यक्ति के रूप में भी अस्तित्ववान है और जीवन के, आत्मा या चेतना के शाश्वत नियमों के प्रतिनिधि के रूप में भी। कोई अदृश्य शक्ति है जो मानव को उसके आचार-व्यवहार में निरन्तर नियन्त्रित करती रहती है। आभिजात्यवादी लेखकों का लक्ष्य था, विशिष्ट के माध्यम से इस सामान्य सत्य की खोज।

मूल्यांकन

उपर्युक्त जीवन विषयक मूल दृष्टि को कलाकृतियों के अध्ययन का आधार बनाया जा सकता है। प्रत्येक रचना विशिष्ट है, विशिष्ट व्यक्ति द्वारा प्रस्तुत की गयी है। मगर उत्कृष्ट रचना विशिष्ट होते हुए भी विशिष्ट व्यक्ति या प्रवृत्ति के रूप के समान नश्वर नहीं है। होमर मर्त्य है मगर 'इलियट' और 'ओडिसी' अमर काव्य हैं। इस प्रकार साहित्य के भी दो पक्ष हैं—वह विशिष्ट कृति के रूप में है, विशिष्ट की रचना के रूप में है, मगर फिर भी वह सार्वभौम है। प्लेटो चुम्बकीय आकर्षण के दृष्टान्त द्वारा कृति के सार्वभौम प्रभाव को स्वीकार करता है। काव्य-चिन्तन भी कृति के अमरत्व की मीमांसा का प्रयास है, वह यह शोध करता है कि किन नियमों के कारण विशिष्ट कृति विशिष्टता की सीमाओं का अतिक्रमण कर सार्वभौम हो जाती है। और एक बार जब आभिजात्यवादी आलोचना ने विशिष्ट कृति की सार्वभौमता के आधारभूत सिद्धान्तों का उद्‌घाटन कर लिया तो फिर इसका यह सहज ही निष्कर्ष निकलता है कि सार्वभौम कृति का निर्माण करने के लिए उन सिद्धान्तों का पालन अनिवार्य है। यह तर्क-पद्धति स्थूल रूप से सरल और अनिवार्य प्रतीत होती है, मगर फिर भी सदोष है। आखिर उक्त तर्क-पद्धति में दोष कहाँ है?

स्पष्टतः दोष कृति में नहीं, सिद्धान्तों में है और उससे भी अधिक सिद्धान्तों के यान्त्रिक अनुकरण में है यही आभिजात्यवादी एवं नव्यआभिजात्यवादी चिन्तना की सबसे बड़ी सीमा है। इस सीमा को समझने के लिए इसके कारण रूप में स्थित दो भ्रान्तियों को समझना होगा। पहली भ्रान्ति तो यह है कि किसी भी उत्कृष्ट कलाकृति के समग्र उत्कर्ष को सिद्धान्तों के रूप में बाँधा जा सकता है। रचना के उत्कर्ष की व्याख्या हो सकती है, उसमें स्थिति गुणों की, वस्तुगत गुणों की तथा उनके अन्तःसम्बधों की मीमांसा की जा सकती है तथा अनेक उत्कृष्ट रचनाओं के आधार पर वस्तु, शिल्प आदि के विविध पक्षों के बारे में सामान्य सिद्धान्तों की स्थापना की जा सकती है। मगर यह मान लेना कि रचना का उत्कर्ष उन सामान्य सिद्धान्तों के रूप में परिभाषित हो गया है, उनमें सिमट गया है, एकदम भ्रान्त

धारणा है। यहाँ यह मानना होगा कि उन सिद्धान्तों के आविष्कार के बावजूद भी चाहे यह आविष्कार वैज्ञानिक पद्धति और अनुगमन विधि पर आधारित हो—रचना का एक तत्त्व उसकी रचनात्मकता जो विशिष्ट एवं आन्तरिक होने के नाते कवि के विशिष्ट क्षणों की चेतना का ज्वार है, छूट जाता है। उसे न समझ पाने के कारण यह भ्रान्ति पैदा हो जाती है कि रचना के उत्कर्ष को सिद्धान्तों के रूप में परिभाषित कर दिया गया है।

दूसरी भ्रान्ति का आधार उपर्युक्त पहली भ्रान्ति है। उत्कर्ष की व्याख्या करने वाले सिद्धान्तों के निर्माण के बाद फिर यह भ्रान्ति सहज ही पैदा हो जाती है कि उन सिद्धान्तों का जो कलात्मक उत्कर्ष का पर्याय हैं—पालन भर कर लेने से श्रेष्ठ रचना का निर्माण सम्भव होगा। सामान्यतया तो बात संगत लगती है, मगर दूसरी बात तभी संगत होगी जब पहली बात संगत होगी। पहली स्थिति संगत नहीं है, इसलिए उससे निःसृत दूसरी स्थिति भी असंगत है। पहली स्थिति में रचनात्मकता की उपेक्षा है और इसलिए दूसरी स्थिति भी रचनात्मकता की उपेक्षा करती है।

जिस प्रकार जीवन के बारे में शाश्वत-सनातन मूल्यों का उद्‌घाटन किया जा सकता है, उसी प्रकार कलाओं के बारे में शाश्वत-सनातन मूल्यों की उद्‌भावना संगत प्रतीत होती है। मगर यह भी ध्यान देना चाहिए कि जीवन के सनातन मूल्यों की अनुकृति नहीं होती, उन्हें आत्मसात् करना होता है। उन्हें कर्म में आचार-व्यवहार में समा लेना होता है, जिसका अर्थ है उन्हें व्यक्तित्व का अंग बना लेना ताकि वह स्वाभाविक रूप से, आन्तरिक आवश्यकता के परिणामस्वरूप अपने आप आचार-व्यवहार में व्यक्त होने लगे। उसी प्रकार कला की महानता के मूल्य, कार्य, भाव, विचार आदि की गरिमा की बाहर से नकल नहीं हो सकती, वे रचना में व्यक्त होते हैं तो आन्तरिक अनिवार्यता के रूप में व्यक्त होते हैं, इसलिए व्यक्त होते हैं कि वे रचनाकार के व्यक्तित्व का अंग हैं, रचनाकार ने अपनी साधना द्वारा उन्हें जाना-पहचाना है और उनका अनुभव किया है। कला के उत्कर्ष के सामान्य नियम तो बनाये जा सकते हैं, मगर उत्कृष्ट कला के निर्माण का कोई सामान्य नियम नहीं बनाया जा सकता। कृति के नियमों में और 'निर्माण' के नियमों के बुनियादी अन्तर की उपेक्षा करना रचनात्मकता के स्वरूप से अनभिज्ञ होने का परिणाम है। आलोचक कलाकृति के उत्कर्ष की व्याख्या कर सकता है, उसकी सर्जना नहीं कर सकता।

आभिजात्यवादी तथा नव्यआभिजात्यवादी चिन्तक का एक दूसरा दोष है, इतिहास-बोध का अभाव। जीवन और साहित्य युगानुरूप बदलते रहते हैं और इसका स्वाभाविक निष्कर्ष यह है कि युगानुरूप जीवन एवं साहित्य के मूल भी बदलते रहते हैं। नव्यआभिजात्यवाद में इस ऐतिहासिक दृष्टि का अभाव है। यद्यपि ड्राइडन ने यह कहा है कि अरस्तू ने यदि शेक्सपियर की कृतियाँ देखी होतीं या वैसी रचनाएँ

उस युग में होतीं तो अरस्तू अपने सिद्धान्त बदल देते। मगर इस ऐतिहासिक दृष्टि का विकास नहीं हो पाया तथा डॉ. जॉनसन एवं पोप दोनों ने ही युग की धारा के विपरीत के नियमों अतीत के पालन का आदेश दिया जिससे सर्जना-शक्ति का ह्रास हुआ।

साहित्य और साहित्यशास्त्र का यह अन्तराल आधुनिक युग के प्रथम चरण में प्रायः दिखाई देता है। कारण यह है कि आधुनिक युग ने जिसकी बुनियादी विशेषता यह है कि वह विज्ञान एवं यन्त्र का युग है, जितनी तेजी से जीवन की व्यवस्था को बदला, उतनी तेजी से चिन्तन को नहीं बदला। यथार्थ एवं चिन्तन के बीच का यह अन्तराल आधुनिक युग के आरम्भ में भी लक्षित होता है और आज के अन्तरिक्ष युग में भी। अन्तरिक्ष को जीतने वाला मानव अपने घर की व्यवस्था नहीं कर पा रहा है। उसी प्रकार आधुनिक युग के प्रथम चरण में जब पुराने मूल्यों एवं आदर्शों पर आघात हो रहा था, यह स्वाभाविक ही था कि चिन्तकों का एक वर्ग समकालीन परिवेश को समग्रता में ग्रहण न कर पाने के कारण, पुराने मूल्यों एवं आदर्शों की जोरदार प्रतिष्ठा कर रहा था। नव्यआभिजात्यवादी चिन्तन की यही बुनियादी सीमा है।

हिन्दी आलोचना में आचार्य शुक्ल जैसे प्रखर आलोचक के लिए भी इस सीमा से मुक्त हो पाना कहीं-कहीं असम्भव हो गया। उनके सामने भी महाकाव्य के कुछ शिल्पगत आदर्श थे जो प्राचीन काव्यादर्शों से ग्रहण किये गये थे और इसीलिए वे 'प्रियप्रवास', 'साकेत' एवं 'कामायनी' को महाकाव्य के रूप में स्वीकार न कर सके। जीवन के शाश्वत-सनातन आदर्शों के प्रति मोह ने तथा वस्तुवादी मूल्यों के विशेष आग्रह ने उन्हें अन्तर्मुखी छायावादी काव्य को भी उसकी पूरी अर्थवत्ता में नहीं समझने दिया।

आभिजात्यवाद एवं नव्य आभिजात्यवाद जीवन एवं साहित्य के अध्ययन की एक दृष्टि है और इस अध्ययन की दूसरी दृष्टि है, स्वच्छन्दतावाद। दोनों कहीं विरोधी भी हैं और कहीं पूरक भी। इसलिए आभिजात्यवाद तथा नव्य आभिजात्यवाद एवं स्वच्छन्दतावाद को अलग-अलग पूरी तरह से समझने के लिए दोनों दृष्टियों की समझ आवश्यक है। स्वच्छन्दतावाद के विश्लेषण से यह स्पष्ट हो जायेगा।

अध्याय-19

स्वच्छन्दतावाद

एक व्यापक सिद्धान्त के रूप में स्वच्छन्दतावाद आधुनिक युग की उपज है। यद्यपि लोंजाइनस के बारे में यह विवाद है कि वह अन्तिम आभिजात्यवादी आलोचक था या पहला स्वच्छन्दतावादी आलोचक। मगर वाद के रूप में यह अठारहवीं और उन्नीसवीं शती के यूरोप के साहित्य और साहित्य-चिन्तन में व्याप्त रहा। स्वच्छन्दतावाद शब्द का प्रयोग सबसे पहले सन 1792 में जर्मन आलोचक श्लेगर ने किया और उसे आभिजात्यवाद का विरोधी सिद्धान्त माना। इसके बाद स्वच्छन्दतावाद के अर्थ के अनेक प्रयास हुए मगर इन सभी प्रयासों में कुछ मूलभूत समानताएँ लक्षित होती हैं। सन 1750 में रूसो ने एक निबन्ध लिखा जिसमें उसने यह विचार व्यक्त किया कि प्रकृति अपने सहज रूप में ही सुन्दर है तथा जिसे प्रगति कहा जाता है वह वस्तुतः विकृति ही है। और तब से रूसो निरन्तर प्रकृति की सहजता और काम्यता तथा व्यक्ति की महानता का यशोगान करता रहा। सन 1800 में 'लिरिकल बैलेड्स' के द्वितीय संस्करण का प्रकाशन हुआ जिसकी भूमिका में वर्ड्सवर्थ ने स्वच्छन्दतावाद की शक्तिशाली रीति से स्थापना की। इसीलिए यह भूमिका स्वच्छन्दतावाद का घोषणा-पत्र मानी जाती है। इस प्रकार जर्मनी, फ्रांस तथा इंग्लैण्ड तीनों देशों में उस साहित्यिक आन्दोलन का प्रसार हुआ जिसे आभिजात्यवाद के विरुद्ध स्वच्छन्दतावाद कहा जाता है। इस आन्दोलन का प्रभाव यूरोप के बाहर के देशों पर भी पड़ा।

विद्रोह का स्वर

स्वच्छन्दतावाद परम्परा के प्रति विद्रोह की भावना को लेकर चला। एक ओर

तो साहित्य एवं साहित्य-चिन्तन आभिजात्यवादी मान्यताओं से आक्रान्त था, दूसरी ओर तत्कालीन जीवन में यन्त्र के प्रभाव से जटिलता आती जा रही थी, जीवन का जो सहज प्राकृतिक रूप व्यापार था, उसके विरुद्ध एक ऐसी व्यवस्था का निर्माण हो रहा था जो तत्कालीन प्रकृति-प्रेमियों को कृत्रिम एवं असहज लग रहा था। विज्ञान एवं तर्क के बढ़ते हुए प्रभाव के कारण जीवन के भाव तत्त्व की उपेक्षा हो रही थी और यहाँ तक कि बढ़ती हुई बौद्धिकता के सन्दर्भ में कविता को अनावश्यक घोषित किया जा रहा था। इन दोनों तत्त्वों के खिलाफ स्वच्छन्दतावाद ने विद्रोह किया—परम्परा के नियमों और सिद्धान्तों के प्रति भी और तत्कालीन वैज्ञानिक बौद्धिक प्रगति के प्रति भी।

आभिजात्यवाद के विवेचन में यह विचार किया जा चुका है कि काव्य को किस प्रकार कथ्य एवं शिल्प के नियमों में बाँधा गया था। सार रूप में कहें तो कह सकते हैं कि आभिजात्यवाद ने सामान्य पर बल दिया तथा बाह्य नियमों को प्रधान माना। इस दृष्टि ने रचनात्मकता को किस प्रकार कुण्ठित किया, इस पर विचार किया जा चुका है। इसके विपरीत स्वच्छन्दतावाद ने व्यक्ति पर बल दिया तथा काव्य के सन्दर्भ में आन्तरिकता को ही प्रधान आधार माना। इस प्रकार काव्य-दृष्टि ने दोनों स्तरों पर—रचनात्मक साहित्य के स्तर पर तथा आलोचना के स्तर पर बाह्य नियन्त्रण को अस्वीकार कर दिया।

स्वच्छन्दतावाद के विद्रोह का स्वर एक व्यापक स्वर है। वह रचना के सन्दर्भ में बाह्य नियमों की अपेक्षा कवि के व्यक्तित्व को प्रधान मानता है। काव्य प्रयोजन के रूप में नैतिकता के विरुद्ध आनन्द की प्रतिष्ठा करता है, बँधे-बँधाये छन्दों को नकार कर लय और यति पर आधारित छन्दों की सर्जना पर बल देता है, कार्य तथा बौद्धिकता के विरुद्ध मनोवेगों के महत्त्व की स्थापना करता है, संस्कृतनिष्ठ भाषा के विरोध में जनभाषा के प्रयोग पर बल देता है तथा नाटक के स्थान पर गीतकाव्य को साधना का मुख्य केन्द्र बनाता है।

जिनको परम्परा-सिद्धान्त और व्यवस्था से मोह था, उन्होंने स्वच्छन्दतावाद का विरोध किया और उसे रोग तक कहा। यह तो स्पष्ट है कि नियम एवं व्यवस्था के प्रमियों के लिए स्वच्छन्दतावाद अराजकता का ही पर्याय बनकर आता है मगर युग की धारा का बहाव स्वच्छन्दतावाद के पक्ष में था और इसीलिए उसकी विजय हुई।

आभिजात्यवाद एवं स्वच्छन्दतावाद के विरोध के युग से हटकर तटस्थ भाव से उनका अध्ययन करने वालों ने दोनों को एक-दूसरे का विरोधी न मानकर पूरक माना है। क्योंकि ये दोनों सिद्धान्त जीवन की दो विरोधी दृष्टियों के प्रतिनिधि हैं—एक वह जो व्यवस्था, अनुशासन एवं सार्वभौम को प्रधान मानती है, दूसरी वह जो स्वतन्त्रता और व्यक्ति को केन्द्र मानती है।

स्वच्छन्दतावाद के उदय में तत्कालीन परिस्थितियों का गहरा हाथ है।

पुनर्जागरण के बाद प्राचीन ग्रन्थों का अध्ययन-अध्यापन आरम्भ हुआ, उनकी व्याख्याएँ की गयीं और शिक्षा के प्रसार ने आम आदमी के जीवन को एक नवीन महिमा और गौरव से युक्त कर दिया। पूँजीवादी व्यवस्था ने सामन्तवादी सामाजिक सम्बन्धों को खत्म करके साधारण व्यक्ति में भी आत्म-सजगता की भावना का संचार किया। उधर विज्ञान ने धर्म के विश्वास पर आधारित अनेक सिद्धान्तों को चुनौती दी और प्रमाणों एवं प्रयोगों के आधार पर नवीन सिद्धान्तों की स्थापना की जिससे धर्म की सत्ता तथा उसके आतंक का दौर खत्म हुआ और सत्ता एवं व्यवस्था के विरुद्ध एक नये जागरण का, विवेक के युग का आरम्भ हुआ।

विवेक के स्वरूप को भी समझ लेना चाहिए। आभिजात्यवादी युग का विवेक व्यवस्था का विवेक था, सत्ता का विवेक था और सामान्य जनता को सत्ता के इस विवेक को शिरोधार्य करना ही होता था, वह कोई दूसरा रास्ता सोच ही नहीं सकती थी। मगर विज्ञान ने जब धार्मिक विश्वासों को चुनौती दी तो विवेक के स्वरूप में गुणात्मक परिवर्तन आ गया। अब विवेक से तात्पर्य सत्ताधारी वर्ग के विवेक से नहीं था वरन व्यक्ति के विवेक से था, जो आम आदमी की अपनी बौद्धिक शक्ति पर आस्था से उत्पन्न हुआ था। स्वच्छन्दतावादी आन्दोलन में जो सबसे बड़ी क्रान्ति हुई, उसका मूल स्वरूप यही था। आम आदमी आत्म-सजग हुआ और उसने अपने निजी विवेक से जीवन की समस्याओं पर, सोचने-समझने का रास्ता अपनाया। इस आन्दोलन ने यह संकेत दिया कि स्वतन्त्रता व्यक्ति का जन्मसिद्ध अधिकार है और व्यक्ति का यह अधिकार है कि वह स्वयं अपने जीवन के लिए रास्ता बनाये, अन्धविश्वास के सहारे नहीं वरन निजी विवेक के द्वारा निर्णय करे। इस प्रकार अस्तित्ववादी दर्शन का मूल बीज स्वच्छन्दतावाद में ही लक्षित हो जाता है।

समीक्षा का केन्द्र : कवि का व्यक्तित्व

स्वछंदतावाद ने आभिजात्यवादी नियमों को, प्राचीन काव्यादर्शों के शासन को अस्वीकार किया, मगर अब सवाल यह है कि काव्य-चिन्तन का आरम्भ कहाँ से किया जाये? चिन्तन का केन्द्र क्या हो? इसका उत्तर यह दिया गया कि चिन्तन का केन्द्र है कवि का व्यक्तित्व। वर्ड्सवर्थ ने कहा कि सवाल यह नहीं है कि कविता का स्वरूप क्या है? सवाल तो यह है कि कवि का स्वरूप क्या है? एक प्रकार से इस सवाल में प्लेटो के उत्प्रेरणा सिद्धान्त की प्रतिध्वनि मिलती है। स्वच्छन्दतावाद कविता को आत्माभिव्यक्ति मानता है। कवि का व्यक्तित्व ही कविता का उत्स है। कविता को अपने रूप की प्रतिष्ठा करने के लिए अपनी सिद्धि के लिए किसी बाहरी नियम का पालन नहीं करना होगा, कविता की अर्थवत्ता इसी में है कि वह निर्माता के प्रति सहज रूप से आस्थावान रहे। रचनाकार स्वयं ही

अपनी रचना का प्रमाण है। इस सिद्धान्त को रचना के शाश्वत सिद्धान्त के रूप में ग्रहण करने में कोई आपत्ति नहीं हो सकती और उसकी सार्थकता इसमें है कि इस सिद्धान्त को उन रचनाकारों पर भी घटाया जा सकता है जो आभिजात्यवाद के आधार रहे हैं। होमर, सरफोक्लेस, ऐस्क्युलस, आदि ने सिद्धान्तों से प्रेरणा लेकर रचना नहीं की, वरन एक आन्तरिक प्रेरणा के अधीन रचना की है। उनकी रचनाओं में भी उसी प्रकार उनके व्यक्तित्व की अभिव्यक्ति हुई है जिस प्रकार वर्ड्सवर्थ आदि की रचनाओं में उनके व्यक्तित्व की अभिव्यक्ति हुई है।

स्वच्छन्दतावाद का एक मूल सूत्र यह रहा है कि व्यक्तित्व रचनाकार का स्रोत है, व्यक्तित्व से ही रचना की प्रामाणिकता मिलती है। यह सूत्र सतही तौर पर जितना सरल और ग्राह्य लगता है, वस्तुतः उतना सरल है नहीं। क्योंकि यहाँ बुनियादी सवाल यह है कि 'व्यक्तित्व' का स्वरूप क्या है? उसका निर्माण कैसे होता है? क्या व्यक्ति जन्म से ही एक व्यक्तित्व संस्कार रूप में ही सही–लेकर आता है या उसका निर्माण सामाजिक परिवेश के द्वारा होता है? फिर यह सवाल भी पैदा होता है कि क्या व्यक्तित्व वैसा ही है जैसा कि वह चेतन अवस्था में दिखाई देता है या चेतन अवस्था से भिनन उसके कुछ अज्ञात स्तर भी हैं? मार्क्स (1818-1883), फ्रायड (1856-1939) आदि चिन्तकों ने अपने अर्थशास्त्र, समाजशास्त्र या मनोविश्लेषणशास्त्र में उन प्रश्नों का उत्तर देने का प्रयास किया है तथा व्यक्तित्व को केन्द्र मान लेने से आगामी काव्य सम्बन्धी चिन्तन की अनेक सम्भावनाओं के द्वार खुल गये। इस प्रकार स्वच्छन्दतावाद ने रचनाकार के व्यक्तित्व को केन्द्र बनाकर प्राचीन को नकारने का काम ही नहीं किया वरन आगामी चिन्तन के लिए भी मार्ग प्रशस्त किया। जैसे-जैसे व्यक्तित्व के विविध अर्थों का संधान होता गया, काव्य सम्बन्धी चिन्तन नया मोड़ लेता गया। रिचर्ड्स ने व्यक्तित्व के मनोविज्ञान वाले अर्थ को स्वीकार करके काव्य-मूल्य का सिद्धान्त दिया, फ्रायड ने अचेतन को आधार बनाकर काव्य की चेतना के विश्लेषण का प्रयास किया, एवं क्रोचे ने आत्मवादी अर्थ में व्यक्तित्व को स्वीकार करते हुए अभिव्यंजनावाद की प्रतिष्ठा की।

कविता का स्रोत आन्तरिक मान लेने पर उसकी प्रामाणिकता की समस्या कवि की दृष्टि से नहीं, सहृदय की दृष्टि से पैदा होती है और साथ ही रचनात्मक व्यापार की समस्या भी पैदा होती है। इन समस्याओं के प्रति भी स्वच्छन्दतावादी चिन्तन पूरी तरह सजग है।

भाव एवं कल्पना–भावमूलक मानववाद

स्वच्छन्दतावाद की प्रवृत्ति जटिल स्थिति एवं व्यापक नियमों की अवहेलना करके सरलता की ओर, सहजता की ओर बढ़ने की है। व्यक्तित्व को केन्द्र बनाने में

इसी प्रवृत्ति के दर्शन होते हैं। व्यक्तित्व वैसे तो एक जटिल एवं संकुल सत्ता है मगर स्वच्छन्दतावाद ने प्रधान रूप से व्यक्तित्व के एक अंश को भाव, भावना, मनोवेग या आवेग को ही प्रमुखता दी है। इसका यह अर्थ नहीं है कि विचार की उपेक्षा हुई है। विचार के महत्त्व को भी स्वीकार तो किया गया है मगर प्रधानता भाव या मनावेगों को ही दी गयी है। कविता के जो लक्षण दिये गये हैं उनमें मनोवेगों के 'सहज उच्छलन' या 'भावों' की उद्दीप्ति आदि का उल्लेख हुआ है। यह भाववादी दृष्टि एक ओर तो जीवन की प्राकृतिक एवं सरल अवस्था की स्वीकृति का परिणाम है, दूसरी ओर काव्य में बुद्धिवाद के विरोध में भाव के महत्त्व की प्रतिष्ठा का प्रयास है। यह बौद्धिकता दो रूपों में लक्षित होती है। वैज्ञानिक प्रगति के प्रभावस्वरूप आस्था और भावना के स्थान पर तर्क एवं बुद्धि की प्रधानता प्रतिष्ठित हो रही थी। दूसरी ओर नव्यआभिजात्यवादी दृष्टि भी नियमों एवं सिद्धान्तों के महत्त्व की स्वीकृति में बौद्धिकता के महत्त्व को ही स्वीकार कर रही थी। इसके अतिरिक्त नव्यआभिजात्यवादी दृष्टि में, अनेक नियमों की स्थिति के कारण जटिलता भी थी और कवि के व्यक्तित्व की रचनात्मकता का निषेध भी था। ऐसी स्थिति में, नव्यआभिजात्यवाद और वैज्ञानिक प्रगति के आविष्ट परिवेश में कोई भी नयी दृष्टि तभी प्रतिष्ठित हो सकती थी, अगर वह दृढ़ आधार को लेकर चले। स्वच्छन्दतावाद ने काव्य को भाव के दृढ़ आधार पर प्रस्तुत किया, रचना के स्तर पर भी, काव्य-चिन्तन के स्तर पर भी।

भाव की स्वीकृति ने स्वच्छन्दतावाद को तुरन्त व्यापक रूप में प्रतिष्ठित कर दिया। क्योंकि भाव की स्वीकृति का एक परिणाम यह भी था कि काव्य में प्रधान रूप से आनन्द की प्रतिष्ठा की जाये और स्वच्छन्दतावाद में आनन्द को ही काव्य का प्रधान लक्ष्य माना गया। बढ़ती हुई जीवन की जटिलता में भाव एवं आनन्द की अभिव्यक्ति सहज ही स्वीकार्य हो गयी। इस पर आगे विस्तार से विचार किया जायेगा।

भाव का महत्त्व, विषयीगत तत्त्व का महत्त्व यह आशंका भी पैदा करता है कि कहीं काव्य पूर्णतः विषयपरक होकर समाज से कट न जाये। साथ ही यह आशंका भी रहती है कि काव्य का वस्तुपक्ष उपेक्षित न हो जाये।

स्वच्छन्दतावादी चिन्तन में काव्य के वस्तुपक्ष–भाषा, छन्द, आदि पर भी विस्तार से विचार किया गया। यद्यपि भाषा एवं छन्द का विवेचन प्रधान मूल्य (भाव) की अनुरूपता से ही हुआ है, मगर कविता के वस्तुपक्ष के मूल्यों के महत्त्व को भी स्वीकार किया गया।

अब मुख्य सवाल था कवि का भाव कविता का रूप कैसे ग्रहण करता है? वह कौन-सी शक्ति है जिसके द्वारा कवि अपनी अनुभूति को गीत का रूप देता है? इसके उत्तर में कल्पना तत्त्व की प्रतिष्ठा हुई। शिल्पगत नियमों के नियन्त्रण को अस्वीकार करने के बाद यह आवश्यक था कि रचनात्मकता का नया आधार

ढूँढा जाये जिसमें बाहरी नियमों की चेतना प्रधान न हो वरन व्यक्तित्व की आन्तरिक क्रियाशीलता प्रधान तत्त्व हो। नियमों की अवहेलना या तिरस्कार एक बात है, मगर नियमों के तिरस्कार के बाद, सर्जना के नये आधार की तलाश आवश्यक थी। और यह नया आधार मिला मन की शक्ति कल्पना में। कल्पना का सामान्य विवेचन भी हुआ और कल्पना का दार्शनिक विवेचन भी किया गया। मगर यह सत्य सर्वमान्य रूप से स्वीकार कर लिया गया कि कृतित्व का आधार है कवि की कल्पना-शक्ति।

कल्पना-शक्ति कवि के व्यक्तित्व का निजी गुण है। काव्य में कल्पना के सामान्य स्वरूप की, उसके कार्यों की मीसांसा तो हो सकती है, मगर साथ ही यह भी स्पष्ट है कि यह शक्ति व्यक्तिनिष्ठ शक्ति है। सभी कवियों में कल्पना की न तो मात्रा समान होती है और न ही दिशा। समानता इस बात में है कि कल्पना की प्रधान सामग्री जिसे वह कविता के रूप में सँजोती है कवि के व्यक्तित्व का ही पक्ष है—भाव तथा विचार। भाव का महत्त्व एवं कल्पना का महत्त्व कविता में विस्मय और अद्‌भुत का समावेश सहज ही कर देता है। मगर सवाल यह है कि यदि काव्य में विस्मय और अद्‌भुत के तत्त्व प्रधान होंगे, उसमें कवि के जीवन की अनुभूतियाँ प्रधान होंगी तो वह प्रेषणीय कैसे बनेंगी? पाठक कवि के निजी भावों की अभिव्यक्ति को कैसे ग्रहण कर पायेगा?

काव्य अभिजात वर्ग से सम्बद्ध न रहकर जनजीवन की सम्पत्ति बन गया था। इसीलिए जन-भाषा पर भी बल दिया जा रहा था। जीवन के प्राकृतिक स्वरूप के महत्त्व को स्वीकार किया जा रहा था और दूसरी ओर कवि की निजी भाव-सम्पदा और कल्पना पर भी बल दिया जा रहा था। दोनों स्थितियों के बीच समन्वय की स्थापना का आधार क्या हो? दोनों का मिलनबिन्दु क्या हो?

इस प्रश्न के उत्तर में जिस मत की स्थापना की गयी, उसे हम भावमूलक मानवतावाद कह सकते हैं। इसका मूल सिद्धान्त यह है कि भाव के स्तर पर मानव मात्र समान हैं, सभी समान रूप से समय, हर्ष, शोक आदि का अनुभव करते हैं। व्यक्तियों के विचारात्मक पक्ष का स्वरूप तो भिन्न-भिन्न हो सकता है और होता ही है, मगर नितान्त भिन्न और विरोधी सिद्धान्तों पर विश्वास रखने वाले व्यक्तियों के प्रेम, शोक आदि के अनुभव समान होते हैं। आनन्द एवं विषाद के स्तर पर सबका स्वभाव समान है। इसलिए भाव पर बल देने का अर्थ हुआ मानव-स्वभाव के उस अंश पर बल देना जो समान है, जो सार्वभौम और सार्वकालिक है। इसीलिए वड्‌र्सवर्थ ने कहा है कि आवेग मानव-स्वभाव के बुनियादी नियमों का प्रकाशन करते हैं। आवेग के स्तर पर मानव-मात्र में समानता है और इसी में कविता की सार्वकालिक शक्ति का रहस्य भी निहित है। यह मान्यता वस्तुतः रस-सिद्धान्त की मान्यता के इतने समीप है कि कविता के अनुभूति पक्ष की व्याख्या जो रामचन्द्र शुक्ल ने की है, वह स्वच्छन्दतावादी चेतना के अत्यन्त निकट पड़ती है। कविता

द्वारा विशुद्ध भाव या अनुभूति के स्तर पर पहुँचे हुए व्यक्ति का वर्णन करते हुए वे कहते हैं–'इस भूमि पर पहुँचे हुए मनुष्य को कुछ काल के लिए अपना पता नहीं रहता। वह अपनी सत्ता को लोकसत्ता में लीन किये रहता है। उसकी अनुभूति सबकी अनुभूति होती है या हो सकती है।'[1]

किसी भी व्यक्ति की अनुभूति में दो तत्त्व होते हैं–पहला, मात्र निजी तत्त्व, स्वार्थ भावना से सम्बद्ध होता है और दूसरा, लोक सामान्य तत्त्व, जिस रूप में वह अनुभूति मानव-मात्र के लिए ग्राह्य और आस्वाद्य हो जाती है। कवि स्वानुभूति को लोक सामान्य अनुभूति के रूप में ही प्रकाशित करता है। इस कार्य में साधन होती है कल्पना। इसी स्तर पर सम्प्रेषण की स्वीकृति भी सहज हो जाती है। सम्प्रेषण के लिए कवि को सजग रूप से, अलग से प्रयास नहीं करना पड़ता, वरन सम्प्रेषण रचनात्मकता का ही सहज गुण बन जाता है।

मगर यहाँ यह संकेत करना आवश्यक है कि व्यक्तिगत अनुभूति एवं कल्पना को प्रधान तत्त्वों के रूप में स्वीकार करने का परिणाम यह हुआ कि आगे चलकर कवि का व्यक्तित्व निरन्तर प्रधान होता चला गया, कल्पना द्वारा सर्जित विलक्षण और अद्भुत का महत्त्व बढ़ता गया और अन्तर्मुखी व्यक्तिवादी कला-सिद्धान्तों का उदय हुआ, जिनमें सम्प्रेषण की बजाय अभिव्यंजना ही प्रधान गुण बनकर सामने आई।

सौन्दर्य और आनन्द : स्वच्छन्दतावादी काव्य-चिन्तन ने सौन्दर्य और आनन्द को काव्य के प्रधान मूल्यों के रूप में स्वीकार किया। सौन्दर्य की स्वीकृति में प्रकृति के सौन्दर्य की स्वीकृति भी है और काव्य के सौन्दर्य की भी। सौन्दर्य के माध्यम से भाव की परिणति आनन्द में होती है। प्राकृतिक सौन्दर्य की भावना तथा कविता के सौन्दर्य की सर्जना दोनों ही कार्यों में कल्पना-शक्ति ही सहायक होती है। सौन्दर्य एवं आनन्द के स्वरूप की विस्तृत व्याख्याएँ तो स्वच्छन्दतावादी काव्यदृष्टि में नहीं मिलतीं, मगर वे उसकी मूल अवधारणाएँ हैं, इसमें सन्देह नहीं है। कॉलरिज ने कल्पना-सिद्धान्त के विवेचन में आवयविक संरचना को सौन्दर्य का लक्षण माना है, मगर कलावादियों ने सौन्दर्य की परिभाषा अपनी-अपनी दृष्टि से दी है।

प्राचीन काव्य-दृष्टि में नैतिकता का उपदेश ही प्रधान तत्त्व था। उसके समकक्ष आनन्द की प्रधान तत्त्व के रूप में प्रतिष्ठा स्वच्छन्दतावादी दृष्टि के अनुकूल ही है। अगर इस दृष्टि में आनन्द को नैतकिता का विरोधी नहीं माना गया, उसमें विच्छिन्न भी नहीं। वस्तुतः काव्य का आनन्द परोक्ष रूप से नैतिकता को पुष्ट करता है। इसे दो प्रकार से समझाया जा सकता है। पहला तो यह कि कविता उदात्त भावों की अभिव्यक्ति के द्वारा सहृदय में भी पवित्र भावों का संचार करती है तथा उसके हृदय को इस योग्य बनाती है कि उसमें नैतिकता के बीज अंकुरित हो सकें।

1. रामचन्द्र शुक्ल, 'चिन्तामणि', भाग 1, पृ. 141

दूसरी ओर यह आनन्द भावमूलक होने के कारण मानव-मात्र की उस अवस्था को पुष्ट करता है जो सामान्य और सार्वभौम है। इस प्रकार भाव के स्तर पर मानवता को ऐक्य के धरातल पर प्रतिष्ठित करता है। रस के विवेचन के सन्दर्भ में शुक्ल जी ने लोक सामान्य भावभूमि की चर्चा की है जो व्यक्ति को उसके स्वार्थ के सीमित क्षेत्र से मुक्ति दिलाती है। हृदय की मुक्ति, भावों के संस्कार आदि के द्वारा कविता एक प्रकार से जीवन को अधिक सुसंस्कृत बनाने में सहायक होती है।

स्वच्छन्दतावाद ने कविता की भावमूलक उपयोगिता को स्वीकार किया है और उसे विचारमूलक उपयोगिता उपदेश या शिक्षा के समकक्ष प्रतिष्ठित करने का प्रयास किया है। विचारमूलक उपयोगिता अथवा शिक्षा से भावमूलक उपयोगिता की ओर संचरण करने वाली यह दृष्टि ही धीरे-धीरे भावमूलक उपयोगिता की अस्वीकृति की भी भूमिका बन जाती है और विशुद्ध कविता की ओर अभिव्यंजना को परम साध्य मानने वाली दृष्टि की ओर काव्य-चिन्तन अग्रसर होने लगता है।

स्वच्छन्दतावाद के अनुसार सौन्दर्य की सृष्टि कलाकार की मौलिक सृष्टि है, वह अनुकरण के आधार पर स्थित नहीं है। यह तो स्पष्ट है कि आभिजात्यवाद ने जिन सिद्धान्तों का आविष्कार किया तथा जिनके पालन को अनिवार्य माना, वे किसी न किसी रूप में सौन्दर्य की सृष्टि करते हैं—शैल्पिक औचित्य या उत्कर्ष का निर्माण करते हैं। वहाँ सौन्दर्य के निर्माण के लिए सामान्य सिद्धान्तों की स्थापना की गयी है, मगर उन सिद्धान्तों को कार्यान्वित करने की शक्ति की उपेक्षा हुई है। इसके विरोध में स्वच्छन्दतावादी दृष्टि, बाह्य सामान्य सिद्धान्तों की स्थापना नहीं करती वरन कल्पना के अन्तरंग गुण के रूप-सौन्दर्य को स्वीकार करती है, जिसका अर्थ है कलाकार सौन्दर्य-सृष्टि के लिए पूर्णतः स्वतन्त्र है। जिस प्रकार कलाकार पर बाह्य नियमों के नियन्त्रण की पद्धति सदोष है, उसी प्रकार सौन्दर्य को व्यक्ति-सापेक्ष मान लेने की भी अपनी सीमाएँ हैं जो बाद में सामने आती हैं।

बाह्य नियन्त्रण को अस्वीकार करके तथा कल्पना को प्रधान मानकर स्वच्छन्दतावाद व्यक्ति की असीम शक्ति पर अपनी आस्था व्यक्त करता है। आभिजात्यवाद व्यक्ति को सीमित मानता है तथा इसीलिए उसके लिए व्यापक निर्देशों को महत्त्वपूर्ण मानता है। यदि व्यक्ति को ही शक्ति का स्रोत मान लें तो फिर उसके लिए बाह्य निर्देशों की अपेक्षा नहीं रहती।

स्वच्छन्दतावाद स्वाधीनता एवं गतिशीलता का दर्शन है। व्यक्ति को असीम शक्ति से सम्पन्न मानने का अर्थ यह है कि प्रत्येक व्यक्ति नूतनता का निर्माण करने में समर्थ है और इसलिए स्वच्छन्दतावाद में अपार सम्भावनाओं के बीज हैं।

स्वच्छन्दतावाद व्यक्तिवादी होते हुए भी समाज की स्वीकृति करता है। वह व्यक्ति के निजी अंश को महत्त्वपूर्ण नहीं मानता वरन उसके सामान्य अंश को, भाव सत्य को महत्त्वपूर्ण मानता है। वर्ड्सवर्थ ने अभिजात व्यक्तियों के भावों के

विरोध में जनसामान्य के भावों के चित्रण के महत्त्व की प्रतिष्ठा की है। इस प्रकार स्वच्छन्दतावाद में दो विरोधी प्रवृत्तियों के बीज लक्षित होते हैं। एक ओर तो व्यक्ति पर बल देने के कारण वह साहित्य में व्यक्तिवादी भावना को महत्त्वपूर्ण मानता हुआ घोर व्यक्तिवाद का प्रेरक हो सकता है, दूसरी ओर सामान्य एवं साधारण व्यक्ति के भावों के महत्त्व को स्वीकार करके जनवादी दृष्टि का पोषण भी करता है। आभिजात्यवाद के विरोध में स्वच्छन्दतावाद भाव के स्तर पर ही सही, सामाजिक सत्ता को स्वीकार करके नवीन चेतना के विकास का मार्ग प्रशस्त करता है।

आभिजात्यवाद एवं स्वच्छन्दतावाद को विरोधी भी कहा जाता है और पूरक भी। दोनों जीवन सम्बन्धी दो दृष्टियों का प्रतिनिधित्व करते हैं, मगर यह स्पष्ट है कि उनमें विरोध ही अधिक है क्योंकि अनुकरण और स्वच्छन्द कल्पना-सिद्धान्तों का पालन और व्यक्तित्व की निर्बाध अभिव्यक्ति, बाह्य का नियन्त्रण और आन्तरिक सृजनात्मक अनिवार्यता की स्वीकृति में परस्पर विरोध स्पष्ट है। यहाँ यह स्पष्ट रूप से समझ लेना चाहिए कि सिद्धान्तों के निर्माण में और सिद्धान्तों के पालन में मूलभूत अन्तर है। वैसे तो आलोचना स्वच्छन्दतावादी काव्य के सिद्धान्तों का निर्माण भी करती है, मगर सिद्धान्तों का निर्माण करके उनके यान्त्रिक पालन का आदेश आभिजात्यवाद ही देता है।

इस प्रकार स्पष्ट है कि आभिजात्यवाद और स्वच्छन्दतावाद के सम्बन्ध की समस्या एक अर्थ से आलोचना और रचना के सम्बन्ध की समस्या बन जाती है। आभिजात्यवादी रचना-कर्म पर नियन्त्रण करना चाहता है, वह यह मानकर चलता है कि रचनाकार को उसके आदेशों का पालन करना चाहिए। अगर रचनाकार उसके आदेशों का पालन नहीं करता तो वह उसे असफल तथा उसकी रचना को त्याज्य घोषित कर देता है। मगर स्वच्छन्दतावाद रचना को महत्त्व देता है तथा आलोचना के नियमों को अस्वीकार कर देता है। वह आलोचक से दिशा या निर्देश प्राप्त नहीं करता। उसका आधार, उसका प्रमाण उसका अपना व्यक्तित्व है।

अध्याय-20

मार्क्सवादी समीक्षा

मार्क्स (सन 1818-1883) ने जीवन एवं जगत के बारे में भौतिकवादी सिद्धान्त की प्रतिष्ठा की है, जिसमें न केवल समाज के आर्थिक, राजनीतिक पक्ष के बारे में आदर्शों की स्थापना की गयी है वरन साहित्य के बारे में भी व्यापक एवं गम्भीर रूप से विचार किया गया है। मार्क्सवादी समीक्षा-पद्धति को समझने के लिए यह आवश्यक है कि मार्क्सवाद के सैद्धान्तिक पक्ष की कुछ बुनियादी मान्यताओं को स्पष्ट किया जाये। मगर यहाँ यह चर्चा करना आवश्यक है कि मार्क्सवाद की प्रतिष्ठा एवं प्रचार से बहुत पहले ही विज्ञान एवं यन्त्र तथा तज्जन्य सामाजिक स्थिति के कारण साहित्य एवं साहित्य-चिन्तन में सामाजिक जीवन के महत्त्व की सबल स्वीकृति हो चुकी थी। स्वच्छन्दतावाद एवं उपन्यास के विकास में यह स्पष्ट रूप से देखा जा सकता है कि पुराने अभिजात आदर्शों एवं उनसे नियन्त्रित साहित्य के स्थान पर व्यापक सामाजिक जीवन की सत्ता को ही—स्थूल, सामान्य, क्षुद्र यथार्थ को ही कथ्य के रूप में स्वीकृति नहीं मिली, वरन साहित्य के माध्यम से भाषा और रूप-विन्यास की स्थिति के विवेचन एवं विकास में भी समाज की सत्ता साहित्य को व्यापक एवं गम्भीर रूप से प्रभावित करने लगी थी। मार्क्सवाद एवं मार्क्सवादी समीक्षा ने विकासमान सामाजिक दृष्टि को एक व्यवस्थित सैद्धान्तिक आधार प्रदान किया और सामाजिक जीवन की स्वीकृति के विशिष्ट सिद्धान्त के आधार पर साहित्य एवं आलोचना की एक धारा का विकास किया।

मार्क्सवाद भौतिकवाद का विशिष्ट रूप है जो यह मानकर चलता है कि सृष्टि का मूल सत्य है पदार्थ। पदार्थ से ही चेतना का उदय हुआ एवं चेतन जीवन का विकास पदार्थ की संघटनात्मक एवं रचनात्मक प्रक्रियाओं द्वारा निर्धारित होता है।

इस सिद्धान्त की प्रतिष्ठा में डार्विन के विकासवाद का सहारा लिया गया और इस प्रकार मार्क्सवाद को वैज्ञानिक धरातल पर प्रतिष्ठित करने का प्रयास किया गया। इसके अनुसार यह माना जाता है कि पदार्थ से ही चेतन जीवन का उदय हुआ, मगर चेतन जीवन के उदय की प्रक्रिया क्या रही होगी? इसके बारे में कुछ भी निश्चित रूप से नहीं कहा जा सकता। एक बार जैविक तत्त्व (प्रोटोप्लाज्म) के उदय के बाद तो जीवों के विकास का इतिहास प्रस्तुत किया जा सकता है, मगर जैविक तत्त्व के निर्माण की प्रक्रिया आज भी अज्ञात है।

मार्क्सवाद को द्वन्द्वात्मक भौतिकवाद या वैज्ञानिक भौतिकवाद भी कहा जाता है। द्वन्द्वात्मकता का तात्पर्य है संघर्ष और गतिशीलता। हीगल ने चैतन्य विकास की प्रक्रिया का स्पष्टीकरण करते हुए स्थिति प्रतिक्रिया और समन्वय (थीसिस एंटीथीसिस और सिंथीसिस) का उल्लेख किया है। मार्क्स ने विकास की इस प्रक्रिया को पदार्थ के स्तर पर स्वीकार किया है, सामाजिक स्तर पर जिसका अर्थ होगा आर्थिक व्यवस्था के स्तर पर इस प्रक्रिया को स्वीकार करना अथवा स्थूल एवं गोचर परिस्थितियों तथा उनके संघर्ष के आधार पर मानव-संस्कृति के विकास की व्याख्या करना। इस प्रकार द्वन्द्व या संघर्ष मार्क्सवाद का एक बुनियादी तत्त्व है और इतिहास भी इस बात का साक्षी है कि मानव-सभ्यता और संस्कृति निरन्तर विकासशील रही हैं, उनमें नित्य ही परिवर्तन होते रहे हैं। ये परिवर्तन कभी धीरे-धीरे एवं सहज भाव से हुए हैं और कभी गम्भीर एवं व्यापक रूप से। अब सवाल यह है कि इन परिवर्तनों की व्याख्या कैसे की जाये? यह समस्या वस्तुतः इतिहास-दर्शन की है, इतिहास की दार्शनिक व्याख्या की है। आत्मवादी दर्शन इतिहास की आत्मवादी व्याख्या करता हुआ यह स्थापित करता है कि मानव-संस्कृति के विकास के रूप में वस्तुतः मूल सत्य चेतना ही निरन्तर विकासशील होती है। यह व्याख्या इतिहास की विचारात्मक या आदर्शवादी व्याख्या कहलाती है और यह सिद्धान्त आध्यात्मिक विकासवाद का सिद्धान्त कहलाता है जो पश्चिम में हीगल में तथा भारत में अरविंद में लक्षित होता है।

द्वन्द्वात्मक भौतिकवाद

इतिहास की आत्मवादी व्याख्या के विरुद्ध दूसरा सिद्धान्त इतिहास की भौतिक व्याख्या का है। इस सिद्धान्त में किसी भी अगोचर पर सूक्ष्म या आत्मतत्त्व को अस्वीकार करके गोचर एवं स्थूल आर्थिक, सामाजिक आदि परिस्थितियों के आधार पर इतिहास के विकास को समझाने का प्रयास किया जाता है। यह इतिहास की भौतिक व्याख्या का सिद्धान्त है। मार्क्सवादी दर्शन में इसे द्वन्द्वात्मक प्रक्रिया के आधार पर स्पष्ट किया जाता है जिसका बुनियादी तत्त्व है संघर्ष। इसका तात्पर्य

यह है कि इतिहास का विकास सहज एवं शान्त भाव से नहीं होता वरन संघर्ष के कारण होता है। यह तो हो सकता है कि यह प्रतीत हो कि इतिहास का विकास शान्त एवं सहज रूप में होता है मगर यह प्रतीति भ्रामक है। इस शान्त और सहज प्रतीत होने वाली स्थितिस के मूल में संघर्ष कार्यशील रहता है और उस संघर्ष की भी भौतिक या वैज्ञानिक व्याख्या की जा सकती है। यह संघर्ष क्रान्ति के रूप में भी हो सकता है—सशस्त्र एवं रक्त क्रान्ति के रूप में भी और रक्तहीन क्रान्ति के रूप में भी। संघर्ष का रूप क्या होगा, इसके बारे में कोई सामान्य नियम नहीं बनाया जा सकता है क्योंकि परिस्थिति के अनुरूप ही संघर्ष का रूप निर्मित होता है।

मार्क्सवाद का एक मौलिक सिद्धान्त यह है कि समाज की व्यवस्था पूर्णतः समाज की तत्कालीन आर्थिक स्थिति द्वारा निर्धारित होती है। समाज की आर्थिक स्थिति का स्थूल रूप में अर्थ है, उत्पादन का साधन तथा वितरण की व्यवस्था। उत्पादन के साधन के अनुरूप तथा वितरण की व्यवस्था के अनुकूल ही सामाजिक सम्बन्धों का निर्माण होता है। इस प्रकार समाज के जीवन का कोई भी पक्ष ऐसा नहीं जो प्रत्यक्ष या परोक्ष रूप से आर्थिक स्थिति द्वारा नियन्त्रित न हो। चाहे राजनीतिक व्यवस्था हो, चाहे सामाजिक रीति-रिवाज, चाहे नैतिक आदर्श हों, चाहे साहित्यिक साहित्यिक मान्यताएँ, चाहे धार्मिक विश्वास हों चाहे दार्शनिक मूल्य, सभी प्रत्यक्ष या परोक्ष रूप से आर्थिक स्थिति के द्वारा ही नियन्त्रित होते हैं। आर्थिक नियन्त्रण का यह रूप सरल एवं एकदम स्पष्ट नहीं होता। वस्तुतः आर्थिक नियन्त्रण के स्वरूप एवं प्रक्रिया का अध्ययन विशेष श्रम एवं कुशाग्रता की अपेक्षा रखता है क्योंकि आर्थिक नियन्त्रण का स्वरूप बड़ा जटिल एवं संश्लिष्ट होता है। राजनीतिक व्यवस्था को आर्थिक व्यवस्था से सम्बद्ध करके समझना अपेक्षाकृत सरल है, मगर साहित्य, धर्म एवं दर्शन को आर्थिक स्थिति के सन्दर्भ में समझना अपेक्षाकृत अधिक जटिल व्यापार है क्योंकि दार्शनिक सिद्धान्त एवं आर्थिक व्यवस्था के सम्बन्ध के बीच अनेक तत्त्व गुंफित रहते हैं। इसलिए समाज की ऊर्ध्व संरचना एवं आर्थिक स्थिति के सम्बन्ध की जटिलता का अध्ययन सावधानी एवं सतर्कता की अपेक्षा रखता है।

उपर्युक्त विवेचन से स्पष्ट है कि विशिष्ट आर्थिक व्यवस्था, खास तरह की सामाजिक व्यवस्था का निर्माण करेगी तथा उसी के अनुकूल साहित्य, धर्म, दर्शन आदि का रूप भी होगा। इस दृष्टि से विशिष्ट प्रकार की आर्थिक व्यवस्थाओं के लिए विशिष्ट शब्दावली का उपयोग होता है, जैसे सामन्तवाद, पूँजीवाद, समाजवाद, साम्यवाद आदि। सामन्तवादी समाज में, जहाँ उत्पादन का प्रधान साधन जमीन है—खेती है, वहाँ एक तरह की राजनीतिक-सामाजिक-साहित्यिक अवस्था होगी, लेकिन पूँजीवादी अर्थव्यवस्था में उसका रूप भिन्न होगा तथा समाजवादी अर्थव्यवस्था में उसका एक नया ही रूप होगा। प्रत्येक अवस्था उत्पादन के साधन एवं वितरण

की व्यवस्था के अनुरूप ही सामाजिक सम्बन्धों का निर्माण करती है। वे सामाजिक सम्बन्ध कुछ अर्से तक तो सन्तुलन की अवस्था में रहते हैं, फिर धीरे-धीरे उनमें विषमता आने लगती है और उनमें संघर्ष होने लगता है। जैसे-जैसे समय बीतता है, विशिष्ट व्यवस्था के सामाजिक सम्बन्ध अर्थहीन एवं निस्सार होने लगते हैं, मगर निहित स्वार्थों की शक्तिमत्ता के अनुरूप इन सामाजिक सम्बन्धों को बनाए रखने की कोशिश की जाती है और इस प्रकार संघर्ष का सूत्रपात होता है।

इस सन्दर्भ में पूँजी की एक सहज प्रकृति का उल्लेख करना अनिवार्य होगा, जिसकी ओर मार्क्स ने ध्यान आकृष्ट किया तथा जिसे ऐतिहासिक विकास में एक महत्त्वपूर्ण कारण के रूप में स्वीकार किया। पूँजी की यह सहज प्रकृति है कि वह अधिक हाथों से कम हाथों में केन्द्रित होती चली जाती है। जिसका परिणाम यह होता है कि समाज दो वर्गों में विभाजित हो जाता है, एक पूँजीपति वर्ग, दूसरा पूँजीहीन या सर्वहारा वर्ग। दूसरी दृष्टि से कहें तो समाज को दो वर्गों में बाँटा जा सकता है—एक वर्ग वह है जो आर्थिक उत्पादन के साधनों का स्वामी है तथा दूसरा वर्ग वह है जो उन साधनों में अपना श्रम लगाता है। ये दो वर्ग सामन्तवादी व्यवस्था में भी रहते हैं और पूँजीवादी व्यवस्था में भी। वर्गों की यह स्थिति ही संघर्ष का मूल आधार है। बड़ा पूँजीपति छोटे पूँजीपति को खत्म करता जाता है, बड़ा सामन्त छोटे सामन्त से उत्पादन के साधन हथियाता जाता है और इसके साथ ही सर्वहारा वर्ग बड़ा होता चला जाता है। वर्गों का यह संघर्ष निरन्तर चलता रहता है। पूँजीवादी समाज में धन एवं माल की समृद्धि के कारण विषमता बढ़ती जाती है और जैसे-जैसे आर्थिक विषमता बढ़ती जाती है, वैसे ही वैसे वर्ग-संघर्ष तीव्र एवं व्यापक होता जाता है। तीव्र एवं व्यापक वर्ग-संघर्ष द्वारा ही सर्वहारा वर्ग अपनी जन-शक्ति एवं संगठन के कारण पूँजीपतियों एवं उनके द्वारा बनाई गयी व्यवस्था को तथा यथास्थिति बनाये रखने के साधनों को परास्त कर सकता है और इस प्रकार क्रान्ति तथा सर्वहारा का राज्य स्थापित होने की परिस्थितियों को निकट ला सकता है। अब यह आवश्यक नहीं माना जाता कि यह क्रान्ति सशस्त्र क्रान्ति ही हो। इस समय इस बारे में मार्क्सवादियों में ही मतभेद लक्षित होता है। लेकिन इस बारे में उनमें कोई मतभेद नहीं है कि मार्क्सवाद ही एक ऐसा सिद्धान्त है जो सच्चे अर्थों में मानवमात्र का कल्याण कर सकता है। इस प्रकार मार्क्सवाद पर आस्था रखने वालों का चरम लक्ष्य है जन-कल्याण।

इस सैद्धान्तिक विवेचन से मार्क्सवादी समीक्षा के आदर्शों का भी संकेत मिलता है। मार्क्सवादी साहित्य-दृष्टि लोककल्याणवादी दृष्टि है जिस पर पहले 'कला कला के लिए' सिद्धान्त की समीक्षा में विस्तार से विचार किया गया है। वही साहित्य मान्य है जो जन-कल्याण को आदर्श मानकर चले, जो शोषण एवं विषमता से मुक्त वर्गहीन साम्यमूलक समाज के निर्माण में प्रेरणा दे। इस प्रकार साहित्य का प्रधान लक्ष्य है—उपदेश देना, शिक्षा देना। इस उपदेश एवं शिक्षा का स्वरूप भी निश्चित

है। मार्क्सवादी साहित्य-दृष्टि उन सब शक्तियों एवं सीमाओं से युक्त है जिन पर कला की कल्याणवादी दृष्टि के विवेचन में प्रकाश डाला जा चुका है। उदाहरण के लिए मार्क्सवादी दृष्टि अभिव्यंजना के स्थान पर सम्प्रेषण को महत्त्वपूर्ण मानती है, आनन्द के स्थान पर लोक-कल्याण को प्रयोजन के रूप में स्वीकार करती है। कलाकार को मार्क्सवादी सिद्धान्त एवं सामाजिक दायित्व के आधार पर रचना करने की प्रेरणा देती है, भाषा एवं शिल्प के स्तर पर सरलता के मूल्य को स्वीकार करती है और रचना का मूल्यांकन सामाजिक प्रकृति के सन्दर्भ में करती है। इस प्रकार यहाँ साहित्य और प्रचार की समस्या महत्त्वपूर्ण हो उठती है।

इस दृष्टि के अनुसार साहित्य प्रचार का साधन है। साहित्य की उपयोगिता साहित्यिक गुणों के आधार पर नहीं है, उसकी चेतना के आधार पर है। इसमें साहित्यिक गुणों की अस्वीकृति नहीं है, मगर वे गुण साहित्य के उद्देश्य द्वारा निर्धारित होते हैं और जन-कल्याण के उद्देश्य की तुलना में साहित्यिक गुण गौण हैं। स्पष्ट है कि इस मान्यता पर अनेक आक्षेप किये जा सकते हैं, मगर यहाँ बुनियादी बात साहित्य के स्वरूप की है, साहित्य के स्रोत और प्रयोजन की है, जिसका कोई सर्वसम्मत समाधान प्राप्त नहीं होता।

कलाकार की स्वतन्त्रता का प्रश्न

मार्क्सवादी साहित्य-दृष्टि में कलाकार की स्वतन्त्रता का सवाल एक महत्त्वपूर्ण सवाल है। मार्क्सवाद के अनुसार व्यक्ति-स्वातन्त्र्य का सिद्धान्त असंगत एवं भ्रान्तिपूर्ण है। व्यक्ति कभी भी स्वतन्त्र नहीं होता, उसकी इच्छा स्वाधीन नहीं होती। व्यक्ति तो परिस्थितियों का दास होता है, जैसी सामाजिक स्थिति होती है, वैसी ही व्यक्ति की दशा होती है। वस्तुतः व्यक्ति का निर्माण तो समाज के द्वारा ही होता है। व्यक्तित्व समाज की कृति है और इस व्यक्तित्व की कृति है साहित्य। इस प्रकार साहित्य कृति की कृति है और साहित्य में सामाजिकता अनिवार्य रूप से आती है तथा साहित्य के मूल्यांकन की दृष्टि अनिवार्यतः जनवादी दृष्टि ही होनी चाहिए।

जिस प्रकार मार्क्सवादी इतिहास-दर्शन आदिम युग से आज तक के समाज का अध्ययन प्रस्तुत करता है, उसी प्रकार वह आदिम युग से आज तक के सम्पूर्ण साहित्यिक, कलागत विकास आदि का अध्ययन प्रस्तुत करता है। अतः हम यह कह सकते हैं कि मार्क्सवादी काव्य-दृष्टि के सामने दो प्रकार का साहित्य है : एक, वह साहित्य जो मार्क्सवाद के सिद्धान्त से अनुप्राणित है, जहाँ लेखक की मार्क्सवाद पर आस्था है तथा वह मार्क्सवादी आदर्शों को साहित्य में व्यक्त करता है। दूसरा वह साहित्य जो गैर मार्क्सवादी प्रेरणा से लिया गया है, जहाँ रचनाकार मार्क्सवादी नहीं है, वरन यह भी हो सकता है कि वह सजग रूप से मार्क्सवाद का विरोधी हो।

ऐसा साहित्य मार्क्सवाद के उदय से पहले का भी हो सकता है और बाद का भी।

जहाँ तक मार्क्सवाद से प्रेरित साहित्य का सवाल है, उसके बारे में कोई विशेष कठिनाई नहीं है। यहाँ भी मतभेद हो सकता है, मगर इस वर्ग के साहित्य में, उसकी चेतना एवं रूप में मार्क्सवादी चिन्तन का व्यापक प्रभाव लक्षित होता है और उसकी समीक्षा अपेक्षाकृत सरल है। लेकिन जो साहित्य मार्क्सवाद से प्रेरित नहीं है–जैसे तुलसीदास, बिहारी या भारतेन्दु का काव्य–उसके विवेचन, मूल्यांकन की समस्या अपेक्षाकृत जटिल एवं विवादास्पद हो जाती है। उनमें लोक-कल्याण या लोक-विरोधी तत्त्वों को खोज निकालना अपेक्षाकृत सरल है, मगर जब उन तत्त्वों को मार्क्सवाद के सिद्धान्त के आधार पर प्रामाणिक मानने का सवाल आता है तो वहाँ मतभेद हो सकता है।

पहला सवाल तो पूर्वाग्रहयुक्त आलोचना-दृष्टि का है। यदि कोई समीक्षक पहले से ही एक विशिष्ट सिद्धान्त को आदर्श मानकर उसकी कसौटी पर सम्पूर्ण साहित्य को परखने की कोशिश करे तो क्या यह कोशिश स्वीकार्य होनी चाहिए? क्या इस प्रकार का पूर्णतः अनुशासित अध्ययन आलोच्य कृति के साथ न्याय कर सकेगा? क्या ऐसी आलोचना कृति की मूल एवं प्रधान संवेदना को ग्रहण करके उसके सभी पक्षों को समुचित महत्त्व प्रदान कर सकेगी? यह आलोचक की निष्पक्षता का प्रश्न प्रतीत होता है जिस पर पहले विचार किया जा चुका है। मगर मूलतः यह आलोचक की निष्पक्षता के सवाल से भिन्न भी है। इसमें सन्देह नहीं कि प्रत्येक आलोचक के अपने कुछ सिद्धान्त होते हैं, कुछ आदर्श होते हैं जिन्हें वह किसी भी कृति के अध्ययन में प्रयुक्त करता है। मगर कुछ सामान्य सिद्धान्तों का, और वह भी प्रधानतः रचना विषयक सामान्य सिद्धान्तों का, होना एक बात है और रचना तथा जीवन के प्रत्येक पक्ष एवं स्थिति के बारे में पूर्णतः निर्धारित सिद्धान्तों पर आस्था होना दूसरी बात है। मार्क्सवादी समीक्षा या किसी भी समीक्षा से पूर्णतः पूर्वाग्रहहीन होने की अपेक्षा करना मान्य नहीं है, मगर किसी समीक्षा का पूर्णतः पूर्वाग्रहयुक्त होना भी एक ऐसी स्थिति का वाचक है जो अतिवाद होने के नाते आलोचना कर्म के साथ न्याय नहीं कर सकती। जिस प्रकार पूर्णतः पूर्वाग्रहमुक्त होने की सीमाएँ हैं, उसी प्रकार पूर्णतः पूर्वाग्रहयुक्त होने की भी सीमाएँ स्पष्ट ही हैं।

आलोचना का प्रधान दायित्व कृति के प्रति है। इसका यह अर्थ नहीं है कि वह अपने सिद्धान्तों, अपनी मान्यताओं की उपेक्षा करे। मगर चूँकि वह कृति को केन्द्र बनाता है, कृतिकार को, उसके युग को भी अपेक्षित महत्त्व देता है अतः अपने पूर्वाग्रहों को पूर्णतः कृति पर आरोपित करना समीक्षा के क्षेत्र में विषमता पैदा करना होगा। इस प्रकार के प्रयास का व्यापक सामाजिक, राजनीतिक सन्दर्भ में महत्त्व हो सकता है और होता है, मगर साहित्यिक आलोचना के रूप में उसका महत्त्व सीमित ही होगा।

समाज ही केन्द्रीय सत्ता

मार्क्सवादी समीक्षा-दृष्टि ऐतिहासिक सन्दर्भ में रचना का अध्ययन, मूल्यांकन करती है। इतिहास-सापेक्ष दृष्टि होने के कारण उसका कार्यक्षेत्र व्यापक होता है तथा वह कृति के उन आचार्यों को भी उद्घाटित करने में समर्थ होती है जो अन्य आलोचना-पद्धतियों द्वारा उपेक्षित हो सकते हैं। तुलसी, कबीर, भारतेन्दु आदि के साहित्य का मूल्यांकन युग-सापेक्ष दृष्टि से किया जा सकता है। यह देखा जाता है कि कोई भी कृतिकार अपने युग-जीवन में व्याप्त शक्तियों में से किनके साथ है। इस युग-सापेक्षता को विस्तार से समझना आवश्यक है। प्रत्येक युग में समाज में दो वर्ग होते हैं तथा इन दोनों वर्गों के बीच के सम्बन्धों के दो रूप या दो चरण हो सकते हैं। एक रूप में तो ये सम्बन्ध आदर्श हो सकते हैं, ऐसे हो सकते हैं जो सामाजिक जीवन में कल्याण के साधक हों, और दूसरा रूप ऐसा हो सकता है जहाँ इन सम्बन्धों में सन्तुलन का अभाव हो तथा जहाँ व्यापक जनजीवन का कल्याण साध्य न होकर शासक वर्ग के सीमित स्वार्थ ही साध्य बन जाते हैं। इतना ही नहीं, शासक वर्ग के सुख एवं आनन्द के लिए शासित वर्ग, व्यापक समाज पर अत्याचार किया जाता है, उसका शोषण किया जाता है। यह रूप समाजविरोधी शक्तियों को पल्लवित करता है। अतः युग-सापेक्षता के स्तर पर यह देखने का प्रयास किया जाता है कि कोई कवि या कृतिकार कहाँ तक व्यापक जनजीवन को समृद्ध करता है तथा उसके हितों को साध्य बनाता है। यदि उसमें ऐसा नहीं है तो स्पष्ट है कि वह साहित्य स्वीकार्य नहीं हो सकता। जो कृति जन-जीवन के कल्याण के साथ सम्बद्ध है, वही मूल्यवान है, वही प्रगतिशील है।

जिस प्रकार किसी भी व्यक्ति को उसके अपने मानदण्डों से नहीं परखा जाता, जिस प्रकार व्यक्ति-विशेष की अपने बारे में जो धारणा है, उसे स्वीकार करने के लिए बाध्य नहीं हुआ जाता, उसी प्रकार किसी साहित्यकार की अपने बारे में जो धारणा है, वह उसके मूल्यांकन के लिए अनिवार्यतः मान्य कसौटी नहीं हो सकती। इतना ही नहीं, अपितु मार्क्सवादी समीक्षा-पद्धति में यह भी आवश्यक नहीं है कि किसी कवि के उन तत्त्वों को ही महत्त्वपूर्ण माना जाये जिन्हें कवि स्वयं महत्त्वपूर्ण मानता है। अगर किसी कवि का प्रधान प्रतिपाद्य भक्ति या दर्शन है या वह ईश्वर व परलोक-साधना को ही प्रधान मानता है, तो यह आवश्यक नहीं कि मार्क्सवादी समीक्षा में भी उसे प्रधान माना जाये। हो सकता है कि मार्क्सवादी समीक्षा-पद्धति में वह तत्त्व गौण हो या महत्त्वहीन हो। इस प्रकार मार्क्सवादी समीक्षा साहित्य के परीक्षण-मूल्यांकन में कृति की समग्रता की—कवि की दृष्टि से कृति की समग्रता को स्वीकार करने के लिए बाध्य नहीं है। वह साहित्य में से उन्हीं तत्त्वों को स्वीकार करती है, उन्हीं की समीक्षा करती है, जो उसकी अपनी दृष्टि में महत्त्वपूर्ण हों।

ऐसी दशा में वे तत्त्व छूट सकते हैं और छूट जाते हैं जो कवि के प्रधान लक्ष्य से सम्बद्ध होते हैं।

इस प्रकार मार्क्सवादी समीक्षा-पद्धति में चयन ही मूल आधार है। यह आवश्यक नहीं कि कृति के सभी तत्त्वों का विवेचन किया जाये। चयन की इस प्रक्रिया में जहाँ एक ओर मार्क्सवादी दृष्टि अपने आपको पुष्ट करती है, वहीं दूसरी ओर सम्पूर्ण कृतित्व और कृति का सबसे अधिक महत्त्वपूर्ण तत्त्व छूट जाता है। इस प्रकार मार्क्सवादी समीक्षा की सीमा यह मानी जाती है कि वह कृतिकार एवं कृति के साथ पूरा न्याय नहीं कर पाती। यह सीमा अन्य समीक्षा-पद्धतियों की भी हो सकती है। जहाँ भी समीक्षक किसी विशिष्ट दृष्टिकोण के साथ पूरी तरह बँध कर चलेगा, वहीं उसकी समीक्षा में यह सीमा दिखलाई देने लगेगी।

जनवादी शक्तियों को पुष्ट करना, उन्हें संगठित एवं सशक्त करना तो मार्क्सवादी समीक्षा के अनुसार कृति का महत्त्वपूर्ण गुण है ही, मगर साथ ही ऐसा साहित्य भी महत्त्वपूर्ण है जो शासक वर्ग के बीच के ह्रास को, उसके आन्तरिक संघर्ष एवं खोखलेपन को, उसकी मानवद्रोही प्रवृत्ति को जीवन्त रूप देता है। इस प्रकार के चित्रण से भी जनवादी शक्तियों का पक्ष सशक्त होता है तथा शोषक वर्ग का पक्ष कमजोर होता है।

उपर्युक्त विवेचन से प्रधान तत्त्व यह उभरकर आता है कि मार्क्सवादी साहित्यिक दृष्टि में साहित्य एवं प्रचार के सम्बन्ध की समस्या ही प्रधान समस्या है। यदि साहित्यकार एक पूर्व निर्धारित चिन्तन-पद्धति के अनुसार रचना करता है तो इस प्रकार की रचना-पद्धति की प्रक्रिया पर कृत्रिमता के अतिरिक्त यह आक्षेप लगाया जा सकता है कि क्या साहित्य प्रचार का साधन है? क्या साहित्य पूर्णतः किसी दर्शन का दास होकर रह सकता है? और भी बुनियादी समस्या यह है कि क्या मार्क्सवाद ही जनवादी दृष्टि का एकमात्र प्रतिनिधि सिद्धान्त है? और विशेषकर आज के सन्दर्भ में, जब कि मार्क्सवाद का अनुसरण करने वाले देशों में भी मार्क्सवाद के सही अर्थ एवं स्वरूप में बुनियादी मतभेद ही नहीं, विरोध भी हैं, यह समस्या और भी अधिक महत्त्वपूर्ण हो उठती है। इसमें सन्देह नहीं कि एक गतिशील दृष्टि होने के कारण मार्क्सवादी चिन्तन के युग के अनुरूप, परिस्थिति के अनुरूप परिवर्तन आ जाना स्वाभाविक ही है, मगर आज के अन्तर्राष्ट्रीय जीवन में मार्क्सवाद की विरोधी व्याख्याओं के कारण तथा मार्क्सवाद का अनुकरण करने वाले राष्ट्रों एवं राजनीतिक दलों के आपसी तीव्र विरोध होने के कारण मार्क्सवादी समीक्षा विषय पर भी अनेक प्रश्न उपस्थित हो जाते हैं। जब आर्थिक-राजनीतिक क्षेत्र में, जो कि मार्क्सवाद का प्रधान क्षेत्र है, तीव्र विरोध है तो मार्क्सवादी साहित्यिक दृष्टि के संकट के बारे में अधिक कहने की आवश्यकता नहीं रह पाती।

अध्याय-21

अस्तित्ववाद

अस्तित्ववाद पश्चिम की एक महत्त्वपूर्ण चिन्तनधारा है जिसने पाश्चात्य तथा भारतीय साहित्य को गम्भीर रूप से प्रभावित किया है। साहित्य में उसकी अभिव्यक्ति जहाँ हुई है वहाँ मनोविश्लेषण आदि का गहरा प्रभाव भी लक्षित होता है। सार्त्र (1905) की रचनाओं में अस्तित्ववाद की व्यापक अभिव्यक्ति मिलती है तथा साहित्य में इस दृष्टि का एक प्रधान कारण सार्त्र, कामू आदि साहित्यकारों का कृतित्व है। इसके अतिरिक्त पश्चिम में इसके उदय एवं महत्त्व के अन्य ऐतिहासिक कारण भी हैं जिन पर आगे संक्षेप में प्रकाश डाला जायेगा।

अस्तित्ववादी दर्शन की दो धाराएँ हैं—एक आस्तिक धारा है जो अन्त में ईश्वर की सत्ता में ही आस्था एवं पूर्ण समर्पण को लक्ष्य मानती है। दूसरी नास्तिक धारा है जो ईश्वर को अस्वीकार करके चलती है। वस्तुतः प्रभाव तो अस्तित्ववाद की नास्तिक धारा का ही पड़ा है। इसलिए उसी के विवेचन का प्रयास किया जायेगा।

पृष्ठभूमि

अस्तित्ववाद के जन्म तथा प्रचार में कुछ प्रमुख सिद्धान्तों एवं घटनाओं ने महत्त्वपूर्ण भूमिका निभाई है। डार्विन (1809-82) तथा वैलेस ने विकासवाद के सिद्धान्त को प्रतिष्ठित किया जिसके अनुसार सृष्टि किसी ईश्वर नाम की शक्ति की रचना नहीं है वरन वह तो बिना किसी दैवी सत्ता के अपने आप परिस्थितियों एवं वातावरण के अनुकूल विकसित होती चली आयी है। विकासवाद के सिद्धान्त ने ईश्वर का निषेध किया तथा परिवेश को प्रधान एवं निर्धारक तत्त्व के रूप में स्वीकार किया।

इस सिद्धान्त ने युगों से चले आते हुए आदर्शों एवं विश्वासों को नष्ट किया। इसका एक स्वाभाविक परिणाम यह निकला कि बुद्धिजीवियों के सामने यह समस्या पैदा हुई कि आखिर जीवन के मूल्यों का आधार क्या है? यदि ईश्वर का अस्तित्व नहीं है तो फिर सत्य बोलना, लोकसेवा, अहिंसा, करुणा आदि आदर्शों को क्या बौद्धिक आधार प्रदान किया जाये? दूसरी ओर बढ़ती हुई वैज्ञानिक एवं औद्योगिक प्रगति ने भी आस्तिकता एवं आस्था को अपने ढंग से दुर्बल किया।

उधर फ्रायड (1856-1939) ने मनोविश्लेषण सिद्धान्त की प्रतिष्ठा की तथा अचेतन एवं उपचेतन के प्रधान महत्त्व को स्वीकार करते हुए चेतन भावनाओं एवं आस्थाओं की सत्ता एवं शक्ति के विषय में सन्देह पैदा किया। उसने प्रयोगों के द्वारा यह सिद्ध किया कि व्यक्ति के चेतन विचारों एवं आस्थाओं की अपेक्षा अचेतन एवं उपचेतन में निवास करने वाली कामनाओं का महत्त्व कहीं अधिक है। उसका निष्कर्ष यह है कि चेतन रूप से हम जिसे काम्य मानते हैं वस्तुतः अचेतन रूप से वह सब से अधिक अकाम्य है और अचेतन की कामना उसके ठीक विरोध में होती है। इडीपस ग्रन्थि तथा इलैक्ट्रा ग्रन्थि के द्वारा उसने यह व्यक्त करना चाहा कि जो सम्बन्ध माता एवं पुत्र तथा पिता एवं पुत्री का—सबसे अधिक पवित्र माना जाता है, उसके मूल में भी वस्तुतः वासना रहती है। इसी प्रकार अचेतन रूप में मनुष्य के मन में हिंसा, चोरी, व्यभिचार आदि की तीव्र इच्छा रहती है और मानव का जीवन अचेतन द्वारा ही नियन्त्रित एवं संचालित होता है। उसने मानव की जिजीविषा का मूल कामवासना को माना है जो हमेशा अनीति आदि का उपदेश देने वाले मन से संघर्ष करती रहती है। इस प्रकार जो मान्य नैतिक आदर्श थे, जो जीवन के सर्व स्वीकृत मूल्य थे, उन पर गहरी चोट पहुँची। यद्यपि फ्रायड के सभी सिद्धान्त मान्य नहीं हुए, फिर भी जीवन में उपचेतन एवं अचेतन के महत्त्व की स्वीकृति हुई। चाहे मनोविश्लेषण शास्त्र के क्षेत्र में एडलर एवं जुंग आदि ने फ्रायड की मान्यताओं को चुनौती दी, और चाहे फ्रायड ने स्वयं अपने परवर्ती सिद्धान्त में काम के स्थान पर जिजीविषा को महत्त्वपूर्ण माना, मगर जहाँ तक साहित्य का सवाल है, फ्रायड की काम सम्बन्धी मान्यताओं ने उस पर गम्भीर एवं व्यापक प्रभाव डाला। इस सिद्धान्त के प्रचार से भी मान्य आदर्शों एवं मूल्यों की शक्ति क्षीण हुई और चिन्तन नये क्षेत्रों की ओर मूल्यों के शोध के उद्देश्य से नये सोपानों की ओर बढ़ता गया।

फ्रायड से पूर्व मार्क्स (1818-1883) ने डार्विन के विकासवाद को आधार बनाकर वैज्ञानिक प्रगति से उत्पन्न आर्थिक विषमताओं का अध्ययन करते हुए एक ऐसा आदर्श प्रस्तुत किया जो आत्मवाद को अस्वीकार करता था, सृष्टि के विकास की व्याख्या स्थूल एवं वैज्ञानिक आधार पर करता था। जिस प्रकार डार्विन ने जीवों के विकास में परिवेश को ही नियन्त्रक के रूप में स्वीकार किया था तथा

जीवों के विकास को जीवों एवं परिवेश के बीच होने वाली क्रिया-प्रतिक्रिया के आधार पर समझाने का प्रयास किया था, उसी प्रकार मार्क्स ने भी मानव को परिवेश के अधीन रखकर ही अध्ययन का विषय बनाया। यहाँ भी स्वीकृत आदर्शों एवं मूल्यों को अस्वीकार किया गया था तथा एक नयी मूल्य-व्यवस्था की संरचना की गयी थी जो जीवन के सभी क्षेत्रों का आर्थिक, राजनीतिक आदि का, समावेश करके चलती थी।

उपर्युक्त तीनों सिद्धान्तों में अर्थात डार्विन, मार्क्स एवं फ्रायड के सिद्धान्तों में यह समानता है कि ये सभी ईश्वर को अस्वीकार करते हैं, चली आती हुई मूल्य-व्यवस्था को नकारते हैं तथा एक नये प्रकार की मूल्य-व्यवस्था की खोज की दिशा की ओर बढ़ते हैं, या खोजते हैं। इस प्रकार इन तीनों सिद्धान्तों ने जिनका बुद्धिजीवियों तथा साहित्य-सर्जना पर गम्भीर प्रभाव पड़ा, प्राचीन मूल्यों के प्रति आस्था को दुर्बल कर दिया।

डार्विन एवं मार्क्स के सिद्धान्तों में एक अन्य महत्त्वपूर्ण समानता है। दोनों सिद्धान्त यह व्यक्त करते हैं कि व्यक्ति का निर्माण परिवेश या परिस्थितियों द्वारा होता है। व्यक्ति अपना निर्माण करने में स्वतन्त्र नहीं है, उसका निर्माण तो वे परिस्थितियाँ ही करती हैं जिनमें वह रहता है। ये दोनों दर्शन व्यक्ति-स्वातन्त्र्य को अस्वीकार करके उसे पूर्णतः परिस्थितियों के अधीन बना देते हैं। दोनों ही सिद्धान्तों का विचार एवं व्यवहार दोनों स्तरों पर—व्यापक प्रभाव पड़ा। अस्तित्ववाद में इस विचारधारा के विपरीत व्यक्ति के पूर्ण स्वातन्त्र्य की स्वीकृति मिलती है।

डार्विन एवं मार्क्स के विरुद्ध फ्रायड ने मानव को आन्तरिक चेतना का दास माना और कहा कि व्यक्ति के सम्पूर्ण कार्य-व्यापार अचेतन द्वारा ही संचालित होते हैं। इस प्रकार यह सिद्धान्त बाह्य परिस्थितियों के प्रभाव को महत्त्वहीन मानता है तथा व्यक्तित्व के भीतरी स्तरों पर होने वाले संघर्ष को, जो निरन्तर चलता रहता है, बुनियादी तत्त्व मानता है। फ्रायड का दर्शन व्यक्ति को बाह्य परिस्थितियों से निरपेक्ष इकाई के रूप में स्वीकार करता है। इस दृष्टि से अस्तित्ववाद में तथा फ्रायडवाद में समानता है तथा अस्तित्ववादी साहित्यकारों ने मनोविश्लेषण की मान्यताओं एवं व्यापारों का प्रचुर उपयोग किया है।

मूल्यों का विघटन

परम्पराजन्य मूल्यों के विघटन में उपर्युक्त सिद्धान्तों की भूमिका महत्त्वपूर्ण रही। मगर साथ ही एक अन्य भयानक घटना हुई जिसने एक साथ सारे विश्व को झकझोर दिया। यह भयानक घटना थी प्रथम विश्वयुद्ध। महात्मा ईसा की करुणा, अहिंसा और विश्व-प्रेम पर विश्वास करने वाली जनता सहसा एक-दूसरे के खून की प्यासी हो

गयी। विज्ञान की उन्नति से उपलब्ध भयानक शस्त्रास्त्रों ने उनकी विनाशक शक्ति कई गुना बढ़ा दी थी। उपर्युक्त सिद्धान्तों ने तो पुराने आदर्शों को झकझोर डाला था, मगर विश्वयुद्ध में इन आदर्शों की हत्या को सबने प्रत्यक्ष रूप से देखा। मानव, जो अपने आपको सबसे अधिक सुसंस्कृत एवं उदात्त प्राणी मानता था, जब अपनी ही जाति के लोगों के व्यापक विनाश के भयानक संग्राम में कूद पड़ा, तो इसने रही-सही आस्था को, पारम्परिक मूल्यों की शक्ति को नष्ट कर दिया।

अस्तित्ववाद के उदय में एक अन्य कारण था सिद्धान्तों से विद्रोह। प्राचीन चिन्तन-पद्धति व्यक्ति एवं समाज के लिए एक व्यवस्था बनाती है, कुछ आदर्श या लक्ष्य निर्धारित करती है और इस प्रकार व्यक्ति एवं समाज के जीवन को सिद्धान्त के भीतर समेट कर रख देती है। चिन्तन की यह प्रक्रिया और स्वभाव प्राचीन काल से चला आ रहा है। इस बीच असंख्य महत्त्वपूर्ण दार्शनिक हुए और उन्होंने जो सिद्धान्त एवं विचारधाराएँ प्रस्तुत कीं, उनका महत्त्व निर्विवाद है, अगर इतने महान सिद्धान्तों के बावजूद भी आज तक कोई सिद्धान्त या सम्प्रदाय ऐसा सामने नहीं आया जिसे विश्वजनीन स्वीकृति मिली हो। प्रत्येक सिद्धान्त विश्व के लिए एक सनातन सिद्धान्त के रूप में प्रतिष्ठित किया जाता है मगर वह एक वाद बनकर रह जाता है। इसलिए यह विचार पैदा होना स्वाभाविक ही है कि क्या सिद्धान्त-निर्माण की यह प्रक्रिया स्वाभाविक एवं स्वीकार्य है? क्या कहीं ऐसा तो नहीं है कि इस प्रक्रिया में ही कोई दोष हो? और इसकी प्रतिक्रिया सिद्धान्तों के उग्र विरोध के रूप में व्यक्त हुई जो अस्तित्ववाद के रूप में सामने आयी। यह मत सम्पूर्ण सिद्धान्तों, मतवादों को अस्वीकार करके प्रत्येक मानव को अपना आदर्श चुनने का अधिकार देता है। प्रत्येक व्यक्ति पूर्णतः स्वतन्त्र है और इसलिए किसी को भी यह अधिकार नहीं है कि वह दूसरे व्यक्ति को कोई निर्देश दे या उसके लिए रास्ता बनाये। मनुष्य की पूर्ण स्वाधीनता को सच्चे अर्थों में स्वीकार करने के कारण ही सार्त्र ने अपने सिद्धान्त को सच्चा मानववाद कहा है।

वैसे तो अस्तित्ववाद का इतिहास बड़ा पुराना है। सार्त्र से पहले हाइडेगर तथा जास्पर्स भी बीसवीं शती के अस्तित्ववादी हुए हैं। सत्रहवीं शती के पास्कल तथा उन्नीसवीं शती के किर्केगार्ड भी अस्तित्ववादी चिन्तक हैं। इनसे भी पूर्व इस चिन्तन-पद्धति को बर्नार्ड एवं आगस्टिन (354-430) जेसे ईसाई सन्तों के विचारों में भी खोजा जा सकता है। मगर आधुनिक चिन्तन एवं साहित्य को प्रभावित करने वाली विशिष्ट शक्ति के रूप में इसकी प्रतिष्ठा सार्त्र एवं कामू के साहित्य में ही मिलती है। अतः स्पष्ट है कि कामू एवं सार्त्र में अस्तित्ववाद जिस शक्ति एवं गहराई के साथ व्यक्त हुआ है, उसके मूल में सारे तत्त्व एवं शक्तियाँ विद्यमान हैं जिनका उल्लेख ऊपर किया गया है।

मूल सिद्धान्त

अस्तित्ववाद का मूल सिद्धान्त यह है कि अस्तित्व सार से पूर्ववर्ती है। इसका तात्पर्य यह है कि जहाँ तक मनुष्य का सवाल है, उसका अस्तित्व पहले आता है, उसका सार या व्यक्तित्व बाद में। इस सिद्धान्त की ज्याँ पाल सार्त्र ने 'एग्जिस्टेंशलिज्म एण्ड ह्यूमनिज्म' में स्पष्ट व्याख्या की है। उसने उदाहरण के द्वारा यह स्पष्ट किया है कि जब भी मनुष्य कुछ बनाता है तो उस वस्तु को बनाने से पहले ही व्यक्ति के मन में उसका एक प्रारूप होता है तथा उसके बनाने की विधि से भी वह परिचित होता है। उदाहरण कि लिए कैंची बनाने से पहले कारीगर के मन में कैंची का रूप, उसके बनाने का तरीका, उसके उपयोग आदि के बारे में सारा ज्ञान रहता है और इस ज्ञान के आधार पर वह कैंची का निर्माण करता है। दार्शनिक शब्दावली में कहें तो कैंची का सार—उसका रूप, कार्य, निर्माण-विधि आदि कारीगर के दिमाग में पहले से ही होता है तथा उसका अस्तित्व बाद में आता है। कुछ इसी प्रकार की तर्क-पद्धति के द्वारा प्लेटो ने ईश्वर द्वारा सृष्टि के निर्माण को समझाने की चेष्टा की थी और कहा था कि ईश्वर की चेतना में प्रत्येक वस्तु एवं प्राणी का विचार पहले से ही विद्यमान है और उस विचार के अनुरूप वस्तुओं एवं प्राणियों का निर्माण होता है। मगर जब ईश्वर की सत्ता को ही अस्वीकार कर दिया जाये तो फिर सार के निर्माण की प्रक्रिया क्या होगी?

यह प्रश्न मानव के सम्बन्ध में ही बुनियादी महत्त्व का है। कारण यह है कि सभी मनुष्य एक जैसे नहीं होते, उनमें न सिर्फ आकृति, स्वभाव आदि का फर्क होता है बल्कि बुनियादी विरोध भी होता है। यह सार्वभौम भिन्नता एवं विरोध इस बात का संकेत करते हैं कि मनुष्य उस अर्थ में पूर्व निर्धारित नहीं होता जिस अर्थ में कैंची या कोई अन्य वस्तु पूर्व निर्धारित होती है। मनुष्य स्वयं अपने व्यक्तित्व का निर्माण करता है। कोई दैवी शक्ति उसके स्वभाव आदि को नहीं बनाती। यहाँ मार्क्सवादी सिद्धान्त का भी, यानी परिस्थितियाँ मनुष्य का निर्माण करती हैं, निषेध है। इससे यह स्पष्ट है कि मनुष्य का अस्तित्व पहले आता है, सार बाद में। अस्तित्व की सत्ता से इनकार नहीं किया जा सकता। मनुष्य है, उसकी सत्ता है यह तो सहज सत्य है, मगर वह अस्तित्व मात्र आरम्भ में मात्र सत्ता के रूप में होता है, होने के रूप में होता है और फिर व्यक्ति स्वयं सजग प्रयास के द्वारा अपने सार, अपने व्यक्तित्व का निर्माण करता है।

यह मान्यता मनोविज्ञान की इस मान्यता के विरोध में पड़ती है, जिसके अनुसार व्यक्ति में कुछ गुणों को जन्मजात माना जाता है। यद्यपि जन्मजात गुणों की या गुणों के संस्कारों की धारणा भी विवादास्पद है, मगर विज्ञान परिवेश के महत्त्व को स्पष्ट शब्दों में स्वीकार करता है। सामाजिक परिस्थिति मानव के व्यक्तित्व

के निर्माण में महत्त्वपूर्ण भूमिका अदा करती है। यह प्रायः सभी मनोवैज्ञानिकों को स्वीकार्य है, मगर सार्त्र का सिद्धान्त मनुष्य की पूर्ण स्वतन्त्रता की घोषणा करता है और उसी को अपना निर्माता मानता है।

पूर्ण स्वतन्त्रता

इस पूर्ण स्वतन्त्रता के सिद्धान्त की स्थापना के कारण ही सार्त्र अस्तित्ववादी दर्शन को सच्चे अर्थों में मानववादी दर्शन कहता है। मानव की पूर्ण गरिमा, उसके पूर्ण कृतित्व की स्वीकृति का अर्थ यही है कि उसे सब प्रकार की पराधीनता से मुक्त कर दिया जाये, उसे सब प्रकार के बाह्य एवं कृत्रिम अंकुशों से आजाद कर दिया जाये। इसी अर्थ में मानव को सृष्टि को केन्द्र माना जाता है और सम्पूर्ण सृष्टि में मानव की विशिष्टता का आधार ही यह है कि वह पूर्णतः स्वाधीन है। यह पूर्ण स्वाधीनता जिसमें मानव किसी अन्य सिद्धान्त, आदर्श एवं मूल्य के पालन के लिए बाध्य नहीं है, केवल अस्तित्ववादी दर्शन का ही मूल्य है।

मानव की पूर्ण स्वाधीनता एवं अपने आपको बनाने की पूरी आजादी मनुष्य को विशिष्ट प्रकार के उत्तरदायित्व के बोध से युक्त कर देती है। व्यक्ति मूलतः और पूर्णतः अपने प्रति उत्तरदायी है। जो कुछ वह है, वह अपनी इच्छा से है, अपने चयन से है तथा इसके लिए वह किसी अन्य को उत्तरदायी या दोषी नहीं ठहरा सकता। मनुष्य अपने आपको जैसा बनाना चाहता है, बनाने के लिए पूरी तरह आजाद है, उस पर कोई बन्धन नहीं है। व्यक्ति चयन में पूर्णतः स्वाधीन है। इस प्रकार अस्तित्ववाद में उत्तरदायित्व की उपेक्षा नहीं है वरन व्यक्ति के सन्दर्भ में उत्तरदायित्व की पूर्ण स्वीकृति है।

यहाँ यह कहा जा सकता है, और यह आक्षेप किया भी गया है कि अस्तित्ववादी विचारधारा व्यक्ति के सामाजिक दायित्व को नकार देती है तथा इस प्रकार समाज-विरोधी, घोर व्यक्तिवादी प्रवृत्ति को विकसित करती है। व्यक्ति परिवार में, मित्र-मण्डली में, समाज के सभी क्षेत्रों में कुछ न कुछ भूमिका निभाता है और इसलिए उसकी सामाजिकता के नकारा नहीं जा सकता। समाज के अलग, परिवेश से पूर्णतः स्वतन्त्र व्यक्ति की सत्ता नहीं है, क्योंकि वह परिवेश से जहाँ प्रभावित होता है वहाँ उसे अपनी शक्ति एवं सीमा के अनुरूप प्रभावित करता भी है। खासकर आजकल की व्यापक यान्त्रिक व्यवस्था में व्यक्ति अपने आपको परिस्थितियों से, सामाजिक सम्बन्धों से पूरी तरह आजाद नहीं कर सकता। सामाजिक प्रतिबद्धता को व्यवहार के स्तर पर तथा मनोविज्ञान के स्तर पर भी नहीं नकारा जा सकता। मगर अस्तित्ववाद में सामाजिक नियन्त्रण को कोई अवकाश नहीं, सामाजिकता की भावना से प्रभावित होने की कोई स्वीकृति नहीं।

चयन का दायित्व

जब एक बार यह मान लिया कि व्यक्ति अपने निर्माण में, निर्णय करने में पूरी तरह आजाद है तो फिर व्यक्ति के गम्भीर और भयावह उत्तरदायित्व की समस्या आती है। चाहे इस उत्तरदायित्व का स्वरूप सामाजिक न होकर घोर व्यक्तित्ववादी है, मगर वह बड़ा दूभर है। प्रतिपल व्यक्ति को इस उत्तरदायित्व को निभाना होता है जो कि एक बड़ा कठिन कार्य है। चयन की समस्या इस दायित्व-बोध सम्बद्ध है।

हर समय व्यक्ति के सामने चयन की समस्या रहती है। किसी भी स्थिति में अनेक रास्ते हो सकते हैं, अनेक निर्णय हो सकते हैं। साधारण कर्म से लेकर अत्यन्त महत्त्वपूर्ण माने जाने वाले कर्म में भी अनेक सम्भावनाएँ हैं। व्यक्ति बाजार में कोई वस्तु खरीदने जाता है। उस वस्तु के अलग-अलग दाम हैं, वह अच्छी और बुरी कई प्रकार की हो सकती है, अनेक दूकानें हैं, मगर व्यक्ति को तो केवल एक वस्तु—एक पेन या एक कॉपी—खरीदनी है और उसके सामने अनेक स्थितियाँ हैं। हरेक व्यक्ति अपने इच्छा के अनुसार, अपने सोचने के अन्दाज के अनुसार किसी एक दूकान से एक मूल्य की एक वस्तु, एक पेन या एक कॉपी खरीदता है और इस निर्णय पर पहुँचने के लिए उसे बहुत तर्क-वितर्क करना होता है। इसी प्रकार अन्य छोटे से छोटे काम को लेकर बड़े से बड़े काम तक अनेक विकल्प व्यक्ति के सामने होते हैं तथा अनेक विकल्पों में से व्यक्ति को एक का चुनाव करना होता है। काम जितना महत्त्वपूर्ण होता है, चयन की समस्या उतनी ही कठिन होती है और उतना ही दायित्व-बोध अधिक गहरा होता है।

यहाँ यह आक्षेप किया जा सकता है कि इस प्रकार चयन और दायित्व-बोध तो व्यक्तिवादी दर्शन की चीज है जिसका समाज से कोई रिश्ता नहीं है।

मगर सार्त्र इस कर्म को व्यक्तिपरक मानता हुआ भी उसके सामाजिक सन्दर्भ की चर्चा करता है। जब भी कोई व्यक्ति कोई निर्णय करता है तो वह अपने आप को ही नहीं बाँधता वरन वह मानवता को भी उस निर्णय से बाँधता है। इस विषय में सार्त्र ने 'एग्जिस्टेंशलिज्म एण्ड ह्यूमनिज्म' में कहा है :

'प्रत्येक मनुष्य के लिए प्रत्येक बात इस रूप में घटित होती है मानो सारी मानवता इस पर दृष्टि गड़ाए हुए है और जो वह करता है, उनके द्वारा वह भी निर्देशित होती है। हरेक आदमी को अपने आपसे कहना चाहिए : 'क्या सचमुच मैं इस प्रकार का आदमी हूँ जिसे ऐसे रीति से काम करने का अधिकार है कि मानवता मेरे कर्मों के द्वारा अपना मार्ग-निर्देशन करे?' और यदि वह अपने आप से यह नहीं कहता तो वह अपनी पीड़ा को दबा रहा है।[1]

1. डॉ. राजकुमार कोहली (सम्पादक), 'पाश्चात्य काव्यशास्त्र-सिद्धान्त और वाद', पृ. 368

इसका तात्पर्य यह है कि जिस परिस्थिति-विशेष में व्यक्ति एक निर्णय करता है, अनेक विकल्पों में से किसी एक विकल्प का चयन करता है, उस परिस्थिति में कोई भी व्यक्ति यदि वह वैसा ही है, तो वही निर्णय करेगा। इस प्रकार सार्त्र की तर्क-पद्धति के अनुसार प्रत्येक व्यक्ति के द्वारा किया गया प्रत्येक निर्णय संगत है। कारण यह है कि यहाँ संगति का आधार व्यक्ति स्वयं है। व्यक्ति स्वयं ही अपना प्रमाण है। किसी दूसरे व्यक्ति को यह कहने का अधिकार नहीं है कि व्यक्ति विशेष का निर्णय अच्छा या बुरा है। यह तथ्य कि व्यक्ति-विशेष ने एक खास परिस्थिति में एक खास निर्णय किया है, इस बात का स्वयं प्रमाण है कि वह निर्णय संगत है, शिव है, क्योंकि कोई भी व्यक्ति, जब कि वह निर्णय करने में स्वतन्त्र है, गलत या अशुभ निर्णय नहीं करता।

पीड़ा और एकाकीपन

सार्त्र के अनुसार यही व्यक्ति की पीड़ा का सबसे बड़ा कारण है। धर्मप्राण व्यक्ति के लिए या किसी अन्य व्यक्ति के लिए, जो किसी सामाजिक-धार्मिक सिद्धान्त पर आस्था रखता है, निर्णय करना सरल है। उसके सामने तो निर्णय के आधार हैं, कुछ सिद्धान्त हैं जिनसे वह सहायता ले सकता है और लेता है। इससे न सिर्फ उसका अपना दायित्व-बोध कम हो जाता है वरन निर्णय करना भी सहज हो जाता है। ईसाई या बौद्ध या हिन्दू धर्म के अवलम्बी के लिए एक पूरी जीवन-पद्धति का आदर्श है और वह उस आदर्श के आलोक में अपने जीवन का निर्वाह करता है जो अपेक्षाकृत आसान है। मगर जिस व्यक्ति के पास बाहरी मूल्यों का आलोक नहीं है, जिसके पास कोई बाहरी निर्देश या सिद्धान्त नहीं है, जिसे मात्र अपनी ही विवेक-शक्ति के आधार पर निर्णय करना है तथा साथ ही जो यह समझता है कि उस पर सारी दुनिया की नजरें लगी हुई हैं, उसके लिए किसी भी काम के बारे में फैसला करना एक जोखिम का काम है तथा यही पीड़ा का कारण है। यह पीड़ा प्रतिपल निर्णय करने की पीड़ा है। निर्णय का पूर्ण दायित्व स्वीकारने की पीड़ा है तथा पूर्ण मानवता को उस निर्णय से प्रतिबद्ध करने की पीड़ा है।

स्पष्टतः निर्णय की यह पूर्ण स्वाधीनता जिसमें व्यक्ति स्वयं ही अपना प्रमाण है, एक व्यापक अराजकता और उच्छृंखलता का आधार बन सकती है और बनती है। बुद्धिजीवियों के लिए, साहित्यकारों के लिए यह सिद्धान्त वैसा ही व्यक्तिवाद का, उच्छृंखलता को पोषक बना जैसा कि अभिव्यंजनावाद बना था। क्रोचे तो कलात्मक सर्जना के स्तर पर कलाकार की पूर्ण स्वाधीनता की बात करता है, कलाकार को ही प्रमाण मानने की बात करता है, मगर सार्त्र अधिक व्यापक स्तर पर, जीवन एवं दर्शन के स्तर पर व्यक्ति को अपना प्रमाण मानने के लिए स्वतन्त्र कर देता है। क्रोचे के

अभिव्यंजनावाद से साहित्य में शिल्पगत उच्छृंखलता को प्रेरणा मिली तथा सार्त्र के अस्तित्ववाद ने साहित्य में कथ्यगत उच्छृंखलता को प्रेरित किया।

एकाकीपन

एकाकीपन का प्रयोग हाइडेगर में विशेष रूप में मिलता है तथा सार्त्र ने भी उसे स्वीकार किया है। इस एकाकीपन का आधार यह है कि अस्तित्ववादी दर्शन ईश्वर को नहीं मानता, ईश्वरीय विधान को स्वीकार नहीं करता, किसी भी सामाजिक या व्यवस्था से उत्पन्न सम्बन्ध के नियन्त्रण को नहीं मानता। तो फिर यह मानना होगा कि व्यक्ति एकाकी है, बेसहारा है, उसे अपना रास्ता खुद बनाना है। दास्तावस्की का कथन है : 'यदि ईश्वर नहीं है तो सब कुछ मान्य होगा।' इसका अर्थ यही है कि बिना किसी सनातन एवं तर्कातीत प्रमाण को माने हुए जीवन में व्यवस्था, सहयोग, सद्भाव आदि का कोई आधार नहीं रह जायेगा। कांट ने 'तर्क के अन्तर्विराधों' द्वारा यह सिद्ध करने का प्रयास किया कि तर्क की गति तो केवल एक सीमा तक है। जीवन के बुनियादी विषय—ईश्वर की सत्ता, नैतिक मूल्य, सौन्दर्यपरक मूल्य—तो तर्कातीत हैं। उसने विरोधी तर्कों के आधार पर यह दिखाया कि तर्क द्वारा ईश्वर की सत्ता को स्वीकारा भी जा सकता है और नकारा भी जा सकता है। इसका सीधा परिणाम यह निकलता है कि यह विषय तर्क की सीमा के अन्तर्गत नहीं आता, तर्क की सीमा एवं शक्ति सीमित है।

इस एकाकीपन के दो कारण हैं। एक तो यह कि धर्मप्राण समाज में ईश्वर एवं उसके आधार पर स्थित व्यवस्था के माध्यम से व्यक्ति परस्पर जुड़ जाते हैं—कुछ मूल्य सनातन एवं शाश्वत रूप से स्वीकार कर लिये जाते हैं जो व्यक्तियों को एक दिव्य व्यवस्था से भी बाँधते हैं और उन्हें परस्पर भी बाँधते हैं। आस्तिक व्यक्ति के लिए या मार्क्सवादी के लिए भी एक सामान्य आस्था है जहाँ मानव मात्र सम्बद्ध हो जाते हैं। मगर 'इसके विपरीत अस्तित्ववादी के लिए यह बात बड़ी निराशाजनक है कि ईश्वर विद्यमान नहीं, क्योंकि विचारों के स्वर्ग में मूल्य ढूँढने की सारी सम्भावना उसके साथ ही तिरोहित हो जाती है।' दूसरी ओर अस्तित्ववादी दर्शन व्यक्ति को पूर्णतः आत्मकेन्द्रित मानकर चलता है। जिसका सहज परिणाम यह होता है कि व्यक्ति और व्यक्ति के बीच भी किसी अन्तरंग सम्बन्ध की स्थिति अस्वीकार्य हो जाती है। न सिर्फ व्यक्ति ईश्वर से या बाह्य व्यवस्था से कट जाता है, वह अपने साथ रहने वाले व्यक्तियों से भी कट जाता है—पूर्ण स्वतन्त्रता का यही अर्थ है। इसीलिए सार्त्र कहता है कि मानव स्वतन्त्र होने के लिए अभिशप्त है, स्वतन्त्रता ही उसका अभिशाप है। इस बात को यों व्यक्त किया जाता है कि व्यक्ति की स्थिति द्वीप के समान है। जिस प्रकार सभी द्वीप एक सागर में होते हुए भी एक-दूसरे

से कटे हुए हैं, उसी प्रकार अनेक व्यक्ति एक समाज में रहते हुए भी एक-दूसरे से असम्बद्ध हैं और अपने आपमें इकाई के समान हैं।

इस तथ्य को आज की पश्चिम की अतियान्त्रिक सभ्यता के सन्दर्भ में भी रख कर देखा जा सकता है। मानव-समाज में यन्त्र इतना महत्त्वपूर्ण हो गया है कि मानव का अस्तित्व की मूल्यहीन हो गया है। एक व्यक्ति के होने या न होने से व्यवस्था पर कोई अन्तर नहीं पड़ता—चाहे वह ईश्वरीय व्यवस्था हो, चाहे यान्त्रिक व्यवस्था। सृष्टि या समाज जैसे चल रहा है, चलता रहेगा, व्यक्ति रहे या न रहे। अतियान्त्रिकता ने भौतिकता की उग्र चेतना का विकास किया तथा व्यक्ति की महत्त्वाकांक्षा को इतना उद्दीप्त किया कि वह स्वार्थ से परे देखने में भी असमर्थ हो गया। व्यक्ति एक यन्त्र बनकर रह गया—वह आत्मचेतन प्राणी न होकर मात्र चेतन प्राणी रह गया जो अतियान्त्रिक व्यवस्था में मशीन के पुर्जे की तरह काम करता रहता है। मगर व्यक्ति की स्थिति मशीन के पुर्जे जैसी भी नहीं है, क्योंकि पुर्जा खराब हो जाने पर मशीन चल नहीं सकती जब कि व्यक्ति अगर न भी रहे तो व्यवस्था की यह मशीन चलती रहेगी। इसलिए व्यक्ति इस व्यवस्था का फिजूल पुर्जा है, जिसके होने न होने से कोई फर्क नहीं पड़ता। इससे व्यक्ति के लिए घोर एकाकीपन का एहसास करना स्वाभाविक ही है।

निराशा और कर्म

उपर्युक्त विवेचन से स्पष्ट है कि व्यक्ति की निराशा का आधार भी आज अतियान्त्रिक व्यवस्था तथा भौतिकवाद से प्रेरित उग्र स्वार्थ-सांधना है। मगर निराशा का अस्तित्ववादी दर्शन में भी एक आधार है और वह है अपार सम्भावनाओं की स्थिति। व्यक्ति कर्म करता है, स्थिति-विशेष में अपनी रुचि एवं विवेक के अनुसार निर्णय करता है, मगर फिर भी यह आवश्यक नहीं कि व्यक्ति जो चाहता है वह हो जाये। इसका कारण यह है कि व्यक्ति इच्छा करने में तो स्वतन्त्र है मगर उस इच्छा का पूरा होना न होना उसके वश की बात नहीं। सार्त्र ने एक उदाहरण दिया है—कोई व्यक्ति अपने दोस्त के आने का इन्तजार कर रहा है मगर उसका मित्र समय पर आ जायेगा, इस पर न तो व्यक्ति का अधिकार है और न ही वह इस विषय में कुछ कह ही सकता है। क्योंकि दोस्त का आना कई शर्तों पर निर्भर करता है और इन शर्तों को पूरा करना व्यक्ति के बस की बात नहीं है। इतना ही नहीं, व्यक्ति अपने जीवन में अपना कोई लक्ष्य निर्धारित करता है, मगर सब प्रकार के प्रयासों के बाद भी वह सफल हो जायेगा, यह नहीं कहा जा सकता। उस लक्ष्य से सम्बद्ध अनेक सूत्र हैं, अनेक सन्दर्भ हैं जिन पर व्यक्ति का कोई वश नहीं है। इस प्रकार अस्तित्ववादी दर्शन में निराशा एक महत्त्वपूर्ण मनःस्थिति है।

यहाँ यह सवाल हो सकता है कि अगर निराशा ऐसा बुनियादी तत्त्व है तो व्यक्ति कर्म ही क्यों करे? क्यों न वह निवृत्ति का मार्ग अपनाए? जब लक्ष्यसिद्धि के बारे में विश्वास नहीं है, जब गंतव्य तक पहुँचने की आशा नहीं है तो फिर व्यक्ति साधना क्यों करे? सार्त्र ने निवृत्ति का विरोध करते हुए जोरदार शब्दों में कर्म की स्थापना की है; क्योंकि उसकी मान्यता है कि 'मैं जो सिद्धान्त प्रस्तुत कर रहा हूँ वह निवृत्तिवाद के सर्वथा विपरीत है क्योंकि इसके अनुसार कर्म के अतिरिक्त और कुछ यथार्थ नहीं है....अतः वह अपने कर्मों की समष्टि के अतिरिक्त और कुछ भी नहीं है, अपने जीवन से भिन्न कुछ भी नहीं है।' मनुष्य कर्म करने में स्वतन्त्र है तथा प्रतिपल उसे निर्णय करना होता है, कर्म करना होता है। कर्म के अतिरिक्त उसकी कोई गति ही नहीं है। इसलिए सार्त्र मार्क्सवादी दृष्टि का खण्डन करते हुए यह कहता है कि व्यक्ति मेज या कुर्सी के समान नहीं है, वह परिवेश द्वारा नियन्त्रित एवं निरूपित नहीं है–'सम्पूर्ण भौतिकवाद का प्रभाव है सब मनुष्यों को–दर्शनीकरण करने वाले के सहित परार्थ के रूप में अर्थात नियत प्रतिक्रियाओं की समष्टि के रूप में देखना, और यह गुणों तथा व्यापारों की उस समष्टि से किसी प्रकार भिन्न नहीं है जिसके द्वारा मेज या कुर्सी का या पत्थर का निर्माण होता है।'

इसीलिए सार्त्र की मान्यता है कि ईश्वर की सत्ता का प्रश्न उसके सिद्धान्त के लिए महत्त्वपूर्ण नहीं है। 'वह तो बल्कि यह घोषणा करता है कि ईश्वर की सत्ता है भी तो उससे कुछ अन्तर नहीं होता। यही हमारा दृष्टिकोण है। मतलब यह नहीं कि हम विश्वास करते हैं कि ईश्वर है, बल्कि हम सोचते हैं कि ईश्वर की सत्ता का प्रश्न हमारी समस्या है ही नहीं। इस अर्थ में अस्तित्ववाद आशावादी है, कर्म का सिद्धान्त है, और मसीही धर्मावलम्बियों के लिए अपनी और हमारी निराशा में अन्तर न करना और हमें निराशावादी कहना साफ बेईमानी है।'[1]

अस्तित्ववादी दर्शन का अन्तर्विरोध स्पष्ट है। व्यक्तित्ववाद की स्थापना, व्यक्ति की पूर्ण स्वतन्त्रता की घोषणा और फिर उससे यह कहना कि वह कर्म करे क्योंकि यही उसका स्वभाव है, परस्पर संगत नहीं है। यदि व्यक्ति स्वतन्त्र है तो वह प्रवृत्तिवादी ही क्यों हो, वह निवृत्ति को भी स्वीकार कर सकता है और करता ही है। मगर फिर भी कुल मिलाकर चिन्तन एवं साहित्य के विकास में अस्तित्ववाद की महत्त्वपूर्ण भूमिका रही है।

मूल्य की समस्या

अस्तित्ववाद ने जिस समस्या को सब से अधिक उभारकर सामने रखा, वह मूल्य की समस्या है। इस दर्शन ने न सिर्फ प्राचीन मूल्यों का, उनकी आधारभूत दार्शनिक

1. डॉ. राजकुमार कोहली (सम्पादक), 'पाश्चात्य काव्यशास्त्र-सिद्धान्त और वाद', पृ. 372

दृष्टि का विरोध किया वरन मूल्यों के शोध को एक नयी दृष्टि दी। मूल्यों के निर्माण की एक नयी व्यवस्था दी। यह दृष्टि आत्म-केन्द्रित दृष्टि है, यह व्यवस्था घोर व्यभिचारी व्यवस्था है। इसका अर्थ यह हुआ कि मानव मात्र के लिए किसी भी एक मूल्य की चर्चा नहीं की जा सकती। प्रत्येक मूल्य व्यक्ति की निजी खोज है, उसकी निजी उपलब्धि है। इसलिए अगर मनुष्यों के मूल्य में कहीं समानता दिखाई देती है, उसका कारण कोई व्यवस्था नहीं है वरन एक संयोग है—विविध व्यक्तियों ने निजी रूप से मूल्यों की खोज की है। व्यक्ति तो बिना किसी निर्देश के इस संसार में अकेला आता है और उसे खुद ही अपना जीवन बनाना होता है, अपनी मूल्य-व्यवस्था का निर्माण करना होता है। इस प्रकार इस दर्शन में प्राचीन मूल्यों के विघटन के स्पष्ट संकेत मिलते हैं।

अस्तित्ववादी दर्शन के स्तर पर मूल्यों का यह विघटन अपने आप में महत्त्वपूर्ण नहीं है, अगर व्यवहार में, आज के समाज में प्राचीन मूल्यों के प्रति सन्देह और अनास्था अधिक सशक्त हो रही है। आज के जटिल महत्त्वाकांक्षी जीवन में वे व्यक्ति भी जो किसी मूल व्यवस्था पर आस्था रखते हैं, व्यवहार में उनका पालन नहीं करते। शान्ति, अहिंसा, करुणा, सत्य आदि सार्वकालिक मूल्य हैं मगर आज का यह कटु यथार्थ है कि व्यक्ति और समाज सभी व्यापक स्तर पर इन मूल्यों को अस्वीकार करते हैं, इन मूल्यों के विरुद्ध आचरण करते हैं। इस कटु यथार्थ ने अस्तित्ववाद में उठाई गयी मूल्य सम्बन्धी समस्या को अधिक महत्त्वपूर्ण बना दिया है।

मूल्य पर आस्था की स्थिति पर विचार करते हुए कामू ने 'दि रिबेल' में यह सवाल उठाया है कि किसी भी न्यायाधीश को तब तक किसी अपराधी को दण्ड देने का कोई अधिकार नहीं होना चाहिए जब तक कि यह असंदिग्ध रूप से प्रमाणित न हो जाये कि उस न्यायाधीश ने कभी जीवन में कोई अपराध नहीं किया। जब यह निर्णय नहीं हो सकता कि न्यायाधीश पूर्णतः निरपराधी है तो वह किसी अन्य व्यक्ति को अपराधी घोषित करके कैसे दण्ड दे सकता है? विचार के स्तर पर यह सवाल बुनियादी महत्त्व का है। मगर यहाँ यह उत्तर दिया जाता है कि आदर्श तभी आदर्श है कि वह उपलब्ध नहीं हुआ, उसे प्राप्त करना दुष्कर है। आदर्श तो प्रेरक बनकर आता है। मूल्य जीवन को दिशा एवं गति देता है और इसी में मूल्य की सार्थकता है।

मार्क्सवाद और अस्तित्ववाद

मार्क्सवाद और अस्तित्ववाद दोनों ही आधुनिक युग की उपज हैं। इस तथ्य से यह सम्भावना होती है कि दोनों सिद्धान्तों में कहीं कुछ समानता है। दोनों का जन्म एक खास परिवेश में हुआ, जिसे आधुनिकता का परिवेश कहा जा सकता

है। यदि परिवेश अपने भीतर जन्म लेने वालों को प्रभावित या निर्धारित करता है तो एक ही परिवेश में जन्म लेने वाली भिन्न या विरोधी प्रतीत होने वाली सत्ताओं में भी समानता की गुंजाइश हो सकती है।

सामान्य तौर पर देखते हुए दोनों मत परस्पर विरोधी होते हैं। किसी समय इनके विरोध की चर्चा भी की जाती थी, लेकिन अब दोनों में कुछ समान विचार-भूमि के संकेत दिये जाते हैं और दोनों एक सीमा तक साथ मिलकर चल सकते हैं।

दोनों सिद्धान्तों का विरोध स्पष्ट है। दरअसल मार्क्सवाद और अस्तित्ववाद विचार की दो आत्यन्तिक परिणतियाँ हैं, जिनका प्रधान आधार यान्त्रिक व्यापारिक व्यवस्था तथा इस व्यवस्था से उत्पन्न संघर्ष है। इस संघर्ष के कई रूप हैं। समाज के स्तर पर यह विज्ञान और धर्म के संघर्ष का तथा वर्ग-संघर्ष का, पीढ़ियों के संघर्ष तथा परम्परा और आधुनिकता या प्रयोग के संघर्ष का रूप लेता है। अन्तर्राष्ट्रीय क्षेत्र में यह विविध राष्ट्रों में रूप में सामने आता है। अन्तर्राष्ट्रीय संघर्ष के दो पहलू हैं—सिद्धान्त और अर्थ। यन्त्र के विकास की रौ में उन्नत देशों में मण्डियों के लिए संघर्ष हुए। मार्क्सवादी व्यवस्था वाले देशों के उदय के साथ ही यह संघर्ष सैद्धान्तिक आधार पर अग्रसर हुआ। हमने बहुत अर्से तक दो गुटों—पूँजीवादी और कम्युनिस्ट गुटों के संघर्ष का शीत-शुद्ध देखा है। व्यक्ति के स्तर पर यह संघर्ष बाह्य मूल्यों और अन्तर्वृत्तियों के संघर्ष के रूप में सामने आया। फ्रायड तथा बाद के मनोविश्लेषकों ने अन्तर्वृत्तियों के इस संघर्ष की विविध व्याख्याएँ प्रस्तुत कीं। मार्क्सवाद और अस्तित्ववाद दोनों का जन्म इस संघर्ष की भूमि से ही हुआ। और इसलिए दोनों का आधाभूत तत्त्व संघर्ष है। मार्क्सवाद ने संघर्ष के बाह्य सामाजिक आयाम को प्रधान बनाया और अस्तित्ववाद का मूल संघर्ष के आन्तरिक वैयक्तिक रूप में है। इस प्रकार संघर्ष की भूमिका में दोनों एक-दूसरे के पूरक प्रतीत होते हैं।

लेकिन संघर्ष के इस स्तर-भेद के कारण दोनों सिद्धान्तों के स्वरूप में बहुत अन्तर दिखाई देता है। मार्क्सवाद ने व्यक्ति के दिक् में प्रसृत आकार—समाज और काल के विस्तृत रूप—इतिहास दोनों को समाविष्ट करने का प्रयास किया है। केवल अतीत और वर्तमान ही नहीं वरन भविष्य भी मार्क्सवाद का विषय है। मार्क्स ने अतीत की विशिष्ट व्याख्या द्वारा वर्तमान को समझने का प्रयास किया और वर्तमान संघर्ष की भूमिका में भविष्य की एक रूपरेखा तैयार की। इसमें हर चीज, हर शक्ति और प्रक्रिया एवं वैज्ञानिक पद्धति से सुनिश्चित है। और कुछ बुनियादी सिद्धान्तों के आधार पर जीवन की समग्र जटिलता की व्याख्या का प्रयास है। इस वस्तुवादी सिद्धान्त में विचार एक क्रूर नियामक के रूप में प्रतिष्ठित होता है। जिसका शासन अमोघ और निर्यात अपरिहार्य है। पुराने आध्यात्मिक युग में यह माना जाता था कि ईश्वर की इच्छा के बिना एक पत्ता तक नहीं हिल सकता। मार्क्सवाद के वैज्ञानिक-भौतिक धरातल पर उसी भावना का अवतार दिखाई दिया। विज्ञान ने

पुरानी व्यवस्था और नैतिकता के प्रतिनिधि ईश्वर की हत्या कर दी लेकिन साथ ही समाजवाद तथा मार्क्सवाद के रूप में एक नयी व्यवस्था और नैतिकता की रचना की कोशिश की। इस प्रकार मार्क्सवाद ने इस व्यापक संघर्ष की चुनौती को स्वीकार किया और उसे परास्त करने का प्रयास किया। यह भावात्मक दृष्टि, यह कर्म पर आस्था मार्क्सवाद के सबसे अधिक मूल्यवान तत्त्व हैं।

एक दूसरे विचार ने इस संघर्ष को झेलने की कोशिश की, लेकिन सफल न हो सका और टूट गया। यह टूटा हुआ विचार ही अस्तित्ववाद है।

विज्ञान के द्रुत विकास ने जीवन पर फिर से सोचने पर मजबूर किया। पुरानी नैतिकता, जिसका आधार ईश्वर, ईश्वर-पुत्र या पैगम्बर तथा दिव्य ग्रन्थ थे, उखड़ने लगी। मगर ईश्वर ही नहीं रहा तो फिर ईश्वर पर आधारित विधान पर विश्वास कैसा? औद्योगिक क्रान्ति ने जीवन की व्यवस्था में आमूल परिवर्तन कर दिया। इससे सारे संसार की राजनीतिक अवस्था प्रभावित हुई। पहले छोटे-छोटे युद्ध हुए और फिर विश्वयुद्ध हुआ। दोनों विश्वयुद्धों की भयानकता ने भी व्यक्ति की जीवन-विषयक आस्था को दुर्बल बना दिया। आज की स्थिति और भी खतरनाक साबित हो सकती है। फ्रायड के मनोविश्लेषण शास्त्र ने भी जीवन के मान्य नैतिक मूल्यों पर गहरा आघात किया। आज से पहले व्यक्ति ने कभी ऐसी भयानक चुनौती का सामना नहीं किया था। इसकी भावात्मक प्रतिक्रिया प्रजातन्त्र और समाजवाद और मार्क्सवाद के रूप के दिखाई दी। लेकिन कुछ ऐसे सजग व्यक्ति भी थे जो इस भयानक चुनौती का सामना न कर सके। उनके मन अनास्था, निराशा और अकर्मण्यता से भर गये। वे बेसहारा होकर अँधेरे में भटक गये। अस्तित्व तो सत्य था, क्योंकि उसका एहसास होता था, शेष सब निरर्थक प्रतीत होने लगा। लगा कि किसी ने इस अस्तित्व को बिना किसी सहारे के, बिना किसी रोशनी या निर्देश के इस दुनिया में धकेल दिया है। यह निर्वासित व्यक्ति अकेलेपन में, अजनबीपन में और इस स्थिति से उत्पन्न व्यथा और पीड़ा में डूबने-उतराने लगा। यहाँ कोई व्यवस्था नहीं, कोई मूल्य नहीं, कोई आदर्श या सिद्धान्त नहीं। सिर्फ तथ्य ही तथ्य हैं। इन तथ्यों से घिरा हुआ व्यक्ति जैसे चाहे अपना वक्त काट सकता है। ऐसी स्थिति में व्यक्ति को पूरी आजादी से जीने का हक है। इच्छा पूर्ण रूप से स्वतन्त्र है, लेकिन तथ्यों की उस बेसहारा दुनिया में यह आजादी भी बोझ बन जाती है, क्योंकि कोई राह नहीं, कोई राह दिखाने वाला नहीं, कोई रोशनी दिखाने वाला नहीं, कहीं कोई क्रम या व्यवस्था नहीं। व्यक्ति अतीत से भी कट गया और भविष्य से भी। रहा क्या? केवल वर्तमान! और यह वर्तमान भी कैसा वायवीय है। एक गति है बस। क्षणों का आना-जाना। इसलिए वर्तमान सिर्फ एक क्षण है। इसी क्षण में ही जीना है, इसी में मरना है। जीवन अतीत और भविष्य से कटकर क्षण में सीमित हो गया। हताश, विषादग्रस्त और अकर्मण्य मन को एक-एक क्षण भी भारी हो गया। विराट कालजयी से लघु क्षण जीवी तक के मन

का यह सफर जिज्ञासा और जिजीविषा का रोचक इतिहास प्रस्तुत करता है।

मार्क्सवाद में व्यक्ति पूर्णतः परतन्त्र है, परिस्थितियों द्वारा निर्धारित है। इस सिद्धान्त के पास इतिहास और समाज दोनों को आत्मसात् करने वाला दर्शन है, एक व्यवस्था है, भविष्य का एक आदर्श है। अस्तित्ववाद में व्यक्ति पूर्णतः स्वतन्त्र है, कहीं कोई व्यवस्था नहीं है और व्यक्ति क्षणजीवी है। एक में कर्म, आशा और उल्लास है, दूसरे में निष्क्रियता, निराशा और विषाद है। एक अपने ढंग से जिन्दगी की प्रतिमा बनाता है, दूसरा मौत की आराधना में लीन है। दोनों के ये परस्पर विरोधी स्वर बहुत स्पष्ट हैं।

अब सवाल यह पैदा होता है कि दोनों में समानता क्या है?

समानता वाली बात आज के सन्दर्भ में खास महत्त्व रखती है क्योंकि आधुनिक भावबोध या नये भावबोध में दो धाराएँ दिखाई देती हैं—एक मार्क्सवादी, दूसरी अस्तित्ववादी। दोनों में परस्पर सहयोग भी नजर आता है। गत्यात्मक दर्शन तथा भावात्मक दृष्टि के कारण मार्क्सवादी अस्तित्ववाद का उपयोग कर सकता है। अस्तित्ववाद की दो बातें इसमें सहायक होती हैं। पहली बात यह कि अस्तित्ववाद परम्परा का निषेध करता है, पुराने मूल्यों का तिरस्कार करता है। विद्रोह का यह स्वर मार्क्सवाद के अनुकूल पड़ता है। जब तक प्राचीन का समूल विनाश नहीं हो जाता तब तक नयी व्यवस्था का रूप बना नहीं सकता। मार्क्सवाद प्राचीनता का उतना ही उग्र विरोधी है जितना कि अस्तित्ववाद। इसलिए पुनरुत्थान, पुनर्जागरण यह संशोधन आदि की धाराएँ आज मार्क्सवाद को स्वीकार्य नहीं हैं। प्राचीन के विनाश के स्तर पर मार्क्सवाद अस्तित्ववाद से सहयोग कर सकता है।

दूसरी बात यह है कि अस्तित्ववाद पूर्ण निराशा और अकर्मण्यता का दर्शन है। इस बात का प्रमाण बनाया जा सकता है कि अस्तित्ववाद को जन्म देने वाली पूँजीवादी व्यवस्था का अन्त समय आ गया है और अब उसके स्थान पर एक बिल्कुल नयी व्यवस्था की आवश्यकता है। इस आवश्यकता का अनुभव पूँजीवादी व्यवस्था का सजग बुद्धिजीवी कर रहा है। मार्क्सवाद ने सोचा, असफल पूँजीवाद के स्थान पर समाजवादी व्यवस्था देने के इस अवसर का उपयोग करना चाहिए। अस्तित्ववाद अभाव का दर्शन है। उसमें निषेध है, अस्वीकार है, निर्बन्धता है। लेकिन यह पूर्ण आजादी बोझ बन जाती है। यह पूर्ण आजादी पूर्ण अभाव की अवस्था है। पूर्ण अभाव की स्थिति में ठहराव नहीं हो सकता। कुछ देर तक यह अवस्था अपनी नवीनता में आकृष्ट करती है, मगर यह आकर्षण भी अभाव से विरक्त होने लगता है। यही कारण है कि अस्तित्ववाद अल्पजीवी रहा। इसकी एक परिणति तो अध्यात्म में हुई (कॉलिन विल्सन : 'आउट साइडर') और दूसरी मार्क्सवाद में (सार्त्र सेंट जेने)। जीवन स्वभाव से ही गतिशील है। यही गतिशीलता आज जीवन को अस्तित्ववादी अभाव से आगे ले आयी है। आज हम फिर उसी पुराने संघर्ष पर

लौट आये हैं। जो अध्यात्मवाद और भौतिकवाद या आदर्शवाद और यथार्थवाद के नामों से हमारा चिर-परिचित है। ऐसा लगता है जैसे कि हम फिर एक बार लॉक के लोकवाद से चलकर ह्यूम के सन्देहवाद से होते हुए कांट-हीगल और मार्क्स तक आ पहुँचे हैं। इस लम्बी और जटिल यात्रा में विचार ने क्या खोया और क्या पाया, इस पर लम्बा विवाद हो सकता है। मुझे यह लगता है कि मानव ने आस्था को फिर से पा लिया है। जो निर्वासित हुआ था, वह घर लौट आया है।

जीवन के विकास में अनास्था और विद्रोह का बुनियादी महत्त्व है। राजकुमार सिद्धार्थ और महात्मा बुद्ध को जोड़ने वाली कड़ी अनास्था और विद्रोह की बनी है। एक सुनिश्चित परम्परा में, राजसी, समृद्धि में सिद्धार्थ का पालन हुआ, विवाह हुआ, पुत्र हुआ और उसके बाद रोग, जरा, मरण और संन्यास के दर्शन ने उन्हें अपनी परम्परा की जन्मभूमि से निर्वासित कर दिया। वे उन सबके लिए पराये हो गये जो कभी उनके अपने थे। जितना कुछ परिचित, प्रिय और मूल्यवान था, सब अपरिचित, अप्रिय और मूल्यहीन हो गया। प्राचीन भारत के इतिहास में बुद्धिजीवी ने पहली बार अजनबीपन, एकाकीपन और पीड़ा का तीखा अनुभव किया होगा। इस तीखे अनुभव का आघात इतना क्रूर था कि सिद्धार्थ के सारे बन्धन, जो उसके जीवन को निर्धारित किये हुए थे, एक बार टूटकर बिखर गये। यह बिखराव पूर्ण आजादी की स्थिति थी, पूर्ण स्वतन्त्रता की अवस्था थी। लेकिन यह कहानी यहाँ खत्म नहीं होती। यह तो इसकी शुरुआत है। इसका अन्त विचार के क्षेत्र में एक गम्भीर और व्यापक आन्दोलन का आरम्भ बन गया।

समाज अधिकांश पीढ़ी दर पीढ़ी मूल्यों को सहज भाव से स्वीकार करता चलता है, बल्कि यों कहना चाहिए कि अज्ञात भाव से स्वीकार करता चलता है। कुछ व्यक्ति (बुद्धिजीवी) उन्हें सजग रूप से ग्रहण और सम्प्रेषित करते हैं। लेकिन यह क्रम हमेशा एकरस नहीं चलता। कोई एक सजग मन ऐसा आता है जहाँ यह सारी धारा सहसा रुक जाती है। अज्ञात स्वीकार और सजग ग्रहण दोनों तिरस्कृत होते हैं। मूल्यों के शोध का कर्म नये सिरे से आरम्भ होता है। ऐसा होना बहुत जरूरी है। सजग व्यक्ति मूल्यों को किसी से ग्रहण नहीं करता; बल्कि वह अपनी अनास्था और अपनी पीड़ा से अपने मूल्यों का सर्जन करता है। फिर चाहे वे मूल्य पुरानी परम्परा के मूल्य ही क्यों न हों। लेकिन व्यक्ति की पीड़ा उन मूल्यों को अपना लेती है—वे उसकी अपनी रचना होते हैं। अस्तित्ववाद नये मूल्यों की शोध की भूमिका है और इसीलिए व्यक्ति की शक्ति, उसकी मेधा की अभिव्यक्ति है। इसका अन्तिम स्वर अनास्था और पीड़ा का है। यहीं से भावात्मक साधना का आरम्भ होता है। पीड़ा ज्ञान की खाली सीपी को साधना के मोती से भर देती है। नीत्शे ने हमारे आधुनिक इतिहास की सम्पूर्ण पीड़ा को सहा। हम सब उसकी पीड़ा में आज साझीदार बने हुए हैं। मगर यह न भूलना चाहिए कि हमारा प्रधान उत्तरदायित्व साधना का है।

व्यक्ति परिवेश से सम्बद्ध होकर ही विकसित होता है। लेकिन कुछ मनीषियों ने सोचा कि एक अवस्था के बाद परिवेश व्यक्ति के विकास में बाधा बन जाता है। इसलिए यह नियम बनाया गया कि व्यक्ति उस परिवेश से अपने आपको काट कर अलग कर ले। व्यक्ति परिवेश से निर्वासित हुआ। मगर संन्यास की अवस्था में इस निर्वास के बाद कहीं और आवास भी मिलता है। गोया अस्तित्ववाद का अभाव अध्यात्म के भाव में आश्रित हो जाता है। प्राचीन काल में यह क्रम जीवन की पूर्णता का एक आदर्श माना जाता रहा। आज भी अध्यात्म को अस्तित्ववाद के पूरक के रूप में पेश किया जाता है।

अन्त में आज की अन्तर्राष्ट्रीय और भारतीय स्थिति के सन्दर्भ में इन दोनों वादों के बारे में एक बात कहनी है।

आज पश्चिम का बुद्धिजीवी अस्तित्ववाद की पीड़ा से जूझता हुआ उससे आगे निकल आया है। समाजवाद या अध्यात्मवाद के रूप में उसने कुछ समाधान देने को कोशिश की है। उन दोनों ही समाधानों में समाज के प्रति बुद्धिजीवी के दायित्व की स्वीकृति दिखाई देती है।

मार्क्सवादी देशों के गुट में आज एक गहरी दरार पड़ गयी जो और गहरी होती जा रही है। इसका सैद्धान्तिक आधार जो भी हो, एक बात बहुत स्पष्ट है कि मार्क्सवाद का अन्तर्राष्ट्रीय संगठन वाला पक्ष कमजोर होता जा रहा है और विभिन्न देश राष्ट्रीय हितों के अनुरूप मार्क्सवाद की व्याख्या करते हुए एक-दूसरे की कड़ी आलोचना कर रहे हैं। आज रूस और चीन दोनों की मार्क्सवाद की व्याख्याएँ उनके अपने-अपने राष्ट्रीय हितों की रक्षा और पोषण के प्रयास के रूप में समझी जा रही हैं। इसका प्रभाव पूँजीवादी देशों पर भी पड़ा है और मार्क्सवादी देशों के प्रति उनके रुख में काफी परिवर्तन आया है। मार्क्सवाद का स्वर क्रान्ति या युद्ध का नहीं, बल्कि सहअस्तित्व और विश्व-शान्ति का भी है।

इन परिवर्तनों का संकेत क्या है?

संकेत बुनियादी महत्त्व का है। सिद्धान्त और सत्य वैसे रूढ़ और कटे-छँटे फार्मूले नहीं रह गये जैसे कि आज से कुछ अर्से पहले थे। जीवन के विकास से सिद्धान्तों का विघटन होता प्रतीत होता है। एक संशय, एक अनिर्णय और अराजकता की-सी स्थिति दिखाई देती है। रूप सिद्धान्तों और फार्मूलेदार सत्यों का जमाना लद गया है। एक गति है, एक अस्थिरता है जिसमें हर किसी के पाँव उखड़े जा रहे हैं।

अन्तर्राष्ट्रीय क्षेत्र में शक्तिशाली राष्ट्र अपने स्वार्थों की सिद्धि में सिद्धान्तों का उपयोग कर रहे हैं। कोई शक्तिशाली देश तो स्वाधीनता और शान्ति की रक्षा के लिए देशों को गुलाम बनाता जा रहा है और कोई क्रान्ति की दुहाई देकर अपने प्रभाव का प्रसार कर रहा है।

विविध सिद्धान्त जीवन के लिए उपयोगी और युगानुरूप सिद्ध होते रहे हैं। लेकिन उपयोगिता की दृष्टि से सिद्धान्त मशीन के समान है जो अपने आप में जड़ है। मशीन का उत्पादन मशीन चलाने वाले की कुशलता, ईमानदारी और परिश्रम पर निर्भर करता है। यही बात सिद्धान्त की उपयोगिता के बारे में भी कही जा सकती है। सिद्ध होने वाले व्यक्ति में कितनी ईमानदारी है, कितनी बलिदान की भावना है, कितनी शक्ति है, यह देखना होगा। आज भारतवर्ष एक आत्मघाती महत्त्वाकांक्षा से ग्रस्त है। राजनीतिक पूँजीपति, सत्ताधारी और बुद्धिजीवी सभी इस आत्मघाती महत्त्वाकांक्षा के शिकार हैं। मार्क्सवाद, अस्तित्ववाद आदि सिद्धान्तों का उपयोग भी महत्त्वाकांक्षा की सिद्धि में होता दिखाई देता है। इसलिए स्पष्ट है कि सिद्धान्त के सन्दर्भ में बुनियादी महत्त्व आस्था और साधना का है, उसके पालन का है, समाज के प्रति साधना की यह निश्छल-निष्कपट प्रतिबद्धता ही सिद्धान्त की रीति पर प्रगतिशील होनी चाहिए, इसी में सिद्धान्त की सार्थकता है।

अध्याय-22

नयी समीक्षा

आरम्भ

नयी समीक्षा का विकास बीसवीं शती के आरम्भ में आन्दोलन के रूप में हुआ। इसका आरम्भ अमेरिका में हुआ और फिर इसका व्यापक प्रचार-प्रसार हुआ। प्रायः यह स्वीकार किया जाता है कि जान क्रो रैंसम ने 'न्यू क्रिटिसिज्म' नाम से एक नयी समीक्षा-दृष्टि का विकास किया और उसी ने सबसे पहले इस दृष्टि के लिए यह नाम दिया, जिसके पर्याय के रूप में हिन्दी में 'नयी आलोचना' या 'नयी समीक्षा' संज्ञाओं का प्रचलन हुआ। किन्तु सबसे पहले प्रोफेसर स्पिंगार्न ने 1910 ई. में इस नाम का प्रयोग किया था और इस बात पर बल दिया था कि समीक्षक को कलाकृति के विवेचन के लिए एक नयी विवेचन-दृष्टि का उपयोग करना चाहिए।

नयी समीक्षा के आन्दोलन के अन्तर्गत गिने जाने वाले सभी आलोचक एकमत नहीं हैं। उनमें परस्पर मतभेद है, मगर फिर भी बुनियादी समानता के कारण उनकी आलोचनात्मक कृतियों को नयी समीक्षा के अन्तर्गत रखा गया। जान क्रो रैंसम (जन्म 1888 ई.) एलेन टेट (जन्म 1899 ई.) आर. पी. ब्लैकमर (1904 ई.) रॉबर्ट पेन वारेन (जन्म 1805 ई.) क्रिमंथ ब्रुक्स (जन्म 1906 ई.) तथा विलियम एम्पसन (जन्म 1909 ई.) प्रमुख नये समीक्षक माने जाते हैं। इनमें मूलभूत समानता यह है कि ये सब कृति को ही आलोचना का केन्द्र मानते हैं, कृति के अन्य सन्दर्भों को—कृतिकार के मानस एवं रचना-व्यापार, ऐतिहासिक-सामाजिक सन्दर्भ, नैतिक-उपदेश तथा सहृदय की प्रतिक्रिया आदि को—समीक्षा के क्षेत्र के अन्तर्गत

स्वीकार नहीं करते। इन सभी दृष्टियों का महत्त्व हो सकता है, मगर इनमें से कोई भी समीक्षा की मान्य दृष्टि नहीं हो सकती।

आलोचना की निरपेक्ष दृष्टि

समीक्षा की अन्य पद्धतियों में कृति, कृतिकार तथा सहृदय की प्रतिक्रिया आदि को आधार बनाया जाता रहा है। नयी समीक्षा ने इन दृष्टियों के विरुद्ध विद्रोह किया तथा उन्हें कृति के सही एवं यथार्थ स्वरूप के समझने में अनुपयोगी बताया और इसलिए उक्त दृष्टियों पर आधारित समीक्षाओं को समीक्षा के रूप में स्वीकार करने से इनकार कर दिया। इसमें सन्देह नहीं है कि कृतिकार का व्यक्तित्व या उसका मानस तथा रचना-व्यापार कृति से सम्बद्ध है। यद्यपि इलियट ने कविता को व्यक्तित्व से पलायन माना है मगर हम यह देख चुके हैं कि यह मान्यता भ्रान्त है। कृति के सन्दर्भ में न तो कृतिकार के व्यक्तित्व को अस्वीकार किया जा सकता है और न ही सर्जना-व्यापार की सत्ता से। मगर इन पर आधारित आलोचना की दो सीमाएँ हैं। पहली बात तो यह है कि इन सन्दर्भों का सम्बन्ध कवि की चेतना से है, उसके व्यक्तित्व के निर्माण और उसके व्यक्तित्व में होने वाले विविध सूक्ष्म जटिल व्यापारों से है। जटिलता एवं अगोचरता के कारण इनका प्रामाणिक ज्ञान सम्भव नहीं है। स्वयं मनोविज्ञान एवं मनोविश्लेषण के क्षेत्र में, जिसके अध्ययन का केन्द्र व्यक्ति की चेतना है, इस विषय पर तीव्र मतभेद है। तो फिर समीक्षा किस प्रकार इन सन्दर्भों को प्रामाणिक रूप से आधार बना सकती है? ये दोनों विषयीगत सत्ताएँ हैं जो समीक्षक की दृष्टि से परे हैं। दूसरी बात यह है कि अगर मान लें कि कवि के व्यक्तित्व का एवं सर्जना-व्यापार का प्रामाणिक अध्ययन सम्भव है, तो भी यह सवाल पैदा होता है कि यह अध्ययन किस प्रकार कृति को समझने में सहायक हो सकता है? समीक्षा का केन्द्र तो कृति है, जो स्थूल एवं मूर्त्त है तथा जिसका वस्तुगत अध्ययन किया जा सकता है। फिर अध्ययन के मूर्त्त क्षेत्र को छोड़कर, जो प्रधान क्षेत्र भी है, अमूर्त्त एवं गौण या महत्त्वहीन सन्दर्भ की ओर क्यों दौड़ा जाये?

यही आक्षेप सहृदय की प्रतिक्रिया पर आधारित समीक्षा-दृष्टि पर भी किये जा सकते हैं। रैंसम ने रिचर्ड्स के काव्य-मूल्य के सिद्धान्त पर यही आक्षेप किया है कि जो अमूर्त्त एवं सूक्ष्म है, जो विषयीगत है, उसे अध्ययन का केन्द्र कैसे बनाया जा सकता है। साथ ही यहाँ यह समस्या भी पैदा होती है कि विभिन्न कवियों एवं कलाशास्त्रियों ने सर्जन-प्रक्रिया के बारे में भिन्न-भिन्न मत व्यक्त किये हैं जो परस्पर भिन्न ही नहीं, विरोधी भी हैं। ऐसी स्थिति में सृजन-व्यापार के सही रूप का निर्धारण कैसे सम्भव है? और साथ ही यह भी तथ्य है कि एक ही कृति की सभी सहृदयों में समान प्रतिक्रिया नहीं होती है? और अगर प्रतिक्रिया को ही

समीक्षा का आधार माना जाये तो प्रभावशाली समीक्षा ही एकमात्र मान्य समीक्षा-पद्धति मानी जानी चाहिए। सहृदयगत सूक्ष्म प्रतिक्रिया के संकट से बचने का एक रास्ता इलियट के वस्तुपरक प्रतिमान के सिद्धान्त में मिलता है।

सृजन-प्रक्रिया रचना से पहले का व्यापार है तथा सहृदय की प्रतिक्रिया रचना के बाद का। इन दोनों के बीच रचना की, काव्य की स्थिति वस्तु के रूप में होती है। सृजन-व्यापार का अनुमान भी कृति के आधार पर होता है तथा सहृदय की प्रतिक्रिया भी कृति के द्वारा अनुशासित है। अतः मूल सत्ता कृति की है। इसलिए समीक्षा का एकमात्र कार्य है, कृति की व्याख्या—केन्द्र को आलोकित करना, इसी कार्य के द्वारा कृति के स्वरूप को, कृति के कृतित्व को समझा जा सकता है। अतः अन्य दृष्टियों पर आधारित समीक्षा सही समीक्षा नहीं मानी जा सकती।

काव्य के अध्ययन की एक अन्य प्राणाली यह रही है कि उसे उसके ऐतिहासिक सन्दर्भ में रखकर देखा जाये या उसे समाज पर पड़ने वाले नैतिक प्रभाव की दृष्टि से देखा जाये। दोनों प्रकार के अध्ययन में केन्द्र है कृति एवं समाज का सम्बन्ध। कृति एवं समाज के सम्बन्धों के दो रूप हैं। एक, समाज ने कृति को कैसे प्रभावित-मर्यादित किया। दो, कृति ने समाज को कैसे प्रभावित-विकसित किया। इस प्रकार का अध्ययन इतिहास, समाजशास्त्र आदि में अत्यन्त उपयोगी हो सकता है। मगर यहाँ फिर यह सवाल पैदा होता है कि इस अध्ययन से कृति के स्वरूप को समझने में क्या सहायता मिलती है? इस प्रकार का सामाजिक अध्ययन तो किसी भी क्षेत्र के आन्दोलन का किया जा सकता है। उदाहरण के लिए धार्मिक-दार्शनिक आन्दोलनों को भी इस रूप में समझा जाता है तथा उनकी भी सामाजिक उपयोगिता हो सकती है। इसलिए सामाजिक उपयोगिता की दृष्टि एक सामान्य दृष्टि है जो काव्य के निजी स्वरूप की उपेक्षा करती है।

इस प्रकार नये समीक्षक यह मानते हैं कि आलोचना के उपर्युक्त रूप साहित्य को सापेक्ष दृष्टि से देखते हैं, काव्य को बतौर काव्य के नहीं वरन काव्य को किसी अन्य सन्दर्भ के माध्यम से परखते हैं। काव्य के अध्ययन की सापेक्ष दृष्टियाँ काव्य के स्वतन्त्र अस्तित्व की उपेक्षा करती हैं, काव्य को किसी अन्य सत्ता के नियन्त्रण में रखकर देखती हैं, जिसका परिणाम यह होता है कि अध्ययन तो किया जाता है मगर वह काव्य का अध्ययन नहीं होता।

नयी समीक्षा काव्य के निरपेक्ष अस्तित्व को स्वीकार करती है। काव्य अपने आप में एक सत्ता है, उसका स्वतन्त्र व्यक्तित्व है, उसका विशिष्ट रूप है। कलावादी आन्दोलन ने कला की स्वतन्त्र एवं निरपेक्ष सत्ता की स्थापना कर दी थी। इस आन्दोलन ने कला को मनोवैज्ञानिक, ऐतिहासिक, सामाजिक आदि उपयोगिता के सन्दर्भों से काटकर उसके विशिष्ट रूप की, उसके विशिष्ट एवं निरपेक्ष तथा निष्प्रयोजन स्थिति को स्वीकार किया था। इसलिए कलावादी आन्दोलन की जो

प्रतिध्वनि समीक्षा के क्षेत्र में हुई, वही नयी समीक्षा है। नयी समीक्षा का आरम्भ कलावादी दर्शन में ही मानना चाहिए क्योंकि कलावाद ने कलाकृति की जो निरपेक्ष प्रतिष्ठा की थी, नयी समीक्षा उसी बिन्दु को केन्द्र मानकर कार्यशील होती है। आलोचना के क्षेत्र में कलावादी सिद्धान्त का जो प्रतिबिम्ब पड़ा, वही नयी समीक्षा कहलाया। कलावादी सिद्धान्त ने कला को अन्य सन्दर्भों से काटकर एक निरपेक्ष-स्वतन्त्र सत्ता के रूप में स्वीकार किया, मगर इस निरपेक्ष-स्वतन्त्र सत्ता के स्वरूप को परिभाषित करने का कार्य नये समीक्षकों ने किया।

काव्यभाषा का वैशिष्ट्य

काव्य के अन्य सभी सन्दर्भ परिवर्तनशील हैं। ऐतिहासिक स्थिति बदलती रहती है, सामाजिक-नैतिक आदर्श बदलते रहते हैं। सहृदय की रुचि, आकांक्षा और आस्था में परिवर्तन आता रहता है, यदि काव्य का कोई पक्ष शाश्वत है तो यही कि वह एक भाषागत रचना है, उसमें भाषा का विशिष्ट प्रयोग मिलता है यदि आलोचना काव्य के सनातन मूल्यों को खोजना चाहे तो यह आवश्यक होगा कि वह मूल्यों का आधार काव्य के शाश्वत तत्त्व को ही बनाये और यह तत्त्व है शब्द। इसलिए नयी समीक्षा कृति को एक शाब्दिक संरचना या भाषिक संरचना के रूप में स्वीकार करती है तथा काव्यभाषा का विवेचन करते हुए प्रतीक, रूपक, अनेकार्थता, विरोधाभास, विसंगति, बिम्ब, द्वन्द्व, तनाव, लय, छन्द आदि का विवेचन करती है तथा विविध भाषागत तत्त्वों के अन्तःसम्बन्धों के उद्‌घाटन का प्रयास करती है, क्योंकि विविध भाषिक तत्त्वों की आन्तरिक एकान्विति में ही रचना रूप धारण करती है। अलग-अलग समीक्षकों ने भाषागत विविध तत्त्वों को ही काव्य के काव्यतत्त्व का आधार माना है।

इस सन्दर्भ में पहला प्रश्न होता है काव्यभाषा के सामान्य स्वरूप का। काव्यभाषा के सामान्य स्वरूप की मौलिक विशेषता को स्पष्ट करने के लिए भाषा के अन्य प्रयोगों से—अन्य शास्त्रों, विज्ञान आदि में होने वाले प्रयोगों से उसका अन्तर स्पष्ट करना आवश्यक है।

काव्य एवं अन्य विषयों—इतिहास, शास्त्र, विज्ञान आदि के अन्तर की समस्या प्राचीन काल से ही काव्यशास्त्रियों के सामने रही है। इस अन्तर की समस्या को विषय के स्तर पर भी स्पष्ट किया गया है, जैसे अरस्तू कृत इतिहास और काव्य के अन्तर में। भाषा के आधार पर भी यह स्पष्ट करने की कोशिश मिलती है। पश्चिम में आई. ए. रिचर्ड्स ने विज्ञान की भाषा को सांकेतिक तथा काव्य की भाषा को भावोद्‌बोधक माना। प्राचीना भारतीय काव्यशास्त्र में भामह ने भाषा के आधार पर शास्त्र एवं काव्य का अन्तर स्पष्ट करते हुए कहा कि शास्त्र

स्वभावोक्ति-प्रधान है तथा काव्य वक्रोक्ति-प्रधान। इस प्रकार विविध कालों एवं देशों में काव्यभाषा के वैशिष्ट्य के प्रति सजगता दिखाई देती है। भारतीय काव्यशास्त्र में काव्यभाषा के वैशिष्ट्य के निरूपण के प्रयास के क्रम में ही अलंकार, रीति, वक्रोक्ति एवं शब्दशक्तियों के सिद्धान्त का विवेचन मिलता है। मगर उस विवेचन में काव्यभाषा के वैशिष्ट्य के स्वरूप का निरूपण करते हुए अर्थ की सहायता ली गयी है, जैसे कि भामह, काव्यभाषा की व्याख्या करते हुए अतिशयोक्ति एवं वक्रोक्ति तथा फिर अर्थ की 'लोकोतिक्रान्त गोचरता' का उल्लेख करते हैं।

यदि काव्य की समीक्षा सापेक्षिक दृष्टि से की जायेगी, यदि प्रत्येक युग के कवि को उसके युग के सन्दर्भ में ही समझने की कोशिश करेंगे, तो जब युग बदल जायेगा, अनिवार्यतः आलोचना की दृष्टि भी बदल जायेगी। इस आलोचनात्मक सापेक्षवाद को स्वीकार करने का एक अन्य परिणाम भी होगा। वह यह कि एक ओर तो यह माना जाता है कि श्रेष्ठ साहित्य देश-काल की सीमाओं का अतिक्रमण कर जाता है, वह सार्वकालिक एवं सार्वभौम होता है, दूसरी ओर उसे युग या कवि के सन्दर्भ में परखने की कोशिश की जाये तो यहाँ अन्तर्विरोध पैदा हो जायेगा। जो कृति कवि-सापेक्ष या युग-सापेक्ष है, वह सनातन महत्त्व की कैसे हो सकती है। इसका यह अर्थ नहीं कि युग या कवि का स्वभाव काव्य को प्रभावित नहीं करता वरन मुख्य बात यह है कि आलोचना का प्रधान कर्तव्य तो यह है कि वह कृति पर ध्यान केन्द्रित करके उसके उन गुणों का उद्घाटन करे जो उसे देश एवं काल की सीमा से परे ले जाकर मानव की स्थायी निधि के रूप में स्थापित करते हैं। नयी समीक्षा इन शाश्वत तत्त्वों की खोज कविता की वस्तुपरक स्थिति में करने का प्रयास करती है, उसकी विशेषताओं द्वारा ही कविता के उत्कर्ष को समझाने का प्रयास करती है।

विरोधाभास व अनेकार्थता

कविता में विरोधाभास एवं अनेकार्थता के तत्त्व महत्त्वपूर्ण हैं। इनके द्वारा कवि ऐसी भाषा का प्रयोग करता है जो जटिल एवं विविध अर्थ-छवियों को व्यंजित करती हुई रचना को समृद्ध बनाती है। इसकी व्याख्या करते हुए डेविड डैचिज ने 'क्रिटिकल एप्रोचिज टु लिट्रेचर' में लिखा है–'कविता जिस विरोधाभास और द्वन्यर्थता के साथ किसी स्थिति को अभिव्यक्त करती है, उसे रेखांकित करने के लिए नये आलोचकों ने कविता की अपनी परिभाषा को और भी संकीर्ण कर दिया है। ये अलोचक कविता को गहराई के साथ और सूक्ष्म दृष्टि से बढ़ने की महत्ता पर बल देते हैं ताकि उसकी व्यंग्यात्मक अर्थ-छायाएँ और विरोधाभासपरक विवक्षाएँ स्पष्ट हो जायें क्योंकि समुचित काव्याख्यान के लिए वे उन्हें अनिवार्य मानते हैं।'[1]

1. डॉ. राजकुमार कोहली (सम्पादक), 'पाश्चात्य काव्यशास्त्र, सिद्धान्त और वाद', पृ.353-54

इसी प्रकार कविता में व्यंग्य, प्रतीक एवं रूपक को भी महत्त्वपूर्ण माना गया है। व्यंग्य की योजना के द्वारा कवि रचना में चमत्कार पैदा करता है और साथ ही व्यंग्य अनुभव की कुटिलता की अभिव्यक्ति करता है। प्रतीक एवं रूपक के प्रयोग के द्वारा कवि कृति में अर्थगर्भितता की तथा साथ ही अनेकार्थता की उपलब्धि करता है। महादेवी के गीतों में 'दीप' के प्रतीक की व्याख्या करने पर स्पष्ट होता है कि यहाँ लौकिक अर्थ (अन्धकार को दूर करके प्रकाश फैलाना, जिसमें पथिक सही रास्ते पर आगे बढ़ता रह सकता है), आध्यात्मिक अर्थ (दीपक पूजा का अनिवार्य उपकरण है तथा आराध्य की प्रतिमा को आलोकित करता है, साथ ही अग्नि पवित्र मानी गयी है जो मानव के उपहार देवताओं तक पहुँचाती है) तथा करुण का अर्थ (दीपक स्वयं जलकर, नष्ट होकर वातावरण को आलोकित करता है) सभी व्यंजित होते हैं। ये अर्थ एक प्रतीक में सिमटे हुए हैं। साथ ही सूक्ष्मता से विचार करने पर स्पष्ट हो जाता है कि ये सभी अर्थ मान्य हैं तथा ये सभी अर्थ महादेवी के अनुभव की जटिलता को, उसके अनेक आयामों को व्यक्त करते हैं। इसी प्रकार रूपक भी जटिल अर्थ को सहज ही अभिव्यक्त कर देता है। ये सभी अर्थ परस्पर असम्बद्ध हैं, मगर रचना में सब घुलमिल जाते हैं तथा काव्य की जटिलता को सौन्दर्य से विभूषित करते हैं।

संरचना

कविता की जटिलता, समग्र रचना की जटिलता, इन सभी तत्त्वों की जटिलता के संयोग से, आघात-प्रतिघात से निर्मित होती है। उनके आन्तरिक सम्बन्धों की परख, उनकी अन्तरंग अन्विति की खोज में ही आलोचना की सार्थकता है। अन्तरंग संरचना के मूल्य के अन्तर्गत सम्पूर्ण जीवन के अनुभव का कोई भी अंश काव्य का कथ्य बन सकता है। मगर वह कथ्य सम्पूर्ण काव्य की संरचना का अन्तरंग तत्त्व होना चाहिए। विविध तत्त्वों को परस्पर समंजित करना विशेष कौशल की अपेक्षा रखता है क्योंकि इस समंजन को शोध में निरन्तर द्वन्द्व का सामना करना होता है, उसका परिहार करना होता है। रॉबर्ट पेन वारेन ने संरचना के विषय में कहा है :

'कविता में कोई एक विशेष तत्त्व निहित नहीं रहता वरन वह पारम्परिक सम्बन्धों के एक विधान पर, एक संरचना पर, निर्भर करती है, जिसे हम कविता कहते हैं।... अब प्रश्न उठता है : ऐसी संरचना में कौन-से तत्त्वों का प्रयोग नहीं किया जा सकता? मेरा उत्तर है कि मानव-अनुभव में जो कुछ उपलब्ध हो, उसमें से किसी तत्त्व का कविता से बहिष्कार नहीं किया जा सकता।... इसका यह भी अर्थ हो सकता है कि सब चीजें समान हों तो कविता की महानता उस अनुभूति-क्षेत्र के प्रसार पर निर्भर करती है जिसमें काव्यकार की सहज गति हो।

'क्या हम काव्य-संरचना के स्वरूप के विषय में कोई सामान्य सूत्र बना सकते हैं? पहले तो इसमें हर स्तर पर प्रतिरोध होंगे। कविता की लय और भाषा की लय में द्वन्द्व होता है। लय की सरूपता और भाषा की रूपहीनता में द्वन्द्व होता है, विशेष और सामान्य में, मूर्त-अमूर्त में द्वन्द्व होता है—सरल से सरल रूपक के अवयवों में यही द्वन्द्व होता है, रूपवान और कुरूप में होता है, विचारों में होता है...व्यंग्य में निहित तत्त्वों में होता है, गद्यात्मकता और पद्यात्मकता में होता है।...

'अच्छी कविता की रचना ऐसी होती है कि उसके तत्त्वों की क्रिया-प्रतिक्रिया से अर्थ-जटिलता उत्पन्न होती है, जिसके द्वारा कवि अपनी अन्तिम अभिव्यंजना तक पहुँचता है। व्यंग्य और विरोधाभास इसलिए महत्त्वपूर्ण होते हैं कि वे ऐसी युक्तियाँ हैं जिनके द्वारा उन सब दृष्टिकोणों का समावेश हो जाये, या कम से कम उन्हें हिसाब में ले लिया जाये जो कवि के अपने दृष्टिकोण पर आघात कर सकते हैं।'[1]

इस प्रकार नयी समीक्षा काव्य के विश्लेषणजन्य चिन्तन को केन्द्र नहीं बनाती, वरन उसकी दृष्टि में संश्लेषण में केन्द्रित समीक्षा ही कृति की सही समीक्षा है। नयी समीक्षा का ही एक रूप शैली विज्ञान है जिसमें भाषा-विज्ञान की अवधारणाओं का उपयोग करते हुए काव्य को भाषा की एक विधा मानकर उसका विश्लेषण किया जाता है। शैली वैज्ञानिक की दृष्टि में काव्य का कथ्य भी यथार्थ जीवन के कथ्य से गुणात्मक रूप में भिन्न है क्योंकि कविता की वस्तु सर्जनात्मकता के व्यापार से जन्मी है और यह सर्जनात्मक व्यापार कृतिकार का है, कवि का है। यहाँ इस बात के विश्लेषण की अपेक्षा नहीं होती कि सर्जनात्मक व्यापार का रूप क्या है। इतना कहना ही पर्याप्त समझा जाता है कि व्यक्ति की रचनात्मकता में उपजा हुआ काव्य का कथ्य, जिस रूप में, जिन शब्दों में वह सँजोया गया है, सँवारा गया है, वह यथार्थ जीवन से भिन्न हो जाता है।

इस सन्दर्भ में दो पक्षों पर ध्यान जाता है। पहली बात तो यह कि नयी समीक्षा के अनुसार जीवन का कोई भी अनुभव काव्य में अभिव्यक्त किया जा सकता है। इस दृष्टि से काव्य-वस्तु के विस्तार की कोई सीमा नहीं है। मगर काव्य में वर्णित रूप या व्यापार हू-ब-हू जीवन के रूप या व्यापार का प्रतिबिम्ब नहीं माना जा सकता। ऐसा मानने का अर्थ होगा, यान्त्रिक अनुकृति को स्वीकार कर लेना। काव्य के रचना व्यापार के माध्यम से व्यक्त होकर वह रूप या व्यापार विशिष्ट हो जाता है, काव्यात्मक हो जाता है। यद्यपि लौकिक रूप आदि से उसकी समानता बनी रहती है, मगर फिर भी उसकी विशिष्टता को स्वीकार करना ही होगा। दरअसल यह समानता ही, काव्यवस्तु और लौकिक वस्तु की समानता ही, कभी-कभी भ्रम में डाल देती है और दोनों के सूक्ष्म एवं बुनियादी अन्तर को समझने में बाधक

1. डॉ. राजकुमार कोहली (सम्पादक), उपर्युक्त, पृ. 354-55

बनती है। दूसरी बात यह है कि काव्य का रूप या व्यापार भाषाबद्ध है और इस भाषाबद्धता के कारण वह लौकिक रूप या व्यापार से भिन्न हो जाता है। इस भाषाबद्धता के स्वरूप को भी ठीक-ठीक समझना आवश्यक है। भाषा ऊपर से डाला गया आवरण नहीं है। शब्द और अर्थ की अभिन्नता की मान्यता अत्यन्त प्राचीन है और कविता के सन्दर्भ में यह और भी महत्त्वपूर्ण हो जाती है; क्योंकि कवि का रचनात्मक व्यापार काव्यवस्तु को ही निरूपित नहीं करता, काव्यवस्तु और शब्द को एक साथ निरूपित करता है। शब्द और कथ्य अभिन्न रूप से सर्जना-प्रक्रिया से गुजरते हुए कविता का रूप धारण करते हैं। इसलिए कविता में विश्लेषण द्वारा हम तत्त्वों का—शब्द, प्रतीक, बिम्ब, लय, छन्द आदि का अनुसंधान करते हैं। ये सभी तत्त्व एक सजग सर्जना से उद्भूत होने के कारण आन्तरिक रूप से सम्बद्ध हैं, परस्पर एक-दूसरे को प्रभावित करते हुए, सम्पूर्ण रचना की सृष्टि करते हैं। शब्दों में क्रम को ही लीजिए। इस क्रम के द्वारा भी रचना की मूल संवेदना की अभिव्यक्ति होती है। प्रसाद 'कामायनी' में इड़ा का वर्णन करते हुए कहते हैं—

बिखरीं अलकें ज्यों तर्क-जाल

इसमें शब्दों के क्रम के महत्त्व को सरलता से समझा जा सकता है। आरम्भ के दोनों शब्दों का क्रम बदला जा सकता था। उस रूप में पंक्ति यह होती :

अलकें बिखरीं ज्यों तर्क-जाल

इस परिवर्तन से मात्रा आदि का अन्तर नहीं आता, न लय ही टूटती है, मगर फिर भी दोनों की मूल संवेदना भिन्न हो जाती है। 'बिखरी' शब्द का सबसे पहले प्रयोग इस बात का संकेत करता है कि कवि बिखराव को रेखांकित करना चाहता है, वह बिखराव जो आगे चलकर इड़ा के प्रभाव से मनु के जीवन में, मनु द्वारा निर्मित व्यवस्था में उगता है तथा जो बिखराव बौद्धिकता के अतिरेक से पैदा होता है। 'अलकें' शब्द पहले आने का अर्थ यह होगा कि कवि का ध्यान 'अलकों' के वर्णन पर, इड़ा के सौन्दर्य-वर्णन पर केन्द्रित है। इस प्रकार 'बिखरी' शब्द का प्रयोग पहले होने से यह पंक्ति इड़ा के चरित्र को, इड़ा द्वारा मनु के जीवन में उत्पन्न होने वाले बिखराव को तथा कामायनी की मूल बुद्धि विरोधी चेतना को सहज ही व्यंजित कर देती है।

ऊपर के उद्धरण में सर्जनात्मकता द्वारा द्वन्द्वों के समाहार की बात की गयी है। यह विचार सहसा कॉलरिज के कल्पना-सिद्धान्त का स्मरण करा देता है। कॉलरिज ने कल्पना को सर्जनात्मक मानने के साथ-साथ उसे विरोधों का सामंजस्य करने वाली शक्ति माना है क्योंकि वह कविता में वस्तुपरकता और विषयपरकता का तथा विचार एवं भाव के द्वन्द्व का समाहार करती है। साथ ही संरचनात्मक एकता की बात भी कॉलरिज ने कल्पना द्वारा निर्मित कृति की सावयविक एकता के प्रतिपादन द्वारा की है। कविता में सभी तत्त्व पृथक-पृथक सत्तायुक्त से प्रतीत

होते हुए भी परस्पर सम्बद्ध और अन्तरंग रूप से जुड़े रहते हैं। इस प्रकार कविता के अन्तर्गत भेद में अभेद या अभेद में भेद की स्थिति लक्षित होती है।

कविता के विविध तत्त्वों के परस्पर सक्रिय सम्बन्ध को इस रूप में समझा जा सकता है। पाठक किसी कविता को पढ़ता है तो इस पढ़ने में एक क्रम होता है, और वह कविता के पहले शब्द से लेकर अन्तिम शब्द को एक-एक करके पढ़ता जाता है। वह जो पहला शब्द पढ़ता है तो उसकी संवेदना को ग्रहण करता है। दूसरा शब्द पढ़ते समय वह न केवल इस दूसरे शब्द की संवेदना ग्रहण करता है वरन यह संवेदना पहले शब्द की संवेदना द्वारा नियन्त्रित होती है तथा पहले शब्द की संवेदना को भी परिमार्जित या परिवर्द्धित करती है। यह क्रम शब्द दर शब्द, वाक्य दर वाक्य चलता रहता है। जब तक वह कविता का अन्तिम शब्द पढ़ता है तब तक कविता में आये सभी तत्त्व शब्दों के माध्यम से निरन्तर सक्रिय रहते हुए, एक-दूसरे को प्रभावित-नियन्त्रित करते हुए कविता की समग्रता को ग्रहण करता है। इस प्रकार कविता की समग्रता में विविध तत्त्व एवं उन तत्त्वों के आन्तरिक सम्बन्धों के महत्त्व के बारे में कोई सन्देह नहीं रह जाता।

मूल्यांकन

नयी समीक्षा ने सापेक्षवादी आलोचना-दृष्टियों का विरोध करके काव्य के स्वतन्त्र अस्तित्व की स्थापना की तथा उसके वस्तुपरक अध्ययन की अनिवार्यता को रेखांकित किया। वस्तुपरक अध्ययन वस्तुतः भाषागत अध्ययन ही है। यद्यपि अनेक प्राचीन काव्य-दृष्टियों में भी काव्य की भाषा तथा उसके विविध तत्त्वों के अध्ययन पर पर्याप्त बल दिया गया है, मगर नयी समीक्षा ने आलोचना को भाषागत अध्ययन में ही केन्द्रित करके काव्य की समग्रता को एक नवीन स्तर पर, भाषा के स्तर पर अध्ययन करने की प्रणाली के विविध अंगों की व्याख्या की। इस प्रकार नयी समीक्षा के महत्त्व के बारे में सन्देह नहीं हो सकता।

इसके साथ ही नयी समीक्षा तथा विज्ञान की सीमाएँ भी स्पष्ट हैं। पहली बात तो यह है कि कवि की भाषा में सर्जनात्मकता मिश्रित रहती है, मगर यह भाषा एक व्यापक भाषा पर आधारित होती है, जो सामाजिक संस्था होने के नाते युग जीवन के अनुरूप ही विशेषताओं से युक्त होती है, विशेषताओं की सम्भावनाओं से युक्त होती है। इसलिए युग-सापेक्षता की दृष्टि को भाषिक संरचना की मान्यता में भी पूर्णतः अस्वीकार नहीं किया जा सकता। यही कारण है कि प्रायः एक युग विशेष में विकसित काव्यभाषा की कुछ सामान्य विशेषताओं को लक्ष्य किया जाता रहा है। शब्द और बोध अगर सम्पृक्त हैं तो वे कविता के स्तर पर ही सम्पृक्त नहीं हैं, व्यवहार और जीवन के स्तर पर भी सम्पृक्त होते हैं। इस सम्पृक्त में ही

यह सत्य निहित है कि संवेदना या बोध का स्वरूप, सामाजिक परिस्थितियों द्वारा, नये आविष्कारों तथा उनके प्रभावों द्वारा निर्धारित होता है और उसके अनुरूप भाषा का विकास होता है। यदि बोध और शब्द का युगपत् विकास भी माना जाये, तो भी समाज में होने वाले परिवर्तनों को, युग के सन्दर्भ को कैसे अस्वीकार किया जा सकता है।

उदाहरण के लिए विज्ञान की नवीनतम उपलब्धि अन्तरिक्ष पर विजय है। अन्तरिक्ष पर विजय जब प्राप्त हो गयी, मानव ने जब चाँद की धरती पर कदम रखा, उससे पहले ही अन्तरिक्ष-बोध का उदय हो चुका था क्योंकि यह सम्भावना तो काफी अर्से से लक्षित हो रही थी। और इस बोध के उदय ने नयी अभिव्यक्ति को, नये बिम्बों एवं प्रतीकों को जन्म दिया या उनको जन्म देने की क्षमता इस बोध में थी। इसलिए भाषा के स्तर पर भी युग-सत्य को स्वीकार करना अनिवार्य है। इस अनिवार्यता का दूसरा पक्ष यह है कि काव्य का कथ्य भी युग-जीवन द्वारा निर्धारित होता है। इसलिए किसी भी स्तर पर युग-सत्य को अस्वीकार नहीं किया जा सकता।

इस सन्दर्भ में एक बुनियादी सवाल पैदा होता है आलोचना के लक्ष्य का। क्या आलोचना का लक्ष्य कृति के जटिल सम्बन्धों की अभिव्यक्ति मात्र है, या इससे भिन्न भी आलोचना का कोई लक्ष्य होता है? दरअसल यह सवाल काव्य के लक्ष्य के सवाल से जुड़ा हुआ है। नयी समीक्षा तथा शैली विज्ञान जिस प्रकार की आलोचना को आदर्श मानते हैं, वह आलोचना सामान्य पाठक के लिए नहीं है। इस आलोचना का क्षेत्र सीमित है—एक सीमित दायरे तक, शिक्षित वर्ग तक, एकेडेमिक सर्किल तक ही इसकी पहुँच है। इस दृष्टि से नयी समीक्षा या शैली विज्ञान आधुनिक स्तर पर रीतिकालीन काव्य-दृष्टि का ही पुनरागमन है। रीतिकालीन काव्य भी अभिजात वर्ग के लिए है और रीतिकालीन समीक्षा के विषय—नायक-नायिक भेद, अलंकार, गुण आदि का बोध भी अभिजात वर्ग तक ही सीमित रहा है। मगर एक दृष्टि से रीतिकालीन काव्य-दृष्टि सहृदय को स्वीकार करती हुई अधिक यथार्थ हो जाती है जबकि नयी समीक्षा एवं शैली विज्ञान की दृष्टियाँ सहृदय को भी अस्वीकार करने के कारण अधिक जटिल एवं कृत्रिम बन जाती हैं, जिनकी समझ की योग्यता और अधिकार बहुत कम गिने-चुने व्यक्तियों को ही होता है। इस प्रकार ये काव्य-दृष्टियाँ आलोचना में कलावादी प्रवृत्ति को ही अभिव्यक्त करती हैं।

नयी समीक्षा एवं शैली विज्ञान की विधि जीवन एवं काव्यवस्तु, जनभाषा तथा काव्यभाषा के अन्तर को इतना अधिक बुनियादी मानती है कि वह विधि मूलतः अवैज्ञानिक बनकर रह जाती है। नयी समीक्षा में भी समीक्षक की दृष्टि के अनुसार भेद दिखाई देता है। किसी समीक्षक के अनुसार एक मूल्य महत्त्वपूर्ण है तो किसी

समीक्षक के अनुसार दूसरा मूल्य। यही बात शैली विज्ञान के बारे में भी कही जा सकती है। इस अन्तर का कारण यही है कि काव्य पूर्ण रूप से तटस्थ एवं वैज्ञानिक अध्ययन का विषय हो ही नहीं सकता क्योंकि कविता को चाहे ये लोग सहृदय-सापेक्ष न मानें, वह आलोचक-सापेक्ष तो है ही। और यदि काव्य की समीक्षा और काव्य के मूल्य समीक्षक-सापेक्ष हैं तो उन्हें सहृदय-सापेक्ष मानने में आपत्ति क्यों की जाती है?

वस्तुतः नयी समीक्षा एवं शैली विज्ञान में वस्तुपरकता का आग्रह कितना ही प्रबल क्यों न हो, वह निरन्तर समीक्षक-सापेक्ष (सहृदय-सापेक्ष) रही है और इस सत्य की स्वीकृति इन दोनों दृष्टियों की व्याख्याओं में निरन्तर लक्षित होती है। उदाहरण के लिए संरचना के विवेचन में विविध तत्त्वों के आघात-प्रतिघात को, उनके आन्तरिक सम्बन्ध को लिया जा सकता है या प्रतीक आदि की अनेकार्थता को लिया जा सकता है। विविध तत्त्वों के बीच सम्बन्धों का क्या तात्पर्य है? क्या यह अन्तःसम्बन्ध रचना में ही विद्यमान है या इन अन्तःसम्बन्धों की स्थिति रचना एवं समीक्षक में होने वाली रचना की प्रतिक्रिया, दोनों में है? स्पष्टतः अन्तःसम्बन्ध की स्थिति रचना में भी है और रचना से उत्पन्न होने वाले बोध में भी है, रचना की प्रतिक्रिया में भी है। दूसरा सत्य ही पहले तथ्य का प्रमाण है। मूल बात यह है कि अर्थ की स्वीकृति के बिना कविता की संरचना बेमानी है और अर्थ की स्वीकृति के लिए सहृदय की स्वीकृति अनिवार्य है। पाठक को आलोचना के क्षेत्र से निष्कासित करने के आग्रह के कारण नयी समीक्षा एवं शैली विज्ञान की दृष्टियाँ अर्थ को स्वीकार करके भी उसे पूरी तरह स्वीकार नहीं कर पातीं, इसलिए सिद्धान्त रूप में रचना की अखण्डता की स्थापना करने के बावजूद रचना को समग्र रूप में ग्रहण नहीं कर पातीं।

भाषागत भारतीय मत

यहाँ यह स्पष्ट करना आवश्यक है कि नयी समीक्षा की दृष्टि भारतीय काव्यशास्त्र में बहुत प्राचीनकाल से ही चली आ रही है। हिन्दी में तथाकथित नयी समीक्षा लिखने वाले नामवर सिंह ऐसे लोग भारतीय काव्यशास्त्र से अनिभज्ञ थे। इस अज्ञान के कारण ही वह इस पाश्चात्य आलोचना की ओर लपके। भारतीय काव्य-चिन्तन के पाँच सिद्धान्तों में से चार सिद्धान्तों का सम्बन्ध भाषा के वस्तुगत विवेचन से ही है—ये हैं अलंकार सिद्धान्त, रीति सिद्धान्त, ध्वनि सिद्धान्त और वक्रेक्ति सिद्धान्त। वस्तुतः रस-सिद्धान्त को भी भट्टनायक नयी अभिधाय कत्व, भाव कत्व और भोज कत्व को भाषा की शक्तियाँ माना है।

अध्याय-23

आधुनिकोत्तरता (उत्तर-आधुनिकता)

पिहले कुछ वर्षों से हिन्दी में उत्तर आधुनिकता की विस्तृत चर्चा हो रही है। वस्तुतः यह सोच आरम्भ तो विदेशों में हुई, मगर व्यापक महत्त्व के कारण उसके स्वरूप की समीक्षा हिन्दी में किया जाना भी स्वाभाविक था। इसके स्वरूप पर विचार करने से पहले भूमिका के रूप में कुछ महत्त्वपूर्ण सवालों पर विचार करना अनिवार्य प्रतीत होता है।

पहली बात तो यह कि पश्चिम में इस सोच के लिए 'पोस्ट माडर्निज़्म' नाम दिया गया है जिसका हिन्दी पर्याय 'आधुनिकोत्तरता' होना चाहिए, 'उत्तर आधुनिकता' नहीं, क्योंकि 'पोस्ट' का तात्पर्य है कि माडर्निज़्म (आधुनिकता) का युग समाप्त हो गया है और उसके स्थान पर एक नयी विचारधारा 'पोस्ट माडर्निज़्म' ने ले ली है। मगर वास्तविकता यह नहीं है सच तो यह है कि उत्तर आधुनिकता पर विचार करने वाले पाश्चात्य विचारकों ने आधुनिकता को, जिस रूप में वह आज दिखाई देती है या जिस रूप में उसके विकास की सम्भावनाएँ/आशंकाएँ लक्षित होती हैं, फिर से पहचानने की, उसका मूल्यांकन करने की चेष्टा की है। इसलिए कई विचारकों ने उसे आधुनिकता की नयी सोच कहा है, या आधुनिकता का अगला चरण कहा है। मैं उत्तर आधुनिकता को मूलतः आधुनिकता के गम्भीर पुनरीक्षण के रूप में देखता हूँ जिसमें मानव को केन्द्र में रखकर द्रुतगति से बढ़ती आधुनिकता को नये यन्त्र, टेक्नोलॉजी, जन विचार के दृश्य-श्रव्य माध्यमों का तेजी से विकास-विस्तार आदि के प्रभावों पर विचार किया गया है। उत्तर आधुनिकता के इस पुनरीक्षण के प्रयास में आज इक्कीसवीं शती या नयी सहस्त्राब्दि में मानव के प्रवेश एवं विकास की चिन्ताएँ भी शामिल हो गयी हैं।

यहाँ यह पूछना भी अनिवार्य है कि क्या उपर्युक्त सवाल इधर कुछ वर्षों में पैदा हुए हैं या इनकी भी कोई पृष्ठभूमि है? और यदि है तो वह क्या है?

मूल्यों का विघटन

डार्विन के विकासवाद के सिद्धान्त तथा पूँजीवाद के उदय ने वैचारिक तथा भौतिक स्तर पर—वस्तुसत्य के स्तर पर, एक संश्लिष्ट क्रान्ति का आरम्भ किया। उत्तर आधुनिकता की सोच का मूल इसी क्रान्ति में है। क्योंकि इस क्रान्ति ने मानव के सामने व्यापक एवं नवीन वैयक्तिक-सामाजिक तथ्य निर्धारित किये जिसके मूल में यह भावना या भावुकता सक्रिय थी कि व्यापक औद्योगीकरण से मानव की सारी समस्याओं का हल खोजा जा सकेगा; यहाँ तक कि कविता को भी अनावश्यक-अप्रासंगिक करार दे दिया गया (पीकॉक ने कवि की तुलना केकड़े से की जो पीछे की ओर चलता है) तथा जिसके विरोध में शैले ने प्रतिरक्षात्मक रवैया अपनाते हुए 'इन डिफेंस ऑफ पोएज़ी' की रचना की। मगर मैथ्यू आर्नल्ड तक आते-आते स्पष्ट हो चुका था कि विज्ञान एक मिश्र वरदान है, उससे मानव का हित भी हुआ है और अमंगल भी। आर्नल्ड ने ही विस्तार से इस मूल विषमता पर विचार किया कि विज्ञान ने मूल्यों का विघटन किया है तथा एक सांस्कृतिक अराजकता का युग आरम्भ हो गया है और कविता ही धर्म का स्थानापन्न होकर इस सांस्कृतिक अराजकता से मानव की रक्षा कर सकती है। उधर विकासवाद की ही दार्शनिक परिणति का एक रूप नीत्ज़े में दिखाई देता है जिसने कहा कि ईश्वर की मृत्यु हो गयी है और उसके साथ ही ईश्वर पर आधारित नैतिकता—सत्य, अहिंसा, सेवादि का भी अन्त हो गया है तथा सत्ता के लिए ये मूल्य निरर्थक हो गये हैं। सत्य, अहिंसा आदि तो दासों की नैतिकता है—'मोरैलिटी ऑफ दि स्लेव्ज़' तथा युद्ध, हिंसा आदि सत्ताधारियों की नैतिकता है—'मोरैलिटी ऑफ दि मास्टर्स'। हिटलर तथा अन्य फासिस्टों के उदय में यही मूल विचार सक्रिय रहा है। विश्व-स्तर पर साम्राज्यवाद तथा उपनिवेशवाद—तीसरी दुनिया का व्यापक भयानक शोषण तथा मानवघाती दो-दो विश्वयुद्ध इसी वस्तुस्थिति तथा उससे उत्पन्न वस्तुसत्य का परिणाम हैं जिसे औद्योगिक क्रान्ति यानी विज्ञान ने जन्म दिया था। आज इस वस्तुसत्य और मानसिकता का मानवद्रोही रूप उत्तर आधुनिकता का केन्द्रीय मुद्दा है। यह सोच सवाल उठाती है, विवेचन-विश्लेषण करती है मगर कोई समाधान प्रस्तुत नहीं करती।

ऐसा नहीं है कि उपर्युक्त विषमताओं को पहले के विचारकों ने नहीं पहचाना या उनके समाधान के प्रयास नहीं किये। प्रजातन्त्र तथा लोकहितकारी राज्य की स्थापना, साम्यवाद, सर्वोदय अपने-अपने ढंग से इन्हीं सवालों के उत्तर के प्रयास

हैं और एक बुनियादी स्तर पर इनमें आपसी भिन्नता और विरोध के बावजूद भी एक बुनियादी समानता है जिसके केन्द्र में है मानवमात्र का कल्याण।

उत्तर आधुनिकता पर विचार करने वालों में कहीं एक अन्य विचार भी अवचेतन रूप से ही सही—सक्रिय लगता है। मानव-समाज के इतिहास में पहली क्रान्ति तब हुई जब मनुष्य ने खेती करना सीखा—अपने श्रम से धरती को उत्पादन का साधन बनाया और सामाजिक सम्बन्धों पर आधारित एक लम्बी सामाजिक व्यवस्था का आरम्भ हुआ। इस सामन्तवाद के बाद विज्ञानजनित पूँजीवाद आया जिसने एक दूसरी क्रान्ति की जिसके चलते भौतिक जगत तथा मानव की सोच के लिए नये विकास हुए, नयी-नयी राजनीतिक व्यवस्थाएँ सामने आयीं, नयी विचारधाराएँ—प्रजातन्त्र, समाजवाद, साम्यवाद, सर्वोदय, अस्तित्ववाद, मनोविश्लेषण आदि—जन्मीं। आज इन विचारधाराओं का यों तो विघटन हो गया है, या वे अप्रासंगिक हो गयी हैं और उनके बनाए यूटोपिया—लोकहितकारी राज्य, समाजवाद, साम्यवाद, सर्वोदय आदि अविश्वसनीय हो गये। मगर इस सबके बावजूद भी विज्ञान एवं प्रौद्योगिकी बराबर असम्भावित गति से विकसित होते रहे। नाभिकीय शक्ति, सूचना विस्फोट, वैश्विक गाँव, उपभोक्ता संस्कृति आदि का विकास होता रहा। वस्तुजगत का यह विकास इतनी तेजी से हो रहा है कि मनुष्य जीवन पर पड़ने वाले उसके प्रभावों पर विचार करते हुए भी भौचक्का-सा प्रतीत होता है—आज यह हो रहा है कल क्या होगा? सवाल सबके सामने मुँहबाये खड़ा है। और इन सारे परिवर्तनों के बीच व्यापक मानव-समाज का क्या होगा—उस अपार जनसंख्या का क्या होगा जिसको मानव-जीवन की बुनियादी आवश्यकताएँ—रोटी, कपड़ा, मकान, शिक्षा आदि उपलब्ध नहीं हो पा रहे हैं। सत्ताधारी वर्ग के पास अनन्त शक्ति है मगर शेष मानव-समाज उस सत्ता का उपकरण भर बनकर रह गया है। मध्यवर्ग के लिए धन के अभाव की समस्या से बड़ी समस्या अधिक और अधिक धन पाने की समस्या प्रधान हो गयी है और निम्नवर्ग हमेशा की तरह हाशिए पर है या केन्द्र से दूर जा गिरा है—चाहे वह विकसित देशों का आदिवासी या नीग्रो है और चाहे वह विकासशील देशों का आम आदमी। जैसे-जैसे सत्ताधारी वर्ग अधिक और अधिक समृद्ध होता जा रहा है, वैसे ही वैसे शेष समाज उपेक्षा एवं हीनता का पात्र बनता जा रहा है। मार्क्स की भविष्यवाणी गलत साबित हुई—विश्व के मजदूर तो एक नहीं हुए मगर विश्व के उद्योगपति एक हो रहे हैं—बहुराष्ट्रीय कम्पनियाँ इतनी अधिक सशक्त होती जा रही हैं कि उनके सामने राजनीतिक सत्ता भी विवश होती प्रतीत हो रही है। राजनीतिक सत्ता आर्थिक सत्ता से नियन्त्रित हो रही है और प्रजातन्त्र—जनता का, जनता द्वारा, जनता के लिए बनाया गया तन्त्र—सत्य और अहिंसा की तरह एक यूटोपिया बनकर रह गया है।

विज्ञान-जनित विषमता

विज्ञान, धर्म की तरह एक अभिशप्त वरदान सिद्ध हुआ। विज्ञान का वरदान रूप तो हमारे सामने है मगर विज्ञान का अभिशाप रूप जो दो विश्वयुद्धों और हिरोशिमा और नागासाकी के आणविक ध्वंस से आरम्भ हुआ था, वह कितना घातक और विध्वंसक हो सकता है, इसका अनुमान लगाना कठिन है—ध्वंस के आत्मघाती वरदान के रूप में विज्ञान मानव-समाज का कितना विनाश करेगा, यह आज के विचारक के सामने विकराल प्रश्न है। विज्ञान और प्रौद्योगिकी की इस प्रखर आन्तरिक गत्यात्मकता के सामने मानव अपने आप को बेबस महसूस कर रहा है। जनसंचार के माध्यमों ने जहाँ हमारी जानकारी को विस्तृत किया है, वहाँ उन्हीं माध्यमों का उपयोग करने वाली सत्ता जनसाधारण की मानसिकता को, उसकी जीवन-शैली को नियन्त्रित करते हुए अपनी अनुकूल दिशा की ओर बढ़ा रहे हैं। स्वाधीनता का मुखौटा पहनकर सत्ता मानव को अमानवीकृत कर रही है। इसीलिए कुछ विचारकों ने इतिहास के अन्त की घोषणा कर दी—यानी अब आगे किसी प्रकार की नयी क्रान्ति की कोई सम्भावना नहीं रही। जो होना था हो चुका। अब इस अन्धी सुरंग में चलते रहना ही मनुष्य की नियति है।

सूचना क्रान्ति ने एक तीसरी संस्कृति को जन्म दिया—लोकप्रिय संस्कृति—मास कल्चर। पहले लोकसंस्कृति थी, शिक्षित संस्कृति थी, अब इन दोनों में लोकप्रिय संस्कृति और जुड़ गयी। नहीं, वही प्रधान हो गयी। लोकप्रिय संस्कृति, सूचना क्रान्ति और उपभोक्ता संस्कृति का गहरा सम्बन्ध है। सूचना क्रान्ति से ही लोकप्रिय संस्कृति का जन्म, प्रचार-प्रसार सम्भव हो पाया है और आज करोड़ों इनसान इन लोकप्रिय कार्यक्रमों को घर बैठे अपने-अपने टेलीविजनों पर दिन भर चाहे-अनचाहे देखते रहते हैं। और इन सभी कार्यक्रमों ने संस्कृति को भी एक क्रय-विक्रय की वस्तु बना दिया है जिसका अन्तरंग हिस्सा है विज्ञापन—विज्ञापन जो उपभोक्ता संस्कृति की धुरी है। विज्ञापनों की भरमार देखकर अब तो यह लगने लगा है कि धारावाहिक में विज्ञापन नहीं आते बल्कि विज्ञापनों के बीच धारावाहिक आते हैं। और जो धारावाहिक जितना अधिक लोकप्रिय होता है, उसे उतने ही अधिक विज्ञापन मिलते हैं, वह उतनी ही अधिक देर तक चलता है और वह उतना ही अधिक उपभोक्ता संस्कृति को व्यापक तथा आकर्षक बनाता रहता है। दरअसल लोकप्रिय संस्कृति, संस्कृति का ही उपभोक्तावादी रूप है और इस रूप का प्रभाव मुद्रित माध्यम पर भी—अखबारों पर भी देखा जा सकता है। राष्ट्रीय अखबारों में भी उच्चवर्ग के उपयोग की नयी-नयी वस्तुओं का व्यापक पैमाने पर विज्ञापन होना शुरू हो गया है और इन अखबारों में भी विज्ञापन अधिक और खबरें कम होती जा रही हैं।

लोकप्रिय संस्कृति

लोकप्रिय संस्कृति एक स्थायी सच है जिसे नकारा नहीं जा सकता। आखिर चन्द्रकान्ता, भूतनाथ, गुलशन नन्दा भी तो चले और खूब चले। मगर यहाँ बुनियादी महत्त्व है समय और उपलब्धि का। टेलीविजन में ये धारावाहिक या पॉप रैप गाने, तथा तरह-तरह के नए उभरते नाच इनसान का बहुत अधिक समय खा जाते हैं—कामकाज से बचे लगभग सारे समय को ही खा जाते हैं। ऐसी हालत में मुद्रित माध्यम का भविष्य क्या है? यह सवाल एक गहरी चिन्ता का विषय बन गया है। इस सवाल को दो रूपों में देखना चाहिए—विकसित देशों के इनसान के सन्दर्भ में तथा विकासशील देशों के इनसान के सन्दर्भ में। वैसे तो इन दोनों रूपों में समूचे उत्तर आधुनिकतावाद पर भी विचार करना अनिवार्य है (जो अभी तक नहीं हुआ) मगर उपर्युक्त लोकप्रिय संस्कृति के सीमित सन्दर्भ में तो इस पर विचार हो भी रहा है। विकसित देशों में जहाँ कभी टेलीविजन को मूर्ख पिटारी—ईडियट बॉक्स—कहा जाता था, अब फिर से मुद्रित शब्द का विकास होता दिखाई देता है, मगर तीसरी दुनिया के समाजों में तो मुद्रित शब्द प्रचार पहले भी सीमित था और अब भी सीमित ही है। मगर ज्यादा बुनियादी सवाल यह है कि लोकप्रिय संस्कृति के घर-घर में प्रचार का प्रभाव आने वाली पीढ़ी पर क्या पड़ेगा। यह सवाल इसलिए भी बहुत महत्त्व का है कि बचपन से ही लोकप्रिय संस्कृति का प्रभाव पड़ना आरम्भ हो जाता है तथा युवावस्था तक तो वह बहुत गहरा हो जाता है। आज भारत में दूरदर्शन पर तो शास्त्रीय या अर्धशास्त्रीय गायन-वादन लुप्त होते जा रहे हैं। यह एक विचित्र संयोग है कि जैसे-जैसे इनसान की औसत आयु बढ़ती जाती है, (आदिम युग में वह 18 से 20 वर्ष तक थी और आज साठ से भी अधिक है) वैसे-वैसे उसको लुभाने वाले संगीतादि की आयु कम होती जाती है। ठीक है कि यह भी विकास का एक लक्षण है, मगर जैसे पहनावे का फैशन तेजी से बदलता है, वैसे-वैसे संगीत, नृत्य आदि के रूप (फैशन) भी तेजी से बदल जाते हैं। यह बदलाव कैसे इनसान को, कैसे समाज को जन्म देगा? एक तरफ लोकप्रिय संस्कृति और दूसरी ओर संस्कृति का वह उदात्त रूप जिसके सन्दर्भ में यह कहा गया था कि साहित्य, संगीत और कलाविहीन मनुष्य बिना पूँछ या सींग का पशु है। क्या लोकप्रिय संस्कृति से बनी मानसिकता वाला मनुष्य मनुष्य और पशु के बीच की कोई चीज होगा?

इतिहास का अन्त

लोकप्रिय संस्कृति के इतने व्यापक और संगठित विकास विस्तार के साथ-साथ उत्तर आधुनिकतावादियों ने इतिहास के अन्त की घोषणा भी कर दी है। इसका

क्या अर्थ है? यह जानने के लिए 'इतिहास' के अब तक के विकसित रूप को समझना जरूरी है। यद्यपि इतिहास की विचारवादी तथा भौतिकवादी व्याख्याओं के विरोध के बावजूद भी उसकी सत्ता का निषेध नहीं किया गया था लेकिन आज उसके होने से ही इनकार किया जा रहा है—इतिहास व्यक्ति और समाज के निरन्तर विकास का संस्थागत या शास्त्रगत रूप है, मगर अब जब विकास की सम्भावना ही खत्म होती जा रही है तो इतिहास की मूल भित्ति—विकास—का भी निषेध किया जा रहा है। 'विकास' की इस भित्ति को दो रूपों में समझा जा सकता है—एक तो क्रान्ति की भित्ति है—जब इनसान ने खेती करना सीखा या मशीन से उत्पादन करना सीखा और दूसरा जब कोई नया यान्त्रिक उपकरण निर्मित हुआ—जैसे हवाई जहाज बना या अणु बम बना। पहले प्रकार की क्रान्ति की तो अब कोई सम्भावना नहीं नजर आती और दूसरी तरह के लिये बुनियादी आविष्कारों की सम्भावना भी नहीं के बराबर है—अधिक गति वाले विमान, प्रक्षेपास्त्र, नाभिकीय बम आदि तो बन सकते हैं, नयी योग्यता वाले उपग्रह या अन्तरिक्ष स्टेशन बन सकते हैं, क्लोनिंग हो सकती है, रोबोट बनाये जा रहे हैं, मगर किसी द्वितीय श्रेणी के भी आविष्कार हो सकने की सम्भावना या कल्पना नहीं की जा सकती। ऐसी स्थिति में पहले स्तर की क्रान्ति सम्भव नहीं है और जब दूसरे स्तर के आविष्कार नहीं हो सकते तो मानव समाज के विकास की, उसके आगामी इतिहास की क्या सम्भावना हो सकती है। मगर आशंकाएँ तो हो सकती हैं—भयानक प्रथम स्तर वाली क्रान्तियाँ निर्माणोन्मुख न होकर विनाशोन्मुख होंगी—जैसे सागर का जल अप्रत्याशित रूप से बढ़ जाये और धरती के विशाल खण्ड उसमें डूब जायें, ओज़ोन की दरार बढ़ जाये और कुछ देशों के सारे निवासी मर जायें या मरणासन्न हो जायें, एड्स से करोड़ों लोग मर जायें, गरीब देशों के करोड़ों लोग मलेरिया और तपेदिक से मर जायें, जहरीले विनाशक कीटाणुओं की नयी नस्लें पैदा हो जायें और उनकी निरोधक औषधियाँ समय रहते न बन पायें। उस रूप में विनाशक क्रान्ति तो हो सकती है—इतिहास के एक रूप का अन्त हो जाये और उसके क्रान्तिकारी विध्वंसक रूप का आरम्भ हो जाये। इतिहास के एक रूप का अन्त हो और इतिहास के दूसरे रूप का आरम्भ हो जाये। सूडान, इराक, अफगानिस्तान और यूगोस्लाविया पर प्रक्षेपास्त्रों से हमले इतिहास के इस दूसरे दौर के आरम्भ का, माफिया देशों द्वारा तीसरी दुनिया को रौंद डालने के एक नये क्रूर इतिहास के आरम्भ के संकेत हो सकते हैं जिसे रोक पाने में कोई समर्थ नहीं है या हो पायेगा।

आज तक के ज्ञात मानव-इतिहास में इनसानियत की मानसिकता के दो रूप साफ तौर पर पहचान में आ गये हैं—एक टार्जन रूप और दूसरा वैष्णव रूप। इन्हें दो जीवन-शैलियाँ भी कहा जा सकता है। ध्यान रहे, यहाँ 'टार्जन' या 'वैष्णव' का उपयोग देशकालातीत मानव-स्वभाव की दो अवधारणाओं के रूप में किया जा

रहा है जो हर देश तथा हर काल के इनसान में हमेशा देखी जा सकती हैं। एक का आधार शारीरिक बल है जिसे पाशविक शक्तियों का समर्थन प्राप्त है, दूसरी अवधारणा का आधार इनसान के उच्चतम आदर्शों और मूल्यों में लक्षित किया जा सकता है जो भगवान बुद्ध, सुक्रात, महात्मा ईसा, महात्मा गांधी जैसे व्यक्तियों में दिखाई देता है। विज्ञान ने जीवन की टार्जन शैली को बहुत अधिक सशक्त बना दिया है—मनुष्य की शारीरिक शक्ति के साथ मशीन की शक्ति मिल गयी है। वैसे तो विज्ञान नैतिकेतर है—अपने आप में वह तो नैतिक है न अनैतिक। मगर उसका उपयोग करने वाला मानव है और वह उसका दोनों प्रकार का उपयोग कर सकता है—वह उसका उपयोग मानव के कल्याण के लिए भी कर सकता है और उसके विनाश के लिए भी। विज्ञान ने सार्वभौम शिक्षा को सम्भव बनाया और इसका उपयोग शिक्षा के विकास विस्तार के लिए भी हुआ और विज्ञान के ध्वंस के भयानक उपकरण बनाये—हिरोशिमा तथा नागासाकी पर गिराए गये अणु बम इसका उदाहरण हैं। यहाँ यह भी ध्यान देने की बात है कि मनुष्य विज्ञान का उपयोग कर मानव के विकास के साधन (जैसे शिक्षा या स्वास्थ्य) उपलब्ध करा सकता है मगर इसका लाभ उठाने में हर व्यक्ति समर्थ हो, यह जरूरी नहीं। लाभ उठाने वालों की तुलना में लाभ उठाने में असमर्थ लोगों की संख्या कहीं अधिक है। रोग से मरने वालों की बढ़ती संख्या या निरक्षर लोगों का इतना बड़ा समुदाय इसके प्रमाण हैं मगर जहाँ तक विज्ञान से विध्वंस का सवाल है, वह अचूक और अमोघ है—अणु बम से कोई बच नहीं सकता—विज्ञान के विध्वंसक प्रभाव से कोई बच नहीं सकता। और इधर काफी अर्से से विज्ञान के विध्वंसक उपकरणों को अधिक अचूक और मारक बनाने पर बहुत धन, श्रम और प्रतिभा का व्यय हो रहा है। इतना ही नहीं, विकसित देशों में होने वाले रोगों, एड्स आदि पर बहुत अधिक धन और प्रतिभा का व्यय हो रहा है—जो एक अच्छी बात है—मगर अविकसित देशों में फैलने वाले रोगों—मलेरिया या तपेदिक पर उतना खर्च नहीं किया जा रहा है। और यह एक बहुत बड़ी विषमता तथा चुनौती है। और यह स्थिति ऐसी है जिसे समाज या राष्ट्र बदल नहीं सकते और इसलिए अमेरिका तथा रूस में हमेशा यह अन्तर बना रहेगा—बढ़ता रहेगा और यह विषमता अन्तर्राष्ट्रीय स्तर पर मानव-समाज में भयानक विषमता तथा शोषण की स्थितियाँ पैदा करती रहेगी। एशिया के शेर रातोंरात चूहे बन जायेंगे। सोमालिया और कांगों में लोग भूख से, गृहयुद्ध से विकसित देशों के साधन बनते रहेंगे, उनके नवविकसित तथा मारक विध्वंसक शस्त्रों की परीक्षण-भूमि बनते रहेंगे। यह विषमता विज्ञान के स्वभाव में है—अधिक सशक्त अधिक शक्तिशाली बनेगा और कमजोर अधिक कमजोर होता चला जायेगा। लीग ऑफ नेशन्स तथा संयुक्त राष्ट्र संघ के बावजूद भी यह विषमता कम नहीं हुई, उल्टे बढ़ गयी तथा बढ़ती जा रही है। यक तर्क दिया जा सकता है कि इसका

दोषी विज्ञान क्यों माना जाए? उत्तर यह है कि विज्ञान शून्य में स्थित नहीं है—विज्ञान मनुष्य का एक साधन है—धर्म के समान ही। देखना यह है कि विज्ञान और धर्म ने मानव का कल्याण अधिक किया है या ध्वंस।

इस दृष्टि से धर्म और विज्ञान के उपयोग में समानता है। दोनों में मानव का कल्याण करने का सामर्थ्य भी है और विनाश करने का भी। हाँ, एक अन्तर जरूर है। धर्म मूलतः नैतिकता पर स्थित है—उसकी एक आचार संहिता है। मगर इस अन्तरंग नैतिकता के बावजूद भी धर्म का व्यापक रूप से दुरुपयोग हुआ है—वह मानव के विनाश का कारण बनता जा रहा है। धर्म के नाम पर मारे जाने वालों की संख्या विज्ञान द्वारा मारे जाने वालों की संख्या से कम नहीं होगी। इतिहास साक्षी है कि जिस प्रकार आधुनिक युग में विज्ञान असंख्य हत्याओं का कारण बना है, उसी प्रकार मध्यकाल में धर्म भी हत्या का कारण बना है। कारण यह है कि विज्ञान तथा धर्म दोनों ने ही सत्ता को और मजबूत किया है और आधुनिक युग में सत्ता ने दोनों का उपयोग मानव के विरोध में भी किया है। उत्तर आधुनिकता का एक सबसे बड़ा सवाल यह है कि वैज्ञानिक शक्ति ने धर्म के जनविरोधी रूप—साम्प्रदायिकता—को बहुत अधिक सशक्त और भयानक कर दिया है। समाज में जनविरोधी तत्त्व हमेशा से रहे हैं, मगर आज विज्ञान से लेस होकर ये तत्त्व ही आतंकवाद और धार्मिक आतंकवाद के रूप में व्यापक रूप से उभरे हैं। सभी प्रमुख धर्म विज्ञान की शक्ति का सहारा लेकर मध्यकालीन जनविरोधी पक्ष को—सत्ता को अधिक आतंकपूर्ण बना रहे हैं। इसलिए वे सारे तत्त्व जो सत्ता को अधिक सशक्त बनाते हैं, आज उन पर नये सिरे से विचार करने की आवश्यकता है। उत्तर आधुनिकता इसी दिशा में एक प्रयास के रूप में देखा जा सकता है जिसका केन्द्र द्रुत गति से होने वाला औद्योगीकरण है। जनसंचार माध्यमों पर सत्ता के अधिकार ने उसे इनसान की मानसिकता को व्यापक और गम्भीर रूप से प्रभावित करने में सक्षम बना दिया है। औरवेल्यिन भविष्यवाणी एक नये रूप में सफल होती प्रतीत हो रही है। मनुष्य की यात्रा का अन्त होता प्रतीत हो रहा है। इसलिए इतिहास का अन्त एक वास्तविकता बनती जा रही है।

आधुनिक युग की देन

मार्क्स और गांधी दोनों ही आधुनिक युग की देन हैं। दोनों में जहाँ बुनियादी विरोध है, वहाँ दोनों में बुनियादी समानता भी है। अन्तर इसलिए है कि मार्क्स के केन्द्र में सिर्फ विज्ञान है जबकि गांधी ने मशीन और धर्म दोनों पर एक साथ विचार किया है। और इस विचार का केन्द्र मानव है। दोनों चिन्तकों ने विज्ञान से उत्पन्न खतरों को पहचाना। गांधी ने विज्ञान का विरोध नहीं किया,

औद्योगीकरण का विरोध किया—विज्ञान को उस सीमा तक स्वीकार किया जहाँ तक वह मानव के लिए कल्याणकारी था। मगर औद्योगीकरण अपरिहार्य था। दोनों चिन्तकों ने औद्योगीकरण से लेस सत्ता के जनविरोधी रूप को समझा। विरोधी साधनों के उपयोग के बावजूद भी दोनों विचारकों ने सत्ता के विकेन्द्रीकरण या विघटन की बात की—एक ने सर्वोदय का सिद्धान्त स्थापित किया, दूसरे ने साम्यवाद का, एक ने पंचायती राज के रूप में सत्ता को जनता के हाथ में पहुँचाया और दूसरे ने यही कार्य कम्यून के रूप में प्रस्तुत किया। सर्वोदय तथा साम्यवाद दोनों ही यूटोपिया बनकर रह गये और दोनों के देशों में सत्ता निरन्तर अधिक शक्तिशाली होती रही।

उत्तर आधुनिकता के चलते साहित्य पर विचार करने की एक नयी दृष्टि देने की कोशिश की गयी, जिसमें पाठ तथा उपपाठों की चर्चा की जाती है। जहाँ तक नयी समीक्षा का प्रश्न है, जो काव्य को भाषिक संरचना मानती है, वह लघु काव्य रूपों के लिए तो कुछ सीमा तक प्रासंगिक है मगर बड़े काव्य रूपों के विश्लेषण में उसकी सीमाएँ स्पष्ट हैं। उपन्यास, महाकाव्य या नाटक में उसकी सार्थकता स्पष्ट रूप से संदिग्ध है। वैसे नयी समीक्षा की अन्य सीमाएँ भी रही हैं। मगर हिन्दी में पाश्चात्य अनुकरण की जो प्रवृत्ति बाबू श्यामसुन्दर दास में दिखाई देती है—जो उस युग के ऐतिहासिक सन्दर्भ को देखते हुए उपयोगी और सार्थक थी—वह अभी तक चली आ रही है और बिना उसकी सार्थकता के विवेचन के चली आ रही है। लेकिन जब पश्चिम में नयी समीक्षा की सीमाओं का संकेत किया जा रहा है तो शैली विज्ञान की तरह अब यहाँ भी नयी समीक्षा का अन्त हो गया है। जहाँ नयी समीक्षा में कृति की अखण्डता और अन्तःसम्बन्धों के अन्वेषण पर बल था, वहाँ विखण्डन में कृति की समग्रता को खण्डित कर उपपाठों के रूप में देखने की रीति पर बल दिया जा रहा है जो एक सीमा तक उपयोगी हो सकती है और चाहे सिद्धान्त न बने हों मगर उसका उपयोग होता रहा है। उपपाठ तथा प्रसंग या गौण कथाओं की स्थिति में समानता दिखाई देती है। अन्तर यह है कि एक भाषा पर प्रधान बल देती है और दूसरी वस्तु पर, मगर कृति तो वस्तुतः न शब्द है और न ही अर्थ है वरन विशिष्ट अर्थ से युक्त शब्द है। इसलिए कृति को शाब्दिक संरचना मानने में अर्थ का निषेध नहीं है, अर्थ के वैशिष्ट् की स्वीकृति है—अर्थ यानी कथ्य। इसलिए विखण्डन भी उसी प्रकार एक अधूरी प्रक्रिया है जैसे कृति की अखण्डता। कृति को उपपाठों या खण्डों में विभाजित कर उसकी अखण्डता की पहचान हो या उसकी अखण्डता को केन्द्र में रखकर उसके खण्डों या उपपाठों पर विचार हो, दोनों ही स्थितियों में कृति की अखण्डता—उसके शब्दों, उपपाठों या प्रकरणों के स्वतन्त्र गहन विश्लेषण के साथ-साथ उनके परस्पर सम्बन्धों तथा आन्तरिक अन्विति की समझ ही लक्ष्य है। यहाँ खण्डित मानव या खण्डित जीवन

तथा अखण्ड समाज या समष्टि की स्थितियों का प्रतिबिम्ब देखा जा सकता है।

राष्ट्रीय अस्मिता का सवाल

उत्तर आधुनिकता के स्वरूप पर विचार करते हुए एक धरती तथा भूखण्डों या अलग-अलग राष्ट्रों की स्थिति पर विचार करने की चुनौती भी शामिल है। एक ओर तो पश्चिम के अत्यन्त विकसित देशों के सामने भावी समाज के स्वरूप से सम्बद्ध अनेक प्रश्न हैं जहाँ टार्ज़न मानसिकता को मशीन की अनन्त शक्ति ने और भी प्रखर बना दिया है तथा कालगति के बदलाव में बहुत तेजी पैदा करती है और दूसरी ओर भारत जैसे विकासशील देशों में उत्तर आधुनिकता के दर्शन के स्वरूप की समस्याएँ और प्रकार की हैं। यहाँ उत्तर आधुनिकता, आधुनिकता, मध्यकालीनता, सभी का विचित्र त्रासद संगम है। भूमण्डलीय गाँव भी एक कोरी कल्पना है और एक छलावा भी। उत्तर आधुनिकता के आवरण में उत्तर उपनिवेशवाद तथा उत्तर साम्राज्यवाद का जाल फैलाया जा रहा है। तीसरी दुनिया के चिन्तकों को अपनी स्थिति एवं चुनौती पर मौलिक रूप से विचार करना होगा, नयी अवधारणाओं का विकास करना होगा तथा एक मौलिक सोच का आरम्भ करना होगा जिसके फिलहाल कोई आसार नहीं दिखाई देते।

उत्तर आधुनिकता इस सत्य का प्रमाण है कि आज जीवन के भौतिक तथा आचारगत रूपों में निरन्तर बढ़ता हुआ असन्तुलन एवं विषमता, वैष्णव मानसिकता, (वैष्णवजन तो तेने कहिए जे पीर परायी जाणे रे) और टार्ज़न मानसिकता की अनन्त शारीरिक बर्बर शक्ति तथा सत्ता के अन्धे मोह के संघर्ष से उत्पन्न इतिहास (मानवता के विकास?) के अन्त की घोषणा मानवीय अस्मिता के लिए जो संकट उत्पन्न कर रहे हैं, उसके प्रति मनुष्य को आगाह किया जाये। उत्तर आधुनिकता एक चुनौती है, समाधान नहीं, जीवन के सन्तुलन का क्षरण है, कोई निदान नहीं, तथा मानव की यात्रा में आने वाला एक ऐसा दौर है जो अप्रत्याशित खतरों से आक्रान्त है। यह आने वाले कल की आज की चिन्ता है—एक ऐसा कल जिसका आना निश्चित भी नहीं है। मनुष्य इस अनिश्चय का सामना करने से डर रहा है इसलिए भावी के बारे में ऊलजलूल कल्पनाएँ कर रहा है जिनके मूल में उसकी जिजीविषा है। वह नाभिकीय ध्वंसक युग के खतरों से या तो आँखें बन्द कर रहा है या उनका खुलकर विरोध करने में अपने आपको समर्थ या योग्य नहीं पाता। नाभिकीय शस्त्रों से लेस हिंस्र देशों के खिलाफ वह आवाज नहीं उठा सकता क्योंकि वह उनका जरखरीद गुलाम है, या उनका एजेंट है या उनका अनुकर्त्ता है। यन्त्र का, नाभिकीय शक्ति का दानव धीरे-धीरे बोतल से निकल रहा है और उस दानव के सामने मानव बेबस है। आज मनुष्य स्वयं

अपने भाग्य का निर्माता नहीं, आज देश भी स्वयं अपने भाग्य के निर्माता नहीं रहे। दानवी वृत्तियाँ सशक्त हो रही हैं, हो चुकी हैं, आम आदमी मर रहा है, मरता चला जा रहा है, सत्ता सघन तथा केन्द्रीकृत होती जा रही है और काल की इस धारा को रोकने में कोई समर्थ दिखाई नहीं देता। आज विश्व के अनेक चिन्तक, उत्तर आधुनिकतावादी चिन्तक भी मानने को बाध्य हो रहे हैं कि महात्मा गांधी को इन खतरों का एहसास था और उन्होंने जीवन का एक विकल्प प्रस्तुत करने का प्रयास किया था। लेकिन आज वैकल्पिक जीवन-शैली की बात करना खोखला लगता है, निरर्थक और अप्रासंगिक लगता है। व्यापक हिंसा का आतंकपूर्ण वातावरण बन रहा है, छोटे-छोटे गृहयुद्ध हो रहे हैं और शस्त्रों के बनाने वाली बहुराष्ट्रीय कम्पनियों के इशारों पर चलने वाले सत्तालोलुप अधिकारी इस हिंसा को हिंसा से खत्म करते हुए शान्ति का आह्वान कर रहे हैं।

पहले युद्ध सबसे भयानक हिंसा कर्म था। युद्ध आज भी हो रहे हैं, शान्ति का मुखौटा पहनकर सत्ताएँ युद्धरत हैं मगर लोग उन्हें युद्ध कहने से घबराते हैं। आज युद्ध की नयी परिभाषा अपेक्षित है। क्या आतंकवाद युद्ध नहीं है? क्या भाड़े के सैनिक भर्ती कर, उन्हें संगठित कर योजनाबद्ध रूप में दूसरे देशों में मारने-लूटने के लिए भेजना युद्ध नहीं है? तैमूरलंग और चंगेजखाँ का युग सरल था—लुटेरे लूटकर भाग जाते थे। अब जीवन जटिल है, तैमूरलंग और चंगेजखाँ ने भेस बदल लिये हैं, वे हर जगह, हर देश में मौजूद हैं, कहीं राजा बनकर, कहीं माफिया बनकर, कहीं दोनों एकाकार हो गये हैं। यन्त्र की शक्ति ने उन्हें एक नया भयानक रूप दिया है। जब बाड़ खेत को खाने लगे तो खेत का क्या होगा, खेती करने वालों का क्या होगा और खेतिहर मजदूरों की चिन्ता की किसे फुर्सत है? यह उत्तर आधुनिकता का सबसे त्रासद भयानक रूप है जो तीसरी दुनिया के देशों में नजर आता है। ऐसे में अर्थव्यवस्था का विश्वीकरण असंख्य मानव-समाज की स्थायी दासता का मुखौटा हो गया है। उत्तर आधुनिकता ने इन घिनौनी सच्चाइयों को उघाड़ने में पहल की है—अगर उसे एक समग्र सन्दर्भ में रखकर देखा जाये तो। औद्योगिक क्रान्ति के बाद के यान्त्रिक विकास ने विश्व के स्वरूप को बुनियादी और व्यापक रूप से प्रभावित किया। ऊपर ईसाई धर्म के विघटन की बात की गयी है जिसकी **परिणति** था विश्वव्यापी व्यापक हिंसा और अत्यन्त ध्वंस तथा मानवीय शोषण के भयानक और आतंकवादी रूप का नंगा नाच जो कुछ शक्तिशाली देशों के घोर स्वार्थ से प्रेरित था तथा जिसकी विद्रूपता अन्तर्राष्ट्रीय प्रांगण में उपनिवेशवाद के रूप में दिखाई दी। उस उपनिवेशवाद के साथ ईसाई धर्म का खूनी विद्रूप चेहरा दिखाई दिया और उन्होंने जहाँ-जहाँ अपना शासन स्थापित किया, वहाँ के निवासियों को अपने धर्म में **दीक्षित** कर लिया। एक ओर उनकी सेनाएँ और प्रशासन अपने उपनिवेशों को दोनों हाथों से लूटते थे, वहाँ की जनता पर भयानक

अत्याचार करते थे और दूसरी ओर उनके पादरी वहाँ की जनता को जैसे-तैसे ईसाई बनाते थे। भारत में उन्हें अधिक सफलता नहीं मिली, क्योंकि हिन्दू धर्म–यानी वैदिक आर्य धर्म में ऐसी आन्तरिक अमोघ शक्ति थी जिसके सामने इस्लाम भी बुरी तरह से असफल रहा।

धर्म और राजनीति के इस घिनौने गठबन्धन से भारत भी अछूता नहीं रहा तथा कुछ लोगों ने हिटलरवाद या हिन्दुत्ववाद के रूप में धर्म को सत्ता तथा हिंसा का साधन बना लिया।

वस्तुतः हिन्दुत्ववाद का हिन्दू धर्म से कोई सम्बन्ध नहीं है। हिन्दू धर्म की बुनियाद अहिंसा और सेवा जैसे सनातन मूल्यों पर स्थित है। व्यास मुनि अठारह पुराणों का सार देते हुए पुण्य और पाप की यह परिभाषा दी है–

"अष्टादश पुराणाम् व्यासस्य वचनद्वयं
पर सेवनम् पुण्याय, पापाय परपीडनम्"

अठारह पुराणों का सार महर्षि व्यास के इन दो वचनों में है–दूसरों की सेवा पुण्य है और दूसरों को पीड़ित करना पाप है। इसी बात को गुजरात के प्रसिद्ध कवि नरसी भगत ने भी कहा है–

वैष्णव जन तो तेणे कहिये जे पीर पराई जाणे रे,
पर नारी माता सम जाणे मन अभिमान न आणे रे।।

–नरसी भगत

समाज के लिए मूल्यों के एकमात्र साधन–धर्म–भी रत्ता की दौड़ में पड़कर अधर्म बन गया। भारतीय सन्दर्भ में आधुनिकोत्तर बोध के स्वरूप पर विचार करते हुए इस हिटलरवाद और इस्लाम के विश्वव्यापी आतंकवाद भी इस आधुनिकोत्तर बोध के अंग बन गये हैं। कुछ बड़े धर्म तो हमेशा से ही आतंकवाद फैलाते रहे मगर हिन्दुओं ने कभी भी आतंकवाद का सहारा नहीं लिया। आधुनिकोत्तर युग में सत्ता की जो भूख पैदा हो गयी है, उससे पूरी-मानवता में खलबली मची हुई है।

सच तो यह है कि जब यन्त्र का जन्म हुआ, तब मनुष्य उसका स्वामी था और यन्त्र उसका सेवक मगर आज स्थिति ठीक उसके विपरीत है और मनुष्य दास हो गया है और यन्त्र स्वामी हो गया है। इसलिए आज मनुष्य की स्वाधीनता बहुत सीमित और विशृंखल हो गयी है और वह उस महापूँजीवादी युग का एक दास भर बनकर रह गया है। सार्त्र ने मनुष्य को सृष्टि का एक फालतू पुर्जा भर कहा था, मगर मनुष्य उस यन्त्र की स्थिति और विस्तार के लिए अनिवार्य हो गया है। अब पश्चिम के कुछ विवेकवान विद्वान यह मानने लगे हैं कि महात्मा गांधी विश्व के पहले आधुनिकोत्तर चिन्तक थे जिन्होंने यन्त्राश्रित तथा यन्त्र द्वारा निर्धारित मानव जीवन की मुक्ति के लिए एक यन्त्रहीन सामाजिक व्यवस्था को प्रस्तुत किया। आज सारा विश्व गांधीवाद के महत्त्व को मुक्त कण्ठ से स्वीकार कर रहा है तथा

संयुक्तराष्ट्र संघ इसका सब से बड़ा प्रमाण है क्योंकि वह गांधीवादी मानववादी भावना से प्रेरित होकर कार्यशील है।

इधर पश्चिम में संस्कृतियों के संघर्ष की बात भी उठाई गयी है। वह भी आधुनिकोत्तर युग की एक **भ्रामक** सोच है। मूल्यों के इस ह्रास के युग में संस्कृति का—मूल्यों का स्वरूप इतना विकृत हो गया है कि संस्कृति अपने सच्चे रूप में नष्ट ही हो गयी है। जीवन सिर्फ सत्ता की अमोघ लालसा से प्रेरित है और यह लालसा आज इराक, अफगानिस्तान, पाकिस्तान आदि में हुए मानवद्रोही संघर्ष के रूप में स्पष्ट दिखाई देती है। आज मूल्यों के संक्रमण का युग नहीं है, मूल्यों की विकृति का युग है। इसलिए आज यह सोच पाना भी मुश्किल है कि इसकी परिणति क्या होगी।

अध्याय-24

आधुनिक समीक्षा की विशिष्ट प्रवृत्तियाँ

पाश्चात्य आधुनिक समीक्षा में काव्य की समीक्षा की कुछ 'नयी प्रवृत्तियाँ' मानी जाती हैं। इनमें से अनेक प्रवृत्तियाँ भारतीय काव्यशास्त्र के विद्वानों के लिए नयी नहीं हैं क्योंकि भिन्न नामों से उनकी समीक्षा आज से हजार--डेढ़ हज़ार वर्ष पहले हो चुकी है। यहाँ अन्तर काव्यगत विशेषताओं के नामों का है और इसका विस्तृत सोदाहरण विवेचन् मैंने 'भारतीय काव्य सिद्धान्त' (भारतीय काव्यशास्त्र) में किया है। इन प्रवृत्तियों में मनोविश्लेषणवादी, आधुनिकोत्तरवादी और मार्क्सवादी नयी हैं तथा अन्य प्रवृत्तियाँ भारतीय काव्यशास्त्र के प्राचीन ग्रन्थों में विस्तार के साथ विवेचित हैं। 'संरचनावाद', 'शैलीविज्ञान', 'विखण्डनवाद', 'सौन्दर्यशास्त्र' तथा समाजशास्त्र पर आधारित समीक्षा प्रवृत्तियों का विस्तृत विवेचन भारतीय काव्यशास्त्र में किया गया है। 'मनोविश्लेषणवाद', 'आधुनिकोत्तरवाद', 'मार्क्सवाद' तथा अस्तित्ववाद नवीन चिन्तन-दृष्टियाँ हैं।

प्रगतिवाद

द्वन्द्वात्मक भौतिक मार्क्स का बुनियादी सिद्धान्त है तथा इसके आधार पर कई अन्य सिद्धान्तों की प्रतिष्ठा की गयी है। द्वन्द्वात्मकता का अर्थ है संघर्षप्रधान, गतिशील समाज की संरचना का मूल आधार उत्पादन के साधन हैं।

प्राचीन काल में धरती ही उत्पादन का प्रधान साधन था और धीरे-धीरे समाज के एक अल्पसंख्यक वर्ग ने उस पर अधिकार कर लिया। इसका परिणाम यह हुआ कि समाज दो विरोधी वर्गों में बँट गया—एक अल्पसंख्यक जमींदार वर्ग जो धरती

के विशाल खण्डों का स्वामी था और दूसरा बहुसंख्यक सर्वहारा वर्ग जो उन जमींदारों की जमीनों पर अपनी मेहनत के द्वारा उत्पादन करता था। जमींदार उत्पादन का प्रधान हिस्सा अपने पास रखता था तथा सर्वहारा वर्ग को बहुत कुछ मजदूरी देता था। नतीजा यह हुआ कि शोषक वर्ग अधिक धनवान होता गया और शोषित वर्ग की स्थिति निरन्तर बिगड़ती गयी। आधुनिक काल में उत्पादन का प्रधान साधन यन्त्र हो गया और उसके स्वामी पूँजीपति वर्ग श्रमिकों का शोषण करते रहे। मगर इस प्रक्रिया में समाज में एक नये वर्ग–मध्यवर्ग–का उदय हुआ जिसकी समाज की संरचना और उसके विकास में महत्त्वपूर्ण भूमिका हो गयी। मगर मार्क्स ने मध्यवर्ग के महत्त्व की अपेक्षा की और उसका यही सिद्धान्त उसके पतन और विध्वंस का कारण बना।

मार्क्स ने यह भविष्यवाणी की थी कि धीरे-धीरे पूँजीपति वर्ग की संख्या कम होती जायेगी और सर्वहारावर्ग की संख्या बढ़ती जायेगी जिसका अन्तिम परिणाम यह होगा कि रक्तक्रान्ति होगी जिसके परिणामस्वरूप उत्पादन के सभी साधन सर्वहारा वर्ग के अधीन हो जायेंगे और इस प्रकार साम्यवाद की स्थापना होगी। साम्यवाद ही मार्क्सवाद का आदर्श था और इस कारण वह भी एक आदर्शवादी सिद्धान्त बन गया। मगर समाज की यथार्थ गति इसके विपरीत रही और मध्यवर्ग ने ही सत्ता पर अधिकार कर लिया और अन्त में मार्क्सवादी देशों का विघटन हो गया और वहाँ भी पूँजीवादी व्यवस्था स्थापित हुई। यहाँ तक कि आज भी मार्क्सवाद का अन्धानुकरण करने वाला माओवादी साम्यवादी दल भी पूँजीवाद के रास्ते पर चल पड़ा। मार्क्स ने साहित्य को राजनीतिक सिद्धान्त का अनुचर बना दिया तथा साहित्य की जगह सिर्फ मार्क्सवादी प्रचार के लेखन को ही साहित्य कहा जाने लगा। इसका परिणाम यह हुआ कि साहित्यिक विकास अवरुद्ध हो गया। और इतिहास की साम्यवादी गति के स्थान पर विश्व का सर्वहारा वर्ग तो बँटा रहा और पूँजीवादी वर्ग संयुक्त रूप में बहुराष्ट्रीय उद्योगों के द्वारा विश्व पर राज करने लगा। मार्क्सवाद के साहित्यिक रूप को गतिवादी या प्रगतिशील साहित्य कहा जाने लगा जो अन्त में एक नारा बनकर रह गया। साथ ही यह भी एक सत्य है कि हिन्दी में मार्क्सवाद पर आधारित रचनात्मक साहित्य बहुत स्वल्प है और आलोचनात्मक ग्रन्थों की संख्या अधिक है।

सौन्दर्यशास्त्रीय प्रवृत्ति

पश्चिम में साहित्य का विवेचन दर्शनशास्त्र के एक गौण अंग के रूप में हुआ। पश्चिम में सब से पहले एक दार्शनिनक प्लेटो ने साहित्य पर विचार किया। उसने साहित्य को अनुकृति की अनुकृति कहा क्योंकि उसके दर्शन के अनुसार सृष्टि

ईश्वर की चेतना में विद्यमान विचारों या बिम्बों की अनुकृति है तथा साहित्यकार सृष्टि का अनुकरण है। इस प्रकार साहित्य अनुकृति की भी अनुकृति है। ईश्वरीय चेतना के विचार ही सत्य हैं तथा साहित्य सत्य से दोगुना दूर होने के कारण सत्यभ्रष्ट है तथा वह मनुष्य को अन्धकार के गर्त में गिरा देता है। इसीलिए उसने साहित्य का विरोध किया। इस विवेचन को सौन्दर्यशास्त्र का आरम्भ माना जाता है तथा परवर्ती सभी प्रधान दार्शनिकों ने अलग से सौन्दर्यशास्त्र का विवेचन किया जिसके अन्तर्गत अन्य ललित कलाओं का भी समावेश हो गया। इस प्रकार कलाशास्त्र ही सौन्दर्यशास्त्र कहा गया।

उसके समानान्तर ही अरस्तू, लोंजाइनस आदि के माध्यम से साहित्यशास्त्र की धारा स्वतन्त्र रूप से विकसित होती रही। इसका परिणाम यह हुआ कि साहित्यालोचन एक स्वतन्त्र शास्त्र के रूप में विकसित हुआ। उस पर थोड़ा-बहुत सौन्दर्यशास्त्र का प्रभाव रहा, लेकिन धीरे-धीरे, शीघ्र ही उसका स्थान मनोविज्ञान ने लिया तथा साहित्य चिन्तन सौन्दर्यशास्त्र से मुक्त हो गया। यही कारण है कि पश्चिम में साहित्य के छात्रों को सौन्दर्यशास्त्र पढ़ाया ही नहीं जाता।

पश्चिम के प्रभाव से हिन्दी के आलोचना साहित्य में सौन्दर्यशास्त्र की चर्चा होने लगी। हिन्दी में सौन्दर्यशास्त्र की चर्चा वाले आलोचक अंग्रेज़ी से प्रभावित थे मगर बाद में संस्कृत काव्यशास्त्र के सिद्धान्तों और उसकी व्याख्याओं का विकास हुआ तथा हिन्दी का काव्यशास्त्र सौन्दर्यशास्त्र के प्रभाव से मुक्त हुआ।

भारत में आरम्भ से ही काव्यशास्त्र काव्य पर आधारित एक स्वतन्त्रशास्त्र के रूप में विकसित हुआ। मगर कुछ हिन्दी के अलोचकों ने हिन्दी में भी सौन्दर्यशास्त्र के तत्त्वों को ढूँढने का प्रयास किया। भारत में सौन्दर्य को अलंकार का व्यापक नाम दिया—

''सौन्दर्यअलंकार : काव्यम् ग्राह्यअलंकारात्'' । काव्य का सौन्दर्य ही अलंकार है तथा काव्य अलंकारों के कारण ही ग्राह्य होता है। यहाँ अलंकार का प्रयोग काव्य सौन्दर्य के रूप में किया गया है तथा, रस, छन्दादि सभी को अलंकार माना गया है। (दण्डी) वामन ने काव्य का विवेचन करते हुए गुणों का, काव्य का शोभाकारक धर्म कहा है और अलंकारों को शोभावर्धक। इसलिए गुण अनिवार्य अलंकार है तथा अलंकार अनित्य। यहाँ 'शोभा' शब्द का प्रयोग सौन्दर्य के अर्थ में ही हुआ है। आगे चलकर पण्डितराज जगन्नाथ ने यह कहा कि—

"रमणीय अर्थ का प्रतिपादक शब्द काव्य हैं।"

यहाँ 'रमणीय' शब्द भी, सौन्दर्य के अर्थ में है। आधुनिक काल में काव्य के 'सौन्दर्य' को 'लालित्य' कहा गया है जो प्रकृति के सौन्दर्य से भिन्न है क्योंकि उसकी सृष्टि मनुष्य करता है। इस अर्थ में अलंकार, गुण, रस आदि तत्त्वों का विवेचन ही कविता काव्य के सन्दर्भ में सौन्दर्यशास्त्रीय विवेचन कहा जाता है।

वैसे डॉ. रमेश कुन्तल मेघ ने सौन्दर्यशास्त्र जो अंग्रेज़ी के शब्द 'ईस्थैटिक्स' का हिन्दी पर्याय है, के स्थान पर 'सौन्दर्यबोध शास्त्र' नाम का प्रयोग किया है।

मनोविश्लेषणवादी दृष्टि

सिग्मन्ड फ्रायड (1856-1939) मनोविश्लेषण के संस्थापक आस्ट्रियन चिन्तक थे। उनसे पहले हिप्नोसिस की प्रक्रिया की जानकारी तो थी पर मनुष्य की चेतना का कोई सम्पूर्ण विश्लेषण नहीं किया गया था। मनोविज्ञान ने फ्रायड से पहले मानवीय चेतना का कुछ अध्ययन किया था और फ्रायड ने ही उसका विश्लेषण कर मनुष्य में अचेतन और उपचेतन का विवेचन किया और अपने अध्ययन और प्रयोगों के बल पर वह इस परिणाम पर पहुँचा कि मनुष्य के जीवन को परिचालित करने वाली शक्ति चेतन नहीं उपचेतन ही है। फ्रायड ने मनुष्य के स्वप्नों का विश्लेषण करते हुए यह निष्कर्ष उपस्थित किया कि मनुष्य के आचरण का नियन्त्रण चेतन द्वारा नहीं उपचेतन के द्वारा होता है। इस सिद्धान्त को उसने अपनी पहली पुस्तक 'दी इन्टरप्रेटेशन ऑफ ड्रीम्स'—स्वप्नों की व्याख्या—नाम की पुस्तक में किया जो सन 1900 में प्रकाशित हुई।

फ्रायड के मनोविश्लेषण सिद्धान्त का विशेष प्रभाव बीसवीं सदी के यूरोप के साहित्य पर पड़ा। उसकी मूल स्थापना यह है कि मनुष्य के मन में अनेक इच्छाएँ पैदा होती हैं मगर उसे सामाजिक मर्यादा के अनुरोध पर कई इच्छाओं को दबाना पड़ता है। यह दमित इच्छाएँ ही इस संघर्ष के फलस्वरूप उपचेतन में अवस्थित हो जाती हैं और विविध प्रतीकों के माध्यम से साहित्य में व्यक्त होती हैं। उसी सिद्धान्त के प्रभाव से पश्चिम में 'अतियथार्थवाद' का उदय हुआ जिसके अनुसार यह माना गया कि अपनी इच्छाओं और कल्पना की निर्बाध अभिव्यक्ति करनी चाहिए और किसी प्रकार के सामाजिक बन्धनों को स्वीकार नहीं करना चाहिए। इस सिद्धान्त के अनुसार भाषा का प्रयोग भी तोड़-मरोड़ कर किया जाने लगा तथा उसे व्याकरण के नियमों से मुक्त कर दिया। इसका पहला परिणाम यह हुआ कि विचित्र प्रकार की भाषिक अभिव्यक्तियाँ होने लगीं और इसी से आगे चलकर 'कलावाद' का जन्म हुआ। इसका दूसरा परिणाम यह हुआ कि आलोचकों ने उपन्यासादि पात्रों का मनोविश्लेषणात्मक विवेचन आरम्भ किया जिसके परिणामस्वरूप भ्रामक परिणामों का जन्म हुआ। वैसे यह प्रक्रिया मनोविश्लेषण के सिद्धान्त के विपरीत है क्योंकि उसके अन्तर्गत व्यक्ति से पूछे गये अनेक प्रश्नों के दिये गये उत्तरों के आधार पर ही मनोविश्लेषक उसके व्यक्तित्व की तह तक पहुँच पाता है। इसका तीसरा प्रभाव यह पड़ा कि साहित्यकार भी अपने कथासाहित्य के पात्रों के चरित्रों के निर्माण में इसका प्रयोग करने लगे। फ्रायड ने अपने

मनोविश्लेषण के सिद्धान्त के आधार पर यह स्थापना की थी, मनुष्य जीवन को परिचालित करने वाली वृत्ति कामवृत्ति ही है। इस सिद्धान्त का साहित्य पर यह चौथा प्रभाव पड़ा कि साहित्य में काम और वासना के चित्रों को प्रस्तुत किया जाने लगा जो अश्लील माने जाते हैं। हिन्दी में कथाकार इलाचन्द्र जोशी ने ही मनोविश्लेषण का उपयोग किया है।

पश्चिम में शीघ्र ही अन्य मनोविश्लेषकों ने भिन्न-भिन्न सिद्धान्त स्थापित किये जिनमें एडलर ने 'वैयक्तिक मनोविज्ञान में दूसरों पर अधिकार करने की इच्छा' ('विल टू डोमिनेंट') की स्थापना की तथा युंग ने विश्लेषणात्मक मनोविज्ञान में 'आद्य बिम्बों' (आर्किटाइप्स) की धारणा को मूल सिद्धान्त के रूप में स्थापित किया।

मनोविश्लेषण से प्रभावित साहित्य पर मेरा मूल आक्षेप यह है कि यदि कुण्ठों की प्रतीकात्मक अभिव्यक्ति करने वाली रचनाएँ ही उत्कृष्ट साहित्य की कोटि में मानी जायें तो लोकप्रिय साहित्य को ही उत्कृष्ट साहित्य मानना पड़ेगा। आज सर्वसम्मति से उसे शुद्ध साहित्य के भीतर नहीं गिना जाता।

शैली वैज्ञानिक प्रवृत्ति

आई. ए. रिचर्ड्स ने काव्यभाषा का विवेचन करते हुए उसके सांकेतिक उपयोग और भावोद्बोधक रूपों का विवेचन किया है। भाषा का सांकेतिक उपयोग अर्थप्रधान होता है तथा उसका उपयोग शास्त्रों में किया जाता है जबकि भावोद्बोधक रूप शब्द प्रधान होता है जो शब्द चमत्कार के द्वारा पाठक में भावों का उन्मेष करता है। यह बात पश्चिम में बीसवीं शती में कही गयी। भारत में पाँचवीं शती में ही भामह ने शास्त्र को अर्थप्रधान तथा काव्य को शब्दप्रधान मानकर काव्य लक्षण कर दिया था। हिन्दी में अनेक आलोचक संस्कृत से अनभिज्ञ होने के कारण यह मान बैठे हैं कि पश्चिम का भाषा विवेचन—शैली विज्ञान आदि—एकदम नयी और मौलिक स्थापनाएँ हैं।

आधुनिक काल में भाषाविज्ञान के विकास के क्रम में काव्यभाषा का विवेचन किया गया जो शैली विज्ञान कहलाया। उसके तीन तत्त्व माने गये, एक—चयन, दो—विचलन और तीन—समानान्तरता। लोकभाषा को चयन आधारित भाषा मानते हुए काव्यभाषा को विशिष्ट भाषा माना गया जिसमें कवि शब्दों के चयन के वैशिष्ट्य में से चमत्कार उत्पन्न करता है। उदाहरण के लिए निराला की 'रामशक्ति पूजा' का आरम्भ सूर्यास्त के वर्णन से होता है—'रवि हुआ अस्त'। इन तीन शब्दों में पूरी कविता की संरचना स्पष्ट हो जाती है। सूर्य अस्त होने की क्रिया द्वारा रघुकुल शिरोमणि राम की पराजय का संकेत मिलता है जिसका चित्रोपम वर्णन बाद की

पंक्तियों में किया गया है। दूसरा अर्थ व्यक्त होता है कि रवि अस्त होने पर अन्धकार घिर जाता है और निरन्तर गहरा होता जाता है। इसलिए युद्ध में उस दिन होने वाली राम की पराजय का बहुत सजीव वर्णन किया गया है—

"रघुनायक आगे अवनी पर नवनीतचरण
श्लथ धनु-गुण है, कटिबन्ध सुस्त-तुणीरूधरण
दृढ़ जटा-मुकुट हो विपर्यस्त प्रतिलट से खुल
फैला पृष्ठ पर, बाहुओं पर, वक्ष पर, विपुल"

यहाँ भी शब्द चयन द्वारा ही राम की पराजय का वर्णन किया गया है। उनके धनुष की प्रत्यंचा ढीली हो गयी है, तूणीर को धारण करने वाला कटिबन्ध ढीला हो गया है और केश जो प्रातः मुकुट के समान बँधे हुए थे, वे खुलकर बाहुओं और पीठ पर फैल गये हैं। इससे राम की पराजय का स्पष्ट संकेत मिलता है। शैली विज्ञान का चयन वस्तुतः अमिधा मूल व्यंजना ही है जिसका विवेचन भारत में दसवीं शती में हो चुका था।

इतना ही नहीं, जैसे-जैसे कविता आगे बढ़ती है तो अन्धकार निरन्तर घना होता जाता है *"है अमानिशा; उगलता गगन धन अन्धकार"* गहराता हुआ अन्धकार राम की बढ़ती निराशा का संकेत करती है। जब सूर्य अस्त होता है और रात में अन्धकार गहराता जाता है तो उसके बाद फिर प्रातःकाल होता है और सारी सृष्टि प्रकाश से भर जाती है। इस कविता का अन्त शक्ति के दर्शन से होता है। यहाँ कवि ने दुर्गा का वर्णन उषा के समान किया है—

'ज्योतिर्मय रूप, हस्त दश, विविध अस्त्र-सज्जित,
मन्द स्मित मुख, लख हुई विश्व की श्री लज्जित"

इस प्रकार 'रवि हुआ अस्त' के चयन में 'राम की शक्ति पूजा' की पूरी संरचना समाहित है।

विचलन

विचलन का अर्थ है, व्याकरण के नियमों के प्रतिकूल की गयी शब्द-योजना। पहली पंक्ति के इस अंश 'रवि हुआ अस्त' का व्याकरण सम्मत रूप होगा रवि अस्त हुआ। यहाँ अस्त का प्रयोग अस्त से पहले करने से विचलन है। और यह क्रिया का विचलन है। विचलन या मुख्यार्थ की बाधा होने पर लक्षण मानी जाती है। इसलिए शब्द रात्रि की दृष्टि से यहाँ लक्षणा मानी जायेगी। मगर 'है' का प्रयोग 'अस्त' से पहले करने से क्रिया या कर्म पर बल दिया गया है—सारी कविता ही कर्म प्रधान है।

समानान्तरता

जहाँ समान ध्वनियों का बार-बार प्रयोग किया जाये, वहाँ समानान्तरता मानी जाती है। जैसे पन्त की पावस-वर्णन कविता की इन पंक्तियों में–

"मेखलाकार पर्वत अपार
अपने सहस्र दृग सुमन फाड़
अवलोक रहा है बार-बार
नीचे जल में निज महाकार"

यहाँ दीर्घ ध्वनियों के प्रयोग के द्वारा पर्वत की विशालता व्यंजित होती है। कहना न होगा कि यहाँ अनुप्रास अलंकार है जिसकी स्थापना भारत में सदियों पहले हो चुकी थी।

हिन्दी में अनेक कवियों की भाषा के शैली वैज्ञानिक अध्ययन पर शोध प्रबन्ध लिखे जा चुके हैं मगर प्रतिष्ठित आलोचकों ने अपनी समीक्षाओं में शैली विज्ञान का उपयोग नहीं किया। हाँ, यह सिद्ध करने के लिए कि प्राचीन भारतीय काव्यशास्त्र में आचार्य भाषा के इन विशिष्ट प्रयोगों से परिचित थे, कुछ विद्वानों ने पुस्तकें लिखीं जिसमें विद्यानिवास मिश्र द्वारा लिखित 'रीति विज्ञान' बहुत अच्छी पुस्तक है।

संरचनावाद

किसी भी वस्तु या रचना को पूरी तरह समझने के लिए विवेचन की दो प्रक्रियाएँ अपनाई जाती हैं। एक, विश्लेषण जिसमें उस वस्तु या रचना के घटक तत्त्वों का अलग-अलग विवेचन किया जाता है और दूसरा संश्लेषण जिसमें उन सभी तत्त्वों के संयोग के सम्बन्धों की बारीकियों का विवेचन कर उस रचना को उसकी पूर्णता में समझने की चेष्टा की जाती है। ये दोनों ही प्रक्रियाएँ काव्य समीक्षा के आरम्भ से ही लक्षित होती हैं। भरतमुनि ने एक ओर रस की अखण्डता का वर्णन किया है और दूसरी ओर उसे निष्फल करने वाले घटक तत्त्वों की विभावादि के रूप में मीमांसा की गयी है। बाद में शब्द और अर्थ के विविध तत्त्वों–अलंकार, रीति, वक्रोक्ति, शब्द-शक्ति, विभावादि या विचार, भाव, भाषा और कल्पना तत्त्वों का विवेचन किया जाता है। संरचनावाद में इसी प्रक्रिया पर बल दिया गया है। लेवी स्ट्रास एक नृतत्त्वशास्त्री (ऐन्थ्रो पोलोजिस्ट) था। नृतत्त्वशास्त्र में विविध समाजों का उनकी एक पूर्ण इकाई के रूप में समझने का प्रयास करते हुए उसके घटक तत्त्वों की परस्पर योजना और सम्प्रतिक पर विचार किया जाता है। इस वाद का केन्द्र विश्लेषण न होकर संश्लेषण होता है। इस सिद्धान्त की अभिव्यक्ति हिन्दी आलोचना में भी हुई जहाँ कविता, उपन्यास आदि को समझने के लिए अलग-अलग

तत्त्वों पर विचार न कर उन सभी को परस्पर अन्योन्याश्रित संरचना के रूप में समझा जाता है। उदाहरण के लिए वस्तु, चरित्र-चित्रण, संवाद विचार और शैली आदि उपन्यास के विविध तत्त्व परस्पर सम्पृक्त रूप में होते हैं। उदाहरण के लिए शैली और संवाद, संवाद और चरित्र चित्रण, चरित्र चित्रण और विचार की एक दूसरे से निरपेक्ष सत्ता नहीं होती वरन वे सब सम्बद्ध ही होते हैं। उसी रूप में उपन्यास की रचना होती है, पाठक उसे पढ़ते हैं और उससे प्रभावित होते हैं। तत्त्वों में विभाजन केवल व्यावहारिक सुविधा के लिए व्यावहारिक स्तर पर होता है। वास्तविकता तो यह है कि ये सभी सम्पृक्त रूप में रचना बनते हैं और इसी रूप में पाठक को प्रभावित करते हैं। हिन्दी में यह विवेचन प्रक्रिया सहज ही देखी जाती है। उदाहरण के लिए 'राम की शक्ति पूजा' की प्रथम पंक्ति को इसी रूप में समझने पर ही उसको और पूरी रचना को समझा जा सकता है। संस्कृत काव्यशास्त्र में भी काव्यपुरुष की कल्पना की गयी है जिसमें रस उसकी आत्मा, रीति उसका शरीर, विचार उसका मस्तिष्क आदि माने जाते हैं। स्ट्रास ने इसी दृष्टि के आधार पर धर्म, मिथक, कला आदि की व्याख्या की है।

विखण्डनवाद

संरचनावाद की विवेचन-प्रक्रिया संश्लेषण पर आधारित है और विखण्डनवाद की प्रक्रिया काव्य के विविध तत्त्वों के विश्लेषण पर केन्द्रित है। मगर जैसे कि पहले कहा जा चुका है, दोनों ही प्रक्रियाएँ समग्र रूप को समझने के लिए आवश्यक हैं।

1960 में दरीदा ने विखण्डनवाद की स्थापना की। नयी अलोचना प्रधान रूप से काव्यशब्द के विवेचन पर आधारित थी जबकि विखण्डनवाद अर्थ पर विशेष बल देता है। कला को उसी समग्र रूप में ही समझा जा सकता है। अर्थ पर आधारित होने के कारण यह प्रवृत्ति अधिक ग्राह्य हुई। मगर जैसा कि पहले कहा जा चुका है, विवेचन की यह प्रवृत्ति कोई एकदम नयी प्रवृत्ति नहीं है। हाँ, पश्चिम की शब्दवादी आलोचना के विरोध में अर्थ प्रधान होने के कारण इसकी स्वीकृति हुई। भारतीय काव्यशास्त्र में इस प्रकार का विवेचन रस-सिद्धान्त के अन्तर्गत बराबर किया गया है।

अध्याय-25

हिन्दी के कवि आचार्यों का चिन्तन

रीति का अर्थ

भक्तिकाल की समाप्ति के बाद रीतिकाल माना जाता है जिसका समय सन 1650 से 1850 तक माना जाता है। इस काल के नामकरण के बारे में काफी मतभेद रहा। आचार्य रामचन्द्र शुक्ल ने इसे रीतिकाल कहा और यह भी कहा कि शृंगार रस की रचनाओं की अधिकता के कारण इसे शृंगार काल भी कहा जा सकता है। मगर इस विवाद के बाद आज इस काल के लिए रीतिकाल नाम ही स्वीकृति हुआ।

रीति शब्द का सामान्य अर्थ है पद्धति, ढंग या शैली। उस काल की अधिकांश रचनाएँ एक रीति-विशेष के अनुसार लिखी गयी हैं जिसके अनुसार पहले काव्यांग—अलंकार, गुण, दोष, नायक-नायिका भेद, रस विशेष आदि के पहले लक्षण दिये गये हैं और फिर उदाहरण भी दिये हैं। इस पद्धति या रीति के अनुसार लिखे गये ग्रन्थों की अधिकता के कारण ही इसे रीतिकाल कहा जाता है।

रीतिग्रन्थों का संक्षिप्त परिचय

रीतिग्रन्थों की रचना का आरम्भ भक्तिकाल से ही हो चुका था। किसी भाषा में जब काव्यरचना का आरम्भ होता है तो उस भाषा को प्रौढ़ और संस्कृत रूप प्राप्त करने में समय लगता है। भक्तिकाल के अन्त तक आते-आते ब्रजभाषा काफी विकसित हो चुकी थी और उसमें सहज ही काव्यशास्त्र जैसे गम्भीर विषय पर सांगोपांग विचार हो सकता था। साथ ही यह भी याद रखना चाहिए कि प्रतिभाशाली

कवि किसी काव्यभाषा के आरम्भ होते ही उसे अत्यन्त प्रौढ़ और विकसित रूप देने में सक्षम होते हैं। उदाहरण के लिए सूरदास ही ब्रजभाषा के आरम्भिक कवि माने जाते हैं मगर साथ ही यह भी स्वीकार किया जाता है कि सूरदास जैसी सशक्त और परिमार्जित भाषा किसी अन्य ब्रजभाषा के कवि में दिखाई नहीं देती।

हिन्दी में रीति ग्रन्थों के निर्माण का आरम्भ **कृपाराम** की 'हिततरंगिनी' (1541 ई.) से माना जाता है। भक्तिकाल के अन्तर्गत ही **केशवदास** ने अनेक रीतिग्रन्थों 'रसिक प्रिया' (1591), 'कविप्रिय' (1601) आदि अनेक ग्रन्थ लिखे। रीतिग्रन्थ लिखने वाले सभी कवियों के सामने संस्कृत की दीर्घ और गम्भीर परम्परा थी तथा उन्होंने उसी परम्परा का अनुकरण मात्र किया, किसी प्रकार का कोई मौलिक विचार या सिद्धान्त प्रस्तुत नहीं किया। केशवदास ने संस्कृत के आरम्भिक अलंकारवादी आचार्यों का अनुकरण किया मगर बाद में मतिराम तथा देव आदि कवियों ने काव्य के सभी सिद्धान्तों एवं तत्त्वों के वर्णन के साथ-साथ रस की प्रधानता की ही स्थापना की। संस्कृत में भी आरम्भिक काव्यशास्त्रीय ग्रन्थों में अलंकारादि भाषिक तत्त्वों की प्रधानता रही और बाद में मम्मट, विश्वनाथ आदि ने रस सिद्धान्त की प्रधानता की ही स्थापना की।

रीतिकाल का कवि राज का आश्रित था इसलिए वह ऐसी रचना प्रस्तुत करता था जो सुनते ही राजा और उसके दरबारी सामन्तों को प्रभावित कर दे। इसलिए उनकी रचनाओं में प्रायः कम शब्दों में श्रोता को चमत्कृत करने की प्रवृत्ति दिखाई देती है। साथ ही इतिहास की दृष्टि से यह युग शान्ति और विकास का युग था जिसके कारण विविध ललितकलाओं का निर्माण दिखाई देता है। राजा लोग प्रायः शिक्षित होते थे और उनका अधिकांश समय मनोरंजन और विलास में व्यतीत होता था। रीति ग्रन्थों के निर्माण का एक उद्देश्य यह भी था, राजा तथा सामन्तों आदि को काव्य के सौन्दर्य के घटक तत्त्वों का ज्ञान दिया जाये। इसलिए यह माना जाता है कि रीति ग्रन्थों का निर्माण राजा आदि को काव्य शिक्षा देने के उद्देश्य से किया जाता था। इस प्रकार संस्कृत के सभी काव्य सिद्धान्त केवल हिन्दी के काव्य-चिन्तन के ही प्रधान स्रोत नहीं बने वरन सभी भारतीय भाषाओं के काव्य-चिन्तन का विषय बन गये। इस प्रकार संस्कृत के काव्यशास्त्रीय सिद्धान्त आधुनिक भारतीय काव्यशास्त्रीय चिन्तन के प्रधान उपकरण बन गये। आधुनिक काल में भी यह क्रम जारी रहा तथा अयोध्या सिंह उपाध्याय 'हरिऔध' ने 'रस कलश' ग्रन्थ की रचना की। इस प्रकार संस्कृत काव्यशास्त्र आधुनिक युग में भारतीय काव्यशास्त्र बन गया।

रीति ग्रन्थों के तीन प्रकार

रीति ग्रन्थों के प्रधान रूप से तीन प्रकार मिलते हैं। पहले प्रकार के ग्रन्थों में कवि

काव्य के विविध तत्त्वों के लक्षण तथा उसके उदाहरण देते हैं। वे कवि स्वयं काव्य तत्त्वों के लक्षण देकर दूसरे कवियों की रचनाओं से उदाहरण देते थे, वे स्वयं उदाहरणों की रचना नहीं करते थे। दूसरे प्रकार के रीतिग्रन्थ वे हैं जिनमें कवि लक्षण तथा उदाहरण दोनों की ही रचना करता था तथा इस प्रकार ब्रजभाषा में श्रेष्ठ रचनाओं की एक परम्परा दिखाई देती है। चिन्तामणि रचित 'रस विलास' ऐसा ही ग्रन्थ है। तीसरे प्रकार के ग्रन्थ वे हैं जिनमें कवि काव्यांगों के लक्षण न देकर केवल उनके उदाहरण देते थे जो प्रायः रीतिकालीन काव्य के उत्कृष्ट ग्रन्थों में माने जाते थे। बिहारी की 'सतसई' इसी प्रकार का ग्रन्थ है।

आधुनिक काल में शिक्षा एवं यन्त्र आदि के व्यापक प्रसार के साथ ही साहित्य अभिजात वर्ग से हटकर सामाजिक जीवन के व्यापक और गम्भीर चित्रण की ओर अग्रसर हुआ। इस परम्परा का सशक्त आरम्भ भारतेन्दु के साहित्य से ही दिखाई देता है। मगर एक बुनियादी बात यह याद रखनी चाहिए कि सभी कवियों ने आधुनिक बोध के विविध पक्षों की अभिव्यक्ति के साथ प्राचीन भारतीय परम्परा की युगानुरूप व्याख्या करते हुए दीर्घ भारतीय परम्परा के मूल्यवान पक्षों को व्यापक रूप से स्वीकार करते हुए भारतीय संस्कृति की अटूट परम्परा को निरन्तर विकासशील रूप में उपस्थित किया। इसे पश्चिम के नकलचियों ने अज्ञान के कारण पुनर्जागरण नाम दिया मगर यह पुनर्जागरण नहीं था; बल्कि परम्परा के मूल्यवान तत्त्वों को वर्तमान सामाजिकता के अनुरूप स्थापित कर भारतीय परम्परा को ही विकसित किया। जिस प्रकार महामना बाल गंगाधर तिलक ने 'गीता रहस्य' लिखकर गीता के ही कर्म मार्ग को स्थापित किया तथा गणपति उत्सव को राष्ट्रीय चेतना का संवाहक बनाया, उसी प्रकार महात्मा गांधी ने 'राम राज्य' तथा 'ईश्वर अल्लाह तेरो नाम' आदि के द्वारा नवीन राष्ट्रीय चेतना का प्रसार करते हुए राष्ट्रीयता को मानवतावाद से सम्पृक्त करके उपस्थित किया। काव्यशास्त्र में भी यही सांस्कृतिक-सामाजिक परम्परा विकसित हुई तथा आचार्य रामचन्द्र शुक्ल ने 'रस सिद्धान्त' के साथ 'लोकमंगल' को काव्य के बुनियादी मूल्यों के रूप में प्रतिष्ठित किया। आचार्य शुक्ल ने एक ओर, जायसी कृत 'पद्मावत' तथा तुलसी कृत 'रामचरितमानस' के आधार पर सामाजिक सामरस्य की बात कही जो उस समय की ही नहीं, भारतीय समाज की भी एक बुनियादी आवश्यकता है।

अध्याय-26

हिन्दी आलोचना की प्रमुख प्रवृत्तियाँ

साहित्य जीवन के समान ही बहुआयामी होता है तथा देश, काल आदि के अनुरूप उसमें निरन्तर परिवर्तन होता रहता है। उस परिवर्तन के बावजूद भी मानवीय अस्मिता का एक अपेक्षाकृत सनातन रूप भी होता है, जैसे बौद्धिकता, अभिव्यंजना, निर्माण आदि की क्षमता।

इसी प्रकार साहित्य के रूप के भी दो पक्ष होते हैं—एक, विचारादि का परिवर्तनशील रूप और दूसरा, भाषा, भावादि का सनातन रूप। साहित्य जीवन का ही प्रतिरूप होता है और इसलिए भाषा, भाव, आदि उसके सनातन रूप हैं और दूसरा कथ्य, विचार, रूपादि का परिवर्तनशील रूप। प्रायः यह कहा जाता है कि लक्ष्य ग्रन्थों—रचनात्मक साहित्य के—निर्माण के बाद ही लक्षण ग्रन्थों या काव्यशास्त्रीय ग्रन्थों का निर्माण होता है। यह भी स्पष्ट है कि काव्य सिद्धान्तों में भी युगानुरूप परिवर्तन होता रहता है।

हर युग अपने युग साहित्य के आधार पर नये साहित्यिक सिद्धान्तों और मूल्यों का निर्माण करता रहता है। इनमें कुछ सिद्धान्त पारम्परिक होते हैं, कुछ उनकी नयी व्याख्या के रूप में अपनाए जाते हैं और कुछ नये होते हैं। इस प्रकार यह स्पष्ट है कि साहित्य के अनेक पक्ष होते हैं तथा विविध सिद्धान्त उनमें से किसी एक पक्ष या कुछ पक्षों पर प्रकाश डालते हैं। साथ ही यह भी रेखांकित करना अनिवार्य है कि अलोचना की ये विविध प्रवृत्तियाँ समेकित रूप से साहित्य की व्याख्या उसकी समग्रता में करने में सफल होती हैं। मगर व्यवहार में किसी एक प्रवृत्ति की प्रधानता के कारण उसे वह नाम—शास्त्रीय या व्यक्तिवादी आदि दिया जाता है। वैसे एक श्रेष्ठ आलोचक की समीक्षाओं में एकाधिक प्रवृत्तियाँ लक्षित होती हैं। इसलिए एक

ही आलोचक की आलोचनाओं में अनेक प्रवृत्तियाँ मिल जाती हैं।

शास्त्रीय प्रवृत्ति

शास्त्रीय नियमों के आधार पर की गयी किसी कृति की आलोचना शास्त्रीय आलोचना कही जाती है। उदाहरण के लिए पुराने काव्यशास्त्रीय ग्रन्थों में साहित्यिक प्रतिमानों–गुण, दोष, अलंकार आदि के उदाहरण रूप दिये गये, साहित्यिक उद्धरण शास्त्रीय आलोचना के अन्तर्गत आते हैं। इधर हिन्दी के अनेक शोधग्रन्थों में शास्त्रीय आलोचना के अनेक उदाहरण मिल जाते हैं। कबीर, तुलसी, सूर, बिहारी आदि के काव्यों में अलंकार-योजना, छन्द-योजना, रस आदि की योजना पर अनेक ग्रन्थ लिखे गये हैं। वे सब शास्त्रीय आलोचना के अन्तर्गत आते हैं। इसके अतिरिक्त अनेक आलोचनात्मक ग्रन्थों के अन्तर्गत अलंकार, छन्द, प्रकृति चित्रण, गुण, दोष आदि का जो विवेचन किया जाता है। वह शास्त्रीय आलोचना के अन्तर्गत ही आता है। इस प्रकार के अंश प्रत्येक आलोचनात्मक अध्ययन में मिल जाते हैं। उदाहरण के लिए आचार्य शुक्ल ने 'हिन्दी साहित्य के इतिहास' में सभी प्रमुख कवियों की रचनाओं में प्रयुक्त अलंकारादि का विवेचन किया गया है। इस प्रकार शास्त्रीय आलोचना, आलोचना का महत्त्वपूर्ण पक्ष है। हर श्रेष्ठ आलोचना में शास्त्रीय आलोचना का अंश रहता है। मार्क्सवाद आदि पर आधारित आलोचना भी शास्त्रीय आलोचना ही है।

व्यक्तिवादी प्रवृत्ति

एक प्रसिद्ध उक्ति है 'मुण्डे मुण्डे मतिर्भिन्ना, पादे-पादे गतिर्भिन्ना' हर व्यक्ति की मति दूसरे से भिन्न होती है और हर व्यक्ति की चाल भी भिन्न होती है। यह बात आलोचना के क्षेत्र में भी दिखाई देती है। काव्य के विभिन्न सिद्धान्तों के चलते स्वाभाविक है कि विभिन्न आलोचक अलग-अलग सिद्धान्तों को स्वीकार करें। मतलब यह कि सिद्धान्त का चयन भी आलोचक की व्यक्तिगत रुचि के अनुरूप होता है। उदाहरण के लिए आचार्य शुक्ल ने कबीर की रचनाओं की काफी आलोचना की है, जबकि बाबू श्यामसुन्दर दास कबीर के प्रशंसक थे। दोनों ही विख्यात आलोचक हैं मगर उनका मतभेद सभी जानते हैं। इसी प्रकार बाबू श्यामसुन्दर दास ने साहित्यालोचन में शुक्लजी की साधारणीकरण सम्बन्धी व्याख्या का खण्डन किया है। बाद में हजारी प्रसाद द्विवेदी ने भी कबीर साहित्य की बहुत प्रशंसा की है। वस्तुतः आलोचक का व्यक्तित्व उसके सभी मतों को प्रभावित करता है। इसी प्रकार आचार्य शुक्ल ने केशवदास के काव्य की कटु आलोचना की है मगर पण्डित

जगन्नाथ तिवारी ने केशव को एक श्रेष्ठ कवि मानते हैं। इसी प्रकार आचार्य शुक्ल ने 'प्रिय प्रवास', 'साकेत' और 'कामायनी' को महाकाव्य नहीं माना जबकि बाद के सभी आलाचकों ने उन्हें आधुनिक युग के श्रेष्ठ महाकाव्य माना है। कुछ आलोचक प्रेमचन्द को मध्यम कोटि का कथाकार मानते हैं मगर अन्य आलोचक उनको महान लेखक मानते हैं। शुक्ल जी ने छायावाद का विरोध किया है जबकि अधिकांश आलोचक छायावाद के प्रशंसक हैं।

तुलनात्मक प्रवृत्ति

तुलनात्मक अलोचना में भी व्यक्तिगत रुचि का ही अनुरोध दिखाई देता है। व्यक्तिगत आस्था के कारण कोई तुलसीदास को श्रेष्ठ कवि मानता है तो कोई सूरदास को उनसे अधिक श्रेष्ठ मानता है। इस प्रकार उपर्युक्त अनेक उदाहरणों में भी यह तुलनात्मक दृष्टि दिखाई देती है। वस्तुतः तुलनात्मक आलोचना व्यक्तिवादी आलोचना का ही विस्तार है।

मगर इधर के आलोचकों ने कवियों की तुलना के विचार का ही विरोध किया है क्योंकि हर कवि दूसरे से भिन्न होता है। उदाहरण के लिए प्रसाद और निराला की या महादेवी और पन्त की तुलना की न तो कोई आवश्यकता है, न ही कोई संगति है। मगर इसका यह अर्थ नहीं है कि सभी साहित्यकारों की रचनाएँ समान उत्कर्ष की उपलब्धि करती हैं। आलोचना और सामाजिक स्वीकृति के आधार पर विश्व के श्रेष्ठ कवियों के बारे में एक सीमा तक सहमति दिखाई देती है। मगर यह स्थिति उस स्थिति से मूलतः भिन्न है जहाँ दो साहित्यकारों में से किसी एक की श्रेष्ठता स्थापित करने का प्रयास किया जायेगा। उदाहरण के लिए कालिदास, तुलसीदास, प्रेमचन्द, निराला, प्रसाद या शेक्सपियर, टॉलस्टॉय या दोस्तोवस्की आदि महान लेखक माने जाते हैं। मगर अब यह प्रश्न उठाने की कोई संगति ही नहीं मानी जाती कि किन्हीं दो लेखकों—प्रसाद और निराला में से कौन श्रेष्ठ है।

ऐतिहासिक प्रवृत्ति

प्रत्येक रचना एक विशिष्टि काल तथा ऐतिहासिक परिवेश में लिखी जाती है तथा वह अपने इतिहास से गम्भीर रूप से प्रभावित होती है। मगर यहाँ बुनियादी बात यह है कि इतिहास कोई एकल सत्ता नहीं है वरन वह एक बहुआयामी यथार्थ होता है। मगर यहाँ भी कलाकार विशेष की ऐतिहासिक समझ का बुनियादी महत्त्व है तथा व्यक्ति की रुचि ही इतिहास के प्रति एक धारणा बनाती है और उसे वह अपनी रचनाओं में व्यक्त करता है। उदाहरण के लिए यह स्पष्ट है कि कबीर,

जायसी, सूर और तुलसी एक ही ऐतिहासिक युग में पैदा हुए मगर उनके काव्यों में बहुत भिन्नता मिलती है। कारण दो हैं—एक, इतिहास में अनेक धाराएँ एक साथ प्रवाहित होती हैं और एक ही युग के मनीषी अलग-अलग धाराओं से प्रभावित होते हैं। यह प्रभाव ही उनकी रचनाओं में व्यक्त होता है। दूसरा कारण यह है कि प्रत्येक कवि समग्र इतिहास की नहीं; बल्कि इतिहास की अपनी समझ या प्रतीति की अभिव्यक्ति करता है। कोई भी एक रचनाकार अपने युग के सम्पूर्ण यथार्थ की अभिव्यक्ति नहीं कर सकता। कबीर आदि सभी कवियों का इतिहास बोध अलग-अलग होता है तथा वे अपनी-अपनी निजता के आधार पर उस इतिहास बोध का चयन कर उसे अभिव्यक्त करते हैं। भारतवर्ष में जैसी अनेकरूपता मिलती है, वैसी सारे यूरोप महाद्वीप में नहीं दिखाई देती। यही कारण है कि यहाँ की ऐतिहासिक आलोचना में—युगीन इतिहास की अभिव्यक्ति के स्वरूप में विभिन्नता दिखाई देती है। इसलिए ऐतिहासिक आलोचना का पहले पक्ष में विवेचन का केन्द्र यह होता है कि किसी रचनाकार ने समकालीन इतिहास के किस पक्ष की कैसी अभिव्यक्ति की है।

ऐतिहासिक आलोचना का दूसरा पक्ष यह है कि कोई रचना कहाँ तक राष्ट्रीय इतिहास की गति की व्याख्या करती है और कहाँ तक उसे प्रभावित करती है। इस पक्ष में तीन तत्त्व होते हैं—एक, कोई रचना अपनी परम्परा विशेष को किस रूप में स्वीकार करती है और उसकी कैसी व्याख्या करती है—जैसे तुलसीदास ने परम्परित राम कथा को किस रूप में स्वीकार किया है। दो, कोई रचना कहाँ तक समकालीन इतिहास को प्रभावित करती है तथा तीन, रचना किस रूप में इतिहास के विकास में अपनी भूमिका निभाती है। उदाहरण के लिए कबीर आदि कवियों ने हिन्दी साहित्य और समाज में ज्ञान, भक्ति आदि के साहित्य की धाराओं को विकसित किया तथा उनकी संवेदना आज तक भारतीय जीवन में दूर तक प्रासंगिक मानी जाती है।

प्रभाववादी प्रवृत्ति

प्रभाववादी प्रवृत्ति भी साहित्य के एक महत्त्वपूर्ण पक्ष रसादि—को केन्द्र बनाकर काव्य का ऐसा वर्णन करती है जिसे पढ़कर पाठक के मन में कृति की संवेदना उत्पन्न हो सके। इस प्रकार यह भी कृति को पूर्णता में समझाने का प्रयास करती है। यह तो स्पष्ट ही है कि कृति का प्रभाव उसके भाषा-प्रयोग के वैशिष्ट्य पर आधारित है मगर यह आलोचना उसकी विस्तृत समीक्षा न कर उसके उन्हीं गुणों का वर्णन करती है जो अनुकूल प्रभाव उत्पन्न करने में सहायक होती है। इसका कारण यह है कि कृति की अनुभूति उसकी भाषा शैली में भी व्यक्त होती है। कोमल भावों की

अभिव्यक्ति के लित मधुर और ललित पदावली का प्रयोग किया जाता है तथा कठोर भावों की अभिव्यक्ति के लिए कठोर और कर्कश शब्दों का प्रयोग होता है।

वस्तुतः प्रभाववादी आलोचना कृति की संवेदना की व्याख्या करते हुए एक रचनात्मक रूप ले लेती है जिसमें कृति के गुण-दोषों का वर्णन नहीं होता। इसीलिए इस आलोचना की पदावली में भी कृति के गुण आ जाते हैं तथा उसे पढ़कर वही संवेदना पैदा होती है जो कृति पढ़ने से होती है। हिन्दी समीक्षा में इसके कम उदाहरण ही मिलते हैं। आचार्य शुक्ल द्वारा लिखित 'विनय-पत्रिका' की भूमिका के कुछ अंशों में उसके दर्शन होते हैं। आचार्य हजारी प्रसाद द्विवेदी ने 'हिन्दी साहित्य की भूमिका' में सूरदास की जो आलोचना की है। वह भाववादी आलोचना का उत्कृष्ट उदाहरण माना जा सकता है। उस प्रकार की आलोचना बहुत कम हुई है क्योंकि प्रायः आलोचकों में कवि के गुण नहीं हो सकते। अचरज की बात यह है कि कवियों ने अपनी या अन्य कवियों की जो आलोचनाएँ लिखी हैं, उनमें भी प्रभाववादी आलोचना दिखाई नहीं देती।

समाजशास्त्रीय आलोचना

काव्य की सामाजिक संवेदना पर हमेशा से ही विचार होता रहा है क्योंकि सामाजिकता साहित्य की एक अनिवार्यता है। वस्तुतः काव्य व्यक्ति विशेष की एक सामाजिक-सांस्कृतिक रचना है जो विशिष्ट भाषिक रूप में सम्पन्न होती है। काव्य के हेतुओं के अन्तर्गत काव्य, लोक, शास्त्र आदि का ज्ञान अनिवार्य माना गया है जिससे कवि को व्युत्पत्ति प्राप्त होती है। (देखिए मम्मट का काव्य लक्षण) आधुनिक काल में आरम्भ से ही विज्ञान और यन्त्र के विकास के कारण प्रखर सामाजिक अस्मिता का आभार हुआ और वह साहित्य में पूरी व्यापकता और गम्भीरता के साथ व्यक्त हुई। आधुनिक काल में गद्य साहित्य के विकास के कारणों में सामाजिक अस्मिता के महत्त्व में सबसे अधिक योगदान है। उपन्यासों, महाकाव्यों, लम्बी कविताओं तथा अनेक मुक्तक काव्यों में भी सामाजिकता का चित्रण हुआ है और हर आलोचक ने इसके महत्त्व को उजागर करते हुए उसका विश्लेषण किया है। यही आलोचना सामाजिक या समाजशास्त्रीय आलोचना कहलाई और उसका प्रयोग प्राचीन काव्यों की समीक्षा में किया गया। इस प्रकार की समीक्षा से प्राचीन समाज, संस्कृति आदि के स्वरूप और विकास को समझने में सहायता मिली। इसी दृष्टि के प्रभाव के कारण इलियट ने यह कहा कि प्रत्येक नयी कृति प्राचीन साहित्यिक परम्परा को नया अर्थ प्रदान करती है। निराला कृत 'राम की शक्ति पूजा' या प्रसाद कृत 'कामायनी' इसका महत्त्वपूर्ण उदाहरण हैं।

आधुनिक काल में समाजशास्त्र के एक पृथक शास्त्र के उदय के साथ समाज

के अध्ययन में एक वैज्ञानिक दृष्टि या तथ्यपरक तर्काश्रित दृष्टि का विकास हुआ। इसी के आधार पर साहित्य भाषा धर्मादि के समाजशास्त्र का अध्ययन किया गया जिसके अन्तर्गत साहित्य आदि का विश्लेषण वैज्ञानिक प्रविधि से किया जाता है। साहित्य के उदय, क्षय तथा प्रभाव की सामाजिकता के अध्ययन से इस प्रकार एक व्यवस्थित पद्धति का विकास हुआ। प्रत्येक कवि के कृतित्व की समीक्षा में इसका विवेचन विचार तत्त्व आदि के रूप में अनिवार्य रूप से किया जाता है।

कवि वस्तुतः एक सामाजिक प्राणी है। जहाँ वह परम्परागत संस्कारों से प्रभावित होता है, वैसे ही वह समकालीन सामाजिक परिवेश से भी प्रभावित होता है। मनोविज्ञान की एक शाखा यह मानती है कि मनुष्य के व्यक्तित्व का निर्माण परम्परागत संस्कारों से होता है मगर दूसरी शाखा उसे सामाजिक बोध द्वारा निर्मित मानती है। वास्तविकता यह है कि कवि अपनी रुचि के अनुसार ही सामाजिकता का स्वरूप निर्धारित करता है। समाज में इतिहास और समकालीन सामाजिक परिवेश दोनों ही सम्पृक्त रूप से विद्यमान रहते हैं। इस प्रकार कहा जा सकता है कि व्यक्तित्व समाज की कृति है और काव्य व्यक्तित्व की कृति है। इस प्रकार काव्य कृति की कृति है।

प्रत्येक श्रेष्ठ रचना भी अपने सामाजिक सम्बन्धों का निर्माण करती है। जहाँ वह समाज से प्रभावित होती है, वहीं वह समाज को प्रभावित भी करती है। इस सत्य आधार पर ही सामाजिक और समाजशास्त्रीय आलोचना का जन्म होता है।

❑ ❑ ❑